消费者行为学

（第2版）

周 斌 ◎ 编著

清华大学出版社
北京

内 容 简 介

本书以行为主义的思想构建内容体系，立足于总结营销实际和分析消费行为现象，首先对影响消费行为的各种内外因素进行了论述，然后对消费行为过程的特点与规律进行了分析，最后就网络消费行为专门进行了介绍。

本书强调理论与实际相结合，注重应用性和实用性，注意吸收创新的研究成果和最新的本土化营销实例，强调内容的时代性和本土化。本书知识内容翔实，例证新颖，语言通俗生动，有利于激发学生自主学习，并采用立体化教材形式，有视频资料、在线练习题测试等丰富的配套资源。

本书可作为普通高等院校市场营销、工商管理、电子商务等专业的教材，也可作为市场营销人员的相关培训用书。

本书封面贴有清华大学出版社防伪标签，无标签者不得销售。
版权所有，侵权必究。举报：010-62782989，beiqinquan@tup.tsinghua.edu.cn。

图书在版编目（CIP）数据

消费者行为学 / 周斌编著. —2版. —北京：清华大学出版社，2021.5（2024.9重印）
21世纪经济管理类精品教材
ISBN 978-7-302-57884-0

Ⅰ.①消… Ⅱ.①周… Ⅲ.①消费者行为论—高等学校—教材 Ⅳ.①F713.55

中国版本图书馆CIP数据核字（2021）第057326号

责任编辑：杜春杰
封面设计：刘　超
版式设计：文森时代
责任校对：马军令
责任印制：刘海龙

出版发行：清华大学出版社
网　　址：https://www.tup.com.cn，https://www.wqxuetang.com
地　　址：北京清华大学学研大厦A座　　邮　　编：100084
社 总 机：010-83470000　　邮　　购：010-62786544
投稿与读者服务：010-62776969，c-service@tup.tsinghua.edu.cn
质量反馈：010-62772015，zhiliang@tup.tsinghua.edu.cn

印 装 者：三河市铭诚印务有限公司
经　　销：全国新华书店
开　　本：185mm×260mm　　印　　张：25.75　　字　　数：594千字
版　　次：2013年9月第1版　　2021年6月第2版　　印　　次：2024年9月第3次印刷
定　　价：69.80元

产品编号：087698-02

前言
第2版

党的二十大报告要求2035年建成教育强国,比全面建成社会主义现代化强国的时间提前了15年,凸显了教育强国建设的战略先导和支撑引领作用。党的二十大报告围绕培养什么人、怎样培养人、为谁培养人这一教育的根本问题,深刻阐释了新时代教育事业的培养目标、途径、方式,其中教材建设和管理是培养人的重要环节。党的二十大报告明确提出"加强教材建设和管理",这是教材建设问题第一次出现在党代会的报告之中,充分体现了党对教材工作的高度重视。为了贯彻落实二十大报告和习近平总书记对教材工作的要求,在教材编写工作中,应当努力融入课程思政内容,用社会主义核心价值观铸魂育人,打造适应新时代新要求、体现中国特色的高水平原创性教材。

《消费者行为学(第1版)》主要为我国全日制高等院校和职业院校工商管理、市场营销、电子商务、心理学等专业作为教材使用,并以其别具一格的学科体系和清新生动的教学内容获得了较高的评价。本教材自2013年出版以来,先后7次重印,影响了数以万计的大学生和营销工作人员。它与其姊妹篇——《消费心理学》(清华大学出版社2017年版)从不同的角度、不同的体系、不同的内容丰富了人们对消费者心理与行为现象的认知与理解,提高了营销实践活动的科学性。随着网络时代的到来,消费者行为与营销实践都已发生了巨大变化,因而本书的学科体系及具体内容也必须进行全面的修订。

新修订的《消费者行为学(第2版)》具有以下特点。

1. 密切结合移动互联网时代的新变革

随着互联网等新兴科技的快速发展,市场信息呈现透明状态,消费市场逐渐进入商业民主时代,智能手机等移动终端的广泛使用,使得购物场景日渐丰富,消费者的心理与行为也正在发生着深刻的变化。同时,传统的商业环境和商业模式正在被颠覆,市场营销开始进入网络营销时代,营销理论、营销模式、营销沟通、用户拉新手段等都发生了巨大变化。我们充分意识到这一变化对消费者行为学学科发展的深刻影响，因而在本书中努力反映网络时代的消费行为现象和营销实践，增加了有关网络消费行为的内容，如精准接触、网络社群、场景营销、Hook上瘾模型、AARRR模型、Pom理论、LIIS模型、网购行为模型等。同时，在各章节的具体论述中，也十分注重将网络营销实践中的新现象、新方式作为例证进行论述。但是，由于本人学识水平有限，对网络消费者行为的认识还较肤浅，希望有更多的同仁能够在这一领域添砖加瓦，最终实现网络时代消费者行为学的理论重构。

2．采用立体化教材形式，配套教学资源丰富

为使教材更好地适应网络信息时代的教学需求，本书采用了主教材与配套电子资料包相结合的立体化教材形式，相关资料包括多媒体教学课件、教学大纲、电子教案、教学视频资料、各章练习题及答案、模拟试题及评分标准等辅助教学资料。而且，配套电子资料包还可以在案例分析、学习素材、研究论文等方面进行动态扩充。

其中，制作精美的教学课件以提纲的形式呈现，可供教学双方参考使用。课件主要强调学科架构，同时穿插了一些问题或营销案例以启发学生思考与课堂讨论，增强其学习的主动性、参与性与趣味性，培养学生的实际工作能力。

本书还提供了大量的视频资料，有利于教学双方以直观的形式理解抽象的学习内容，也有利于理论教学内容与真实营销实践的结合。学生可以通过扫描二维码观看，教师也可以结合视频进行课堂讲解。

最为突出的是，本书还配套了由上千道练习题所构成的"消费者行为学"电子题库。这些练习题主要供学生进行练习、检验和反思，同时教师也可以从中选择考试用题。每章的练习题包括判断题、填空题、单项选择题、多项选择题等题型，内容涵盖了本书的绝大部分知识要点。学生可以扫描二维码进行练习并获知答案，如果学生不能正确回答，就应当积极查找资料，努力思考正确答案的缘由，分析自己做错的原因。只有这样，才能全面、深刻地理解相关的学科知识点。

3．注重内容的时代性和本土化

消费者行为学是在西方社会环境下成长起来的学科，已出版的许多教材在内容体系、概念与案例选用上都存在照搬国外教材的情况，忽略了中国消费者所处的文化环境及其消费心理行为的真实情况与变化，忽略了中国营销实践中出现的现实问题，例如网络营销对中国消费者行为的影响就远比西方更为深远、丰富和广泛。鉴于此，本教材注重体现新时代中国特色社会主义的伟大实践、成功经验和理论成果，大部分案例都采用了最新的本土化案例，用中国理论解读中国实践，力求反映最新的营销实践和学科发展动态，促进学生扎根中国现实来认识和回答中国问题。另外，对消费者行为学的理论或概念，也尽量用通俗易懂的语言和近年来的新颖案例进行阐释，注意采用年轻人喜闻乐见的人物或产品，如李佳琦、哔哩哔哩、三顿半、猫爪杯、喜茶等，同时也提高了本书的可读性和易理解性，使学生通过自学就能大体掌握相关知识。当然，营销实践和学科发展没有"完成时"，只有"进行时"，消费者行为学教材还应当紧密跟踪其理论与实践领域的变化发展情况，直面最新的营销实际问题和消费者行为的变化趋势，并做出新的理论解释与归纳。

4. 强调学科内容的应用性,重视对学生创新能力的培养

党的二十大报告指出:"人才是第一资源、创新是第一动力","培育创新文化,弘扬科学家精神,涵养优良学风,营造创新氛围"。本教材强调学以致用,提倡探索式学习,启发学生探讨解决实际问题的思路与方法,注重创新精神的培养。在各章中以"思考一下"的形式穿插了一些小问题来启发学生思考;在每章结尾处提供了"本章典型案例"以激发学生对理论问题及实践应用的综合思考。

从消费者行为学的发展历程看,不同的研究流派呈现出不同的研究角度与理论框架,心理学派注重将普通心理学和社会心理学知识应用于消费者内部心理活动研究;行为主义学派强调可见的外部行为;营销学派则重视学科的应用与实践取向,注重研究市场营销过程中的消费者行为现象。笔者认为,各流派都有其值得借鉴的地方,但从消费者行为学的教学体系上看,应当倾向于将行为主义学派和营销学派的研究思想结合起来进行构建。从学科性质上说,消费者行为学本来就是行为科学在营销实践领域中的应用。消费者行为学伴随着营销实践活动的发展而不断创新、提高,它指导营销实践,服务营销实践,同时又从营销实践中吸取丰富的营养与研究素材。可见,消费者行为学是一门实践性、应用性很强的学科,必须贴近现实,扎根于营销实践,并能有助于解决营销实践中的具体问题。

因此,本书注重应用性和实用性,强调与营销实践相结合,强调学以致用,提倡探索式学习。本书在各个章节中,大量引用了现实生活中的营销案例,结合营销推广活动来理解所涉及的消费者行为现象,启发学生探讨解决实际问题的思路与方法。另外,本书各章以"思考一下"的形式穿插了一些小问题来启发学生思考;在每章结尾处提供了"本章典型案例"以激发学生对理论问题及实践应用的思考。

许多教材都容易出现重介绍轻思考、注重知识传授而忽视能力培养的问题,不能将理论与应用、间接知识与直接知识很好地融合,不能将系统学习与创新探索融合起来,因而也就不能适应网络信息时代知识传递的新趋势,难以应对社会环境的深刻变化和对人才素质的新要求。我们认为,教材不光要为学生提供一些系统化的理论知识,更重要的是为学生探索新知与实践创新提供一个充满活力的知识生长点,使学生在此基础上能够衍生出自己独立的思考与认识。教材不能仅仅停留在让学生成为知识接受者的水平上,还应当唤起学生思考问题、探索创新的兴趣和积极性,培养其创新变革与实践能力。只有这样,才能使学生在今后的工作中适应科学技术、商业模式和竞争环境日益复杂多变的VUCA时代。本书秉承了这样的理念,在编写中进行了初步的探索,但离社会的要求还相距甚远,尚需要在教学相长的实践中不断得到提高。

在编写过程中,本书参考了许多教材、论文以及网络资料,在此向有关作者与出版者表示衷心的感谢。另外,一部好的教材需要不断打磨,需要不断与时俱进,衷心欢迎各院校师生对本书的不足之处提出宝贵意见或建议,以便在以后的修订中进一步完善。

周　斌
2021年1月于成都理工大学
2024年8月修订

本书课程思政元素

党的二十大报告指出："育人的根本在于立德。全面贯彻党的教育方针，落实立德树人根本任务，培养德智体美劳全面发展的社会主义建设者和接班人"。教材建设作为深化教育领域综合改革的重要环节，应当坚持德育优先，将立德树人贯穿于教育教学全过程。

本书课程思政内容围绕社会主义核心价值观"富强、民主、文明、和谐、自由、平等、公正、法治、爱国、敬业、诚信、友善"，努力深化爱国主义、集体主义、社会主义教育。在课程内容中，重视与中国本土化营销实践和中国优秀传统文化相结合，为形成课程思政教学框架体系、深挖课程思政元素、明确各章节教学内容中思政教育重点提供支撑。

本教材教学案例的选择注重思政元素的挖掘，尽力切合课程思政的教学目标。另外，本教材重点选择本土化案例、成功案例，以学生耳熟能详的中国故事讲中国理论，从而增强案例的说服力和亲和力，提高文化自信与理论自信。

在课程思政教学过程中，教师可通过案例、知识点等教学素材的设计运用，利用课程导入、视频观看、内容讲解、案例分析、思政展开、互动讨论、提问答疑等环节，实现相关思政教学目标。在教学中，教师还应努力寻找相关的落脚点，结合时政经济热点、历史经营故事、优秀传统文化、营销案例等，对相关专业内容进行课程思政讲解，努力实现专业教学内容与思政元素的有机融合，达到"润物无声"之效，而不能牵强附会、生搬硬套、硬性输入。

教师可结合下表中的内容导引，针对相关的知识点或案例，引导学生进行思考或展开讨论。

页码	内容导引	思考问题	思政元素
17	1-4 移动互联网改变生活	1. 科技发展可能对人们日常生活带来哪些影响？ 2. 消费升级如何推动科技进步？	科技发展、创新意识
22	本章典型案例：7天连锁酒店的4C营销策略	1. 市场营销为什么要"以消费者为中心"？ 2. 营销者应当以什么样的品质与态度来为消费者服务？	价值观、服务意识、行业发展
40	2-4 中国近50年生活方式的变化	1. 你的生活方式与父母有何不同？为什么？ 2. 未来的科技发展对生活方式会产生什么样的影响？	科技发展、文化自信、制度自信
49	3-1 金六福的"福"文化	1. 应当如何理解"福"的含义？ 2. 针对我国的传统文化，还可以开展哪些情感化营销？	传统文化、文化认同、亲情观念、民族意识
64	资料链接：跨境电商网店跨文化营销策略	1. 在消费活动中，文化差异可能表现在哪些方面？ 2. 营销过程应该怎样适应多元化的市场环境？	包容、尊重、中西结合

续表

页码	内容导引	思考问题	思政元素
95	资料链接：节日营销如何能让消费者买买买	1. 我国的不同节日对消费者的购买行为会产生什么影响？ 2. 节日礼品是否会造成资源浪费？	文化传承、亲情观念、和谐、友善
135	案例链接：老年产品包装的情感化设计	1. 提供什么样的产品与服务才能满足老年消费者的需要？ 2. 如何提高产品的情感价值？	尊重长辈、热爱生活、高尚情操
181	导引案例：Costco：我不是超市，我是你无法拒绝的中介	1. 哪些商品适合促销？ 2. 你会被超市促销吸引而冲动消费吗？	企业文化、行业发展、勤俭节约
221	导引案例：上市之初的小米SU7为何引人瞩目？	1. 雷军为什么会得到消费者的信任？ 2. 如何从心理学的角度去认识善因营销？	科技发展、社会责任、诚实守信
323	9-2 三聚氰胺毒奶粉事件影响中国奶业发展	1. 消费者权益保护涉及哪些方面？ 2. 如何看待企业创造利润与消费者保护的关系？	以德为先、诚信守法、安全意识、社会责任
365	导引案例：亚马逊败走中国的血泪与教训	1. 你认为电商巨头亚马逊败走中国的原因有哪些？ 2. 从"亚马逊败走中国"的案例中，你受到了哪些启发？	民族自信、制度自信、经世济民、踏实肯干

前言
第1版

　　市场经济是竞争经济，在这种竞争环境下，工商企业只有最大限度地满足消费者的物质与精神生活需要，使自己的生产与服务得到消费者的认可，才能获得市场竞争优势。而要达到这一目的，企业首先要去识别、把握消费者的各种需要，并且以比竞争者更为有效的方式去满足消费者的各种需求。消费者行为学就是研究市场营销活动中消费者心理与行为活动产生、发展与变化规律的一门科学，它力求弄清楚消费者行为与各种内外影响因素之间的关系，尤其是与各种环境变量和营销手段之间的联系，并根据这些规律性认识来指导营销实践活动。

　　为此，我们常常需要研究某单一变量（或要素）与消费者行为之间的关系。但是影响消费者行为的内外因素是十分复杂的，当把这些因素都放在一起考察时，单一变量的影响还会是显著的吗？事实上，消费者的心理行为与外部环境是一个相互联系的系统整体，离开消费者整体生活动态背景去研究消费者行为只能获得一些静态和局部的表象，并不能真实反映现实中的消费者行为。如何对消费者行为进行系统、动态的研究，国内外的学者都还没有找到更好的方法。可见，现阶段的消费者行为研究常常是一项吃力不讨好的工作，因为它很难得出一个十分精确和绝对的结论。有时一个费时、费力和"乏味"的实证研究只是为了明确一个人们普遍认同或可以推测出的行为现象。但是我们不能否认研究消费者行为是市场营销其他领域研究的基础，同时也不能否认它是各种营销策略制定的重要依据之一。

　　虽然消费者行为学是在20世纪60年代以后才以一个独立学科形式从营销中分离出来，但西方对消费者行为的研究已有近百年的历史，并积累了大量的研究成果。在我国，对消费者行为的研究已经超过了20年，期间也出版了几十种消费者心理与行为研究的书籍，包括一些行业性消费者行为研究的著作，但是多数著作实际上是消费心理学的翻版，并且缺乏研究深度，存在所谓的"两张皮"现象，即普通心理学+行业知识，而具有中国特色的消费者行为学研究资料不多。因此，从总体上看，对中国消费者行为的研究才刚刚起步，在许多领域还存在着空白。尽管在消费者行为研究领域，多数的理论和部分结论东西方不会有太多的差别，我们学习和借鉴西方的消费者行为理论是十分必要的，但同时又必须认识到中国消费者行为有其特殊性或差异性，这是由不同的社会政治、经济、文化背景等多方面因素形成的，而且在日益开放的社会和市场环境中，中国消费者行为也在不断发生变化。因而，对于中国消费者的本土化研究应当给予足够的重视，其核心是摆脱西方消费者行为研究的理论和方法套路，寻求适合于中国消费者社会和文化环境的理论和方法，研究中国消费者特有的行为模式。

消费者行为学是一门注重和强调紧密联系营销实践，力求给营销实践以理论和方法上的有效指导的应用性学科。为此，本书特别强调内容的应用性、实践性特征，做到言之有物、言之有用，同时采用了大量来源于商业生活的实际案例，对读者加深理解书中的理论和概念也大有裨益。

另外，我国人民生活水平的快速提高，以及网络信息技术的广泛应用给我国消费者的消费观念、消费习惯和消费行为带来了很大的影响，电子商务、移动互联网的开发利用正在并将继续深刻改变消费者的行为模式。为此，本书结合21世纪以来我国消费环境的变化，努力反映消费者行为的时代特色和发展趋势，尤其反映网络时代新的消费现象，尽量体现消费者行为的地域特征与时间特征。

应当指出的是，消费者行为学的学科建设还存在诸多不完善之处。第一，从学科体系上看，消费者行为学不仅应当研究消费行为，还应当研究与之相关的投资、储蓄、保险等理财行为的决策过程（所以我们没有把它叫作"消费行为学"）。而且，经济因素是影响消费者行为的重要因素，消费者行为学应当从经济心理学的角度加强对微观经济领域的消费者行为研究，处理好与消费经济学、行为经济学的学科交叉问题。第二，从学科性质上看，消费者行为学是行为科学的一个分支，与消费心理学还有所不同，应当努力体现消费者行为学的多学科特点，充分反映经济学、心理学、市场营销学、广告学、社会学、消费经济学等学科在消费者行为研究方面的最新成果，尤其是多学科联合研究的成果。第三，从研究方法上看，消费者行为学还应当充分利用当代先进的电子信息技术和监测手段，结合消费者在会员卡或网上注册的个人信息，在完全自然的消费环境中对消费者行为进行真实、整体和科学的实证研究，并由此开创精细化、个性化、社交化的电子营销新模式。实际上，有的市场经营者已经做了一些有益的实践，如瑞典ICA的自助收银系统、美国沃尔玛的手机自助扫描结账系统Scan & Go，如果与RFID技术和计算机客户分析系统结合，就可以成为研究消费者行为的有效工具。在这些较为前沿的研究方面，本书仍存在明显的不足，希望广大同仁共同努力，为早日形成一个更加完善的消费者行为学学科体系添砖加瓦。

本书由周斌担任主编、王雪飞担任副主编。周斌撰写第1章、第4章、第5章、第7~12章，王雪飞撰写第2章、第3章和第6章。在本书的编写过程中，参考了许多国内外学者的教材、研究论文与论著，同时也引用了少量网络素材，限于篇幅不再一一列出，在此向有关作者与出版者表示深深的歉意和衷心的感谢。

周　斌

2013年5月于蓉城·砚湖

目 录

第1章 消费者行为学概述 1
　思维导图 1
　本章学习目标 1
　导引案例：Costco 的小心思 1
　1.1 消费者行为学的研究对象 3
　　1.1.1 消费与消费者 3
　　1.1.2 消费者行为 8
　　1.1.3 消费者行为学的内涵 13
　1.2 消费者行为学的产生与发展 15
　　1.2.1 消费者行为学产生、发展的历史条件 15
　　1.2.2 消费者行为学发展历史简介 16
　　1.2.3 消费者行为学面临的新变化 17
　本章思考题 22
　本章典型案例 22

第2章 个性心理因素与消费行为 25
　思维导图 25
　本章学习目标 25
　导引案例：给消费者戴上自我概念的"帽子" 25
　2.1 消费者的个性 27
　　2.1.1 个性的含义 27
　　2.1.2 个性特征与消费行为 32
　2.2 消费者的自我概念 33
　　2.2.1 自我概念的含义 33
　　2.2.2 自我概念与营销策略 35
　2.3 消费者的生活方式 40
　　2.3.1 生活方式的含义 40
　　2.3.2 生活方式营销 41
　　2.3.3 LIIS 模型 44
　本章思考题 44
　本章典型案例 45

第3章　社会因素与消费行为 ... 47
思维导图 ... 47
本章学习目标 ... 47
导引案例："真爱月饼"的社群营销 ... 48
3.1　社会文化与消费行为 ... 48
 3.1.1　文化与亚文化概述 ... 49
 3.1.2　文化差异与消费行为 ... 58
3.2　社会阶层与消费行为 ... 66
 3.2.1　社会阶层概述 ... 66
 3.2.2　社会阶层对消费者行为的影响 ... 68
3.3　参照群体与消费行为 ... 71
 3.3.1　参照群体概述 ... 72
 3.3.2　参照群体对消费者行为的影响 ... 73
 3.3.3　网络社群与消费行为 ... 78
本章思考题 ... 86
本章典型案例 ... 86

第4章　情境因素与消费行为 ... 88
思维导图 ... 88
本章学习目标 ... 89
导引案例：星巴克的情境营销 ... 89
4.1　情境因素的构成与类型 ... 90
 4.1.1　情境的含义 ... 90
 4.1.2　情境的构成 ... 91
 4.1.3　情境的类型 ... 103
4.2　购买情境与消费行为 ... 109
 4.2.1　商场接触 ... 109
 4.2.2　商品接触 ... 116
4.3　场景营销 ... 120
 4.3.1　场景营销的含义 ... 120
 4.3.2　移动场景营销的特点 ... 123
本章思考题 ... 125
本章典型案例 ... 126

第5章　产品因素与消费行为 ... 128
思维导图 ... 128
本章学习目标 ... 129
导引案例：榴梿味洗发水为什么能爆红 ... 129
5.1　产品属性与消费行为 ... 130

5.1.1　产品概念与体验水平 130
　　　5.1.2　产品属性与功能需求 136
　　　5.1.3　产品属性理论 144
　5.2　商品品牌与消费行为 149
　　　5.2.1　基于消费者的品牌资产 150
　　　5.2.2　品牌拟人化 154
　5.3　新产品的扩散 161
　　　5.3.1　创新扩散的过程 162
　　　5.3.2　创新扩散的影响因素 164
　　　5.3.3　流行与时尚 175
　本章思考题 177
　本章典型案例 178

第6章　价格因素与消费行为 180
　思维导图 180
　本章学习目标 181
　导引案例：Costco：我不是超市，我是你无法拒绝的中介 181
　6.1　价格的心理功能 182
　　　6.1.1　衡量商品价值和商品品质的功能 182
　　　6.1.2　自我意识比拟的功能 184
　　　6.1.3　刺激和抑制消费需求的功能 185
　6.2　消费者对价格的认识与选择 187
　　　6.2.1　价格习惯性 187
　　　6.2.2　价格敏感性 190
　　　6.2.3　价格倾向性 191
　　　6.2.4　价格感受性 194
　6.3　价格促销与消费行为 203
　　　6.3.1　价格促销工具对消费者行为的影响 203
　　　6.3.2　价格促销的心理策略应用 206
　本章思考题 217
　本章典型案例 218

第7章　营销沟通与消费行为 220
　思维导图 220
　本章学习目标 221
　导引案例：看李佳琦直播的你在看什么？ 221
　7.1　营销信息的接触 224
　　　7.1.1　接触的含义 224
　　　7.1.2　接触方式 230

7.2 营销说服理论 241
7.2.1 低认知卷入说服模式 241
7.2.2 综合说服模式——精细加工可能性模型 250
7.3 营销说服方式 255
7.3.1 传播者特性 255
7.3.2 诉求方式 261
7.3.3 信息结构 268
7.3.4 信息形式 270
本章思考题 274
本章典型案例 275

第8章 问题认知与信息搜寻 277
思维导图 277
本章学习目标 278
导引案例：给老爸选购手机 278
8.1 问题认知 280
8.1.1 问题认知过程 280
8.1.2 问题认知的影响因素 283
8.1.3 问题认知的激发 286
8.2 信息搜寻 289
8.2.1 信息搜寻的含义 289
8.2.2 信息搜寻的分类 290
8.2.3 信息来源 293
8.2.4 信息类型与搜寻过程 296
8.2.5 影响信息搜寻努力程度的因素 298
8.2.6 POM 理论 302
本章思考题 309
本章典型案例 310

第9章 方案评价与选择 312
思维导图 312
本章学习目标 312
导引案例：小王选房 313
9.1 购买方案的评价 314
9.1.1 确定评价指标及其重要性 314
9.1.2 评价商品的属性 317
9.2 购买意愿与选择 319
9.2.1 购买意愿 319
9.2.2 购买选择 324

9.2.3　购买决定 331
　　本章思考题 333
　　本章典型案例 333

第 10 章　购后行为 336
　　思维导图 336
　　本章学习目标 336
　　导引案例：付款方式对消费和重复购买的影响 337
　　10.1　商品的使用与处置 337
　　　10.1.1　商品的安装与调试 337
　　　10.1.2　商品的使用 338
　　　10.1.3　配套产品的购买与使用 342
　　　10.1.4　商品的闲置 342
　　　10.1.5　商品及包装物的处置 343
　　10.2　消费者满意与品牌忠诚 345
　　　10.2.1　消费者满意概述 345
　　　10.2.2　消费者满意的影响因素 347
　　　10.2.3　品牌忠诚概述 354
　　　10.2.4　品牌忠诚的影响因素 356
　　本章思考题 361
　　本章典型案例 362

第 11 章　网购行为 364
　　思维导图 364
　　本章学习目标 364
　　导引案例：亚马逊败走中国的血泪与教训 365
　　11.1　消费者网络购买的行为过程 367
　　　11.1.1　需求唤起 367
　　　11.1.2　搜索信息 374
　　　11.1.3　评价与分享 377
　　11.2　网购行为模型 385
　　　11.2.1　AISAS 模型 385
　　　11.2.2　FIIAS 模型 386
　　　11.2.3　SIPS 模型 386
　　　11.2.4　AARRR 模型 387
　　　11.2.5　IERAS 模型 390
　　本章思考题 392
　　本章典型案例 392

参考文献 394

第 1 章　消费者行为学概述

思维导图

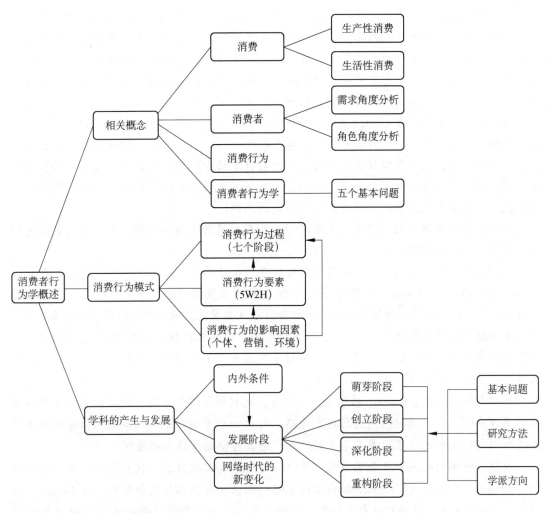

本章学习目标

- 熟悉消费者的分类。
- 掌握消费者行为的含义、过程。
- 掌握消费者行为的一般模式及影响因素。
- 了解消费者行为学的学科性质、历史发展。
- 理解大数据行为研究的主要思想与特征。

⚡ 理解消费者行为学在市场营销中的作用及意义。

 导引案例：Costco 的小心思

2019 年 8 月 27 日，中国内地首家 Costco（开市客）门店在上海闵行开业，吸引了大批市民前来购物，销售场面十分火爆。不过结合行为经济学的理论来看，为了让顾客把购物车塞满，Costco 也是花了不少小心思。

在行为经济学里，有个著名的"笨驴效应"，它来自一则丹麦寓言。有头毛驴，在干枯的草原上好不容易找到了两堆草，由于不知道先吃哪一堆好，结果在无限的选择和徘徊中饿死了。这简直就是赤裸裸的选择恐惧症。Costco 为了防止这种"人间惨剧"发生，决定替消费者完成部分选择。怎么做呢？每种品类，只提供 2~3 种选择。从十几种商品中得出最优选项很难，但从两三种商品里筛选出一种，就简单多了。

还有一点很特别。在 Costco 店里，没有任何指示标志。既不会如大多数超市一样把不同类型的产品区分开来，也不会为固定品类产品找一个恒定"居所"。Costco 随意打乱摆放位置，不仅如此，还要经常变换商品位置。这有什么好处？为了找到心仪商品，顾客在绕道而行的过程中难免被计划外的商品打动，不知不觉中将其放进购物车。于是一件有趣的事发生了：要买卫生纸吗？这里的薯片说不定也不错！

不过，帮你解决纠结，还安排绕道而行、不期而遇的惊喜，这都不算什么。更高阶的做法是直击消费者软肋——"损失厌恶"心态。

所谓损失厌恶，是指"人们在面对同样数量的收益和损失时，认为损失更难以忍受"。作为会员制的超市，Costco 从 2019 年 4 月 26 日起开放会员注册，会员费为 299 元/年。尚未开业之际，Costco 便已通过对其商品的物美价廉及会员优惠进行宣传收获了数万名会员。作为会员能享受哪些优惠呢？所有 3000 多款精选产品超低价格，商品 90 天无理由退货，对会员制度不满意可以退卡。这一制度安排很显然击中了消费者的"损失厌恶"心态。会员费都交了，要是不多买点，岂不亏了？

不仅是会员制度，Costco 的选址——郊区，也利用了这种心态。中国内地首家店铺选在远离市中心，但直通地铁的闵行区朱建路，付出一个多小时乘车成本的购物者很难不产生这种心态：大老远来了，要是不多买一点，怎么对得起搭进去的时间？

金钱、时间的投入，从来不是随随便便的。Costco 深谙此道，便从源头打消目标人群的一切顾虑。怎么打消？Costco 祭出低价策略，保证所有商品的毛利率不超过 14%，一旦超出，须向 CEO 汇报并经董事会批准。此外，Costco 给消费者反悔的机会：90 天内无理由退货。食品拆了包装，退；东西用了一半，退；就算半路不想继续成为会员了，会员费也可以退。这便是向顾客传递一个信号——来 Costco，买不了吃亏，买不了上当；大胆下单，大胆办会员卡吧，因为没有风险只有好处。

所以，Costco 的商业模式更像是中介，会员费就是服务费，直接对应消费者和供应商，极低的利润仅仅用来平衡一系列成本，真正的利润只能从会员费里产生。

当然，美国消费者开车去郊区购置长期生活必需品已成为一种定期习惯，但在交通拥堵的中国大都市，许多消费者并没有这样的购物习惯，他们更喜欢的是电商。而且中国消费者对会员制的接受程度也不如美国本土。如果 Costco 对中国消费者的多元化需求和消费心理缺乏准确的把握，其市场前景也并不乐观。

资料来源：侠客岛公众号. Costco 的套路能在中国玩多久？.（2019-08-28）. ID：xiake_island.

1-1 读懂行为经济学，学会做聪明的消费者

案例思考：

（1）在本案例中，你认为 Costco 的营销措施有何特点与不足？

（2）在亚马逊、乐购和家乐福等零售商在中国陷入困境的背景下，你觉得 Costco 能否在中国站住脚？

（3）针对中国消费者的特点，你认为 Costco 还应当怎样改进营销工作？

社会上流传着"商场如战场"的说法，但在商战中不能只盯着竞争者，而撇开消费者。在互联网时代，竞争对手并不只是定位类似的品牌，还可能来自其他跨界品类。从根本上来说，争取到消费者的认同才是赢得竞争优势的关键。日本 7-ELEVEn 便利店前任 CEO 铃木敏文有句名言："商家真正的竞争对手并不是同行，而是瞬息万变的顾客。"

争取到消费者就必须了解消费者，了解他们的消费心理与行为规律，分析和探讨消费者对于各种市场营销刺激可能产生的行为反应，并有针对性地采取相应的营销措施。对于市场营销者而言，形成一种从消费者心理与行为的角度去认识问题、思考问题的商业意识与思维习惯是十分重要的。铃木敏文认为他之所以能成为一位成功的经营者，关键在于"站在顾客立场思考"，时刻保持着消费者的心理。

消费者行为学通过对消费活动中各种行为现象的分析研究，探索和揭示消费行为的特点及其变化规律。通过对消费者心理与行为的深刻理解，市场营销人员可以结合市场环境制定以消费者为导向的营销策略。

1.1 消费者行为学的研究对象

1.1.1 消费与消费者

要全面、准确理解消费者行为学的内涵，还应当了解相关的一些概念。

1. 消费

消费就是消耗、花费的意思。消费是指人类为了某种目的消耗各种资源的过程。消费是社会经济活动的出发点和归宿，它和生产、分配、交换一起构成社会经济活动的整体，是社会经济活动中一个十分重要的领域。消费既包括生产性消费，也包括生活性消费。相应地，也可把产品分为工业品和消费品。

1）生产性消费

生产性消费是在物质资料生产过程中生产资料和劳动力的使用和耗费。

2）生活性消费

生活性消费是指人们为了满足自身需要而消耗各种物质产品、精神产品和劳动服务的行为和过程。

生活性消费包括商品消费和服务消费两个方面。服务不同于商品，服务包括无形性、不可储存性、易逝性、生产与消费的同步性、认知或评价的主观性与相对性等。但对商品和服务加以严格区分是困难的，消费者的每次购买都会包含不同比例的商品和服务。

▶ 思考一下：对销售活动而言，生产资料市场与消费品市场哪一个更容易？为什么？

G.Lynn Shostack 提出了区别商品与服务的一个有趣方法，她把商品与服务沿着一个从有形主导到无形主导的系列进行排序，如图 1-1 所示。

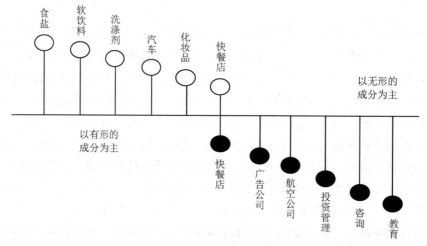

图 1-1　市场实体排列图

资料来源：Shostack G L. Breaking free from product marketing[J]. Journal of Marketing, 1977(April): 77.

消费者行为学研究生活性消费中的心理与行为现象，以及与消费品有关的因素对消费者行为的影响作用。消费者行为学并不关心满足生产与经营需要的生产性消费。同时，消费者行为学侧重研究有形商品的消费，但有关服务消费的行为学研究也是消费者行为学研究的重要分支，如旅游者行为学等。

【资料链接】

服务消费中的"感性消费"

感性消费是人们在消费中获得的物质性满足以外的心理上和精神上的满足。现代生活中的消费者购买产品，越来越多的是出于对商品象征意义和象征功能的考虑，人们更加重视通过消费获得个性的满足，精神的愉悦、舒适及优越感。原来人们所遵循的单纯从经济性出发的"理性消费"与现代生活中的"感性消费"之间的差距越来越大。比如，在家中喝一杯咖啡，价格充其量不足 10 元；进一家小咖啡厅，则至少需要 20 元；而进高档次咖啡厅，比如星巴克，同样是一杯咖啡，在良好的服务、优雅的环境和优美的旋律之下，则至少要消费 50 元。这从经济实惠的角度来讲，是不可思议的。

普通的咖啡店只能让顾客知道：这是一家环境尚可，可以进来喝咖啡的地方。但星巴克在能给人享用香浓咖啡的同时，让一种与众不同的感觉和气氛深入人心：田园式的即磨咖啡、闹中取静的闲适氛围、空气中弥漫着咖啡香、怀旧的乐曲以及透过落地长窗照射进来的柔和阳光……可以说，星巴克开启了一个从喝罐装速溶咖啡到只喝煮咖啡的新生活文化时代。

资料来源：http://www.docin.com/p-1127852280.html。

2. 消费者

消费者是消费者行为的实施主体。狭义的消费者是指购买、使用各种消费品或服务的人；广义的消费者是指购买、使用各种产品或服务的个人与组织。在消费者行为学和经营实践中，可以从不同的角度来分析消费者。

1）从消费需求角度分析消费者

根据消费者对商品需求的表现不同，可以将消费者分为五种类型：潜在消费者、准消费者、显在消费者、惠顾消费者、种子消费者。

（1）潜在消费者：消费者具有的买点与企业的现实卖点完全对位或部分对位，但尚未购买企业产品或服务的消费者。这类消费者数量庞大，分布面广，由于消费观念、信息缺失等原因，他们当前并没有购买企业的产品，如果企业针对他们进行营销设计，则可能成为企业的现实消费者。

（2）准消费者：对企业的产品或服务已产生了注意、记忆、思维和想象，并形成了局部购买欲，但未产生购买行动的过客。对过客而言，本企业的产品或服务已进入他们的购买选择区，成为其可行性消费方案中的一部分。但由于产品某方面还不尽如人意等原因，他们一直未购买本企业的产品。

（3）显在消费者：直接消费企业产品或服务的消费者。只要曾经消费过本企业的产品，就是本企业的一个消费者。

▶ 思考一下：对于市场营销者而言，显在消费者和潜在消费者哪个更重要呢？

（4）惠顾消费者：经常购买企业产品或服务的常客。

（5）种子消费者：能为企业带来新消费者的特殊消费者。种子消费者有四个基本特征：忠诚性、排他性、重复性、传播性。粉丝营销、网红带货利用的就是种子消费者。云集创始人肖尚略认为，传统零售业是通过商业街连接品牌和消费者，现在的电商是通过 App 连接品牌和消费者，未来可能是通过意见领袖或购物达人连接品牌和消费者。

在传统经济时代，消费者的口碑影响范围很小，广告的作用较大。但在网络时代的社会化网状传播结构中，消费者正从"媒体信任"转移到"人格信任"上。KOL（Key Opinion Leader，关键意见领袖）、KOC（Key Opinion Consumer，关键意见消费者）、网红、明星的受众说服力远远超过蓝 V（机构认证）、传统媒体，是因为前者具有强烈的人格化属性，用户与 KOL 等的

1-2 KOL 与 KOC 的区别

互动沟通，本质上更像是一种社交行为，而非信息获取行为。KOL、KOC、"粉丝"等种子消费者通过论坛、QQ、微信、微博、小视频，将产品体验广泛传播，从而影响很多消费者。同时，基于对人的信任和"粉丝"的口碑，KOL将更加高效地促进交易的完成。

种子消费者的数量，往往决定了企业的兴旺程度，也决定着企业的前景。雷军就曾深有体会地说："因为米粉，所以小米。"但是，从客户到"粉丝"并不容易，需要进行客户忠诚度的培育。"三顿半"咖啡在成名前是在"下厨房"App上走红的，"三顿半"以其特别的品质征服了这个App中的美食家，使他们"路转粉"，成为"三顿半"的首批种子消费者。

在网络语言中，"种草"是指把一样事物推荐给另一个人，让另一个人也喜欢这一事物。"种草"的最终目的也是达成销售，但比直接销售的带货方式更为隐性，如小红书上的"种草"KOL。移动互联网时代的社交媒体为消费者"种草"提供了广阔的平台，但火爆的"种草"都是自带爆点和流量的。例如，"口红一哥"李佳琦凭借视频直播创下了5小时成交商品23 000单的带货神话；网红主播薇娅在2018年"双11"（"双11"购物狂欢节，简称"双11"）直播中的销售金额高达3.3亿元，2019年薇娅的年销售总额高达300亿元，2020年薇娅的双十一累计销售额竟高达53.2亿元。在2021年三八节的淘宝直播平台上，薇娅当晚带货4.2亿元，李佳琦带货2.75亿元。

【案例链接】

雅诗兰黛"双11"预售首日冲破5亿，是代言人的功劳吗？

雅诗兰黛是2019年天猫"双11"预售的最大赢家。值得关注的是，在"双11"预售开启前一天，雅诗兰黛官宣肖战为品牌亚太区彩妆及香氛代言人，并发布了由肖战主演的雅诗兰黛反转微电影。肖战与李现、杨幂，三人形成的代言矩阵在新浪微博上覆盖了1.2亿粉丝，超过了微博2.1亿日活用户的一半。

有观点认为，雅诗兰黛在预售首日的初战告捷无疑证明了包括肖战在内的代言人的强大带货能力。但这一观点也引起了争议，有分析认为，雅诗兰黛的成功不能完全归功于代言人，而是合力的结果。品牌美誉度高、产品口碑好是基础；代言人选得好，价格又优惠是助推力。单独任何一项都不一定可以推动销售，组合起来才有效。

消费者需要意见指引，品牌则需要关键意见领袖来传播推广。了解美妆护肤行业的人十分清楚，代言人仅仅是品牌搭建的意见领袖金字塔的顶部，这座金字塔是由大量不同圈层的博主、KOL、达人和红人建立的传播生态系统。例如，此次雅诗兰黛"双11"预售也在淘宝直播进行了投放，以李佳琦和薇娅为代表的淘宝主播在带货环节做出了重要贡献。

雅诗兰黛还渗透到大批"腰部"博主的"双11"攻略中，实现了规模圈层效应。在金字塔的底层，是近来广告营销行业引发热议的KOC，他们通过口碑效应为品牌造势，如小红书、B站的博主。由此，雅诗兰黛已经构建了一个围绕明星和博主的复杂营销系统。

这也是如今很多奢侈、时尚和美妆品牌在中国普遍使用的营销策略。咨询机构麦肯锡在其发布的《中国奢侈品报告2019》中指出，Chanel官方发布Gabrielle手袋（流浪包）后，先由一线明星"带货女王"杨幂背着这只包出现在超级时尚博主包先生（MrBags）的微信公众号上，旋即流浪包一炮打响。接着，由知名度比较高的本土流量博主接棒，用通俗易懂的方式将顶级时尚解构成消费者容易理解的各种照片、博文和评论，最后由众多网红为全国各地的消费者完成产品的本土化宣传。

这种金字塔式的多层传播囊括了各种级别的明星和博主 KOL，让他们"各司其职"：明星提升品牌形象；知名网红主播收割顶级流量；中腰部 KOL 真实体验，输出产品口碑，影响素人并带来 UGC 内容。这样做有利于品牌高效触达消费者。在雅诗兰黛"双 11"预售前期，博主和 KOL 持续炒热话题，最后消费热情被代言人肖战彻底点燃，形成了不断高涨的传播节奏。

资料来源：雅诗兰黛双 11 预售首日冲破 5 亿，是代言人的功劳吗？[EB/OL]. https://www.inshoes.cn/home/showinte/3433.

2）从消费角色角度分析消费者

在日常的购买决策中，消费者可能会扮演下列一种角色或几种角色。

（1）倡议者（发起者）：首先提出或有意购买某一产品或服务的人。

（2）影响者：其看法或建议对最终购买决策具有一定影响的人。

（3）决策者：在是否购买、为何买、哪里买等方面做出部分或全部决定的人。

（4）购买者：实际购买产品或服务的人。

（5）使用者：实际消费或使用产品、服务的人。

下面以小天才智能手表为例，其之所以很快成为儿童智能手表行业的佼佼者，原因在于"小天才"更加突出产品的社交与安全功能。社交满足了孩子的需求，安全解决了家长的痛点。"小天才"以排他性的加好友方式强化其社交门票功能，手表之间通过"碰一碰"互加好友，还支持孩子们发朋友圈、微聊、相互点赞、互送金币、晒步数，甚至可以进行支付，等等；从而形成了一个生态系统，没有"小天才"，小朋友很难融入集体。"小天才"针对孩子的广告语是："找啊找啊找朋友，找到一个好朋友，你也有，我也有，大家都是好朋友。"但父母才是真正的购买者，父母最关心的是孩子的安全，因此"小天才"针对父母的广告语是："不管你在哪里，一打电话，马上就找到你。"这样，就从使用者和购买者两方面调动了购买欲望。图 1-2 描述了儿童产品购买决策过程中的各种参与角色。

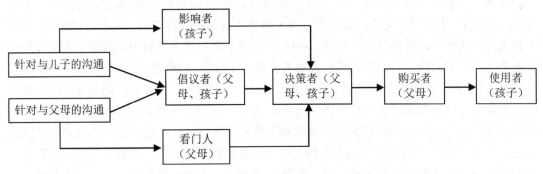

图 1-2　儿童产品家庭购买决策中的角色

企业有必要区分和认识以上这些角色，尽量使自己的经营适应目标市场消费过程中起重要作用的各种角色，尤其是起决定作用的角色。因为这些角色对于设计产品、广告宣传和安排促销方式是有关联意义的。例如，健康产品"脑白金"就很好地区分了购买者与使用者，老年人年纪越大越有养生的需求，但通常又舍不得花钱买保健品，而经济独立的年轻人都愿意通过一份恰当的礼品对父母表示一片孝心。于是，"脑白金"将产品定位于"老人礼品"，将其功能定位于"年轻态保健品"，广告策划以子女对父母的孝敬为主题，从而使"脑白金"在人们心中树立起孝敬老人的"礼品"形象。泰国不少酒店以色情为主题在美国打广告，结果发现效果并不好。原来，据调查，美国人对度假、户外娱乐活动的选择通常是由夫妇双方共同决策的。因此，这类染"黄"的酒店会被妻子否定。某儿童玩具厂家为在暑期加大一种智力玩具的销量，煞费苦心地在产品上捆绑了一种时下在小学生中非常流行的飞镖玩具，试图以"买一赠一"的方式来博得他们的青睐。但结果令厂家非常失望，销售额还不如以前。后来厂家通过调查才发现，原来作为决策者和购买者的家长认为，这种飞镖玩具的安全性有问题。

另外，华杉（2013）从营销的角度提出消费者在消费活动不同阶段的四个角色：购买前是受众的角色；购买中是购买者的角色；使用产品时是体验者的角色；使用产品后是传播者的角色。营销者应当从整体上去研究消费者在每个阶段的角色行为，并采取针对性的营销措施。那么，在产品上市之初，可以通过影响者的作用刺激使用者的需要，如"明星同款""网红商品"；在产品成长期，如果产品的使用者和决策者是分离的，营销推广就应当侧重于挖掘决策者的关注点、顾虑点；在使用过程中，应帮助使用者正确地认识、使用产品，使其获得积极的消费体验；最后，使产品与消费者形成价值共享、共鸣共振的品牌共同体，消费者成为品牌的粉丝并积极传播。

1.1.2 消费者行为

1. *消费者行为的内涵*

消费者行为（简称消费行为）是指消费者在内外部环境的刺激下，为了满足生活消费需要，围绕相关消费品或服务所发生的内在心理活动过程和外在行为过程的总和。

举个例子来说明消费者行为的过程及影响因素。小 A 一直工作很努力，最近想去国外旅游放松一下紧张的神经，"世界这么大，我想去看看"（需要），同时他也有经济实力和年休假（资源），正好现在又是旅游淡季，许多境外线路都在打折促销（机会），因此小 A 着手准备下月去国外旅游的计划（动机）。小 A 在网上查阅了许多游记、攻略，并通过到旅行社咨询，查看旅游广告，加入旅行社服务人员的 QQ 群，期望能获得相关信息（接触或展露），其中关于澳洲的介绍引起了小 A 的特别关注（注意）。小 A 还想起亲友、同事都曾得意地描述过他们在澳洲的美好经历（记忆）。在这一过程（问题识别、信息搜寻）中，小A 并不会注意到所有的旅行信息，但他可能会接触到那些他从不会有意识去感知或注意的信息。小 A 试图对旅游景区的风土人情、性价比等信息进行分析、理解、分类，判断其是否最符合他的需要和自我概念（理解、思维）。通过比较评估（方案评价），小 A 对澳洲旅游形成了积极正面的态度（态度）。同时，小 A 还需要对旅游方式等其他问题进行决策，例如，跟团还是自助游；结伴游还是个人游；到当地租车或利用公共交通或使用共享汽车；买一个讯飞晓译还是借助于"有道"翻译官（App）……另外，还有一些低卷入的简单决策，如是否买防晒霜，是否自带拖鞋……（购买决策）。小 A 根据这些消费决策进行了相关的商品购买与旅游消费活动（购买与使用）。旅游结束后，小 A 还会对此次旅游的结果进行评价。如果达到了他的期望，他会心满意足；如果远远超过了他的期望，他会非常高兴；否则，他就会产生不满情绪（购后评价）。小 A 还可以通过网络、口传等方式向别人分享此次旅游经历，如制作电子相册、写游记等（分享）。

在整个消费行为过程中，小 A 受到了许多主客观因素的影响，包括经济、文化、国家关系、家庭、社会阶层、参照群体；个人的价值观、自我概念、人格、生活方式；营销宣传、促销措施、情境；等等。

1）消费行为过程

从时间维度上看，消费者行为轨迹大体可分为：问题认知、信息收集、方案评价与比选、购买决策与商品获取、商品使用、购后（体验）评价与分享、商品处置等七个阶段。或者说，指的是购买前（问题认知、信息搜寻）、购买时（比选、购买）、购买后（使用、评价、处置）的消费过程。

1-3 消费者购买行为过程的主要问题

但是，并不是说消费者的任何一次购买行为都会按次序经历这个过程的所有步骤。在有些情况下，消费者可能会跳过或颠倒某些阶段。通常来说，对于消费者熟悉的产品、频繁购买的产品、低成本产品等，消费者的行为过程相对比较简单，其消费决策过程也更为快捷。但对于房产、汽车、家装、大家电、投资等高价且复杂的产品，消费者的购买过程就较慎重且复杂。

心理学家丹尼尔·卡尼曼（Daniel Kahneman）认为人的大脑存在两个系统，分别有快（直觉）与慢（理性）两种作决定的方式，但人们通常更喜欢使用直觉进行判断和决策。网红带货、品牌、广告、明星效用、感性信息的作用也是让消费者在决策时更多地使用快思维而非慢思维。

▶ **思考一下**：描述你最近的一次消费活动，它在多大程度上遵循上述七个阶段的行为过程？你如何解释其中的差别？

AIPL 模型也是营销中非常经典的消费链路模型之一，即对于一个品牌或产品，消费者都会经历认知（awareness）—兴趣（interest）—购买（purchase）—忠诚（loyalty）四个环节。当然，不可能每个用户都会走到忠实粉丝这一步。市场营销就是要通过产品优化、品牌升级、活动运营等方式，让更多的消费者逐渐向上层运动。以电商产品为例，"A" 对应的是新消费者，"I" 对应的是访问过页面但没有成交的消费者，"P" 则是有过成功订单的消费者，"L" 是经常会产生购买行为的那群人。营销者应当为每一个层级的消费者设计适合他们的体验，目标就是使其向下一个层级移动，从而实现全链路营销。

在网络时代，营销者更加注重消费者的口碑传播，图 1-3 从产品和用户相互作用的角度描述了消费行为过程。

2）消费行为要素

如果从消费者行为的空间维度或消费行为构成要素上看，可以将消费行为要素归纳为 5W2H 模式。

（1）Who：消费者是谁？谁构成该市场？谁购买？谁参与购买？谁决定购买？谁使用所购产品？谁是购买的发起者？谁影响购买？

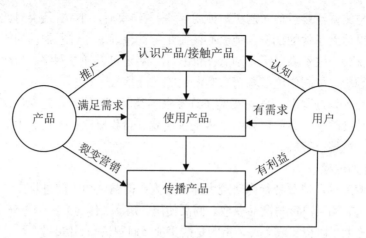

图 1-3 产品和用户相互作用视角下的消费行为过程

（2）What：购买什么产品或服务？购买了哪个品牌？顾客需要什么？顾客的需求和欲望是什么？对顾客最有价值的产品是什么？满足顾客购买愿望的效用是什么？顾客追求的核心利益是什么？

（3）Why：为何购买？（购买目的是什么？）为何喜欢？为何讨厌？为何不购买或不愿意购买？为何买这不买那？为何选择本企业产品，而不选择竞争者产品？为何选择竞争者产品，而不选择本企业产品？

（4）When：何时购买？什么季节购买？何时需要？何时使用？曾经何时购买过？何时重复购买？何时换代购买？何时产生需求？何时需求发生变化？

（5）Where：何地购买？在城市购买还是农村购买？在超市购买还是农贸市场购买？在大商场购买还是在小商店购买？

（6）How：如何购买？如何决定购买行为？以什么方式购买（实体店选购、网购、电视购物等）？按什么程序购买？如何支付？消费者对产品及其广告等如何反应？

（7）How much：花了多少钱？购买数量是多少？一定时期的购买次数是多少？一定时期的购买频率是多少？人均购买量是多少？市场总购买量是多少？

在营销工作中，可以根据以上要素对消费者行为进行全面、深入的分析。图 1-4 就是关于一款美妆产品（化妆刷子）的消费行为要素的 5H2W 分析图。

如果将时间和空间的两个维度交叉分析，也就是将消费者行为的阶段维度和要素维度结合，就可以构建起消费者行为分析的研究体系（见图 1-5），这个体系细化了消费行为的分析内容。

2. 消费行为的影响因素

心理学家勒温（Kurt Lewin）认为"人的行为是个体与其周围环境相互作用的结果"，并提出了一个著名的公式：$B=f(P,E)$，也就是说一个人的行为（behavior）是其人格或个性（personality）与其当时所处情景或环境（environment）的函数。消费者行为也是如此，消费者行为不仅受到个人需要、认知、学习、态度等心理因素和年龄、生活方式、自我形象、个性等因素的影响，也会受到家庭、参照群体、社会阶层、文化以及市场营销等因素的影响。研究这些因素与消费行为的关系，才能发现消费行为产生的原因，把握消费行为发展变化的规律，从而预测和引导消费者的行为。

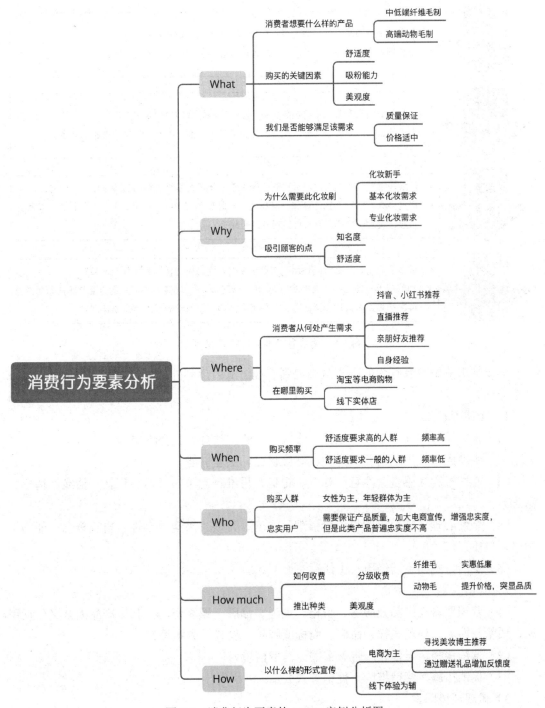

图1-4 消费行为要素的5H2W案例分析图

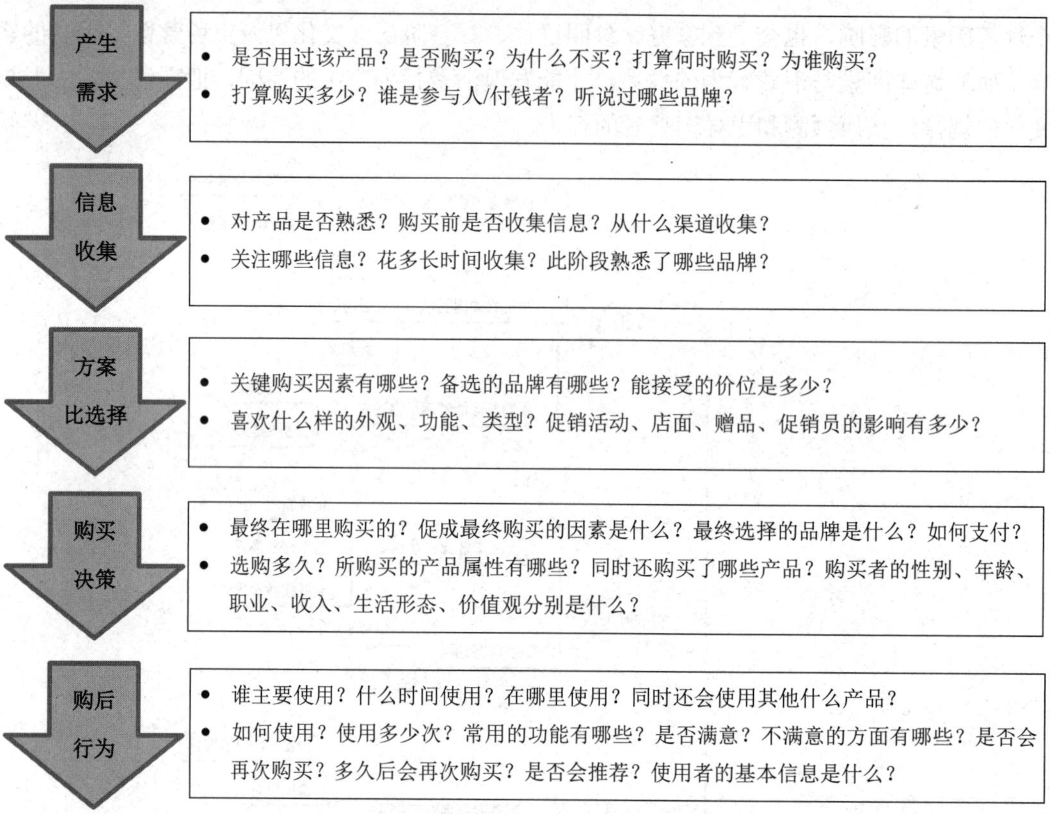

```
产生需求
  • 是否用过该产品？是否购买？为什么不买？打算何时购买？为谁购买？
  • 打算购买多少？谁是参与人/付钱者？听说过哪些品牌？

信息收集
  • 对产品是否熟悉？购买前是否收集信息？从什么渠道收集？
  • 关注哪些信息？花多长时间收集？此阶段熟悉了哪些品牌？

方案比选择
  • 关键购买因素有哪些？备选的品牌有哪些？能接受的价位是多少？
  • 喜欢什么样的外观、功能、类型？促销活动、店面、赠品、促销员的影响有多少？

购买决策
  • 最终在哪里购买的？促成最终购买的因素是什么？最终选择的品牌是什么？如何支付？
  • 选购多久？所购买的产品属性有哪些？同时还购买了哪些产品？购买者的性别、年龄、职业、收入、生活形态、价值观分别是什么？

购后行为
  • 谁主要使用？什么时间使用？在哪里使用？同时还会使用其他什么产品？
  • 如何使用？使用多少次？常用的功能有哪些？是否满意？不满意的方面有哪些？是否会再次购买？多久后会再次购买？是否会推荐？使用者的基本信息是什么？
```

图1-5　消费者行为分析的研究体系

如果把影响消费者行为的因素从微观到宏观、从内部到外部进行排列，大体上有以下几个方面。

1）个体因素

（1）人口统计特征（年龄、地位、收入、职业、教育、社会阶层）。

（2）生理因素（生理需要、外貌、健康状况、生理机能）。

（3）心理过程（感觉、注意、知觉、记忆、思维、想象、学习、记忆、情绪、情感、意志）。

（4）个性心理（需要、动机、价值观、态度、习惯、兴趣、个性、自我概念、能力、性格、气质）。

（5）生活方式（生活经历、生活形态）。

2）营销因素

（1）营销要素（产品及服务、价格、渠道、品牌、顾客资产，其中产品因素又包括用途、质量、性能、外观式样、命名、商标或牌号、包装、成本等）。

（2）营销传播（媒体、广告、公关、消费情境）。

（3）促销措施（营销推广、促销方式）。

3）微观环境因素

（1）家庭（结构、生命周期、决策模式）。

（2）相关群体（虚拟社群、参照群体）。

（3）社会阶层、社会组织。

4）宏观环境因素

（1）自然环境（地理区域、气候条件、资源状况、理化环境）。

（2）社会消费基础结构（消费基础设施、市场供求、科学技术、消费政策）。

（3）文化和亚文化（风俗习惯、社会风气、社会价值观、文化传统、宗教信仰）。

（4）政治、经济、法律环境。

▶ 思考一下：回忆最近的一次购买活动，有哪些内外因素对你的购买活动产生了影响？这些因素对你的购买行为产生了怎样的影响？

从消费者行为学的研究内容上看，主要包括消费行为过程、消费行为构成以及消费行为的影响因素三个方面。

3. 消费行为的一般模式

消费行为是其各种内外影响因素有机作用的结果，应当从系统整体角度对消费行为进行分析研究。既要看到消费者心理系统的整体性，也不能忽视消费者特定时空环境中的各种变量。消费行为学应当厘清各种影响因素与消费行为之间的关系。只有全面、系统地研究各种影响因素与消费行为的关系，才能系统、准确地揭示和了解消费心理与行为的全貌，掌握其变化规律，并有针对性地采取正确的市场营销策略。

消费行为模式是指用于表述消费者购买行为过程中全部或局部变量之间因果关系的理论描述，如图1-6所示。

▶ 思考一下：如果你准备开发（或投资）一种新产品（或服务项目），你觉得应当从哪些方面对消费者进行分析和研究？

1.1.3　消费者行为学的内涵

消费者行为学是研究消费者在消费活动中的心理与行为特点及其产生、变化规律，以便适应、引导、改善和优化消费行为的一门学科。

大体上看，消费者行为学试图解决的基本问题包括以下方面。

（1）消费者的特征辨析（who）。

（2）消费者的行为状态与心理状况（what）。

（3）如何解释消费者的行为（why）。

（4）如何影响消费者和与消费者互动（how）。

（5）消费者行为的变化趋势（how）。

▶ 思考一下：你觉得消费者行为学应当研究哪些具体内容？

消费者行为学的研究目的在于帮助企业掌握消费者的心理与行为特点及一般规律，并运用这一规律预测消费变化趋势，及时采取最佳营销手段，激发消费者的购买欲望，促成有效购买，在满足消费者需要的基础上提高企业的经济效益。因而消费者行为学的有关理论与方法必须具有实用性，即能够给商品生产者和经营者以实际的指导和帮助。为此，消费者行为学特别注重具体方法、措施、手段的研究。在网络信息时代，企业开始利用数据挖掘技术并结合 CRM（客户关系管理）对消费者行为进行分析、归纳、总结。例如，全球最大的零售商沃尔玛（Walmart）通过对客户购物的数据进行分析，发现很多周末购买尿布的顾客也同时购买啤酒。经过深入研究，沃尔玛还发现美国家庭购买婴儿尿布的多是父亲，父亲们下班后要到超市买尿布，同时也顺便为自己买一罐啤酒，好在周末观看棒球比赛时饮用。后来沃尔玛就将啤酒与尿布放在一起进行交叉销售，结果啤酒与尿布的销售量都得到了提高。

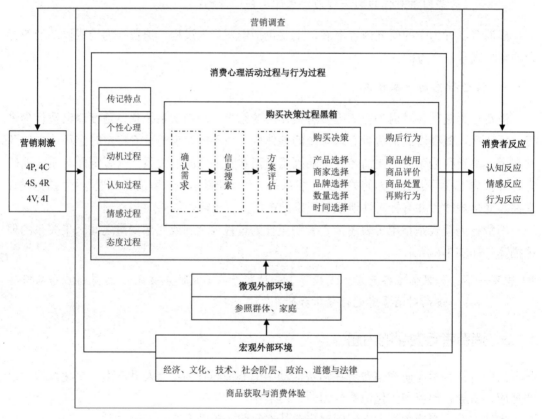

图 1-6　消费行为模式

从学科性质上看，消费者行为学是行为科学在市场营销领域内的应用，它涉及经济学、心理学、市场营销、社会学、人类学等多门学科，是一门具有多学科交叉性质的边缘学科。

消费者行为学与消费心理学在研究对象与研究内容上是基本一致的，它们都研究消费心理与行为，都注重与营销实际相结合，两者之间没有实质性的差别。但消费心理学是心理学的一个分支学科，它侧重于影响消费者行为的内部心理因素的研究；而消费者行为学强调综合研究影响消费者行为的各种因素，倾向于对整个消费行为过程（包括外显的消费行为和内在的心理过程）进行研究，"多学科综合运用"的研究趋势是消费者行为学的重要学科特点。

1.2 消费者行为学的产生与发展

1.2.1 消费者行为学产生、发展的历史条件

消费者行为学是行为科学在营销实践领域中的应用。消费者行为学的产生一方面是商品经济产生和发展的客观要求，另一方面也是行为科学日益扩展和深化的产物。

消费者心理与行为是客观存在的现象，但人们对消费者心理与行为的重视和研究却是随着商品经济的发展而逐渐加深的。社会的需要是这一学科产生、发展的动力。消费者行为研究作为一个独立的研究领域受到重视，最直接的原因是消费者行为研究成为了市场营销决策的基础，它与企业的市场营销活动密不可分，并且现代市场营销思想的传播与实践又推动了消费者行为研究的发展。

在小商品生产时期，由于手工工具和以家庭为单位的小规模劳动的限制，生产力发展缓慢，可供交换的剩余产品数量十分有限，市场范围极其狭小，小生产者和商人无须考虑如何扩大商品销路、促进成交，因而客观上没有专门研究消费者心理与行为的需要。在19世纪末至20世纪初，世界上各个主要资本主义国家在经过工业革命以后，劳动生产率大为提高，当某些商品的生产超过市场的需要时，开始出现了市场竞争，这才有必要研究和揣摩消费者的心理及购买行为，探究消费者的需要和愿望，使产品找到畅销的途径。

从营销观念上看，在20世纪20年代至50年代，产品供应紧缺，企业奉行的是生产观念（production orientation）和销售观念（sale orientation）。例如，当时福特汽车公司的老板就认为生产创造着需求，"不管顾客需要什么样的汽车，我只有一种黑色的"，"我们卖什么，人们就买什么"。企业只考虑如何提高产量、扩大规模、降低成本、加强销售就行，不必也不会去深入研究消费者。第二次世界大战结束后，消费品的种类和数量急剧增加，企业之间的竞争加剧。为了扩大市场，增加销售，企业生产必须适应消费者的需求，提供消费者满意的商品和服务，而不只是想办法推销已制造好的产品，即形成了"以消费者为中心"的市场营销观念（marketing orientation）。销售观念关心的是卖出者的需要，而市场营销观念则关心购买者的需要。许多企业在经营实践中接受了市场营销观念，并由此推动了消费者行为学的深入研究。

一方面，营销实践活动为消费者行为学提供了取之不尽的研究动力与研究素材；另一方面，市场营销理论及其相应的营销战略又必须深刻洞察消费者的心理与行为规律，因而不断对消费者行为学提出新的要求，从而推动消费者行为学的不断发展。从目前的营销实践上看，网络化、移动化购物方式的兴起，新商业、新零售的出现，大量商业性App不断涌现，SNS、LBS、O2O、网络社群、二维码、大数据等数字化应用，各种创新商业模式风生水起，这些都给消费者行为学提出了新的研究课题。从营销理论上看，传统的营销理论经历了多次蜕变——4P、4C、4S、4R。在网络时代，信息的不对称逐渐被打破，消费者的话语权在回归，个性化需求逐步提升，新的营销理论更强调个性化、互动感染、心理体验的重要性，如4I、4V、4D理论。营销理论的演进并不意味着前后替代关系，而是营销理论之间的互补与发展。但这些营销理论也都需要消费者行为学对其所涉及的心理与行为基础进行深入研究。

同时，行为科学的诞生以及心理学等相关学科的发展，也为消费者行为学的产生与发展提供了坚实的理论基础，促进了消费者行为学由"雏形"向"形成"过渡。

当前，随着网络化、移动化时代的到来，以及新营销理论的提出，消费者行为及其研究方法都发生了巨大的变化，消费者行为学的学科建设必然要顺应时代的要求，消费者行为学正面临重构。

1.2.2 消费者行为学发展历史简介

自从有人类以来，消费者行为的点滴思想观念是与人们的消费实践同时出现的。所以，人们对于消费者心理与行为的关注以及经验描述有着十分悠久的历史。但直到19世纪末20世纪初才出现对消费者心理和行为的专门研究，而消费者行为学发展成一门有系统的理论研究并成为一个独立的学科，只有几十年的历史。所以，消费者行为学是一门"古老而年轻"的学科。

1. 学科萌芽阶段

在西文经济学家的研究中，有不少涉及消费者行为的经济观点。如亚当·斯密（Adam Smith）曾提出消费是生产的唯一目的和消费者至上的观点；"边际学派"对商品的价值与消费者主观需求的关系做了阐述，认为边际效用决定商品的价值；阿尔弗雷德·马歇尔（Alfred Marshall）最早提出了消费者购买行为模式，认为：消费者的购买决策基于理性判断和清醒的经济计算，即每个消费者都根据本人的需求偏好、产品的效用和相对价格来决定其购买行为。

之后，一些学者注意到消费者行为中的非经济因素。美国经济学家凡勃伦（Thorstein B. Veblen），在1899年出版的《有闲阶级论》一书中，明确阐述了过度需求中的炫耀心理。美国著名心理学家沃尔特·迪尔·斯科特（Walter Dill Scott）提出在广告中应用心理学，并于1903年出版了《广告理论》一书，这不仅是第一部有关消费心理学的著作，也是消费心理学的一个组成部分——广告心理学诞生的标志。

消费心理学最初是从距离消费行为最近的个体因素入手，如消费者感知、偏好与态度等，然后研究广告或推销方法对消费心理的影响，运用的研究方法大都是传统的问卷法、实验法等。后来，又进行了关于消费者信息处理、消费决策以及社会因素、社会阶层对消费行为的影响等研究。至20世纪60年代前后，一些学者为建构消费心理学体系付出了艰辛而卓越的劳动。消费心理学在消费者需求、购买动机、消费习惯、品牌忠诚、参照群体影响、风险知觉、新产品设计、潜意识与广告等方面积累了大量的研究资料，为消费者行为学的创立打下了良好的基础。

2. 理论创立阶段

20世纪六七十年代，探索消费者行为各个方面的论文纷纷在学术刊物上出现，学术论文数量激增，研究方法亦走向和推崇定量化。同时，一些比较完整的、系统的消费者行为模型产生，消费者行为学的学科体系趋于完整。

理论创立阶段有几个标志性的重要事件。

1960年，美国心理学会成立了"消费者心理学分会"，这是消费心理学正式成为独立学科的标志。

1965年，俄亥俄州立大学提出第一个"消费者行为学"教学大纲，标志着消费者行为学冲出了"市场营销学"的研究范畴而成为一门独立的新学科。

1968年，俄亥俄州立大学的Engel出版了第一部《消费者行为学》教材。

1969年，Howard和Sheth提出"购买者行为理论"，为营销学角度的消费者行为研究开了先河。

1969年，美国的消费者研究协会正式成立。

1974年，《消费者研究学刊》（JCR）创刊。

3. 理论深化阶段

20世纪80年代以后，消费者行为学的研究内容更加全面，理论分析也更加深入。在传统研究领域外，还进行了自我概念与消费行为研究、非理性消费行为的研究。同时，也出现了更加完善的消费行为解释模型，如受限意向行为理论（theory of planned behavior，TPB）、消费者文化理论（consumer culture theory，CCT）等。

这一时期的主要特点包括：由一般表象研究转向深入的理论探讨；由简单的数量关系研究转向对行为因果关系的探讨；研究角度趋向多元化；多学科交织、渗透和互补性的研究增多。

4. 理论重构阶段

理论重构阶段产生于21世纪初的网络信息时代，互联网、移动终端以及大数据研究方法的应用使消费者行为本身和理解、分析消费者行为的方法都在发生根本性、革命性的变化。相对于传统的消费者行为学，数字化时代重构消费者行为学的目标已经提出（M. R. Solomon，2014）。"数字化消费者行为""数字化时代""消费者虚拟社群""消费者大数据分析"等一批全新的理论概念已经出现。

1-4 移动互联网改变生活

1.2.3 消费者行为学面临的新变化

党的二十大报告提出："加快发展数字经济，促进数字经济和实体经济深度融合。"随着数字经济的发展，数字网络时代的消费者行为也产生了深刻的变化，相应地，消费者行为学在研究内容、理论、方法等方面都面临着革命性转变。

1. 网络化、移动化购物方式成为主流

传统消费过程中，消费者习惯于到实体店铺购买商品，整个消费行为是实体化的。如今，网络购物使购买活动在虚拟的网络空间里完成，由于网上购物不受时间和空间的限制，省时省力，而且可以为消费者提供更好、更多、更全的商品信息，越来越多的消费者在网上购物，网络购物已成为大众生活的新常态。在移动互联网时代，随时随地购物已成为现实。与此同时，消费者的消费心理与行为也在发生深刻的变化，如更加追求个性化消费、主动消费，强调购买的方便性，更加注重价值和信息等，尤其是随时随地随性的"场景触发式购物"将成为一种生活方式。

1-5 互联网时代消费心理的"六个转变"

2. 信息不对称情况大大改善

在网络信息时代，各种自媒体、社交媒体不断涌现，信息高度透明化，信息结构呈现为去中心化的立体网球形，互联网强大的信息搜索功能和多媒体呈现功能改变了消费者在交易中持有的信息量，极大地改善了买卖双方信息不对称的现象。与此同时，传统营销的商业信息渠道对消费者的影响作用越来越小，消费者形成了主动选择信息和双向沟通的信息行为模式，卖方的选择空间也大大拓宽，消费者也因为信息充分而拥有了更大的话语权和自主控制权。

3. 网络社群逐渐成为消费者行为的主体形态

在 Web 2.0 时代，用户分享内容使营销信息传播发生了重大变化：传统的厂商到消费者的单向传播形式发展成为社会性的网络交互平台，单向传播变成了多点对多点的分散传播，受众圈层效应明显，虚拟消费者社群广泛出现，互动、分享、社交体验成为影响消费者的主要社会动力。QQ、微博、微信等沟通工具的普及，让信息传播更快，人与人更容易互动。以前消费者的消费决策受广告和品牌影响大，而现在主要是受口碑和素不相识的网友评价影响。在移动互联网时代，网络社群对消费者行为的影响大大增强，消费者行为的关注重心开始从"个体行为"转向"（网上）群体行为"（如社交网络和朋友圈的行为），社交电商空间巨大。同时，新时代消费者也不再满足于简单的单次商品购买和打折促销，而是期待获得更丰富的购买体验和社交服务，"人"与"货"相结合的网红带货等现象应时而生。

4. 网络口碑作用放大

在移动互联网时代，消费者已经不满足于获得知情权，他们希望有更充分的表达权，希望自己的声音、见解能够被更多的人和企业关注、尊重。消费者已从单纯的信息接收者变为信息生产者、传播者，消费者分享的内容也越来越丰富，从文字、图片到短视频、电影。而信息的控制权已经易帜，从企业转移到消费者的手中，消费者处于信息的主导地位。可见，移动互联网时代的商业思维是一种民主化的思维，企业通过买通媒体单向广播、制造热门商品诱导消费行为的模式已经不成立了。

Web 2.0 将传统口碑（WOM）变形为电子口碑或网络口碑（eWOM）。Web 2.0 强调开放、共享、参与、创造，强调个人信息的交流与互动，能形成一对多或多对多的口碑信息传递，从而使得网络口碑具有更强的影响力和更快、更大的传播放大效应，对消费者的品牌忠诚度和购买决定等影响甚大。商业广告始终摆脱不了其地位导致的可信度疑惑，而不断的弹出式窗口和垃圾邮件又进一步对消费者造成信任损失，所以在消费者的购买决策中，口碑信息更值得信赖，商业来源的信息都必须得到网络口碑的检验、认同，才能被消费者所接受。

另外，不同于传统口碑信息口耳相传的易逝性，网络口碑信息表现为文字、图片、音频、视频或 Flash 等多媒体形式，是有形的，可以永久保存、随时获取，不仅有利于消费者搜索、浏览和借鉴，而且其他网友的创造性的言论和新信息刺激的加入，还会进一步强化网络口碑的持续影响力。同时，以文本形式出现的口碑信息也给研究者提供了新的消费者研究平台，成为大数据消费者研究的重要方面。由于网络口碑所产生的粉丝效应和羊群效应，病毒营销、社交媒体营销和粉丝营销的市场影响巨大，网络口碑已经成为消费者行为学一个新的研究热点。

5. *消费者的决策模式发生变化*

传统的漏斗模型认为，消费者的决策进程是逐步地缩小品牌选择范围和接触点的过程，沟通方式也是单向线性的。图 1-7 表现的是经典的 AIDA 模型（attention, interest, desire, action），它描述了消费者购买决策的基本过程。

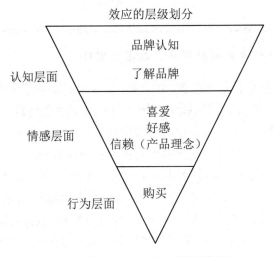

图 1-7 消费者购买决策的"漏斗模型"

在网络时代，经典的"漏斗模型"已经难以充分刻画和描述消费者更复杂、非线性的购买决策路径。D. Court 等人提出的"消费者决策进程模型"（consumer decision journey, CDJ）表明，消费者的数字化决策进程是环状循环往复的，由"购买环"和"品牌忠诚环"两个小环内切组成，包括考虑、评估、购买、体验等关键阶段。这个双环决策模式是循环往复的，不是一个逐渐缩小的过程，它与"连续、线性、自上而下"的传统漏斗模型形成鲜明对比，购后体验则发展为"共享""互粉"和"互信"，良好的购后体验可以让消费者跳过前面的考虑阶段和形成偏好阶段，而直接进入购买行动阶段，如图 1-8 所示。所以，如果企业能够加强品牌与消费者之间的联系，就能大幅压缩甚至消除消费者在购买过程中的考虑和评估部分，直接把消费者推入这一决策进程的购买环节。

在日本电通集团的 AISAS 模型中，搜寻（search）和分享（share）成为消费行为的重要节点。在移动互联网环境下，消费者的行为路径变短，这个过程大体是：看到→点击→产生兴趣→购买（体验）→复购。从以前"人找货"到"货找人"。

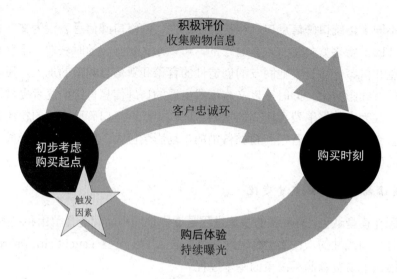

图 1-8 环状决策进程模型

资料来源：Court D, Elzinga D, Mulder S, et al. The consumer decision journey. McKinsey Quarterly[J], 2009, 3(3): 1-11.

6. 适应全渠道购物方式的新商业、新零售出现

马云在 2016 年提出了新零售概念。新商业、新零售的基本理念强调"线上+线下+物流"的深度融合，重视线上、线下与移动渠道相结合，以大数据和人工智能等"新技术"驱动零售业态与供应链重构，以互联网思维促进实体零售转型升级，以"新物流"为支撑提高流通效率和服务水平，从而为顾客提供全天候且多维度的集购物、娱乐、社交于一体的服务，并实现消费场景化。这一商业业态的兴起，适应了消费者对线上线下相融合的全渠道购物方式的追求，丰富了消费者的消费体验。例如，盒马鲜生是"超市+餐饮+物流+App"的复合功能体，顾客无论是在体验店还是在 App 上下单，都能享受"五公里范围，半小时送达"的快速物流配送体验；盒马鲜生不仅提供最优质最新鲜的生鲜商品，还可为消费者当场加工，并提供餐饮区让消费者坐下来慢慢享用自己选购的商品。

1-6 歪果仁体验盒马鲜生购物

当然，新商业、新零售的形式很多，不应当进行狭隘的定义。同时，新零售并没有打破传统零售的本质，但它利用了新的信息技术手段，能将线上、线下的数据打通，从而给消费者提供精准化个性化的服务以及良好的服务体验。广义的新零售应该被看作一种可适用于各种服务行业的通用性商业模式。例如，在亚马逊的自助式便利商店 Amazon Go，用户完成购物只需进入超市、选择商品、离开超市三个步骤；"饿了么"能根据消费者的喜好与特点进行信息推送；而优衣库则将网上、网下的服务打通。

商业理论（如中西正雄的"新零售之轮"理论）和社会实践都表明，某个时期内的新型商业形态最终都会逐渐成为被革新的对象。而线上线下相互融合的"新零售"不论是对单纯的电商平台还是对单纯的实体零售商店，抑或是其他服务行业都将产生巨大冲击。

1-7 美业再起风，河狸家迷上新零售

7. 大数据研究成为新的研究范式

消费者行为研究中大数据分析方法的实质是"让消费者自己告诉你",强调整体数据,而不是随机样本;注重揭示相关关系,而不是因果关系;接受多种数据的混杂性,而不是强调局部精确性。以大数据驱动的消费者行为研究,由于可以获得整体意义上的消费者行为数据,能为定量分析提供极为丰富的客观、真实数据,从而帮助消费者行为学真正走进科学的殿堂。联合利华首席营销官 Keith Weed 主持的一项深度研究——"营销 2020"发现:善于使用数据的公司成长得更快。高绩效营销团队几乎都是基于数据来做决定的。

1-8 移动互联网:大数据让沟通无障碍

在互联网世界中,所有的消费行为最终都会沉淀为数据。在线上、线下可以获得许多消费者的真实数据,通过数据挖掘技术与数据分析,可以得到消费者的行为数据并分析消费者的各种行为,从而更准确地把握消费者的行为特点与规律,并在此基础上为消费者提供数据驱动的深度个性化服务。如消费者在网购中的点击、停留、浏览、评论、购买、收藏等都能反映其偏好与性格。

1-9 百度指数——迅速获取用户行为数据

由于影响消费者行为的因素十分复杂,传统的研究方法往往只能揭示某单一自变量与某因变量之间的关系,并不能完整而准确地解释人的消费行为,难以与真实的行为数据对接,预测力不高。同时,传统研究方法常常采用抽样的方式来进行,偏重于从局部去研究整体,容易以偏概全。而在大数据和移动互联网环境下,样本=总体,这样得到的结论要比抽样方法更能反映和揭示规律。同时,消费者的行为轨迹容易在极自然的情况下被完整记录,把这些多样化、多平台、多形式的碎片数据汇聚起来,就可以获得真实、完整的消费者洞察,这是研究方法的一次飞跃。可以预见,对于大数据的深入挖掘和深度利用必将成为消费者研究领域的重要趋势。

同时,由于大数据技术的应用,消费者行为研究还将变得更加高效和精确。消费者的行为数据可以被人工智能自动抓取、存储、识别和分析,而不再仅仅是依赖人的分析综合,从而使消费者行为研究进入"机器可以(自动)了解人"的阶段,未来从事消费者行为研究的或许是一个系统加一台服务器,而不再是专门从事市场研究的人。

正是在这样的背景下,"消费者行为学的理论面临修正更新乃至重构——走向大数据时代的、信息充分条件下的数字化消费者行为学,走向智能技术支撑的智能化消费者行为学"(卢泰宏,2017)。

【案例链接】

京东通过大数据理解消费者

京东通过大数据分析消费者购买行为和用户评价,评选"最具亲和力的电商产品"。在亲和力指数的生成过程中,京东大数据平台拥有的海量真实用户评价信息发挥了巨大作用。京东先通过非结构化的数据分析技术对评价文字进行分割,再通过语义分析划分成属性词与情感词。属性词涉及质量、外观等,情感词则是指好、坏等带有情感色彩的词汇。通过对词语的主题分类,将一整句话切分成简单明了的数个短语。汇总这些短语出现的频次,就反映了用户对产品本身的评价，进而成为可供专家评审使用的真实准确的参考依据。

在京东的用户行为日志中，每天记录着数以亿计的用户来访及行为。通过对用户行为数据进行分析和挖掘，可以发掘用户的偏好，逐步勾勒出用户的画像。用户画像可以还原用户的属性特征、社会背景、兴趣喜好，甚至还能揭示其内心需求、性格特点、社交人群等潜在属性，从而使京东能更好地为使用者提供个性化服务。

在京东看来，了解了用户的各种消费行为和需求，精准地刻画人群特征，并针对特定业务场景进行用户特征不同维度的聚合，就可以把原本冷冰冰的数据复原成栩栩如生的用户形象，从而指导和驱动业务场景及运营，发现和把握蕴藏在海量用户中的巨大商机。

京东曾通过C2B反向定制模式，对用户消费行为进行大数据建模，通过分析得出用户对产品的需求，预测市场规模，从而指导制造行业的生产与研发。京东还利用大数据建立了许多模型，例如小区画像、用户画像、商品画像等，这些数据有助于为用户带来个性化、多元化的服务，提升京东线上和线下的服务质量，同时提高运营效率。

资料来源：CSDN. 京东大数据助力中国最具亲和力产品评选凸显数据真实性价值[EB/OL].（2015-12-17）. http://www.sohu.com/a/49078041_115128.

本章思考题

1. 如何根据消费者在购买过程中的不同角色来开展市场营销工作？请举例说明。
2. 消费者的行为过程和行为构成涉及哪些要素？
3. 消费者行为学的大数据研究有什么特点和意义？
4. 根据自己的亲身体会，谈谈消费者行为学在实践中的应用。

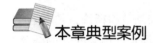

本章典型案例

7天连锁酒店的4C营销策略

在4C理论中，4C分别代表顾客（customer）、成本（cost）、方便（convenience）、沟通（communication）。4C营销策略改变了企业与消费者之间的关系，使传统的以产品为核心的理念向以客户为核心的理念转变。

7天连锁酒店最大的顾客群体主要集中在中小企业商务人士及"背包族"中。对于这类消费者而言，酒店环境舒适、卫生、安全，价格经济、实惠，出入交通便利，手续办理快捷高效，是他们选择酒店时最为关注的几个因素。对此，7天连锁酒店将"顾客感受第一"的理念贯彻始终，以将核心消费者锁定，并提供个性化服务。

1. 以消费者需求为核心，注重品牌体验式服务

全面提高产品质量。7天连锁酒店高度关注顾客"天天睡好觉"的核心需求，并以此为根本出发点力求为顾客打造一个舒适如家的住宿环境。坚持不懈以顾客切身感受为导向，不遗余力在细节上用心，在保持原有价格优势的前提下，通过配置高质量淋浴设备、五星级标准大床；改善营养早餐搭配，提供睡前牛奶；实现洁净毛巾封包；升级隔音设施，提

供室内拖鞋等措施，全面提高各项产品品质及舒适度。

营造快乐服务氛围。7天连锁酒店服务人员数量不多，但年龄基本都是20岁左右的年轻人，充满朝气、善于沟通，不管是前台接待，还是电话咨询都给人热情大方的感觉，有效减少了顾客对异地的陌生感，有助于顾客放松心情，营造一种轻松氛围。

2. 以"经济"性为中心，力求控制客户成本

为了满足消费者的"实惠"要求，7天连锁酒店全面控制成本，在硬件设施配置上用心斟酌。摒弃了传统酒店客房中大衣柜、笨重书桌、浴缸等物品，转而将简约、实用、清新、便利的宜家式板式组合家具融入客房设计中，注重增添客房"家"的温馨感和实用性。

3. 以"便捷"为重心，为客户创造方便快捷

交通环境便捷。7天连锁酒店的分店一般位于交通便利的地方，如市内交通枢纽附近（市内长途汽车站、火车站等）、主要会所附近（会展中心等）、市内各大地标附近（如重庆解放碑、成都春熙路等），极大程度上满足了顾客出行方便的要求。

预定方式高效。7天连锁酒店成功缔造了中国酒店业第一电子商务平台，同时还建立了互联网络、呼叫中心、短信预订、手机WAP及店务管理等一体化系统，顾客足不出户就能通过4种便捷方式完成客房资源的实时查询、预订、确认、支付等流程。既节约了顾客的时间、精力，又节约了7天连锁酒店的人力资源成本，而且非常符合当代消费者"网络化"生活特点。

网络信息分享便利。① 连锁分店信息全面化。7天连锁酒店在其主页上提供了各家分店的详细信息，包括整体情况介绍、电子地图、会员评价、预订情况、房间价格、设施配套情况、乘车路线等，让顾客在预订之前能做出有效的选择，提前熟悉异地环境。② 城市资讯向导化。为了给顾客提供更加丰富的信息，使其有个精彩的异地游经历，7天连锁酒店联合口碑网将相关城市的特色餐饮、娱乐、交通及其他生活资讯通过网络与消费者实现共享，成为名副其实的"网络导游"。

4. 以"真诚相待"为宗旨，实现交流方式多样化

网络信息丰富实用。7天连锁酒店主页设置了"会员分享"板块，为非会员顾客提供了一个入住经验分享的自由平台。同时，"24小时客服小秘书"及时在线回答最新活动、积分管理、预订导航、入住宝典等各类业务问题，让顾客通过网络与7天连锁酒店零距离接触。

信息反馈积极互动。针对网上预订且本人入住的顾客，7天连锁酒店设计出了"7天连锁酒店服务质量调查"问卷，并配备了增加积分政策，鼓励顾客在亲身入住体验之后积极填写反馈；同时，7天连锁酒店通过不定期召开会员主题座谈会、《7天四季》刊物面向全体顾客征稿等面对面、心连心的接触形式认真倾听来自顾客的声音，以作为它不断改进的重要参考。

精彩活动推陈出新。7天连锁酒店通过开展一系列公益捐款、会员优惠、半价兑换、获取电子抵用券、征稿等增值活动，有效调动顾客的参与积极性。这种做法是比较明智的，既保护了连锁酒店的价格体系的稳定，又对消费者变相提供了不同质量水平的服务。

资料来源：查克玲. 经济型连锁酒店4C营销策略分析——以7天连锁酒店为例[J]. 管理与财富：学术版, 2010（4）: 96-97.

案例讨论：

根据案例，就以下问题进行分析讨论：

（1）7天连锁酒店对消费者进行了哪些分析？

（2）受此案例启发，你觉得应当如何根据营销理论进行消费者行为学研究？

第1章-消费者行为学概述-自测题-1

第1章-消费者行为学概述-自测题-2

第2章 个性心理因素与消费行为

📚 **思维导图**

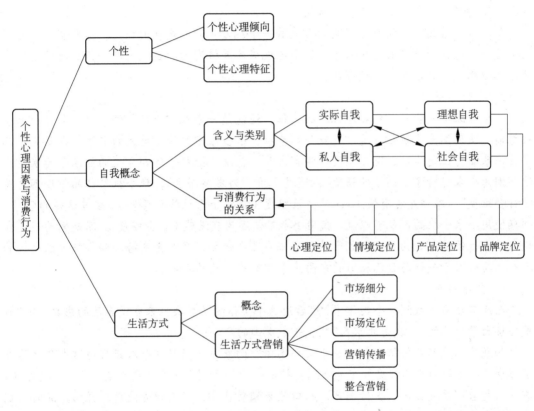

🦋 **本章学习目标**

- 了解消费者个性特征的概念。
- 理解自我概念及其营销策略。
- 了解生活方式的含义及在营销中的应用。

🗝 **导引案例：给消费者戴上自我概念的"帽子"**

一个产品不应只满足用户的功能需求(如旅游愉悦身心)，更应当帮用户戴上一顶帽子，成为用户个人形象的某种象征。当设计产品和品牌时，不光要考虑如何极致地提高性能以及如何提高用户体验，更要考虑我的产品给用户戴上了什么帽子。如果产品没有给用户戴上正确的帽子，即使产品体验很好，也往往难以销售。比如"零度可乐"花费很大力气宣传"无糖和减肥"，但是这样的宣传当时在美国没有多少正面作用，因为它给喝这个可乐的人戴上了一顶他不想戴的帽子："我是个胖子。"

心理学家乔纳森布朗曾经提出四个方面的"自我概念"。

1. 社会维度

在营造自我概念的"帽子"中，"社会维度"是被用得最多的，即让某个产品成为社会角色（如权力、金钱等）的象征。几乎所有的满足炫耀性需求的产品都或多或少地使用了这个维度的帽子，如名车、名表、名包……

所以当你看到一个收入并不高的人提着一个几万元的包走在大街上，你要明白，她提的不是一个包，而是提着自我概念。这个包也成为其持有者的自我延伸，并且能够迅速地传达出她想表达的信息——我有钱。

2. 个性维度

一个产品不光能是"社会地位"的象征，还能是一个人"个性"的象征。如在小米手机之前，使用国产手机往往是"没钱"的象征，很多人宁愿接受更差的配置，也要买个三星或诺基亚。但是为什么现在即使一些有钱人，也以"抢到一个699元的红米"为傲呢？这是因为小米进行了"帽子的转变"，通过定位"为发烧而生"，让手机象征的维度不再是"社会维度"（象征是否有钱），而是个性维度（象征个人性格和喜好）。经过这样的营销，初期使用小米手机的人就可以说"我用小米不是因为我没钱（社会维度），而是因为我是发烧友（个性维度）"。为什么人们会购买象征自己个性的产品？会支持那些象征自己个性的人？因为人对于一切与自己相似的东西几乎都有着天然的喜好。

3. 集体维度

人经常把自己放到一个集体中，然后用这个集体的某种共性来表现自己的形象。如"我是哈佛大学毕业的""我是北京人""我是威虎山的"……

如果你的产品能够给人以"属于某个集体"的象征，而且这个人正好对这个集体存在荣誉感，那么你的产品就更加容易得到支持——你给了别人一个"属于某个集体"的帽子。例如，打着"热爱祖国，支持国产"的口号来销售产品，当消费者使用这样的产品时，就无形给自己加了一顶帽子——"我爱国，我支持国货"。

4. 关系维度

人们喜欢拿关系来界定自己，而如果一个产品能够成为某种关系的象征，那么消费者就会在任何需要强化该关系的时候使用这个产品。例如，钻石、玫瑰成为爱情的象征，当你需要强化该关系时，你往往需要这样的产品（如情人节送玫瑰）；脑白金通过大量的广告轰炸成为"孝敬爸妈"的关系象征，所以你脑中不停地响起这句话："孝敬爸妈，脑白金！"

总之，如果你在消费者需要建立某种形象时，用你的产品恰当地给他们戴上一顶能够证明该形象的帽子，那么你就会赢得超越产品功能价值的青睐。

资料来源：李叫兽公众号. 自我概念营销：如何帮用户戴上合适的帽子.（2015-02-03）. ID: Professor-Li.

案例思考：

（1）你觉得自我概念还有哪些维度？

（2）你如何认识自我概念在营销中的意义？

（3）如何给不同的消费者营造不同的"帽子"？

2.1 消费者的个性

在消费活动中，消费者在认识过程（包括感知、注意、记忆、思维等）、情感过程、意志过程等心理活动中，存在着共同的一般规律。但消费者又具有各自不同的个性心理特点，在相似的环境刺激下，他们的消费行为会表现出明显差异。对这些个体心理因素进行研究，有助于企业细分市场，更有针对性地满足不同消费者的需要。

消费者的个性心理内在、复杂，其形成的影响因素也很多，因而准确地把握消费者的个性心理特点并不容易。在网络时代，所有的消费行为最终都会沉淀为数据，容易从中了解消费者的行为差异，大数据研究也容易发现人口统计变量与消费行为之间的关系，但消费者的内在心理特征仍较难准确描述。

从营销的角度看，显然，营销者不应试图去改变消费者的个性，而应在了解个性特征及其对行为影响的基础上，使营销策略适应消费者的个性特征。本章主要就消费者的个性心理与消费行为的关系进行探讨。

2.1.1 个性的含义

1. 个性

个性（personality，也译成人格），或称个性心理，就是表现在一个人身上的那些经常的、稳定的、本质的心理倾向和心理特征的总和，以及与之相适应的特征性的行为方式。它包括消费者的兴趣、爱好、价值观、态度、能力、气质、性格、自我评价、行为方式等许多方面。人的个性是在先天生理素质基础上，在一定的社会环境的作用下，通过自身的主观努力而形成和发展起来的。由于影响个性的因素不同，因而产生了各种各样的心理特点，反映在消费者的消费行为活动中自然也多种多样。

由于个性特征丰富多彩，根据不同的标准，可以对个性进行多种不同的分类。人的个性特征说是从"质"的方面划分，但实际上，大多只是在"量"的方面存在差异。也就是说，很多人并不是某种典型的个性类型，而是中间型或混合型。不同个性类型的消费者必有与其个性相应的消费心理。

与类型说相对的个性理论是特质说。特质说并不把个性分为绝对的类型，而认为个性是由描述一般反应倾向的一组多维特质组成的，每个人在这些维度上都有不同的表现。如成功欲、社交性、攻击性、慷慨等都可以用来描述个体特质的维度，但每个人在这些方面的表现程度都可能是不同的。比较而言，特质说的许多研究结论对营销更具有启发意义。

【资料链接】

当今年轻人的个性特征与产品追求

许多品牌年轻化的失败，以及人们对于品牌年轻化的误解，都来自流于表面的"年轻化"。将 logo 改得更为时尚亮眼、包装更加炫酷，或是利用二次元、黑科技、社交、段子等流行文化作为营销噱头，这些表面功夫将年轻人想得太过简单。很多品牌为了探求这批年轻消费者的需求，根据种种行为，还为他们贴上了一系列标签，并依照这些刻板化的标签来设计品牌年轻化策略。殊不知，这些标签只是对于消费市场的肤浅解读。年轻人喜好无常的表象下究竟有何共同特点，有何真实需求，是需要进行深入探讨和进一步理解的。

1. 追求品质、个性和新鲜感

物资丰富、消费同质化的年代，这一届年轻人吃喝玩乐样样不愁，对于生活有了更多新要求，个性、品质与新鲜感成为他们的新追求。所以，为了凸显个性和新鲜感，他们乐于尝试一些小众、新奇的产品，而这种追求，并非仅靠外观包装盒设计来满足。比如，喜欢网易云音乐的用户除了喜欢评论内容外，更喜欢里面大量的小众原创音乐，而很多爱美的女孩子，也开始大量购买来自希腊、波兰等小众国家生产的美妆个护产品。敢于尝试，敢于探索，这是年轻人消费的一大趋势。

此外，年轻人对于广告似乎已经形成了天然的免疫力，对于品牌的影响力也不以为意。选择小众品牌，不仅体现了他们追求新鲜感的一面，也展示了他们更加注重产品品质和效果的消费观。

2. 独立、时尚而又多元

这届年轻人的文化素养较高，包容并具有多元化的兴趣，涉猎广泛，同时他们追求时尚并乐于创造流行文化。一个白天沉默寡言敲代码的程序员，很可能到了晚上就变成了摇滚乐队的主唱，而一个喜欢古典文学的文艺青年，在网络上或许是个二次元"鬼畜"爱好者，社会、网络的包容性，让年轻人拥有了独立的人格和思维，敢于担当，勇于对自己负责，并具有多元的想法和创新能力。

大受年轻人欢迎的视频网站哔哩哔哩，从一个提供番剧的二次元小站，到如今上亿日活的"泛二次元"视频网站，正是因为它的多元化和个性化内容吸引了很多年轻人，而同时，新生代的创造力也让其成为众多流行文化的源头。可见，每个年轻人都具有独特性，其喜好也更加难以捉摸。

3. 内心深处的孤独与自我

他们热爱社交，圈子广泛，有强烈的表达诉求，但他们在现实中经常懒于出门，疏于交际；物资丰富，消费选择多样，但经济的压力也令他们放弃反抗变得"佛系"。所以他们沉迷于二次元和综艺，热衷点外卖、购买小家电，自给自足，甚至成为足不出户的"肥宅"。面对生活，这个群体表现出脆弱和迷茫。

在成为消费主力的同时，年轻人也更加关注自我，更注重找寻"治愈"自我的方式，同时也削弱了对于生活的期待和欲望。我们可以看到游戏市场的扩大、综艺节目的走红、短视频的兴起、美食和萌宠内容的火热，这些娱乐方式组成了很多年轻人的业余生活。

个性鲜明而复杂的年轻人，并不能单纯地以几个标签来描述，品牌要想受到年轻人的欢迎，也不可能一味迎合他们的乐趣，因为难以讨好所有年轻消费者，只能从以上这些层面切入，让品牌更加符合年轻人的真正需求。

资料来源：彩鸽常州. 品牌年轻化：契合年轻人的真正需求[EB/OL].（2019-05-16）. https://weibo.com/ttarticle/p/show?id=2309404372666806101936.

2. 个性化消费

所谓"个性化消费",通俗地说,就是消费者要求自己所使用的产品或消费的服务打上自己的烙印,让产品或服务体现自己独特的(而不是大家共有的)个性、志趣和心情。从消费者来看,"个性化消费"趋势越来越明显,这一方面与消费者物质与文化水平的提高有关,另一方面,互联网与电子商务的发展也为个性化定制提供了可能。虽然消费者现在还不能完全自主地设计产品,但至少产品的某一部分可以根据消费者的个性化需要去设计变化。

2-1 个性化需求助推消费者为"设计"买单

例如,江小白的包装不是明星的照片和机智满满的广告语,而是普通人的生活照片,以及个性化的表白语。原来酒瓶上有一个定制二维码,消费者可以把自己的照片和想说的话上传给厂家,定制在包装上,从而充分展示自身个性,表达自身情感。味全、可口可乐、农夫山泉、红星二锅头、麦咖啡也进行过类似的探索。实际上,很多产品都可以借鉴这种方式,利用电商平台和 H5 等技术方式,为消费者制作个性化的商品包装。耐克公司曾推出一项名为 NIKEiD 的运动鞋网上定做服务,凡到耐克网站购物的用户都可以根据自己的喜好让耐克公司为其定制运动鞋、背包、高尔夫球等产品,受到了许多消费者的欢迎。可口可乐与优酷合作打造台词瓶广告及产品,网友还可以定制个性独一无二的专属台词瓶,在"我们结婚吧""如果爱,请深爱"等经典台词的前面加上恋人和朋友的名字,让优酷和可口可乐在视频广告中替你表白。

2-2 JCPenny 的二维码个性礼物

随着互动设计平台、3D 打印等先进技术的成熟,企业生产运作可以考虑由消费者订单驱动,实现柔性化生产,如大规模定制和个性化定制。大规模定制是以大规模生产的价格向消费者销售定制的产品。例如,海尔在我国率先推出了 B2B2C 全球定制模式,可以按照不同国家和地区不同的消费特点,进行个性化的产品生产。目前可以提供 9000 多个基本型号和 20 000 多个功能模块供消费者选择。又如,在美国一家巧克力公司的网站上,消费者可以上传自己喜爱的图片或照片,然后定制一批在糖衣上印有此图案及个人信息的巧克力。个性化定制是指用户介入产品的设计、生产过程,以期获得个人属性强烈的商品或获得与个人需求相匹配的产品或服务,它是奢侈品的一种发展潮流。个性化定制代表的是一种"了解自我、满足自我"的生活方式,可以与奢侈无关,但一定代表了定制者的审美情趣与独特的生活主张。同时,个性化定制也让更多的消费者享受到了个性消费带来的尊贵生活体验。网络时代的年轻人不再偏爱传统中庸的产品,往往喜欢限量的、DIY、量身定制的产品,享受个性化创意产品带给他们独一无二的消费体验。例如,"动感地带"曾抓住了年轻一代的消费心理,推出"我的地盘,听我的"广告语;卡素"只为你创造"的红酒包装私人定制理念能给消费者的心理带来极大的精神愉悦和个性满足。

【案例链接】

优衣库 App UTme!用手机设计自己的个性 T 恤

如果看上了优衣库的 T 恤样式,但却找不到自己喜欢的图案,怎么办?别着急,优衣库已经开始推广一种全新的 App,消费者可以通过手机设计自己的专属 T 恤!

UT，即 Uniqlo T-shirt。UTme，顾名思义就是使每一个用户能够 DIY 个人专属的 UT。消费者使用这一 App 可以自由发挥自己的创意和想象力，设计属于自己的个性化 T-shirt，并借助优衣库社群的发酵，引起充分讨论和分享，形成螺旋效应。通过这些，最大限度地调动消费者的积极性，并借此传达出优衣库"个性、时尚"的品牌形象。

2-3 优衣库的 UTme

进入应用后，消费者可以选择自己涂鸦、输入文字，或者从手机里选择图像照片为 T 恤打上独特烙印；然后还可以通过摇一摇来得到散开或点阵效果，为 DIY 增添亮色。

优衣库的线上社群精心汇集了用户的 UGC 内容。在社群中，用户不仅可以陈列自己的作品，还可以欣赏其他人的创意作品，甚至为出色的创意点赞。在用户设计自己 T-shirt 的同时，他们也可看到其他用户的"作品"，应用程序会跳转到 UT gallery 的网页版，用户可以选择是否喜欢或购买其他人的设计，这也起到了用户之间互动的作用。

资料来源：王薇．互动营销案例[M]．北京：清华大学出版社，2015．

在个性化消费阶段，消费者购买商品越来越多地考虑商品的独到性，即为了商品的特殊性而购买。商品的个性化特点是通过某些具体的形式表现出来的，这些特点又在一定的程度上显示出该商品持有人的社会地位、经济地位及生活情趣、个人喜好、性格、气质等个性特征。

一方面，倾向于理性消费的消费者追求获得更多的物质商品，或者物质商品本身具有更强的物理性功能。消费者的购物标准主要是经济上的合理性，功能价格比是其实际购买行为中自觉或不自觉地采用的标准。另一方面，倾向于感性消费的消费者更青睐商品的象征性功能（如显示个人的社会地位、经济实力、文化素养和生活情趣等），以获得精神上的愉悦，强调的是心理需要。而个性化消费越来越多地表现出感性消费的特征，个性化消费对商品或服务的情感性、夸耀性及符号性价值的要求超过了对商品或服务的物质性价值及使用价值的要求。"我要购买那些能够给我带来个性化生活的东西。我要购买那些能够让我创造自己、了解自己的东西，购买那些能够让我实现心理自主的服务。"这一思想反映出消费个性化的潜在趋势。

在网络时代，一个企业为一群消费者服务的大众化消费时代正逐步演变为一位消费者有一群企业为之服务的个性化消费时代，把传统的"我生产你购买"模式转变成"你设计我生产"的模式，"made in internet"的 C2B 模式时代已不再遥远。C2B 的核心价值就在于从用户需求出发，提供以满足用户个性化需求的商品。

3. 消费者画像与超市场细分

1）消费者画像

消费者画像是一组能够很好地描述消费者个人属性的标签，是关于该消费者不同类型的行为、数据所呈现的总体特征的集合。在信息化和大数据时代，消费者的个人情况都可从网上数据中寻到踪迹，这些数据可大体分为：交易行为类数据（购买历史、交易时间、搜索、浏览、收藏等）、个人偏好类数据（兴趣、需要、习惯、风险偏好、价格敏感度等）、社交互动类数据（社交网站的互动信息、评价与点评、社交人群、活动参与信息等）、人口统计类数据（年龄、性别、收入、家庭构成、职业、居住条件、受教育程度等）。

大数据研究将线上信息与线下的人口学特征、线下购物记录以及传统 CRM 相联系，将消费者的各种碎片化的个人信息重聚，并使这些数据较完整地关联起来，采用标签和模型化，从而得到对特定消费者精准描述的"消费者画像"。其属性标签主要有：人口属性、社会属性、兴趣偏好（生活方式）、行为习惯和心理学属性等，如图 2-1 所示。

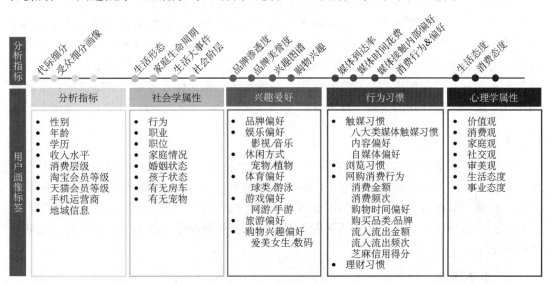

图 2-1　消费者的画像标签

消费者画像多用于市场细分。对消费者属性的认识，有助于实现个性化的精准营销。

2）超市场细分

市场细分是指企业按照某种标准将市场上的顾客划分成若干个顾客群，每一个顾客群构成一个子市场，不同子市场之间，需求存在着明显的差别。随着市场营销实践的发展，市场细分理论逐渐向两个极端发展，形成了超市场细分理论和反市场细分理论。

超市场细分理论认为：每个顾客都有着不同的偏好和需求，因而，将一群顾客划归为有着共同需求的细分市场的传统做法，已不能满足每个顾客的特殊需要；而现代数据库技术和统计分析方法已能较准确地进行消费者画像，并预测每个消费者的具体需求，所以现有的许多细分市场应该进一步细分到个人，并为每个顾客提供个性化的服务，进行一对一营销（定制营销）。

在许多产品需求日趋饱和的情况下，强调以消费者为中心和个性化营销的大规模定制和 C2B 电子商务模式，对于最大限度满足消费者个性化需求和增加内需显得尤其重要。而消费者画像有助于实现超市场细分的个性化、精准化的智慧营销。比如孕妇装品牌"十月妈咪"通过对自己微博上粉丝评论的大数据分析，找出评论有"喜爱"相关关键词的粉丝，并与其人口统计特征相关联，然后打上标签，对其进行营销信息推送。

反市场细分理论则认为应在满足大多数消费者的共同需求基础上，将过分狭小的市场合并起来，以便能以规模营销优势达到用较低的价格去满足较大市场的消费需要。例如，日本资生堂的体香剂一开始就将客户层锁定为全体消费者，而不考虑男女消费者对于体香剂的不同需求，并特意使用中性的银色容器来包装。结果该商品受到男女顾客的欢迎，男性消费者及其家庭成员一同使用这种体香剂的现象日益增多。

2.1.2 个性特征与消费行为

与许多心理理论一样，个性理论对消费行为也缺乏现实的预测力。因为影响消费者行为的因素很多，除外部因素，包括多种不同的个性特征也会共同影响最终的购买决策，所以较难明确某一种个性特征与消费行为的确切关系。但个性特征对解释不同阶段上的消费行为还是有所帮助的，个性特征对消费者的行为活动方式，对消费者的信息搜寻行为、产品种类的选择、产品使用率、新产品采用、品牌忠诚、信息偏好等都有一定影响。下面就列出几个影响消费行为的主要个性特征。

1. 创新型

创新型的消费者喜欢了解新的想法，是第一批尝试新产品和新服务的人。对于新产品而言，此类消费者很大程度上决定了产品的成功和失败。消费者创新性的测量是与刺激的需求、追逐新鲜感以及独一无二的需求联系在一起的。某些消费者对新事物乐于接受，那么他们的创新性就较高；而有些消费者则对新事物持怀疑和排斥的态度，那么他们的创新性就较低。

2. 教条主义

这是一种反映个体对自己不熟悉或者与自己的信念不同的信息显示出的刻板程度。低教条主义的消费者更喜欢不熟悉的和创新型的产品；而高教条主义的消费者排斥陌生事物，更喜欢既有产品或者已经成名的产品。某些广告使用权威或者名人代言（"权威诉求"），就是针对高教条主义的消费者，以打消他们的疑虑。

3. 独特性需求

人们对独特性的需求是不同的，有的人不管是外表还是所有物，都追求独特，他们不愿意遵从他人的期望和标准。独特性需求会影响消费者对独特性产品或者品牌的偏好。独特性需求高的人倾向于选择具有独特性、新奇性的产品，而独特性需求低的人则会选择一般性的产品。独特性需求也受到文化的影响，譬如中国传统文化的特点之一是从众心理比较普遍，即使个体的自我概念不断强化和独立，也依然受到文化的影响，使得消费选择更加同质化。

相对于男性，女性消费者的独特性需求更高。全球领先的市场研究集团益普索（Ipsos）针对中国女性被访者进行了奢侈品牌消费调查。研究发现，表现个人品位、彰显身份地位、确保生活品质、润滑群体交往，以及释放自我是中国女性消费奢侈品牌的五大动因。其中，以"展现个人品位"这个动机为主的群体规模最大，她们希望通过奢侈品牌表达自己独特的个性，使自己与群体区分开来，表现出与众不同的品位与气质。

4. 社会性格

这一概念可以用来描述个体个性中内倾性和外倾性的程度。内倾性比较高的消费者会用自己内心的标准和价值观去评价产品或服务;而外倾性比较高的消费者则会更多依赖他人的意见做决定。在广告方面,如果针对内倾型消费者,则要多讲产品的功能以及个体使用后所获得的利益。

5. 物质主义

物质主义是指一种强调拥有物质财富对于个人生活重要性的价值观念。物质主义强调对于产品的取得与拥有,个体看重的是拥有这些产品或服务带给自身的意义。

6. 认知需要

认知需要是个体渴望或者喜欢思考的程度。如果消费者的认知需要很高,那么他就有可能对广告中与产品有关的理性信息更加关注;而如果认知需要较低,那么他就会被背景或者画面(如名人代言人)所吸引。对于认知需要较高的消费者来说,广告可能不需要重复多次,但是要提供相对丰富的产品信息;而对认知需要较低的消费者来说,重复性的广告更加有效,他们更多地会从电视、楼宇广告中获取信息,他们往往不进行深思熟虑就会做出消费决策。

7. 人际关系导向

人际关系导向是描述消费者是否具有很容易被别人影响的一个个性维度。如果一个消费者的人际关系导向比较强,通常他受参考群体的影响就会很大;反之就小。尤其是那些面对面的说服,或者面对更多他人的时候。

8. 价格敏感性

价格敏感性也可以被视为消费者的一种个性特质。不同价格敏感性的消费者在购买产品或服务时对价格的关注程度和敏感程度不同,并且对企业价格变动的敏感程度也不同。了解消费者的价格敏感性,对于企业定价策略有很重要的指导意义。

2.2　消费者的自我概念

商品的品牌形象能够与消费者的个性心理品质相联结,从而对其消费行为产生影响,这实际上是品牌形象(或品牌个性)与消费者自我概念的一致性所产生的结果。

2.2.1　自我概念的含义

1. 自我概念的定义

自我概念也称自我形象,是指一个人所持有的对自身特征的信念,以及对这些特征的评价。换言之,即自己如何看待、评价自己,俗语"人贵有自知之明"反映了自我概念或自我意识的重要性。自我概念是自我意识中最重要的一部分,它回答的是"我是谁""我是什么样的人""我应该是什么样的人"一类的问题。

按照自我概念理论，个人是基于他们的实际自我和理想自我来形成自我概念的。因此，二者构成了自我概念的基本框架。自我概念理论主要基于两大原则：自我一致性和自尊。一个人为了维持自我一致性，必须遵循实际的自我；若要强化自尊，就必须追随理想的自我。

每个人都需要在行为上与其自我概念保持一致，这种与自我保持一致的行为有助于维护个人的自尊，也使其行为具有一定的可预见性。消费者倾向于选择那些与其自我概念相一致的产品、品牌或服务，避免选择与其自我概念相抵触的产品、品牌和服务。例如，在购买服装时，性格外向的人喜欢新颖、时髦的款式和对比强烈的色彩，以此显示自我。正是在这个意义上，研究消费者的自我概念对企业营销特别重要。

2. 自我概念的构成

自我概念实际上是在综合自己、他人或社会评价的基础上形成和发展起来的。过去，人们一般认为消费者只有"一个单一的自我"，而且仅对那些能满足这个唯一自我的产品或服务感兴趣。然而，研究表明，把消费者看作具有多重自我的人更有助于理解消费者及其行为。这是因为现实生活中存在大量这样的事实：特定的消费者不仅具有不同于其他消费者的行为，而且在不同的情境下也很可能采取不同的行为。在不同的情境下（或在扮演不同的社会角色时），人们往往就像换了一个人一样。

一般来说，可以从社会化程度及理想化程度把自我概念分成四个基本的部分。

（1）真实自我：消费者实际如何看待自己。
（2）理想自我：消费者希望如何看待自己。
（3）社会自我：消费者觉得他人如何看待自己。
（4）理想社会自我：消费者期待他人如何评价自己。

图 2-2 运用坐标的格式列示了自我概念的四种基本变式。其中，X 轴代表"自我"主观的程度（即"自我"价值究竟取决于个人意识，还是社会评价）；Y 轴代表"自我"真实的程度（即自我的认知究竟比较接近真实的自我，还是美化过的自己）。两轴相交，产生了四个象限，即自我概念的四种类型。

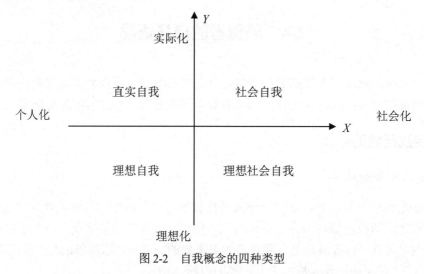

图 2-2 自我概念的四种类型

通常情况下，人们都希望从真实自我向理想自我转化，从而不断修正自身行为，以求自我完善；人们还力求使自我形象符合他人或社会的理想要求，并努力按照理想社会自我从事行为活动。例如，女生都喜欢用美颜相机对自己的形象进行美化。

在网络世界中，人们还会选择性地将一些个人线索或虚拟形象呈现在他人面前，形成一种数字化自我。例如，上传到社交媒体上的照片往往以虚拟或修图的方式呈现。人们已经逐渐开始用自己创造的数字标签来定义自我，而数字化自我也成为判断其个人特点的重要线索。以前判断一个人往往是"你穿什么用什么，你就是谁"，而现在有可能转变成"你在社交媒体上传递什么，你就是谁"。

2.2.2 自我概念与营销策略

罗伯斯（1951）的自我强化理论认为，自我概念对个体有多方面价值：一是个体行为趋向于维护和强化自我概念；二是商品的购买、展示和使用可以向个体或者其他人传递象征意义；三是个体的消费行为趋向于通过消费具有象征意义的商品来强化自我概念。Sirgy（1982）提出的"自我概念和品牌形象一致性理论"认为，包含形象意义的产品通常会激发包含同样形象的自我概念；当产品的属性与自我的某些自我概念相符时，就容易被选择；同时，产品与自我概念的影响是双向的。Rogers 的自我理论也认为，人类行为的目的都是为了保持自我概念或自我形象和行为的一致性。

同时，消费者也希望产品能够彰显自我、表达自我。比如曾经火爆的"你的使用说明书"H5、DIY 类 H5，引发了同类 H5 作品的爆发，背后都是年轻人自我价值的表达。大量实践也表明，消费者在选购商品时，不仅仅衡量质量优劣、价格高低、实用性能强弱等，还把商品品牌特性是否符合自我概念作为重要的选择标准，即判断商品是否有助于表达和提升自我形象。自我概念的影响作用在消费者对商品的偏好、价格的认同、广告的接受程度等方面都有所体现。

可见，自我概念作为影响个人行为的深层个性因素，对消费者的消费心理与行为有着深刻的影响作用。消费者会通过购买、展示和使用品牌产品来定义、维持和提高自我形象，并向他人展示这种自我形象和自己的生活方式。

自我概念的影响作用来源于两种动机：自我提升动机和自我一致性动机。前者倾向于提升自我概念或追求理想自我的消费行为，后者倾向于与自我概念相一致或维持自我概念的消费行为，即消费者在自我概念与产品形象之间保持一致。

1. 品牌定位

一般而论，若消费者的真实自我概念或理想自我概念与产品的品牌形象一致性程度愈高，消费者的购买意愿也会随之愈高；除此之外，若将消费者的真实自我概念与消费者的理想自我概念相比，以消费者的真实自我概念与品牌形象的一致性程度去预测消费者的购买意愿，则解释力是更高的。所以，营销者应努力塑造品牌形象，并使之与目标消费者的自我概念相一致。

图 2-3 对自我概念及其对品牌形象的影响关系做了大致勾勒，但这一过程并非都是有意识的和深思熟虑的，维护和增强自我形象的购买动机常常是一种内在的深层动机，这个过程也往往是无意的。

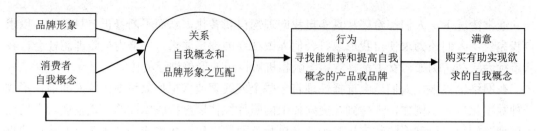

图 2-3　自我概念与它对品牌形象影响之间的关系

在营销实践中，企业还应设法使产品代言人的形象、品牌形象与目标受众的自我概念相匹配，如图 2-4 所示。

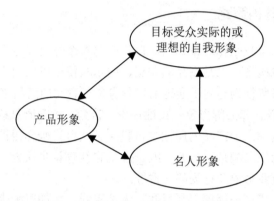

图 2-4　名人形象与产品和目标受众的匹配

例如，诞生于 1931 年的护肤品牌百雀羚如今已是 80 多岁的祖母级品牌了，曾以"东方美韵，护肤精品"享誉海内外，其蓝色的小铁盒、五彩的雀鸟图、浓郁霸道的香气，都烙在了消费者的记忆深处，但对于崇尚个性与时尚的年轻人来说，则显得缺乏吸引力。为此，百雀羚针对年轻消费者的审美标准，请来时尚、多变、人气颇高的演艺界名人莫文蔚担当形象代言人，赋予了这一品牌时尚的新内涵，结果吸引了众多年轻消费者。所以，品牌个性与品牌代言人个性应当保持一致或动态匹配，这样品牌代言人才能形象地表达和传递品牌内涵和个性，激发消费者的共鸣；否则就会弱化甚至损伤品牌形象。

现在，很多明星也都利用其粉丝基础试水网商，但明星的个人形象、粉丝群体与商品之间应当具有较高的关联度。例如，徐静蕾给大众的印象是知性才女，粉丝也多偏向文艺女青年，而这些粉丝对徐静蕾售卖的女装购买力有限。相反，岳云鹏给大众一种接地气、贪吃的印象，加上岳云鹏是河南人，因此由他开的"江湖铺子岳云鹏星店"所卖的河南特产对于消费者就较具吸引力。

2. 产品定位

人们是通过被其他人见到的消费行为及消费品来构建自己身份的。因此，消费者一般倾向选择符合或能改善其自我形象的商品或服务。其中，产品种类的选择显然也与消费者的自我概念密切相关，自我概念也是消费者市场细分的重要心理基础。例如，一些消费者将自己视为环境保护主义者，那些以关心环境保护为诉求的公司或产品将更可能得到这类消费者的支持。美国进行的一项对 336 名大学生的调查显示，凡是饮用啤酒的学生都把自己看得比不饮用啤酒的人喜欢社交、有信心、性格外向、有上进心和善于待人接物。

同时，产品除了具有使用价值外，还具有某些社会象征意义。例如，ROLEX、Cartier、LV、Hermès、GUCCI 等国际知名品牌常被消费者当作身份和地位的象征。换句话说，不同档次、质地、品牌的商品往往蕴涵着特定的社会意义，代表着不同的文化、品位和风格，可以作为表达消费者身份的外在符号。通过对这些商品或劳务的消费，可以显示出不同的个性特征，加强和突出个人的自我形象，从而帮助消费者有效地表达自我形象，并促进实际自我向理想自我转化。例如，对购买者来说，劳斯莱斯、宝马显然不只是一种单纯的交通工具，更是一种身份和地位的象征。

贝克尔（Belk）提出了"延伸自我"的概念来解释这种现象。延伸自我由自我和拥有物两部分构成，是消费者自我概念的延伸，它说明了消费者有时根据自己的拥有物来界定自我。因为有些拥有物不仅是自我概念的外在显示，同时也构成了自我概念的有机组成部分。从某种意义上讲，消费者是什么样的人是由其使用的产品来界定的。如果丧失了那些关键性的拥有物，消费者就可能觉得失去自我而成为另外的个体。因此，消费者所拥有的财产或者所购买的商品常常被消费者本人看作是消费者自己的自我概念的延伸或扩展。例如，如果消费者拥有一套豪华别墅，那他本人往往把自己看作是成功的和富足的。另外，延伸自我也与非产品实体相关，粉丝现象就与延伸自我有很强的关联。例如，有人以皇马球迷俱乐部会员作为其延伸自我；有人因为是某明星的好友、亲戚或同学而自豪。

▶ **思考一下**：有哪些物品属于你的延伸自我？

当然，并不是所有的商品都具有象征意义。对于不能传递消费者自我概念的产品，消费者在购买选择时可能会随意一些。通常，自我概念一致性更多地与具有象征意义的产品（如服装、香水）相联系，而与具有功效价值的产品（如食盐、肥皂、药品、车库钥匙）的关联则较弱，因为这些商品在社交中很少被人所注意，品牌差异度也很小。从自我概念本身的作用上看，对于功能性产品来说，消费者倾向于将产品形象与真实自我概念比较；而对于象征性产品或与社会地位相关的产品来说，消费者则会使用理想自我概念来进行比较。

最有可能成为传递自我概念的符号或象征品的商品大多具有三个方面的特征。

（1）能见性：它们的购买、使用和处置能够很容易被人看到。

（2）禀赋差异性：由于禀赋的差异，某些消费者有能力购买，而另一些消费者则无力购买。如果每人都可以拥有一辆"奔驰"车，那么这一商品的象征价值就丧失殆尽了。

（3）拟人化特质：能在某种程度上体现一般使用者的典型形象。如劳斯莱斯轿车，车鼻上顶着纯金的牌号，车厢内的真皮沙发和大面积的胡桃木镶板，其沉重的车身、柔软的悬挂和几乎无声的引擎，增加了舒适和安稳的感觉。因其独有的浓郁的贵族气息，人们看到劳斯莱斯，就会联想到奢华极致的英国贵族生活，再加上限量供应，价格昂贵，更使其成为财富、权力、名望的象征。

另一方面，人们也总是倾向于透过别人的拥有物或活动，如他的服饰、珠宝、家具、汽车、家庭装饰、个人收藏、饮食爱好（如蔬菜或牛排）以及个人选择的休闲活动（如台球或高尔夫球）等，来对对方的个性做出评价，推断他究竟"是谁"或是"什么样的人"。

类似地，这样的一些商品或活动同样有助于人们形成对自我的认识。人们甚至会有意识地借助一些物品或消费行为来完成自己的角色定位，实现"我现在是谁"的自我形象的塑造。当人们刚刚开始扮演一个新的或不寻常的角色时，由于身份还未完全形成，物品的作用尤显突出。例如，青春期的男孩子会使用诸如汽车、香烟之类的用品来显示他们正在形成的男子汉气质。相反，一个十几岁的少女可能通过拒绝她曾经十分迷恋的芭比娃娃，来声明或表达她已不再是一个小孩子了。

3. 情境定位

自我概念一致性更多地与公共场合的消费情境相联系（如与朋友在酒吧喝啤酒），而对于个人消费情境（如在家喝啤酒）的影响则较弱。

从自我概念上看，对于在公共场合使用的产品或者品牌来说，理想社会自我对品牌选择的影响比真实社会自我更大；对于在私下场合使用的产品或者品牌来说，真实自我对品牌选择的影响比理想自我更大。例如，就某些日用消费品来说，消费者的购买行为可能由真实自我来指导；对于某些社会可见性较强的商品来说，他们则可能以社会自我来指导其行为。因此，在营销策划（如产品设计、广告设计）中，应当考虑适宜的产品使用场合或情境。

4. 心理定位

1）自我差异理论

自我差异就是现实自我和理想自我之间的距离。自我差异越大，一个人的自尊就越容易受到打击，因此他就会有更强的动机来缩小这一差距。

绝大多数人在人生的每一个阶段都或多或少会有一些尚未实现的目标，因而现实自我与理想自我之间总是存在着一定的距离，这种自我差异会刺激人们的自我提升动机。同时，营销者也可以通过"揭示差距"与"提高理想"的方式，来激发和强化消费者的自我差异，降低消费者的自尊水平，从而刺激消费者通过某种产品来弥补差距，"改善"现实自我或接近理想的自我形象。当然，在不改变消费者日常自尊水平的情况下，依然可以利用自尊的激励本质来影响消费者的行为，前提是消费者意识到他们的自尊面临着潜在的威胁并随时有可能下降。显然，在没有任何威胁的情况下，一个自尊较高的人并不会有很强的意愿进一步改变或提升自我。例如，多芬"你本来就很美"的广告可能会使潜在消费者觉得自己本来就很美，从而减少了购买多芬护肤品让自我进一步提升的可能。所以，让消费者意识到自己的自尊面临着潜在威胁，通常没有直接伤害他们的自尊那么有效。

另外，虽然自我提升动机往往在自尊水平被威胁的情况下会更加明显，但即使在没有受到威胁的情况下，这种动机依然存在。自我感觉良好的消费者也会希望自己变得更好，对自我价值的肯定几乎是没有上限的。任何号称能让消费者更聪明、更有魅力、更健康的产品，都会引起人们的关注。

有心理学家认为，社会自我比私人自我更能影响人的自尊水平。例如，如果你的朋友觉得你的身型完全走样，你的自尊肯定会大受打击，即便在你眼中自己的身材几近完美。同时，与说服消费者降低其自我评价相比，从他人的评价入手来降低消费者的自尊水平更为容易。一些男性对杂乱的胡须满不在乎，甚至引以为荣，如果广告宣传告诉他们，女性十分反感这种不修边幅的男性，就可能提高这些男士对剃须产品的需求。又如，游戏《梦幻西游》的广告语"人人都玩，不玩才怪"，就是告诉年轻人大家都在玩这款游戏，如果你还没玩，就会成为别人眼中的怪物。

总之，企业应通过整合营销沟通手段展示并增强消费者的自尊感和自我形象，向他们承诺或暗示使用这种品牌或产品，帮助他们实现理想自我或产生更强的自我形象，从而使他们产生自尊感和自豪感。

2）象征性自我实现理论

该理论认为，人们可以通过获取与自己的理想自我目标紧密相关的事物来象征性地缩小自己与理想自我的距离。

我们知道，如果人们经过努力奋斗，缩小了现实自我和理想自我之间的差距，就会产生积极情绪，提升自尊水平。但是，消费者也可以不用付出任何实际的努力，而通过获取自己与理想目标相关的物品来象征性地缩小自我差异，同样也可以产生满足感，并提升自尊水平。而且少部分产品确实能在短期内缩小自我差异，例如，衣服、装饰品以及其他所有的附属品（如化妆品、珠宝等），都为消费者提供了改变他们的外表，进而调整他们"自我"的机会。消费者可以通过化妆品、发型或头发颜色、眼镜，或者美容手术等改变其外表或身体的某些部分，从而创造一个"全新"的或"改善了"的人。

而且，让消费者相信产品在某些方面能象征性地代表他们的理想自我也比产品开发要容易得多。很多产品广告通过明星代言，反复强化广告商品与消费者理想形象是联系在一起的，由此可能得到消费者的认同。例如，古龙香水的广告语"闻起来就像条汉子"，试图建立起该产品与男子汉气概之间的关系；穿耐克运动鞋的消费者，不是为了说明他很能跑，而是象征他很爱运动、有活力。

3）自我概念影响作用的个体差异

自我概念的影响作用还与个人因素有关。自我概念一致性对那些自我监控强或更看重别人看法的消费者更为重要，对那些不太在意他人看法的人则不大起作用。社会自我意识强的消费者更倾向于通过商品展示其个人形象，例如，奔驰的用户通过开奔驰展现自己的社会地位；苹果的消费者展示的是自己对科技、生活、审美的态度；买曼联球衣的消费者展示自己属于曼联球迷这一群体；上B站的消费者展示自己不属于现实世界这一群体。

自我概念的不同类型对消费者心理和行为的影响也存在差异。例如，倾向于社会自我的消费者更容易受到参照群体影响，更加考虑产品的群体合群性，注重产品的社会性象征意义及其社会影响，以及如何有利于建立和维护其与集体或他人的关系。在进行购买决策时，这类消费者会更多考虑社会规范、他人的影响，以及对于自己声誉和与他人关系的影响，因此不易采取冒险的消费决策，冲动性购买较少。

另外，在不同的文化背景中，自我概念也会有所不同。与西方国家的消费者相比，中国人强调"脸面"（"面子"）的重要性，"脸面"实际上是他人眼中的自我，以及在他人眼中保持自己所渴望的形象和地位。在消费活动中，中国人更容易将产品或品牌与"面子"联系起来，在送礼、宴会等倾向性消费时更注重产品的声誉和标志地位的符号作用，甚至导致炫耀性的消费行为。

2.3 消费者的生活方式

我们前面所讨论的个人特性因素，如年龄、性别、个性等往往是在广义上和非具体的范围内影响消费者行为，而受这些变量影响形成的生活方式则更能和消费者的购买行为建立一种显著而直接的关系，也因此更能为企业营销者带来准确和实用的信息。

2-4 中国近50年生活方式的变化

来自不同文化群体、不同社会阶层，甚至不同职业的人，可能会具有完全不同的生活方式。有的人选择"休闲型"生活方式，有的人选择"乐活型"生活方式，有的人选择"潇洒型"生活方式，有的人选择"绿色型"生活方式。党的二十大报告提出："倡导绿色消费，推动形成绿色低碳的生产方式和生活方式"，企业应当大力弘扬和引导健康、积极、向上的生活方式。

2.3.1 生活方式的含义

生活方式又称生活形态，是指人们如何生活、工作和休闲。具体来说，就是个体在成长过程中，在与社会诸因素交互作用下而表现出来的，并且有别于他人的活动、兴趣和态度的综合模式。其中，活动（activities）指人们如何支配、使用时间和金钱；兴趣（interests）是衡量人们对所接触事物的关注程度；意见（opinions）是人们态度的表达和对周围环境的看法。AIO（活动、兴趣和意见）清单调查法和VALS（价值观与生活方式）调查法是目前比较流行的生活方式测量方法。

生活方式与个性、价值观等有很大的重叠，但生活方式所涵盖的范围更广，其表现的内容比社会阶层或个性要多得多。从生活方式与个性、自我概念的关系上看。一方面，生活方式在很大程度上受个性、自我概念的影响。一个具有保守、拘谨性格，或者把自己看作一位传统、严谨家庭主妇的消费者，不大可能有类似户外探险、极限运动的生活方式；一个高社会阶层的人很少会以几块油腻的肯德基炸鸡作为午餐。另一方面，生活方式关心的是人们如何生活、如何花费、如何消磨时间等外显行为，可以作为判断消费者购买行为的直接依据，而个性、自我概念则侧重于从内部来描述个体。

区分个性和生活方式在营销上具有重要的意义。如果在市场细分过程中过早以个性区分市场，会使目标市场过于狭窄。相反，如果先根据生活方式细分市场，然后再分析每一细分市场内消费者在个性上的差异，就可使营销者识别出具有相似生活方式特征的大量消费者。

生活方式的形成受多种因素的影响，而生活方式又会影响我们的需求和欲望，同时影响我们的购买和使用行为。生活方式决定了我们很多的消费决策，而这些决策反过来强化或改变我们的生活方式。其相互影响关系如图2-5所示。

具有相似社会、经济、文化背景的消费者，可能在基于生活方式的具体消费活动中表现出一定的共同之处，但由于各种消费者个体变量的影响，个体之间仍然会出现大量的、明显的差异。也就是说，消费者往往会把一些个性化的东西带进某一类型的生活方式之中。举例来说，一个"典型"的大学生可能会穿和他的同学相似的衣服，住在同一栋公寓，喜欢相同品牌的方便食品，但仍会单独加入足球俱乐部，从事集邮，或者参加一些个人的社交活动，这就可能使他与众不同。消费者几乎很少意识到生活方式在他们购买决策过程中扮演的角色。例如，很少有顾客会想"我必须买麦氏速溶咖啡来保持我的生活方式"，然而追求一种积极生活方式的人往往会出于方便、省时的考虑而购买速溶咖啡，因为积极的生活方式是不可能忽视时间因素的。

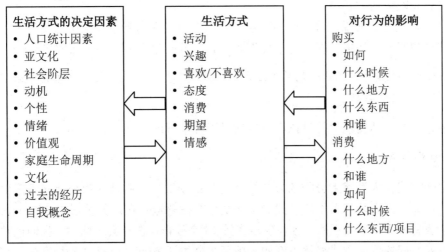

图 2-5　生活方式和消费过程

资料来源：德尔·I. 霍金斯，罗格·J. 贝斯特，肯尼思·A. 科尼. 消费者行为学[M]. 8 版. 符国群，等译. 北京：机械工业出版社，2003.

生活方式并不是一成不变的，除非是那些已根植于心中的价值观念或价值取向，随着人们的内在条件与外在环境的变化，人们的品位和偏好也总是不断变化的。因此，某个时期被消费者认为是合适的消费模式，在几年之后，可能会被嘲笑，甚至遭受鄙视。对于伴随着手机长大的"00 后"消费者而言，智能手机、视频分享、SNS 社群、网购、快递、网游、二维码等构成了新的消费行为生态系统，形成了崭新的生活方式。而"改变消费者行为的许多生活方式都是由年轻消费者所推动的"（M. R. Solomon），营销者应当特别关注年轻消费者生活方式的变化趋势。例如，由于年轻人生活方式的改变，饿了么和美团外卖的市场份额不断增长，尤其在午餐中更受青睐。

2-5　"支付宝"无现金支付，摆脱束缚

▶ 思考一下：描述你现在的生活方式。想想你的生活方式与你父母的生活方式有何不同？设想一下在未来 5 年内，你的生活方式会有什么改变吗？是什么原因引起这些变化？由于这些变化，你将购买什么样的新产品或什么品牌的产品？

2.3.2　生活方式营销

20 世纪 60 年代，市场营销研究者将生活方式的概念引入了营销学领域，特别是应用在市场细分上。它弥补了传统研究方法的不足，更加生动地揭示了人们的消费方式，为消费者分类提供了更具体、有效的方法。

所谓"生活方式营销"是指以消费者所追求的生活方式为诉求，通过将产品或品牌演化成特定生活方式的象征，或者身份、地位的识别标志，以吸

2-6　"叫卖"生活方式将成为时代发展潮流

引目标消费者并建立稳定的消费群体的营销策略。其目的旨在使消费者在追求特定生活方式时，不会忘记特定的产品或服务，并使之成为他们生活方式的一部分。例如，星巴克意味着美式休闲，苹果成为极简美学和数字生活的代表，無印良品（MUJI）代表着自然主义，宜家代表着北欧生活方式……。

从生活方式营销来说，首先应当识别一系列看上去在消费者观念中与其特定生活方式相关的产品和服务，如果不能创造一种生活方式，就必须服务一种生活方式。

▶ 思考一下：网络的出现给我们的生活方式带来了怎样的变化？给市场营销带来了哪些机会和挑战？

生活方式在营销实践中的具体运用包括以下几个方面。

1. **市场细分**

将生活方式作为消费者分类的方法被认为是市场细分重心从人口统计向心理地图演变的结果。目前，国内外基于生活方式的市场细分方法普遍存在。如吴垠的 China-Vals 模型将中国消费者分为个性表现族、勤俭生活族等 14 个族群。在社会生活中，我们也常将某些消费者归入不同的生活方式群体。例如，极简主义生活方式、轻奢主义生活方式、"佛系"生活方式、空巢生活方式、乐活生活方式等。

生活方式市场细分可以基于生活方式给消费者画像，提供各种生活方式类型消费者的不同需求、活动特征和市场规模等信息。消费者的活动、兴趣和观点等方面的信息可以帮助营销者推断哪些产品可以满足他们的哪些需要，以便确定相关产品的目标市场。例如，喜欢极限运动的消费者是相关装备的目标市场。可见，生活方式市场细分是进行生活方式营销的前提。

2. **市场定位**

市场定位即根据目标消费者的偏好对产品进行定位。在生活方式市场细分基础上，营销者可以选择一个或多个消费群作为某种产品或品牌的目标市场，将相关产品的性能、价格、文化或品牌定位于某一特定的生活方式，使产品与目标消费者理想的生活方式相适应，将产品设计赋予相应的生活方式标志，从而吸引具有该种生活方式的消费者群体。例如，某些产品设计往往标志着具有不同生活态度的人群，如白色、简洁、布艺感标志着朴素、精致、极简主义的生活态度；抽象、扭曲标志着前卫、尝鲜的生活态度；银色、黑色、金属感标志的是严谨、时尚、拥抱科技的生活态度。而特斯拉、H&M、Zara、优衣库、Whole Foods、亚朵、网易严选、小米有品等品牌，则分别体现的是低碳环保、快时尚、轻奢主义、精致利己主义、有机生活、廉价旅行、小资生活、智能生活等生活方式。

同时，也可以更清楚地了解真实消费者的产品使用情况，确定产品定位与目标市场是否匹配。如果不相匹配，企业需要尽快调整营销战略，以适应真实消费者的需求。如果品牌及产品能与特定的人、社会背景融为一体，它就能创造或展现出一种特有的生活方式或消费方式，从而将品牌所宣扬的生活方式渗透到消费者的衣食住行中。例如，無印良品几乎涉及消费者衣食住行所需要的所有商品，但都以简洁、环保、纯朴无华的设计和产品，向消费者宣扬自然、简约、质朴的生活方式。无印良品是目前生活方式营销中践行得较好的品牌——因为它就是生活方式本身。

3. 营销传播

营销传播通过设计和利用与目标消费者 AIO 一致的广告文案和营销方案进行信息传播。消费者选择产品，是因为它与特定的生活方式相联系。对于生活方式营销来说，它强调的是消费者想要的一种生活状态，而不是产品的功能、价格等因素。因此，在生活方式的营销传播中，企业首先要确立一个和自己所要推广的品牌或者产品挂钩的生活方式的具体概念。例如，天猫将宣传语从"上天猫就购了"改为"理想生活上天猫"，将天猫这个卖货平台升级为理想生活方式的倡导者；网易严选的宣传语为"好的生活，没有那么贵"；亚朵的宣传语为"人文、温暖、有趣的新中产生活方式品牌"；抖音的宣传语为"记录美好生活"；支付宝则为"数字生活开放平台"等。然后，在品牌或产品的推广过程中始终贯穿这样的概念，让消费者感觉生活就应该是这样。比如，在广告中，我们可以设计跟消费者生活方式相对应的角色形象、艺术背景、生活场景，等等。

在营销传播中，应根据目标消费者的生活方式进行恰当的定位。例如，瑞士帝豪手表定位于在高速运动中精确计时，因此这家公司的全球广告口号是"压力之下，毫不屈服"，并赞助了澳门汽车大奖赛、赛马等。然而这家公司发现中国的企业家没有其他亚洲人那么爱好体育，感觉到他的国际广告活动对中国消费者来说过于体育化了，于是该公司针对中国市场制作了专门的广告，淡化了体育元素。

另外，在生活方式营销中，还要注意掌握消费群体独特的传播偏好、偶像偏好，以此来确定媒体的使用类型与传播策略。例如，小红书最早是一个生活方式分享平台，成千上万的消费者在这里通过短视频、图文等形式标记生活点滴，交流消费心得和购买经验，其真实、朴素、平等的社区风格得到了许多追求高品质生活的中青年女性消费者的信任，她们希望在这里找到一些更能匹配自己生活方式的商品。小红书通过大数据和人工智能，将社区中的口碑内容精准匹配给对它感兴趣的消费者，从而提升了消费者体验。

2-7 电商结盟短视频

2.3.3 LIIS 模型

LIIS（lifestyle-identify-interaction-share）模型是美团点评与胖鲸智库基于目前中国消费者生活方式和传播环境所提出的营销模型，如图 2-6 所示。

在移动时代，新技术及大数据让量化用户线下生活路径和行为成为可能，可以勾勒出清晰的用户生活方式与需求模型，商家据此可以将与用户匹配度高的内容推荐给消费者，并通过提供与之相关的场景化体验，吸引消费者与品牌展开线上线下的深度互动，实现从 push 到 pull 的转变。而在整个过程中的任何节点都可以实现用户的"分享"，从而保持整个流程的循环往复。

对于品牌来说，LIIS 模型能够帮助品牌升级对消费者的理解，基于生活方式及兴趣圈层推送内容，更精准地找到消费者，同时也为消费者简化识别有用信息（identify）的过程。在提升广告触达及转化效果的同时，与消费者建立深度连接，实现品效合一的营销目标。

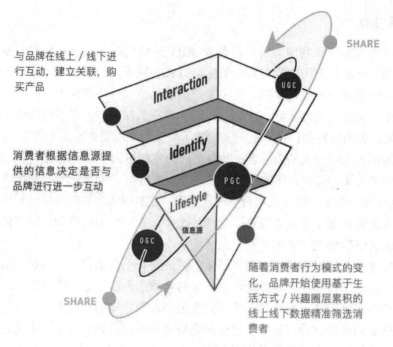

图 2-6　LIIS 模型

在 LIIS 模型中，个体消费者的生活方式对品牌的营销决策起决定性作用。在生活方式营销时代，品牌应该从用户的生活场景出发，覆盖与品牌/产品相关的细分场景，同步分发信息和销售转化入口，减少消费者的流失。线上营销要高质高效为线下经营赋能，线下经营数据则能指导线上营销策略，提升营销精准度和触达能力。

 本章思考题

1. 举例说明营销策略与消费者个性心理的关系。
2. 如何理解品牌个性与自我概念之间的关系？
3. 了解某一社会阶层的生活方式，谈谈如何根据其生活方式开展市场营销活动。

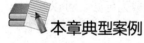 **本章典型案例**

爆火的生活方式营销，到底能给品牌带来多少可能

尽管"生活方式"是一个非常抽象的概念，但近年来，越来越多的商家开始挖掘它的营销价值。从 H&M、Zara 的家居系列，到 LV 的酒店，再到曲美家居的"你+生活馆"，这些人们印象里只卖单一产品的品牌，正在向生活方式服务品牌转变。

1. 转型先锋 发力生活方式营销

曲美家居开发出了 5.0 的业态体验店——"你+生活馆",其以八大生活馆作为产品支撑,增设咖啡馆、亲子阅读区、VR 体验区等多种业态。

在那里,你可以了解到最 IN 家居设计资讯,体验 8+N 种生活范本定制,也可以顺路喝上一杯咖啡歇歇脚,又或者带着孩子在亲子阅读区的大树下安静地看完一本他们喜欢的书,在 VR 体验区感受神奇的魔幻世界。你可以有各种理由来到"你+生活馆"。对消费者而言,原来只有在装修或更换某一家居产品时才会想到光顾的曲美家居,已然更富生活气息。

而"你+生活馆"所推出的 OAO 系统可以实现更为丰富的跨屏体验、持续优化的素材库,生活范本全线支持云端定制,30 分钟设计制作、3 分钟渲染出图。无论对于空间设计师,还是终端消费者来说,都让生活方式刻画更为简单、更具有说服力。

从营销角度上看,曲美家居是从消费者生活方式的角度入手,实现新的生活方式营销。采用类似营销术的还有跨界家居的 H&M、Zara,推出"白马庄园"酒店的 LV 等,他们通过战略性的品牌延伸,提供覆盖客户生活方式的全方位产品。

显然,这种营销方式正成为实体商业提高竞争力的主要手段。

2. 什么是生活方式营销

简单地说,生活方式就是个人对所需要的物质生活和精神生活的总和。每个人都有自己的生活方式,每个人也都有自己的生活梦想和追求,理想的生活方式没有实现,就意味着有潜在的需求。所谓的生活方式营销就是满足这一潜在诉求,将公司的产品或品牌演化成某一种生活方式的过程。而现代社会的消费者也都在为实现自己个性化的生活方式而接受各种各样的产品和服务。

生活方式营销的前提就是了解在一定社会形态下,目标客户的生活方式,要求企业时刻关注社会变迁与社会心理变化,因势利导地做出营销决策。而在当下,国人的生活形态呈现出个性且多元的特点。所以曲美家居在"你+生活馆"推出了"定制生活方式"的概念,主动提供一站式生活方式方案,并通过下午茶等活动形式,传达休闲、自由、独立的时代精神,使消费者准确无误地记忆并理解,从而产生认同。

随着越来越多的品牌在生活方式战略上进行布局,行业界限被打破,所有生活方式提供商都互为竞争对手。诚如 H&M、Zara、范思哲跨界家居,每一个品牌都必须抓住目标消费者生活方式的主流特点,突出自己的营销特色。曲美家居的特色就是"简约",无论是 8 大生活系列诉求的"简约"的生活原则,还是"你+生活馆"架构的一种"简约"的消费观念,其目标用户都是崇尚低碳和自由生活方式的人群。与美国家具品牌 Restoration Hardware 强调的"奢侈"、法国 Roche Bobois 提倡的古典风情分属于不同的细分市场。这意味着竞争领域呈现出多元化趋势。随着家具市场不断扩大,竞争的各方甚至可以达到多赢的局面。

资料来源:林微微. 爆火的生活方式营销,到底能给品牌带来多少可能? [EB/OL]. (2016-11-23). http://www.jiajumi.com/news/marketing/19473.html.

案例讨论:

仔细阅读案例,讨论、分析后回答以下问题。

(1)个性、价值观和生活方式对于家居营销有何意义?

（2）曲美家居的生活方式营销相比其他营销策略有何特点与优势？

第2章-个性心理因素与消费行为-自测题-1

第 3 章　社会因素与消费行为

思维导图

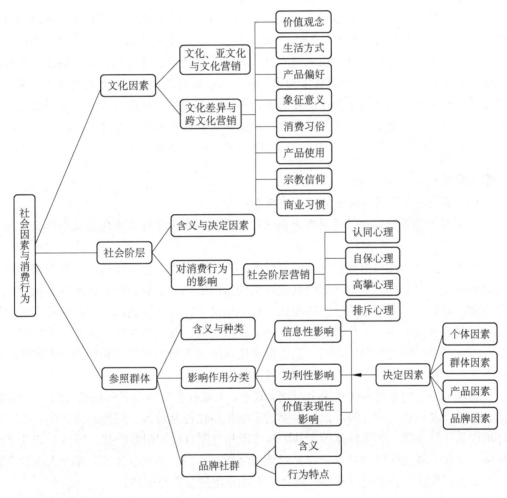

本章学习目标

- 理解社会文化对消费者行为的影响。
- 了解社会阶层的定义与划分。
- 熟悉社会阶层的营销应对策略。
- 掌握参照群体的影响作用和决定参照群体影响作用的因素。
- 理解网络社群消费行为的特点。

导引案例:"真爱月饼"的社群营销

2014年7月18日,罗辑思维的"真爱月饼"在微信平台开启预售,这是一种社群营销的新玩法,它利用微信这个成熟的社交平台把社交关系转化成销售流量。消费者并不是自己购买月饼,而是"想要你就大声叫",通过找人代付的形式让月饼成为建立人与人之间连接的一个载体。消费者可以把对月饼的需求转发给爱人、朋友甚至是心中的暗恋对象等,测验一下谁才会为自己的月饼买单,谁对自己才是真爱。

选择月饼作为载体,罗辑思维是经过考量的。月饼在中国的人情世故里是相对成熟的社交性商品,具有天然的"关系"属性。"真爱月饼"通过单人代付、多人代付、小批量定制、送礼等多管齐下的线上社交模式将人与人之间关系的能量最大化,并让该能量代替流量最终转化为销量。在13天的预售活动中,参与人数达到了270万,共销售4万多盒。罗辑思维的"真爱月饼"开创了基于社会关系的全新商业模式。礼尚往来更多强调的是礼物在交往过程中承担的载体的角色,体现的是社交价值而不是商品本身的价值。

资料来源:周欣悦. 消费者行为学[M]. 北京:机械工业出版社,2019:144.

案例思考:
(1)"真爱月饼"营销成功的经验有哪些?
(2)罗辑思维为什么会选择月饼来做实验?月饼在中国有什么文化意义和社交价值?

消费者的消费心理与消费行为,不仅受到心理活动过程、自身特性,以及营销环境刺激的直接影响,而且受到来自外部的其他环境因素的影响,主要包括社会环境和物质环境两个方面。营销者对大部分的社会环境和物质环境是不能直接控制的,而消费者会受到这些环境因素的深刻影响。消费者行为中一些独特的表现,有些是文化方面的原因,有些是经济、市场环境或制度方面的原因。基于前者造成的消费行为差异是长期的、根本的。基于后者造成的消费行为差异是短期的、阶段性的。

社会环境可分为宏观和微观两个层次。其中,宏观社会环境因素可概括为科技、经济、政治、法律、文化和亚文化等,这些因素的影响作用往往是普遍、间接和持久的;微观社会环境因素包括家庭、参照群体等,其影响作用相对要直接和明显一些。图3-1 表明了宏观环境(文化、亚文化群和社会阶层)对微观环境(家庭、相关群体等)及个人的社会影响。本章将对文化、社会阶层和参照群体的影响作用进行重点阐述。

3.1 社会文化与消费行为

人作为社会成员之一,是在与文化的相互作用过程中成长的。文化环境影响着人的心理发展和行为,也影响着人的消费行为。虽然文化对消费者行为的影响并不像营销措施那样直接和明显,但"文化是影响人的欲望和行为的基本因素","文化因素对消费者行为的影响最为广泛和深刻"(P. 科特勒)。短期变量并不能解释全球化消费与本土化消费的根本不同。例如,经济收入水平的差异会造成消费行为的不同,但随着收入的提高,这种不同会消失。只有文化才会使全球化消费和本土化消费这两类基本消费行为的差异长期存在。

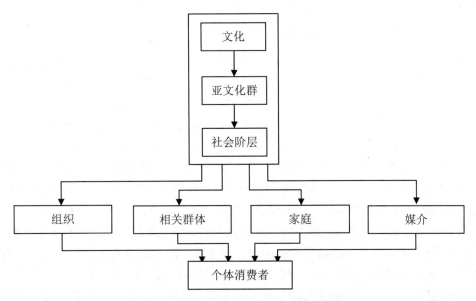

图 3-1 社会环境间相互影响的流程图

在 Web 2.0 背景下的 4I 营销时代,如何准确而细腻地把握消费者的不同文化心理,往往会成为商业成功的关键因素。eBay(易趣网)、MSN 在中国败走麦城并不是偶然的,而淘宝、腾讯 QQ 这些成功的本土互联网企业能更加深刻地洞悉中国消费者的文化心理,"淘宝""11.11 光棍节""支付宝红包"这些名称都反映出对中国民众喜好心理的准确把握。

3-1 金六福的"福"文化

3.1.1 文化与亚文化概述

1. 文化的含义

文化的定义众说纷纭,广义上讲是指人类在社会历史发展过程中所创造的物质财富和精神财富的总和。不仅包括看不见的精神和意识形态,还包括看得见的器皿、建筑、服饰等物质形态;一切非自然的人文创造都可以称为文化。社会文化还涉及政治、宗教、传统习俗等多方面的因素。这些因素相互作用的合力促使人们形成适合于本民族、本地区、本阶层的生活方式和消费方式,从而影响和制约人们的消费行为。

文化具有共享性和传承性的特点,也就是说文化是由群体所共享的并能跨越时空进行传承。表 3-1 显示了文化与其他社会现象的区别。

文化对消费者行为的影响主要是通过影响消费者个体和影响消费者所处的社会环境来实现的。文化首先影响消费者个体,包括在人的发展过程中,文化对人的个体心理、人的行为方式等所不断产生的决定性的影响作用。其次,文化可以通过影响个体所处的社会环境而影响消费者行为。社会是无数个体所组成的统一体,对每一个消费者个体来说,其他

表 3-1　文化的特点：共享性与传承性

传承性	共享性	
	低	高
低	特殊的理念或实践	流行风尚
高	个性或习惯	文化

消费者是其环境。因而文化通过影响消费者群体而影响每一个消费者个体所处的社会环境，进而影响每一个个体的消费行为。单凤儒（2018）认为，对消费者心理和行为可能发生影响或作用的社会文化因素主要有：① 社会的主导意识形态与人的价值观；② 社会精神文明水平及道德修养标准与程度；③ 审美观念与文化底蕴；④ 人们的生活水准与生活方式；⑤ 社会主流消费观念、消费习惯、风俗与消费流行；⑥ 政治信念与宗教信仰。

社会文化对人们消费行为的影响往往不是强制性的，而是以潜移默化的形式进行的。社会文化对人们的深刻影响也只有在不同的社会环境或发生文化冲突时，才能被人们明显地感觉到。例如，身在异国他乡的人，不仅会发现语言不通、生活习惯不一样，还会发现生活方式、时间观念、价值观念也截然不同。这时，人们会强烈感觉到社会文化对人的影响。

对于经济全球化背景下的跨国营销而言，一方面，国家之间的民族心理特点、行为习惯和价值差异无法回避，即所谓"入境而问禁，入国而问俗，入门而问讳"；另一方面，互联网下的信息社会和更为频繁的旅游交往又使全球文化价值观具有更多的共性。由于全球文化和本土文化长期存在或相互并存，任何国家的消费者行为分析都必须从两个方面入手：一是全球化消费行为；二是本土化影响下的差异性消费行为。例如，一个家具商开拓海外市场时，认定每个国家的消费者都重视美观、社会认可和舒适，但不同国家的消费者对美观或如何显示社会地位的认识又存在差异，必须针对不同的市场建立不同的营销策略。可口可乐公司通过全球化广告策略每年可以节约大约 800 万美元，但即使它采用了一个全球性主题，在每个国家的广告宣传上也都要做一些改动，同时在一些国家的产品配方上也做了一定改动。海底捞在国内受追捧，在美国却遭冷遇，只因其服务方面的长处在美国全都用不上："美国人不理解为什么火锅店会有美甲服务，也不太接受店家发的发卡，还有如果服务员听到顾客交谈马上表示'我们可以提供什么'，可能一分小费也得不到还要遭白眼，因为你偷听了顾客的隐私。"

3-2 文化冲突——沃尔玛的德国遭遇

▶ **思考一下**：从消费者分析的角度，谈谈跨文化营销应当考虑哪些主要方面。

【案例链接】

宜家的中国色彩

在欧美国家，宜家门店采用自选方式，以减少商店的服务人员；并且没有"销售人员"，只有"服务人员"。服务人员不允许向顾客促销某件产品，而是由顾客自己决定和体验；除非顾客需要向其咨询。顾客需要自己动手把买到的家具组装起来，而且宜家不提供送货。这些购物的不便利，国外的消费者都习惯了。因为宜家是在用实际行动告诉顾客，他们在为顾客"省钱"。然而，中国消费者却不习惯缺少服务的购物过程。他们更习惯家具厂商在商店里的热情服务,在购买家具等大件商品时更是将免费送货当作商场理应提供的服务项目。他们难以接受自己运货或花钱运货回家的做法。宜家为了适应中国消费者的习惯,也配备了较多的送货车辆,并在消费者的强烈呼吁之下,降低了送货费用。另外,考虑到很多中国消费者远离宜家门店,宜家将在中国市场的退货日期从14天延长到60天。

在中国,"宜家"是一个带有古风韵味的中译名,它取自《诗经》——"之子于归,宜其室家"。"宜家"意为使家庭和睦美满,与IKEA的经营理念达到一种完美的契合。

宜家在对中国市场进行调研的时候发现,中国老百姓除了搬新家外,一般很少购买新的家居用品来改变现有的居住环境和布置。针对这种现象,宜家颇具匠心地推出了"改变其实很简单"的口号,旨在帮助和鼓励广大普通老百姓通过改变一成不变的生活习惯和惰性,以创造美好的生活环境和舒适的空间。基于这一想法,宜家样板间才悄然走进老百姓的生活。

宜家告诉消费者,改变不是很麻烦,一点点小变化可能就会起到画龙点睛和事半功倍的效果。于是,宜家也配套推出了一些不太贵的新品。如果阳台一隅堆着杂物、落满灰尘,主人可以花半个小时打扫一下,空出一块地方,放上一把新式摇椅;傍晚,打开阳台玻璃窗,坐在摇椅上慢慢摇晃,享受夕阳。采用这种化整为零的策略,并配合以诱惑人心的广告语之后,宜家公司吸引了众多消费者,自然也有效地击败了很多同行当年的促销活动。

资料来源:季然. 宜家的中国式问题[J]. 现代经济信息,2013(4):219.

2. 亚文化的含义

1)亚文化的概念

亚文化也称为次文化,是主文化的一部分。它是指某一文化群体所属次级群体成员所共有的独特观念和行为模式。作为主文化群的一部分,每个亚文化群的成员在行为、观念上无不打上主文化的烙印,同时又因为类似的成长环境,也具有共同的独特价值观和行为模式。例如中国的少数民族,他们既受自己民族独特的文化影响,又有整个中华民族的文化烙印。

亚文化是一个相对的概念,每一种文化都包含了更多、更小的亚文化。一个文化区的文化对于全民族文化来说是亚文化,而对于文化区内的各社区和群体文化来说则是总体文化,而后者又是亚文化。

一个消费者往往同时处于多个亚文化之中,每种亚文化影响人们生活方式和行为的不同方面,其影响程度也不相同。比如,消费者对新产品的接受程度受到地区亚文化的影响,对音乐和服装的偏好受到时代亚文化的影响。一些新兴品牌往往会借助某种亚众文化的共识力、传播力,从小众需求开始,然后逐步放大做大。例如,SUPREME是从滑板文化开始的,LULULEMON是从瑜珈健身文化开始的,POP MART是从潮玩小众文化开始的,元气森林是从二次元年轻人文化开始的。

如图3-2所示,个体受到主文化和亚文化的双重影响,其在多大程度上拥有某一种亚文化的独特行为模式,取决于他认同该亚文化的程度。例如,服装界的"破产三姐妹":汉服、JK制服、Lolita洋装主要是受二次元文化影响深的年轻女孩的最爱。

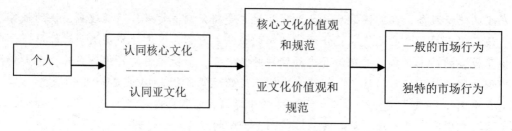

图 3-2 认同亚文化会产生独特的市场行为

2)亚文化的特点

亚文化具有以下三个特点。

(1)独特性。一种亚文化越是要求一种独特的统一性,它的潜在影响力就越大。如拉丁美洲裔的美国人的亚文化之所以独具特色就是因为他们中的许多成员保留了自己的语言作为文化认同的一种手段。

(2)一致性。拥有相同价值观的亚文化,更可能对其成员产生影响。比如藏族人共同的语言、特色服装和习俗礼仪等,使他们更认同藏族亚文化。

(3)排他性。亚文化容易从社会中或被社会独立出来,或者被社会所排斥。例如,非洲裔的美国人在一些时候由于被拒绝给予受教育的机会而被白人占统治地位的社会排斥。反过来,这又可能会强化亚文化的影响,鼓励对亚文化的行为准则和价值观的维持。

3)亚文化的分类

亚文化可以根据族群、人口特征和生活方式等来界定,如地域、民族、宗教、年龄、性别、种族、职业、语言、教育水平等(见表 3-2)。与大范围的文化相比,在亚文化内部,人们的态度、价值观和购买决策等更加相似。

表 3-2 亚文化的类型

统 计 指 标	亚文化举例
年龄	少年儿童、青年、中年、老年
宗教信仰	佛教、基督教、伊斯兰教等
民族	汉族、满族、回族等
收入水平	富裕阶层、小康阶层、温饱阶层
性别	男性、女性
家庭	核心家庭、扩展家庭等
职业	工人、农民、教师、作家等
地理位置	东南沿海地区、西北地区、中原地区等
区域	农村、小城市、大城市、郊区

从消费行为的角度来看,亚文化对消费者行为有着更直接的影响。属于不同亚文化影响范围的人,在消费方面存在着很大的差异;属于同一亚文化影响范围的人,在消费方面就有较多的相似之处。例如,青年人的价值观与长辈有很大差异,其生活方式及消费方式也会与长辈有所不同。

表 3-3 描述了不同亚文化对新产品购买的影响。

表 3-3　影响新产品购买因素与消费者类型分析

亚文化类型	最新试用者	早期采用者	晚期采用者	守 旧 者
职业地位	高	较高	一般	较低
文化程度	较高	较高或一般	一般	一般或较低
经济状况	收入高	收入较高	收入一般	收入一般或较低
社会活动	活跃	较多	一般或较少	很少
市场信息	灵通	来源较多	一般	闭塞
消费心理表现	求新、求好	求新、模仿	谨慎、求实	保守、习惯

资料来源：俞以平，陶勇. 消费者行为学[M]. 大连：东北财经大学出版社，2017：167.

在网络新媒体时代，青年人亚文化常常会出现某些新形式，如二次元文化、直播文化、锦鲤文化、"佛系"文化、洛丽塔文化、国潮文化、"丧"文化、杀马特文化等，表现出青年人渴望特立独行、彰显个性等心理特点。在广告设计、品牌塑造时，应当关注、引导和适应青年人的网络文化现象，赋予文化营销以新的内涵。"马蜂窝"耳熟能详的广告词是"旅游之前先上马蜂窝"，这则广告以"不走寻常路"的幽默方式使人获得一种轻松的情绪释放，并在短短15秒中出现6次品牌名，重复出现、多次矛盾冲突，带给消费者的却是无须思考的开心。这篇广告投放没几天，尽管受到了不少人的嘲讽，但百度搜索指数、马蜂窝App的日活和下载数都出现了暴增。现在，短视频广告甚至出现向类似风格发展的倾向。

3-3　闲鱼×知乎生活费管理大学

3-4　"丧文化"营销

▶ 思考一下：如何面对不同亚文化消费群体开展营销活动？请举例说明。

【资料链接】

"90后"的"圈子文化"与营销策略

"实用""多元化选择"与"低价"是过去很多品牌吸引消费者的主要手段。在物质水平不那么发达的过去，这的确是吸引对生活品质要求不那么高的"60后""70后"甚至"80后"的有效方式。

而对于成长于中国经济与文化高速发展年代的"90后"，他们显然对生活品质有着更高的要求。从物质层面看，"90后"更注重产品的高品质与体验细节，喜欢"小而美"的体验。对品牌与体验细节的把握是赢得他们的关键，而非品牌知名度的大小。一个注重体验的"小品牌"在营销传播过程中突出对细节与品质的专注往往比不注重细节的大品牌更有说服力。

从情感层面看，"90后"是更加"感性"的一代，也接受过更高的教育。他们更加看重品牌与产品背后所承载的情感与文化意义，愿意为"小确幸"买单。品牌在营销传播过程中需要做"更走心"与更细腻的传播，通过"讲故事"的方式引起"90后"对品牌的情感共鸣。当然在这个过程中，品牌需要做到品牌定位、品牌个性与情感内容定位的合理匹配，不能单纯为了"情感取悦"而忽略了品牌自身定位。

在网络虚拟世界里长大的"90后"一代是害怕寂寞的一代，他们更渴望在"圈子"里寻找存在感与认同感。他们喜欢围绕自己的生活方式与兴趣建设自己的"圈子",在"圈子"文化内(例如街头文化、二次元文化、小清新文化、嬉皮音乐党、极客圈等)找到归属感、尊重与成就感。不是一个"圈子"的东西真的很难打动他们。

品牌希望实现对"90后"更为精准与打动人心的营销,首先要深入理解"90后"的"圈子"和"亚文化",不能只停留在"个性张扬""叛逆"或者"非主流"这些针对"90后"的表象描述上。在此基础上,围绕不同的文化与生活方式,讲述品牌故事,展现品牌与特定亚文化共鸣的一面。例如,受国内"90后"追捧的潮牌Supreme以纽约兴起的滑板运动为主轴,吸引知名滑板好手和街头艺术家经常到Supreme店面聚会,渐渐地,Supreme成为代表纽约街头亚文化的街头潮流品牌,进而成为世界知名潮流品牌。反观我们国内不乏针对年轻群体的时尚品牌,但往往靠款式的模仿与低价生存,忽视文化与生活方式的打造,品牌难以实现质的发展。

"90后"在很多人眼里好像永远停留在学生时代与青春期,个性张扬但思想空洞,娱乐化就是他们的一切。直接、感性、好玩与口语化是"90后"喜欢的沟通方式,但有趣、搞怪与耍酷并不是"90后"营销的全部元素。在自由互联网文化环境下长大的接受过更多教育的"90后"是更会独立思考的一代,只不过他们有着让别人看不懂的表达方式——"是我没内涵,还是你不懂我?"在对"90后"群体营销沟通过程中,"好玩""新鲜"与"酷"并非内容与形式上的全部,品牌更需要通过"深度"内容刺激"90后"去思考与讨论,引发他们的共鸣。

当然所谓的"深度"内容并不意味着要"故作深沉",而是要借助于"90后"的语言和符号进行表达。青年文化媒体Vice被包括中国在内的全球潮流青年所膜拜,除了其聚焦于亚文化的鲜明定位与内容的新奇,提供有启示性的内容,引发年轻受众的思考与讨论更是其拥有大批拥趸的关键,正如Vice中国的宣传语:"拒绝无聊信息"。

"90后"是伴随着ACG(漫画、动画与游戏)成长起来的一代,"二次元"构成了"90后"的童年生活。面对"三次元"(现实)的种种问题,"活在当下""我开心就好",喜欢幻想却又无能为力的"90后"会在"二次元"的世界里找到一种"完美"的状态。深刻理解"二次元"是品牌做好"90后"营销的一个重要前提。一个不知道"AB站"(AcFun与bilibili,国内两大弹幕站点)的营销者难以做好"90后"的营销。品牌不仅需要理解二次元文化的含义,更要理解二次元世界中的符号与语言,懂得什么是二次元人群的"high点"与"泪点",学会借助二次元符号传达品牌信息。今天已有越来越多的品牌开始借助二次元进行年轻群体营销。例如,Air Jordan与知名漫画系列《灌篮高手》的合作,香奈儿与《美少女战士》以及GUCCI与《JOJO奇妙冒险》等,均取得了市场成功。

资料来源:赵旭隆. 救命!"二次元"入侵,如何抓住90后的心?[EB/OL].(2016-01-27). http://www.ceconlinebbs.com/FORUM_POST_900001_900005_1097243_0_3cf98a3f.HTM.

3. 文化IP

简单地说,文化营销就是利用文化力进行营销。企业应当赋予产品以文化内涵,增强产品的文化价值。而文化IP是一种具有文化渗透能力、跨界合作能力、持续变现能力,有着高辨识度、自带流量的文化符号,是文化营销的重要形式。

IP是intellectual property(知识产权)的英文缩写,但从文化营销的角度来说,IP被引申为"可供多维度开发的文化产业产品",是指那些具有高专注度、大影响力并且可以被再生产、再创造的创意性文学和艺术作品。IP 的形式多种多样,如故事、作品、符号、形象、商标,甚至一句话、一个人、一个表情包。从消费者的角度,IP 经济代表着因某一类标签、符号、文化现象引起消费者兴趣,从而转化为消费行为的现象。文化营销旨在通过文化要素在品牌与消费者之间建立起一种联系,而优质的文化 IP 与品牌联姻可以传递和提高品牌价值。美国迪士尼公司即是运营 IP 的成功典范,依靠米老鼠等广受欢迎的形象 IP,衍生出主题乐园、玩具、服装等多种产品,收益远超电影本身。

当然,并不是所有的热门文化作品都能够成为优质 IP,优质的文化 IP 需要具备图 3-3 中的几个重要要素。

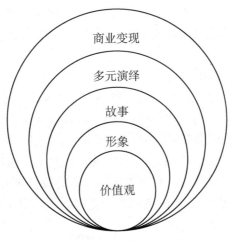

图 3-3 优质 IP 的构成要素

1) 共享的价值观是优质 IP 的核心

"任何一个 IP,一定要先有文化价值,即先拥有打动人心的情感价值,然后才值得去探讨商业价值。"(陈格雷)只有具有正确价值观的 IP 内容才有可能集聚更大范围的"粉丝效应"。例如,网剧《龙岭迷窟》作为对网络小说《鬼吹灯》的影像开发,就合理规避了不受大众理解和接受的部分内容,解构盗墓题材,强化探险、冒险类型,定位共享的价值观念与精神取向。

2) 形象鲜明是 IP 实现跨界开发的基本要求

在 IP 经济中,视觉产品是 IP 内容变现的核心部分。文字、声音的多元利用率远远低于影像的多元利用率。因此个性鲜明的可视化形象和定位是优质 IP 的基本要求。但是,形象需要时代化的个性予以支撑,需要与消费者的生活环境发生连接。

以"阿狸"为例,阿狸 IP 的多元开发涉及出版物、影视、文创产品等,但这些都是起源于给消费者留下强烈印象的漫画形象。这种别具一格的人物形象具有极高的辨识度,可以不断地进行发散演绎。反过来说,具有法律意义上的 IP,不一定是文化产业意义上的 IP,如《新华字典》等工具书,缺乏基本的角色或形象,其衍生开发的市场价值就不会太大。

3) 好故事是保证市场的关键

优质 IP 的故事是具有一定创意、富含情感且打动观众的内容,可被改编或补充,能够在不同载体的转化下保持故事的延续性。

美国认知科学家罗杰·C. 享克（Roger C. Schank）指出，"人生来就理解故事，而不是逻辑"，因为"故事给予过去的经验一个生命，故事使已经发生过的事件令人难忘"。文化记忆往往是一种故事记忆，当某一事物被镶嵌在丰富的故事内容中时，最能够传达出真挚的情感或明白的道理，给受众带来的接受效果最好。

4）多元演绎创造多元价值

多元演绎是优质 IP 在形象的基础上，在不同的内容载体上对故事进行的延伸，通过不断地建立情感联结来扩容粉丝。IP 孵化与开发的目的就是将更多的普通消费者转化为"粉丝"，通过"粉丝"的忠实消费实现 IP 商业价值开发的最大化，从而延长 IP 的生命周期与变现能力。同时多元演绎也在维系"粉丝"的过程中发挥着重要的作用。要不断深化和强化"粉丝效应"，就需要根据粉丝需求的转变不断地创造出新的内容来巩固原有粉丝并吸引新的消费群体。

5）商业变现是开发 IP 的根本目的

IP 经济中的各方参与者通过对原创内容的多元演绎而生产不同的文化商品，借助原有内容的影响力来销售更多形式的文化商品，在降低市场风险的同时也扩大收益渠道。如国外的迪士尼、哈利·波特等优质 IP 都取得了可观的经济收益。故宫博物院充分挖掘故宫这一优质文化 IP，开发出多款文创产品，仅 2017 年，故宫文创的销售收入就已经达到 15 亿元。故宫依托深厚的传统文化积淀，拥有丰富的内容资源和强大的叙事衍生能力，相比于全球最大 IP 玩家迪士尼，故宫文化 IP 营销将会走得更远。图 3-4 是故宫的部分文创产品。

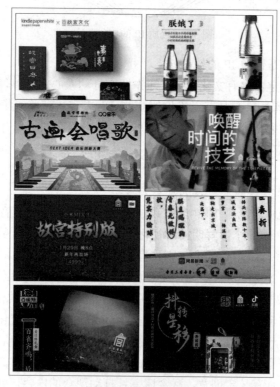

图 3-4　故宫文创产品

总之，优质IP应具有三种属性：独特的文化（渗透）能力、强大的跨界（合作）能力、持续的变现（产品）能力。

目前，中国许多老字号品牌都在寻求IP文化加持，力图将传统文化与时下潮流相融合，使产品更具时尚感，从而赋予品牌一种新的形象。而广泛的文化认同和强烈的文化自信又让"国潮"在广大消费者尤其是年轻人当中有着巨大的穿透力。"东方彩妆"的花西子、"国潮茶饮"茶颜悦色、"忍不住想喝第二口"的米客米酒就是凭借"国潮"风脱颖而出的，同时，"守得住经典，当得了网红"俨然已成为行业标杆。例如，广州酒家、西安饭庄、南京冠生园、杏花楼等月饼老字号，以"中华老字号卖萌记"中秋系列的形式与腾讯的"天天爱消除"游戏一起演绎经典。

【案例链接】

"董小姐"的文化营销

浙江小王子食品股份有限公司（下文简称小王子公司）认为非油炸薯片是现有薯片市场的升级换代产品，决定将这个产品作为大单品进行文化创意和营销传播上的打造。

《董小姐》是宋冬野创作并演唱的一首著名的网络民谣。小王子公司将其产品取名为"董小姐"，借用了流行的"董小姐"网络文化，成功注册商标作为知识产权保护，把都市15～35岁年轻女性作为目标群体，利用包装设计、微信、微电影等形式打造独特的产品体验，并将散装渠道作为主打渠道，同时还结合了时下流行的"互联网+"。

"董小姐"有与生俱来的戏剧性。把《董小姐》的歌词进行改编，融入流行元素，比如"买我走吧，董小姐，吃起来吧，董小姐"。董小姐薯片在包装上采用短发年轻女性的卡通形象，并在人物造型上进行创意设计。食品包装从来没有一款卡通形象是以背面示人的，"董小姐"却是个"吃螃蟹"的人。她想表现"下雨时候我也想要一把伞"，想表达一个职场女性，在坚强的外表之下也有一颗柔软的心。

后来开始升级，"董小姐"在试图寻找一种叫作"董小姐主义"的东西，要把产品改造成为"董小姐式的女性"，让消费者去猜测董小姐的心境，从而感同身受。知识女性"董小姐"是文艺青年的"中国好闺蜜"，她倡导独立和健康向上的价值观与生活方式，她桀骜不驯，却又善解人意，拥有独立的人格。在优酷、腾讯、爱奇艺等新媒体上，"董小姐"在以自身的形态强化着与消费者的沟通。

"董小姐"还启动了《董小姐》连载小说、系列漫画、原创歌曲和MV，用于丰富"董小姐"文化的内涵。另外，还跨界与娱乐圈流行的两大IP——盗墓和美人鱼题材相结合，使其更显个性。一个品牌的内涵，是依靠故事构建的，此前的"董小姐"是平面二维的，只有形象和设计，而现在要成为一个三维立体的，是有灵魂的。

董小姐IP传播不但是一种广告，而且本身就是一种无形资产，可自身增值，而且可以带动旗下多品项的销售。

一千个女人会有一千种包包，但装进包里的东西大同小异，让"董小姐"进入女性的包包，她可以每天换包，但是每天都携带"董小姐"。目的就是让产品变成一种必备的、可以随身携带的角色！这样，消费频次就改变了。因此，产品形态需要"握在手里刚刚好，装到包里不嫌大"。

总结来说,"董小姐"成功的基因在于四个方面：产品健康化、形象符号化、文化价值观、消费社群化。小王子公司总经理王岳成这样总结"董小姐模式"——专业制造+文化创意+互联网传播（微营销和电商）。

资料来源：本案例源于网络，并经作者加工整理。

▶ **思考一下**：你觉得还有哪些流行歌曲可以进行 IP 开发，它适合什么产品？如何进行文案、形象等创意？

3.1.2 文化差异与消费行为

文化无处不在，包罗万象，文化差异也会反映在文化的各个方面。文化的内容大体上可以分为三个层次。

（1）外显层。指文化中外在的、可见的层面，包括器物、行为、语言表达等。

（2）中间层。主要包括价值观和规范。

（3）内隐层。也称为核心层，包括基本信念、世界观和思维方式等。

3-5 东西方文化差异

文化在这三个层次上都会对消费者行为产生影响。下面仅从其中一些具体方面来认识文化差异在消费心理与行为上的影响。

1. **生活方式**

一般来讲，生活方式与文化有着密切联系。不同文化背景下，人们的生活方式会有较大差异，必然对消费者的购买心理和行为产生影响。例如，2020 年初全球爆发 COVID-19 疫情时，中国老百姓都能够做到出门戴口罩，而欧美人却认为有病才需要戴口罩，对戴口罩者有一种歧视心态。意大利人还认为戴着口罩与他人说话，是很不礼貌的行为。

【资料链接】

日本文化造就的特色生活方式

邻国日本，是一个值得研究的国度。爱干净、"细节控"到了无微不至的程度，做起事来也认真、严谨到极致。因为文化的不同，日本很多习以为常的生活方式，在我们看来十分有趣。

日本人非常注重礼仪。在吃面的时候他们会发出很大的吸面声，以表示面条非常美味。点餐时也会根据自己的食量点适量的食物，因为把食物剩下来会让人觉得是饭菜不够可口。

日本人会把米饭和面食放在一起作为一份套餐。拉面、饺子、米饭一起吃也不觉得有任何不妥。日本人都是互相倒酒，所以不要自己给自己倒酒，同时要注意在对方喝完时及时给对方倒酒。

日本人喜欢泡澡，几乎家家都有一个浴缸，供全家人使用。除了泡澡，日本人还尤其爱泡温泉。对于日本人来说，泡温泉已经成为生活中必不可少的一种放松方式。

在日本，便利店数不胜数。7-ELEVEn、罗森、Sunkus 等便利店随处可见。如果你走 5 分钟仍没有碰见一家便利店，那你肯定不在日本。而且，日本的便利店总能尽最大可能地提供便利。商品种类在空间容纳范围内尽可能地多，有些便利店收银台下面配有洗手台，以方便买了食物又无处洗手的顾客。除了便利店，日本的自动贩卖机也很多，而且贩卖的品类五花八门。

在日本，几乎每种物品都会做成很多款式，以便选择。因此，在日本购物，"选择困难症"者简直寸步难行。连鞋垫都有成百上千种供你挑选！礼物包装袋和打结的绳子多到让你眼花缭乱。

日本人对于脱鞋、换鞋有一种执念。健身房、室内球场等进门时要求换室内鞋。去厕所有专门的厕所用拖鞋，只在厕所里面使用，从厕所出来就要换成室内脱鞋。

不同的文化造就了不同的生活方式，比起日本人有意思的生活方式，更值得关注的是他们严谨认真的生活态度。

资料来源：全日通自动车学校. 不同的文化造就了日本不同的生活方式，走近他们日本特色的生活方式[EB/OL]．（2017-09-12）. https://www.sohu.com/a/191520963_808866.

2. 产品偏好

在不同的国家，产品偏好可能存在巨大的差异。营销者在制定产品策略时，应该考虑当地消费者的行为、口味、态度和传统的影响，否则会给自己带来麻烦。

例如，可口可乐公司在日本推出的"减肥"可乐没有成功，因为在日本减肥并不是一件好事，日本妇女更不愿意让人看到她们靠喝标明减肥的东西来减肥，可口可乐公司只好将减肥可乐更名为"轻松"可乐。再如，日本松下公司曾自夸其电饭煲能使食物不至于太松脆，后来公司才意识到，实际上在中东地区这正是人们想要的一个特性；欧洲人喜欢纯巧克力，而不像美国人喜欢牛奶巧克力，他们认为牛奶巧克力是给儿童吃的；Sara Lee 销售蛋糕时，在美国添加了巧克力屑，在澳大利亚添加了葡萄干，在中国香港添加了椰子；鳄鱼皮手袋在亚洲和欧洲都十分受欢迎，但在美国却反应一般。

【案例链接】

中国"非洲手机之王"称霸非洲市场

传音手机，这个国内并没有太大知名度的品牌，在非洲大陆部分国家却占据了40%的市场份额，在撒哈拉以南更是家喻户晓。有统计显示，2016 年传音手机出货量超过 8000 万部，远胜华为、小米等主流品牌。深圳传音公司 2007 年开始进军非洲，当时距其前身传音科技在香港成立不足两年。经过 10 年发展，传音旗下已经拥有 TECNO、itel 和 Infinix 等品牌，在非洲 6 个主要国家市场份额超过 40%，成为当之无愧的中国非洲手机之王。

作为专注非洲市场的中国手机厂商，传音打开非洲市场的利器是贴近本地消费者需求，根据非洲的特点提升、改进了部分功能。

非洲消费者大多有数张 SIM 卡，却没有消费多部手机的能力。"我们看准了这种需求，率先在非洲推出双卡手机，因而大受欢迎。"传音公司首席营销官刘俊杰分析。

为了适应非洲消费者，传音特意成立研发团队，研发了适用于黑肤色用户的美肌模式。研发团队通过搜集大量非洲人的照片，对脸部轮廓、曝光补偿、成像效果等进行多重分析。与一般手机拍照时通过脸部识别不同，传音手机通过眼睛和牙齿定位，在此基础上加强曝光,这样非洲消费者便能拍出更加满意的照片。

刘俊杰说,传音在消费者洞察、产品研发等方面花了很多力气,非常关注细节。所以在与只做国际标准产品的非洲同行的竞争中,往往以巧取胜。

2016年3月传音发布的新款手机Boom J8主打音乐功能。它随机赠送一个定制的头戴式耳机,迎合了非洲消费者经常跳舞的生活习惯,因此在喜欢音乐、舞蹈的非洲用户中非常受欢迎。

防汗、防滑、开机时音乐似乎永远不结束,来电时铃声大到恨不得让全世界听到……这些符合非洲人民使用偏好的小设计,让传音迅速占领市场。

资料来源:王云松. 小设计帮中国"非洲手机之王"称霸非洲市场[N]. 环球时报,2017-07-23.

3. 产品使用

在国外从事经营时,企业管理人员必须考虑产品使用上的差别。由于消费者所处的文化背景不同,对产品的要求也会有所不同。

例如,一般来说我们使用冰箱是利用它的制冷功能来保鲜食品,但是对于因纽特人来说,却是利用冰箱的制热功能来保持所放食品新鲜的。这虽然受到一定的地理因素影响,但不可否认也包含一定的文化因素。委内瑞拉妇女洗衣服时总是将肥皂片揉在一起形成一种糊状,高露洁公司的研究人员观察到这一情况之后,决定将洗衣用的糊状物放在塑料碗中出售,这就是Axion肥皂糊,拉丁美洲的主要洗衣用品。

咖啡市场的消费行为深受饮食文化的影响。如即冲即饮的速溶咖啡在英国市场占到90%的份额,在瑞典却只有15%,这是两个极端。速溶咖啡之所以能占据英国市场,因为英国人有喝热饮习惯。英国人以前喜欢喝热茶,而速溶咖啡在冲饮方法上接近于茶,因此一旦英国人开始喝咖啡,他们选用速溶咖啡而不是普通咖啡是很自然的。速溶咖啡受欢迎的另一个原因是,英国人在喝咖啡时往往加入大量的牛奶,这样咖啡本来的口味就被掩盖了。瑞典人却正好相反,对他们来说,咖啡是最主要的热饮,人们喝咖啡时不加大量牛奶,因为,他们喜欢浓烈的咖啡。

另外,不同的产品类别具有不同的环境敏感性,产品的环境敏感性越强,越需要营销者花费时间和精力确定当地市场的具体情况和独特需求,做出较大程度的适应性调整。通常,工业品(如计算机芯片)因其通用性和标准化,表现为较低的文化环境敏感性;而消费品(食品、服装、饮料等)对文化差异则较敏感。在跨文化环境中,即使同一消费行为也可能来自不同的需要,例如,一些研究表明,美国消费者使用牙膏主要是为了防止龋齿(功能性需要);在英国和加拿大说法语的一些地方,消费者用牙膏主要是为了使口气清新(享乐性需要)。法国女性喝矿泉水是希望她们气色更好(象征性需要),而德国消费者喝矿泉水是为了获得健康活力(功能性需要)。

4. 象征意义

象征是文化的重要内容。例如,中国人用红豆代表相思,用白鸽代表和平。颜色和服装等也具有象征意义,企业必须特别注意广告中使用的颜色。红、黄、绿、蓝、紫、白、黑等都有各自的象征意义。一般来说,白色代表纯洁,红色代表热情喜庆,黑色代表哀伤或庄重肃穆，绿色代表生命、青春与和平。在不同的国家，相同的颜色可能具有完全不同的象征意义。蓝色对绝大多数美国人来说，是最能代表男子汉形象的颜色，而在英国和法国，红色才具有相似的意义。在日本，灰色是同廉价商品联系在一起的；对于美国人来说，灰色却代表着昂贵、高质量，并且值得信赖。在许多拉丁美洲国家，人们不喜欢紫色，因为这种颜色与死亡联系在一起，而紫色在中国代表着高贵。一家英国银行在新加坡开展业务时，想用绿色和蓝色作为公司的象征，但咨询公司告之不妥，因为在新加坡绿色代表死亡。

除颜色外，其他事物的象征意义也会对行为产生影响。例如，在非洲的许多地方，两头大象是噩运的象征，这迫使嘉士伯公司在其标签上加上了第三头大象。在日本，数字"4"是残废的意思，因此蒂芙尼公司在日本出售的玻璃器皿4件套都改为5件套。服装、首饰及其他饰品也有一定的象征意义，如制服代表着某一群体或组织的成员；长袍代表性保守，紧身衣和暴露装代表性开放；昂贵的珠宝代表一定的社会阶层或财富。

日本立邦漆为了突出其光滑的特点，策划了一则名叫"龙篇"的广告作品。画面上有一个中国古典式的亭子，亭子的两根立柱各盘着一条龙，左立柱色彩黯淡，但龙紧紧攀附在柱子上；右立柱色彩光鲜，龙却跌落到地上。意思是说：右立柱因为涂抹了立邦的木器清漆，让盘龙滑了下来。我们知道，龙是中国的图腾，在一定意义上是中华民族的象征，而这个广告创意忽略了文化因素，结果受到了中国民众的反感。另一则日本霸道（普拉多）汽车的广告画面上，霸道越野车威武地行驶在路上，而两只石狮子蹲坐路旁，一只挺身伸出右爪向"霸道"车作行礼状，另一只则低头作揖。同样忽视了中国人特殊的文化心理和民族情结。

5. 商业习惯

商业习惯是指在商务活动中形成的普遍观念与习惯做法，不同文化折射出的商业习惯差异对消费者的购买行为（尤其是讨价还价行为）有着重要影响。例如，美国消费者在购物活动中比较直率，不喜欢商家漫天要价，也不愿意砍价；拉美消费者常常将价格砍得很低，并提出许多要求；亚洲消费者则善于讨价还价，追求对自己有利的成交价格；而在欧洲购物时，讨价还价常常被看作是粗鲁或无知的。

6. 消费习俗

消费习俗是由长期的历史文化所形成的消费习惯和风俗。消费习俗对消费者购买行为有如下影响。

（1）使购买行为具有普遍性。例如，在中国传统的新春佳节来临时，人们对商品的需求量比平时增加好几倍。

（2）使购买行为具有周期性。与社会潮流不同，消费习俗一经形成就会固定下来，并周期性地出现。例如，中国人在元宵节吃元宵、在端午节吃粽子、在中秋节吃月饼等。随着这些节日的周期性出现，人们也会周期性地购买相关商品。

（3）使购买行为具有无条件性。一种消费习俗之所以能够被继承下来并成为一种习惯，重要的原因是人们具有从众心理，即使这种消费数量大、费用高，人们也会想办法去克服困难，以满足这方面的消费需求。

(4) 使购买行为具有长期性。消费习俗是人们在长期的社会实践中逐渐形成和发展起来的,习俗一旦形成就会世代相传地进入人们生活的各个方面,稳定地、不知不觉地、强有力地影响着人们的购买行为。

7. 宗教信仰

宗教是一种神秘化的信仰,包括宗教思想、宗教组织、宗教礼仪规范、宗教文化等丰富的内容。宗教对人们的生活习惯、消费方式都会产生巨大影响,而不同的宗教信仰也直接导致人们消费观念和消费习惯的明显差异。例如,印度教徒是素食主义者,印度的食品和化妆品制造商在产品中必须使用植物油而不是动物油和起酥油;绿色对于穆斯林教徒有重要意义,所以面向这个群体的产品包装多使用绿色。

很多宗教都有其特殊的禁忌,在商业营销活动中应当避免与之发生冲突。例如,印度教崇拜牛,忌食牛肉;传统的犹太教徒不吃猪肉或贝类;伊斯兰教忌讳妇女抛头露面,不允许其出现在商业图像中;穆斯林不吃猪肉,不能饮酒和吸烟;等等。

日本丰田公司为了表现小吨位卡车平衡、牵引性能优良等特点,曾在南非的广告上画出这种汽车和站不稳的猪蹄子,结果引起当地穆斯林的强烈抗议,因为广告画面中站不稳的猪蹄子严重触犯了穆斯林的宗教禁忌。为了挽回损失和商业声誉,丰田汽车公司除公开致歉认错外,还修改了广告画面,把猪蹄子换成了鸡。

8. 价值观念

价值观念也是社会文化的基本内容,不同的社会文化决定了人们不同的价值观念和价值取向,并且激励人们作出符合社会价值观的消费行为而避免不符合的消费行为。例如,中国人习惯储蓄,讲究勤俭过日子,所谓"家中有钱,心中不慌";而在西方一些发达国家,情况恰好相反,人们不大注意节约储蓄,往往是有钱就花,花完再赚。

3-6 中国人的面子消费

在同一客观条件下,人们对待同一个事物,由于价值观不同会导致不同的态度评价和行为反应。价值观的排序构成了文化的价值体系。世界上各个国家都有与其特定文化相对应的价值观。例如,中华优秀传统文化就蕴含着"天下为公、民为邦本、为政以德、革故鼎新、任人唯贤、天人合一、自强不息、厚德载物、讲信修睦、亲仁善邻等"价值观。在价值观的影响下,各国消费者会形成不同的消费观念和倾向。例如,爱彼迎(Airbnb)在美国很火,复制到国内却频繁遇冷,因为中国人不愿意陌生人住进自己的家里,顾客也很难适应晚上睡陌生人房间。又如,以美欧为代表的西方价值观主张个人主义,而东方人更强调集体主义价值观,所以,西方消费者在选择品牌时,特别注重自我感觉和标新立异,而东方消费者往往避免与众不同,容易随大流、雷同化。

罗克奇(Rokeach)把价值观分为终极价值观和工具价值观。其中,终极价值观大多是普世性的,如健康、愉悦、幸福。而文化的差异主要表现在这些普世性价值观的相对重要性的差异上,以及工具价值观方面的不同。

霍夫斯泰德(Hofstede)的文化维度理论是用来衡量不同国家文化差异的一个框架,他将不同文化间的差异归纳为 6 个基本的文化价值观维度:权力距离、不确定性规避、个人主义与集体主义、男性化与女性化、长期取向与短期取向、自身放纵与约束。这些维度上的文化价值观差异都对消费者行为产生着深远的影响。例如，"按照销量排序"在淘宝等国内电商平台上是一个被高频使用的功能，消费者认为产品买的人多，产品就更好，这样的观念也催生了店家刷单的行为。但北美亚马逊平台上并没有"按照销量排序"这个选项，因为美国的用户相对来说个人主义更强，更相信自己的判断和选择，他们不认为他人推荐的就一定是好的。可见，个人主义与集体主义价值观差异导致了不同的营销措施。

9. 思维方式

思维方式是人们用来处理信息和感知世界的基础认知模式。彭凯平等学者发现，东方人（如中国、日本、韩国）的思维方式是整体性的，这种世界观强调事物的变化、矛盾和普遍联系。而西方人（如美国、英国、加拿大）的思维方式是分析性的，它强调事物本身，使用静态、逻辑和非矛盾的方式来看待世界。

一般来说，相比分析性思维的消费者，整体性思维方式的消费者对远距离的品牌延伸更能接受。在盛行分析性思维方式的美国，如果 Twitter 推出矿泉水，人们可能不习惯。而在盛行整体性思维方式的中国，这些大公司可以推出任何产品。比如小米做手机、做空气净化器，甚至做体重秤；三星不仅做电子，还做公寓、博物馆、保险。

中西方广告也鲜明地体现了这两种思维方式的不同。以汽车广告为例，中国的汽车广告往往追求"好而全"，汽车通常整体出现在画面中；而西方的汽车广告则突出其中的某些部件，如安全气囊、车座、车灯、汽车底盘等经常表现在广告创意中。

肖特（Hellmut Schültte）在《亚洲消费者行为》一书中比较了西方与东方（亚洲）消费者行为的不同，如表 3-4 所示。

表 3-4 亚洲与西方消费者行为比较

项　目	亚　洲	西　方
认知风格	综合的、具体的、情境导向的	线性的、抽象的、分析的
产品名称选择标准	考虑复杂的命名过程；最好是"幸运的名字"；名称是品牌态度的重要指示器	短小、有特色、好记、直接陈述产品功能
形象	强调公司形象	强调品牌形象
品牌忠诚的形成时间	比西方消费者品牌忠诚的形成时间长，形成后持续时间更长	形成时间短，持续时间短
对社会风险的敏感性	对社会风险更敏感	更倾向于规避货币和功能性风险
创新扩散曲线	不对称、陡峭	对称、平缓
对待权威的态度	容忍等级、尊重权威、销售人员的角色重要	向领导提出质疑
马斯洛需要层次（由低到高）	生理需要→安全需要→归属需要→被赞美的需要→地位需要	生理需要→安全需要→归属需要→声望需要→自我实现需要
对消费品的态度	实用主义，较少冲动购买	与情感联系，较多冲动购买
购买决策过程	社会自我引导问题识别	私人自我引导问题识别
购买后行为	抱怨、退货或更换产品被认为是冒犯的行为，会使销售人员没面子；较少表达不满；卖方对买方的责任持续产品的一生	需要向商店或生产厂家表达不满并寻求赔偿；习惯表达不满
对他人的态度	年龄和性别是评价他人的重要标准；社会阶层是家庭及亲属的反映	社会阶层是收入的反映
与群体的关系	集体主义	个人主义

资料来源：Schütte H, Ciarlante D. Consumer Behavior in Asia[M]. New York: New York University Press, 1998.

▶ 思考一下：根据你的切身感受，谈谈文化因素对你的消费行为有何影响。

【资料链接】

跨境电商网店跨文化营销策略

跨境电子商务拉近了不同国家买卖双方的距离，卖方应深入了解、分析主要目标市场人群有关消费、风俗、语言表达等方面的文化要素，选择合适的营销策略，以符合目标消费者文化习俗的语言或图片表达，以更好地提高英文网店企业推介目的，增强网店对不同文化环境的适应能力。

1. 产品策略选择

在营销组合中，产品最直接体现文化价值。跨境电子商务网店选择产品策略时，要注意以下两点：

（1）文字表达。在语言风格上，中国企业网站比较讲究行文整齐、对仗，会用排比、对偶等修辞手法，用多个定语修饰限制核心信息。这种语言风格和表达习惯对跨境电商网店的文字表达有直接影响。例如，阿里巴巴国际站某纺织品公司的一款纺织品面料的标题是 100% cotton printed fabric combed fabric with goodprice and quality（全棉印花精梳面料）。这个标题包含产品成分、式样、质地等方面的信息，还有 with 引导的介词短语做后置定语修饰前面的产品，以说明该产品的价格和质量。但是，跨境电子商务网店的目标消费者是外国人，他们从标题中主要是获取产品的核心信息，注重客观具体的事实。因此，作为外贸批发平台，阿里巴巴国际站上的网店在设置标题时应突出其信息功能，通过标题向国外消费者传递产品名称，告诉目标消费人群每个图片展示的是什么产品。跨境电商网店在文字表达上要以 your attitude 为导向，不能使用过多的修饰词从而淡化了产品介绍的关键信息。因此，上述标题可修改为 100% cotton printed combed fabric，价格和质量方面的信息可以省去。

表示产品名称和包装的文字表达也要尽可能贴近主要目标市场人群的语言表达习惯，消除文化差异。polyester 和 terylene 是纺织英语中"涤"的两种英文表达，大多数纺织品进口商倾向于使用 polyester，而印度纺织品商人喜欢用 terylene，因此如果某个纺织品企业的主要目标市场在印度，其跨境电商网店中此类产品的英文标题最好用 terylene 代替 polyester。非洲商人喜欢将纺织品面辅料包装成长方形，所以在包装描述时，应该使用 rectangle；而美国、加拿大和印度的客户喜欢卷装包装，因此应用 roll 表示此类产品的包装信息。

（2）图片。在跨境电子商务网店上，图片是最富有表现力的语言，不仅能直观表现商品信息，而且也是传达企业文化的途径。买方浏览网店时，很容易被商品的颜色和款式所吸引。为了更好地推销企业产品，跨境电子商务企业应该深入了解目标市场的文化习俗，利用文化习俗推广自己的产品。例如不同文化的民族对颜色的偏好不同，中国的吉庆色为红色，西方的圣诞色为红、绿和白色；欧洲人忌黑色，巴西人忌棕黄色，日本人忌绿色。选择网店上传产品图片时，卖方应该考虑图片颜色带来的文化差异影响。此外，国外的消费者比较注重产品细节，因此上传图片应尽可能展示商品细节，例如能显示纺织品面料纹路的图片等，以满足目标市场人群对产品信息的需求。

从产品策略上讲，核心产品的语言描述要符合目标客户的用词习惯，产品图片要符合目标客户的审美观点；产品的包装、形状和样式要满足目标客户的审美需求。

2. 价格策略选择

跨境电子商务背景下，买家可以利用网络将世界各地同一产品的价格搜索出来进行对比，产品价格趋向于透明化。为了促进销售，跨境电商网店的定价趋向于标准化。在此概念下，消费者愿意支付的价格取决于商品的价值，而这些价值常常与文化风俗有关。例如，俄罗斯人和印度人认为进口商品比本地制造的高级，主要目标市场是这两个国家的网店在选择价格策略时就可以利用产出国效应，适当采用高价策略，满足人们对商品价值的追求。Wish 上面的价格分 price 和 discount price 两种表达方式，根据上述有关价格文化方面的原因，在表达 discount price 时优惠的幅度应小一些，利用定价策略给消费者创造品质感官。

纺织品面辅料企业在进行定价时，需要考虑主要目标市场客户的习惯表达方式。例如，美国、孟加拉、印度等国的买家喜欢"码"价，而加拿大的买家喜欢"米"价。一码等于 0.9144 米，同一种布料，"米"价价格稍高；"码"价价格稍低，文化的趋向性使得这两种价格带给不同国家目标消费者不一样的感觉。如果一家跨境电子商务企业主要目标市场在加拿大，在阿里巴巴国际站上表述单价时，最好采用 FOB price: US\$2.62～3.02/meter 的价格策略；如果主要目标市场在美国或印度，阿里巴巴国际站价格策略表述时最好选择 FOB price: US\$1.9～2.1/yard。

3. 促销策略选择

首先，跨境电商网店要努力提高上传产品的曝光率，曝光率高了，潜在消费者才会越多。阿里巴巴国际站上的网店可以通过橱窗功能将产品图片放置在首页，或者利用 P4P (pay for performance) 向目标消费者提供服务，增加客户对产品的点击率；其次，在处理图片信息时，可以将公司名字写在产品图片上，为客户搜索公司其他产品提供途径；再次，在表述产品信息时，企业应将目标客户常用的词写在标题和关键词中。

产品关键词一般由 3 个词组成，运营网店时，运营者应了解目标市场人群的习惯语言表达方法，设置产品关键词，以确保目标客户通过任何一个词都可以搜索到该产品。例如 lattice printing windproof laminated fabric（格子印花防风层压复合织物），可以将 lattice printing、windproof、laminated fabric 分别作为关键词；最后，不同国家的人对促销方式偏爱的不同是文化差异的直接体现。例如，法国人喜欢优惠券和买一送一的促销方式；英国人则喜欢降价即"减价×%"的方式。面对不同的客户群体，跨境电商网店需要选择不同的促销策略，如果网店的主要消费市场在法国，该网店的价格策略表达可以采取 Get a US \$7.00 coupon 或者 two-for-one offer or buy one get one free 形式；如果网店的主要目标市场在英国，40% off 的价格策略表达形式会更贴近他们的语言表达习惯，可以缩小跨文化差距。

4. 渠道策略

与传统营销渠道相比，电子商务渠道缩短了跨境贸易的中间环节，B2B 模式下生产商直接面对批发商或者经销商，B2C 模式下生产商直接面对消费者。跨境电子商务网店在选择渠道策略时尤其要注意渠道两端买卖双方的文化差异。

> 某网店用"We are Fengrun nonwoven, we are factory! Just e-mail me if any question, I will reply you within 12 hours"表述售后服务条款。跨境电商网店面向国外浏览者,在文字表达上要以消费者为导向,贴近其语言表达习惯,缩小文化差距,体现"your attitude",行文简洁,条理清晰。上述文字可以改为"We are a Fengrun nonwoven factory. Your questions will be answered within 12 hours by email."用一个简单句代替上面的两个简单句,用被动语态体现礼貌原则。
>
> 资料来源:吴俊丽. 跨境电商网店跨文化营销策略选择研究[J]. 特区经济,2017(3):101-103.

3.2 社会阶层与消费行为

每一个个体都会在社会中处于一定的位置,有的人位置显赫,有的人则一般或较低。这种所处社会位置的差别,使社会成员分成高低不同的阶层。消费者在社会中的位置,即社会阶层,是由一系列复杂变量决定的,包括收入、教育、职业、家庭背景等。一个人在社会中所处的位置不但决定了他能花多少钱,还决定了他会如何花钱。所以,研究消费者行为有必要了解"社会阶层"。

3.2.1 社会阶层概述

1. 社会阶层的含义

社会阶层是由拥有相同或类似的社会地位的成员组成的相对持久的群体。社会按一种或多种因素判定一个人或群体相对于他人所处的位置,从而形成了社会阶层。社会阶层的存在意味着一个社会中存在拥有的财富和权力不同的群体,这些群体存在等级结构的差异。社会阶层产生的直接原因是个体获取资源的能力和机会存在差别,根本原因是社会分工和财产的私有化。

社会阶层是社会分层的结果,社会分层是社会阶层形成的过程。根据社会地位的形成,社会分层把社会地位划分为两种类型:一是先赋地位,是出生时就决定了的地位,即"含着金钥匙"出生而获得有价资源;二是成就地位,是由个人成就而获得的地位,即经过努力学习或工作而获得的有价资源。

2. 社会阶层的决定因素

社会阶层不同于社会阶级,其划分衡量的标准不仅仅是经济因素,还有其他各种社会因素,主要包括经济变量、社会变量、政治变量三类(Jilbert & Kahl),如图3-5所示。较常见的是根据职业、收入、教育和权力等因素划分。其中,职业是社会地位最大的决定因素,它很大程度上反映一个人的社会地位和收入。而社会维度在研究中用得比较少,主要是因为这类变量测量起来比较困难。其中,个人声望表示社会其他成员对某人是否尊重,尊重程度如何;社会联系涉及个体与什么样的人打交道;社会化反映个体在社会阶层的影响下所形成的价值观与行为规范等。

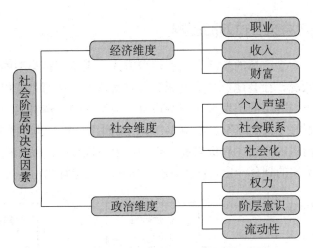

图 3-5　社会阶层的决定因素

3. 社会阶层的分类

社会阶层的划分方法有两类。

（1）综合指标法：同时考虑多个因素，并根据社会的观点来赋以权重。如美国社会学家华纳依据收入来源、收入水平、职业、受教育程度、居住条件、居住地区等，把美国社会成员划归七个不同阶层。我国学者阳翼打破了垂直阶层秩序，从文化资本和经济资本两个维度提出了消费者社会阶层五分法，他将消费者分为精英阶层、知识阶层、中产阶层、新富阶层和草根阶层五个细分市场，如图 3-6 所示。这一分类方法对企业市场定位策略选择的指导意义更强、更清晰。

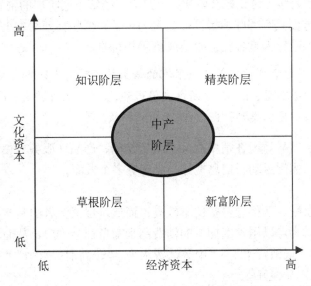

图 3-6　基于经济资本和文化资本的中国消费者社会阶层五分法

（2）单一指标法：主要从教育、收入或职业方面去评价人们的社会地位，其中职业是应用最为广泛的单一指标。例如，按职业可分为工人、农民、教师、医生、科学家等；按在生产过程中担任的角色分为蓝领阶层和白领阶层等。

3.2.2 社会阶层对消费者行为的影响

所处社会阶层决定了个体的生活方式和消费方式。无论何种类型的阶层，其内部成员都具有相近的经济状况、社会地位、价值观念、态度体系，从而有着相同或相近的消费需求和消费行为，而不同阶层的消费者在消费内容、消费水平、消费结构、生活方式和消费习惯等方面则可能有相当大的差别，如图3-7示。例如，一名大学教授和一名出租车司机，在衣着打扮、娱乐消遣的方式、对价格和广告的反应、选择的产品和商店等多方面都可能存在差异。因此，阶层的划分一定程度上区分了人们的消费行为与心理。

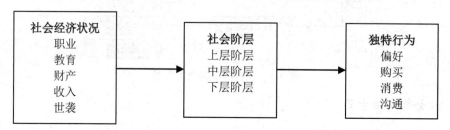

图3-7 社会阶层的产生及其对消费行为的影响

▶ 思考一下：在购买高档跑车、酒、国外旅游项目、快餐食品等商品时，消费者的教育、职业、收入所起的作用是什么？

1. 社会阶层的消费行为差异

社会阶层的消费行为差异在有的消费领域里表现明显，在有的消费领域里表现得则不那么突出。消费者行为学中讨论社会阶层，一是为了了解不同阶层的消费者在购买、消费、沟通、个人偏好等方面具有哪些独特性；二是为了了解哪些行为基本上被排除在某一特定阶层的行为领域，哪些行为是各社会阶层成员所共同的。

▶ 思考一下：哪一种社会地位变量（如果有的话）与下列消费行为有最直接的关系？
　　　　　　a. 购买别墅；b. 参加高尔夫俱乐部；c. 到国外旅游；d. 购买进口豪华汽车；e. 宠物类型；f. 向慈善组织捐款

消费行为的阶层差异体现在消费观念、消费结构、产品（服务）偏好、价格倾向、消费场所、服务消费、休闲活动、信息搜寻与处理等多个方面。

1）消费结构

高阶层消费者享受、奢侈型消费比重较高；而低阶层消费者的基本生活消费所占比重较高。一些研究者认为可以用家庭拥有的消费品来衡量社会阶层，从而将中国消费者划分为"极低消费水平""低消费水平""中等消费水平""较高消费水平""高消费水平"。

2）消费观念与产品偏好

不同的社会阶层存在消费方式和消费观念上的差异，由低到高的社会阶层对应着特定的消费观念，包括保守消费、实用消费、品牌消费、服装消费、超前消费和炫耀消费。

在住宅、服装和家具等能显示地位与身份的产品的购买上，不同阶层的消费者差别比较明显。高阶层消费者偏好体现身份地位或象征意义的产品或服务；低阶层消费者偏好实用强的产品或服务,更强调产品的性价比。例如,奔驰、宝马汽车备受上层消费者青睐,而吉利、长安汽车则主要面向中低层消费者。

另外,上层消费者注重成熟感与成就感,所以对具有象征性的商品比较重视,对属于精神享受的艺术品比较青睐。

3) 价格倾向

低阶层消费者受资源限制,对价格敏感性更强,同时倾向于把价格和质量联系在一起。中层和中下层消费者对价格过低的产品容易产生怀疑,他们更多的是追求适中的价格,但也不排斥对打折商品的兴趣,特别是对熟知的商品,或对质量要求不高的产品。而对于上层的消费者,价格和质量有时是可以脱离的,他们评价商品多以自己的喜好为依据,注重商品的象征性。而很多时候,价格也是一种身份地位的象征,他们可以以很高的价格买下某件商品以表明自己的社会阶层,哪怕他们自己心里也清楚这其实不值得。

4) 消费场所

上层消费者乐于到环境幽雅、品质和服务上乘的商店去购物,因为在这种环境里购物会使他们产生优越感和自信,得到一种心理上的满足;中层消费者比较谨慎,对购物环境有较高的要求,但也常常在折扣店购物;而下层消费者在高档购物场所则容易产生自卑、不自信和不自在的感觉,当然,也有一部分低阶层的消费者会通过在高级商店购物来体验一下高阶层的消费品位。

5) 信息搜寻和处理

信息搜寻的类型和数量也随着社会阶层的不同而存在差异。下层消费者通常信息来源有限,对误导和欺骗性信息缺乏甄别能力,他们在购买决策过程中可能更多地依赖亲朋好友提供的信息。中层消费者会比较多的从媒体上获得各种信息,而且会更主动地从事外部信息搜寻。不仅如此,特定媒体对不同阶层消费者的吸引力和影响力也有所不同。例如,上层消费者喜爱杂志和书籍,而下层消费者更喜欢电视。即使对电视这同一媒体,上层消费者喜欢新闻和信息,而下层消费者则喜欢电视剧和娱乐节日。许多报纸杂志也都倾向于把目标读者定位于不同阶层,如《财富品质》《私人飞机》《时尚芭莎》将读者群锁定为中国超高端富裕阶层;《三联生活周刊》《时尚》《名牌》《生活速递》《ELLE 世界服装之苑》《瑞丽》《精品》等是典型的中产阶层杂志;《故事会》《知音》则受到底层民众的喜爱。

在信息处理上,不同社会阶层的消费者所使用的语言也各具特色。一般而言,越是上层消费者,其语言越是抽象;越是下层消费者,其语言越是具体,且更多伴有俚语和街头用语。所以,面向上层消费者的广告,可以使用稍长的语句、抽象的语言、充满想象力或象征性的材料,充分展现其地位和自我形象;相反,面向中下层消费者的广告,可以更多地宣传其功能属性,强调图画而不是文字的运用,语言上更加通俗和大众化。

▶ 思考一下:在我国社会中,不同社会阶层消费者的消费行为有何差异?

2. 社会阶层营销

社会阶层对消费者行为影响的最大特征是使同一阶层消费者的消费观念、行为、要求趋向一致,产生相似的价值标准和消费习惯。而且,为维持一定的社会地位,有些消费者需要购置一些具有象征意义的产品;因羡慕一定的社会阶层,有些消费者会模仿某个社会阶层的消费行为。因此，在市场营销中可以将社会阶层作为市场细分的一个依据，选择目标市场。然后，依据目标阶层的偏好实施产品或品牌定位。最后，根据不同阶层的价格倾向、渠道偏好及信息接收习惯制定出相应的产品、价格、分销和促销策略。例如，美国某啤酒公司根据社会阶层推出三种品牌的啤酒，每种品牌针对特定的消费阶层，采用不同的定位和营销组合策略，结果产品覆盖了80%的美国市场，获得极大成功。

图 3-8 说明了依据社会阶层制定市场营销策略的具体步骤。

第一步	第二步	第三步	第四步
将地位变量与产品消费相联系	确定目标市场	发展产品定位	营销组合决策
1. 产品或品牌使用 2. 购买动机 3. 符号意义	收集如下数据： 实际的生活方式 欲求的生活方式 媒体使用 购物模式	根据目标消费者的生活方式选择欲求的形象	产品 价格 分销 促销

图 3-8　依据社会阶层的市场营销策略

从社会阶层角度掌握消费心理，有以下四点应注意。

1）认同心理

基于阶层认同心理，人们自然地表现出维护本阶层消费形象的倾向，希望所购买的商品能与其社会地位相符，并遵循该阶层的消费模式行事。例如自认是"上层阶级"的人，不管是否真心喜欢，都倾向以打高尔夫、高级会所等作为主要的休闲活动，以匹配其上层身份。凡勃伦在其《炫耀性消费》一书中就曾谈到，富有的消费者通过他们的财产来证明他们是上层社会中的一员。换句话说，房子、衣服和其他可以看得见的财产都是成就和地位的象征。经营者可以根据消费者的这种消费心理来进行产品的市场定位，塑造企业和产品形象，使自己这一品牌的产品符合某一社会阶层的消费习惯，甚至成为一定社会阶层的消费象征，从而达到拥有稳定消费者群的目的。

2）自保心理

基于不愿往下掉的自保心理，人们大多抗拒较低层次的消费模式。例如，一位自认为"有名望"的富豪，可能会认为吃路边餐是一件"有失身份"的事。

【案例链接】

本田摩托车拓展美国市场

第二次世界大战后，日本最大的摩托生产商本田公司在进军美国市场时曾遇到很大的阻力，美国公众对摩托车所持的态度不佳。在美国，摩托车往往与流氓、阿飞或黑社会联系在一起。因此，消费者的摩托车作为交通工具就要承担很大的社会风险，本田公司要在美国扩大市场，就必须设法改变公众的这种固有的看法，创造出一种新的消费观念。该公司以"你可以在本田车上发现最温雅的人"为主题，大力开展促销活动，广告画面上的骑车人都是神父、教授、美女等,终于逐渐改变了美国人对摩托车的态度,使本田公司在美国的营销计划获得极大成功。

资料来源:https://wenku.baidu.com/view/ae203ac32f60ddccdb38a054.html。

3)高攀心理

基于"人往高处走"的高攀心理,人们也会做一些"越级"的消费行为,如攀比消费和补偿性消费,以满足虚荣心或补偿心理。阶层的影响不仅表现在本阶层内,不同阶层之间仍然存在相互影响,主要是较低阶层的消费者有对较高阶层的强烈向往,常把较高阶层的消费行为作为自己的模仿对象。例如,美国某啤酒商发现不少非洲移民喜欢该品牌,于是便制作了非洲移民聚会畅饮该啤酒的广告,结果事与愿违。调查发现,非洲移民本来以为该品牌通常是美国人喝的,他们饮用时就寄托着成为真正美国人的"愿望和联想"。

因此,经营者可以运用上层社会的符号或生活场景,鼓励上层社会的名人使用某种商品,或突出商品的地位象征,来引起其他阶层的效仿,达到推销产品的目的。一些高端杂志也常常将极少数富裕阶层想象为中间阶层,并通过精美的广告、成功的人生和奢华的生活方式叙述,传播特定的消费暗示与阶层梦想,试图引领中产阶层的消费方向。这是一种"打高卖低"的营销手法,通常出现在昂贵与时髦的商品上。例如,以中层消费者为目标市场的品牌,可以考虑根据中上层的生活方式来定位。

4)排斥心理

基于阶层的排斥心理,人们可能会反感其他某阶层的人消费同样品牌的某些商品。这种相互排斥性使一些商品或某些名牌商品在这个社会阶层中有稳定的消费者市场,而其他社会阶层的消费者则很少购买。例如,四川的"遂州大曲""千杯少"广告曾获得国家电视广告一等奖,其语言、画面都十分幽默,令人印象深刻,但城市消费者根据广告把它定位于农民消费品,结果广告并没有带来良好销量。

为此,企业在扩大商品市场占有率,提高市场覆盖面时,应注意维护产品和企业形象,避免不同阶层之间的消费排斥性。例如,有的企业对同一种商品采用不同的品牌、不同的分销渠道,满足不同阶层的消费者,其用意就在于此。

▶ 思考一下:在中国,产品如何才能赢得中产阶层的青睐?

3.3 参照群体与消费行为

人是社会性动物,从属于群体,试图取悦他人并通过观察周围的人的行为来获取应如何行动的提示。同样,消费者的行为也会受到群体的影响,如从众、模仿、暗示等。消费者会下意识地审视自己所做出的购买决定,并将自己的决定与其他人的决定,特别是那些他所崇拜的人的消费情况相比较。当然,在人的头脑中形成的这种参照群体并不一定是一个现实存在的群体。因此,参照群体的成员不需要会员资格,也不需要一个明确的界限。

3.3.1 参照群体概述

1. 参照群体的概念

参照群体是消费者进行消费决策时作为参照、比较，或作为行为向导的群体。虽然一般的群体对其成员也有影响作用，但参照群体的影响作用更明显，它提供了一个评价消费者态度和行为方式的比较标准。有的消费者，虽然参加了某一群体，但这一群体可能并不符合其理想标准，此时，他可能会以其他群体作为参照群体。

参照群体可以是各种血缘的、社会的、经济的、职业的等不同类型的组织。例如，家庭、朋友、社会组织、购物群体、工作群体等。从消费者行为学的观点来看，所有影响消费者购买行为的正式与非正式群体、成员与非成员群体都可以成为人们的参照群体。而且，参照群体还包括消费者希望加以区分或斥拒的群体。例如，西方的青少年从 Facebook 转向 Instagram，中国的小朋友从微信转向 QQ，主要就是因为他们觉得应当与成年人的行为有所不同。

2. 参照群体的分类

参照群体可以按不同的标准进行分类。

1）按照对成员影响力大小

群体对于个体决策的影响力可以从两个维度来衡量：可获得性和相关性。可获得性指的是个体是否能够充分接触、了解群体中他人的相关信息；相关性则是参照对象与自己的可比较程度，包括价值观、生活方式的可比较程度以及社会结构和人口特征的可比较程度等。具体群体归类如图 3-9 所示。

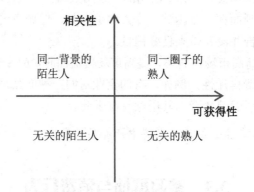

图 3-9　群体划分维度与分类

通常，"同一圈子的熟人"和"同一背景的陌生人"是对个体消费决策有影响的群体，而"无关的陌生人"和"无关的熟人"两个群体则与个体消费决策的相关性较低。"同一圈子的熟人"群体内成员的行为往往在特定方面存在相似之处，如家庭、朋友、邻居、同事等。这样的群体就是参照群体，它可以明确指导个人的消费决策。而"同一背景的陌生人"可称为"有潜在影响的群体"，其群体成员间的联结较为松散，他们可能是因为具备共同的生活背景，这些广泛的生活背景使他们具备一些共同的消费特征，例如特定世代的群体（X 一代）或者特定区域的群体。

在网络时代，信息交流方面的可获得性已不再受时空的限制，相关性对成员影响力的作用更为显著，"同一背景的陌生人"也会对个体消费决策产生很大的影响。

2）按照个体对群体的态度

（1）渴望群体（或称向往群体、崇拜性群体），即个人虽非成员，但期望归属的群体。消费者可能会对某一具体群体的消费方式比较感兴趣，并对其进行模仿，这就是以其为渴望群体指导自己的消费活动。渴望群体对消费者行为起示范作用，但无直接约束。典型的如青少年对明星的崇拜模仿。例如，雅诗兰黛聘请杨幂为代言人，使其在中国区的销售量增长了40%。之所以有这样的作用，是因为渴望群体除了让消费者建立信任之外，还给消费者塑造了一种"通过模仿渴望群体的行为，让自己短暂变得更像这个群体"的感觉。

（2）非渴望群体（或称厌恶群体），即人们试图与其保持距离、避免与其发生任何联系的群体。如不少消费者害怕被人称为"中年油腻男"，总是避免购买或使用可能让别人把自己当成"油腻中年人"的物品，如手串和唐装。

群体成员的消费模式总是遵从与之密切相关的群体的价值取向，有时，一个人与回避群体保持距离的动机强度可能比取悦向往群体的动机强度更大一些。

3.3.2 参照群体对消费者行为的影响

世界上，每个人都不是孤立地进行消费活动的，而是在与其他人的相互影响的过程中实现自己的消费行为。因而，人们的消费行为必然会受到参照群体的影响，尤其是消费有社交意义的商品。但一般说来，在某种特定商品或特定购买情境中，消费者只会使用一个群体作为参考。相比西方消费者，中国消费者更易受参照群体的影响。比如一些网红餐厅、网红食品，或者一些新的应用和游戏，能在中国快速流行，都与中国消费者容易受他人的消费行为影响有关，因此不能仅仅以接受新事物的态度来解释。

消费者的决策同时受到个性独特动机和群体身份动机的作用。有研究表明，消费者会用产品的不同方面来体现个体属性和群体属性。比如，品牌偏好更多地和群体身份联系在一起，消费者倾向于选择其所在群体会选择的品牌；而个性特征则更多地体现在颜色、款式等具体属性上，消费者倾向于选择个性化的颜色和款式。

1. 参照群体的影响作用

消费者选择并利用某些特定的参照群体的原因有：获得有益的知识；获得回报，避免惩罚；构建、调整和维持自我认同。相应地，可以将参照群体对成员的影响作用归纳在表3-5中。

表3-5 参照群体影响各维度的动机、导向、过程、表现和结果

维　度	动　机	导　向	过　程	表　现	结　果
信息性影响	规避风险	获得满意的产品	内部化	从他人那里搜寻信息；观察他人的消费决策	提升消费决策能力与知识
功利性影响	遵从社会	建立满意的关系	顺从	通过消费选择来迎合群体的偏好、期望、标准和规范	赢得来自参照群体的赞扬；避免来自参照群体的惩罚

续表

维　度	动　机	导　向	过　程	表　现	结　果
价值表现性影响	提升自我；心理隶属	获得心理满足	认同	通过消费选择来与自己所向往的群体建立联系，并与自己所否定的群体或想要避开的群体进行区别	强化自我概念；提升自我形象；表达对参照群体的喜爱之情

1）信息性影响

这是指参照群体其他成员的观念、意见和行为被个体作为有用的信息予以参考，由此在其行为上产生的影响。参照群体的信息性影响产生于消费者希望在信息充分的条件下进行决策的愿望。当消费者遇到不确定性时，消费者会积极地从他们认为具备相应知识的人那里获取相关的消费信息，如他人的使用经历或推荐。

信息性影响的强弱取决于产品、消费者和影响者以及群体的特征。

（1）产品特征。当消费者购买家用电器等大型商品时，由于这些产品使用复杂，他们很容易受到信息性影响。当消费者急需要购买一件产品时，他们也容易受到信息性影响。当消费者需要进行整容手术时，他们容易受到信息性影响，因为该手术有巨大的经济和安全风险。此外，当消费者不能区分品牌之间的差异时，他们也容易受到信息性影响。

（2）消费者和影响者的特征。当传递信息的影响者是专业人士，尤其是消费者缺乏专业知识或产品经验很少时，信息性影响的作用更大。例如，由于对家庭购房缺乏知识和信心，首次购房者会仔细考虑房地产代理商等专家传达的信息。个人因素（如消费者对参照群体的信任、与影响者的相似性等）也会影响消费者对产品的看法。

KOL 的影响作用主要是信息性影响，通常把 KOL 定义为拥有更多、更准确的产品信息，且被相关群体接受或信任，对该群体的购买行为有较大影响力的人。现在，不少时尚品牌将部分营销预算从传统广告中转移出来，寻找社交媒体上的 KOL 进行有偿合作。他们认为，KOL 在品牌曝光、消费者沟通和销售转化等方面起到很大的作用，典型代表如李佳琦、薇娅等。营销者会根据 KOL 推出内容的质量、真实性和互动性、粉丝数量以及价格来挑选合作者。

（3）群体特征。群体的凝聚力、群体成员间的联系强度、群体成员与被影响者的相似性等也会影响信息性影响的程度。例如，某人发现好几位熟悉的朋友都在使用某种品牌的护肤品，于是她决定试用一下，因为这么多朋友使用它，意味着该品牌一定有其优点和特色。

2）规范性影响

规范性影响又叫功利性影响，表现为个人为了获得赞赏或避免惩罚而满足群体的期望、偏好、标准或规范。规范性影响是因群体规范的作用，而对消费者行为产生的影响。群体规范是对所属成员行为合适性的一种期待和预期，是一种潜在的行为标准。作为群体中的一员，消费者在消费产品或选择品牌时，可能会去迎合这种无形的规范。例如，因为害怕受到朋友的嘲笑，而不敢穿比较新潮的服装。规范性影响可能导致从众、顺从等消费者行为。一些广告声称，如果使用某种商品就能赢得社会的接受和赞许，利用的就是群体对个体的规范性影响。同样，宣称不使用某种产品就得不到群体的认可，也是运用了规范性影响。

"评价顾忌"现象反映了群体的规范性影响作用。评价顾忌是指消费者在一些时候不仅要决定自己需要买什么,还要考虑自己的消费行为会在别人的心里留下什么样的"形象"。在很多时候,对于他人评价所产生的顾虑往往会对消费者的消费行为产生决定性的影响。评价顾忌既可能产生"助长效应"也可能产生"抑制效应",例如,一个学生在购买衣服时经常会考虑这件衣服能否被学校师生认同,如果消费者认为自己的消费行为能够符合特定人群的评判标准,那么其实现这种消费行为的意愿就会得到加强。反之,其实现这一消费行为的可能性就会变得比较小。

同样,规范性影响的强弱取决于产品、消费者和消费者所在群体的特征。

(1)产品特征。只有当产品是奢侈品(不是必需品)时,参照群体才会影响消费的产品类别。只有当产品公开消费(不是个人消费)时,参照群体才会影响消费的品牌。产品可见度越强,受到的社会关注度越高,这种规范性的影响也就越强烈。

规范性影响还受到产品对群体的重要性的影响。一些产品能代表群体成员的身份,如一件大学运动队的队服暗示了队员身份,并且在区分团队成员地位上发挥重要作用。产品对群体越重要,购买这一产品的规范性影响越大。最后,某一产品是否令人感到尴尬也会影响在公开场合中进行的购买和消费行为。

(2)消费者特征。例如,人际关系导向的消费者容易接受群体的规范性影响;竞争性的特质会影响炫耀性消费行为。规范性影响还受到消费者对群体认同程度的影响。当群体成员不认同群体的态度、行为或价值观时,规范性影响会减弱。

(3)群体特征。群体所拥有的进行奖励和惩罚的能力大小、群体凝聚力、群体相似性等因素也会影响规范性影响的程度。比如,团结的群体或成员彼此相似的群体更有机会来传递规范性影响以及实施奖励和惩罚。

3)价值表现性影响

价值表现性影响又叫认同性影响,指个人以群体价值观和群体规范的内化为前提来指导自己的消费行为。一方面,个体有自我提升的需求。具体到消费情境中,个体可以借助其所向往的参照群体并通过特定的消费行为来实现自我提升。换句话说,消费者可以通过模仿其所向往的参照群体的消费行为,来与该群体建立联系,或是给别人留下自己属于该群体的印象,从而借助该群体的形象来表达自我并提升自我形象,使实际的自我概念更加接近其理想中的自我概念。例如,某位消费者感到那些有艺术气质和素养的人,通常是留长发、蓄络腮胡、不修边幅的,于是他也留起了长发,穿着打扮也不拘一格,以反映他所理解的那种艺术家的形象。另一方面,社会成员个体还有在心理上隶属于某个群体的需求。因此,消费者也可能通过与某参照群体做出一致的品牌选择等消费决策,来对该群体做出积极的反应,而这种反应仅仅是出于消费者对该群体的喜爱。参照群体的价值表现性影响正是通过以上这两种方式产生的。

上述3种影响在现实生活中是普遍存在的。但是,不同产品或在不同的情景下,参考群体对消费者行为影响的程度是有差异的。网络社群对消费者的影响方式主要是信息性影响和规范性影响。而且,信息性影响要大于规范性影响,因为虚拟的网络环境没有明显的群体规范约束,而消费者又更多地依赖他人提供的评价或推荐。

2. 决定参照群体影响作用的因素

虽然参照群体会影响消费者购买决策，但也并不是在所有情景下都会起作用。参照群体对消费者消费决策的影响受很多因素的调节，可以分为个体因素、群体因素、产品因素和品牌因素四类，它们分别作用于参照群体影响的不同维度，如表 3-6 所示。

表 3-6　参照群体影响各维度所对应的调节因素

调节因素		信息性影响	功利性影响	价值表现性影响
个体因素	自我监控导向		○	○
	自信心	○		
	人际导向	○	○	○
	卷入程度	○	○	○
	遵从动机	○	○	○
群体因素	可信度	○		
	集体主义取向		○	○
	群体凝聚力	○		
	群体规模	○		
	接触频率	○		
产品因素	产品复杂程度	○		
	产品可见度			○
品牌因素	品牌象征性		○	○
	品牌独特性	○		

注：○表示其所在行的调节因素会对其所在列的参照群体影响维度产生影响。

1) 个体因素

个体因素是指消费者的个体特征，具体包括以下几种。

（1）自我监控导向。自我监控导向是指个体对情境线索的敏感程度和反应程度，如对他人的某些表达的敏感程度，以及使用社交线索来进行自我监控与管理的程度。自我监控导向越强，个体在进行消费决策时受到的参照群体的功利性和价值表现性影响就越强。

（2）自信心。消费者的自信心与参照群体的信息性影响呈负相关。例如，消费者在选择保险及外科医生时，因不确定性较高，自己仅拥有有限的知识与信息，就会听取家人、同事、权威人士的意见。

（3）人际导向。消费者越是注重他人对自己的看法，在进行消费决策时受到的各种维度的参照群体影响就越强。

（4）卷入程度。消费者的卷入程度与外部搜寻努力以及认知和处理决策相关刺激因素的过程密切相关。消费者的卷入程度越高，其消费决策受参照群体影响的程度也就越高。

（5）遵从动机。遵从动机是指个体接受他人价值观的意愿，它与参照群体影响高度相关。

2) 群体因素

群体因素是指消费者所处的特定群体的属性，或所参照的群体的属性，以及消费者对该群体的评价或与该群体的关系。群体因素包括以下几种。

（1）可信度。在众多可供利用的信息源中，最可信的信息源最有可能被接受。可信度最高的参照对象是那些被认为具有相关知识的业内人士等。参照群体的可信度越高，参照群体对消费者的信息性影响就越大。例如，医学专家关于健身或养生的建议就比较容易被消费者接受；家庭成员、好友的信息可信度也较高。

（2）集体主义取向。消费者属于持集体主义文化价值观的群体时，更容易受到参照群体的功利性和价值表现性影响。

（3）群体结构特性。消费者所属群体的规模越小、凝聚力或领导力越强，消费者与群体成员间的活动和交流就越密切，其消费决策受参照群体的影响也就越强。例如，当参加一个渴望群体的晚宴时，在衣服选择上，我们可能更多地考虑群体的期望，而参加无关紧要的群体晚宴时，这种考虑可能就少得多。但当群体的规模较大时，个体被别的成员识别的机会较小，群体对个体行为的常规约束就会减少。在网络虚拟群体中，由于成员的松散性，消费者的意见并不会总趋向于一致，但往往越有争议的问题引起的关注度越高。

（4）接触频率。频繁的接触一方面为信息征询提供了便利，另一方面也使得消费者的行为更多地暴露在参照群体面前。消费者与参照群体的接触频率越高，其消费决策受到的影响就越大。

3）产品因素

产品因素是指消费决策所涉及的产品类别的内在属性，具体包括以下几种。

（1）产品复杂程度。产品的复杂程度越高，消费者在进行决策时感知的风险就越大，因此受参照群体的信息性影响就越大。此外，对产品复杂性的接纳程度能反映个体的行为习惯，而这种行为习惯会受到参照群体价值判断的影响，因此，产品的复杂性也会影响消费者在进行消费决策时受到的功利性影响。

（2）产品可见度。产品的可见度（或"炫耀度"）是指产品在使用过程中能够引起他人注意的程度。在公共场合使用的商品或是某方面比较独特的商品，更容易引起他人的注意，因此相应的消费决策也更容易受到参照群体的影响，尤其是价值表现性影响和功利性影响。那些在家里使用的、别人无法注意的东西，群体影响力则比较小。

（3）产品的必需程度。对于食品、日常用品等生活必需品，消费者比较熟悉，而且很多情况下已形成了习惯性购买，此时相关群体的影响相对较小。相反，对于奢侈品或非必需品，如高档汽车、时装、游艇等产品，购买时受相关群体的影响较大。

图 3-10 从产品可见度和产品的必需程度两个层面对消费情形进行了分类，显示了相关群体在这些具体情形下对产品种类选择与品牌选择所产生的影响。

（4）产品与群体的相关性。某种产品、消费行为与群体功能或价值实现的关系越密切，个体遵守群体规范的压力就越大。例如，钓鱼协会对会员选购鱼竿的行为影响甚大，但对选购电视机的行为影响却很小。

（5）产品的生命周期。当产品处于投入期时，消费者的产品购买决策受群体影响很大，但品牌决策受群体影响较小。在产品成长期，相关群体对产品及品牌选择的影响都很大。在产品成熟期，群体影响在品牌选择上大而在产品选择上小。在产品的衰退期，群体影响在产品和品牌选择上都比较小。

	产品 品牌	公共场所		
		影响小	影响大	
必 需 品	影响大	在公共场所使用的必需品 影响：对产品的影响小 对品牌的影响大 举例：手表、汽车、男装	在公共场所使用的奢侈品 影响：对产品、品牌的影响 都很大 举例：高尔夫球、滑雪	奢 侈 品
	影响小	在私人场所使用的必需品 影响：对产品、品牌的影 响都不大 举例：床上用品、牙刷	在私人场所使用的奢侈品 影响：对产品的影响大 对品牌的影响小 举例：游戏机、制冰器	
		私 人 场 所		

图 3-10　产品特征与参照群体的影响

4）品牌因素

品牌因素是指消费决策所涉及的品牌的内在属性或是与备选品牌之间的关系，具体包括以下几种。

（1）品牌象征性。消费者会利用品牌的象征含义来构建自我形象，尤其是利用参照群体所使用的品牌。因此，品牌的象征性越强，与其他品牌相比越能够体现使用者的某些特性，或是越容易与某个群体产生联系，消费者在选择该品牌时受到的功利性和价值表现性影响就越大。反之，如果某个品牌被不同类型的人广泛使用，该品牌就不能够显示品牌使用者的特性，消费者在选择该品牌时受的参照群体的影响就相对较小。

（2）品牌独特性。品牌的独特性越强，消费者就越容易对该品牌与其他品牌之间的差异进行判断，从而也就越容易依据自己的评判标准来进行选择。反之，消费者则难以区别不同品牌的优劣。因此，品牌的独特性越低，消费者在进行品牌决策时受参照群体的信息性影响就越强。

3.3.3　网络社群与消费行为

拉扎斯菲尔德（Paul Lazarsfeld）的"多极传播理论"告诉我们：在网络经济的影响下，受众彼此间影响往往大于传统媒体对受众的影响。艾瑞咨询（iResearch）的调查统计表明，60%的社群网民通过社群寻找问题的解决方案，33.5%的网民消费行为受到社群论坛经验的影响。

▶ 思考一下：你在进行商品购买活动时，是否受到过网络消费社群的影响？这些影响作用有何特点？

1. 网络社群的含义

网络社群是基于用户之间共同的爱好、兴趣或活动等，在网络平台上以横向交流为纽带构建的一种网状交织的社会关系，也可称为虚拟社区、在线虚拟社群、网络社区、网上社群等，包括博客、微博、开心网、天涯、猫扑、QQ群、微信群和"朋友圈"，以及社群旅游、社群创业、社群投资等平台。消费网络社群是消费者基于共同兴趣、目的、自愿原则而加入的社会交互活动的虚拟群体，其对消费者的态度、行为、购买决策产生影响（Pentina）。如聚集在各种聊天网站、微博、SNS 社群，讨论相关购物问题的消费者群体，他们大多由某些购买或喜欢某种商品（或消费方式）的消费者所组成。小红书就是一个以"90 后"女性消费者为主的大型消费社群，有海量的 UGC、PGC 信息，还吸引了范冰冰、大 S、张雨绮等知名艺人入驻分享。

在人们广泛接触互联网之前，许多成员型群体都是由个体面对面接触形成的。但是网络社群打破了地域限制，大大提高了个人交友的范围，人们可以基于对某项特定消费活动或产品的共同认识和爱好在网络消费社群进行持续的互动、分享、交流。网络社群成员间的关系与"面对面"交往的人际关系有很大不同，而与在线关系相类似，但网络社群成员间的关系较一般在线关系要紧密一些。网络消费社群的部分成员往往积极地传播各种营销信息，乐于相互交流信息与感情、分享各自的使用体会与经验，对成员的商品选择以及品牌认可度和品牌忠诚度有重要的影响。

当然，由于相互较陌生，网络消费社群成员间的关系总体上呈现一种松散的弱关系，群体共识也不具有现实环境下较强的规范性约束力。但群体内的 KOC 在很大程度上能影响其他消费者的最终决策。KOC 自己就是消费者，分享的内容多为亲身体验；他们距离消费者更近，在发布内容时更能够通过同理心来影响其他用户；KOC 注重真实、互动，喜欢分享，容易与粉丝之间形成更加信任的关系。在公域流量增长乏力、获客成本越来越高的背景下，KOC 所带来的私域流量受到了企业的广泛关注。

网络消费社群呈现出精细、垂直的发展倾向，并由此产生出两种典型的网络社群：消费者部落和品牌社群。

1）消费者部落

消费者部落（consumer tribe）是指拥有共同生活方式的一群人，他们因为对某个活动的兴趣、热爱而集结在一起，如某些户外社群、母婴社群等。越来越多的网友热衷部落化、圈层化——倾向围绕共同的生活方式、兴趣爱好、消费需求进行交流沟通，在圈子中获得某种身份认同，共享消费偏好与消费信任。例如，育儿论坛会分享奶粉、玩具、婴幼儿洗护等一系列的消费产品信息；小红书以"社群+电商"的模式给热衷于海购的年轻女性提供了一个消费口碑库；豆瓣的社群粉丝都对文艺气质、情怀有着共同追求。在诸如此类的去中心化、扁平化的社群中，个体因兴趣而自发地产生连接，彼此分享交流，UGC 的创作模式使社群成员兼具传播者与接收者的双重角色，也因此具有更高的表达欲、参与度和创造性。

【资料链接】

B 站——中国领先的年轻人文化社群

被誉为 2.5 次元的哔哩哔哩（bilibili）是国内知名的视频弹幕网站，是国内领先的年轻人文化社群，被粉丝们亲切地称为"B 站"。这家后起之秀的视频网站一开始就杜绝了优酷、土豆这些网站的大而全特点，主打动漫、恶搞和弹窗文化，并形成了独一无二的 2.5 次元文化现象。这里有最新的动漫节目，最棒的 ACG 氛围，最有创意的内容发布者（uploader，

UP主)。对于"90后"一代有着不可抗拒的魔力,B站75%的用户年龄在24岁以下。目前B站活跃用户超过1.5亿,每天视频播放量超过1亿次,原创投稿总数超过1000万,拥有超过100万的活跃视频创作UP主,B站目前也是众多网络热门词汇的发源地之一。根据大数据公司QuestMobile(北京贵士信息科技有限公司)发布的《移动互联网2017年Q2夏季报告》,B站位列24岁及以下年轻用户偏爱的十大App榜首。同时,在百度发布的2016年热搜榜中,B站在"00后"十大新鲜关注App中排名第一。

B站的粉丝比优酷的粉丝更忠心,原因在于B站不仅只提供视频内容,还针对粉丝群召开了一个又一个直击兴趣点的活动:动漫吉祥物、看板娘、拜年祭……看着动漫长大的一代年轻人,在B站找到了真正的兴趣社群集散地,拥有了兴趣标签,甚至上B站成了他们的生活习惯。纵观国内视频网站,尽管如腾讯、优酷、爱奇艺等视频网站的粉丝群体经常出现大的变动,但凭借着忠诚的粉丝,B站一直是小众却又极其稳定的品牌。

资料来源:本案例源于网络,并经作者加工整理。

2)品牌社群

消费社群垂直化的主要表现是品牌社群的兴起。

简单地说,品牌社群(brand community)是建立在使用某一品牌的消费者关系之上的社会联结。品牌社群是经由品牌维系联结的,主要为消费者提供品牌相关的体验,是消费者之间关于特定品牌进行有效沟通的在线社会网络。如小米的"米粉"、华为的"花粉"、苹果的"果粉"等。

同时,在线品牌社群的存在也改变了消费者与品牌企业之间的旧有沟通方式,粉丝经济模式的核心本质就是品牌社群。例如,在小米社区中,小米品牌的消费者和小米公司通过这个平台进行与小米产品有关的沟通和交流,发布一些包括小米产品的性能与价格信息。小米社区也充分发挥了社群成员的力量,通过鼓励"米粉"进行社会交往,进而赢得大量消费者对品牌社群的持续关注。社区中大量"米粉"的互动,形成了强烈的社会链接,使得小米的活动从线上迁移到线下。

品牌社群的成员不一定生活在同一地理区域,但是在该品牌的特定平台上(如车友会、QQ群、微信群、论坛、交流群、品牌商赞助的品牌日等),他们共同讨论产品特性、交流使用经验、期待新产品面世。如在MIUI和米聊这些专属社群中聚集着许多活跃且富有激情的"米粉"。通过线上、线下的品牌活动(如爆米花、米粉节、同城会、小米之家等)可以使产品拥有者结识其他产品爱好者,并且强化他们与品牌产品、与其他有着同样热情的人的同一性。品牌社群参加者对产品的感觉更加积极,有更强的情感联结与归属感,因而品牌忠诚也容易得到提升。

品牌自身独特性非常明显的高卷入产品更容易建立起品牌社群,而消费者也很容易通过标签、关键词等方式找到自己感兴趣的品牌社群。大疆无人机官网上的一个重要模块就是大疆社群,在这个社群里,无人机爱好者和大疆的消费者共同学习如何正确使用产品、互相交流作品、定期参加活动,企业为他们提供相关的售前售后服务。在这样一个品牌社群中,消费者形成了松散但又紧密的消费群体。

3-7 可口可乐的社群时代

2. 网络社群消费行为的特点

在网络社群环境下，消费者行为的特点有以下几个方面。

1) 消费者互动以现实消费行为作背景

在网络社群中，消费者互动主要指向现实消费行为。虽然消费者互动交流的情境具有虚拟性，但交流的内容具有现实性，对消费的需求具有实在性。他们以现实生活中未能得到满足的需要为出发点，围绕现实世界中的产品和品牌展开交流话题。消费者们在网络社群中的信息交流主要就是为了减少现实生活环境中的信息不对称。

例如，社区（群）拼团是社交电商的形式之一。早期的社区拼团是以水果为切入口的，随后拓展到生鲜类产品。这两类作为最担心滞销的产品，最大的需求便是实现快速销售。社区拼团围绕人群消费而展开，通过微信群进行拼团，把一个小区的人或者自己的亲朋好友等近距离且有共同需求的人聚在一起，在微信上下单后再根据订单发货。但因为一切交易都在小程序和微信群里进行，产品的质量无法得到保证，从而使消费者的体验感大打折扣。

> 【资料链接】
>
> ### 盲盒社群
>
> 盲盒，源自日本，小纸盒里装着不同样式、表情呆萌的玩偶手办。盲盒通常会成系列、按照季节售卖，每个系列都会有 12 个左右的款式，每个盒子上没有写明样式，只有打开后才知道自己抽到什么。但如果你想集齐全套玩偶或心仪的手办，尤其是买到让人惊喜的限量款、隐藏款，那就要花大价钱去抽取。
>
> "人生就像一盒巧克力，你永远不知道下一个吃到的是什么味道。"用电影《阿甘正传》里的这句台词来形容盲盒，似乎再贴切不过。盲盒中商品的不确定性给予消费者无可比拟的惊喜感，商品的成套性激发玩家进行收藏的欲望。目前，盲盒界最具代表性的是泡泡玛特推出的 Molly 系列。
>
> 为了互通有无，交换盲盒手办，许多盲盒爱好者就通过组建专属社群，如微信群、QQ 群等，进行炫耀、交换以及交易，盲盒已经成为年轻人的新型社交货币。由于盲盒购买具有强烈的不确定性，获得限量款、隐藏款也十分不易，历经千辛万苦得到心仪手办的玩家也乐于在社交平台分享、炫耀拆盲盒的战果。国内盲盒销售公司也上线了专属潮流玩具社群电商平台 App，除了提供线上购买之外，用户也可以发布交易信息，互换需要的玩具。
>
> 在闲鱼上，很多盲盒粉丝专门建立了"Molly 鱼塘""潮玩鱼塘"等社群，每天都会更新娃友们"换娃"以及"卖娃"的信息。
>
> 很多玩家认为，收藏娃娃的乐趣不光是收集，还可能通过收藏认识同样喜欢潮玩的朋友。转让过程中越聊越投缘，相见恨晚的有很多，同城的见面熟悉之后还可以一起参加各种展会和活动。
>
> 资料来源：郭晓康. 盲盒火热背后，谁在挥舞着镰刀？[EB/OL].（2019-09-23）. http://www.sohu.com/a/342734584_419187.

2) 参与的差异性

在网络消费社群里，那些经验丰富、沟通积极的成员会成为专家或者领导者，如网络大 V（即获得个人认证的，拥有众多粉丝的微博用户）、KOL。社群成员之间在参与程度上存在巨大差别，多数看客或"潜水者"只是观察群体成员之间的讨论，基本上不提供信息和交流；部分成员只在某种程度上参与；少数成员积极参与讨论或管理社群。与社群其他成员情感关系的密切程度、社群活动对自我概念的重要程度是决定成员对社群认同程度的两个主要因素。活动对消费者的自我概念越重要，他就越有可能在社群活动中寻求活跃的成员身份；而消费者与其他成员的关系越密切，其涉入程度就越高。结合这两个维度，社群成员可以分为看客、评论员、积极分子、代言人 4 类，如表 3-7 所示。其中，代言人是虚拟社群的主要用户，如果营销者希望利用社群进行各种增强品牌忠诚度的活动，或者进行相关配套产品的营销工作，他们是需要特别关注的对象。同时，社群应当激发用户产生更多 UGC。

表 3-7 网络消费社群的成员角色

与社群社会的关系	高度符合自我概念	低度符合自我概念
与社群社会联系强	代言人	积极分子
与社群社会联系弱	评论员	看客

雅各布·尼尔森（Jakob Nielsen）提出了网络社群的"90-9-1 法则"，即在网络社群中，90%的参与者只看内容并不参与互动，9%的用户会进一步参与讨论，只有 1%的用户会积极去创造内容。当然，智能手机的快速普及大大降低了用户创造内容的障碍，越来越多的普通用户也希望能成为被人崇拜的大 V 和网络红人，Jakob Nielsen 的比例并不一定完全准确。但大体上看，在"看客—评论员积极分子—代言人"的序列中，参与者数量逐渐递减，但同时参与质量越来越高。相比高参与度的"积极粉丝"和"代言人"，处于低参与度的"看客""评论员"同样重要，因为他们可以传播活动的信息，为活动造势，形成轰动效应。从企业社群营销来说，则是"1990 效应"，即用 1%的 KOL，吸引 9%的 KOC，9%的 KOC 引爆 90%的关注者。

3）关系的平等性

由于网络空间的虚拟性、匿名性特点，成员的身份意识在网络社群已大大弱化，呈现出明显的去中心化。因此人们在进行线上交往时，往往不再注重各种社会关系的属性，即网络交往中各方不存在上下级、长晚辈那样的垂直关系，另外，网络交流还打破了日常生活中各种交往规则的限制，因此在线关系的各方会显得更平等、更自由。再者，网络交往中的个体可以摆脱身体素质、心理素质、教育程度、社会身份等因素的影响，进而实现平等交往的目的。同时，个体也可以自由地发表见解、宣泄情绪。例如，在小米论坛，官方客服也会受到粉丝的质疑，"米粉"有时甚至比官方客服还要专业，尤其在产品体验方面。

4）注重体验分享

社群成员把网络社群当作分享购物经验和消费体验的重要渠道和展示个性化消费行为的主要平台。消费者主动向其他成员介绍自己购物的经验和教训，展示自己购买的新款产品和时尚产品，畅谈新款产品和时尚产品的消费体验和新奇感受。他们渴望通过分享体验，得到其他成员的响应和认同，获得个人心理上的满足。当然，社群成员对其推荐购买的产品也容易接受。

在 KOL 营销中，消费者对 KOL 或 KOC 的人格化信任会大大降低对品牌的要求。比如在 KOL 直播场景中，用户的购买行为其实很少取决于品牌力、产品力的大小，而是更多地取决于对 KOL 的信任以及 KOL 的现场转化手段，用户对品牌、产品的要求已经极大地转移到了 KOL 身上，KOL 帮助粉丝用户进行产品筛选。从图 3-11 可以看出，KOL 能够帮助用户挖掘自身需求、收集商品信息、进行方案评价，直接引发用户购买，从而缩短了用户行为链条。

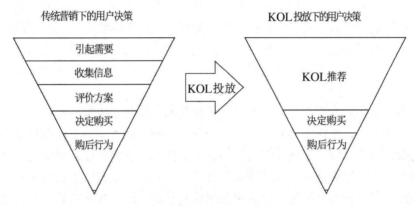

图 3-11　KOL 缩短消费者决策行为过程

【案例链接】

PETCO 宠物店保证分享质量的指引和规则

PETCO 有 1000 多家宠物店，遍布在美国各地。PETCO 在 Facebook 上的"基本信息"栏目除了介绍店铺情况外，还用友好的方式明确了粉丝参与和分享的指引及规则：首先欢迎粉丝光顾 Facebook，然后口号是"Love Your Pet"，提出为所有喜爱宠物的人服务，欢迎他们贴文或贴图，欢迎他们发表评论。

在此之后，PETCO 提出了鼓励发言的类型。

第一，期待粉丝发布/分享自己宠物的图片、视频类的信息，所有爱宠物的人士在这里都可以找到共同语言，以便相互交流。

第二，你可以提出任何与宠物有关的问题，且会知道其他粉丝能不能给你建议，而且 PETCO 也会尽力帮你解决疑问，但并不能百分之百地保证所有问题都会得到解答。

第三，PETCO 希望尽快给你答复，你如果着急还可以直接拨打客服电话咨询。如果你有 PETCO 的不好体验，请拨打××××的电话号码，PETCO 很愿意倾听你正面和负面的意见，并会以最快的速度给你答复。

最后，PETCO 提出了 Facebook 禁止的言论，例如请勿发布与宠物无关的信息或者攻击性的话语以及无聊的链接、广告等。

PETCO 的 Facebook 专注于粉丝价值的深度垂直挖掘，它希望能为粉丝提供更多的分享乐趣，希望所有的粉丝都能在这里找到共同语言。

资料来源：叶开. 粉丝经济：传统企业转型互联网的突破口[M]. 北京：中国华侨出版社，2014.

5）互动影响网络化

传统消费者行为理论把现实生活中的消费者看作被时间和空间分隔的个体，而在网络社群环境下，消费者可以不受时间和空间的限制聚集在一起形成虚拟群体，表现出聚集成群的特性。他们分享信息和经验，渴望互动交流。

互动行为增强了消费者之间的影响力，无限的虚拟空间扩大了消费者的影响半径和影响范围。在网络社群中，消费者行为既受到其他参与互动成员的直接影响，也受到网络社群作为参照群体的信息性影响和规范性影响。同时，一个成员关于购物和消费的看法既直接影响与之交流的成员，也可能对整个社群全体成员的消费行为产生影响。消费者个体对某种产品和品牌的评价言论有可能在成员之间的互动下被无限放大，扩大到社群群体层面。不仅直接影响参与讨论的成员和浏览帖子的网民的态度，而且通过成员之间的弱关系，将话题的影响力传遍整个互联网，产生蝴蝶效应。图 3-12 是一种网络社群的影响模型。

6）购买行为理性化

网络消费者群体通常不满足于从企业广告宣传和促销活动中得到的信息，不轻易接受企业单向传播的信息，理性主导着他们的购买行为。网络社群为信息收集和意见征询提供了便利。他们把网络社群当作搜寻产品和品牌相关信息的重要渠道。据调查，有 61.7%的社群成员在购买商品时会首先考虑其他成员的意见，超过八成的网民在购买商品前通过网络社群来查阅信息。他们会根据其他成员的建议和看法，综合权衡利弊，决定是否购买产品、向哪个厂商购买以及购买何种品牌，以确保购买决策的正确性，减少购物风险。

7）信任关系的重要性

网络社群对消费者的影响作用很大程度上取决于信任关系的强度。包括认知信任和情感信任两个方面。因而，网络社群的信任机制的建立是十分重要的，社群成员间的信任会使消费者更愿意去接受其他成员的口碑推荐，尤其是某种消费品的意见领袖应当得到成员的信任，才能发挥应有的作用。图 3-13 显示的是网络社群水平上的关系信任机制。

8）交往关系建立的多样性

网络社群关系的多样性主要体现在建立途径的多样性、关系类型的多样性上。比如，在建立途径上，人们可以根据自己的需求自由选择即时通信、论坛、社交网站等网络应用平台。

线上关系的类型可以区分为"强关系"和"弱关系"两种。前者指的是可以给个体提供情感支持且一般由线下关系发展而来的在线关系形式，如微信朋友圈；后者则指的是可以给个体提供信息支持且一般在网络平台中培养起来的在线关系形式，如微博、陌陌、微信公众号等。总体上看，网络社群在打破时空限制的同时，也限制了感情等的交流，因此网络交往主体之间的沟通联系通常较弱。这种交往行为的随意性和缺乏责任性，会使网上交往行为肤浅化，不利于建立稳固的线上关系。

从营销来说，企业应当利用网络社群加强与消费者的信息沟通，培养社群成员对企业品牌的忠诚度，甚至可以直接促进企业产品的销售。例如，格力有一个"全员销售"模式，每位员工都要通过各自的朋友圈转发促销信息，用户可以通过朋友圈的员工专属二维码扫码下单，价格要比市面上的同类产品便宜 100 多元，员工负责对圈内用户进行产品咨询、售后协调等服务工作，并获得佣金奖励。格力董事长董明珠的个人网店在开业不到一个月的时间里，销售额就突破了 200 万元。

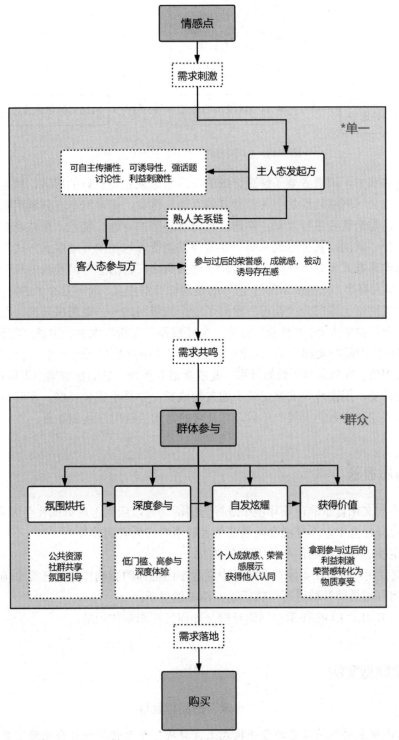

图3-12　网络社群影响模型

资料来源：Leon. 秋天里的第一杯奶茶，你真的看透了吗？[EB/OL].（2020-09-27）. http://www.woshipm.com/marketing/4199887.html.

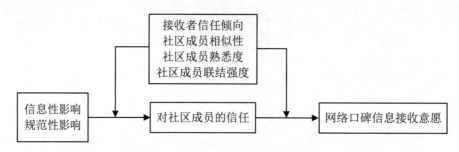

图 3-13　网络社群水平上的关系信任机制

在网络购买中，消费者要了解更详细的商品信息或获得良好的服务，就需要与厂商联系，企业可以利用网络社群加强与消费者的互动。例如，奇瑞汽车充分利用新浪汽车等汽车专业论坛，与消费者进行互动、沟通，将奇瑞品牌的特性、优点，在与消费者探讨和交流中得到认知、认同，甚至达到共鸣。在这种以消费者为主的互动联系方式下，消费者与企业双方的沟通方式十分个性化，这有助于增强网络广告信息与消费者的相关性，提高广告的效果。华为有个"花粉俱乐部"，倡导的是理性社群主义，而不是小米的狂热粉丝做法。在华为的官方网站上专门为"花粉"建立了一个二级网站——花粉俱乐部，经常举办各种活动，比如全民拍猫大赛、"花粉"招募、全民推荐"花粉"女生、申请"花粉"达人等。再如，凭借母婴用品特卖起家的贝贝网，上线了育儿图片社交 App "育儿宝"，在网络社群里提供成长相册、视频录制、辣妈社群、儿歌食谱等板块。它的社群集中表现在两个方面，一是家庭内社交，用图片、文字记录小朋友的成长；二是小视频社群，家庭与家庭之间以孩子为纽带，建立联系。上线一年后，育儿宝的月均活跃用户达 300 万。

 本章思考题

1．在不同文化背景的市场环境中进行营销活动时，应当考虑哪些社会因素的影响？
2．在我国社会中，不同社会阶层消费者的消费行为有何差异？
3．决定参照群体影响作用的因素有哪些？
4．举例说明：如何在实际营销活动中通过参照群体的影响作用来开展市场营销工作？
5．如何利用品牌社群进行营销活动？请举例说明。
6．谈谈 KOL、KOC 在消费网络社群是如何发挥影响作用的。

 本章典型案例

"小米"的品牌社群

小米的成功主要体现在它的营销模式上，口碑、互动营销和社会化营销是小米快速赶超其他手机品牌的法宝。小米的联合创始人黎万强提到，小米的社会化营销是通过 4 个通道完成的：论坛、微博、微信和 QQ 空间。在建立口碑的过程中，通过建立论坛吸引小米的核心用户——极客。在沉淀了几十万核心用户之后，才开始通过微博、QQ 空间等扩散

口碑。在传播的过程中，小米构建了立体的品牌社群，通过不同层级的社群活动不断扩充粉丝群体，加速小米产品的推广。

小米可以说是粉丝经营的典范。小米的定位是"为发烧而生，面向发烧友"，塑造的品牌形象是"高配置、低价格"，成功吸引了一大批用户，又通过社群、自媒体、雷军团队的影响力等把用户向粉丝转化。雷军经常强调一句话，"因为米粉，所以小米"，把"米粉"捧到很高的层面，让粉丝感觉良好。

小米的品牌社群主要包括三个部分：爆米花、同城会和MIUI社区论坛。

爆米花是小米的官方活动，是官方组织的米粉交流会，规模为300~1000人，每月两场，全年24场活动。"爆米花"活动的设计很有创意，用户全程参与，而不是官方包办，它有一些互动机制，比如，在论坛里投票决定在哪个城市举办；用户可以在现场表演节目，提前在论坛里海选；在布置会场时，会有"米粉"志愿者参加；活动结束后，资深"米粉"和小米团队会聚餐交流。在年终的"爆米花"盛典上，小米给资深"米粉"制作专门的VCR，邀请他们走红毯，颁发"金米兔"奖杯，让他们成为"米粉"群体里的明星。小米还创办了《爆米花》杂志，让"米粉"成为时尚封面的主角。

线下活动更能提升参与感，小米官方一年会组织几十场用户见面会，用户也会自发组织同城会。在全国各大城市，小米的同城会有300~400个，相当于以小米手机为纽带，形成相互交流的平台，类似车友会的形式。同时举办"米粉节"，让发烧友先体验产品，大打折扣与赠品战。小米之家作为售后服务网点，也是经营用户、服务用户的重要场所。

MIUI社区论坛的活动规模不等，以小范围座谈研讨的形式进行，是官方举办的热衷于技术研究的极客聚会。

小米"米粉"的活跃范围由虚拟社群扩展到报纸杂志，最终延伸到"米粉"的实际生活中，将"米粉"紧密联系在一起，极大地提高了用户的黏性。"米粉"通过不同方式的交流和碰撞，彼此之间相互认同和融合，最终形成独特的小米文化。好产品是小米口碑传播的发动机，和用户一起做的线上线下活动是小米口碑传播的关系链，而社交媒体是当下小米口碑传播的加速器。可以看出，小米做社群，并不是仅靠微信群与QQ群，它采取的是全渠道策略，主要培养铁杆用户、回馈与激活用户、保持与用户的密切互动，并且线上与线下相结合。

资料来源：1. 梁宁. 成功营销要走心[M]. 北京：北京理工大学出版社，2016.
    2. 邓超明. 新零售实战[M]. 北京：电子工业出版社，2018.

案例讨论：

（1）小米品牌社区的特点是什么？

（2）小米是如何维护和利用它的品牌社群进行营销的？对其他企业有何借鉴意义？

第3章-社会因素与消费行为-自测题-1

第3章-社会因素与消费行为-自测题-2

第4章　情境因素与消费行为

 思维导图

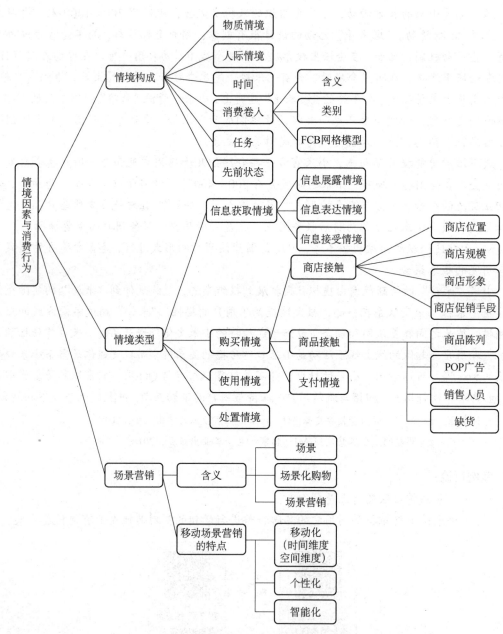

第4章　情境因素与消费行为

 本章学习目标

- 了解消费者情境的含义、构成与类型。
- 掌握消费卷入的含义、分类及影响因素。
- 了解消费卷入度对消费者行为的影响。
- 熟悉FCB网格模型。
- 熟悉商店选址的主要影响因素。
- 理解信息获取情境对消费者行为的影响。
- 了解商店形象构成层面与构成要素。
- 理解商品陈列对消费者行为的影响。
- 掌握场景营销的含义。

 导引案例：星巴克的情境营销

星巴克是从事咖啡销售的企业，其股票的上涨率在过去10年里达到2200%，超过了沃尔玛、通用电气、可口可乐等大企业的总回报率。而同样卖咖啡的雀巢和麦氏，其规模都要比星巴克大，但却没有星巴克那么快的增长，相比之下星巴克拥有更高的利润。

买一罐雀巢咖啡可能要30元，喝一杯星巴克的咖啡可能也要30元，二者之间的利润差距可想而知，那是因为消费者在星巴克喝咖啡的同时连它的环境也一起"品尝"了。都市白领有这样一句很经典的话："我不在星巴克，就在去星巴克的路上。"

星巴克在中国已成为一个时尚的代名词。它所代表的已经不只是一杯香气腾腾的咖啡，而是成为一种时尚文化的象征。在中国去星巴克消费的，90%都是冲着"喝情调"的氛围去的。

星巴克一般选址在人流集中的商场、写字楼。在北京，循着星巴克的绿色标志，你会发现国贸、中粮广场、东方广场……都是有钱人经常出没的地方，当然也是小资们可以显示自己身份的地方。有这样的定位，吸引一群特定的人流当然没有问题了。

星巴克咖啡店的每个咖啡座下都有一个电源插座，你可以一边惬意地喝着咖啡，一边用随身携带的笔记本电脑上网、发邮件、写东西。或者你坐在巨大的落地窗旁，看着窗外的车水马龙，轻轻吸一口香浓的咖啡，会寻找到一种城市主人的感觉，虽说有点作秀的味道，却也非常符合"雅皮"的感觉体验。星巴克很聪明，巧妙地利用了小资们的消费心理特征，在一个公共场所来展示自己是新潮一族。这其实也是许多当代中国人的心理特征。星巴克为那些中国正在形成的、喜欢看与被看到的都市白领提供了一种全新的消费体验。

资料来源：金英汉，林希贞. 星巴克的感性营销[M]. 张美花，译. 北京：当代中国出版社，2007.

案例思考：

（1）如何理解情境营销的含义？
（2）情境营销从哪些方面影响消费者的行为？
（3）从星巴克的情境营销中，你能得到什么启示？

情境因素也是影响消费者行为发生的重要因素。面对同样的营销刺激，同一个消费者在不同的情境下可能做出不同的反应。许多产品只有在某一特定情境下才能成为消费者的购买对象。例如，某种品牌的高档白酒，可能成为上门拜访、走亲访友的馈赠品，但很少能成为生日礼物。如果企业营销者不了解这一点，不通过诸如广告、包装等营销策略突出产品所适用的情境，就难以吸引消费者购买。许多消费者行为也只有联系行为发生时的情景，才能更全面地理解消费行为为什么会发生。例如，一个人星期天早上出门时并没有明确的购买计划，只是抱着逛逛看的态度，但由于被某一个商店的环境和气氛所感染，从而买了一些本不打算买的东西。所以，研究消费者行为不能忽视情境的影响。

4.1 情境因素的构成与类型

除了商品特性和消费者的自身特性外，许多临时性的情境因素（如物质情境、人际情境、时间、先前状态等）也会在从信息获取到商品处置的整个消费行为全过程中伴随并影响消费者。当然在不同的消费行为环节中，具体的情境影响因素是不一样。企业应当了解这些情境因素对消费者的影响作用，利用和创造各种情境来影响消费者的行为，从而提高营销绩效。所谓场景营销以及许多营销活动实际上都是针对这种暂时性情境的。

4.1.1 情境的含义

我们知道，影响消费者行为的因素大体上可以分为个体因素、社会环境因素、营销因素等。情境对消费者的影响既不同于个性、态度、人口统计特征等个体因素的影响，也不同于文化、经济等宏观环境因素的影响，因为这两方面的影响具有更为持久和广泛的特性。对于这些长期性、稳定性的影响因素，企业通常只能积极地去适应它们。而情境必须在特定的时间和地点存在，是一种暂时的并非由个性和标的物（产品）引起的因素。

所谓"情境"，是指个人与产品固有属性之外的，能够在某一特定场景和特定时间点影响消费行为的一系列暂时性因素，如消费者的心情、时间压力，以及购物时的气氛、拥挤程度、营业员态度、购物伙伴、天气情况等。消费者不会孤立地对营销刺激物（如商品的固有属性）做出反应，一定是在特定情境之下发生反应。例如，在不同的场合，人们会表现出不同的消费行为；在某个特定的时点，人们也会有不同于其他时间的购买欲望和行为。

关于消费情景对消费者行为影响的研究主要有三种观点：一是消费情景会影响消费者的情绪，进而影响消费者的行为；二是消费情景会直接影响消费者的认知，进而对消费者行为产生作用；三是消费情景可以为消费者直接提供一种价值，进而影响消费者的购物行为。当然，情境因素对消费者的影响作用，并没有产品因素对其影响那么直接、稳定，而且情境因素也会受到其他因素的影响。例如，当消费者的忠诚度很好、消费者的卷入度很高或者产品有多重用途时，情境因素的影响就会减弱。反之，对低卷入的购买，消费者比较随意，受各种情境因素的影响就相对较强。市场营销也会在一定程度上对情景产生影响，例如，在电影院里，如果没有可乐和爆米花，看电影就会少很多乐趣，而且禁止外带食物的规定也会提高休息区商品的价值。

情境可以从纵向和横向两个方面进行分类，如横向地划分某一场合下影响消费者的具体情境因素，或者纵向地根据消费者行为过程的不同阶段来划分情境。

4.1.2 情境的构成

消费者情境的构成主要包括物质环境、人际情境、时间情境、任务情境、先前状态和消费卷入等几个方面。

1. 物质环境

物质环境是指构成消费者情境的有形物质因素，如地理位置、装潢布置、气味、声音、灯光、色彩、设施、标识、天气、商品陈列、店堂气氛等。物质环境通过视觉、听觉、嗅觉以及触觉来影响消费者的感知，对消费者的情绪、感受具有重要影响。店铺内所有因素（包括灯光、商品陈列、设备、色彩、气味和销售人员的着装、仪表等）的总和被称为店堂气氛，直接影响购物者的心情和停留时间，也会影响消费者对该商店所售商品质量的判断和对该商店的印象。商店经理常常通过调节环境变量或因素改变店堂氛围，使购物者产生特定的情绪反应。

1）色彩

色彩在现代商业空间起着传达信息、烘托气氛的作用。通过色彩设计可以创造一个亲切、和谐、鲜明、舒适的购物环境。在商店内部环境设计中，色彩可以用于创造特定的气氛，它既可以帮助顾客认识商店形象，也能使顾客产生良好的联想和心理感受。

在店内环境色彩的设计中应综合考虑季节因素、商品因素和顾客特征。例如，麦当劳快餐店的内部整体环境设计就是以暖色为主，它能创造出活跃、温暖、热烈的心理感受，这主要是基于吸引快餐店的主要顾客——儿童、少年而考虑的。还应当注意运用色彩变化及顾客视觉反应的一般规律。比如，红色有助于吸引消费者的注意和兴趣，然而在有些情况下它也令人感到紧张和反感；较柔和的颜色如蓝色虽然吸引力和刺激性较少，但被认为能使人平静、凉爽并给人正面的感觉。另外，在不同的季节和不同的地区，要恰当使用不同的颜色。比如，在炎热的夏季，商店的色调应以淡蓝色、淡绿色为主；在冬季，应以暖色调为主。

2）气味

清新宜人的气味和适中的温湿度通常会对人体生理产生积极的影响。一般而言，消费者对于香味怡人的商店，再次惠顾的意愿较强，同时也认为其所销售的商品品质较佳。不过，香味的浓度与种类（只要它不令人讨厌）则对消费者并没有产生太大差异。

台湾地区的一项研究也发现，消费者在有香味的环境下观看广告，会产生较高的广告回忆度、较佳的广告态度，以及较多正面的想法。一项针对拉斯维加斯赌场的研究发现，当在赌场内散播某种香气时，赌客在老虎机上投入的硬币数目也会增加。

有的企业还发明了"商品气味推销法"，他们仿造了许多种天然气味，将这些气味加在各种商品上，通过刺激消费者的感官来促进销售。例如，伦敦一家超级市场，通过释放一种人造的草莓香味，把消费者吸引到食品部，结果很快连橱窗里的草莓也被抢购一空；一些面包房通过鼓风机将烤面包的香味吹出去，以激发过往行人的购买欲望，因为食物的香味会刺激人体各种消化酶的分泌，消费者即使不饿，也会在不知不觉中增加食品的购买量。当然，新近装修的商场会散发出一些不良气味，应尽快使用活性炭等方法予以清除。

3）音乐

音乐能够影响消费者的情绪，而情绪又会影响其消费行为。除了可以掩盖嘈杂声外，在购物环境中播放适当的背景音乐可以调节顾客的情绪，活跃购物气氛，缓解顾客排队等待的急躁心情。

英国兰斯特大学心理学家诺斯博士通过一项"超市音乐"的研究发现，不同的音乐对不同顾客的购物欲可能会产生意想不到的影响。诺斯在研究中特意在当地一家超市的货架上摆放了同等数量且价格、知名度、风味均处在同一档次的法国和德国葡萄酒。按照常理推想，顾客们必然会根据自己的偏爱和经验进行选购。但有趣的是，当超市大放法国风情音乐时，法国酒的销量就猛增到德国酒销量的 5 倍之多，相反当超市大放德国啤酒节音乐时，德国酒的销量又比法国酒销量多了 1 倍。如此看来，顾客似乎倾向于购买那些与音乐"协调一致"的酒。

美国一个类似研究则认为：古典音乐会明显增加顾客购买欲并提高购买档次，小夜曲鼓励男性为恋人购买礼品，轻音乐让顾客倾向购买便宜货，摇滚乐则可能抑制顾客的购物欲。还有人以无速、慢速及快速三种背景音乐为独立变数，在中型超市调查发现，慢节奏背景音乐会使顾客在店内放慢步伐，货架前停留的时间更长，花的钱更多。而播放快节奏音乐比无音乐时的销售量不但不会增加，有时反而会下降。一般来说，在商场最重要的返券打折时段，播放的都是节奏感非常强的音乐，而在周一到周五的上午，可以播放比较舒缓的音乐，因为这个时间段的客流量比较少。美国的一些中型餐馆发现，快节奏音乐可以延长消费者用餐时间，有趣的是，虽然没有增加他们所吃的主食，但他们对饮料的购买却增加不少。

对音乐曲目的选择，还应与商店的主营商品的特点、购物环境的特点以及主要消费者的喜好相适应。例如，如果商店销售的商品具有民族特色或地方特色，可以选择一些民族音乐；经营的商品艺术色彩较浓，可以播放一些带有古典风格的音乐；经营书刊、文化用品可以播放高雅音乐；如果购物环境的现代气氛较浓，可以播放一些现代轻音乐；购物环境的档次高，可以播放爵士乐一类的音乐；以青年消费者为主要对象的购物环境，可以播放一些流行音乐；经营儿童商品可播放比较活泼的动画片音乐等。

当然，广告音乐对消费行为的影响往往发生在低卷入产品（口香糖、卫生纸等）的购买情境中，而且广告音乐的反复播放是这种效果发生的前提条件。另外，消费者也可能对音乐感到厌倦或不满，原因主要是音量过大、歌曲重复播放、背景音乐风格不统一。

4）天气

天气情况对消费者行为影响很大，人们根据天气情况来决定购买的衣服、食物、饮品等。西方的气象公司还研制出了形形色色的气象指数。例如，德国商人发现，夏季气温每上升 1℃，啤酒销量就会增加 230 万瓶，于是气象公司开发出啤酒指数，供啤酒商参照；日本则开发出空调指数，因为他们发现夏季 30℃ 以上的气温每多一天，空调销量即增加 4

万台。

便利店、超市和电商企业更容易体会到天气对不同品类商品销量的影响。如高温天气时，空调、饮料、防晒霜等夏令商品销量会大幅上升；而低温到来时，保暖品、取暖品、白酒等开始畅销。沃尔玛则通过大数据分析，得出飓风与蛋挞、草莓果酱馅饼的相关关系，因此在每次飓风来临前，都对蛋挞、草莓果酱馅饼进行大量备货，并将其销售位置移到飓风物品销售区域旁边。

阿里妈妈将天气变化数据接入其开发的帮助商家精准营销的营销平台——达摩盘，达摩盘因此新增了气象指数标签的功能，该标签覆盖全国 315 个城市、2171 个县气象局的天气数据，按照温度、天气现象、湿度、舒适度、空气质量、PM 2.5 指数等 6 个天气要素作为营销推广参考。这样，当北京雾霾严重的时候，北京的用户会在淘宝平台上看到口罩的营销信息，当南方一场大雪降临的时候，南方的用户会在淘宝平台上看到有关保暖外衣的促销信息。借助气象指数标签，商家可以提前预知天气变化，以便知道自己的产品什么时候最好卖。

2. 人际情境

人际情境的影响是指在消费情境中其他人对于消费者的影响。包括消费时其他人是否在场、个体间的互动等状况。人际情境除了其他顾客外，主要包括同伴和营业员两个方面。

通常来说，在社会情景下，人们总是会相互模仿、相互感染，其消费心理带有一定的从众性。消费者在做出购买决策前，经常会参考亲朋好友或网友的意见和评价，这些往往会对消费者的购买决策产生重要影响。一般来说，上街购物为消费者提供了一种家庭之外的社会体验，如联络新老朋友、接受他人服务。同时，有些人在购物中还希望体验到一种权威感和受尊重感，因为营业员或服务员的工作就是为客人提供服务。所以，很多消费者在购物的同时，也体验到各种人际情境，并对消费行为产生一些影响。此外，人际情境对信息传播过程也有一定的影响，例如，当有旁人在场时，会降低消费者对电视广告的注意力。

在人际情境下，购买或消费某些私密或特殊商品（如避孕套、成人尿布等）会让人感到尴尬，营销者应当尊重消费者的个人隐私，努力避免消费者受到尴尬、窘迫情绪的干扰。而网购能够使消费者的购买行为不受人际情境的影响。

1）同伴

购物时是否有人陪伴、陪伴人的身份、陪伴人的个性特点、陪伴人所起的作用，以及陪伴人与购买者之间的互动，这些因素都会影响消费者的行为。

购物时有他人在旁，往往会对消费者形成一定的心理压力，从而产生与单独购物时不同的行为。比如，和孩子一道就餐，可能迁就孩子而选择麦当劳餐厅；和朋友一道购物时，可能出于尊重需要而购买平时很少购买的高档商品。自己在饮食店吃饭，会根据自己的喜好点菜；请上级、朋友或商务人士就餐，就会考虑对方的口味、特点以及地方特色风味，尤其是食品与环境的档次。

有研究表明，在购买的情境中，如果有朋友相伴在场，销售人员所产生的影响力相对会下降。而且，结伴（非家人）购物通常会增加购买的总量和许多非计划内的购买项目。在信息的收集、商品的评价与选择等各方面，同伴的影响也是不可忽视的。

▶ 思考一下：你自己在单独购物和有同伴陪同购物时的行为与心理感受有什么不同？

营销人员应当识别消费者购买行为的社会情境因素，善于利用购物者的同伴来间接地施加影响，促进购买行为。比如，玩具销售人员向儿童展示玩具，儿童迫使家长购买；街头的鲜花销售人员会动员情侣中的男士购买鲜花送给女士，男士碍于女士在场，不好拒绝；另外，漂亮女士在场会提高男士消费的积极性。

2）营业员

营业员与顾客之间的买卖过程是一种特殊的商业交际活动，是通过商品与货款的交换而实现的直接或间接（现场销售或网购）的交际活动。与一般的人与人之间的交际不同，营业员与顾客之间的交际关系是买方与卖方的关系，因此，交际的范围比较窄，程序比较简单，时间也比较短。一般双方的接触随着交易过程的完成而结束。也正是由于这些特点，在这样的商业交际

4-1 无人餐厅

中，营业员更应具备较高的交际能力与技巧，只有如此才能引起顾客的好感，并有可能爱屋及乌地购买某商品。例如，旅游团的导游会因为其积极、努力的服务赢得游客的理解和好感，游客觉得拿不下情面而勉强购买其推荐的商品；个别旅游区的高利润翡翠商店采用"一对一"服务，常使消费者感到窘迫和不安；而宜家家居的服务人员不会主动进行商品推销，主要工作是回答顾客问题并提供帮助，这是为了塑造一种自主、宽松的购物环境，与其经营思想是相一致的。

3）拥挤状态

商场内的拥挤状态与客流量、人群密度以及场地面积有关，是构成商场环境气氛的重要因素。拥挤状态可以作为物质环境，也可以作为人际情境。

一个人满为患的商店或空间过多地被货物挤满的店铺，会使消费者产生一种压抑感。大多数消费者体会到拥挤时会感觉不快，他们也许会减少待在商店内的时间，同时买得更少、决策更快或减少与店员的互动交流。其后果是消费者满意度降低，产生不愉快的购买体验，对商场产生负面情感，减少再次光顾的可能性。

另一方面，适度的拥挤也会形成热烈的购物气氛，并带给顾客安全感和购买欲望，比如消费者更愿意进入一家客人较多的餐厅而不是门庭冷落的餐厅。而且，消费者在人群密度大、拥挤程度高的情境下还容易产生不理智、冲动型的行为，比如从众行为导致的抢购热潮、球迷在球场上的过激行为等。据媒体报道，日本免税保健品商店通常都要求导游在上午10点前后带中国旅游团队抵达商店购物，这样店里就会同时聚集两三百人，造成火爆抢购的假象，诱发消费者的从众心理。而团体游客多数行程安排紧、缺乏事前调查又过度迷信"日本制造"，因此很容易产生购买行为。当然，如果由于顾客太多而使消费者等待时间太长或者受到的服务水平下降，那么人群密度高就是一个消极因素。可见，拥挤状态对消费者心理与行为的影响效果可能是非线性的。

另外，在某些场合下人员稠密是有益的，如人们在酒吧、KTV或比赛现场寻求体验时，众多的参与者往往可以提高感染力，而观众稀少的球赛或空荡荡的酒吧则会使人兴趣索然。对于运动会、演唱会、舞厅、酒吧这些场合，人群密度高对消费体验会产生积极作用。拥挤状态对消费行为的影响作用是积极的还是消极的，还取决于消费者对情境的理解。例如，人

们容易把银行人多、排队与管理水平差、服务效率低联系在一起，但如果医院的广告以不用排队作为诉求点，则可能得不偿失，因为消费者可能会认为病人少是医疗水平差所致。

总之，消费者的选择、购买和使用商品的过程大都是在某种社会环境中进行的，是高度可见的，不可避免地受到人际情境的影响。因为，每个消费者的行为方式、信息判断和价值观等都会受到包括同伴在内的一些相关群体的影响，个体往往倾向于服从群体预期（尤其是那些对人际关系敏感的人），如从众行为。另外，很多商品的消费也是在社会互动的状态下才会发生，比如到 KTV 唱歌、与朋友聚餐、参加明星演唱会等。同时，消费者往往会试图在人际情境中表现出自身的一些良好素质，如注重品质、慷慨大方、不拘小节等。最后，人际情境的影响还与所购买的商品对象有关。根据所购商品的受益者，可将商品分为 3 种：己用的、他用的和共用的。相比而言，他用和共用商品受到的社会影响会更加显著一些。如果这些别的使用者也参与购买活动，则对当事人的影响更为明显。

3. 时间情境

时间情境主要是指消费时间的特殊性（如假期、节日、时段）以及紧迫程度。例如，企业的限时促销就是给消费者提供了一种紧张的时间情境。

1）特殊时间

时间的特殊性指某些特殊时间或活动发生的时机对消费行为产生的影响。这些特殊时间由社会原因或自然原因而形成。

4-2 优衣库春节 OXO 场景营销

在传统购物中，一天中的不同时段、一周中的不同日子、一个月中的不同日期、一年中的不同季节以及不同的节日都可能会对消费者行为产生影响。例如，消费者通常期望日场的电影票更便宜，因为这时候去看电影的人往往较少；"黄金周"是消费者安排旅游的时间；长辈们喜欢在春节期间为小朋友购买烟花，而在平时往往会以安全为由拒绝小朋友的要求。美国的火鸡业者试图拉开火鸡与感恩节的强烈联结，希望将其变为一般的日常食品，而不只是节日的应时食品。中国的粽子、月饼也是节日食品，而元宵已经转变为日常食品了。米克劳啤酒原本的广告语是"节假日最适合喝米克劳啤酒"，后来调整为"周末最适合喝米克劳啤酒"之后，销量大大提高，因为"周末"是比"节日"频率更高的诱因。而春、夏、秋、冬四季，商品销售的品种与销售量显著不同，这些特殊时间则是由自然原因形成的。

4-3 "双 11"购物狂欢节的由来

对于销售商而言，可以进行"时间情景营销"或"借势营销"。例如，麦当劳在"5·20"推出晒情侣照 H5 活动，消费者只要上传头像生成情侣证，就可以凭证用 13.14 元去线下门店换取两个小红莓冰激凌。

【资料链接】

节日营销如何能让消费者买买买

节假日是一个天然的营销时机，但在竞争激烈的市场环境下，要想脱颖而出，还得深入研究消费者。

1. 节日对中国人有着不同的含义

对于不同的传统节日，人们会有不同的消费习惯。比如中秋节这个代表团圆的节日，让更多人愿意在这个假期陪伴家人。所以尽管中秋假期的旅游人数和国内旅游收入在逐年增长,但是和"五一"假期比起来,还有着很大的差距。

对于商家来说,如何将营销活动与节日的含义联系起来,从而刺激消费者在节日中的消费欲望,是一个必须考虑的问题。

可口可乐在这方面,给人留下了比较深刻的印象。每年春节,在央视春晚之前,都能看到可口可乐的广告,而且不管广告内容怎么变,一定有一些元素,始终不会变——带着孩子回家过年的年轻父母、祖孙三代一起吃团圆饭、烟花、窗花、福娃。各种春节元素与阖家团圆的氛围,给品牌赋予了春节的含义,也给消费者留下了吃团圆饭要喝可乐的印象。

4-4 "可口可乐"中国福娃,这个新年让爱回家

2. 节日的消费需求,更重视社交价值

所有生物之间,都存在一种本能的竞争机制。人与人之间的层次,就是在这种无形的竞争中拉开差距的,各种社会资源也会向看起来层次更高的人倾斜。而消费者在本能上,更愿意为了在这种竞争中获得优势而付费。特别是在节假日的时候,这种隐性竞争的社交需求会更突出。因为工作时,同一个圈子里的人,生活轨迹都差不多,只有在节假日才会显出区别。所以这也造成了消费者在节假日集中消费的现象。

那么对于商家来说,如何帮助消费者获得这种隐性竞争的优势呢?答案是提供社交货币。

社交货币是建立在社交关系的基础上,能够换来别人关注、评论、点赞的内容。人们在社交圈中,依靠各种形式的社交货币,构建自己的身份形象。所以营销活动必须给消费者提供这种社交货币,帮助消费者在各种无形的隐性竞争中获得优势,而不是单纯地卖产品。

当然活动不需要多么高端,有趣、新奇比高端更重要。举个例子,很多做烘焙的商家,都会举办烘焙DIY的活动,还会设计竞争机制,并且用奖品吸引人来参与。对于参与者来说,这本身就是一个新奇的体验,而且又有竞争,又有奖品,对一些人来说,会有很强的参与动力。而且不管自己做得怎么样,不管能不能在竞争中获胜,参与者都会有强烈的分享欲望。因为分享这种活动,能够在社交圈中塑造自己的形象。

不同类型的活动,能够塑造不同的形象,这就为消费者提供了社交货币。

3. 每到假期,消费者更愿意为生活买单

相对于普通的工作日来说,节假日起到了调节生活的作用。有条件的人,通常会选择在节假日提升一下生活品质,缓解一下工作带来的压力。这种需求,同样会促进消费。最直观的体现是,每到假期,人们在饮食上都会有所改善。一个比较固化的观念认为,过节至少要吃点好的。除了饮食,在生活中很多其他方面,都可以体现出与平时的不同。如果没有选择出游,在假期的时候,大概也会选择在附近逛一逛,看看电影、听听音乐会、参加一些有趣的活动,有些人会去做个足疗、泡泡温泉等。

总之就是要和平时有些区别,毕竟工作压力都很大,好不容易放假,至少要放松一下。调节生活,缓解工作的压力,成为了节假日的主要需求。所以假期的消费冲动,会比平时更强烈——消费本身,就能起到缓解压力的作用。

资料来源:一念(蛋解创业).让客户忍不住买买买的假期营销活动,都满足这3点![EB/OL].(2019-09-19). https://mp.weixin.qq.com/s/hVY4_l08YVOEVP0WYluCAg.

2）时间压力

消费者购买商品时可支配时间的充裕程度或时间压力，对消费者购买决策具有重要影响。首先，可用的时间越少，信息搜寻就越少，能够运用的信息就越少，从而购买活动就会很仓促，或降低标准，或按直觉思维决策，由此增加了次优甚至糟糕的购买决策的风险。例如，不少旅游者在外地旅游时，尽管也知道导游介绍的购物点存在价格虚高的情况，但由于没有更多的时间和精力来进行商品搜寻，出于方便和抓住购买机会的考虑，他们也会仓促接受导游的购物要求。其次，时间压力会导致所考虑的备选产品数量减少，那些消极不利的信息在购买决策中会占有更大的权重，消费者会倾向于选择知名品牌或习惯品牌，以此减少风险感。另外，影响对购物方式或店铺的选择。当工作太忙而无暇购物时，消费者可能更倾向于网络购物，或选择 7-ELEVEn 连锁店以及其他服务时间长的商店。最后，时间压力的增大还会导致对易准备食品及其他可以节约时间的商品的大量需求。例如，具有同步多任务特性的商品，蓝牙耳机、有电视屏幕的跑步机等，就是为了适应消费者使用商品的时间情境。

▶ **思考一下**：不少大型单体百货商店在网购的冲击下，纷纷倒闭停业，而许多连锁超市和一些药店却能不断地在城市小区里扩张发展，请从时间情境的角度分析其原因。

国外曾经做过关于时间压力对消费者行为影响的实验。实验过程是这样的：在一个零售店里，有两组消费者，其中一组消费者没有时间压力，能够有充足的时间去购物，而另一组消费者则被限定在一定时间内采购商品。结果表明，有时间压力的消费者往往未能买到中意的商品，并且非计划性购买增加，但购买总量减少。这是由于时间紧迫而产生的压力使消费者无法保持稳定的心理状态造成的。他们由于焦急、紧张而无法理智地选购商品。同时，他们还会怀疑在这种时间压力下购买决策的正确性。这种怀疑的结果便是，对于他们不熟悉的商品，更多倾向于放弃购买；对于他们熟悉的商品，则购买那些用惯了的品牌，从而保持较高的品牌忠诚度。

3）心理时间

消费者对时间的知觉存在主观性，也就是所谓的"心理时间"。例如，消费者实际花在等待的时间比其心理上所感受到的等待时间要短。因此，营销人员可以采取很多方式和策略（如提供电视、电脑、免费 Wi-Fi、报纸杂志等）来降低消费者对于等待时间的主观知觉，当然消费者也可以通过玩手机来消磨时间。许多物流公司都会及时跟踪并向网购者提供商品到达节点的时间信息，一定程度上可以缩短消费者等待的心理时间或焦急情绪，并降低消费者的网购风险。研究发现：简单的填补机制会使消费者的时间知觉变短，而复杂的填补机制则导致消费者的时间知觉变长；文字型填补机制会使消费者的时间知觉变长，而游戏型填补机制则造成消费者的时间知觉变短。另外，有趣的填补机制可以提高消费者的正面情绪并降低其主观时间知觉，而枯燥的填补机制则会使消费者产生较差的情绪反应与较长的主观时间知觉。Roger 研究了 A 和 B 两种性格类型的人、高收入与低收入的人对于排队等待的容忍程度，发现 A 型人格和高收入的消费者对于等待的容忍程度相对偏低。一些更早期的研究表明，人们对于等待的容忍程度还受到国家人口、文化差异和心理等因素的影响。

▶ **思考一下**：如何缩短消费者的心理等待时间？请举例说明。

4. 任务情境

任务情境通常是指消费者具体的购买理由或目的。任务情境一般可以分为自用购买和送礼购买。即使购买同样的商品，由于购买目的不同，消费者采用的购物策略与选择标准也完全不同。例如，购买葡萄酒可以是自己喝，也可以是与朋友聚会时一起喝，还可以是作为礼品送人。基于不同的购买目的，导致消费者购买葡萄酒的档次、价位和品牌均会存在差异。

有研究发现，消费者购物送礼会表现出某些独特行为。例如，消费者往往会对礼品制定一个价格上限，同时关注店内的信息（例如店员的建议）多于店外的信息（例如广告）；消费者为送礼会倾向于到高级商店选购以及购买知名品牌，同时也会很在乎商店的退换货办法，也就是万一买错是否可以轻易退换；消费者对于非例行性及重要事件的送礼场合（例如结婚），相对于例行性及较不重要事件的送礼场合（例如生日），通常比较愿意花费较多的时间和精力来进行产品相关信息的搜寻，同时也比较愿意购买较高价位与较高品质的礼品。另外，礼品的馈赠在某种程度上反映了馈赠人、接受者之间的相互关系与地位。不同的馈赠场合对礼品会有不同的要求，消费者在购买过程中的参与和重视程度也不一样。例如，年轻人在给自己的恋人购买生日礼物时，要比给普通朋友买礼物更加投入，更注重礼物的样式和品味。同样，公司职员在给自己的上司送礼时也会选择那些高质高价的商品，而给自己家人的礼物则往往追求经济实惠。

▶ 思考一下：在生活当中，你是如何根据送礼对象与礼品的象征意义去选购礼品的？

与购买目的相关的一个概念就是使用场合。使用场合规定了商品的使用方式，并且对被消费的商品应具有的特性或特点提出了要求。例如，在家用餐与外出野炊，在食材、炊具的使用上会有很大的差别。对于同类商品不同购买目的和使用情境的研究，有助于产品的市场细分。

当产品和某一使用情境或目的相结合后，或许可在该情境上取得较大的竞争优势，但却也可能使其局限在该使用情境中。例如，我国消费者通常把牛奶定位于一种适合早餐饮用的营养饮料，因而通常不会因为解渴而去喝牛奶，其市场亦因此而受限。事实上，某种产品适合于某一使用场合并不是绝对固定的。很多情况下，"适合"或"适用"只是一种心理感受，或称之为观念上的认知。对这种认知，企业可以去适应它，也可以去改变它。例如，许多人认为只有在参加体育活动时才需要运动鞋和运动服，但由于一些公司的大力宣传和产品样式的改变，穿运动鞋和运动服现在已逐渐成为不少人在休闲场合的标准装束。

5. 先前状态

先前状态是指消费者带入消费情境中的暂时性的心理状态（如焦虑、兴奋、高兴等）、生理状态（如精力、疲劳、疾病、饥饿、寒冷等）或物质条件（如收入变化、信用卡的透支额度等）。消费者在购买时点上的这些状况，可能会影响其购买决策。例如，在情绪激动时，消费者往往无法集中精神在购买决策上；良好的情绪状态会导致个体对刺激物的好感或正面态度。至于消费者本身的身体状况，也会影响其购买决策。例如，身体疲倦时往往容易做出错误的决策。

一般来说，消费者对商品与服务的判断，往往会以迎合自己当下情绪状态的方向来改变,也就是心情愉快的时候,往往会希望事情更好;反之,往往会把事情想得更坏。营销者可以利用一些服务或事件来诱发消费者的积极心情,以使营销活动取得更好的效果。因为消费者的心情既影响消费过程同时又受消费过程的影响。

暂时性的物质条件指消费者在购物之前物质条件暂时性地发生了变化。比如,购物之前意外得到一笔奖金或损失了一笔钱、用掉了一笔钱。这里的物质条件变化是短暂的,不是长期存在的。暂时缺钱的人和长期经济拮据的人的购买行为是有显著差别的。

另一方面,消费者也常常通过购买或者消费商品(或服务)来控制他们的暂时性条件。例如,白天感到疲倦的消费者,可能会喝一杯咖啡;心情不好的消费者可能选择去看一场电影或者进行"排遣式进食",这种购买行为的发生或多或少也隐含几分发泄或转移注意的成分。当然,如果消费者的坏情绪是由于购物现场的环境或者营业员的态度所造成的,那么这只会减少消费者的购买量而不是增加。

6. 消费卷入

消费卷入对消费行为的重要影响体现在消费行为的各个阶段,消费者购买行为的复杂程度与其卷入程度直接相关。例如,卷入程度越高的消费者,进行品牌评估的范围越广(也就是说,对更多品牌的更多属性进行评估)。对于消费者个体而言,消费卷入度是暂时状态,不是恒定状态。

1)消费卷入的含义

消费卷入(也称介入、涉入或参与)是指消费者对消费活动的关心或感兴趣的程度。图 4-1 系统阐释了消费卷入的含义,其中,卷入度=f(个人,情境,产品),卷入的水平可能受

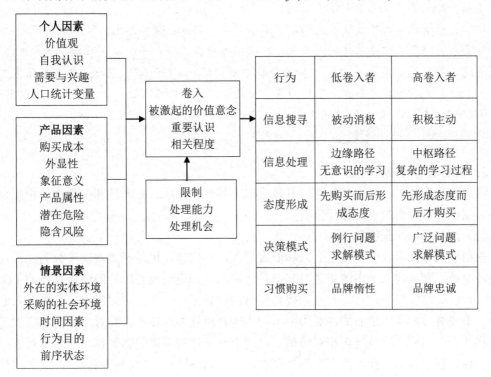

图 4-1 卷入的概念图解

这三个因素中的一个或多个影响，并可能发生个人、情境与产品因素间的相互影响。例如，有研究认为，消费者选购低卷入商品时，若消费者处于高卷入情境（送礼）会比处于低卷入情境（自用）愿意耗费较多的选购时间与选购成本，但选购高卷入商品时则不易受情境因素的影响。

▶ 思考一下：你在旅游过程中购买商品与你在家中网购商品，为什么会有不同的卷入程度？

【资料链接】

什么商品适合直播带货

1. 低卷入度

消费者不需要收集大量信息就能做决策，不需要投入大把时间和精力去做研究、仅凭冲动就能购买，这就是低卷入商品，比如零食、水果生鲜、日用品等。而高卷入商品，在直播那个短暂而嘈杂的环境下，是没法快速决策下单的。

2. 低决策风险

如果消费者对所购商品的品质、品牌存在较多疑虑和不确定性，或者所购商品代表着消费者的身份形象、社会地位，那么消费者在购买前就会认真评估风险，以规避损失。在这种情况下，消费者就不会在直播中冲动下单。

3. 低客单价

一方面是因为价格高了，消费者的决策风险就高；另一方面也是因为高收入人群是不会为了买一个产品去花几小时看直播的。

所以，直播电商的在售商品大都以食品、日用、美妆、服装为主，客单价在百元以内。对这些商品，消费者往往依靠的是直觉、印象、好感或信任。而家电、家居、汽车、白酒、奶粉等商品则很难靠直播来带货。李湘直播卖貂皮大衣，130万人观看，到直播结束也没有卖掉一件。那不是因为李湘业务能力差，而是貂皮大衣价格太高，消费者不会冲动购买。

资料来源：运营派．直播不是未来，打造新营销价值链才是[EB/OL]．（2020-08-28）．http://feng.ifeng.com/c/7zItTnJe8hz．

2）消费卷入的种类

卷入作为个体的一种内部状态，其包含三个特性：强度、方向性和久暂性。根据这些特性，我们可以对消费卷入进行分类。

（1）高度卷入和低度卷入。

根据卷入强度可以分为高度卷入和低度卷入，相应地，也可把消费决策分为深涉决策和浅涉决策。高度卷入是指消费者对某一具体事物（如商品或商店）的积极强烈的关注和参与，这种关注和参与最后落实到消费者积极的信息搜集、加工和评价上。低度卷入通常表现在消费者日常生活用品的购买当中，因为购物风险相对较低，其对产品信息的加工是被动和肤浅的，购买决策过程相对简单。主观上对于这些因素的感受越深，表示对该产品的消费卷入程度越高，称为消费者的"高卷入"，该商品则为"高卷入商品"，反之则称为消费者的"低卷入"或"低卷入商品"。Vaughn 把卷入定义为产品和服务所拥有的潜在价值连续体，连续体的高端是那些贵重的产品或服务，它们通常是价格昂贵、社会价值高、自我关联性强或消费者较陌生的商品；而连续体的低端则是价格低廉、风险小的商品。例如，消费者对平板电脑卷入程度高，会被激发去搜寻大量不同品牌的信息。相反，消费者购买一双在家里用的拖鞋，却不愿过多卷入，价格便宜一点即可。

消费者的卷入程度不同会反映在处理信息、评估品牌和购买决策等方面，从而表现出消费行为差异。例如，Mulvey 考察了消费者对网球拍的评估过程，发现卷入程度较低的消费者对网球拍质量的理解是抽象的、笼统的，而卷入程度较高的消费者则可以把网球拍的高质量具体分解为若干标准，如球拍头部的尺寸、手柄以及所用材料等。Park 对品牌评估的另一个层面——反应时间进行了调查，发现高卷入的消费者比低卷入的消费者在评估品牌上所用的时间更多。高、低卷入的行为差异如表 4-1 所示。

表 4-1 卷入程度与消费行为

行　　为	卷　入　程　度	
	高　卷　入	低　卷　入
信息处理的积极性	信息处理者	随机学习信息
信息搜寻的主动性	主动搜寻	被动接受
广告影响	积极观众，影响很弱	消极观众，广告影响大
品牌评估	购买前评估	购买后评估
决策目标	寻求最大期望满意水平，对品牌进行比较，寻求利益最大化的品牌，属性是关键	寻求可接受的满意水平，购买问题最小化的产品，熟悉是关键
个性和生活方式的影响	与消费者形象和信念体系有关	无关
相关群体的影响	影响大，因为产品与群体规范和价值有关	影响不大，因为产品与群体规范及价值无关

（2）广告卷入、商品卷入和购买卷入。

卷入的方向性是活动指向的目标。一般来说，卷入目标可以是直接的产品及其广告，也可以是购买决策或购买行为本身。

广告卷入是指观众对于广告信息所给予的关心程度或接触广告时的心理状态，从高度关注到视而不见。

商品卷入是指消费者对于商品的重视程度或消费者对于商品的个人主观认识，从对商品完全投入的自我认同到不屑一顾的漠不关心。复杂商品、高风险商品、高差异商品、高价商品以及个性化定制等都可能增强消费者的商品卷入。在一些商品网站上，消费者可以上传自己喜爱的图片或照片，定制印有此图案及个人信息的个性化产品，消费者往往会对此投入较大的热情，从而形成用户黏性。例如，可口可乐的包装瓶营销活动中，邀请消费者定制昵称瓶、台词瓶、密语瓶，调动消费者的参与积极性，大幅提升了产品的销量。

购买卷入是指消费者对某一次购买活动的关切与重视程度，它与商品卷入关系密切但不等于商品卷入。例如，酒类低卷入者有一天为了宴请重要宾客必须选购酒品时，他这一次购买酒品的行为就属于高度卷入；某消费者可能对某一商品（老年保健品或儿童读物）

的卷入程度很低,但购买时的卷入程度却很高,因为想让父母觉得他是个孝顺的孩子,让妻子或儿子觉得他是个有责任感的好父亲;虽然是某一品牌或某一类商品(牙膏或果酱)的忠实顾客,但由于品牌忠诚、时间压力或其他原因,可能购买该商品的卷入程度却很低。

(3)情景性卷入和持久性卷入

根据卷入的久暂性(或延续时间)可分为情景性卷入和持久性卷入。情景性卷入仅在特定的情景下才发生,而且这种卷入是暂时的。情景性卷入主要由产品的特性和购买情境特性(如购买目的、时间限制等)所引起。持久性卷入指由消费者个人持续的、长期的关心所引起的卷入,它起源于个人的内生持续性原因,如需求、价值观、兴趣或所追求的目标等。例如,一个大学毕业生平时可能并不注重着装,但他必须为招聘面试购买一套服装。该毕业生只有在这种特殊的情景下,才对服装具有较高程度的卷入,面试过后,卷入也就逐渐消失。另一个大学毕业生可能具有较强的时尚意识,他可能也在为工作面试寻购服装,但他对服装的兴趣是持久的。因此,持久性卷入强调的是产品本身以及使用产品所获得的满足,而不是为了特定的情景性目的。但是,即使是所谓的持久性卷入,也是相对的,消费者不可能时时保持一种高水平的卷入。

3)FCB 网格模型

FCB 广告公司职员 Vaughn 研究了针对不同的商品或服务理性与感性诉求会对商品卷入度有何种影响,提出了 FCB 网格模型(FCB Grid)。他用矩阵对商品和相应的购买者特征进行了四个象限的分类,即纵轴表示卷入度(高卷入和低卷入)、横轴表示思考方式(思考型和情感型),如图 4-2 所示。每一个方格内的产品有着不同的特征及相应的购买决策模式,广告应该对不同方格的消费者采取不同的诉求方式。

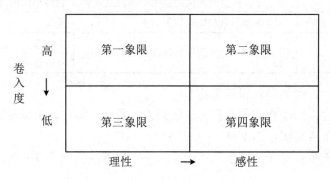

图 4-2　FCB 模式基本构架

(1)高卷入/理性(第一象限)。当面临汽车、房产、家居装修等消费情境时,消费者是思考者。消费者对于此类商品的功能、属性、价格及效益会相当重视,在决策前会寻求大量的信息和理性依据。广告中尽可能提供详细而精确的信息和比较、示范,采用理性诉求方式。

(2)高卷入/感性(第二象限)。当面临珠宝首饰、服饰购买或者挑选礼物等消费情境时,因为产品与个人形象、品位以及对他人的尊重程度相关,消费者是感觉者。消费者对购买高卷入而感性,他们会因为广告中体现出来的美好、爱、幽默、酷而炫而产生愉悦、亲近、开心、向往的感觉和购买的冲动。针对这一象限的特点,FCB 方格模型建议运用情感策略设计该类商品广告。

（3）低卷入/理性（第三象限）。当面临日用品购买，或去食堂就餐等消费情境时，消费者是行动者。消费者在购买此类商品时的卷入程度较低，且消费者倾向于习惯性、方便为主的购买行为。此时，相关信息所扮演的角色只是提供产品之间的差异而已，无须对信息进行深度加工。多数的消费者会经由习惯发展出忠诚度，但是其可接受的品牌可能是数个，而非单一品牌。因此，广告创意在于如何提醒受众，以便使之形成习惯性消费。

（4）低卷入/感性（第四象限）。这主要是指那些满足个人嗜好的商品，如香烟、饮料、甜品、电影等。这类商品往往不涉及功能、属性等的差异，更多的是一种自我体验、自我满足。当消费者见到广告中对商品美好感觉和体验的渲染，就容易产生购买欲。

▶ 思考一下：可归入 FCB 模式四个象限中的商品分别有哪些？请举例说明。

4.1.3 情境的类型

根据消费者行为过程的不同阶段，可以将一般的消费情境归纳为信息获取、购买（购物情景和支付情景）、使用、处置四种类型。

1. 信息获取情境

信息获取情境是指消费者接受人员或非人员营销信息时所处的具体环境或背景，可以分为信息展露情境、信息表达情境、信息接收情境。信息获取情境将影响消费者注意、理解和记忆信息的程度。

1）信息展露情境

信息展露情境指信息展露的位置和方式，如信息展露的场所和醒目性。它决定了消费者是否愿意接触、是否能够接触到营销信息。

在不同情景下，人们的信息接收状态也是不同的。例如，消费者在地铁站、公交站、电梯口、电梯内等场景下是等待状态，愿意接收信息，从而导致对信息的关注。而在看网剧、综艺时，消费者的目标是看节目，主要精力放在节目上，因而对广告有排斥心理，即使是 15 秒的贴片广告也会非常不耐烦。楼宇广告就是利用了人们在乘电梯或等电梯时的无聊时间，而消费者在无所事事的封闭空间内也容易接受广告信息。铂爵旅拍、BOSS 直聘都利用梯媒广告取得了良好的知名度。与此类似，地铁、公交车、候车亭、院线映前时间、体育赛事等沟通情境也都适合广告传送。现在"低头族"随处可见，人们大都喜欢利用碎片化时间或垃圾时间来浏览手机信息，可以建立手机微信公众号、手机客户端等，以有利于消费者在方便的时候进行访问。

YouTube 是世界上最大的视频网站，但其所有视频内容的贴片广告在播放 5 秒后均可点击跳过。而 5 秒的短广告通常不容易引发观众的厌恶，同时由于消费者知道 YouTube 的广告在 5 秒后即可点击关闭，因此在这 5 秒之内通常会聚精会神地盯着广告看（广告触达率极高），一经结束马上点击关闭。这样，YouTube 通过一个简单的跳过按钮去获取观众 5 秒内的全部注意力，牺牲广告时长换取广告效率，在机制上有效提升了广告真实曝光度。另外，由于广告曝光时间极短，也会倒逼广告主不断去优化广告质量。

凭借现代科技，营销人员还可以将信息传递给特定的目标市场。例如，许多百货商场、超市有与收款台电子扫描器相连的电子赠券发布系统，借助于这些系统，商店可以向购买不同商品的消费者提供不同的赠券和感兴趣的商品信息。

2）信息表达情境

指表述信息的时间或场合。它影响消费者对营销信息的理解和接受。例如，M. Goldberg 在一项中间夹播商业广告的电视节目类型研究发现，插播于"欢快"节目中的广告与插播于"悲伤"节目中的广告相比，前者使消费者产生更加积极的思维和更高水平的回忆。台湾地区的一项研究也发现，消费者在较舒适的环境下观看广告，会产生较多的认知反应、较高的愉悦度、较佳的广告态度、较多正面的想法，以及较少负面的想法。还有研究表明，将复杂的广告插播在认知度较高的节目中，会给观众留下深刻的印象。然而，将大家已经耳熟能详的广告放在收视率很高的节目中，效果并不理想。

信息内容最好与消费者的实际场景相似，例如，美国大片《速度与激情》的片头广告选用红牛（强调血气方刚）肯定比选用唯怡豆奶（强调唯美舒适）更有效；在体育馆附近的公交站台投放运动器械、运动服饰、运动饮料的广告就比投放休闲食品的广告效果好。

【案例链接】

"情人节"吸睛

铂爵旅拍在分众传媒等渠道推广情人节活动，选出线上报名的 100 对新人 1 折拍婚纱照，获得网友欢迎。飞猪在情人节推出情人分开旅行活动，表示将随机抽取两对情侣，如果明年情人节他们还在一起，就能免费分赴南北极旅行（见图 4-3）。

图 4-3 飞猪情人节 2.0 计划

资料来源：菩叶商学院. 美业营销难？33 个最新品牌案例一次看个够！[EB/OL]．（2019-02-23）. https://www.sohu.com/a/296407797_466138.

3）信息接收情境

信息接收情境主要是指消费者接收信息时的主观状态，如心情、疲劳、卷入度、脑中的杂念、精神状态等。而信息表达情境则与消费者接收信息时的客观情境有关。一般来讲，消费者心情好的时候更愿意看各类广告，同时观众的心情也会影响其对广告的解读、评价和印象深刻程度。还有研究发现，对某款商品卷入度低的消费者，更希望该产品的广告与投放的背景风格一致（比如，在喜剧类节目中穿插幽默广告）。然而，对某款商品卷入度高的消费者，更希望广告的风格与投放的背景风格形成鲜明的对比（比如，将广告插播在不含感情色彩的节目中，如纪录片）。

虽然很难直接影响和控制消费者的主观状态，但一些客观因素在一定程度上仍能对消费者的主观状态产生影响，如欢快的广告音乐可能使消费者心情更好。

2. 购买情境

购买情境是指消费者在购买或获取产品过程中所处的各种物理的、社会的以及其他各方面的内外情境，包括购物场所的环境与气氛、营业员的态度与技能、同伴的心情与意见、消费者的情绪、购物的时间压力等。不同的购买情境会影响消费者的消费内容和形式。例如，与孩子一起购物，所做的购买决策就比没有孩子在场时更易受到孩子的影响；消费者在商店购物时，无人搭理或者营业员态度不好，就可能放弃购物的念头；有的商场过于拥挤，会使得消费者的停留时间较短；售货员的过分热情也会吓跑一些消费者；货架位置、价格促销、商品陈列及购物舒适性等商场内部刺激，对消费者购买决策尤其是非计划性购买会产生重要影响。

影响购买情境的因素很多，除了营业员的服务、同伴的影响以及商场人流量等因素外，还有两个是比较重要的因素，即商场接触和商品接触。商场接触的核心问题是如何将消费者吸引到商场里来。这一方面取决于商场的位置，另一方面涉及消费者对商场形象和商店品牌的认知。商场设计的一个目标就是使购物环境更加有趣、吸引人，以使顾客在商场停留的时间更长，与商品的接触更多。商场内的布局、商品陈列以及商场氛围对顾客的商品接触均有较大的影响。我们将在4.2节对"购买情境"专门加以论述。

3. 支付情境

严格地说，购买情境包括购物情景和支付情景。通常，二者是紧密结合的，但完全相同的情景却很少。有些商店把支付情境和购物情境相区别。例如，在汽车零售店里，购买情境就是便于购买的单独房间。在这里，顾客和销售者可以坐下来商讨购买的最终细节问题，并开具支票。有时候购物情境也会延伸到支付情境。例如，超市的收款台前经常摆放一些小商品，如口香糖、糖果、物价品等，以刺激冲动购买。

支付情境指消费者支付商品货款时发生影响的因素。包括收银台的设计、消费者付款方式和付款的方便程度等。例如，有的消费者看到商场的收款处排着长龙，会感到不耐烦甚至可能会放弃购物；有的零售商不能提供手机移动支付而迫使不带现金的消费者放弃购买；一些学校推行的"校园一卡通"不仅可用于校内消费，还可以在周围部分商家使用，方便了师生的消费活动。

网络智能时代的新零售提供了许多新的支付方式，如营业员人手一个无线扫描器、移动支付、自助收银、自动售货机、无人超市等，使得购物更加方便快捷。有的超市每件商品都有RFID芯片，而RFID技术可以远距离保存并读取数据，因而工作人员可以在不到一秒的时间内，远程计算出所购商品的总价格。在无人超市，消费者只需一部装有支付宝或微信且开通银行卡支付通道的智能手机，即可全程自行购物。但是，人工智能化的无人酒店、无人超市因技术设备原因还不能降低经营成本，货物补缺、问题处理往往不及时，更重要的是消费者的服务体验和购物乐趣较差，而消费者的新鲜感又容易消失，因而其市场前景并不乐观，还需解决好无人商业在技术、场景方面的不足。

4-5 无人超市

4-6 自动买单一步搞定

自助收银的结账效率高，还能满足消费者保护隐私、自主自尊的心理需要。当然，自助收银只是节省了排队等待时间，但扫描、收银时间并没有减少。将自助结账机放置在距离出口较近的地方，可以暗示消费者：在这里结账，您将更快完成交易。

但是，自助结账不能完全代替人工服务。通常来说，购买少量商品时，自助收银比较方便快捷。但商品数量较多或者体积大、金额高的情况下，人工通道更合适。目前，自助收银存在的主要问题包括：消费者首先要学会熟练使用自助结账机（包括移动支付）；有些东西不能扫码（蔬菜之类的），需要手动输入数字；有时会出现扫码失败或机器故障；节省了排队等待时间，但收银时间并没有减少；商店Wi-Fi网络不通畅；收银员可以为顾客提供打包装袋等服务，同时，人对人的温馨服务是机器无法比拟的；有少付款或逃单现象，一项调查所获结果显示，大约三成英国顾客在超级市场用自助结账机结账时"不老实"，当然这与终端报警门的检测技术水平有关。另外，个别自助收银模式在使用上还有些麻烦，需进一步改进。例如，有的需要下载或打开"多点"或"盒马"App；有的需要加微信关注；有的商店在扫描完商品条形码，还要拿结账单到另一台机器上去完成支付。

在国外，采用自助结账还应考虑当地的文化因素。比如，虽然日本以热爱自动化服务而闻名，但日本更重视为顾客提供有礼貌的服务，这意味着零售商对自助结账会有所保留，他们更愿意努力提升员工的工作效率。在英国，"如果消费者察觉到，零售商做某件事仅仅是为了节约成本，而非改善服务，那么他们就会对这件事感到反感"（Leigh Sparks），因此，零售商可以通过提供多种结账方式的选择，来降低消费者对自助收银的不满程度。

现在，大多数商家都支持手机支付方式，给消费者带来了很大方便。我国已越过信用卡时代，直接从现金转向手机支付，外国留学生还将移动支付评为中国的新四大发明之一。随着支付宝刷脸支付的落地，不用手机、不输密码的人体支付方式也开始走入人们的生活。Amazon Go采用机器学习、电脑视觉、传感器、人工智能等新技术，实现了消费者不用排队、扫码、结账，"径直出门"完成购物的全新体验，是支付情境的一次革命。中国央行推行的数字货币主要用于小额、零售、高频的业务场景，即使在没有网络的情况下，两个装有DC/EP数字钱包的手机碰一碰，也能实现转账或支付功能。而区块链支付技术将消除金融机构等中介，实现透明和匿名的点对点价值交换，是更深层次的支付变革。

4-7 Amazon Go 颠覆购物体验

4. 使用情境

使用情境指消费者使用商品或服务时的情境因素，包括时间、地点、方式、场合、周围场景等。许多产品的购买场合与使用场合是同一场合。比如饭店的食物，消费者在饭店购买也在饭店消费。消费者在购买决策过程中通常会考虑商品的使用情境。比如购买某名牌香水用于社交场合，而将另一普通品牌用于日常化妆。

在不同的使用情境下，消费者对同一种产品的选择标准和购买决策可能存在较大差异。因为：首先，不同的消费情境会激发人们产生不同的消费体验。比如，在一个服务周到、整洁幽雅的快餐店里就餐，人们会变得很愉快；四川燕子沟景区的气泡帐篷，旅游者可以住在里边看月亮、数星星，360°观赏高原灿烂的夜空，但在喧闹的城市就不合适了。其次，不同的产品在不同的情境下消费会产生不同的意义。比如，进口红酒更多地用在公共场所，而国产红酒更多地被带回家饮用；消费者在家里和在社交场合穿的服装会有较大差别；消费者自己吃饭和请领导吃饭会去不同的饭店。最后，对有些产品而言，营销人员能直接控制消费情境，消费者购买的主要产品和服务就是消费环境本身，如酒吧、夜总会、主题乐园（如迪士尼乐园）等服务性产品，其消费环境对于消费者的满足感是至关重要的。

营销人员可以控制的使用情境有服务业、旅游业等，营销人员应当设计令消费者感受方便舒适的使用情境，比如改善咖啡厅的装修、布局、营业员的服务态度与技能等。当然，有些产品的使用情境是营销人员无法控制的，比如电器、汽车、家具、服装、蔬菜、鱼肉等，营销人员应当理解或引导消费者的使用情境，据此传递产品使用情境信息。比如，花店可以宣传什么花赠送给什么对象；保健品公司可以宣传什么保健品适合送给什么体质的人使用；葡萄酒公司可以宣传什么样的葡萄酒适合在什么场合饮用，等等。

对于像快餐店这类服务性企业，还应考虑消费情境的舒适度对周转率的影响。例如，舒适和优雅的环境会让客人待在餐厅内的时间更长，有可能会使客人消费更多的餐点和饮料。但若在高峰时间则会导致晚来的客人等待过久而离去，造成顾客周转率太低。因此，对于强调低毛利率与高周转率的餐厅，提供过度舒适的座椅可能并不恰当。例如，麦当劳摆放的座椅与星巴克的舒适度是不同的。

▶ 思考一下：共享单车的使用情境有何特点？

市场定位和产品细分均可能涉及产品的使用情境，而且，推出适合不同情境使用的商品，吸引同一消费者在不同时机前来购买，还可以提高商品的销量。例如，生产服装的企业可以根据着装场合对市场进行细分——正式场合穿、运动时穿还是休闲时穿。显然，针对不同的细分市场，服装产品及其营销策略应有所不同。星巴克没有把咖啡馆开在星级酒店、小区里，而是开在市区、机场、商务中心，因为这些地方都没有消费者自己的空间，星巴克就是想让人们在这里找到一个自己的空间，有熟悉的咖啡味道，人与人能轻松地交往。有时，产品的使用情境会被消费者过于狭窄地界定，此时需要企业做出努力，改变消费者的认知。比如，"冬天喝热露露"的广告，就是这方面的尝试。

对电商平台而言，也可以根据使用情境进行产品分类。在美团美食的搜索页面中，分类筛选的根据主要是区域、菜系、口味、价格、评分高低等，还可以增加"情境"分类，如按适合宝宝、适合宴请、适合约会、适合团聚等，从而让用户快速锁定目标做出决策。南瓜电影也按情境因素对电影进行了分类，如七夕节的"七夕专区——唯美爱情电影"、适合情绪不佳时看的"治愈人心系列电影"、适合一家人一起看的"阖家欢乐的动画电影"，等等。这样，消费者点进去就能很快找到符合当前情境的电影。

即使对于同一类产品，不同的消费者追求的利益也是不同的，而他们所追求的利益又受到情境因素的制约和影响。表 4-2 描述了根据使用情境和个人所追求的利益这两个变量对防晒霜所做的市场细分。从表中可以看出，不仅不同类型的个体对产品有不同的要求，同一类型的个体在不同的情境下所追求的利益也有很大差别。此外，某些个体与情境所构成的细分市场还有一些独特的利益要求。例如，成年女性在滑雪时使用的防晒霜，除了要具有防冻、防晒和护肤功能以外，还需带有适合时令且为女性所喜爱的香味。

表 4-2　防晒霜基于个人和情境变量的市场细分

情境	个人要求				情境利益
	小孩	青少年	成年女性	成年男性	
沙滩或划船时的日光浴	防止太阳灼晒并加入驱蚊虫叮咬的成分	防止晒黑	防止晒黑、皮肤损伤或干燥	防止晒黑	防风吹对皮肤的损害配方；容器耐热性好，能浮在水面且不易丢失
家里或泳池旁的日光浴	防止晒黑和损伤皮肤	沐浴阳光而不晒黑	加入皮肤滋润剂或不使皮肤干燥	沐浴阳光而不晒黑	大的挤压瓶，不会玷污家具、地板
滑雪	防止冻伤	防止冻伤	防止皮肤冻伤或干燥	防止冻伤	保护来自寒风和雪地光线对皮肤的伤害，防冻配方
个人追求的利益	保护娇嫩的皮肤，无毒	护肤，适合放在裤兜	护肤，女性香型	护肤，男性香型	

▶ **思考一下**：有形产品与无形产品（如服务）相比，其购买情境与消费情境的关系有什么区别？

5. 处置情境

处置情境是指消费者在使用产品以后如何处理产品或产品包装的情境。处置情境影响消费者的行为。比如，有的消费者重视生态环境保护，只购买易于回收的物品。营销人员、政府和环境保护组织需要了解情境因素如何影响处置行为，据此制定相应的策略以促进良好的处置行为。比如，消费者食用食品之后，会拿着食品包装找垃圾桶，但超过一定距离，消费者就可能将空盒随地丢弃。据此，应考虑垃圾桶分布的适当位置和距离。

处置情境与某些行业高度相关，如二手车市场的价格会影响新车的购买行为。在网络信息时代，二手货有了更方便的出售或交换渠道，如转转、闲鱼、拍拍二手、旧爱勾搭、58 同城，以及有路网、瓜子二手车等专业网络平台。

党的二十大报告指出，要"推进各类资源节约集约利用，加快构建废弃物循环利用体系。"厂商应该为消费者提供更为方便的产品再利用、回收与处理渠道，满足消费者对环保和绿色生活方式的需求。例如，沃尔玛在商店里利用视频对顾客进行废品处理教育。当消费者发现从回收中得到的利益大于成本时，他们就更有可能主动地去完成废品的回收和循环利用。这里所提到的利益和成本包括金钱、时间和精力。回收和利用所带来的当前利益或目标包括获得经济补助、避免进行垃圾填埋、减少废物、重复使用材料和保护环境。例如，在小区设立的"环保垃圾回收银行""小黄狗"智能垃圾分类回收机可有偿回收金属、塑料、纺织物、纸等类别的垃圾。

有关方面的环保政策与垃圾的分类回收要求能促使企业关心产品外包装材料和包装方式，例如，沃尔玛向它的几千个供应商施加压力，要求他们使用以较少的塑料原料制成的可循环使用的容器或包装；快餐店被要求使用一次性的可降解的塑料快餐盒。日本的垃圾分类处理细致到"严苛"，据说有的地方将垃圾分成了44个类别，以利于更好地处理与回收。我国一些城市也相继制定了有关垃圾强制分类的地方性法规，生活垃圾分类将从以往的鼓励为主转变为强制实行，乱扔垃圾的居民将可能依法受到惩罚。

4.2 购买情境与消费行为

4.2.1 商场接触

虽然网络购物呈不断上升趋势，但就目前来说，商店依然是消费者购买商品和服务的主要场所。当然，如果与网络购买相比，传统店铺零售的劣势也是很明显的。

为应对网络购物的冲击，一些实体店开始聚焦于社交和娱乐元素，甚至转型为购物与娱乐中心，企图以提升消费者的购物体验来吸引消费者。一些城市综合体涵盖了吃、喝、玩、乐等多种消费需求；或者向儿童提供游戏、学习、聚会的场所，以吸引其家人一同前往；还有些商店通过线上与线下相结合的方式，满足消费者商品体验和全渠道购物的要求，因为没有哪个渠道能够做到十全十美。

消费者商场接触的具体行为环节包括：找到商场、前往商场、进入商场。对商家而言，商场接触的核心问题是如何将消费者吸引到商场里来。这一方面涉及商场的位置，另一方面涉及消费者对商店形象和商店品牌的认知。影响消费者商店选择的因素包括以下几点。

1. 商店位置

商店选址的可撤回性较低，投资风险大。古语说"一步差三市"，开店地址差一步就有可能差三成的买卖。但影响选址的因素很多，商店选址应当综合考虑各种相关因素。目前更多的企业开始采用大数据选址方法。

4-8 店面选址

【案例链接】

家乐福的选址

家乐福（Carrefour）的落点注定是十字路口，因为Carrefour的法文意思就是"十字路口"，而家乐福的选址也不折不扣地体现了这一标准——所有的店都开在了交叉路口。巨大的招牌，500米开外都可以看得一清二楚。家乐福选址的要求还包括交通方便，私家车、公交车、地铁、轻轨等各种交通要素可以通达；人口密度要相对集中；该区域还要具备相当面积的停车场，例如，在北京至少要求有 600 个以上的停车位，非机动车停车场地 2000 平方米以上，免费提供给家乐福公司及顾客使用。

资料来源：https://wenku.baidu.com/view/1b381601f78a6529647d53c8.html。

1）商店区域

对零售店来说，口岸选择与客流大小直接影响其收入的多少。所谓商圈就是指以零售店铺所在地为中心，沿着一定的方向和距离扩展，吸引顾客的辐射范围。商店的区域地址选择要综合考虑所在区域的人口因素、地理环境因素、地段因素、竞争环境，了解规模性的目标顾客群是否足以支撑市场等因素。通常情况下，大多数店铺适合选择在人流量比较大的街区，特别是当地商业活动比较频繁、商业设施比较密集的成熟商圈，如北京王府井、上海南京路、成都春熙路等。

（1）交通便利。道路与公共交通条件无疑是影响营业环境最重要的外部因素。交通条件越方便，消费者购买商品越方便；交通条件越差，消费者购买商品的难度越大。

所以选址时要选择交通较便捷、进出道路较畅通、商品运输安全省时、地铁出入口、主要顾客购买路程不远或乘坐公共汽车站数不多且不必换车的地方。如果店铺门前或附近有便于停放车辆的停车场或空地，就会更方便顾客购物。一些城市为了便于交通管理，在一些主要街道会设置交通管制，例如单向通行、设置隔离栏、限制通行时间等，店铺选址应尽量避免这些地方。

（2）靠近人群聚集的场所。如影剧院、商业街、公园名胜、娱乐、车站、旅游地区等，这些地方可以使消费者享受到购物、休闲、娱乐、旅游等多种服务的便利，是商场选址的主要方向。但此种地段属经商的黄金之地，寸土寸金、地价高、费用大，竞争性也强。因而虽然商业效益好，但并非适合所有商场经营，一般只适合大型综合商场或有鲜明个性的专业商店。

（3）居民聚集、人口集中的地区。由于这类地段人口密度大，且距离较近，消费者购物省时省力，比较方便。商店地址如选在这类地段，会对消费者有较大吸引力，很容易培养稳定、忠实的消费者群。

（4）符合客流规律和流向的地段。这类地段适应消费者的生活习惯，自然形成"市场"，所以能够进入商场购物的消费者人数多，客流量大。一条街道会因为交通条件、历史文化、所处位置不同，而形成自己的不同特点，要选择街道两端交通通畅且人流较多的街道，避免在一条"死胡同"里开店。同样一条街道的两侧或不同位置，由于行人的行走习惯不同，客流量也不一定相同，要细心观察商圈人流量的方向，在较多客流的一侧选址。例如，商业街中间地段的顾客往往还会多一些，这也是其集聚心理的一个表现。

2）商品类型

商店选址除了考虑地理区域等因素以外，还要分析商品本身的性质、顾客的消费习惯等特点，准确选择面向目标区域消费者的商品门类或商品价格定位。

（1）商品性质。商品的性质与消费者的消费心理密切相关，店址的选择应充分考虑这一点。例如，经营日常生活用品的便利超市应设在靠近居民区中间的地段，以方便居民日常购物消费；而对于需要高度卷入的商品，如汽车、家具、电器或家庭影院等，人们不会怕路远而选择规模较大、信誉较好的商店；黄金珠宝饰品等贵重物品应设在与高档商店相毗邻的地段，以适应消费者购买高档物品时对商场档次、商场信誉、外部环境的心理要求。同时，要根据商品目标消费者的居住与活动情况，选择能够更容易接近目标消费群体的地方。

（2）商品价格。商品价格的高低与其周围居民的消费品位、消费水平有直接的联系。应根据消费者对商品价格的需求心理选择店址。例如，销售高档文化艺术类商品、豪华生活消费品的商场应设在高收入居民生活区域或高档商业街；价格一般的普通大众商品则可选择在中低收入居民的生活聚集区销售。

（3）消费习惯。不同地区、不同民族的人们消费习惯各不相同。商店选址要根据商品的特性，考虑目标消费者消费习俗的不同，因地而异。例如，南方竹制品商店生意兴隆，北方则很少开设；西部的贵州、四川等地由于气候潮湿，人们餐餐吃辣，辣味专营店生意火爆，而在其他地区则生意一般。

3）商店类型

（1）业态类型。业态是服务于某一顾客群或某种顾客需求的销售经营形态，是目标市场进一步细分的结果。2004年颁布的国家标准《零售业态分类》，按照有无固定营业场所将零售业分为有店铺零售业态和无店铺零售业态两大类。按照零售店铺的结构特点，根据其经营方式、商品结构、服务功能，以及选址、商圈、规模、店堂设施、目标顾客等因素，有店铺零售业态具体分为食杂店、便利店、折扣店、超市、大型超市、仓储会员店、百货店、专业店、专卖店、家居建材店、购物中心、厂家直销中心12种。

应当依据消费者对不同业态的需求心理来选择店址。例如，食品便利超市应贴近居民区，以居民区的常住居民为主要顾客群，并与大型超市保持一定的距离，使自己处于对手边际商业圈以外；仓储式会员店则应优先考虑交通方便，不必以靠近居民区为第一选择目标，因为它可以用低价吸引顾客。

（2）竞争环境。商店周围竞争环境也是影响消费者心理的重要因素。商店选址要考虑业态种类以及业态分布，或与其周围商店类型相协调，或起到互补作用，或有鲜明的特色。同类小型专业化商家聚集设店，可形成特色街区吸引人气，从而满足消费者到特定商业街购物时的特定心理预期，如陕西西安的小吃一条街。

商业经营中有"马太效应"一说，即当消费者在一处营业环境购买商品或消费时，他们可能同时会在附近的营业场所浏览、观光或消费，并可能产生购买行为。很多顾客有浓厚的从众心理，人越多，认为商品越吸引人，购买兴趣就越高。营业环境形成马太效应的条件一般是营业单位的地理位置接近、营业性质接近或相互兼容，能够促使消费者在这个营业圈内保持持续消费的动机。因此，人口密集，商家聚集的区域是开设商店的理想区域。而商店林立的商业街，由于商家聚集，也会形成一个规模大、密度高的顾客群。例如，大城市的服装市场、汽车市场、家具市场、电子市场等都是呈规模开设，一个市场内部少则几十家，多则上千家的业户，虽然竞争激烈，却都顾客盈门；而在汽车配件一条街上开一家服装商店，虽独此一家，无人竞争，却会落得门前车少人稀，经营惨淡。

（3）配套场所。消费者在商店购物中要求获得配套服务，因此商场在选店时要同时考虑配套场所。例如，仓储式会员店一般停车场面积与营业面积之比为1∶1，可以方便其频繁地进货并满足消费者大批量购物后的用车停放需求。以低廉价格销售商品的大卖场可设在市郊结合部，以便在配套（如宽敞停车场）与营业面积相适应的同时，减少占地的开支。尽管路远一些，但它可以以低价取胜，满足顾客的求廉心理。

现在，大数据公司可以利用各种商业地理数据进行商业选址规划，其数据统计除一般地理位置的数据外，还包括商圈人口分析（年龄、学历），商圈购买力分析（收入等）以及商圈的竞争力分析（哈夫模型），另外还包括人流量、人流动线、交通状况等，并构建精准的选址分析模型，从而快速筛选出最合适的店铺位置。例如，"慧选址""美团点评黄金眼"根据商圈分析、客群画像等方面的数据分析，构建了一套精准的选址分析模型，可以快速准确地分析出什么类型的店开在什么地方可以挖掘最大的用户群体，或者快速选择出最合适的店铺位置。

▶ 思考一下：你觉得商店选址还应当考虑哪些因素？

2. 商店形象

所谓商店形象，是指消费者对商店所有特点的整体印象。这些特点包括商店所能提供的商品的质量、价格、品种、服务（包括营业员的态度、付款方式以及售后服务）、硬件设施（如自动扶梯、卫生间）、商店气氛（温馨、兴趣、舒适）以及商店声誉等。如果一个商店有良好的商店形象或经营特色，就容易得到各方消费者的追捧，所以沃尔玛曾自豪地说："沃尔玛在哪里，哪里就是口岸。"

【案例链接】

沃尔玛的品牌效应

沃尔玛这个零售业巨人，在半个多世纪里取得了令人瞩目的成就，成为全球最大的零售商。自从1996年登陆中国内地市场以来，沃尔玛已在很多城市开设了颇有规模的连锁超市。在这些城市中，"沃尔玛"的名字几乎妇孺皆知。沃尔玛为什么能获得如此大的成功呢？

首先，沃尔玛把超一流的服务看成是自己至高无上的职责，在很多沃尔玛店内都悬挂着这样的标语：① 顾客永远是对的；② 顾客如果有错误，请参看第1条。其次，沃尔玛注意降低成本，做到质优价廉。沃尔玛在店内广告甚至包装袋上都印着"天天平价"的广告标语。为了让商品既低价又物有所值，沃尔玛不仅鼓励员工为降低成本出谋划策，还与像宝洁公司这样知名的企业建立密切的合作关系，通过计算机联网使厂家自动为商家送货，从而最大限度地减少库存成本。此外，沃尔玛的"一站式"购物新理念以及在店址的选择等方面，都尽最大可能地为消费者着想，从而吸引了众多的消费者。

如今，"沃尔玛"本身就是一个知名品牌，人们不仅相信它经营的其他厂家的商品，对于沃尔玛自有品牌的商品，消费者也非常认同，这为沃尔玛带来了可观的利润和较高的知名度。

资料来源：https://wenku.baidu.com/view/20dce9275901020207409c20.html。

表4-3把商店形象归纳为9个层面和23个构成要素。当然，不同消费群体可能注重零

售店铺的不同层面。因此，对于零售商来说，塑造符合目标市场需求的店铺形象很重要。

表4-3 商店形象构成层面与构成要素

构 成 层 面	构 成 要 素
商品	质量、品种、式样、价格
服务	销售人员、送货、退货、信用、分期付款计划
主顾	顾客类型
硬件设施	洁净、商店布局、购物便利、吸引力
方便性	店铺位置、停车条件
促销	广告
商店气氛	温馨、有趣、兴奋、舒适
机构	声誉
交易后感受	满意

这些影响商店形象的层面和要素大致可以归入功能性属性和情感性属性两大类。具体来说，店址、商品、服务、价格等基本上属于功能性属性，其中价格对消费者购买行为的影响最大；而广告、促销、销售人员、店内环境等既有功能性特征，又有情感性特征。这两个层面的属性在构成商店形象的特征中是相互交织在一起的，要将它们严格地加以区分并不容易。

商店形象也可以由商店知觉图来解释。商店知觉图是在二维或者三维空间上表现的消费者对商店的看法（或知觉状态）。如图4-4所示，商店B、C的商品品种比较少且专一，商品价格便宜，如便利店、农贸市场；相反，商店D和E是以中间水平的价格（质量）来销售品种较多的商品，如大型超市。这些商店形象可以用在目标市场的选择上。普通消费者一般重视产品品种的宽度（各种各样的产品群），所以可能偏爱商店D和E，如百货商店；相反，社会经济地位较高的消费者更重视产品品种的深度（特定商品群的各种各样的品牌），所以会选择商店F，如高档专业商店。

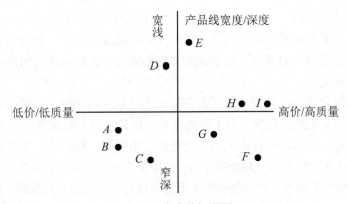

图4-4 商店的知觉图

测量商店形象或品牌形象的常用方法是语意差别量表法，这种方法可以直观地比较商店与竞争对手的特点。图4-5描述了运用语意差别法测定两家竞争商店形象的实例。

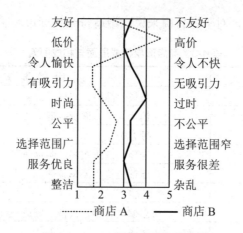

图 4-5　A、B 两商店形象的比较

如同产品一样，商店也可被认为是具有"个性"的。有的商店具有鲜明特色的个性形象，而另一些商店的形象则趋于大众化。比如，星巴克成功的一个秘诀即在于拥有创造轻松感觉的环境，即以令人放松的气氛打造的舒适的咖啡店环境，给顾客创造了一定程度的体验价值。这也是星巴克成功的秘诀之一。

商店品牌获得成功的关键因素是商品的高质量，同时，商店形象在某种程度上也会影响商品品牌的形象。某一品牌若能被某一知名的商店所接受，则对该品牌形象的提升会有很大帮助。例如，美国蒂芙尼公司是一家具有高品质、高价位形象的商店，对于这家商店所销售的商品，消费者都会给予很高的评价。而一个知名奢侈品品牌放在一个平民化的商场里面销售，就可能降低其品牌形象。

3. 商店规模

研究表明，商店吸引力取决于商店规模与距离。零售吸引力模型就是基于规模与距离预测商店吸引力的方法。该模型认为：大商店比小商店、近距离商店比远距离商店更有吸引力。但消费者对商店的位置与规模的重视程度要视消费者所要购买的商品的属性或重要性而定。比如，如果消费者要购买的是一些小件商品或便利品，一般就会到就近的零售店购买；对于需要高度卷入的商品，如家具或家庭影院等，人们就不会怕路远而选择规模较大的、信誉较好的商店。

为了节约时间和精力，消费者更愿意在某一次计划的购物中，以最节省时间的方式把所需要的物品或服务全部买回来。为了避免这些麻烦和时间上的耗费，"一站购齐"式服务把传统的农贸市场、超市、银行、书店、健身房、电影院、洗衣店、餐饮店等的功能都集中到一起，使消费者可以在一个购物地点买到他所需要的一切商品和服务，从而减少了消费者去别处购买所带来的成本，自然能够吸引消费者前往。家乐福、沃尔玛、好又多等超市经营各种老百姓每天必需的生鲜食品，在提高人流量方面比传统的百货商场有很大的优势。

解志韬认为消费者对超市的择店行为和消费额度是紧密联系的，这体现在两个方面：消费者预期消费额度的大小是消费者做出择店决策的重要依据；同时，当消费者一旦做出择店决策，其所选择的超市类型又对消费额度的大小产生影响，如图 4-6 所示。

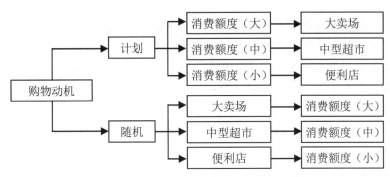

图 4-6　消费者择店行为同消费额度之间的关系

4. 促销手段

现在的商店越来越看重促销手段对吸引消费者的作用，如天猫商城的"双 11"购物狂欢节活动、店庆活动等。促销手段包括广告、抽奖、打折、会员制积分消费、满额获赠品或返购物券等。有的消费者甚至对耐用消费品形成了促销依赖的购买习惯，即不打折、不优惠就不买的习惯。但消费者最钟情的是：在保证商品质量的前提下，实实在在地打折或降价。

削价可以从四个方面促进商品销售的增长：① 现有用户提前购买未来所需的商品。由于将商品放置在家，增加了可获性，从而可能导致消费的增加。② 竞争品牌的使用者可能会转向降价品牌。③ 从来没有使用过这类商品的消费者可能会购买降价品牌。④ 不经常在此商店购物的消费者，也许会由于价格吸引而光顾该商店或购买该品牌。同时，一些特价商品的促销广告往往会吸引消费者前来商场浏览，这些消费者很可能还会购买广告商品以外的商品，即所谓"溢出销售"或"外溢销售"。

【资料链接】

定位生活服务及其对选址心理的颠覆

随着移动互联网与定位系统（如 GPS）的快速发展，出现了基于位置的服务（LBS）新业态，用户可以在任何时间、任何地点即时搜寻到所需要的服务。这是商业业态的一大创新，也是对传统固定经营场景服务与用户心理的颠覆。

O2O 思维的重要体现：基于位置服务。所谓基于位置的服务，简称位置服务、定位生活服务，是指通过电信移动运营商的无线电通信网络或外部定位方式，获取移动终端用户的位置信息，在地理信息系统（GIS）平台的支持下，为用户提供周边网点服务的一种增值业务。其基本含义包括两层：一是该项服务首先是基于对用户所在位置的定位，即确定用户当时所处位置（地理坐标或大地坐标）。二是定位后，寻找周围相关服务网点，如购物、餐饮、加油等场所，为用户具体提供所需要的各种生活服务信息。

基于位置服务是对商场选址心理的颠覆。传统商场类型与选址大多是基于商品经营场所与顾客居所距离关系的研究；而在移动互联网时代，商品经营的方式、场所，用户购买的方式、地点，以及物流模式均发生重大改变，特别是位置服务更是对上述诸方面及所引发的用户心理产生颠覆性影响。这种颠覆性影响主要表现为：一是用户在任何时间与地点都可以就近、即时获得所需要的、有多种选择的服务,大大提升购物与获取服务的便捷性与满意度;二是商场与服务网点的位置与居所的距离不再那么重要,用户足不出户就可以点餐送货,坐在家中享受服务;三是商家选址不必再拘泥于原有的设计原则,应该强化移动互联网理念,考量位置服务的优势与要求,探究、制定在移动互联网下更好满足用户需求的解决方案。

资料来源:单凤儒. 营销心理学[M]. 4版. 北京:高等教育出版社,2018:160.

4.2.2 商品接触

商品接触指消费者在商场中能否接触尽可能多的商品。商品接触的关键是增加消费者在商场的逗留时间和使消费者尽快找到所需商品。家乐福、宜家家居(IKEA)的购物路线大都"缺乏效率",其目的是让消费者尽可能接触更多的商品,以引发非计划性购买。宜家家居还设计有相关商品组合的展示体验区,让消费者不仅可以体验,还可以将其作为家居布置的参考,从而激发消费者的购买欲望。

1. 商品陈列

商品陈列是指柜台及货架上商品摆放的位置、搭配及整体表现形式。商品陈列是消费者接触商品的开始,其本身也是广告,在一些发达国家被称为"哑巴售货员"。总的来说,商品陈列应当以消费者容易接触实物,方便消费者购买为原则,并努力满足消费者对新、奇、美的心理追求。美国有资料显示,合适的购物点刺激(POP)至少能使冲动性购买上升10%。

4-9 商品陈列技巧

1)高度适宜,便于观看

要达到顾客一眼就能看到商品并看清商品的目的,就需要注意商品陈列的高度、位置、商品与顾客之间的距离以及商品陈列的方式等。一般来说,根据消费者眼睛的高度(身高×0.9),从可以清楚地看见商品的视野进行计算,距离地面 60~75 厘米的位置到 180~210 厘米的位置最佳。以一般人为准,从腹部到头顶的高度范围是商品最有效的陈列高度。

另外,要根据商品的形状、质地、外包装等特性的不同,分别采用平铺、叠放、堆放、挂置、悬吊等不同的展示方式,以达到最佳的展示效果。

2)分类陈列,便于辨别

依据商品的类别、款式、品牌、性质等因素进行分类陈列。不要将不同类别的商品堆放在一起,如不要将洗衣粉和食品放在一起,以免引起顾客的反感。

但是,商品陈列也不是只能以商品类型分类,还可以根据消费者导向来分类,或者以使用情境分类。比如,对于有较高品牌忠诚度的商品,可以按品牌分类;应季商品可以集中展示陈列等。有些商品之间表面上好像没有什么关联(相关性),如第 1 章中提到的啤酒和尿片,一个是食品一个是日用品,两者风马牛不相及,但是对于一些美国的年轻父亲,它们事实上又存在很强的关联性。运用关联陈列时,要打破商品种类间的区别,尽可能体现消费者在生活中的原型,也就是一定要贴近消费者生活。例如,浴衣属于服装类,但可以与洗澡的用具和用品陈列在一起,因为这正是消费者的日常生活。但是,商品的关联关系有时还会因为地域的不同或者季节的不同而有所不同。所以对于商品关联陈列的运用一定要恰当,在中国,如果将啤酒和尿片陈列在一起,可能就会对两种商品的销售产生不良影响,同时还会因为顾客的误会而影响到顾客的购物情绪。

3) 适应习惯,便于选购

对于种类繁多的商品进行陈列与摆放时,必须按照消费者的购买习惯,力求方便其寻找、挑选与购买。根据消费者对商品的要求和购买习惯,对方便商品、选购商品和特殊商品,应分别进行合理的摆放。

(1) 方便商品。如牛奶饮料、鸡蛋水果、牙膏牙刷、烟酒糖果、清洁用品、油盐酱醋等,这类商品一般是低值易耗的生活必需品,需求弹性小,价格较低,购买次数频繁,选择性相对较小,消费者对这类商品的购买力求便利、迅速。因此,这类商品应摆放在最明显、最易于速购的地方,如商店主要通道两侧、底层、出入口附近等位置。例如,在超级市场中,往往把口香糖摆放在付款处附近,以激发消费者的冲动型购买。

(2) 选购商品。这类商品多属于重要生活用品,其特点是品种、花色、档次较多,需求弹性相对较大,购买数量有限。消费者在购买此类商品时,希望有更多的选择机会。因此,选购商品的摆放与陈列应选择在营业面积宽敞、光线较好的位置,以利于消费者进行充分挑选。

(3) 特殊商品。这类商品往往属于高档、高价、高质的"三高"商品,消费者在决定购买前更加挑剔,反复思考,慎重决策。因此,此类商品可以摆放在商店顶层或环境比较优雅的地方,经营者也可以设立专门出售点,以显示商品的高雅与华贵,满足消费者的某些特殊心理要求。

一般来讲,适应消费者购买习惯的摆放顺序主要有:① 专业性较强、购买目的性较强的商品,应摆放在楼上或商店深处,购买随机性强的商品摆放在商店进出口或收银台附近;② 购物、娱乐服务兼营的商店,购物在下层,娱乐在楼上或商店的深处;③ 商品摆放以逆时针顺序为好,这是因为消费者的购买习惯多是从右向左逆时针行走,因此,日常生活必需品、时令商品和易引起消费者购买兴趣的商品摆放在入口逆时针方向,可以起到激发消费者购买的作用。

为了识别商店里哪些区域销售较好,哪些区域销售较差,不少零售商对顾客流进行了研究。这类研究旨在获得每一区域或每一销售过道的客流量、客流方向、购买者比率、平均逗留时间等方面的数据,以此为基础合理安排货架位置。现代电子信息技术的发展,使零售商获得顾客流动方向的数据更加快捷和方便。例如,凯马特(Kmart)就在其商店的天花板上安装了观测顾客流动的电子系统。该系统能够记录进出顾客的数量、流动方向和通过每一专业零售部或特定区域的速度。

【案例链接】

巧用大数据,"红豆水"销量超过可口可乐

2014 年夏天,一款由台湾厂商生产的保健瘦身饮品——"红豆水",在全家便利商店的销量超过了可口可乐,其每月创造的营业收入占该品牌红豆水总营业收入的近四成,成为所有实体渠道中最大的收入来源。

红豆水刚上市时原本被摆在最角落、最底层的货架,消费者很难注意到它。但是上架才一周,全家便利商店总部的"实时销售数据系统"却发现了异常现象:某些门市红豆水一天的销售量居然等于同类商品卖一个月的数字。

细看数据发现,卖得好的店家,是因为把红豆水放在收银台旁,比起一般货架,单日销量相差两倍。此外,又以都会型商圈门市卖得最好,其主要客户群以女性为主,每笔消费数量都超过一罐。掌握这些数据后,店长便趁中午上班族休息时,把红豆水移到收银台旁,改卖两罐或四罐装,创造出了亮眼的成绩。

全家便利商店信息本部协理简维国说:"没有大数据,就像是盲剑客,根本不知道要怎么做生意。"

资料来源:本案例源于网络,并经作者加工整理。

4)丰满整齐,疏密有致

消费者在购买商品的时候,一般情况下,总是希望能够"货比三家",而且只有在众多商品之中进行仔细的挑选,才能产生成就感。根据这种心理要求,商品陈列应合理利用空间,随时填补货物销售后留出的空间,尽可能展示更多的商品品种,使摆放的商品看起来丰富、品种多而且数量足,但不应造成拥挤、杂乱无章的效果。可以将同类商品中不同款式、规格、花色的商品全部展示出来,以扩大顾客选择的范围,同时也给顾客留下商品种类齐全、丰富多彩的好印象。

4-10 M&M 公司陈列心得

同时,要注意商品陈列与货架摆放疏密得体、错落有致。货架之间的通道应畅通,宽窄要适宜,以给人留下思索的余地、想象的空间。

【案例链接】

家乐福的商品陈列

没有一个良好的商品陈列,就不会有温馨舒适的购物环境。家乐福的商品陈列一般从以下几个方面进行考虑。

(1)视野宽度:视野一般是指消费者站在一定的位置,其所看到的范围。根据医学报告,人的视野宽度可达120度左右,但看得最清楚的地方却是在60度左右。

(2)视野高度:一般消费者视线的高度,男性是165~167厘米,女性则是150~155厘米,因此,陈列位置即为视线下降20度左右的地方,也就是大约70~130厘米的位置。

因此,为了方便顾客挑选,家乐福在商品的陈列上下功夫:一是有效利用陈列空间。依据销售量决定每类商品的陈列面,而不同商品的摆放高度也不同,一般以方便顾客为原则。例如,家电的最佳位置为1.25~1.65米,这样选看起来方便,而货架下层多用于放包装箱。二是陈列上具有量感。家乐福信奉"库存尽量放在卖场"的原则,堆头、端头、货架顶层均安放货品。三是尽力打破陈列的单调感。卖场内每隔一段,货架就有不同的高度,有时还用吊钩、吊篮来调剂陈列样式。四是展开商品诱人的一面。通过主通道沿线设计和副通道的搭配,使顾客巡行所经之处,有大量的存放和不断显示的"特价"品等,凸现商品的色、香、味,给人以强烈的视觉、味觉、嗅觉等多方面的冲击。

家乐福陈列商品的货架一般是30厘米宽。如果一个商品上了货架销售得不好,就会将它的货架展示缩小到 20 厘米，以便节约货架位置，给其他商品用。如果销售数字还是上不去，陈列空间再缩小 10 厘米。如果还是没有任何起色，那么宝贵的货架就会让出来给其他商品用。

家乐福还将卖场中的每种商品的陈列面积夸张地加大，利用突出陈列将卖场的气氛发挥到极致。每类商品的尽头都有特价商品，顾客不仅能一饱眼福，而且也容易寻找到自己需要买的东西。家乐福大卖场的特卖商品都陈列于商场十分显眼的位置上，如端头、堆头和促销区，为了更好地吸引消费者注意，在商品的标价签上用旗形、矩形或者是一些有创意的设计，显示其有别于其他的促销商品。此外，特卖商品在标价签上还用各种不同的颜色来突出其价格。

另外，在家乐福的商品陈列中也遵循本土意识，按当地的消费习惯和消费心理进行摆设。在成都家乐福卖场内，不少的装饰品都采用四川特有的竹器及泡菜坛子等本地特有的容器。

家乐福非常清楚，顾客在商场的冲动购物远大于"计划购物"，因此，如何刺激消费者的购买欲望，让其"忘乎所以"、不看钱袋地购买是家乐福生意兴隆的关键。在家乐福超市里，糖果被放在两排近 2 米高的竖筒式透明钢化塑料容器里，每一竖筒里堆同一种颜色的糖果，远远看去就像两排不同色彩的竖灯。这样顾客就很容易被诱惑近前，而一走到两排竖筒容器中间，那鲜亮的糖果马上激起食欲，只要有钱，谁都会忍不住往购物篮（车）里抓。

家乐福还将水果、蔬菜全部摆放在深绿色的篮子里，红的、黄的水果和绿的、白的蔬菜在绿篮的映衬下，让消费者有种环保卫生的感觉，潜意识地认为这些果蔬都是来自大自然的新鲜的东西，对身体健康有好处；再加上挂在篮子上空的照明灯的灯罩也是同一绿色，消费者徜徉其中，仿佛回到大自然。此种刻意营造的氛围树立了生鲜卖场环保新鲜的形象，消费者自然开心、放心地在此采购生鲜食品。这种迎合了当今消费者进超市买生鲜食品以保干净、卫生、安全心理的陈列措施，受到欢迎是理所当然的。

资料来源：陈广. 家乐福超市攻略[M]. 广州：南方日报出版社，2004.

2. POP 广告

POP 广告是 point-of-purchase 广告的缩写，又译为"购买时点广告"，也可称"销售点广告"。顾名思义，它和电视广告、杂志附录广告等不同，是在购买商品时看到的店内广告。POP 广告是超市最常见、最直接的促销广告。卖场灵活运用 POP 广告来刺激消费者，可以达到推介商品的作用。 尤其对于消费者的非计划性购买行为，店内的促销活动会产生较大的影响，从而直接影响营业额的提升。对于没有购买计划的顾客来说，与报纸广告和电视广告的宣传相比，店内宣传更具有卖点。

POP 广告的促销有效性在 AIDA 模式中得到充分体现，即吸引注意（attention）、产生兴趣（interest）与购买欲望（desire）、促成购买行为（action）。

3. 销售人员

目前大多数超市采取的是自助式服务形式，这是由于超市中的商品大多属于日常生活用品，消费者的购买卷入程度较低，消费者在购买时一般较少求助于销售人员。然而，对于购买卷入程度较高的商品，消费者仍然需要得到适当的咨询和建议，因此销售人员的咨询、引导和说服工作必不可少,具体效果如何则取决于买卖双方的良好互动。在购买汽车、服装、药品、化妆品、保险等商品和服务的过程中,销售人员对消费者商品选择的影响是很大的,如商店的品牌导购员对引导消费者选择商品具有很大的促进作用。

研究表明,销售人员的知识、技巧、权威性以及亲和力等,对于双方的关系建设和良好互动有重要意义。

4. 缺货

缺货即商店售卖的商品出现空缺或断货。在缺货的情况下,消费者面临着转换商店、转换品牌、推迟或干脆放弃购买等众多选择。这些选择没有一项是有利于脱销的商品品牌或商店的。例如,消费者可能因欲购买的品牌脱销而购买了替代品牌,那么下次该替代品牌就有可能被消费者再次购买;如果消费者转换了商店,则在下次购物时更可能去这家商店,因此缺货现象应尽力避免。当然,如果在某些特定状态下,商店出于营销策略或气氛营造的考虑,对某些抢手的商品制造人为的缺货则另当别论,但也应把握分寸并注意具体的适用环境。

4.3 场景营销

随着移动互联网时代的到来,消费者的行为也随之发生了巨大的变化。消费者不再通过PC(个人电脑)而是借助智能手机等移动智能设备,通过具体的生活场景,完成网络消费。而购物场景蕴含在消费者的每一个生活场景中,购物场景更加碎片化。在空间上,消费者也无须到一个特定的购买环境中购买,扫二维码便可随意完成购买。在社交上,有的消费者更加信赖朋友的推荐,或看中朋友"晒"的某件东西,便跟风购买。这样,消费者的购物行为从之前的价格导向转变为场景导向。

4.3.1 场景营销的含义

人都是生活在场景之中的。在不同的场景下,人们发生的消费和对商品的体验、感受是不同的。除了基本的生理性需求外,消费者的大部分需求其实都是和具体的场景直接相关的。不同的场景会激发出消费者不同的心理状态,让消费者表现出不同的自我,进而产生不同的需求。营销者借助于具体的消费情境,可以将商品与消费者进行消费的具体时间、地点、行为等内容连接起来,从而有效增加消费者对商品或服务的消费意向。例如,建华香油针对不同使用场景将产品细分为:炒菜真香、鲜真香汤、凉拌真香、面条真香、火锅真香、月子真香等品类。

1. 场景

所谓"场景",简单而言就是可能诱发人们某种消费心理与行为的具体情景,也就是"什么人,什么时间,什么地方,想要做什么事"。如果把场景二字分开,"场"就是时间和空间;"景"就是情景和互动。当消费者停留在这个时空时,情景和互动可以触发消费者的情绪或需求。例如,钟薛高的成功,除了品质、外观与品牌因素外,其对雪糕消费的场景革命是更重要的因素。钟薛高将传统雪糕的街头随机性消费变成家庭仓储式场景消费。正基于此,在家庭场景下需要满足更高的品质要求和数量要求,也因此产生了瓦片形状的家的联想。同时,家庭场景赋予钟薛高独特的情感价值,弱化了传统冷饮的解渴功能,家庭场景下食用雪糕更多的是休闲消遣、舒缓情绪。

4-11 兰蔻场景营销案例 YS

一个完整的需求场景应涵盖以下这些因素:何时(when)、何地(where)、环境中有哪些因素(with what)使身处其中的具有某种特性的消费者(who)想去做成一些事(desire),他们会采取什么方式(method)来实现所需。分析消费场景时,就要搞清楚:什么类型的消费者在什么样的环境下产生了特定的需求;是什么因素导致了需求的产生,当时周围的环境如何;消费者可能采取什么措施或者他具备什么条件可以满足需求。例如,堵车时听喜马拉雅 FM 或得到 App;中午在公司用美团或饿了么订外卖;周末约朋友去吃火锅等,都是一个个细分的生活场景。实际上,有些消费需求本身,是要在特定的场景下才会激发出来的。例如,在电影院场景下,爆米花是高欲望消费;反之,如果离开电影院这个场景,爆米花一下子就降为低欲望消费。可见,在某种特定的场景下有可能促使消费者产生某种特定的消费行为。

在传统商业场景的基础上,互联网尤其是移动互联网的发展,将线上(虚拟)与线下(现实)的场景结合起来,实现了以虚拟场景为代表的商业场景的重构与创新,颠覆了传统商业场景。

2. 场景化购物

在移动互联网时代,消费需求从以往的消费商品和服务转向场景体验,于是场景化购物应运而生,旨在满足消费者随时、随地、随性的消费需求。

移动互联网的发展推动社会进入碎片化时代,场景化购物活动变得碎片化、随意化,购物可以随时出现在消费者有需求的时候。场景化购物常常摒弃实体店购物的那种固定、完整的特性,以及 PC 端购物的那种正式、严肃的特性,其主要特征会表现为简单、冲动、快速。因而,营销者应当在构建购物场景、刺激消费者产生购物需求、购买支付等环节实现无缝连接,如图 4-7 所示。AISAS 模型指出了以"搜索"和"分享"为核心的 Web 2.0 时代消费者行为的变化。但在场景化购物中,商家将商品合理、恰当地展现在人们生活的各个场景中,或利用大数据信息或基于碎片化场景的信息推送,触发消费者即时性的场景需求,消费者可以跳过行为决策的注意、兴趣、搜索等环节,而直接购买、使用和分享。例如,旅游景区自动售卖机的饮料销量很好,尤其在夏天,消费者拿出手机扫描商品的二维码,并通过移动支付方式付款。消费者直接就会产生购买行为,整个交易过程只需要几秒钟的时间。

4-12 优必上场景营销一物一码

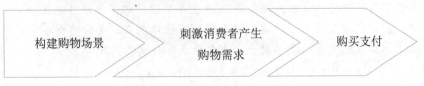

图 4-7 场景化的购物流程

3. 场景营销

所谓"场景营销"是指针对消费者在具体的现实场景中所具有的心理状态或需求进行的营销行为。简单地说，就是"基于场景化的用户需求洞察和营销"。可见，场景营销的核心应该是具体场景中消费者所具有的心理状态和需求，而场景只不过是刺激或唤醒消费者某种心理状态或需求的手段。

在网络环境下，场景营销要根据消费者的交互数据、地理位置、社交信息、消费倾向等信息，在由时间、地点、用户和关系构成的场景下，理解并判断消费者的情感、态度和需求，及时为用户提供匹配的商品和服务，将商品卖点与用户需求相对接，使消费者的需求激发、购买、消费与分享等行为形成完整闭环。

在移动互联网时代，生活场景的碎片化、移动化使"场景"这一古老因素焕发出新的生命力，场景营销被赋予了新的内涵，也更加受到重视。只要搭建出适宜的消费场景，就可能有效吸引消费者眼球，诱发场景化购物行为。例如，优酷提供"查看和购买"功能，让消费者在视频播放时就能购买视频中显示的商品；电视台将二维码放在了电视荧幕上，当观众观看到感兴趣的节目活动时，可以通过扫描二维码来参与节目互动。

【资料链接】

洞察消费场景，开拓营销思路

1. 产品：重新定义产品

过去，绝大部分酒类品牌定义的饮用场景是节日、聚会等。RIO 微醺却放弃主流消费场景，反其道而行。他们发现很多消费者在一个人独处时，也会有喝酒的需求，借酒找到自己的小确幸，所以 RIO 微醺把自家产品定义为"一个人的小酒"，并且请了人设很匹配的女演员周冬雨代言。

2. 服务：让服务恰到好处

我们在外出差住酒店，由于行程安排很紧凑，可能需要一大早起床赶路。这个时候酒店餐厅一般都还没有开张，客户只好饿着肚子出门。亚朵酒店的一个员工精准捕捉到了这个痛点场景，重新设计一项酒店服务叫"吕蒙路早（吕蒙是他的名字）"，只要客人有需求，前台服务人员会提前打包好早餐，在客人离店时奉上，让客人带着在路上吃，该服务收获了大量的好评和网络传播。

3. 营销：让传播更易与顾客共情

一家智能锁品牌发现，部分顾客的购买动机是家里老人出门时经常忘带钥匙，需要子女专门跑回去送钥匙。从这个场景痛点出发，该品牌在每年的父亲节、母亲节做了"再也不用担心爸妈出门忘带钥匙了"的品牌推广活动。

4. 模式：让小的消费场景进化为大众市场

以前消费者为了便宜，商家为了卖货，2~3 人拼团一起享受额外的折扣价。这样一个小的消费场景，后来演变为可以和淘宝掰手腕、市值达数百亿美金的拼多多。共享充电宝也是把本属于少数人的消费场景逐步进化为大众消费习惯。

资料来源：火山大叔. 没有消费场景，获客只是碰运气[EB/OL].（2019-09-27）. http://www.sohu.com/a/343786056_120233459.

场景营销可以通过营造或利用某种特定场景，制造体验，让消费者产生情感共鸣，刺激需求从而发生购买行动；或者预想到消费者在使用产品的场景中有新的需求并且提前提供相应的"关怀"，使场景和产品发生关联，从而获得消费者好感并且自主传播。因为每款产品都可能对应一种消费场景与生活场景，它可能在消费者的生活、工作中扮演一定的角色，甚至代表某一种主张或形象。例如，简洁、多彩的锐澳鸡尾酒针对的就是 KTV 场景。当消费者处于或即将处于某个场景中时，就可能联想到商品与品牌，促成购买。绿箭口香糖在影院里的广告是"这里你可以靠得很近，有绿箭你可以靠得更近"，而斯巴鲁在健身房的广告词是"为你的坚持买单"，即与健身房的场景相吻合。又如，阿尔山利用运动员喝水的场景，推出了环保手写瓶。在集体运动中，运动者往往很难在休息时找回运动场边自己喝过的那瓶矿泉水，只能重新再开一瓶，造成浪费。于是，阿尔山矿泉水在原有瓶贴的基础上，增加刮刮卡的特殊油墨涂层，供消费者在瓶身上留下自己的专属标志，打造出"环保手写瓶"。这不仅击中消费者的需求，还提供了参与互动的空间。

企业应当从消费者体验角度出发，打造、搭建出让消费者感到舒适的、合乎逻辑的、能激发他们互动热情的场景，使其愿意主动去认知、体验和消费，进而建立起产品与用户的强关系。而且，根据心理学中的"吊桥效应"，场景产生的效果也能让身临其中的消费者误以为是产品产生的效果。例如，家居建材可以通过漂亮舒适的样板间来提高场景体验品质，即使线下场所有

4-13 维他奶吃辣场景营销

限，也可以通过 VR 设备、平板电脑等进行数字化体验。又如，迷你 KTV 突破了消费者"K歌"的时间地点限制，同时也制造了一个打通线上、线下轻娱乐的机会。通过后台自动录制、储存、传播和分享，可以将自己的歌声即时转发到朋友圈。这样，KTV 就从一台机器变成了一个社交工具，满足了一部分人的另一种社交需求，这就属于场景再造。从目前火爆的 App 来看，它们都是以基于现实生活构建实际场景为特点，这些 App 从场景化思维入手，根据对用户现实生活需求的深入挖掘和研究，为其提供具体化的场景。与传统 App 相比，基于场景产生的 App 的一大特点就是专注于某一特定场景，如 Uber 专注于打车领域、河狸家从事美甲行业、爱大厨提供厨师上门服务，每一个 App 应用都解决垂直细化场景中的某一问题。同时，也为给用户带来极致的使用体验。场景 App 又进行多维度聚合，从时间、空间、兴趣等方面进行细化，比如 Uber 会根据时间、地段区分计价，河狸家也会根据时间、美甲的样式采取不同的收费标准。

4.3.2 移动场景营销的特点

在移动互联网背景下，主要建立在 O2O 消费方式上的场景营销呈现出以下主要特点。

1. 移动化

移动化是互联网场景营销的主要特征。

1）时间维度

随着移动互联网的发展，人们的时间呈现出碎片化的特点。无论何时何地，消费者都能拿出手机看视频、玩游戏、进行社交。在这些碎片化的时间中，应当选择合适的时间节

点来切入营销。例如，新加坡的图书出版商 Math Paper Press 针对在人流量大或网络信号差的地方，消费者看手机时容易出现离线页面这一场景，将图书广告信息植入离线页面中。当信号中断，离线页面弹出时，消费者就能看到这些图书信息，不仅帮消费者打发了时间，还增加了书店的交易量。

场景式购物的一个关键特征是顾客能即时买到心仪的商品。研究显示，1 小时内送达货品不但能增加销量，还能大幅提高客户满意度。"移动超市"作为一种全新购物场景，将线下和线上无缝对接，跳过了耗时的物流环节，不必再像普通网购那样下单之后眼巴巴地等着快递送货上门。网络下单等于即刻拥有，这种消费场景会使消费者的购物体验产生质的提升。2017 年夏天，百威英博（ABInBev）啤酒在上海一家酒吧推出了线下浸入式戏剧《寻找 Mr. X》，将戏剧性场景与产品销售相结合，为消费者打造了一次沉浸式互动参与消费体验。

4-14 移动超市 Robomart

2）空间维度

得益于移动互联网的发展，场景营销突破了网站的内容环境，与内容分离而独立，尤其是基于位置服务（LBS）的场景营销更是将产品营销活动带入了用户所处的生活环境之中。手机的定位功能使商家很容易获取消费者的位置信息，从而针对其位置情境进行营销活动，如网易严选开设了实体酒店，用户可以在入住酒店时深度体验其旗下的产品，随时购买；餐厅以位置为基础向用户推送餐厅优惠信息等。

同时，消费者也可以通过智能手机主动获取当前场景下的各类商业信息，如附近有哪些商店等。例如，百事公司开发了一款 App，可以让用户在手机中获取距离当前位置最近的销售百事产品的餐馆和其他供应商信息，从而更好地进行消费选择和决策。

星巴克为了满足那些想喝星巴克咖啡，但又在附近找不到星巴克门店的用户，在全美七大城市推出了 Mobile Pour。用户通过 Mobile Pour 可随时下单订购自己喜欢的星巴克咖啡，配送员会很快将咖啡送到用户手中。可见，虽然便利品（以及奢侈品）更适合传统的实体店销售，但移动电商对于临时欲望的冲动型购买也可以发挥很好的满足效果。

【案例链接】

星巴克的 Mobile Pour

当你在街上走的时候，突然想喝咖啡，即可通过 Mobile Pour App 签到你的位置，让星巴克知道你在哪里，同时点好你想要的咖啡。然后你可以接着继续走，过一会儿，你就会发现一个星巴克小伙子踩着滑轮给你送来你想要的咖啡。目前，这项服务已在美国 7 个大城市展开。通过这一举措，星巴克突破了地点限制，可随时随地为用户提供服务，让用户享受这种"被跟踪"的体验。实际上这种形式也可应用到其他 LBS 应用平台上，对消费者更多的行为进行追踪，为他们提供便利的同时，拉近与消费者的关系，使消费者成为忠实的客户。

资料来源：Susie. 星巴克 Mobile Pour 服务[EB/OL]. （2015-03-29）. https://www.douban.com/group/topic/73660401/.

2. 个性化

场景营销根据消费者所处的即时场景，运用大数据分析和预测其需求，可以进行个性化的精准信息推送和营销，满足每一个消费者在不同场景下的个性化需求。

传统营销主要是从年龄、性别、爱好、地域、收入等指标去把握消费者的需求，关注的是消费者的自身；而场景营销通过具体的场景去把握消费者的需求，关注的是客观情境。也可以说，场景营销不再关心消费者在大的时间和空间尺度下的"我是谁"，而是聚焦于具体的小场景中的"我是谁"。而这种聚焦得益于移动互联网、人工智能等技术的发展，因为这需要更全面、更准确的消费者数据收集和处理。其中，用户画像、地点、时间等维度的场景信息，刻画了用户需求的现实情景，是场景营销的依据。例如，"双 11"的红包设计就充分考虑到消费者的购买情境，凌晨准点开场的消费者很急迫，用小额红包就能促成购买；8 点到 10 点购买的消费者主要是"逛逛"，中等额度的红包能刺激购买；最后一个小时还没买的消费者没有明确的消费需求，需要大额红包的刺激才能购买。

在了解消费者的地理位置、消费意图和行为轨迹等用户信息的前提下，场景营销能在由时间、地点、用户和需求构成的特定场景下，准确预测消费者的即时性场景需求，更有针对性地推送相关产品和服务，有效解决消费者的消费痛点，连接消费者线上和线下的行为。

3. 智能化

通过消费者与商品及现实世界的智能化连接，实现商品与服务对消费需求的智能化响应和精准适配。

在移动互联网时代，场景营销的关键是精准定位消费者的碎片化场景需求。企业通过移动智能终端、大数据等先进技术平台，可以随时追踪定位消费者所处的具体场景，并精准把握和深度挖掘消费者在碎片化场景中的不同价值诉求，从而进行精准化、智能化的个性推荐。例如，一位顾客进入某购物中心，连接 Wi-Fi 后，根据时间点判断，正好是午餐时间，而且基于大数据分析，系统了解到这位顾客经常在这个时间点吃午饭。这时，智能系统可以向这位顾客主动推送一条信息，提供优惠券及美食组合。

本章思考题

1. 消费者情境的构成因素包括哪几个方面？
2. 消费者的高卷入与低卷入反映在其购买决策与购买行为上有哪些不同？
3. 简述 FCB 网格模型及其应用价值。
4. 消费者情境的类型分为哪几种？
5. 如何根据消费者心理与行为规律进行商场选址？请举例说明。
6. 商店形象构成层面与构成要素有哪些？
7. 如何进行商品陈列，以适应消费者的购买心理与行为特点？
8. 如何在移动互联网环境下开展场景营销工作？请举例说明。

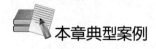本章典型案例

情景营销新套路,就该像良品这样玩

良品铺子在 11 周年庆时,公司以"你就是我的小确幸""广州塔灭了""史上最大蜡烛"等为话题联合一众粉丝开启情景营销狂欢,获得了行业一致好评。

策略一:集结日常场景,唤醒受众关于零食小确幸的同感。

首先,良品铺子以打造"零食+小确幸=生活"的概念出发,拾取大众日常生活中极易被忽略的小确幸,唤醒大众心中潜藏的零食带来的微小而短暂的幸福,进而通过官方渠道多方面多角度与受众进行沟通。比如,联合苏宁易购、58 同城等品牌大 V 借助品牌海报共同引爆"你就是我的小确幸"微博话题,从而释放出各种典型生活场景里或暖心或治愈或浪漫的小确幸。

策略二:以更有体验感的场景互动,深层次加深与消费者的沟通纽带。

良品接着又打造了两波具有影响力的情景互动,一是用 AR 黑科技唤醒消费者心中与零食小确幸的共鸣,二是用"零食小确幸地铁"加深与消费者的情感共鸣。

AR 设置童年风车、青春悸动两种场景的互动,并巧妙融入猪肉脯与脆冬枣,唤醒消费者与零食小确幸的共鸣。

官方渠道传播的同时,借助 KOL 资源以及线下门店同步传播,以优惠券的利益刺激导流销售。

继而上线的"零食小确幸地铁"可谓是最大化地利用场景互动的形式激发消费者的情感共鸣,利用 6 种不同的"小确幸"场景让消费者发现生活中的小美好,教室、KTV 聚会、办公室、家庭、女生宿舍、小卖店。每个阶段都针对性地设置了零食小确幸元素,比如青春洋溢的教室里,同桌抽屉里的杜果干;温馨满满的家中,孩子乐在其中的夏威夷果;童年的小卖店那一块心心念念的臭豆腐……这些极具互动性的场景设置,让情景模式一上线,就引发了消费者的强烈互动、反响与扩散。

良品铺子将生活中的零食小确幸高度凝结在这趟"零食小确幸地铁"中,通过 6 节车厢直观的场景体验,加深零食与小确幸的关联,全方位激发消费者的情感共鸣。在自身资源进行集中传播的基础上,良品邀请相关的 KOL、名人或者品牌参与进来,线上与线下的全力传播,达到了更有体验感的传播效果。

策略三:深化有趣的碎片场景,最大化传播事件。

在信息爆炸的时代,上面那些有趣的营销亮点在网络上也是稍纵即逝的,良品铺子为了最大可能地留住这些闪光的瞬间,还策划了一件大事情——史上最大蜡烛。

这件大事以一个"万人围观广州塔,发生了什么"的 H5 作为引子,以趣味化及自主性的许愿互动征集消费者愿望,为最终活动积累声量。

趁着 H5 的热度,8 月 27 日晚,良品铺子在广州电视塔(小蛮腰)举办了"828"良品周年庆的活动。整体创意以"史上最大蜡烛"展开,针对性地定制了借位"小蛮腰"为史上最大蜡烛、粉丝愿望上塔、"小蛮腰"下灯光闪烁为良品庆生等环节;邀请晏紫东、杨紫及网红名人进行直播互动,深化传播 11 万件零食 0.01 元"秒杀"的核心促销信息,引爆

天猫欢聚日，最大化地扩散良品 11 周年庆的宣传效果。

资料来源：4A 广告门. 情景营销新套路，就该像良品这样玩[EB/OL].（2017-08-29）. https://www.sohu.com/a/168194368_642152.

案例讨论：

仔细阅读案例，回答下列问题。

（1）阅读本案例后，你对网络时代的情景营销有什么体会？受到了哪些启发？

（2）你认为网络情景营销还有哪些更好的创意或新玩法？

第 4 章-情境因素与消费行为-自测题-1

第 4 章-情境因素与消费行为-自测题-2

第5章 产品因素与消费行为

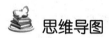 思维导图

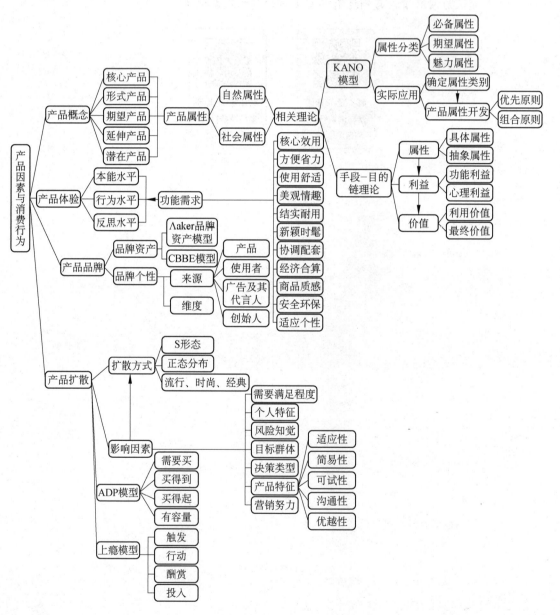

第5章 产品因素与消费行为

 本章学习目标

- 了解产品整体概念的含义。
- 理解产品的三个体验水平。
- 了解产品质量的自然属性与社会属性的含义及特点。
- 熟悉消费者对产品功能需求的认知内容。
- 掌握KANO模型及应用。
- 理解"手段—目的链"原理。
- 理解品牌个性的含义。
- 掌握品牌个性的营销应用方法。
- 掌握ADP模型及应用。
- 掌握Hook上瘾模型及应用。
- 掌握新产品的扩散过程及其影响因素。
- 了解消费流行的基本概念、类型。
- 理解产品向流行、时髦或经典转化的影响因素。

 导引案例:榴梿味洗发水为什么能爆红

产品经理喝了一款榴梿味的鸡尾酒后,突然脑洞大开,提出要推出一款榴梿味的洗发水。我们大多数人的第一反应是——谁会把榴梿味放在头上?

但经过了一番研究后发现,榴梿这个东西有人爱有人恨,爱恨都很极端,具有很强的冲突性和话题性。跨界产品本身需要脑洞大开,而且,榴梿的功能性很强,非常滋养。另外,产品中含植物提取精华,也是植观品牌一直坚持的路线。于是,我们最终决定要出一款榴梿味的洗发水。

整个研发的过程还是很波折的。我们找了一家排名世界前三的国际香精公司来调香。但一开始调出的味道,办公室的同事都不觉得惊艳。后来,一位同事从榴梿味食品中得到了灵感,决定尝试用食品级的榴梿香精,效果很明显,办公室里的榴梿爱好者众口一词:"就是这个味儿。"

榴梿味洗发水有传播性,最终产品还得对用户有用。要让喜欢的人喜欢,但用完之后,也不会给不喜欢的人带来问题,不会给用户造成社交困扰。我们也担心顶着一头榴梿味上街会被人打,所以在前调使用榴梿香,中调是果香,后调是奶香。洗头时闻起来是榴梿味,洗完后留下的是奶香,不会带来社交障碍。再加上我们卖得最好的蓬松洗发水,最终达到了一个很好的使用效果。

事后我们想,如果只是冲着噱头去,推出个"臭豆腐味"的洗发水,效果可能会差很多。

产品出来后,我们决定以微博为主阵地进行推广,话题性的东西在微博推广效果比较好。由于榴梿味洗发水的项目是跟天猫合作的,所以天猫也拿出了资源来推波助澜,比我们自己花钱推广强多了。结果第一天就获得了一个亿的微博阅读。

一方面是榴梿味洗发水本身有话题;另一方面,我们没有预想到的是:明星易烊千玺曾开玩笑地说过,"希望出一个榴梿味的洗发水"——我们的产品出了之后,很多网友在微博上@他,说"四字弟弟想要的洗发水到货了"。

资料来源:经纬主页君. 新消费品如何打造爆品?品牌如何跨越网红生死线? [EB/OL].(2019-10-08). https://mp.weixin.qq.com/s/mJDK1gMhTI-ib1NaLCl7_g.

案例思考:
(1)榴梿味洗发水爆红的原因是什么?
(2)在网络时代,新产品的开发应注意哪些新方法?
(3)为了进一步提高榴梿味洗发水的市场占有率,你觉得还应当如何改进产品及营销策略?

党的二十大报告指出:"坚持把实现人民对美好生活的向往作为现代化建设的出发点和落脚点""着力扩大内需,增强消费对经济发展的基础性作用",扩大消费、拓展产品功能、提升产品品质是满足人民日益增长的物质与精神文化需要的必然要求。产品是市场营销活动的物质基础,是消费者的购买对象,是影响消费心理与行为的最主要、最直接的外在因素。在4P营销组合中,消费者最关注的是产品,即该产品能够带来的利益是什么?是否满足消费者的需要?是否符合消费者的价值观?某种意义上说,"产品是1,营销是0",任何营销的核心是产品本身。例如,喜茶能从竞争激烈的中国茶饮行业中脱颖而出,并不只是因为"饥饿营销"等营销策略,主要还是其产品有特色,给了那些喝腻了传统奶茶的年轻人一种新鲜感。喜茶创始人聂云宸认为,"产品是起点,品牌是核心,运营是基础"。喜茶的核心战略就是"做产品",做"和别人不一样的产品",有不一样的口味、口感和香气。不少营销实践也表明,产品做得不好,营销做得再好,最后也终将被市场所抛弃。某些网红品牌"买椟还珠"的定位偏差,能够满足消费者一时的尝鲜、猎奇心理,同时借助新媒体营销,会在某一细分市场快速成名,但注定不会热销太久。快速爆红且快速衰落的答案茶、雕爷牛腩等网红餐饮就是很好的例证;而海底捞在标准化的口味下,将用户体验做到极致,从而一路走红。

5.1 产品属性与消费行为

产品是消费者行为的客体,消费者需要的满足和动机的实现,大都离不开产品。企业应当从产品整体出发,开发的产品属性能够充分满足消费者对产品各方面的心理需求,使消费者获得积极的使用与情感体验,从而为产品的市场拓展打下坚实的基础。

5.1.1 产品概念与体验水平

现代营销学认为,产品是由有形特征和无形特征构成的综合体。产品对消费者的影响不仅来自于产品的用途、质量、性能,也来自于产品的设计、命名、品牌、包装、价格等。这些产品特征赋予了相应的产品属性,而产品属性只有满足了消费者的心理需求,才能使消费者获得良好的产品体验,从而对消费者的购买选择与决策产生积极影响。

1. 产品整体概念

产品是指企业向市场提供的,能满足消费者(或用户)某种需求或欲望的任何有形物品和无形服务。产品概念从本质上看,是产品带给消费者什么利益点,即满足消费者什么需求点。在营销发展史上,人们最初将产品理解为具有某种物质形状,能提供某种用途的物质实体,它仅仅指产品的实际效用。在这种观念的指导下,企业往往只将注意力放在产品品质的改进上,从而忽略了消费者的其他需求。而现代营销学认为,广义的产品包括了能够满足人们需要和欲望的一切有形或无形的因素,它既包括具有物质形态的产品实体,又包括非物质形态的利益,这就是"产品的整体概念"。产品整体概念包括以下五个层次(见图5-1)。

5-1 产品整体

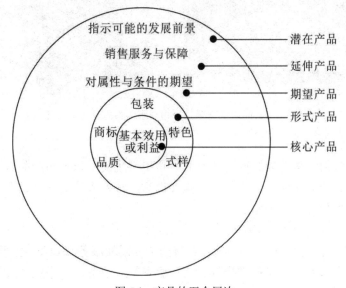

图 5-1 产品的五个层次

1)核心产品

核心产品是指消费者的实际利益需求,即顾客真正要买的东西,因而在产品的整体概念中是最基本、最主要的部分。例如,买手机是为了实时沟通、休闲娱乐;买化妆品是为了变得更漂亮;去迪士尼乐园是为了更开心等。

从产品开发来看,具有刚需、多频特点的核心产品,往往更具市场空间。例如,上门做饭App、上门美甲App,就不是刚需;上门开锁类App、二手车类App,也不是多频,消费者通常不会让这些App留在手机里占据空间。但饿了么、摩拜则是许多年轻人的必备App或小程序,因为饮食、出行都是刚需、多频的。

2)形式产品

核心产品的功能需要借助一定的具体形式来实现,这就是形式产品,即向消费者提供的实体产品和服务的外在形象。

拿实体产品来说,形式产品就是消费者通过感官能够感受到产品的形状、样式、名称、品质、商标、包装、设计风格、色调、二维码内容等。其

5-2 六神沐浴露包装设计

中，最具感官吸引力的五大特征是质量、款式、特色、品牌和包装，这些都是展示产品核心内容、功能、效用的最重要因素。例如，江小白被很多专业人士吐槽不好喝，但是江小白在包装和传播上做得非常好，文案设计获得了消费者的共鸣，加上差异化的定位受到大批年轻用户的喜爱。又如，凡米粒（Familyout）是一个专注于亲子出行的品牌，其设计的产品"颜值"逆天，产品外观得到儿童的喜爱是其畅销的根本原因。图 5-2 是凡米粒设计的大脚怪工程车拉杆箱和小羊肖恩骑行旅行箱。

图 5-2　大脚怪工程车拉杆箱与小羊肖恩骑行旅行箱

3）期望产品

期望产品包含消费者在体验或购买产品时希望得到的一系列与产品有关的配套属性，包括品牌影响力、企业文化等。再如，乘坐飞机时，都希望得到安全、准时的体验；给老人买礼物则希望得到孝心、感恩的体验。

4）延伸产品

延伸产品，即消费者在购买产品时，获得的全部附加服务和利益，主要包括分期付款、送货上门、免费安装和维修、技术指导、售后服务等。消费是一个连续过程，不但要做好售前宣传，还要在售后提供持久、稳定的服务。因此，售前、售中和售后服务一个都不能少。例如，携程网为出国游用户提供免费不限量的 Wi-Fi 服务，受到广泛关注，也吸引了许多游客报名参团。

5）潜在产品

潜在产品是可以进一步改进和变化的产品，即现有产品的发展趋势和前景。比如，自行车安装简易动力装置后可以当电动车用；改造过的理疗床床体尾部，可以进行足底按摩；智能音箱通过网上平台可以给消费者提供更多的咨询与服务；尤其是手机，可以拓展为导航仪、录音机、扫描仪、翻译机等多种用途的产品。

▶ 思考一下：你对手机有哪些潜在产品方面的要求？

随着消费者生活水平的提高，其需求层次将逐步从内层向外层延展。在物资匮乏的年代，消费者主要关注核心产品，而在实体产品竞争日趋同质化的今天，延伸产品等开始呈现出无限魅力。同时，在产品层次中，越向外扩展，体现的消费需求差异性就越大，企业从中寻求的市场机会就越多，进行产品创新的可能性也就越大。所以，应当将消费者所有差异化的诉求都纳入"产品整体概念",并成为产品创新的启示。

▶ **思考一下**:在你的消费体验中,是否出现过产品与自身需求失调的状态?你觉得厂家应当如何改进?

从产品价值上看,除了基本的使用价值外,还可能包括审美价值、道德价值、理论价值、社会价值、认知价值、感情价值和宗教价值等很多方面。晁钢令(2011)还提出了"隐性消费价值"的概念。这是一种由产品(服务)的显性消费价值而延伸出来,使顾客的消费满意度得以扩展和提升的某种附加价值。"显性消费价值"和"隐性消费价值"的区别可用一个三维三分模型来描述(见图 5-3)。三个维度分别是消费内涵、消费过程(时间)、消费社会性。其中,"文化价值""企盼价值""追忆价值""同伴价值""社会价值"都属于隐性消费价值。图 5-3 共有 27 个方块,其中深颜色的一部分属于"显性消费价值",而其他部分则属于"隐性消费价值",不少企业在产品开发和服务中往往只考虑到几个方块,对许多"隐性消费价值"视而不见。

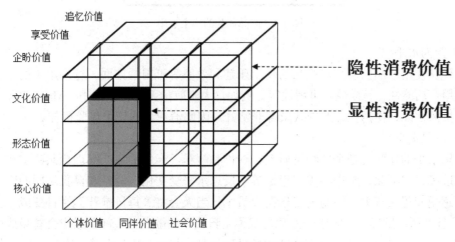

图 5-3 全方位价值消费模型

2. *消费者的产品体验水平*

Norman 在《情感化设计》一书中提出,消费者对产品的情感体验分为 3 个水平,即本能水平(visceral level)、行为水平(behavioral level)和反思水平(reflective level),如图 5-4 所示。简单地说,就是"感官层面的好看、功能层面的好用、精神层面的愉悦"。

1)本能水平

本能水平是直观感受的体验,如产品的外形、质感的好坏、可口的味道、悦耳的声音等。例如,星巴克猫爪杯在饮品倒满后,会出现一只肉感十足、萌态可掬的粉嫩猫爪,这种独特性的创新产品戳中了不少女生的"萌点",一上市就遭到市场哄抢,除了品牌溢价外,其甜美可爱、奇特风趣的造型是受到消费者追捧的主要原因;唯品会定位于女性品牌的折扣商品特卖,因此其 App 采用了女性喜欢的粉嫩系小清新风格;成都通往城市音乐厅地铁步行梯的每个台阶上都安装了钢琴琴键的交互设计,当行人走在台阶的琴键上时,台阶会相应地发出各种音符的声音,如果有人想要乘电梯,可能会被吸引而走楼梯,这种好玩的设计成了改变行为的一种方式。

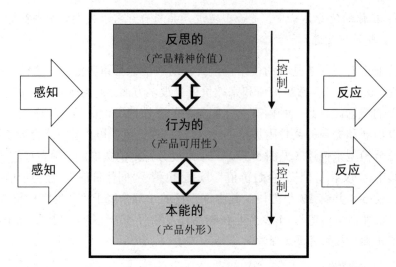

图 5-4　产品体验的三个水平

2）行为水平

体现在使用产品的感受、产品的使用乐趣和效率等可用性方面。行为水平的设计讲究的是效用：功能性、易懂性、可用性等。例如，大疆航拍无人机系列中，Mavic Pro 的续航里程、抗风性能、便携性、航拍效果都非常好，因此消费者的使用体验极佳。

3）反思水平

反思水平的体验，是个体经过研究、评价和解释，产生的与产品理念共鸣的体验，如产品体现了自我形象，带来了美好记忆等。反思水平受文化、背景和自我认同的影响，与个人的感受和想法有关。网易云音乐在会员生日当天会将"每日推荐"栏目变成"生日祝福"，并且"每日推荐"中的第一首歌是祝你生日快乐的歌曲，头部背景也会替换成生日气球的图片。这样的产品设计在这样特别的日子很容易触动用户情感，增加与用户的产品黏性。

反思水平的设计注重信息、文化、产品或产品效用的意义与情感。例如，曲阜老酒以前销售情况非常不好，后来，厂家将其更名为"孔府家酒"，并配以古朴典雅的包装，赋予其人文情怀，结果销售情况逐渐好转。又如，星巴克成功的秘诀在于"咖啡体验""人文精神"，而不是咖啡产品本身。相比而言，瑞幸咖啡在品牌文化的反思水平上与星巴克还有很大差距。

文化 IP 对消费者有吸引力，很大程度上是因为消费者在反思水平上有良好体验，容易建立起品牌与消费者内心的情感连接。IP 赋能也是利用品牌的 IP 资源，使消费者对品牌的延伸产品甚至跨界品类产生良好的情感体验，从而使衍生产品获得较持久的生命力。如马应龙口红、云南白药牙膏、大白兔香水、六神鸡尾酒、黄翠仙油腐乳等老字号国货品牌，因为有 IP 加持，能持续在网络上走红。

一个好的情感化设计应当把产品体验的 3 个水平有机地融合在一起。例如，美加净与大白兔跨界合作，推出了外观讨巧、香气溢人的"大白兔奶糖味润唇膏"（见图 5-5），其包装造型延续了大白兔奶糖的经典形象,它的扭结就是开封。产品成分融入了牛奶精华,同时添加乳木果油、橄榄油和甜杏仁油,在大白兔经典甜香的基础上适当改良以适应润唇产品的特性,使用起来十分清爽、舒适。在传播上,美加净还推出故事新编"连环画"——《这只大白兔不一样》,将《龟兔赛跑》《嫦娥奔月》《守株待兔》三个耳熟能详的故事全新演绎,用反转内容唤起消费者对过去的美好记忆,赢得情感的共鸣。

图 5-5　大白兔奶糖味润唇膏

【案例链接】

老年产品包装的情感化设计

第一,本能水平的设计。本能水平的设计追求的是商品的外观美感及触感等,是商品外形的初始效果。它涉及感受知觉,如味觉、嗅觉、触觉、听觉和视觉等的体验,是人们对美学因素的直接反应,也是产品包装最为直观的情感载体。

面向老龄人群的包装设计,要充分考虑到老年人的生理特征。在设计过程中,可适当调整包装文字色彩的对比度及字号的大小,避免在色差弱的底色上印刷图形和文字,避免在有光泽的表面上印刷,避免用难以识别的手写体或者其他变形大的字体。若某些产品包装有大量的说明性文字,如配料成分表、净重、使用指南、注意事项等,可单独印刷成字号较大的说明书加入包装内。

在图形与材质的选择上,应尽量满足老年人务实、朴素的审美心理,突出实用性和传统性。如在图案上选用稳重大方、寓意健康长寿等的传统图案。在材料上,选用触感柔和的包装材料和容器,避免老年人在使用过程中受伤。这样,既可解决因年龄带来的困难,又可让老年人体会到设计的"情感"。

第二,行为水平的设计。行为水平的包装设计,重点在突出产品的可用性、可懂性、可控性。这个层面的设计不仅要让人易用、会用,而且还要让使用者觉得自己处在控制地位,并能在使用的过程中感受到使用的乐趣。其中,方便性与安全性是应当首先考虑的问题。此外,还要考虑老年人的认知能力,产品的信息分布要符合老人的阅读习惯,要充分强调主要、重要信息,并辅以特别的图案标志进行必要的提示,如开封口通过视觉或触觉可容易地识别。

在细节配件上也要充分考虑老年人的心理感受，以充分体现产品包装对老龄人群的人性化关怀。例如，包装要配质地优良的提环或拎绳等；对于药品或保健品，要内含一次用量的小包装，量大的包装开封条要具有二次密封的功能，包装废弃后容易拆散分类，以避免使用一切细小琐碎的包装零部件等。

第三，反思水平的设计。反思水平的设计，关系到个人的情感体验，表达的是一种深刻含蓄的文化精神，要求更加注重人们的精神审美，反映的是情感价值。反思水平的设计包括很多领域，它注重信息、文化以及产品效用的意义。对老人来说，反思水平的设计与物品的意义在于某物能引起有关的个人回忆。因此，它更是一种精神层面的对话，所追求的是一种超越物质的情感境界。

经历了人生风雨的老龄人群具有怀旧、保守的特点，他们的价值观有自己独具特色的一面。针对老龄人群的产品包装，在满足基本需求的基础上，需融入符合老人生活情趣、价值观念等的元素，实现产品包装与使用者精神上的交流互动，找到情感的寄托。

在设计过程中，要对产品有明确的定位，可充分利用老人的怀旧心理，通过情境塑造，将产品与某个人、某件事及某个情景相连，引起联想，触发回忆；也可通过地域文化要素及符号所产生的象征意义，来传达某种精神，以引起老年人情感上的共鸣。这样，就能使冷冰冰的物品充满人情味，从而体现爱与关怀的设计理念。

资料来源：高颖. 老龄化社会的包装与情感化设计[J]. 文艺研究，2011（5）：148-149.

5.1.2 产品属性与功能需求

习近平总书记在党的二十大报告中指出："中国式现代化是物质文明和精神文明相协调的现代化。物质富足、精神富有是社会主义现代化的根本要求。"因此，在产品开发和服务活动中，既要体现物质文明，更要反映精神文明，那种离开精神文明进步的单一物质文明发展，不是真正的社会主义现代化，不符合社会全面进步的要求。

5-3 小米让用户参与产品研发

1. 产品属性

产品属性应当充分满足消费者的各种主观需要，而不仅仅是质量、性能等技术性指标，正如所谓"质量检验合格的产品不一定是合格的产品，消费者满意的产品才是合格的产品"。从消费者的角度上看，可把多种多样的产品属性分为自然属性与社会属性两个大的方面。

1）自然属性

产品的自然属性包括功能性、可靠性、安全性、耐久性、方便性、舒适性、经济性、配套性等，对不同消费者来说，这些属性都具有相似的意义。

产品的自然属性与商品的基本用途密切相关，反映产品的功能性价值，它往往可以通过一定的客观标准来加以认定，如性能参数、价格等，具有一定的客观性、稳定性和共同性。虽然这些属性同产品生产过程中的技术质量水平有着密切的联系，但其内涵仍然是以消费者对产品功能的使用要求为出发点的。

2）社会属性

产品的社会属性包括美学性、情感性、象征性、时尚性、声誉性、服务性等内容，社会属性是人为赋予产品的社会内涵，主要与消费者的心理与行为有关，对不同的消费者可能有不同的意义。

产品的社会属性主要满足消费者的社会、心理需要，反映产品的情感价值、社会价值和精神价值等。产品的社会属性所产生的功效主要是以消费者对产品的体验（直接或间接）和心理感受来加以认定的，一般无法形成统一的、被众人一致接受的衡量指标，而且容易变化，更无法量化，只能由市场来检验，由消费者来个性化认可。当然，产品的社会属性是以产品的自然属性为基础和前提的。

一个产品往往能满足消费者的多个需求，但不同产品的设计与宣传重点可能有所不同。产品属性首先应当满足目标消费者的主要需求；其次，在满足消费者对产品自然属性要求的基础上，应当引导和发掘消费者对产品社会属性的深层需求，因为商品的社会属性更容易激发消费者的热情和忠诚。例如，连咖啡和瑞幸咖啡都是白领咖啡的代名词，他们不像星巴克那样提供舒适的第三空间，主要提供咖啡外带和外送服务。连咖啡主要宣传送货快，随叫随到，集中力量宣传自己能够为用户节约时间成本，强调的是产品的自然属性；而瑞幸咖啡选择汤唯、张震、刘昊然作为代言人，宣传自己为大师咖啡，将产品定位于"做高品质的中国商务咖啡"，以产品的高端化、独特化来满足人们的尊重需求，强调的是产品的社会属性。相比之下，瑞幸咖啡更易获得消费者的喜爱，如表 5-1 所示。

表 5-1 连咖啡和瑞幸咖啡的着力点

	连 咖 啡	瑞 幸 咖 啡
品 牌 语	你在哪，咖啡就在哪	专业咖啡新鲜式
满足的需求	节约用户时间成本	安全、获得尊重

在感性消费时代，消费者对产品质量的要求和评价已从强调生理需求的满足转向强调心理需求的满足，从追求产品的物质实用性转而追求心理享受性，从而对产品的社会属性产生越来越高的要求。同时，由于在现代消费市场中，随着生产技术的不断提高，多数产品在自然属性方面都能达到应有的水平，因而实际影响消费者购买选择的因素主要还是产品的社会属性。这时，消费者购买的不再是商品，而是体验，是附着在产品之上的其他内容，比如某种态度，某种理念，某种情感。例如，一家糕点店的蛋糕不仅具有"美味、好吃"的功能属性，还在生日蛋糕等产品上添加走心的设计，虽然没增加多少成本，却满足了消费者拍照转发、产生感动等社交需求，丰富了产品的社会属性，在产品同质化的竞争环境中取得了独特优势，如图 5-6 所示。

莱斯利·德·彻纳东尼（Leslie De Chernatony）和马尔科姆·麦克唐纳（Malcolm McDonald）认为，产品利益可以通过两个方面来衡量：一是满足生理性需求的功能性利益；另一个是满足心理需求的表现性利益。由此可将产品分为高功能—高表现型（如豪华轿车）、高功能—低表现型（如电冰箱）、低功能—高表现型（如服装）、低功能—低表现型（如锁具）等四种。对于不同类型的产品在设计和市场营销方面都应当有不同的侧重点。

图 5-6 蛋糕的社会属性

2. 消费者对产品的功能需求

1) 核心效用

产品的有用性（或基本功能）是消费者购买商品时的最基本出发点。无论产品分多少个层次，其中的核心都是核心产品，它为消费者提供最基本的效用和利益，如小米体重秤——"喝杯水都可感知的精准"、雀巢咖啡——"味道好极了"、OPPO 手机——"充电 5 分钟，通话 2 小时"。在进行购买决策时，消费者都会把商品的有用性放在第一位，而后再考虑如品牌、价格、质量、款式、外形、色泽等因素。若电冰箱不具备制冷功能，就失去了产品的使用价值，消费者自然不会购买。有的产品尽管广告做得很好，关注度、知名度、流量都很大，但由于产品的核心效用不能很好地满足消费者的需要，流量不能转化为购买率，最终还是被市场淘汰。例如，秦池酒就是"只求巷子浅，不求酒香"的典型案例。还有的品牌重营销轻产品，忽视了产品的核心功能，例如雕爷牛腩、黄太吉煎饼在网络营销方面的实践堪称经典，但最后都止步于"难吃且贵"的餐饮本质前。

在品牌的需求定位上，应当占领品类需求中的核心（或最大）需求，以获取最大的市场份额。例如，香皂最大的需求是杀菌，舒肤佳几乎垄断香皂市场几十年；插座最大的需求是安全，公牛插座占据了插座市场的半壁江山。相比之下，OPPO 手机只能从音乐和修图两个次要需求收割学生市场；力士只能从"滋养皮肤"的次要需求满足极少的一部分女性，市场空间比较小。

当然，消费者也会关心核心功能以外的附加功能（或称附加产品），尤其是在核心功能缺乏差异性的情况下。但这些附加功能应当是重要且能被消费者所感知的。联通公司曾把其手机网络的 USP（即"独特的销售主张"）定位于"无辐射、防窃听"，但消费者对"无辐射、防窃听"根本无法判断、无从感知，也无法验证，这一营销策略最后以失败而告终。有些消费者在选购商品（尤其是电器或数码商品）时，也许会觉得附加功能越多越好，但在实际使用过程中却很少用到。例如，高档电视机的语音控制、体感控制以及摄像头功能。

通常，只有在核心功能做得不错的前提下，企业才可以去延续其他附加功能，而且这些新增的功能是以不影响核心功能为前提的。微信的核心功能就是社交，其设计功能除了直接体现在与好友的一对一即时文字、图片和视频聊天之外，还体现在"朋友圈"这一选项中。消费者在点开"发现"菜单后，会发现里面有很多功能选项，比如"购物""游戏"等，但是点击最多的往往还是"朋友圈"。

2）方便省力

产品在安装和使用过程中是否便捷、操作是否简单、是否便于携带或搬动，保养或维修是否方便等因素，是消费者在选购产品过程中经常考虑的。在高速运转的现代社会中，"怕麻烦"是消费者对待日常生活的普遍心态，因此，商品中的任何"不便"都可能导致消费者放弃购买，而省时、省力、易学、易用、易修或自动化、智能化的产品，常常受到消费者的欢迎。在网络时代，"研制智能化，使用傻瓜化"已成为企业研发制造产品的重要趋势。

5-4 智能家电成为消费潮流

例如，为方便电脑、手机与电视之间的信息传递，出现了蓝牙等无线共屏以及投屏电视，消费者可以在电视上观看手机爱奇艺、优酷影视上的节目；智能音箱可以通过语音与用户对话，并提供购物、音乐、天气预报、生活咨询、娱乐节目、闹钟设置等多种服务，还能与数百款智能家电互联，控制家里的空调、洗衣机；华为手机和一些图片网站为方便消费者找到特定图片，允许消费者按时间、地点、人像、事物或活动进行搜索；一些酒店将抽水马桶的按压开关设置在其上方墙体内，以方便男性客人使用，有些智能马桶也有类似设计。

小米路由器设计人员发现，绝大多数消费者对路由器的要求是上网快、安全，但这一要求大部分路由器都能满足，算不上痛点，真正让消费者抓狂的是路由器的设置问题。针对消费者的这一痛点，他们将路由器设计成"傻瓜型"的操作方式，用户只要连接上线路，所有的问题都会"自动解决"，一步到位。如此简单的操作流程自然大大提升了用户的体验满意度。但有着智慧家居概念的"基于智能手机无线控制的智能灯具系统"在市场上并不走俏，因为消费者觉得用手机 App 控制电灯还不如直接按开关，而与之配套的、不需要开墙布线的智能触控微压开关（如无线门铃、无线遥控开关）却被消费者所认可，尤其是没装修暗线的用户。

微信的所有功能设计都以用户体验方便为基础。例如，在微信聊天窗口中，如果用户想给对方发送一张刚刚截取的图片，点击输入行的"＋"按钮后，微信会自动默认提示你是否要发送刚才截取的图片。微信"朋友圈"非常受用户欢迎，"朋友圈"的内容往往更新很快，有时一天不看就攒下几十条新内容。用户在翻看很多条后，如何回到第一条呢？微信的设计是：用户在"朋友圈"的横条上双击即可快速回到初始界面。

3）使用舒适

在产品设计上应注意适应消费者的生理特点、使用要求、动作习惯以及心理要求，使消费者在使用商品时感到舒适、愉快。

例如，日本的汽车制造商根据西方人体结构的特点，设计了特别宽敞、舒适而且座位可以自动调节的汽车；将键盘和鼠标制作成适宜录入人员操作的款式，更加符合手掌的自然运动状态，也能减少操作中的疲劳；女性朋友穿高跟鞋容易磨破脚，对此，屈臣氏设计了脚掌贴和脚后跟贴，解决了这一问题；一些手机具有快速充电和无线充电的功能，满足了消费者的心理需求。相反,有的消费者购买了某品牌智能手环,却发现很难将腕带扣上,而且每天都需要充电,最后只好将它丢弃。

4)美观情趣

商品的商标、色彩、造型、式样、整体风格是否美观悦目、新颖独特,是否产生令人兴奋的情绪感受,日益成为影响消费者选购商品的重要因素。产品外观的工艺化、个性化、趣味化已成为重要的设计趋势。因此,在产品外观、商标、包装和广告设计上,要注意针对目标消费者不同的审美情趣,设计出既具有使用价值,又具有一定欣赏价值和情感价值的产品,将产品升华为一种有美感、有情感、有灵性的"活物"。2019年走红的星巴克"猫爪杯"就是如此。

【资料链接】

猫爪杯的市场定位与营销术

星巴克推出了"2019星巴克樱花杯"春季版,其中,一款自带萌属性的"猫爪杯"(见图5-7)迅速走红,不仅百度指数和微信指数直线上升,还引发"抢杯大战"。

图5-7 猫爪杯

猫爪杯的火爆应当归功于星巴克的市场定位与营销策略。

首先,猫爪杯把握住了主流人群的兴趣喜好,粉嫩且肉嘟嘟的猫爪杯设计自带萌点,切中了大多数女孩的情感需求。猫爪杯是双层杯体,中间是一只猫爪造型,杯体上点缀着几朵樱花,牛奶倒进去之后,会有粉粉的视觉效果,这完全抓住了用户的"少女心"。从网络热议高频词来看,在杯子首发宣传后,网友最满意的就是杯子的"颜值"。猫爪造型、樱花粉对年轻女性充满吸引,"造型好看""呆萌可爱"的猫爪杯击中了其内心情感,众多网友在声称"星爸爸又出来抢钱"的同时,仍然忍不住要去购买,甚至成为男朋友给女朋友送惊喜的方式。

其次,善用社交媒体进行前期造势。猫爪杯的初期推广其实是在小红书上,而小红书的用户以女性居多,并且具有一定的消费能力,又对生活品质有一定的追求。正好是这款粉粉嫩嫩，价格在一两百元的产品最佳的目标流量池。然后，借助"双微一抖"做预热，将星巴克猫爪杯发售消息、杯身独特设计等相关消息传播出去，在抖音上，猫爪杯在发售前就已成为被追捧的"网红款"。随即各大带货能力超强的网红在自己的各大平台进行推广，通过KOL"种草"引爆产品热点。主要的文案内容就是非常可爱、非常呆萌、非常"少女心"。

正式销售时，星巴克则用饥饿营销进一步刺激消费。"每个门店限量一到两个""猫爪杯限量发售"，不断推高"猫爪杯"的稀有度与关注度，激发消费者的好奇、炫耀和从众等心理。

资料来源：本案例源于网络，并经作者加工整理。

又如，百草味并购枣业第一品"好想你"之后，开发了首款新品抱抱果，抱抱果的产品形状很有特色，并用大熊、兔子、狗等抱抱的动作来作为包装形象，给消费者留下了温馨的第一印象。而且，甜蜜柔软的大枣包裹着松脆的核桃，不仅口感上佳，营养丰富，还特别适合上班族食用，这使其拥有了情感治愈的能力，拉近了与消费者之间的距离。

5）结实耐用

消费者还很关心商品的性能、质量、使用寿命等。许多国人到日本去"暴买"电器产品，尽管其比国产同类商品贵不少，但许多消费者相信"只会买贵，不会买错"。原因就在于消费者相信其不仅质量可靠，而且非常耐用。

对商品耐用性的判别，一般可分为两种情况：对大件耐用消费品，消费者要求结实耐用，而对普通日用消费品大多以实用标准或价格来衡量。在我国，这种判定标准表现十分明显，愈是大件耐用消费品（如高档家具、大件家用电器、高级乐器等），消费者越希望能够长期使用，经久不坏；但对某些商品（如日用杂品、化妆品、服装、鞋帽等），不要求使用期限愈长愈好，只要求价格与质量、耐用性之间的合理比较，即性价比。

例如，家长在购买儿童服装时大多会选择新颖款式，并不要求面料结实耐用，因为儿童处于成长时期，服装大多只能穿一年。另外，对于有些更新换代较快的产品而言，商品耐用性并不是厂家关心的重点，例如，手机电池的消耗折旧较大，而某些品牌手机却将手机与电池一体化，目的之一是通过电池控制手机的使用寿命，促使消费者更新手机。

6）新颖时髦

消费者往往具有求新、求美、求异、求变和追求时尚、顺应时代的心理需要，表现在消费欲求上，就是喜欢追求新颖别致、合乎时尚的商品。所以，企业设计产品的功能、款式、包装时，要善于研究和迎合消费者追求时尚的心理，紧跟社会消费趋向，创造出新颖独特，顺应时代潮流的产品。例如，Zara是"快时尚"的典型代表，它紧跟瞬息万变的设计趋势，能够把最新款式在一两周内推入市场，甚至不惜抄袭被罚。正是这种不断更新的款式诱使消费者更频繁地光顾Zara，西方媒体经常用"新鲜出炉的衣服"来形容Zara。再如，麦当劳为满足年轻人的求新心理，每隔一段时间就会推出不同口味的冰激凌，如图5-8所示，但同时也保留了经典的鸡翅、薯条和汉堡。

7）协调配套

在消费过程中，一些相关商品具有相互补足的使用要求，从而形成由多个商品组成的"消费系统"。同时，商品还应当与具体的使用环境、使用条件或消费场景相适应。商品的协调配套就是指与相关的配套商品、使用环境等方面的协调性、兼容性程度。例如，随着物联网、云服务的发展，各种家用电器也开始上网，从而实现远程控制，但不同品牌之间能否实现接口开放、API 统一，却影响着消费者对智能家电的接受程度。因而，企业应当改变以往的单一品类模式，围绕目标消费者的生活解决方案，构建起生态化的产品体系。

图 5-8 麦当劳不断推出的冰激凌新口味

小米先后推出了许多家用电器，如手机、路由器、智能音箱、电视、冰箱、厨房用品等，在 Wi-Fi 环境下，这些产品很容易形成一个完整的使用场景。例如，用小米路由器将小米电视无线连接；用小米手机控制小米电视，并直接将视频、图片投放于电视屏幕；用小米手机或智能音箱控制所有关联的家用电器；用电视或智能视频音箱上的摄像头在离家时对家里情况进行远程监控，等等，从而形成一套智慧家庭生活系统，如图 5-9 所示。

图 5-9 家庭场景下的实体产品配套组合

华为自主研发的操作系统"鸿蒙"可应用于多种设备，比安卓系统反应更快，但如果没有谷歌的授权，就不能够使用任何谷歌的生态系统。而海外消费者严重依赖基于谷歌服务框架的 Google Play Store、Gmail、YouTube、Google Earth Maps、FCM 等一系列谷歌服务，海外用户很难接受缺乏其熟悉的 App 应用软件体验的手机。因此，华为需要吸引足够多的开发者加入鸿蒙系统的开发，共建鸿蒙系统的生态，才能为用户提供更加丰富的应用，但并不是每一个有意愿的企业都能够承担这样的开发适配成本。

8）经济合算

经济性是消费者认知商品的基础之一，但标准大相径庭，主要包括：从价格来直接判定是否经济；从价格/性能比来判定是否经济；从使用时间上判定是否经济；从方便舒适上判定是否经济；从社会性来判定是否经济等（如价格/品牌比等）。热泵（空气能）热水器在早期推广时，拿出了安全性、容量大、工作原理等很多"卖点"，但普通消费者不为所动。后来美的用一句话打开了僵局——"一度电，在家泡温泉"，突出了产品性价比高的特点。

5-5 名创优品什么值得买

中国社会调查事务消费心理调查研究结果表明：我国消费者 89.3%的人有选价心理，其中 4/5 的人希望物美价廉，另外 1/5 的人偏爱选购高价商品。可见消费者对商品价格高低是十分在意的，并会根据自己的经济状况和对商品实用性的看法去衡量商品的经济性。这就要求企业必须从消费者的期望心理出发，处理好产品功能与成本的关系，例如，可以将产品分为不同档次，以满足不同层次消费者对商品质量及价格水平的要求。

9）商品质感

消费者对商品的基本功能的信任往往源于商品有形的表现形态，即所谓商品的"质感"。例如，无泡沫洗衣粉曾一度在市场上遭冷遇，是因为消费者使用时见不到泡沫，就怀疑它是否具有去污能力；有的商品在革新了制造原料后，本来意在减轻消费者的搬运负担，却不曾料到有的消费者竟因为商品手感变轻而怀疑商品质量变了；而在洗发液中略加一些薄荷类药物，使消费者洗头时头皮有清凉之感，却能赢得消费者的赞誉；牙膏的清新香气对于清洁口腔起不到多大作用，但却为牙膏带来了可感知的清洁功能，消费者在刷完牙之后能闻到让人舒服的香味，而这种感觉让人们觉得口腔确实变得更干净了。

10）安全环保

它要求产品在流通和使用过程中安全卫生、无毒无害、不损害人身安全、不污染周围环境以及具有保健功能（不仅局限于卫生、无害，还进一步上升为有益于促进健康）。涉及的商品主要是：食品、药品、电器、化妆品、洗涤用品、卫生品等。绿色消费、天然食品的兴起，就反映出消费者对环境保护、商品安全性问题的日益关注。例如，"怕上火，喝王老吉"、"添加剂，我不爱"的宝宝馋了、"0 糖 0 脂肪 0 卡路里"的元气森林、"其他都没了"的简爱酸奶等产品都适应了消费者对健康环保的关切。

11）适应个性

在网络时代，消费者发展的一个重要趋势就是追求自我价值，寻求产品个性化。消费者往往是从个人的角度去评价或购买商品，对商品的选择心理往往融入了个人的某种生活追求，不同个性特点的消费者对同一商品会产生不同的心理反应。消费者注意和偏爱某种商品，主要就是由于商品具有符合其个性需要的特点。因而，产品的设计也要有"个性"，并与目标市场的那部分消费者的个性需要相适应。

产品的"个性"是通过产品的象征意义来起作用的，当然，产品的象征性功能并不只是由商品本身所具有的内在属性而引起的，它也是人们在想象、联想、比拟等心理作用下产生的。例如，用价格昂贵、款式豪华的商品来显示身份高贵、地位显赫；用新潮、时髦、活泼、别致来表现青春与活力；用色调高雅、细致精巧来表现女性的温柔等。

某些商品由于价格昂贵，数量稀少，制作难度大，不易购买，适用范围狭窄等，使消费受到极大限制，只有少数特定身份、地位或阶层的消费者才有条件拥有和购买，由此，这些商品便成为一定社会地位、身份的象征物。例如，8848钛金手机每年仍有高达10万部的出货量，因为它象征着一部分人的财富地位。又如，手表计时准确的功能现在已不是消费者最为关注的问题，消费者更希望手表能体现个人的社会身份或显示富有、成熟，所以价格高昂的劳力士等名表会受到许多银行人士、经理阶层的青睐。

5-6 产品的社会象征性

因此，在设计产品时，产品的用途可以相同，但在款式、造型、色彩等方面应有不同的特色，从而具有不同的象征意义，以适应不同性别、年龄、地位、爱好、性格、气质或自我概念的消费者的个性心理需要。例如，现在女性驾车已十分普遍，但针对女性特点开发的汽车却较为少见。女性化汽车的设计也都仅仅停留在流畅的外观、小巧的车身、亮丽的颜色方面，实际上，还应当考虑女性随身的手提包放置、开车时更换下来的高跟鞋放置、汽车使用与维护保养的简易化、适合女性特殊生理特点和身体结构特点的座椅等方面的问题。

5.1.3 产品属性理论

1. KANO 模型

在产品开发时，设计者经常遇到一个困境——在最终产品中，应该包含哪些属性？许多方法可帮助设计者筛选属性，其中KANO模型最常用。KANO模型是日本学者狩野纪昭（Noriaki Kano）受赫兹伯格双因素理论的启发，于1984年提出的消费者属性需求模型。

1）KANO模型的属性分类

传统观点认为，产品属性与消费者态度是线性关系，产品属性表现好则消费者满意，表现不好则消费者不满意。但KANO模型则认为不同性质的产品属性对消费者态度的影响作用是不一样的。KANO模型根据消费者对产品属性表现的反应，将产品属性分为5个主要类别（见图5-10）。其中，期望属性和消费者满意度之间呈线性正相关关系，这种关系是目前各种消费者满意度评价方法和模型的理论基础；而必备属性和魅力属性与消费者满意度之间则为非线性的正相关关系。

（1）必备属性：若具备该属性，消费者认为是应该的；若不具备，消费者会感到极度失望。必备属性十分重要，体现消费者对产品的基本需要，但其超额满足对消费者满意度（CSI）的贡献不大。例如，消费者买微波炉就是用来热饭的，因此认为它是必备属性，倘若不能热饭，就会非常失望。

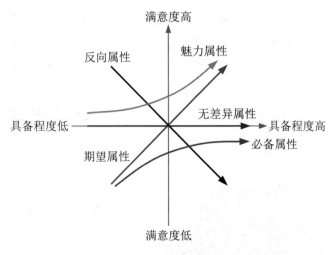

图 5-10 KANO 模型

（2）期望属性：若具备该属性，消费者就会满意；若不具备，消费者就会不满意。例如，微波炉的节电功能就是期望属性，微波炉能节电，消费者就高兴；不能节电，消费者就不高兴。

（3）魅力属性：若具备该属性，消费者眼前一亮；若不具备，消费者也不会不满意。魅力属性的超额满足对提高消费者满意度贡献极大，但消费者通常对此属性并没有明确的要求，不具备也不会导致消费者的不满。例如，微波炉会做消费者不会做的菜。这个功能是超出其期望的，无之不伤大雅；有之满心欢喜。又如，希尔顿酒店会在其大多数客房浴室的浴缸边沿放上一只造型可爱的塑胶小鸭子。消费者在沐浴的时候，如果童心未泯，可以和小鸭子一起在水中嬉戏。若消费者喜欢，还可以将它们带回家，留作纪念。小鸭子让消费者享受到了视觉和触觉上的消费愉悦，加深了对希尔顿的喜爱之情。希尔顿酒店的一个小创意使消费者获得了好的体验，但消费者并不会因为没有小鸭子而产生不满。

（4）无差异（可有可无）属性：无论是否具备该属性，消费者都无所谓，可有可无属性对消费者而言是多余的属性。例如，微波炉能听 MP3，但微波炉具有一定的辐射性，很少有人会站在微波炉前听 MP3，因此这个属性对消费者来讲没有吸引力。

（5）反向属性：反向属性是消费者所反感或不接受的属性，如微波炉密封性能差，辐射强度大。反向属性和消费者满意度之间呈线性反比关系，厂商应尽量消除其不利影响。

2）根据 KANO 模型进行用户需求分类

如图 5-11 所示，根据 KANO 模型，可以将模型属性分类与消费者需要层次进行对应，大体上可以分为三类：基本型需求（必备属性）、期望型需求（期望属性）、兴奋型需求（魅力属性）。其中，处于金字塔底端的为消费者基本型需求，也是核心需求，是产品必须具备的功能。

3）KANO 模型的实际应用

通过定性和定量研究，可以确定产品属性的类别划分。以住宅产品的功能需求为例，消费者的需求项包括耐久性、使用与安全性、空间灵活与可改造、功能空间合理、个性化定制与高品质、生活配套齐全、购置成本、舒适性能良好等，图 5-12 是"个性化定制与高品质"属性的问卷回答及评估示例图。被调查者在表 a 内正反两个问题（正向问题 A、负向问题 B）的备选项里给出确定答案，然后利用表 b 评估结果。从图 5-12 可以看出，"个性化定制与高品质"是魅力属性。

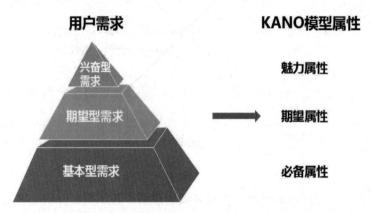

图 5-11　KANO 模型产品属性与用户需求的对应

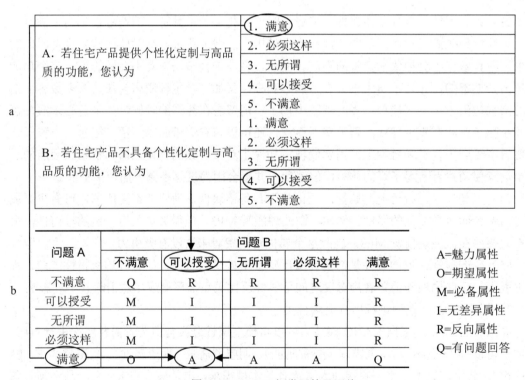

图 5-12　KANO 问卷回答及评估

除了对于 KANO 属性归属的探讨，还可以通过对于功能属性归类的百分比，计算出 Better-Worse 系数四分位图（见图 5-13），其中 Better 可以被解读为属性增加后的满意系数；Worse 则可以被解读为属性消除后的不满意系数。

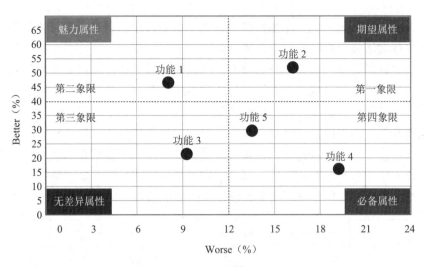

图 5-13　Better-Worse 系数分析示例

KANO 模型认为，企业所提供的产品和服务必须保证必备属性，不断改进期望属性，积极开发魅力属性。通俗地说，就是要在产品设计中解决用户"痛点"（基本型需求），抓住用户"痒点"（期望型需求）。在确保这两者都解决的前提下，再给用户一些"high 点"（兴奋型需求）。

根据 KANO 模型，产品属性的开发顺序遵循两大原则。

（1）优先原则：必备属性>期望属性>魅力属性>可有可无属性。

（2）组合原则：一个有竞争力的产品必须包含所有的必备属性，加上比竞争对手表现更好的期望属性以及差异化的魅力属性。

应用 KANO 模型还要注意两个问题：用户的差异性和需求的发展性。

（1）用户的差异性：同样是手机的 MP4 功能，对以话音为主的传统用户而言可能是魅力属性，而对时尚新潮的年轻人而言可能是必备属性。因此，针对全部用户进行 KANO 分析可能会面临一定的风险，所以 KANO 模型常与市场细分结合起来，以便对不同的细分市场提供不同功能配置的产品。

（2）需求的发展性：随着需求的发展，同一功能的类别不可能恒定不变。当某功能由创新变成通用标准时，相应地它会从魅力属性变为必备属性。例如，手机的照相功能最初出现时是魅力属性，但目前已转变为必备属性。这意味着产品的设计者需要进行连续性的 KANO 调研，以把握消费者需求的发展和变化。

2. 手段—目的链理论

Gutman（1982）综合有关研究提出了手段—目的链理论（Means-End Chain Theory，MEC）。该理论认为，消费者在购买产品和服务时，其出发点是为了实现一定的价值，而实现这一价值需要取得一定的利益，实现这一利益又需要购买一定的产品和服务的属性。也就是说，消费者通常将产品或服务的属性视为手段，通过属性产生的利益来实现其消费的最终目的。这样，MEC 就将产品属性与消费者的需要及价值观联系起来了。

MEC 由三个不同抽象水平的等级层次组成：产品属性（attributes）、由产品属性所带来的消费结果(consequences)、这些结果所强化或满足的最终价值(values)。三者简称为ACV，表示个人采取行为达成目的时的三个层级目标。

手段—目的链理论综合考虑了产品属性、产品利益及价值，可以有效地帮助我们了解消费者行为。消费者将产品属性看作达成目的的手段，其购买目的反映了消费者的价值取向，并通过产品利益把产品属性和价值连接起来。三个层次间是相互关联的（见图5-14）。属性层是实现利益层的手段，通过利益层帮助顾客实现其价值层，属性和利益间存在一对一、多对一的对应关系。层次越高，抽象程度就越高。相对于属性和利益而言，价值的表述最抽象，属性层的定义最具体。层次越高，稳定性就越强。产品属性是最不稳定的，属性或属性组合在不断地发生变化，而个人价值观的变化是最缓慢的，也是最稳定的。

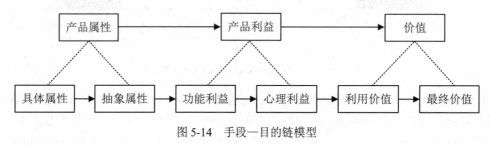

图5-14 手段—目的链模型

1）产品属性

消费者会将每一种产品看成是一些属性的集合。属性是产品相对具体的特性，不仅包括包装、色彩、价格、质量、服务等具体属性，而且包括厂商的声誉、品牌等抽象或无形的属性。

一般来讲，产品属性包括产品所有外在和内在的各种特征与性质。消费者总是习惯于用属性来描述他们所期望的产品，企业一般也习惯于根据属性来定义它们所做的事情。但若企业的眼光仅局限于属性层，而没有考虑消费者的价值层，将会导致其经营上的风险。

2）产品利益（结果）

产品利益描述的是消费者使用产品时或使用后的体会或感觉，是消费者对产品使用结果的较为主观的判断。当消费者感知的使用结果与他所期望的一致时，通常把这样的结果称为利益（benefit），利益具有主观性的特点。可见，利益与属性是有区别的。许多广告容易犯一个错误：向消费者介绍产品的材料、质量、特征如何好，却没有告诉消费者，这些特点能给消费者带来什么好处和利益。例如，宝洁公司的广告通常很少只强调具体的产品属性，而是重点强调带给消费者的利益；而帮宝适纸尿布则重点强调促进母婴之间的亲密关系。

利益可以是直接利益或间接利益；可以是生理利益（如饥饿、口渴或其他的生理需求）、心理利益（如自尊、更美好的将来）或社会利益（如提高地位），消费者行为会最大限度地发挥积极结果，减少消极结果。利益还可分为功利性利益和社会心理性利益。功利性利益对消费者来说是较为具体或直接的经验（如省钱、舒适），而社会心理性利益是比较抽象的，主要指消费者心理上的认知（如健康、可信）。此外，有些利益在消费行为发生时立即产生（如止渴），有些则滞后发生（如保健食品与体质改善）。

3）价值

价值比利益更为抽象。价值是对特定行为或生活的终极状态的一种持续性信念，会影响个人的行为方式或生活目标。消费者购买产品是因为相信通过产品的使用，可以获取他们想要的价值。价值层是消费者追求的最终目的，体现了消费者的核心价值、意图和目标。MEC 模型按照 Rokeach 的价值观分类，将价值分为两类：目的性（最终）价值和工具性（利用）价值。目的性价值与存在的目的有关（如愉快、安全），工具性价值与行为模式有关（如诚实、心胸宽广）。工具性价值是实现目的性价值的桥梁。

MEC 模型的关注点在于产品的属性、使用结果和价值三者间的联系。其中，价值赋予结果以相应的重要性。对个人来说，与重要价值观联系的结果比与次要价值观联系的结果更为重要，因此"价值—结果"联系成为 MEC 模型的一个关键联系。而消费者为了选择合适的产品来获得利益，必须去学习和掌握产品包含的哪些属性能导致期望的结果，因此模型中另一个重要联系是"结果—产品属性"联系。Gutman 把价值观影响消费者行为的作用形容为一条手段—目的链，消费者价值的实现是消费的目标，产品属性是取得价值的手段，而消费结果是联系这两者的中间环节，三者将构成等级结构的手段目的链（即 A-C-V）。例如，一个期望美好世界（终极价值观）的消费者偏爱具有诸如具有可生物分解属性的产品，因为购买和消费这种产品的结果有助于保护环境。导致购买该商品的手段—目的链是：产品属性（可生物分解性）→消费结果（有助于保护环境）→价值观（美好世界）。正如不同的消费者拥有不同的价值观一样，不同的消费者对同种产品的 MEC 也不相同，一种产品的 MEC 结构图是由众多消费者不同的 MEC 合并而成的等级结构。

在营销方面，MEC 理论被广泛地应用于品牌评估和定位、消费者满意度分析、市场细分、新产品开发、消费者行为分析等方面的研究。营销人员可以通过手段—目的链分析来识别与某种价值观相一致的产品属性，并进行市场细分与定位。例如，消费者普遍认为赛车很昂贵并且不舒适，而且拥有赛车会被贴上"傲慢自大、炫富招风"的标签。因此，为了与现今的价值观更一致，汽车制造商将赛车定位成适合"社交型人士"而且舒适度更高的汽车。又如，为了营销酸奶，公司可以识别出某一重视健康的细分群体，并通过关注诸如低脂肪之类的产品属性来赢得消费者。同时，公司还可以确定第二个重视愉快享受的细分群体，并通过添加水果成分之类的属性来赢得这一细分市场。

手段—目的链模型在制定广告策略方面也十分有效。由于了解了消费者认为哪些属性重要，以及哪些价值观与这些属性相关，广告人员可以设计出迎合这些价值观并强调相关属性的广告。同时，根据实际需要，选择属性、使用效果或价值体验作为广告的重点。当然，最好能让品牌在消费者心中留下深刻印象的同时，让产品有直观的效果展示，实现所谓"品效合一"。

5-7 广告诉求的"小我"、"大我"和"无我"

5.2 商品品牌与消费行为

在商品流通过程中，商品的品牌往往是消费者识别商品的标志。国外的奢侈品品牌收获了巨额的品牌溢价，可见，品牌意味着巨大财富。美国语言学家乔治·金斯利·齐夫（G. K. Zipf）发现了齐夫定律，即对于常见单词而言，第 n 常见的频率大约是最常见频率出现次数的 $1/n$。消费市场也有类似的情形。例如，以前的市场经验显示，一个行业内，消费者最多只能记住 7 个品牌，而排名第一的品牌利润是第 7 名的 7 倍。

但是，在网络时代，消费者可以通过各种途径获取现成的有关商品的用户评价或数据统计，他们对各种信息服务（如用户评价、比价网站）的依赖度上升，品牌作为质量标识的作用会下降，消费者更容易发现商品的真实品质，这将使企业花费大量广告费用树立起来的品牌影响力降低。以往，品牌往往会夸大产品间的实际质量差异，但现在众多消费者根据实际体验做出的网上评论可能会反映产品之间真实的有限质量差异，因而消费者可能会选择价格更低但性价比更高的非名牌商品。而一旦消费者对品牌的依赖性减弱，更看重"绝对质量"，那么品牌或品牌延伸战略的优势就不明显了。可见，市场似乎又回到了"好酒不怕巷子深"的时代。在这种形势下，企业要做的就是真正把自己的产品或者服务做好。当然，对于奢侈品或者表现性、象征性商品而言，消费者看重的仍然是品牌。

目前，更多厂商仍然相信品牌是极具影响力的质量标识。原因有三个方面：一是低估了消费者可获知的信息源；二是过分夸大信息过剩问题；三是忽视了搜索、分类、汇总等工具的存在与发展。另一方面，消费者对浅涉购买的产品类别确实并不进行信息搜索；消费者对某些产品信息的分辨、评估能力也会存在缺陷，这时他们仍会相信品牌而不是其他人的评价。

5.2.1 基于消费者的品牌资产

1. 品牌的含义

简单地讲，品牌是指消费者对产品及产品系列的认知程度，是消费者对一个企业及其产品、售后服务、文化价值的一种评价和认知。品牌的载体是用于和其他竞争者的产品或劳务相区分的名称、符号、象征、设计及其组合。品牌代表着产品的特性和一定的可预见性，尤其是当消费者对产品不熟悉的时候。例如，对于一杯同样品质的咖啡，如果这杯咖啡没有品牌，那么消费者心中所想的可能只是：咖啡能够帮我提神给我热量。但如果标上"星巴克"商标，消费者就会觉得：星巴克让我感到放松、惬意、精致、白领、有品位。

菲利普·科特勒（Philip Kotler）从六个方面阐述了品牌含义。

（1）属性：品牌代表着特定商品的属性，这是品牌最基本的含义。

（2）利益：品牌代表着一系列属性，属性要转化为功利性和情感性的利益，并给人们带来某种满足。

（3）价值：该品牌的使用价值和价值感。例如，奔驰代表着高效率、安全和声望。

（4）文化：品牌还附着特定的文化。

（5）个性：品牌也反映一定的个性。

（6）用户：品牌还体现了购买或使用产品的消费者类型。

基于上述六个层次的品牌含义，营销企业必须决策品牌特性的深度、层次。

2. Aaker 品牌资产模型

著名品牌专家大卫·艾克（David Aaker）于 1991 年提炼出品牌资产的"五星"概念模

型,即认为品牌资产是由品牌知名度、品牌认知度、品牌联想度、品牌忠诚度和其他品牌专有资产五部分所组成。Aaker认为品牌资产的5项内涵中,品牌认知度、品牌知名度、品牌联想度、其他品牌专有资产有助于品牌忠诚度的建立。根据这一理论,我们把在消费者心目中留下的品牌印记深刻程度由浅至深依次分为知名、认知、联想、美誉和忠诚五个层次。

1)品牌知名度

品牌的知名度是指消费者提到某类产品时能够想到该品牌的程度。品牌知名度只是反映消费者对品牌名称的熟悉程度,但可能消费者对品牌并没有更多的认识。例如,提到"白沙""大红鹰",很多人都听说过,却不知道它们的产品有何特色。西贝莜面村用"I love you"点出了"莜"这个生僻字的读音,品牌知名度很高,但不少消费者还是不清楚它究竟是什么样的"面"。

2)品牌认知度

品牌的认知度指消费者对某一品牌的整体印象,包括产品、标识、广告、可信赖度、服务等诸多方面。此时,消费者对该品牌有一定的认识,并形成对该品牌的认知。比如"海尔",大多数消费者知道它是国内知名的家电企业、可爱的海尔兄弟商标、海尔空调、海尔冰箱、海尔"真诚到永远"、海尔开拓国际市场等信息,这些都是消费者对海尔这个品牌的认知。对品牌知道得越多,品牌认知度就越高。但是,在新产品不断涌现,消费者信息来源更广的网络时代,厂商要保持住品牌认知度也不容易。例如,沃尔沃长期以来以安全性著称,但消费者现在发现,其实其他不少品牌汽车的安全性能也差不了多少。

品牌认知度的形成涉及消费者的需要、期望、注意、感知和记忆等心理活动(见图5-15)。

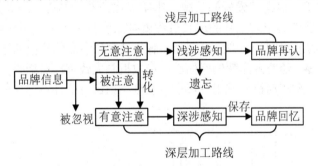

图5-15 品牌认知度形成机制

资料来源:迈克尔·所罗门,卢泰宏,杨晓燕. 消费者行为学[M]. 10版. 杨晓燕,郝佳,胡晓红,等译. 北京:中国人民大学出版社,2014.

产品如果具有独到的特色,往往会给消费者留下深刻的印象,从而提高品牌认知度。例如口红产品中,古风绿色包装的花西子、子弹头黑色包装的MAC。

3)品牌联想度

品牌的联想度指提到某一品牌时产生的许多与该品牌相关的想象和思考。对这些联想进行有意义的组合之后,就构成品牌印象。舒适(Schick)公司在调查消费者对竞争对手吉列(Gillette)剃须刀的看法时发现,Gillette剃须刀以在野外环境中脸上布满皱纹的男人为特征形象,使人们联想到他们更像是"孤独的狼",但这并不是人们所愿意触摸的。因此,Schick公司为自己的剃须刀策划了一个不同的广告,广告中一名妇女温柔地轻抚一位男士的脸庞，结果获得成功。正面的品牌联想易使品牌形成差异化，为消费者购买提供理由，并创造正面的态度及情感。而且，品牌的正向联想还可以为品牌的延伸提供重要依据。例如，"双星"鞋名扬天下，并为广大消费者所接受。提到"双星"，就想到"潇洒走世界"。双星集团巧妙地利用品牌的核心印象，把产品延伸到"双星轮胎"，使用双星轮胎，也同样可以潇洒走世界。

4）品牌美誉度

品牌的美誉度指消费者心目中品牌美好形象的程度，主要源于消费者自身的感觉。消费者是评议品牌的最高权威。品牌的美誉度不是通过广告吹嘘出来的，也不是用大力度的广告说服所能得到的，它是经过认知度、知名度等层层阶梯逐步累积而成的。所以，当品牌拥有很高的美誉度时，可以说它在消费者中已经拥有较好的口碑。例如，20世纪的人们一提到红旗轿车，就会产生一种亲切感、自豪感和荣誉感。它的名贵、高档和公认的社会象征意义已经有口皆碑，加上普遍的民族意识和爱国情感，促使人们对红旗轿车产生好感，并责无旁贷地维护红旗轿车的声誉。因此，维护并提高品牌的美誉度，是提升品牌价值、赢得消费者忠诚的重要基础。

5）品牌的忠诚度

品牌的忠诚度指消费者因对品牌的偏好而形成的重复购买倾向。它是品牌资产中的最重要部分，也是以上各层次的最终体现。消费者的品牌忠诚一旦形成，就很难受到其他竞争品牌产品的影响。因此，建立品牌忠诚是消费者品牌心理的最高境界，也是企业实施品牌营销的理想目标。为此，必须提高品牌在大众消费者心目中受欢迎的程度，积极建立符合消费者利益、欲望、情趣、爱好的品牌，牢牢抓住消费者的心，培养品牌的忠诚度。

品牌根植于消费者心中，品牌的成长过程就是品牌与消费者关系的发展过程。图5-16以品牌知名度、品牌联想度、品牌美誉度和品牌忠诚度代表品牌价值的层级以及消费者对品牌偏好的层级和程度。消费者品牌偏好的心理形成机制大致可以概括为：品牌信息→注意→感知→记忆→联想→购买动机→试用→评价→态度→口碑→信任→强化→情感共鸣（忠诚）。

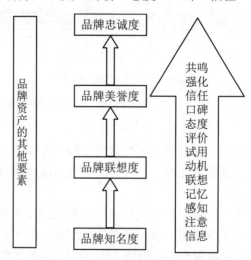

图5-16 品牌偏好的心理形成机制

资料来源：迈克尔·所罗门，卢泰宏，杨晓燕. 消费者行为学[M]. 10版. 杨晓燕，郝佳，胡晓红，等译. 北京：中国人民大学出版社，2014.

但是，在网络信息时代，品牌资产的影响力将随着人们日渐依赖更准确的质量信息而减弱，其中品牌认知度、品牌忠诚度受到的冲击最大。当消费者能更多地获取网络口碑及其他公共信息服务时，他们就不会因为品牌忠诚而固执己见。Aaker 本人也曾写了篇短文《我为何要买一台组装公司的非品牌电脑》，描述了其因信息渠道的变化而购买非品牌电脑的心路历程。同时，这也给一些新兴品牌创造了机会，新品牌成为行业第一的速度加快。比如，在成为行业佼佼者的道路上，可口可乐用了 134 年，元气森林只用了 5 年；雀巢用了 153 年，三顿半只用了 5 年；欧莱雅用了 113 年，完美日记只用了 3 年；哈根达斯用了 99 年，钟薛高只用了 2 年。可见，"这是新品牌最好的时代，也是老品牌最坏的时代"。

在传统的营销手法中，由知名度入手，继而打造美誉度，最终确立忠诚度是最常见的手段和方式，而互联网企业受体验经济和双向传播的影响，往往是先在小众范围内打造品牌的美誉度（或忠诚度），进而通过网络的快速扩散，扩大知名度，最终收获更多消费者的忠诚度，即"美誉度→知名度→忠诚度"的方式。例如，令全球无数女性喜爱的 Lululemon 以瑜伽运动这一细分小众市场为切入点，先找一小部分领袖人群（如瑜伽教练）培养初步忠诚度，再通过腰部 KOL 的辐射形成品牌美誉度，最后扩大品牌知名度。Lululemon 不打广告，不找明星代言，依靠素人传播，通过大型瑜伽集体体验活动来营造社区文化，实现了从小众走向大众，从简单的商品销售到生活方式的改变。其品牌建设思路是"小众忠诚度初显→美誉度加持→知名度扩大"。又如，小米手机"入行"较晚，再加上品牌定位的特殊化（做互联网手机），所以，在品牌营销的手法上也采取了"先做忠诚度，让忠诚的粉丝帮忙做品牌知名度"的方式。在网络时代，通过加强与粉丝的情感联系，利用粉丝的示范效应来宣传品牌形象，品牌建设"粉丝化"已成为潮流，如"花粉""果粉""米粉"对手机产品的推广有着巨大的影响作用。

3. CBBE 模型

凯文·莱恩·凯勒（Kevin Lane Keller）于 1993 年提出了 CBBE 模型（Customer-Based Brand Equity），即基于消费者的品牌资产模型，如图 5-17 所示。

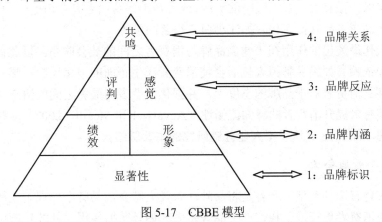

图 5-17　CBBE 模型

CBBE 模型认为品牌资产由四个不同层面构成，即品牌标识（"你是谁"）、品牌内涵（"你能为我做什么"）、品牌反应（"我为什么要选择你"）、品牌关系（"你和我关系怎样"）。

这四个层面具有逻辑和时间上的先后关系：先建立品牌识别，然后创建品牌内涵，接着引导正确的品牌反应，最后缔造品牌与消费者关系。同时，上述四个步骤又依赖于构建品牌的六个维度：显著性、绩效、形象、评判、感觉、共鸣。其中，品牌特征（显著性）对应品牌标识；品牌绩效与品牌形象对应品牌内涵；消费者评判和消费者感觉对应品牌反应；消费者共鸣对应品牌关系。

在 CBBE 模型中，"品牌共鸣"位于品牌资产金字塔的顶端，因为它是最难、最可取的水平。共鸣也不仅仅只有"情感"上的共鸣，还有文化、价值观等方面的共鸣。Keller 将共鸣的表现分为四类。

（1）行为忠诚。即从数量、份额或种类上重复购买某个品牌的产品。也就是说，顾客购买某品牌的次数和购买数量的多少。

（2）态度忠诚。消费者认为该品牌非常特殊、具有唯一性，热衷于喜爱该品牌而不会转换成其他同类品牌的产品。有些顾客购买某品牌并不一定是出于对该品牌的喜爱，而是因为市场垄断或者无法获得其他品牌等。因此，态度忠诚比行为忠诚更重要。

（3）品牌社区。消费者认同使用同一个品牌的其他消费者，即使用同一品牌的客户相互之间会产生亲切感或同类感，并形成一定的亚文化群体。同一品牌的用户、客户，品牌公司的雇员或代表之间都有可能产生这样的联系。

（4）品牌参与。除了使用和购买该品牌之外，消费者愿意在该品牌上花费时间、精力、金钱或进行其他投入，这就是积极的品牌参与；而这样积极的品牌参与足以表明他们已经是该品牌的铁杆粉丝了。例如，"米粉"就十分热衷参与小米品牌的相关活动。

5.2.2 品牌拟人化

拟人化是指人们将人类所特有的特性或特征赋予非人类生物、自然的或者超自然想象的物体甚至抽象概念。在营销中，拟人化经常发生，或者是因为消费者会自己主动地将品牌或者产品拟人化，如消费者认为甲壳虫汽车的车头看上去就像一张有着一双大眼睛的笑脸；或者是因为营销者有意识地引导消费者将产品或者品牌拟人化，如江小白、小茗同学等。

5-9 江小白的营销术

品牌拟人化最突出的作用在于建立品牌与消费者之间的社会联系，以此促进消费者对品牌的偏好和依赖。如果品牌拟人化后会使消费者产生正面的情绪反应，那么这种正面情绪反应会迁移到消费者对于品牌的态度上，并强化消费者与品牌之间的情感关系。另外，拟人化还能够有效提升消费者的感知流畅性（Aggarwal 和 Mcgill，2007），帮助消费者更好地理解品牌。图 5-18 展示了拟人化营销研究的主要脉络。

1. 品牌个性的含义

品牌拟人化有两种类型：一种是将品牌注入类人特质，品牌个性理论就属于这一类；还有一种是使消费者更接近于相信一个品牌是人，如杜蕾斯使用"杜杜"的微博名称与消费者互动，消费者感觉"杜杜"就像一个爱讲笑话的"段子手"。可见，品牌个性只是品牌拟人化的一个方面。

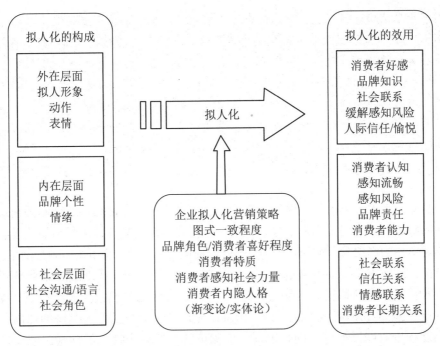

图 5-18 拟人化营销理论模型

资料来源：谢志鹏. 拟人化营销概念探索：基于心理抗拒理论视角[D]. 武汉：武汉大学，2014.

所谓"品牌个性"就是一个特定品牌所拥有的一系列人格化特征，是消费者将品牌比作人进行描述的方式。Aaker 认为品牌个性是指与品牌相连的一整套人格化特征，如品牌可以像人一样被称为"潮""土""酷"或"充满男子气概"。

严格来说，品牌本身只是一个没有生命的客体，并不具备个性。但是，品牌所具有的象征性意义及其所传达的信息远远超过了它的功效，在消费者与品牌的互动（购买和消费）过程中，消费者往往会与品牌建立起一定的情感和关系，也常常将品牌视为带有某些人格特征。

通常认为，品牌个性是品牌形象的核心维度，是品牌形象的内在维度之一。大部分成功的品牌都拥有自己独特的品牌个性，例如，M&M 糖果的品牌个性非常鲜明，那就是"有趣"。这个结论是基于对一系列问题的回答统计出来的，例如，"如果 M&M 巧克力花生豆是一个人，那么他是什么样的人呢？"还可以更深入地提问："M&M 糖果的外层巧克力颜色是如何影响消费者对 M&M 个性的理解的？"

【资料链接】

耐克品牌的个性

NIKE 品牌的个性，其经典广告词"JUST DO IT"可以一言以蔽之。JUST DO IT，代表了一种轻松、自由、享受的运动态度和生活态度，它鼓励消费者用行动代替语言表达。NIKE 体育营销的行动能力的强大，也正是基于这样一种个性、这样一种理念。一个品牌，抑或一个产品，不可能满足所有消费者的需要，但 NIKE 最大的成功之处就在于，能在最广泛的共性中使消费者显现出最突出的个性，最大限度地满足消费者的需要。

实际上，在 NIKE 最风靡的时候，中国曾经有"较真"的机构试图研究和探讨 NIKE 鞋是否能像其宣传的那样跑得更快和跳得更高。然而，这样的研究是缺乏意义的。实际上，NIKE 产品的功能性并不比阿迪达斯、李宁等品牌有多大优势。NIKE 产品的成功更多在于其对消费者个性的尊重和体现，以及对消费者通过购买产品展现不同欲望的关注。当一个产品能够和消费者本人的特点紧密联系时，消费者变得忠诚并能够捍卫产品品牌的价值，产品也就值得被期待了。

资料来源：本案例源于网络，并经作者加工整理。

不同品牌个性的产品所针对的目标消费者显然是不同的。例如，某公司为它新推出的四个品牌的啤酒创作了四则商业广告。每则广告代表一个新品牌，每一品牌被描绘成适用于某一特定个性的消费者。其中一个品牌的广告描述了一位"补偿型饮酒者"，他正值中年，有献身精神，对他来说，喝啤酒是对自己无私奉献的一种犒劳。其他几个品牌分别被赋予"社交饮酒者"（如校园联谊会上的豪饮者）、"酒鬼"（认为自己很失败而嗜酒）等个性。公司尝试让 250 位饮酒者观看这四则广告并品尝广告中宣传的四种品牌的啤酒，然后让他们按喜欢程度对啤酒排序，同时填写一份测量其"饮酒个性"的问卷。结果显示，大多数人喜欢品牌个性与他们的个性相一致的啤酒。这种好恶倾向非常强烈，以至大多数人认为至少有一种品牌的啤酒不适于饮用。但他们不知道，其实这四个品牌的啤酒是同一种啤酒。由此看来，那些商业广告所创造的品牌"个性"确实吸引了具有类似个性的消费者。

Aaker（1996）认为，品牌个性与消费者的自我概念的匹配，会促使消费者形成比较强烈的品牌偏好。消费者倾向于那些与他们自己具有相似个性的品牌或那些使他们感到能让自己的某些个性弱点得到弥补的品牌，尤其是年轻人。有时候，消费者希望借助选择的品牌所透露出来的个性来表达自我个性，或是帮助他们塑造出他们心里所向往的形象，因而品牌透露出来的个性往往能吸引与之具有类似个性特征的消费者或者被这种个性气质所吸引的群体。例如，某品牌的香水可能表现出青春、性感和冒险，它更受性格外向的女士喜欢；而另一个品牌的香水可能显得庄重、保守和高贵典雅，易受性格内向的女士喜欢。具有不同个性的香水，会被不同类型的消费者购买或在不同的场合使用。所以，一些商业广告努力创造品牌"个性"以吸引具有类似个性的消费者前去购买。

例如，"维多利亚的秘密"（以下简称维密）抓住了年轻女性内心对性感和优雅的追求，并在产品设计和营销中精准定位。"维密"通过举办内衣秀，以全新的元素、惊艳的设计，将美丽演绎到了极致。结果，在消费者心目中形成了性感、奢华、时尚、优雅的内衣品牌个性。但是，当女性消费者不再执着于"魔鬼身材"的审美标准，而更渴望看到与自己身材接近的穿着效果时，"维密"便对品牌个性赋予了新内涵、新活力。"穿出你的线条，穿出属于你的一道秘密风景"，这道"秘密风景"除了感官上的"性感"，还可以有"聪慧""舒适""健康"等新的含义，从而增强"维密"个性的包容性，给消费者传达出更独立、更智慧的品牌个性。新锐崛起的美国内衣电商 ThirdLove 则主张"为所有身材而设计"，在传播推广方面，基本上以素人形象展出，强调消费者日常的穿着场景。

品牌的个性化特点是通过某些具体的形式表现出来的,这些特点又在一定的程度上显示出了该品牌持有人的社会地位、经济地位及生活情趣、个人喜好等个性特征。品牌有助于消费者表达他们的个性。于是,很多消费者会凭着自己的感觉、情趣来消费商品和服务,表现出感性消费的特征。他们购买某一品牌商品时,更多地是为了情感上的满足,心理上的认同。他们对该品牌商品或服务的情感性、夸耀性及符号性价值的要求超过了对商品或服务的物质性价值及使用价值的要求。例如,为什么年轻人大都喜欢喝可口可乐,成功的商业人士大都喜欢坐奔驰车?因为可口可乐代表着活力、激情,奔驰车代表着大气、稳重、高档、高品位。

2. 品牌个性的维度

关于品牌个性维度的研究有很多,其中基于个性特质论的研究是主流。

Aaker 将品牌个性定义为"与品牌特定使用者相连的人类特性集合",并根据西方人格理论的"大五"模型,以西方著名品牌为研究对象,发展了一个系统的品牌个性维度量表(brand personality dimensions,BDS)。BDS 量表在西方营销理论研究和实践中也得到了广泛的运用。在该量表中,品牌个性被分为诚实、活力、有能力、成熟和强韧五个维度,并包括 15 个层面(如务实、勇敢、可信、理性和坚强)以及其中的 42 个品牌人格特性。在 5 个维度中,诚实、活力和有能力实际上与"大五人格模型"中的和悦性、外向性和责任性这三个维度具有一一对应的关系,这也说明品牌个性与消费者个性之间存在相关关系。如果仔细回顾品牌的各个维度和方面,可以发现图 5-19 中所呈现的品牌个性正是许多消费品品牌所追求的。

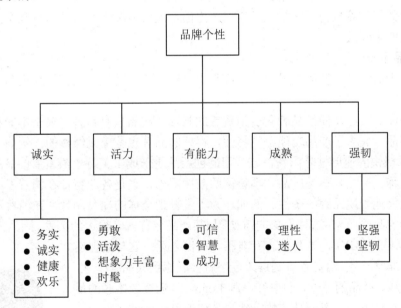

图 5-19　Aaker 的品牌个性结构图

资料来源:Aaker J L. Dimensions of brand personality[J]. Journal of Marketing Research, 1997, 34(3): 347-356.

向忠宏发现中国大部分白酒品牌在品牌定位上思路不清晰,品牌建设欠缺系统性,甚至出现品牌个性矛盾的情况。而国外一些著名品牌往往有较鲜明的个性特征,如保时捷以"刺激"的个性,给人以大胆、有朝气、最新潮、富想象的感受;IBM 以"称职"的个性,给人们以可信赖的、成功的、聪明的感受;奔驰和雷克萨斯以"教养"的个性给人以上层阶层的、迷人的感受;万宝路和耐克则以"强壮"的个性给人以户外的、强韧的感受。

消费者还会用人与人之间交流的维度来对品牌产生认知,如温暖和竞争力。通常消费者认为非营利性的企业品牌更具有温暖的特征,而且消费者不愿意从非营利性的企业品牌处购买营利性产品。如果一个企业品牌既能够被消费者认为具有温暖的人格特征,又具有竞争力,那么这样的企业品牌就能够赢得消费者的青睐。

▶ 思考一下:假设把无印良品想象成一个人,他正从门口走进来,你会看到怎样一个人?

3. 品牌个性的来源

在消费活动中,消费者会赋予品牌某些"个性"特征,即使品牌本身并没有被特意塑造成这些"个性",或者这些"个性"特征并非营销者所期望的。但在多数情况下,品牌个性是由产品自身特性和广告宣传所赋予的,并且加入了在此基础上消费者对这些特性的感知。

何佳讯从品牌个性的来源上来解释品牌个性。他认为品牌个性来自两大类因素:一是与产品相关的因素,如产品类别、包装、价格和产品属性;二是与产品无关的因素,如使用者形象、公共关系、象征符号、上市时间长短、广告风格、生产国、公司形象、创始人、总裁特质和名人背书等。他还用类比的方法指出品牌的"包装""广告""公共关系"分别相当于品牌的"穿着打扮""言""行"三个方面。通常情况下,可从以下几个主要方面分析品牌个性的来源。

1)产品本身

产品是形成品牌个性的主导力量。产品本身所包含的功能、名称、外观和价格等都会对品牌个性产生一定的影响。

(1)功能。产品功能是品牌吸引消费者的基础,产品只有具备了最基本的物质功能才能称其为产品。失去了产品功能上的特性,再好的品牌也是虚无缥缈的。例如,英特尔的 CPU 产品以极快的速度推陈出新,该公司的创新品质形成了英特尔最重要的品牌个性。

(2)名称。产品名称是产品各项特征的高度凝缩,也是各项特征在消费者心目中的索引,可以很好地表现品牌的个性。例如,力士是畅销全球的知名品牌,在消费者心目中具有非常高贵的品质形象,这种形象的树立,与其产品名称就有很大的关系。因为力士(LUX)来自古瑞典语言 LUXE,本身就含有典雅、高贵之意,这与其塑造的品牌个性非常一致,消费者看到这个名字就会联想到其品牌个性。

(3)外观。产品的外形、包装和品牌 Logo,是消费者接触的最直接部分。它可以直接展示品牌的个性与品牌形象。苹果(Apple)公司咬一口的苹果 Logo,让人立刻联想到牛顿在苹果树下被落下的苹果砸到的景象以及亚当、夏娃受诱惑偷吃禁果而获得知识的场景,还代表着苹果公司始终在努力咬第二口,如图 5-20 所示。

图 5-20 苹果 Logo

消费者还会将产品的颜色与品牌个性联系起来。例如，可口可乐的标志色是红色，代表着活力、信心、进取、刺激；ofo 小黄车也是一个暖色，意为积极、阳光、乐观、快乐；摩拜单车选用的是橙色，体现乐观、活力、创造力和健康。但一些奢侈品或具有严重传统性质的品牌则应该避免使用橙色。黑色显得成熟稳重、正式庄严，一直被很多男士所喜爱，联想电脑等科技产品常常以黑色为主色；灰色则代表一种低调、极简、品位、沉稳的气质，容易让人联想到无印良品；伊利畅意主打绿色，这是一种令人感到安全和舒适的颜色，也是清新、健康的代名词；粉红色、紫色最适用于女性消费者群体，但从来没有紫色电动工具，因为这是男人的工具。许多快餐店都以亮色作为路边标志和室内装潢的主色调，如红、黄、蓝，因为这些颜色让人联想到快速服务和廉价食物。相反，高档餐厅倾向于采用深色系，如灰、白、淡棕色或其他柔和、暗淡的颜色，以表现优质的服务和闲适的氛围。

（4）价格。价格是消费者最敏感的产品特性之一，不同价位的产品会带给消费者不同的品质形象，从而形成差异化的品牌个性。高价位的品牌可能会被认为是富有的、奢华的、有实力的、上层社会的，例如奔驰、劳斯莱斯、路易十三极品葡萄酒等。低价位的品牌会被认为是朴实的、节俭的、平民化的、低档的，例如小米手机、大宝化妆品等。

2）品牌使用者

品牌个性的形成在某种程度上与特定的品牌使用者密不可分。一方面，品牌个性是使用者认可的品牌特质，通常不同个性的品牌会吸引不同类型的使用者；另一方面，当某一有相似背景的使用者常被某一品牌所吸引时，这类使用者共有的个性也会逐渐被附着在该品牌上，进一步强化了品牌个性。摩托罗拉是中国手机市场的开拓者，一开始有能力购买手机的消费者大多为成功的商务人士，因此摩托罗拉的使用者集中在商务人士中。渐渐地，商务人士共同的行为特征就凝聚在摩托罗拉手机上，从而形成了摩托罗拉成功、自信、注重效率的个性。

3）广告及其代言人

广告有助于塑造品牌形象，显示品牌个性，不同的广告主题、语言、创意和风格会赋予品牌不同的个性形象。例如，同样是香水，巴宝莉的广告表现的是传统、尊贵、理性的品牌个性，而迪奥广告塑造的是优雅、浪漫、诱惑的品牌个性。美特斯·邦威的目标消费者是 16～25 岁的年轻人，他们开始

5-10 万宝路的广告营销

5-11 巴宝莉与迪奥广告比较

有自己独立的思想、有积极独立的生活主张和生活态度，他们不愿随波逐流，渴望证明自己。因此，美特斯·邦威以当时年轻人心目中的绝对天王周杰伦作为广告代言人，其广告语是"不走寻常路""每个人都有自己的舞台"，并由此形成独特的品牌个性，将年轻人的这种心理特征描绘得淋漓尽致，很快就从众多休闲服品牌中脱颖而出。当年，美特斯·邦威店铺最大的特点就是一边循环播放周杰伦的歌曲，一边大幅张贴周杰伦的美特斯·邦威海报，从而吸引了大量的年轻人趋之若鹜。但是，随着时间的流逝，周杰伦和听周杰伦歌的人都已经变得成熟，而美特斯·邦威的用户群却还是 16～25 岁的年轻人，只是这些年轻人大多已经不再追逐周杰伦。美特斯·邦威的品牌塑造体系却没能与时俱进，没有足够的流量明星加持，必然会导致流量衰竭，其结果就是大家都不再购买美特斯·邦威。

拟人化的一个重要因素是语言交流（Dennett，1996），在广告沟通中使用拟人化的语言容易实现由"它"至"他"的转变，帮助产品塑造相应的品牌个性。许多品牌倾向于使用第一人称的语言在线下或线上与消费者进行交流对话，如"杜杜""江小白"等。

在广告的各组成部分中，广告代言人往往成为广告中品牌个性的重要来源。如今，凡是具有鲜明个性的品牌，无不寻找适合表达其品牌个性的代言人，如耐克与乔丹。相反，太太口服液以中年妇女为目标消费群体，却曾选择"超级女声"周笔畅作为形象代言人，显然，小女生喜爱的明星与太太口服液的品牌形象大相径庭。

另外，对于已经成熟的品牌，使用明星的代言还会对品牌的形象起到加深或者补充的作用，使其更加鲜明或者内涵更丰富。如图5-21所示，红牛在中国具有"活力""冒险""敢于挑战"的个性，而羽毛球明星林丹的代言，可以使红牛的这些个性进一步增强；同时，林丹本身所具有的其他个性，如"坦诚""勇于创新""友善""合人心意"，也能帮助红牛补充扩展其形象。

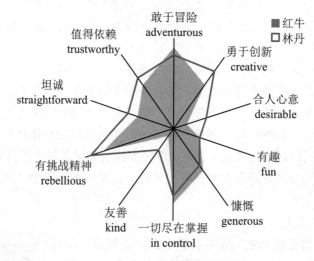

图5-21　林丹与红牛的个性匹配特征

▶ **思考一下**：如果以下品牌是一个人，你认为它属于哪种类型的人呢？或者说哪位明星更适合做该品牌的广告代言人呢？

品牌：TCL、美的、康佳、海尔、方太、小天鹅、华为。

4）品牌创始人

无论是企业的发展还是品牌的塑造，都不可避免地要受到其创始人的影响。往往在潜移默化中，品牌创始人的一些个人魅力被浇铸在品牌个性之中。综观国内外，人们在提到很多品牌的时候，同时想到的就是其品牌创始人，如微软和比尔·盖茨、苹果和乔布斯。有一点年纪的消费者都知道李宁是一位获得过106块金牌的传奇体操运动员，他用自己的名字创立了李宁运动品牌。李宁公司在品牌个性的诊断调查中发现，原来在消费者眼中，李宁品牌的定位并不是"时尚、年轻"，而是与"民族、亲和、体育、荣誉"紧密联系在一起，大多数人购买李宁产品的时候，不仅因为它过硬的质量，更多的是一种崇拜情结。在品牌中融入民族情感和体育精神，这就是李宁品牌早期获得成功的原因。之后，随着熟悉李宁的消费者逐渐年长，李宁公司又以传统文化"悟道""藏易"为主题，并用"中国李宁"和"中国风"做主要元素，改变了其在年轻消费者心中的刻板印象，成为"国潮"的优质代表。

品牌创始人对品牌的影响力和 IP 价值有时会超过企业本身，如阿里巴巴的马云、京东的刘强东、小米的雷军、格力的董明珠。有人曾做过实验，同样一篇文章，标题写"马云"比写"阿里巴巴"的点击率更高。但企业家的人设应当与企业用户的定位相协调。例如，刘强东塑造的人设是白手起家、草根逆袭、有情有义、关爱下属的领导，但这种形象并不契合京东的定位。目前京东的主要用户群体是城市的白领阶层和公司职员，刘强东也强调其服务对象是"五环内"的中产阶级。但京东的客户群体对刘强东的这种人设并不感兴趣，他们没有草根逆袭的经历和渴望，崇尚规则而不是情义，因此，这种人设定位和京东用户群体在一定程度上存在错配问题。

4. 品牌的人口特征

品牌拟人化还包括品牌所体现的人口统计特征，消费者不但会赋予品牌不同的个性特征，也会赋予品牌人类的年龄、性别、职业、社会阶层等人口特征。例如，苹果被认为是年轻的，而 IBM 被认为是年长的；耐克是男性的，而香奈儿是女性的。有趣的是，有的品牌被消费者认为既是男性又是女性，例如保时捷。品牌代言人、品牌使用者都会影响消费者对品牌人口特征的感知。

年轻人是市场中的消费主力，是大多数品牌应当去极力影响的人群。许多网红品牌都是因为迎合了年轻人的喜好而获得了成功，如钟薛高、三顿半、元气森林、花西子、单身狗粮等。而百雀羚的草绿色包装虽然与"草本护肤"的定位高度匹配，但整体视觉略显土气、呆板，不符合年轻人的审美喜好。当然，随着时间的推移，曾经的年轻客户步入中年，原来的名牌不再被新生代消费者所认可，品牌又将面临年轻化的问题，可见品牌的老化是正常趋势。到了关键节点，品牌必须做出选择，只有实现"年轻化"，品牌才能焕发新的活力。无论是国外的可口可乐、李维斯、红牛、锐步、Supreme，还是国内的故宫文创、李宁、海尔，都是通过品牌年轻化捕获了年轻消费者，实现销量和品牌价值的再次增长。

品牌要"年轻化"，必须要深刻洞悉年轻人的心理与喜好，否则很难激活"老化"的品牌。例如，李宁曾下大决心进行品牌年轻化升级，但"90 后李宁"浓浓的"杀马特"风格引来了大批消费者吐槽，产品也没有跟上，一系列推广都无法打动"90 后"，再加上品牌定位的不聚焦，最终其品牌重塑以失败告终。后来，李宁转型国潮，所有的产品线给人眼前一亮的感觉，才终于赢得了年轻人的青睐。

5.3 新产品的扩散

新产品是相对于老产品、旧产品而言的。消费者行为学认为，创新是被某一细分市场的消费者认为是新的并对现有消费模式有影响的产品或服务。有些电器产品在发达国家普及率很高，但在一些第三世界国家，却可能被其消费者视为全新的产品。创新会带来消费行为模式的改变，例如，微波炉改变了人们的烹饪方式、手机改变了人们摄影和分享照片的方式，等等。

对于任何新产品，我们都可以根据创新程度和对消费者行为的改变程度将其划分为连续创新、动态连续创新和非连续创新产品三大类。电话的出现或最早的摩托罗拉手机都是非连续创新产品，初代 iPhone 智能手机、Apple Watch 可看作是动态连续创新产品，而全面屏、折叠屏、无线充电、像素升级等手机革新都是根据原有结构进行升级、优化和迭代的，属于连续创新产品。共享经济从 Uber（共享出行）和 Airbnd（共享房屋）开始兴起，而到了国内随着滴滴出行（共享出行）的火热，共享经济的概念逐渐出现动态连续创新，比如共享单车便是中国本土发明，继而输出到了国外，另外还有共享充电宝、共享雨伞等层出不穷的革新。

▶ 思考一下：目前，市场上有哪些新产品？它们是连续创新、动态连续创新还是非连续创新产品？

人的需要是不断发展变化的，随着新技术、新工艺的不断采用，产品的更新换代是必然趋势。能否开发、研制出适应市场需要的新产品，往往是企业在市场激烈竞争中生死存亡的大问题。与企业产品创新密切相关的主要因素是消费者的需求、科学技术的发展进步以及市场竞争态势。

5.3.1 创新扩散的过程

创新扩散是指新产品上市后，随着时间的推移，不断被更多消费者采用的过程。创新扩散包括两个问题：一是新产品的扩散过程；二是新产品购买者的分类研究。

1. 新产品的扩散过程

消费者对新产品有一个从不了解到了解、从疑虑到信任的过程，新产品的扩散通常会经过相当长的时间。一般来说，创新产品的扩散过程会呈现出相似的模式，消费者对新产品的接受率或新产品的扩散过程呈现 S 形态，即先慢后快、先低后高，直至达到自然极限。当然，由于消费者购买也不是完全与新产品扩散同步，因此会呈现出多种形态的新产品扩散曲线，如图 5-22 所示。

新产品扩散是"商品或服务由生产者流向消费者的过程"。它类似于"投石入湖"：把石头丢进一泓平静的湖里，于是水面上会荡起阵阵的涟漪，涟漪由小而大，由近而远，渐渐地扩大，最后终于扩散到湖里的每个角落。当新产品刚进入市场时，只有少数人购买，这就好像第一层涟漪一样，圈子很小；渐渐地，围绕在原始购买者周围的人也开始购买产品，于是涟漪荡得更大；最后，新产品终于传布到更多的消费者身上，但新产品完全被所有的消费者接受是不太可能的。

产品扩散与产品生命周期是相互联系又相互区别的两个概念。S 形扩散曲线关注的是产品的市场比例，通常是累计曲线。也就是说，随着时间的推移扩散曲线会持续增加且至少保持在同一水平上。但产品生命周期与随时间推移的产品销售额有关，随着产品逐步退出市场，产品生命周期曲线最后总会呈现下降趋势。

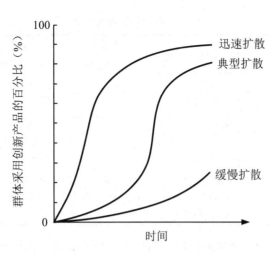

图 5-22 创新产品的扩散方式

2. 新产品购买者的分类研究

创新扩散过程中如何区别不同阶段的消费者呢？图 5-23 描述了在产品的生命周期内，随着时间的推移，使用新产品的人数增长的情况。首先，一小部分消费者会很快地采用创新产品，另外一部分消费者则需要经历一个漫长的过程，而大多数的消费者介于这两者之间。

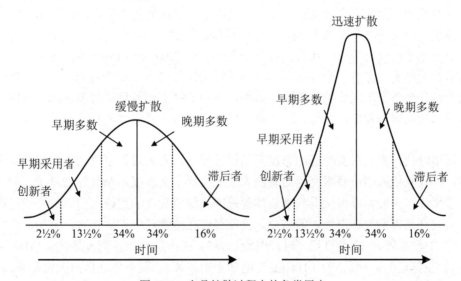

图 5-23 产品扩散过程中的各类用户

罗杰斯（E. M. Rogers）按消费者接受新产品时表现出来的个性差异和接受新产品的时间先后，把消费者划分为五种类型，分别是创新者、早期采用者、早期大众采用者、晚期大众采用者和滞后者。他还认为，每组内消费者的个性特征是相似的；各组消费者之间的个性特征又是不同的，如表 5-2 所示。

表 5-2　新产品消费者分类

	创 新 者	早期采用者	早期大众采用者	晚期大众采用者	滞 后 者
个性类型	技术的狂热追随者	意见领袖	实用主义者	保守主义者	保守主义者
心理特征	愿意承担创新可能带来的风险	有较强的交际能力，对新产品有较大的兴趣和好奇心	顺应社会潮流，从众心理决定购买	谨慎小心，对新事物存有戒心	消费惰性，对事物态度趋于稳定，不易改变
营销策略	寻找种子用户，强调技术特点	通过多种媒体与消费者沟通，强调市场认可	通过多种媒体与消费者沟通，强调市场认可	培养用户使用习惯，强调顾客价值	培养用户使用习惯，强调顾客价值

但是，在网络环境下，这种渐进的扩散理论受到了挑战。人们可以在网上从许多"弱关系"的陌生使用者那里获得大量产品体验信息，而不用再等待周围人的使用效果。如果新产品确实具有令人期待的良好功能，消费者会很快在网上找到新产品的各种评价与介绍，他们可以更为准确地判断产品的实际品质，而不再拘泥于个人经验、品牌忠诚，也不用担心会受到厂商广告的误导。既然能够迅速、准确地评估新产品的质量与功效，消费者在尝试新产品时就不会像以往那样犹豫不决。也就是说，新产品在每两类群体之间的扩散时间将大大缩短。传统曲线的上升沿和下降沿将会变得更加陡峭，创新能迅速扩散，但同时也会很快地被后继创新所取代（类似于图 5-23 中的右图）。因为，科技创新会越来越快地渗透到更新换代的产品中。也就是说，新产品的扩散、产品的生命周期和行业更替的时间都在迅速缩短。腾讯 QQ 聚拢 5 亿用户用了十几年，而微信只用了 3.5 年；携程、淘宝和京东用了十几年才形成对传统行业的优势，而滴滴打车、Uber 和 Airbnb 则只用 3 年就形成了对传统行业的颠覆性优势；摩拜单车用一年时间就分布到了 180 个城市、7 个国家。有的特色新产品甚至还会出现抢购的情况，例如，华为 P30 Pro 号称能够重新改写摄影规则，而且国内售价比国外要低，因而一上市就受到了消费者的普遍好评和追捧，形成一机难求的局面。

在网络时代，人们对新产品的态度仍然存在差别，有人对新事物着迷，喜欢率先体验新技术，并收获他人的羡慕眼光；而有些人采取实用主义态度，总是行动迟缓。但信息环境发生了变化，人们可以很快看到那些体验过产品的消费者的评论，信息的不确定性迅速降低，只要产品确实符合消费者的需要，就能很快在消费者中扩散开来。例如，半亩花田（自然主义护肤品牌）、完美日记（时尚美妆品牌）、稚优泉（创意美妆品牌）、Maia Active（为亚洲女生打造的运动品牌）、Usmile（电动牙刷品牌）、莫小仙（自热火锅品牌）、开小灶（自热饭品牌）等品牌的快速崛起，主要依靠的就是 KOL 和 KOC 在小红书、B 站、抖音、微博上的传播推广。

▶ 思考一下：在网络时代，新产品的扩散过程和影响因素有什么新特点？

5.3.2　创新扩散的影响因素

人们通常把钱花在两件事情上：对抗痛苦、追求享乐。而解决痛苦的产品功能常常要比给人更多快乐的功能更好，而且解决痛苦的功能往往在持久力上也表现得更好一些。"痛点"顾名思义，是消费者在日常生活中所遇到的问题、纠结和抱怨，让人感到痛苦的接触点。

所谓"痛点就是创新点"，就是要求在新产品的开发过程中，要准确把握消费者的迫切需要，从消费者的痛点下手，以解决痛点为产品设计思路。能够被发觉的痛点往往代表的是一些真实问题，而其背后往往隐藏有价值的功能诉求点。通过提供功能或相应的数据，在帮助消费者解决这个问题的同时，能让产品的用户体验大大提升，而如果产品没有解决某些刚性的痛点，想要吸引消费者就不是一件容易的事情。例如，智能手机的续航能力往往仅能维持一天，携带充电器或笨重的移动电源出门是个痛点，由此充满时尚元素的手机充电移动腕带便能赢得年轻人的好感。又如，大城市停车难是有车一族很头痛的问题，"从A点到B点，开车只花了15分钟，结果找停车位花了30分钟"，就很形象地描绘了这一窘境，显然这是一个高频"痛点"。如果开发一个类似于滴滴打车这样的软件，临出门前查好目的地附近的车位信息，并可进行网上预约和锁定，到地方后不用排队停车更不用担心没有位置，势必会赢得有车一族的青睐。

"痛点"是消费者必须要解决的问题，而"痒点"不一定非得需要，"痒点"是创造并勾起消费者心中的"想要"；或者说，"痛点"解决消费者的问题，而"痒点"满足消费者的情感欲望或"虚拟自我"。例如，优衣库的 UT 可以将消费者最喜欢的艺术、文化、人物穿在身上，UTme 还能让消费者 DIY 个人专属的 UT，使每个消费者都有机会以一种更年轻的方式追求个性与自我价值，从而不断地刺激年轻消费者的"痒点"。另外，"爽点"则强调消费者的愉快体验，主要满足消费者的即时需要。归纳起来，"痛点"是问题导向，"痒点"是情感导向，"爽点"是体验导向。

在美国，大约有 46% 的资源被用到那些不成功的产品开发和市场推广上，这些项目要么夭折，要么不能获得足够的收益。有一份报告称，平均每 100 个进入开发期的项目中，有 63 个会被中途取消，有 12 个会最终失败，仅有 25 个能获得商业上的成功。新产品的开发往往花费较大，而失败率又较高，这就要求企业必须认真、系统地研究消费者的心理需求，而不能仅仅依靠直觉来进行产品开发，以提高其新产品成功的机会。例如，可口可乐公司曾经推出一款香草味和一款樱桃味的可乐，现在已经停产了，原因就是他们错误地认为消费者需要有不同香味的可乐。而实际上，特殊香味并不是可口可乐消费者需要的。又如，奇虎 360 曾开发了一款零天线路由器，信号强度完全不受影响，本以为这样可以出奇制胜，但产品却无人问津。原来消费者有一种很固化的认知：天线越多，信号越强。

▶ 思考一下：在你的记忆中，市场上曾经出现哪些失败的消费产品？原因是什么？

1. 创新扩散模型

影响新产品在市场上取得成功或扩散程度的因素很多，图 5-24 是一个创新扩散的简单模型。该模型将影响创新扩散的因素概括为六个方面。

从企业来讲，结合以上模型，应当考虑以下影响创新产品扩散速度的具体因素。

1）满足需要的程度

创新产品满足的需要越是显而易见，重要性程度越高，扩散的速度也就越快。例如，以前人们玩网络游戏的时候，需要边打游戏边和队友聊天，但打字又很麻烦，常常会因为打字让游戏人物丢了性命、任务失败，而"YY"语音通信软件就满足了游戏玩家一边打游戏一边沟通的需求，因而很快就在游戏玩家中打开了市场。又如，越来越多的年轻上班族开始选择自带午餐，但一大痛点是微波炉的加热容易造成食物水分流失，进而影响口感，于是小熊电器研发了电热饭盒，除了蒸饭、蒸菜外，还能煮汤。

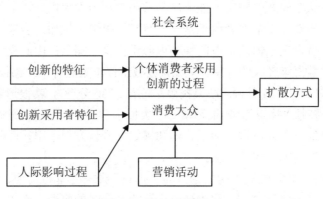

图 5-24　创新扩散模型

资料来源：Mowen J C. Consumer Behavior[M]. New York: Macmlllan, 1993: 560.

【案例链接】

三顿半咖啡的产品创新

定位为"精品即溶咖啡"的三顿半，在没有投入多少营销费用的情况下，短短几个月就被众多 KOL 和 KOC 捧成网红品牌，产品力功不可没。这种产品力体现在基于工艺的口味创新和包装创新，以及两者结合的场景创新上。

1. 口味创新

三顿半产品创新的关键词是冷萃，即无限制的超级速溶。简单来说，就是通过低温慢速萃取技术，三顿半咖啡可以在牛奶、冰水、苏打水、茶饮等不同液体，甚至不同温度的液体中，无须搅拌，三秒即溶。三顿半更健康、更便捷，各种口味随时冲泡，满足了人们"随时随地喝上好咖啡"的愿望。

2. 包装创新

三顿半创造性地设计出了小罐包装，走了 mini 可爱路线。而且有个讨巧的设计，不同口味的咖啡，包装小罐子编号不同，颜色也不同，数字越小风味越突出，数字越大则越厚实和浓苦，进一步增加了可玩性。多数人觉得这种 mini 包装和质感非常惊艳，第一眼看到就爱不释手。

3. 场景创新

基于低温萃取工艺的口味保证和三秒速溶能力，配合可随身携带的小罐包装，"让咖啡变得触手可及"，三顿半首先征服了一批对口味有要求的商务、旅游、运动爱好者，毕竟出差路上、开车途中、旅游等很多时候是没办法叫一杯现磨咖啡的。

在三顿半出现前，传统的速溶咖啡只是一个低端品类，口味上对咖啡稍有要求的人都无法接受。而且，传统的速溶咖啡如果不配上热水和搅拌棒，那种可溶性真是让人一言难尽，便利纯粹是笑谈。

资料来源：代文盖."三顿半"咖啡凭什么3个月做到双12销量国产品牌第一？[EB/OL].（2019-10-12）. http://www.foodaily.com/market/show.php?itemid=20909.

2）个人特征

不同的消费者由于性格、文化背景、受教育程度和社会地位等方面存在差异，对新产品的接受快慢程度是不同的。如前所述，具有某些个性特点的消费者容易成为产品接受的创新者。例如，变化需要和认知需要较低的消费者较难接受创新，而认知需要高、创新性强的消费者就容易接受创新。

3）感知风险

与采用创新产品相联系的风险越大，扩散就越慢。风险主要包括经济、个人身体和社会等方面的风险。感知风险取决于三个方面的因素。

（1）创新产品无法产生预期效果的可能性。

（2）不能产生预期效果造成的后果。

（3）可修复性，修理费用和其他问题。

4）目标群体

有些群体比另外一些群体更容易接受改变。一般说来，年轻人更易于接受新事物、新观念，所以新产品在这一群体内扩散得也就更快。因此，目标市场乃是决定创新产品扩散速度的重要因素。比如，2007年6月29日上市的iPhone手机是美国苹果公司出品的第一款智能手机，目标群体是年轻人。这款手机屏宽8.9厘米，比一般手机屏幕大，采用多点式触摸屏，将iPod播放器和传统手机功能融为一体，能播放音乐和上网，支持无线网络及蓝牙技术，结果iPhone手机得到了众多年轻"苹果迷"的青睐，其目标市场有利于这款新产品的扩散。

5）决策类型

决策实质上可分为个人决策和集体决策两种类型。做出决策的人数越少，创新产品扩散就越快。因此，涉及两个或两个以上决策者的创新产品，要比只有一个决策者决定购买与否的产品扩散得慢。

6）产品特征

（1）适应性。创新产品最好能与目标消费者的生活方式、价值观念和以前的消费经验等相一致、相吻合。当创新产品与目标市场消费习惯、社会心理、价值观相适应或较为接近时，较有利于市场扩散，反之，则不利于市场扩散。例如，一家个人护理品制造商曾试图推出男士脱毛膏，作为剃刀和剃须膏的替代品。尽管这一新产品简单、方便、实用，但因为男性认为产品过于女性化，会威胁到他们的男性自我观念，因此对这款产品没有兴趣。又如，华为的"鸿蒙"系统如果不能兼容安卓的App应用，即使其性能更为优越，"鸿蒙"的扩散过程也将遇到巨大阻力。

（2）简易性。一般而言，新产品设计、整体结构、使用维修、保养方法必须与目标市场的认知程度相适应。产品易使用、易理解、质量易把握，就容易减少消费者的疑虑心理，因而也就容易被人所接受。相反，如果影响产品质量及性能的因素太多，不便维修，消费者操作使用上也不方便或需要花较多的时间和精力才能熟悉和掌握，消费者就不肯轻易购买。例如，Photoshop虽然功能强大，但普通用户根本用不到这么多功能，也很难快速学会使用。而美图秀秀刚好能满足用户的需求，即便用户不懂图片处理，也能轻松上手，甚至现在的手机相机把拍照、美图合而为一，连使用美图秀秀的需求都省掉了。

（3）可试性。这是指消费者以低代价、低风险获得新产品试用的可能性大小。由于试用能让消费者评估产品的相对优势和潜在风险，那些容易体验其质量与功能的新产品，其扩散的速度会更快；而在短时间内难以获得明确的印象和效果，价格又较高的新产品，其扩散率就偏低，如某些家用电子治疗仪。营销部门可以采用现场操作、免费试用或包退包换等优惠措施，也可以采用出租的方法，来降低购物风险，鼓励试用。当然，对于晚期采用者来说，试用性已不太重要，因为他们知道有许多人已经试用过，因而对其效果已经有一定的了解。

（4）沟通性。新产品的新属性和使用新产品的好处如果容易被消费者所觉察、沟通、想象和形容，这个产品的沟通性就强，扩散也就快。

（5）优越性。新产品的相对优点越多、越显著，满足消费者需要的程度越高，受市场欢迎的程度也就越高。例如，手机明显比传呼机方便得多，因此手机取代传呼机是必然的；手机取代小灵通的过程则要慢一些；智能手机以其极高的相对优越性很快便独步天下；5G手机取代4G手机会较慢，普通用户对5G的低时延优点兴趣不大，超高速下载也并非刚需，但5G手机会得到"手游族"的喜爱；曲屏手机还有些"价高和寡"，但可折叠曲屏手机将会带来智能手机领域的重大变革。

结合新产品的适应性和优越性来看，如果消费者觉得改变习惯消费模式的成本过高或收益太小，他们就懒得改变；而当他们觉得接受新消费方式的成本很低或有很高收益时，他们就有动机去改变。如图5-25所示，最容易扩散的新产品是"收益高且改变成本低"的产品，当然这类产品在初期都需要激活用户需求。比如，无论饿了么、好慷在家、共享单车还是快方送药，在推广初期都要花费重金补贴用户，这是因为消费者一旦体验过这类产品带来的便捷，就容易养成消费习惯。而其他三个象限的产品，要么成本高，要么收益低，因此在营销策略上主要是降低成本或提高收益。例如，电动牙刷刚推出时，广告主打"刷牙更省力"，但是刷牙对消费者来说已成习惯，本身是不费力的。所以，消费者购买这款产品需要的改变成本很高（转变刷牙习惯），却感觉不到收益，用惯了普通牙刷的人是不大可能购买电动牙刷的。虽然营销者降低改变成本很难，但可以通过转换购买动机的方式来提高收益，如以"刷得更干净"来激活市场，因为"刷得更干净"这件事用普通牙刷很难完成，即相当于用电动牙刷大大提高了收益。

有的新产品为了突出其某一特点，可能会对产品进行差异化的市场定位。如HTC曾把手机与Facebook联系进来作为产品的市场定位，提出了"Facebook手机"的概念，但是这一特点并不突出，实际上每款智能手机都有分享到Facebook的功能。即使产品的差异化很大，但消费者也未必会聚集于某一种性能，如果他们获知产品在其他方面存在缺陷，也会放弃购买。

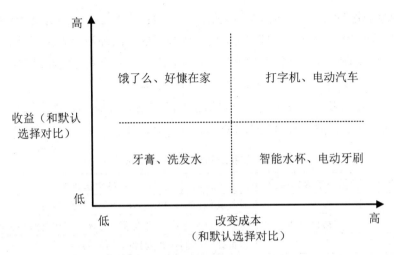

图 5-25　接受新产品的成本收益分析

在网络信息时代,可观察性、可试性的意义已大为降低,而创新的重要性则大幅上升。另外,适应性的作用也会降低,当消费者能够清楚地看到新产品的优势与使用的便利,他们就会更容易尝试看似不兼容的新事物。例如,iPhone 问世之前,很多人可能认为自己无法适应一种没有机械键盘的手机,但是 iPhone 推出以后,人们普遍喜欢这种界面友好的触摸屏手机。另一方面,新产品要保持住技术上的相对优越性也很难,因为这种优势往往很快就会被竞争者模仿,而产品品牌的象征性却能获得持续性的竞争优势,这也是大品牌推出新产品更容易被消费者接受的原因之一。

▶ 思考一下:你看好谷歌眼镜的市场前景吗?为什么?

7)营销努力

企业营销努力的程度极大地影响着扩散速度。企业应在新产品上市时加强主动式推销,开展广告攻势,使目标市场很快熟悉创新产品,开展丰富多彩的消费者体验活动,鼓励消费者试用新产品。在新产品的成长期,要充分利用网络的传播作用,通过 KOL、KOC 的网络口碑,影响早期大众和晚期大众采用者,创造性地运用促销手段鼓励中间商,鼓励消费者重复购买,以实现快速增长的目标。在产品成熟期,继续采用快速增长的各种策略;更新产品设计和广告策略,以适应后期采用者的需要,实现渗透最大化。最后,通过企业的营销努力,使进入衰退期的产品尽可能维持一定水平的销售额。

为了推广新产品,企业可能会把创新者作为目标消费者,开发利基市场或细分市场,然后逐步渗透到其他消费群体。例如,小罐茶本身是为了方便经常出差的商务人群喝茶而诞生,现在成了大众商务礼品;三只松鼠最初也只是以网络族群为服务对象,现在变成了大众名品。但是,为创新者开发设计的产品未必会得到主流用户的喜爱。例如,最早推出平板电脑的其实是微软公司,微软公司将目标市场定位于医疗、保险、房地产、法律等领域,并认为市场的创新消费者更强调产品的功能等技术层面,因此对用户界面设计比较宽容;而苹果公司的 iPad 并不锁定或限制应用人群,事实上很多老年人很喜欢这款产品。许多消费者听说这款产品后,上网搜索相关信息,认为它能满足自己的需要,于是立即购买。结果,苹果公司的 iPad 得到了快速扩散,而微软公司的产品却没有得到市场的认同。所以,创新产品的目标受众应当定义得更加宽泛一些,早期用户可能来自世界任一角落的任何人,他们会即刻在网上发表评论,并迅速影响其他消费人群。

重要的是,营销者应当及时发现妨碍创新产品市场认可与接受的潜在阻力——扩散障碍,并由此制定促进扩散的应对策略来克服这些障碍,如表 5-3 所示。

表 5-3 创新产品分析和扩散促进策略

影响扩散的因素	阻碍扩散的情况	扩散促进策略
群体性质	保守	寻找其他市场,以群体内的创新者为目标
决策类型	群体决策	选择可以到达所有决策者的媒体,提出化解冲突的主题
营销	有限	以群体内的创新者为目标,使用地毯式轰炸策略
感知的需要	弱	做大量广告表明产品利益的重要性
相对优势	低	降低价格,重新设计产品
适应性	冲突	强调与价值规范相符的属性
复杂性	高	在服务质量高的零售店销售,使用有经验的推销人员,进行产品演示,做大量的营销努力
可试性	困难	向早期采用者免费提供样品,向租赁机构提供优惠价格
可观察性	低	大量使用广告
知觉风险	高	成功记录、权威机构认证或证明、担保

另外,如果市场主管部门要求某种创新成为行业或产品标准,这势必会促进创新的扩散。例如,烟雾探测器、安全带和无铅汽油都是强制要求使用的创新。许多国家都计划将在若干年以后禁售燃油汽车,这必将刺激各种新能源汽车的推出与扩散。

【资料链接】

四类产品的"降维营销"法

1. 功能属性的产品优衣库化

什么叫作优衣库化?优衣库最早进入美国市场的时候开在沃尔玛边上,因为开在乡下没有人买,人们会觉得这是很 low(低廉)的商品。

优衣库是怎么做起来的?它把重金花在了最好的街头,开最好的旗舰店,打造一个中产阶级偏高的定位和品质感,但是它的价格是偏低的。把快消品的功能性做成一种符号,一种腔调,以此赢得人心。

2. 身份属性的产品奢侈品化

功能属性就是即使性价比很强,也很难成为企业家需要的东西,或中产阶级偏上及中产需要的东西。这里必须去打造你的区隔感,身份属性的东西要做得高级,要有奢侈品的感觉。

3. 高频消耗品上瘾化

高频的消耗品要做到上瘾化,如果不能让人上瘾,不能形成某一种触觉和连接的感觉,就很难做好这个生意。很多人抽烟并不是为了抽烟,他只是喜欢手里有个东西,这已经成为一种衍生的器官了。所以，创造上瘾的特性很重要。例如，牙膏在最早推出的时候不起泡沫，但他们的产品经理发现，如果没有泡泡、没有薄荷味道，很难让人上瘾，人们会觉得这东西没有效果。所以，后来就改为一刷都是泡、很清凉，消费者觉得这样很有效，产品就普及了。

也就是说，你的产品可以加一点没有实际作用但能让人上瘾的东西。

4. 低频耐耗品信仰化

很多大家电其实是属于耐耗品，一定要有信仰、有圈层。

资料来源：沈帅波. 一场商业大变局正在中国上演，这是很多人一生仅有的机会！[EB/OL].（2019-05-04）. https://www.sohu.com/a/311668523_99949072.

2. ADP 模型

ADP 模型是可口可乐公司根据行为科学理论及著名的 3A 理论提出来的。"3A"是指行为（action）、态度（attitude）、能力（ability），分别说明"会不会""爱不爱""能不能"的问题。ADP 模型借用这种思想，认为产品要卖出去，应满足消费者三个条件：愿意买、买得到、买得起。其中，"愿意买"解决消费者态度（attitude）问题，"买得到"解决产品渠道与分销（distribution）的问题，"买得起"解决产品性价比（profit）问题。这三大因素是相对独立的，合在一起，就是所谓的 ADP 模型。

（1）A（attitude）：消费者的态度（对产品的相对喜好程度）。

（2）D（distribution）：目标—交易—产品的获得难度（渠道因素）。

（3）P（profit）：产品的利益与价格（性价比因素）。

后来有人在 ADP 模型的基础上又增加了一个条件：有容量。有容量就是找到或挖掘那些对产品有需求的消费者，解决市场容量问题。市场容量英文是 market size，简称 MS。由此产品的市场销量主要受 A、D、P、MS 这 4 个因素的制约，如图 5-26 所示。

图 5-26　ADP 模型

例如，某品牌婴儿奶粉被发现含有违规添加剂，引发消费者强烈的负面态度，销售量大跌（"不愿买"）；许多"海淘族"消费者对澳洲保健品情有独钟，但又怕买不到正品货（"买不到"），而考拉海购则满足了其要求；保时捷或者劳斯莱斯，虽然大家都想买，很多地方也都有卖的，但是太贵了，对于大众群体来说，销售量也趋近于 0（"买不起"）。

5-12　润妍为何退市？

3. 上瘾（Hook）模型

Hook 模型是尼尔·埃亚尔（Nir Eyal）在《上瘾——让用户养成使用习惯的四大产品逻辑》一书中提出来的。Hook 模型分为四个阶段。

5-13 Hook 上瘾模型解析潮自拍

（1）触发/引爆点（trigger），即如何引导用户采取行动。习惯形成的背后都始于某个触发，触发可以激活某种行为。触发有两种：外部和内部。外部触发通过蹭热点、发广告、SEO、熟人推荐等方式引起用户的注意；内部触发则是通过用户的产品体验形成情感纽带，因为产品能够满足用户的显性及隐性需求而自动出现。外部触发可以培养新习惯，而内部触发可以让新用户变成铁杆粉丝。

（2）行动（action），即驱动用户的行为。消费者实施某种行为，必须有充分的动机和完成行为的能力。为增加用户实施某种行为，在设计产品时要让产品便于操作，无需花费过多的时间、金钱和脑力；要想用户对产品爱不释手，就要让用户花更少的努力得到他想要的效果。例如，从摩拜和 ofo 的使用流程看，摩拜：掏出手机、扫码、踢脚撑、骑车走人；ofo：掏出手机、扫码、输入密码、点击确认、踢脚撑、骑车走人。可见，ofo 的操作多了一个弯腰输入密码和确认的环节，其使用体验自然会比摩拜要差一些。

（3）酬赏（reward），这是让用户上瘾的关键。除了产品易用度（如产品体验、响应速度等），还要能提供多样多变的酬赏机制去保持用户的兴趣，创造用户继续使用的渴望感。驱使人们行动的不只是酬赏本身，更重要的是渴望酬赏时产生的那种迫切需要。如果我们能够预测到下一步会发生什么，就不会有意外的感觉。因此，要想留住用户，层出不穷的可变酬赏必不可少。酬赏既有内在的，也有外在的，包括社交酬赏（点赞、评论、打赏）和自我酬赏（阶段性成就感）等多个方面。

（4）投入（investment），指用户对产品的付出。一种行为想要变成日常习惯，必须有很高的频次和可感知的价值。投入可以是已经付出且不可收回的"沉没成本"（sunk cost），这种成本会提高消费者对实际价值的主观判断。投入并不单单指付费，而是泛指能促使用户再次使用产品的一切行为，包括时间、金钱、精力、情感等。2020 年，美国曾要求苹果手机停止向其用户提供微信服务，但微信早已深深融入全球华人的数字生活，停止微信服务将会给中国与亚洲其他地区的消费者带来诸多不便，从而影响苹果手机的销量。

【案例链接】

"盲盒"为什么让人上瘾

盲盒（Blind Box）就是装着不同的手办或玩偶的一个严密盒子，消费者购买前无法通过外观分辨盒子里面的东西，只有打开才会知道自己买到了什么。POP MART（泡泡玛特）的 Molly 系列盲盒是国内最火的盲盒品牌，主要消费群体是年轻女性消费者。

POP MART 盲盒为什么让人上瘾？

1. 触发（trigger）

用户的"上瘾"源于习惯，而习惯养成的背后，均始于某个触发点，其分为外部触发和内部触发两种。

（1）外部触发——让产品获取用户认知

盲盒之所以流行，离不开线下、线上多渠道品牌及商品曝光，快速占领用户心智。POP

MART在许多大中城市的主流商圈开设有线下直营零售店或机器人商店。

同时，POP MART还在微信、抖音、微博、天猫、小红书等主流电商、社交平台开店推广，专门打造自己的"葩趣"社交电商平台，让用户在平台上分享故事、结识朋友。

盲盒商品的设计也着实让人心动，卡通纸盒外包装，里面放的是各种呆萌的玩偶，玩偶造型可爱、制作精美，容易激起各种"少女心"。

（2）内部触发——让产品与用户的思想、情感发生关联

盲盒营销背后是对消费者心理的深刻洞察，利用消费者的好奇心、收集癖，让消费者上瘾。

由于盲盒玩偶设计直戳人心，加上各系列产品风格独特带来的新鲜感，很容易激发用户的购买欲。而购买采用"盲抽"的形式，更具神秘感、惊喜感，这种未知的诱惑和猎奇心理吸引人们去尝试购买。

当你购买并打开盒子后，发现它并不是你想要的那款玩偶，心理瞬间产生的失落和不甘，也会促使你再试一次。

2. 行动（action）

一个让人上瘾的产品，首先要让用户尽快地采取行动。根据Fogg博士的行为模型（B=MAT），要想促成用户某一个行为的发生，动机（motivation）、能力（ability）和触发物（trigger）缺一不可。也就是说，要给予用户足够的动机，降低用户阻力并且提高能力，在适当情景下给予触发提醒。

1）动机

人类的行为通常受追求快乐、追求希望、追求认同三组核心动机影响。盲盒也正是激活了消费者的这些行为动机：打开充满神秘感的盲盒，得到自己心仪的玩偶，获取快乐；拿起盲盒摇一摇，期盼它就是自己想要的那一款，心怀希望；朋友圈分享所拥有的盲盒，大家纷纷点赞，获得认同。

2）能力

使用产品需要能力的高低，能力衡量采取行动的成本，越简单的操作，越容易完成。我们通过影响任务难易的六个要素来看盲盒是如何让用户入手的。

- 时间：线上利用碎片时间随时购买，线下逛商场到店即买即抽。
- 金钱：花十几就可得到一款造型可爱的玩偶，是多数人可接受的消费范围。
- 体力：只需要动动手随机抽一个，体力消耗为0。
- 脑力：无须动脑，主要靠运气，除非研究如何提高准确率。
- 社会认知偏差：精制的造型、盲抽的神秘感、办公室和社交媒体的高曝光度，直接影响用户认知。
- 非常规性：与同类主流玩偶一样，主要做收藏、展示用，无上手成本。

由此可见，盲盒为了降低用户行动门槛，真正做到了"Don't make me think"。

3. 多变的奖赏效应（variable reward）

人们对奖赏的期待和渴望，会促使自己采取行动。再加之不确定、可变化因素，使得奖赏效应对人们的吸引力达到最大化。

1）社交奖赏

玩家们收集盲盒后，热衷于在社交媒体上分享、摆拍、炫耀，通过各种形式传播拥有

盲盒的喜悦，盲盒已成为一种社交货币。分享所获得的认同和赞赏，则会让人产生持续采取行动的动力。

2）猎物奖赏

盲盒商品是随机的，人们对未知商品的期待，增加了购买过程的趣味性。正因为人们不知道自己会得到哪个商品，才更加好奇，去想象和期待自己的盲盒。就像网上说的，人生就像拆盲盒，你永远不知道下一秒拆开的是什么惊喜。"隐藏款"便是盲盒猎物奖赏的典型案例：在盲盒的设计中，一套玩偶分为固定款和隐藏款，每一箱盲盒里大部分是固定款，只有少数为隐藏款。有业内人士透露其比例约为 1%~3%，这导致玩家只有不断地购买盲盒才有机会抽到隐藏款。因此，抽到隐藏款，凑足一套，便成了不少盲盒玩家的"强迫症"。

3）自我奖赏

自我奖赏是指人们从行为中体验到的愉悦感、成就感和完成感。

盲盒"主题系列"的设计，便是玩家自我奖赏的催化剂。一般情况，一个主题系列的盲盒会出 5~12 款。当玩家完成一次盲抽，获利短暂的愉悦感后，便很容易产生将盲盒系列集齐的欲望，以满足自己的成就感和完成感。为了集齐整套盲盒，越抽不到就越想拥有，就会一个接一个地买，从而进入一个永不停止的循环。

4. 投入（investment）

通过用户对产品的一次次投入来培养持续的使用习惯，最终转化为让用户的上瘾行为。用户对事物投入越多，就越有可能认为它有价值，越容易形成习惯。从经济学的角度分析"投入"的运作原理，其实就是提高用户的"沉没成本"。

1）时间投入

盲盒最核心的"盲抽"模式，成了拉长用户时间投入的利器。与其他"即买即得"产品不同，盲盒只有购买后打开包装时才知道买到了什么，导致没有买到心仪产品或是买到重复产品的概率大大增加。加之盲盒推出了近百款 IP 产品，每款 IP 产品又包括多个主题系列，使得拥有猎奇心理、喜爱收集的用户甘愿投入大量时间，来换取拆开盲盒那一刻的快感或是将全套集齐的成就感。

2）金钱投入

一个盲盒的价格从十几元至几十元不等，金钱方面的投入门槛低。换句话说，就是用金钱换取惊喜、满足、成就的成本低。这就容易在用户心中形成"不差这一个、反正价格也不是很贵"的思维习惯。盲盒中的限定款和隐藏款，由于数量稀少、抽中概率低，导致产品溢价高于售价，这也让一些用户心存希望："抽到限定款或隐藏款便是赚了""前面都已买了那么多，不能前功尽弃，买到限定款就成功了"。

资料来源：伍德安思壮. "盲盒"为什么让人上瘾? [EB/OL]. (2020-07-12). http://www.woshipm.com/marketing/4077463.html.

【资料链接】

微信的"上瘾"逻辑

微信能成为 App 之王，是因为它的使用频次最高，也就是说人们对它"上瘾"了。

触发：微信 App 上框着数字的小红圈是一种外部触发，提醒用户有新信息快去看。但更有效的是内在触发，用户知道他的老板或者客户在微信上，漏看了老板的重要信息会被斥责，漏看了客户的信息会错过商机，错过了朋友重要聚会可能会被排斥，这些都促使用户去使用微信。一旦触发成为内在触发，打造用户使用习惯就成功了一半。

行动：微信的理解成本和使用成本都很低，微信支持懒用户把语音转换为文字，即便是不识字的老人或孩子，也能用微信的语音功能便利沟通。

多变的酬劳：我们通常不会通过翻微信的朋友圈来获取目的性特别强的信息，比如天气预报、股市指数、列车时刻表等。朋友圈大多是零碎时间翻阅，很多文章都是出人意料的邂逅。这些文章或带来强烈的情感体验，或带来有价值的思想和智慧，或警告危险让我们避免了伤害……这一切在翻阅朋友圈之前是未知的，多变的酬劳犹如探险未知之地，会刺激用户的兴奋点而让他们更愿意花时间沉迷其中。

投入：即便有和微信一模一样的功能，甚至功能更强大的 IM 出来，用户也不会轻易换掉微信。为什么？因为上面有太多的好友，以及来往互动的太多信息，机会成本很高。微信的"价值"正在于用户都"投入"了。所以，阿里巴巴开发的类似产品"来往"，也因为无法撼动消费者对微信的投入，而没有做起来。

资料来源：Anne. 那些让你上瘾的产品做对了什么？[EB/OL].（2017-08-12）. http://www.woshipm.com/pd/749969.html.

5.3.3 流行与时尚

创新如果能够转化为时尚与流行，就具有巨大的商业价值和前景，因而其转换过程意义重大。

1. 流行的含义

流行是一个时期内社会上流传很广、盛行一时的大众心理现象和社会行为。一种或一类商品，由于它的某些特性，在一段时间内被众多消费者所广泛接受，这种消费趋势就是消费流行。一些吃、穿、用的商品都有可能成为流行商品，甚至语言、人物形象也能成为流行对象，如网络流行语、网络表情包。我国就曾经流行过魔方、唐装、变形金刚、MP3等许多商品。在网络时代，不仅会涌现出很多网红商品，每年还会出现一些网络流行语，如 2018 年的网络流行语有佛系、锦鲤、巨婴、大猪蹄子、家里有矿、硬核、杠精、C 位出道、游泳健身了解一下……2019 年的网络流行语有盘他、不忘初心、是个狼人、OMG、"道路千万条，××第一条"、"996"、"687"、积极废人、小姐姐等。

流行的方式也是多种多样的，可以在不同社会阶层之间自上而下、自下而上，或是横向流行。在网络时代，一些新产品往往开始是在相对小众的圈子里进行渗透，然后通过社交媒体的分享传播，由点及面地流行开来。比如，小罐茶先主打航空杂志媒介，从高端商务人士切入；褚橙先从企业家开始；开山白酒从互联网新贵人群切入；特斯拉从顶端互联网圈层开始，逐步扩散等。

总之，流行意味着一种群体共同追随的行为，其行为往往具有时期性、自发性、反传统性和社会普遍性。

商品流行的速度和商品的市场寿命周期有关，也和商品的分类性质有关。其中，商品的市场生命周期长短、价格高低与流行的速度一般成反比关系。对企业而言，把握好商品流行的速度和周期十分重要。一种商品成为流行商品以后，销量增长迅速，销售时间集中，能给企业带来巨大的利润。但如果对消费心理变化估计不足，流行期一过，产品也可能会大量积压，给企业带来很大的损失。

2. 流行的周期

流行产生与形成的原因既有心理因素，也有社会因素。前者如追求新奇、表现自我，后者如新技术的产生、传媒的推波助澜等。流行会因经济、技术、社会观念等社会条件的变化而变迁，同时流行本身也存在普遍性和新奇性的矛盾。多数新事物的流行都只是昙花一现，这与消费者求新、求奇、求变的心理有关。当流行事物普及后，便失去了新奇性，需要新的流行出现。因此，消费流行导致的趋同性往往具有阶段性和周期性。

流行的周期和产品的生命周期很相似，可分为酝酿期、发展期、高潮期、衰退期四个阶段。流行的周期可长可短。具有长远生命周期的流行称为"经典"（classic），例如可口可乐、牛仔裤、米老鼠等，已经流行了三十多年。只有很短生命周期的流行称为"时髦"（fad），例如"呼啦圈"曾风行一时，但很快就消失了。生命周期介于二者之间的流行叫作"时尚"（fashion），如图5-27所示。

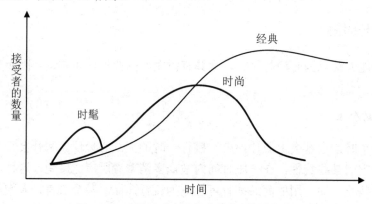

图5-27 时髦、时尚及经典的接受周期比较

资料来源：迈克尔·所罗门，卢泰宏，杨晓燕. 消费者行为学[M]. 10版. 杨晓燕，郝佳，胡晓红，等译. 北京：中国人民大学出版社，2014.

【资料链接】

维持产品的生命力

1. 延伸产品的价值。可口可乐公司认为实现顾客价值的地方恰恰是包装的更新。它恰当地把握了消费者喜新厌旧的周期，总是在消费者还没有厌倦时及时更新包装，比如推出各种昵称瓶、自拍瓶、歌词瓶、台词瓶、表情瓶等。企业在延伸产品的价值时要特别关注产品的规模，一定要聚焦产品的有效规模。因为只有有效的产品规模才会有足够的覆盖度，才有可能让产品意图清晰地被顾客接收到。

2. 产品定位的再次精准。伴随着城市消费者数量的下降，可口可乐公司是国内第一个关注农村儿童饮用水健康的品牌。它做了全中国最大的"让一镇一村喝上干净水"的计划，让很多农村的孩子从小就知道，自己能喝上干净的水和一个品牌相关，就是可口可乐。等到这个孩子长大后拥有支付能力，他第一次消费的饮品产品可能就是可口可乐。这就是可口可乐对市场一次又一次精准的定位，所以产品的生命才能够被维系。

3. 深刻理解消费者。企业在产品设计中一定要用进化的方法，即后一代产品要优于前一代产品，不要用替代的方法。比如企业原有的产品能满足消费者四个需求，新产品能满足消费者五个需求，这就是进化。因为产品功能的进化，现有产品的价格会上升，如果顾客承受不了高价格可以选择原有产品。产品进化能体现出企业的进步，产品替代并不能体现出企业的进步，"淘汰"的概念反而会让已购买原有产品的顾客感到被伤害。因此，企业讨论产品迭代一定要基于对消费者的深刻理解。

资料来源：陈春花公众号（春暖花开）. 离开竞争的第一个发力点是专注产品.（2020-04-29）. ID: chunnuanhuakai-cch.

3. 创新的转化

创新是否会向经典、时髦或时尚转化？除了从流行形成原因方面分析外，还可以借由以下几项问题来进行判定。

（1）它是否和基本生活形态的趋势兼容？例如，若未来的基本生活形态会趋向省时省力，则某件新事物虽然新颖，但却太耗时耗力，因此可能不容易成为一项经典。

（2）它有何利益？一项新事物必须和利益相联结才能久远，若只是单纯的新鲜感则容易随着新鲜感的减低而消退。例如，许多靠容貌取胜的歌星虽然出道时光鲜亮丽、备受关注，但因为没有出众的才艺，相对于唱将型歌手，很快就会退出流行的行列，逐渐从荧幕前消失。

（3）能否符合个人化？未来的消费者将会愈来愈强调自我，因此一项新事物若不能展现个人的特色，而只流于一致化与标准化，则较不容易被接受。例如，时下许多的网络游戏，在人物角色的初始设定与装备、转职选项上都力求多元化，借此，消费者可以打造专属个人风格的游戏角色。

（4）市场中有无相辅相成的变革一起产生？例如，互联网之所以会成为趋势，和持续发展的多样化网页内容有着极大的关系；智能手机普及并成为经典，与层出不穷的 App 有很大关系。

（5）是趋势还是附带效果？例如，智能手机本身可以单独存在，不需要依赖计算机和家用电话，因此，其本身即可单独成为发展的趋势。

（6）谁来采纳这项变革？如果采纳变革的人并非关键人物，则不会成功。例如，有机蔬菜或健康饮食如果无法取得家庭主妇的认同，则无法成为趋势。

本章思考题

1. 根据商品整体概念，在进行产品设计时应当考虑哪些方面的问题？
2. 除了产品使用价值外，产品还可能有哪些方面的价值？请举例说明。
3. 消费者对产品功能的认知包括哪些方面？应当怎样满足消费者的这些要求？

4. 在产品设计时，如何根据 KNAO 模型对产品属性进行调查和有效开发？
5. MEC 理论的基本原理是什么？如何根据此理论来进行产品设计或目标消费者定位？
6. 消费者接受新产品的心理过程是怎样的？哪些因素可能会影响新产品的扩散过程？
7. 在网络时代，新产品的扩散过程和影响因素有什么新特点？
8. 根据 ADP 模型，分析市场上某一新产品的市场前景，并对其营销措施提出建议。

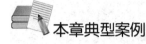

本章典型案例

瑞幸咖啡：对商业本质缺乏敬畏之心的危险游戏

瑞幸咖啡就像一种从天而降的病毒，你都不知道它从哪里来，然后突然就遍地开花了。

1. 瑞幸的咖啡市场

为了看清楚瑞幸咖啡是不是已经形成了一个有效市场，我们可以考虑以下几个基本问题。

5-14 路人这般评价瑞幸咖啡

第一个问题：瑞幸咖啡的市场有没有自然增长？

判断一个产品到底能不能形成有效市场，一个重要的标准就是看它在没有资本的推动下，能不能实现自然增长。否则，哪怕你把互联网的网络效应、商业生态效应说得天花乱坠，也没有用。非自然增长创造的需求，很大程度上都是伪需求。

对于很多瑞幸咖啡的消费者来说，首次购买基于免费，复购又基于优惠券的人并不在少数。有店长在接受采访时直接说："如果没有大的优惠活动加持，我们门店的日订单量会下降1/3。"从这句话可以初步判断，瑞幸咖啡的消费者差不多应该有三分之二是折扣拉动的。

从"首单免费"，到"拉一赠一"，再到各种超低价的优惠券，瑞幸靠高额补贴的确可能获得用户，形成裂变式增长。在非垄断市场上，能用钱迅速解决的问题都不是问题。不能用钱迅速解决的问题，才是一家企业真正存在的价值。

烧钱补贴改变不了商业本质，替代不了产品的自然增长。

第二个问题：现磨咖啡到底有没有外卖市场？

迈赫迪（Mahlkoenig）在官网发布的测试数据显示：咖啡豆在磨成粉后的15分钟内，芳香醛（也就是你喝到的好味道）就会挥发掉60%。一些加了奶油的咖啡，10分钟不喝，口感就会彻底改变。

对于一个咖啡爱好者而言，再好喝的咖啡从它变成外卖那一刻起就注定要牺牲掉口感。换句话说，那些愿意捧着冷咖啡的人群，并不是真正热爱咖啡的稳定用户。这也是星巴克等世界连锁咖啡品牌一开始迟迟不肯进军外卖市场的核心原因。

第三个问题：咖啡在中国是不是有快速增长的市场？

注意，这个问题并不是问咖啡在中国是不是有市场，或者咖啡在中国的市场会不会持续增长。这两个问题其实不难回答，星巴克的稳定扩张已经基本上给出了答案。

根据资料显示，美国人均每年都要喝掉400杯咖啡，日韩人均每年也要喝掉200杯，而即使在中国一线城市，这个数字也只有20杯。以门店来说，台湾2350万人口拥有City Cafe超过5000家，而北京2900万人口仅有星巴克不到300家。有人据此推断，未来中国的咖啡市场潜力十分巨大，面对的是星辰大海。

但这种推断又忘记了一个常识：从潜力市场到有效市场，绝非一朝一夕的事情。

2. 瑞幸的未来

瑞幸在未来有没有可能成为星巴克的掘墓人？答案是否定的。

第一个原因：一开始用什么喂出来的消费者，他们就会习惯这种喂养方式。

用烧钱的强营销模式赢得的消费者，他们就会习惯低价折扣的味道。在这种味道的喂养下，他们基本上就会永远跟着补贴，严重缺乏品牌忠诚度。假定一旦有另外一个"不幸"咖啡也同样采用烧钱的方式抢占市场，这批消费者可能转头就走。对于用户而言，他们无非是多喝了几杯免费的咖啡，享受了几场互联网红利而已，并不会太关心品牌的死活。

第二个原因：品牌溢价比流量更持久。

星巴克的快速崛起并不在于它把咖啡做得多么好喝，而是它提供了一个"第三空间"。咖啡是无聊的，人才有趣。星巴克卖的是咖啡，经营的是人群的活动空间。正如星巴克总裁在清华的演讲中说："星巴克是基于门店体验而打造的品牌，靠的是穿绿围裙伙伴和顾客之间的情感连接所带来的体验。"星巴克其实是为顾客提供了一种社交空间，而咖啡则是一个附属产品。星巴克能够在中国市场发展起来，重点也不是因为中国人有多爱喝咖啡，而是星巴克给消费者日渐培养出了一种消费场景，从而对星巴克产生需求。

瑞幸赚的是纯粹卖咖啡的钱，而星巴克赚的是环境、品位、情调、档次这些"品牌溢价"的钱，消费者愿意为这些无形的价值支付更高的额外成本。所以，瑞幸咖啡的价格和星巴克咖啡的价格，不具有可比性。

如果一个品牌陷入低端，没有无形的价值主张（情感和身份象征），纯粹凭产品吸引，消费者对产品的忠诚是不牢靠的。目前来看，瑞幸品牌就是这样，被打上了便宜的烙印。所以，瑞幸跟星巴克已经形成了两种完全不同的品牌定位。

如果一个消费者不在意咖啡品牌并且也不重视喝咖啡的环境，纯粹只是想喝一杯，他可以选择自己在办公室磨制咖啡豆，或者喝速溶咖啡、麦当劳的咖啡，甚至选择公司茶水间免费提供的咖啡。那么，当瑞幸提价的时候，它还能不能与上述这些渠道的咖啡进行竞争？

资料来源：刘国华. 瑞幸咖啡：对商业本质缺乏敬畏之心的危险游戏[EB/OL]. （2019-05-16）. http://www.sohu.com/a/314272792_467215?spm=smpc.home.business-news12.1.1557985699060uiG4on1&_f=index_businessnews_0_6.

案例讨论：

根据案例，就以下问题进行分析讨论。

（1）从产品价值上看，星巴克咖啡和瑞幸咖啡有何差异？

（2）消费者对星巴克和瑞幸咖啡的产品需求存在哪些不同？

（3）运用ADP模型，谈谈你对瑞幸咖啡未来发展的看法。

第5章-产品因素与消费行为-自测题-1

第5章-产品因素与消费行为-自测题-2

第6章 价格因素与消费行为

📚 思维导图

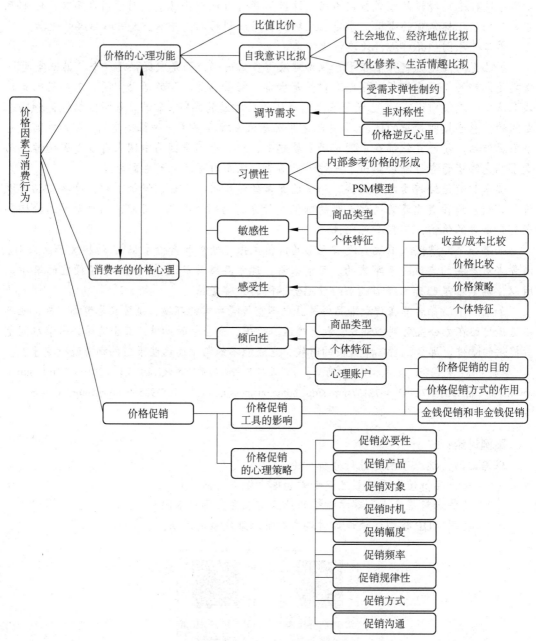

第 6 章 价格因素与消费行为

本章学习目标

- 理解商品价格的心理功能。
- 了解价格逆反心理的产生。
- 理解 PSM 模型与应用。
- 掌握消费者如何感受商品价格的高低。
- 了解商品定价的心理策略和方法。
- 理解价格促销工具对消费者行为的不同影响作用。
- 熟悉价格促销的心理策略。

导引案例：Costco：我不是超市，我是你无法拒绝的中介

Costco 是美国一家收费会员制连锁仓储超市，只有付费会员和其携带的亲友才能进入消费，所售商品以低价高质著称。很多人都将它作为零售企业来研究。超市、电商纷纷将其作为标杆企业。但学其形易，得其神难。Costco 可能想说："我表面上是个超市，其实我根本不是超市，我是你无法拒绝的中介。"

Costco 为什么不是超市，而是中介呢？

一般超市的利润来源于所售商品的零售价与进货价之差。通俗地讲，就是"卖东西，赚差价"。比如沃尔玛，通过大宗采购，将商品的进货价压到很低，然后平价销售，薄利多销，快速周转，赚取利润。

而 Costco 做了两件事情，让自己不是超市，而变成了中介。

第一件事是通过一系列措施，主动将销售商品的纯利润压缩至几乎为 0。所有的超市和便利店，从国际巨头沃尔玛、家乐福，到遍布东亚的 7-ELEVEn，到把红旗插满四川的红旗连锁，都在追求毛利润率不断增长。只有 Costco 整天在想：如何可以少赚一点？Costco 要求任何商品定价后的毛利率最高不得超过 14%。Costco 这个毛利率，除去费用，交完税款等之后，纯利润就几乎为 0。可见，Costco "完全不靠卖东西赚钱"。而且，关键的是，这是主动行为。也就是说，Costco "完全不打算靠卖东西赚钱"。

第二件事是 Costco 向顾客按人头每年收取刚性的会员费，这几乎成为其全部利润的来源。超市的利润，一般来说直接与商品进货价、销售价和销量相关。一般的中介，哪怕不赚差价，收取的服务费也是其中介商品的售价和销量的函数。但 Costco 的利润额不直接与商品进货价、销售价和销售量相关，只与会员人数直接相关。会员费就是 Costco 向每位客户每年收取的定额中介服务费。Costco 每年收取的会员费，几乎就等于它全年的纯利润额。

Costco 让人无法拒绝的秘密在于，它尽一切努力最大化会员的消费者剩余，使得会员费相对于巨大的消费者剩余显得微不足道。Costco 除了主动将销售商品的纯利润率压缩至几乎为 0 外，还采取了最小化运营费用、超低 SKU、向特定人群提供全品类商品、无忧购物、发展自有品牌商品、预收低廉的固定会员费、允许会员携带亲友购物并提供分单结账服务等措施。所有措施互相配合，而且都围绕着一个目标——最大化会员的总消费者剩余。

Costco 的商品极好,价格极低,服务超预期,鼓励多带人,鼓励买买买。客户买得越多,Costco 就能够把商品价格降得越低,而会员获得的总消费者剩余就越大,会员的续费黏性就越强。

Costco 的一位工作人员说过一句话:"公司所采取的一切行动都是为了给会员提供更好的服务,为了扩大会员数量。"为了扩大利润,也就是扩大会员人数,Costco 必须守住老会员,并依靠人带人和口碑相传来吸引新会员。要守住老会员,Costco 必须尽一切努力为会员争取最大化消费者剩余,以最低的运营成本,给会员提供最优质的商品、最低的价格和最好的服务。

资料来源:静逸投资. Costco 为何成功:我不是超市,我是你无法拒绝的中介[EB/OL].(2017-01-14). https://www.huxiu.com/article/178433.html.

案例思考:
(1)Costco 采用了什么价格策略?它成功的原因是什么?
(2)Costco 的价格营销策略可能会遇到哪些问题和挑战?

在影响消费者购买行为的商品因素中,价格和质量当首推前列。价格是所谓"性价比"的分母,是消费者购买商品支付的主要成本。商品价格直接关系着消费者的切身利益,是市场交易中消费者十分敏感的因素。不同的价格或价格变化会引起消费者不同的价格心理与行为反应,从而起到刺激或抑制消费者购买动机和购买行为的作用。所以,研究消费者的价格心理、探讨如何制定符合消费者心理要求的价格策略,有着十分重要的现实意义。

从营销学的角度来说,企业在进行定价的时候通常需要考虑消费者、合作方分利、竞争者、市场情境和公司成本等五个方面。但消费者行为学只是从消费者这一个角度来认识价格问题的。消费者行为学认为价格是建立在消费者心理上所愿意接受的货币形式,但它必须以反映商品的实际价值、反映供求关系、适应竞争需要和保护消费者利益为前提。市场交易得以进行的前提条件是,消费者愿意支付的价格必须大于或等于营销者愿意出售的价格。

6-1 价格歧视

6.1 价格的心理功能

价格对消费者购买心理和行为的影响作用,我们称之为价格的心理功能。由于不同消费者在价格的认识程度、知觉程度以及个性差异、经济条件等方面存在差异,因此其对商品价格会产生不同的心理反应。但研究和营销实践都表明,商品价格具有某些带有普遍性的心理功能,并在一定程度上影响消费者的购买行为。

6.1.1 衡量商品价值和商品品质的功能

Stokes 曾探讨了价格、品牌熟悉程度与质量认知之间的关系,他发现:当购买风险比较高,消费者对产品品牌不熟悉时,倾向用价格作为判断商品质量的依据。在日常生活中,消费者往往并不具备充分的信息与能力从商品的使用价值角度去判断商品价值和商品品质，这时，商品价格作为消费者认知质量的外在线索，成为衡量商品价值和品质的标准。认为价格昂贵的商品，价值就大，品质就好；而价格低廉的商品，价值就小，品质就差。尤其是在缺乏其他认识商品质价关系线索时，这种功能尤为突出。由于质量与价格基本体现了商品或服务的价值，因此在很多人使用"性价比"来概括不同产品之间的比较优势，以显示他们对质量和价格同等倚重。市场营销活动也表明，价格低的商品，未必好卖；而价格昂贵的商品，销路未必不好。常言道"一分钱，一分货"及"便宜无好货，好货不便宜"，就是价格这种心理功能的生动反映。

这种认识实际上与政治经济学的原理也是一致的，因为价格是价值的货币表现，价格的差别也就在某种程度上反映了以货币为代表的价值差异。由于消费者往往难以真正了解商品的实际价值和优劣，因而不管他们是否了解政治经济学知识，都会很自然地把价格作为判别商品价值和品质的尺度和标准。

因此，在促销活动中，企业可以用商品价格来传播商品的品质，或者用商品的品质来说明商品的价格，进而使消费者乐于接受较高的商品价格。例如，价格较高的化妆品一般比价格较低的化妆品更好销，其原因就在于此。实际上，在市场经济条件下，价格与商品价值、品质之间并不存在绝对的对应情况，因为价格的制定本身就受多种因素的影响。例如，有的厂商就利用价格的这种心理功能，故意将价格定得高于竞争对手，以使消费者产生"价高质也好"的认识。但美国的 Costco 会员制仓储量贩店则通过其特有的营销模式，以相当于沃尔玛三分之一的平均商品价格实现了"高质低价"。

应当指出的是，在网络信息时代，价格的比值比价的心理功能正在快速失去作用，原因就是消费者已经能够通过各种信息平台认识到商品的"绝对价值"。美国诺卡（NOKA）巧克力于 2004 年问世，号称世界上最纯净的巧克力，并以惊人的售价引人关注，似乎想成为黑巧克力界的劳斯莱斯。但后来，一位美食家连发 10 篇博客，明确指出该产品的质量与售价不相匹配，并质疑其营销策略。虽然，NOKA 只出现在奢侈品商店，但有人在网上揭露，它实际上是在得克萨斯州某个公路旁的商业区生产的。最后，NOKA 在美国成了"墙内开花墙外香"的品牌。

【资料链接】

互联网的免费思维："羊毛出在牛身上"

尽管互联网使用户更重视情感等精神性需求，但是，以价格为代表的物质利益仍占据基础性地位。而且，正是由于互联网的出现，大大节省了交易成本，有的在线数字产品甚至出现了边际成本为零的现象，从而使用户获得了从未有过的超低价格与超值回报。因此，免费思维与模式使用户获得了难以想象的实惠，是互联网带给消费者的巨大利益之一，颇受广大网民与用户的重视与欢迎。

传统商家的"免费"通常让消费者觉得"羊毛出在羊身上"，而互联网时代的"免费"却让商家能够做到"羊毛出在牛身上，让猪来买单"。"免费"变"入口"，"入口"变"现金"，这就是免费赚钱的秘诀。

提到免费，就不能不提周鸿祎和他的公司 360，周鸿祎是国内为数不多的公开谈论并且高调"免费"的企业家。"免费"的核心是通过免费服务吸引用户，而企业利用这种免费的服务从第三方获取利润或成本补偿。免费商业模式的基本运作思路是：为用户提供受到广泛欢迎的服务——在服务过程中获得巨大流量，打造品牌——利用所获得的资源（巨额流量与知名品牌）向依托这些资源开展营销的关联企业收取服务费（补偿成本，实现盈利），从而实现"羊毛"（为用户提供免费服务的成本）出在"牛"（利用流量与知名品牌获取营收的企业，如广告主）身上。

腾讯 QQ 的软件客户端在 Windows 上的使用是免费的，但腾讯却成了中国最赚钱的互联网公司。因为 QQ 是所有人都要使用的软件，是所有人每天必经的入口，如果 QQ 能保持成为用户的入口，只要发现赚钱的机会，腾讯就可以加入。

免费思维与模式将成为互联网产品运作的重要趋势。经过免费杀毒软件之后，免费的产品主义成为互联网世界观的基础。周鸿祎提出，未来 360 的任何一个产品仍然是不向网民收费的，除非用户对产品有更高的个性化要求。其收费理念基于将免费的产品观点传递给用户形成品牌效应，并且通过庞大的流量吸引第三方企业，将顾客的信息或者接近顾客的权利卖给第三方来实现盈利，这就是 360 的流量生意。比如 360 游戏，就是利用自己的浏览器入口来帮助游戏公司运营。

资料来源：单凤儒. 营销心理学[M]. 4 版. 北京：高等教育出版社，2018：58-59.

6.1.2 自我意识比拟的功能

商品的价格不仅表现商品的价值，在某些情况下，还具有表现消费者社会价值的心理含义，至少在某些消费者的自我意识中如此。这是因为价格能使消费者产生自我意识比拟的心理作用，即消费者通过联想，将价格的高低与个人的情感、欲望、想象联系起来，进行有意或无意的比拟，以满足个人的某种心理需要。例如，送礼的人总是希望选择符合自己身份以及与双方知交程度的礼品，价格太低的礼品拿不出手，起码应当使礼品看上去"很贵"，这时礼物的包装也具有特殊的重要性。而收礼品的人，也习惯于从礼品的贵重程度判断对方对自己的评价，推测对方的意图，这都反映了商品价格的"拟人化"功能。这种比拟功能产生于消费者对自身和自身以外客观物质的认识，也有个人的主观臆想与追求，主要包括以下几个方面。

1. 社会地位、经济地位的比拟

有些消费者热衷于追求名牌、高档的商品，以出入高档商店购物为荣，认为到地摊、小店处购物或购买廉价处理品有失身份；不少"比阔气""比豪华"的人，往往希望通过所购商品的价格来显示自己的社会地位。例如，8848 手机、小罐茶等的营销就是利用消费者的这种心理获得了超额利润，因为其产品及价格符合特定阶层的社会与经济定位。相反，有的人却乐于购买廉价品、折价品，即使手头较宽裕，也心满意足地这样做，因为他们认为这类商品适合自己的经济能力和经济地位，而价格贵的高档品应是有钱人买的。这就是把商品价格与个人的社会地位、经济地位进行比拟。

6-2 红旗车的悲剧说明什么？

2. 文化修养、生活情趣的比拟

如有些购买钢琴的人实际上不会弹钢琴,甚至连一般简谱都不识,但价格昂贵的钢琴却能显示其兴趣、风雅以及对培养子女的期望,从而满足其某些心理需要。有的人乐意出入高档音乐会,愿意购买昂贵的音响器材,这与其文化修养和生活情趣的比拟有关,同时也能赢得别人的羡慕。还有的人喜欢购置、收集、储藏名人字画或古董物品作为家庭摆设并乐在其中,希望通过昂贵的古董来显示自己崇尚古人的风雅。

价格的自我意识比拟功能的表现形式是因人而异的,它与消费者的兴趣、动机、性格、气质以及态度、价值观等个性心理特点密切相关。但都有一个共同点,就是消费者从社会要求和自尊出发,重视商品价格所显示的情感信息、社会价值或象征意义,其心理联想与其当时所处之地的消费风尚,与人们对地位、金钱、幸福与美的社会评价有直接关系。自我比拟的进一步发展,往往会形成消费者之间的消费攀比。

6.1.3 刺激和抑制消费需求的功能

经济学理论认为,商品价格高低对需求有调节作用,即在其他条件(如供应量、币值等)不变的情况下,某种商品价格上涨,则消费需求量会减少;当价格下降时,则消费需求量会增加。反过来,需求对价格的变动也有反作用。

6-3 价格战仍是电商"双11"竞争的主要手段

消费者行为学也认为,在一般情况下,商品的销售量=$K×$(消费者心理价格/商品自身价格)。这说明商品的销售量同消费者的心理价格成正比,同商品自身价格成反比。

但从价格变化与消费心理的相互影响上看,由于受到消费者的需求欲望和预期价格心理等因素的制约,商品价格变化与需求量变化之间的关系还要更复杂一些。这主要体现在以下方面。

1. 需求的价格弹性

价格对商品需求量变化的影响程度,要受需求弹性的制约,这种影响关系可称为需求的价格弹性。需求的价格弹性与产品的必要性、替代程度、耐用性、储存性、用途多少以及产品价格占生活支出的比重等因素有关(翟建华)。例如,油、盐、酱、醋、粮食等生活必需品的需求弹性小,价格变化对需求量的影响程度也小;非生活必需品的需求弹性大,当价格变化时,需求量的变化就较大;而流行、时髦商品相对于消费者不太需要的、过时的商品,其需求的价格弹性就更大。

另外,行业特征、消费者特征、促销因素、品牌因素等也会影响需求的价格弹性。例如,Narasimhan 等研究了行业特征对价格弹性的影响,认为竞争品牌越少、市场渗透率越高或购买周期越短的行业,促销降价引起销售量的变化幅度越大。Hoch 等学者利用连锁超市的数据,发现受教育程度高的消费者机会成本较高,他们对购物不是特别在意,因此价格弹性较低;人口较多的家庭可能会把大量的可支配收入花在一般的零售商品上,因此价格弹性相对较高；高收入家庭的需求价格弹性较低；如果店铺周围的竞争对手较少，相应的价格弹性会较低。Tellis 认为，当产品处于较晚的生命周期阶段时，消费者对价格了解的信息更多，因此会对价格更为敏感；而早期的购买者，对价格相对较不敏感，所以价格弹性的绝对值会较小；位于引入或成长阶段的产品其价格弹性相对较低。通常，消费者对于名牌、时髦商品价格上的小幅上涨，一般并不太介意或敏感，但对其价格的下降很敏感。

2. 非对称性

消费者对价格变化的反应是不对称的，通常人们对价格升高的反应要比对价格降低的反应更强烈，价格升高所带来的损失感比价格降低所带来的收益感对人们品牌选择的影响更大。这是由于通常人们对损失的感受要比对收益更深刻，所以对价格升高的反应要大一些。

3. 逆反性

价格的变化可能使消费者产生"买涨不买跌"的价格逆反心理，从而出现同价格与需求量变化关系的一般规律相背反的情况。这种价格逆反性，主要是由于消费者对价格变化的理解而产生的紧张心理或期待心理所致。当价格上涨，消费者可能认为价格还会上涨，或联想到这种商品可能要短缺，也可能联想到该商品是热门货，结果价格上涨反而刺激了消费需求和购买动机。我国曾出现商品房价格不断攀升的现象，一方面住房具有投资性质，消费者有"以物保值"的心理；但更主要的是消费者对住房价格上涨存在预期心理。因而，商品房价格越涨越"抢"，进而又可能造成市场供应的短缺，还有可能造成价格的进一步上升。而当某种商品价格下跌时，人们又可能会期待价格还会继续下跌而持币观望，或对商品的品质和销售等情况产生怀疑，或猜测可能有新的替代品或竞争品出现，结果价格下跌并未导致需求量上升，反而抑制了购买行为。这类似于股票交易市场中不少股民的"追涨杀跌"的心理。

通常，在具有投资价值的、价格昂贵的稀缺商品上容易出现因价格上涨导致需求增加的现象，具有这种特性的商品叫作凡勃伦商品（Veblen goods）。相反，价格下降时需求也下降的商品被称为吉芬商品（Giffen goods）。

有的商品随着价格的提高，需求量不仅不降，反而会逆势而上。而如果降价，就不仅会在短期销售业绩的表现上弄巧成拙，更有可能损害相关品牌在目标消费者心目中的形象，尤其当品牌提供或代表的是高品位、高质量和值得信赖的产品或服务时。20 世纪 80 年代以前，在全球的威士忌酒行业中，苏格兰威士忌以悠久的历史和精湛的工艺著称于世。到了 20 世纪 80 年代的初、中期，威士忌酒市场供大于求，整个行业出现过量库存，造成产品积压。由于各公司向市场以低价倾销过剩的威士忌，造成大量的廉价二等品和"等外品"充斥市场，夺走了已有品牌的份额，并严重降低了苏格兰威士忌酒的形象品位。此外，苏格兰威士忌酒行业还犯了一个更加严重的错误——由于错误地认为降价可以刺激消费，生产者降低了正常品牌产品的价格，从而降低了该酒的地位。同一时期，上等法国白兰地的形象持续提高，苏格兰威士忌迅速降格为一般商品。相反，在很长一段时间内，我国的茅台酒长期处于价格上升过程，却牢牢巩固了其国酒地位，成为商务宴请不可缺少的主角。

在房地产经营中，往往分期进行开发，且房价呈上升趋势。尽早购买期房会比购买现房便宜很多。这主要是为了适应人们"买涨不买跌"的消费心理，以促进购买，而如果价格下降，就不仅会引起人们的观望心理，还会导致老业主的不满。所以，一般是先将位置较差的地方进行一期开发或销售，房屋销售完以后，已购房业主自然会抬高二手房的价格。然后再进行后期开发，并形成价格上涨态势，同时刺激新客户的紧缺心理，新客户就会接受较高的房屋单价。如果因为国家宏观调控或市场环境变差，开发商往往会采用明升暗降的方式，维持市场信心，即表面上单价是上涨的，但由于赠送的面积较大，实际上房价是下跌的。

4. 回复性

对生活必需品而言，价格上涨后，消费者会在一段时间内减少对这种商品的购买，但之后又会恢复到正常水平，这个"回复期"一般约在半年至一年之间。降价也是这样，在价格刚刚降低时，销售量会有所上升，但随着时间推移或者降价结束，销售又会回落到正常水平。

总之，价格的心理功能要比价格的一般功能复杂得多。价格的心理功能既受社会生活的影响，又受消费者个性特征的制约。同时，价格的心理功能又和消费者的价格心理密切联系，难以严格区分，并对消费者的购买行为产生着重要的影响。研究价格的心理功能以及消费者的价格心理，对于市场营销活动有着重要的意义。

6.2 消费者对价格的认识与选择

为了充分发挥商品价格心理功能的作用，还必须研究消费者在购买行为中，对商品价格认识与选择上的种种表现，即通常所说的消费者的价格心理与行为。消费者对价格的认识与选择，既反映消费者对商品价格的感知程度，也反映消费者的个性特征，同时还受到社会经济生活的影响。

6-4 价格与客户的心理感受

6.2.1 价格习惯性

1. 内部参考价格及价格阈限的形成

消费者对价格的习惯性认识是消费者在长期的、多次的消费实践活动中，通过对某些商品价格的反复感知而形成的。消费者对商品价格的习惯认识一旦形成，就不易改变，并以此来作为衡量同类商品的价格高低或合理程度的重要标准。一般来讲，消费者对满足自然需要的商品的价格有较强的定型，而对满足心理需要的商品的价格，定型则较为模糊。在网络信息时代，消费者对商品价格越来越容易获取和比较，尤其体现在标品类。因而，中间商试图赚取更多差价会变得越来越难。

消费者对商品价格的习惯性认识会形成一个内部参考价格（或心理价格），这个价格标准往往是一个有着上下限的价格范围。这个上下限与消费者的估值有关，尤其是心理价值的空间很大，"成本决定价格底线，价值决定价格上线"。例如，同样的蛋糕甜点，如果是下午茶蛋糕，满足的只是口舌欲，价格可能只有 35 元；如果是生日蛋糕，价格上百才合理；而求婚蛋糕则至少要上千元，因为蛋糕代表着爱情的分量。另外，消费者对价格信息越了解，对产品价格的可接受区间就越窄。尤其是对于购买频率高的日用生活必需品，消费者心目中的习惯价格十分清晰，对价格存在相对固定的认识，即形成一个相对较窄的价格阈限，如果商品定价偏离习惯价格，消费者往往一时难以接受。

影响消费者参考价格的因素很多，从消费者自身来讲，包括商品对其需要的满足程度、个人特点、价格经验、收入支付能力、对价格信息的了解程度、购买经验等；从商品因素上看，包括商品品质、商品品牌、商品稀缺度、商品的原产地、同类商品差异、价格变化状况、促销频率等。例如，价格敏感的顾客价格知识要比价格不敏感的顾客准确；经常购物的消费者价格知识也要更准确一些；对同质化产品价格知识的准确程度要高于异质化产品；对强势品牌产品的市场价格比较清楚；对经常购买的产品价格知识的准确程度要高于不常购买的产品；价格经常发生变化或市场上价格越不一致的商品，消费者的价格知识就越不准确。另外，市场上的价格信息可得性也会影响顾客的价格知识，如零售商在报纸、杂志等媒体上公布他们的商品售价，权威机构公布他们对市场上价格的调查比较结果，会使消费者对价格更加敏感，价格知识也会更加准确。还有一种观点认为，消费者在购买时，其对将来价格的预期也是一种参考价格，很可能会影响其购买时间的决策，这种影响在住房、家用电器等耐用品上表现得更为明显，如果预期价格下跌，消费者可能会推迟购买，反之，则可能提前购买。

价格的习惯性形成后是相对稳定的。但当商品价格变化时，在新价格的冲击下，消费者也会逐渐适应和习惯，形成新的习惯价格。从总体上看，由于经济的发展和人民收入与生活水平的提高，再加上通货膨胀因素的作用，商品价格容易呈现稳步上升的趋势，消费者心中的价格阈限也是一个稳步向上飘移的变量。

从定价策略上讲，对于那些价格习惯性强、上下限的价格范围较小的商品，如购买频率高、适应面广的、销量大的主副食品、日常生活用品，在价格调整时要十分慎重。在提价时，应尽可能采用渐进式或变通式的方式。例如，提高商品的质量与功能、改变型号和品种、更换商标、改变包装，使消费者产生新的商品形象；或者在消费者感知的差别阈限内，适当降低商品的品质或减少分量。同时做好解释工作，使消费者在心理上和感情上容易接受习惯价格的上调，避免或减轻消费者对新价格的抵触情绪，并逐步形成新的价格习惯。

2. PSM 模型

在产品定价中，价格敏感度测试模型（PSM）、价格断裂点模型（Gabor Granger）、品牌价格平衡模型（BPTO）是几个常用的消费者价格调查模型。其中，PSM 模型简单、实用，更适合从消费者的角度来进行新产品定价。

通过 PSM 模型，不仅可以得出最优价格，而且可以得出合理的价格区间。PSM 模型要求受访者从价格测试表中找出四个价格点。

（1）不可接受的便宜价格。价格太便宜以至于怀疑产品的质量而不去购买；或者价格非常便宜，是最能吸引顾客购买的促销价（太便宜的促销价格）。

（2）可接受的便宜价格。开始觉得价格比较便宜。

（3）可接受的昂贵价格。开始觉得价格比较贵，但仍可接受。

（4）不可接受的昂贵价格。觉得价格太贵而不会购买。

图 6-1 是一个 PSM 模型的调查案例。此折线图表示，在每一个价格下，开始觉得便宜、太便宜而不会买、开始觉得贵、觉得太贵的累计人数的百分比。

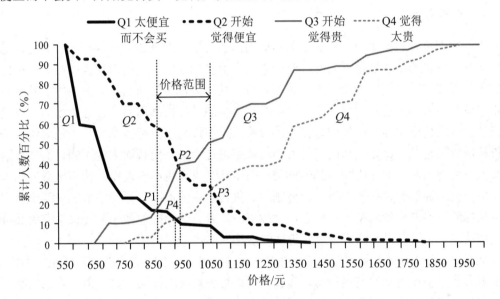

图 6-1　PSM 模型的价格范围与最优价格

（1）理想价格点（$P4$）：太便宜与太贵的交点。从图 6-1 可以看出，$P4$ 点是认为价格太贵与认为价格太便宜的曲线交点。与其他交点相比，在 $P4$ 点上，既不觉得太贵也不觉得太便宜的人数最多。这也就意味着在 $P4$ 点上，有最多的消费者可能购买，市场份额最大化。因此，从规模最大化的角度看，$P4$ 为最优价格点。

（2）无差异价格点（$P2$）：开始觉得便宜和开始觉得贵的交点。从图 6-1 可以看出，在 $P2$ 点上，认为价格较划算而购买该产品的人数与认为价格较贵但仍愿意购买的人数相等。表明人们对该价格点的感觉最为平淡。

（3）合理定价区间（$P1-P3$）：合理定价区间也是以市场规模为判断标准。若低于 $P1$ 点，虽然开始觉得贵的人群有所减少，但认为太便宜而不愿购买的人群以更快的速度增长，从而导致实际的市场份额减少；若高于 $P3$ 点，虽然开始觉得便宜的人群有所减少，但认为太贵而不愿购买的人群增加幅度更高，也会导致实际市场份额减少，因此合理的定价区间为 $P1-P3$。

另外，PSM 模型还可统计出每个价格点上可接受者、有保留接受者和不可接受者三类消费者的比例分布。

6.2.2 价格敏感性

价格敏感性主要是指消费者对商品价格高低及变动的反应程度。由于价格的高低及其变动关系着消费者的切身利益，所以消费者对价格一般是很敏感的，并反映到消费需求量的增减上。当消费者对特定商品的价格敏感度相对较低时，消费行为的稳定性便会比较强，而当这种价格敏感度相对较高时，消费者寻求替代商品的意愿就会变得比较强烈，而其消费行为的稳定性也会大大减弱。

这种价格敏感性的影响因素主要有以下方面。

1. 商品类型

由于在消费者的想象中，存在不同类型商品的价格标准高低不一等原因，因此，其对不同类商品价格的敏感性是不同的。对于想象中价格标准低、价格习惯程度高、价格的习惯性上下限范围小、使用普遍、购买频率高或质量易被体验的商品，如主要副食品或主要日用工业品，人们的价格敏感性就高；而对于奢侈品、高档耐用品、工艺美术品等商品，人们往往认为价格越高质量就越好，因此价格的习惯性上下限范围就大，人们对该类商品的价格敏感性也低。比如，有的消费者会对蔬菜每斤贵了几角钱而大为不满，而当他购买高级家具或电器时，即使比购买其他同类商品多花几百元也心安理得。价格敏感性的高低也与原价格的高低有直接的关系。价值越大、价格越高的商品，要使消费者对其价格变化产生反应的价格差异量就越大；反之，就越小。广告、信息媒体能经常提供某一商品价格对比的信息，也可以提高消费者对其价格的敏感性。

从需要类型上看，衣食住行等基本生活商品主要满足人的自然需要。对于这一类需要，消费者大多只重视商品的使用价值，而较少考虑这种需要的社会意义，需求弹性较小，商品的性价比容易衡量，因此价格的敏感性就高。由此看出，对日用消费品采取薄利多销的策略、保持商品价格相对稳定是符合消费者的价格心理的。相反，用于满足心理需要的商品，消费者一般是以一定范围内的社会环境为基础，较多地考虑在购买和使用中的社会意义，消费者在购买和使用中会注入较多的个人情感，对商品性价比的衡量主观性强、弹性大，价格的敏感性就低。因此，对于心理需要类商品的定价策略选择应特别关注一定时期内消费者的心理动向，把握消费者对价格的一般心理反应。

2. 个体特征

价格敏感性与消费者的收入水平、个性特点等有关，例如，低收入阶层敏感性高，而高收入阶层敏感性低；消费者对产品信息的掌握程度直接影响到对购物价格的敏感性，二者呈正向关系。

我们可以把消费者分为价格敏感型和价格不敏感型两类。价格敏感型顾客对价格敏感，价格高低直接决定他们买不买，他们经常是冲着折扣而来的。大减价、优惠券等促销手段对这类顾客是必要的。价格不敏感型顾客对价格不敏感，想买就买，有没有折扣对他们的购物行为影响不大。向这类顾客提供这些优惠只会让商场白白损失利润。对于商场来说，最理想的做法就是：对价格敏感的顾客提供折扣和优惠券，通过促销吸引其购买；但对价格不敏感的顾客则一分钱也不优惠。

但很多消费者并非简单地对所有产品的价格敏感或不敏感，他们大多是对某些产品价格敏感，而对另一些产品价格不敏感。譬如，一个球迷，他可能对服装价格敏感，只买很便宜的衣服穿，但却不惜一掷千金去看一场球赛或者买球队的纪念品。对于企业而言，认识不同消费者对商品价格的不同敏感性，进行差异化定价可以实现利润最大化，而网络时代的大数据营销为差异化定价提供了可能。

3. *市场因素*

商店的经常性促销会增加消费者的价格敏感性；当商品种类丰富且该商品存在一种或多种替代商品时，消费者对特定商品价格变动的敏感度会变得更高。而产品的质量越好、种类越丰富、认可度越高，消费者对于该产品的价格敏感度就会变得越低（纵翠丽，2016）。

Alexandru 和 Arvind（2000）在对品牌知名度、价格和其他可搜寻属性进行研究的过程中发现：首先，对于无差别的产品，消费者在做购买决策时拥有的价格信息越多越会增加其价格敏感性；相反，对于差异化产品，消费者拥有的非价格信息越多越会减弱其价格敏感性。同时，一些容易得到的有关产品的方便属性也会转移消费者的注意力，从而减弱其价格敏感性。其次，如果产品的非感觉属性的搜寻成本过高，则价格和品牌知名度在消费者购买决策中的重要性就会大大提高；在购买环境中，当某类产品的总体信息缺乏时，品牌知名度将会极大地影响消费者的选择。Joffre Swait（2002）也认为：在商品属性不确定的背景下，品牌信任会极大地降低消费者的价格敏感性。

另外，情境因素对价格敏感性也有影响。积极的消费情绪一般降低消费者的价格敏感度，消极的消费情绪会使消费者对产品的挑剔程度提升，从而对价格的敏感度也会随之提升（骆紫薇，2016）。情境还会影响消费者的支付意愿，比如：在小卖店、景区、五星级酒店的酒吧，消费者对啤酒的心理价格是不同的。

一般地，在计划体制下或长期僵化的价格体系内，消费者的价格阈限较窄，表现为对价格调整的不适应。例如，消费者对政府实行计划价格的汽油、燃气等商品价格的变动十分敏感；而在市场经济体制下或在开放的价格体系中，消费者的价格阈限较宽，而且有较好的韧性，表现为对价格调整的平稳反应。

▶ 思考一下：你觉得你对哪些商品价格较敏感？对哪些商品不太在意其价格的高低？

6.2.3 价格倾向性

这是指消费者在购买过程中对商品价格进行选择的倾向。对于各方面没有明显差别的同类商品，消费者当然倾向于购买价格比较低的商品；而对于不同档次或类型的商品，不同的消费者出于不同的价格心理，对商品的价格档次、质量和品牌的选择会表现出不同的选择倾向。在我国消费升级的大背景下，对高品质生活的追求使得很多消费者越来越看重产品的价值而非价格，中国消费者已成为全球高档奢侈品的主要市场。

影响消费者价格倾向性的主要因素有以下方面。

1. 商品类型

一般而言，对于日常生活用品、使用期短的时令商品，消费者倾向于价格较低的商品；对于高档耐用消费品、炫耀性商品、威望类商品、高级奢侈品（如化妆品、首饰等）、享乐性商品、社交产品、技术性强的商品、流行时髦商品、特殊商品（如文物、工艺品、嗜好品等），以及那些质量难以判断且又非常重要的产品（如医疗、子女教育）等，消费者可能在求质、求名、求荣等心理因素或"一次到位"及保值的消费观念的支配下，倾向于选择价格较高的商品，消费者对这些商品在质量、功能、款式等方面的追求往往强于对价格的要求。例如，不少消费者花很大力气到境外去购买昂贵的婴儿奶粉，而不愿意在国内购买便宜或打折的奶粉；价格高昂的小罐茶如果定位于日常生活用品，不会有多少人愿意买，但如果定位于商务礼品，用来送领导、送客户，就会受到追捧，因为这种产品"有面子"。另外，对于具有投资性质的稀缺消费品，如商品房、古玩、名人字画等，消费者也愿意给予较高的溢价。

这种价格倾向性还会形成消费者的主观偏误，如对满足心理需要的商品，特别是情趣类、社交类、荣誉类商品等一般表现为对价格超高认定的正向主观偏误，如化妆品、奢侈品等价格偏低反倒引起消费者对商品质量、性能等方面的疑虑，而价格稍高却能符合一般人的心理愿望。因为价格具有衡量商品质量和自我意识比拟的功能。因此，以成本为基础的求实定价，反倒不能起到促销的作用。钻石小鸟创始人就曾说"钻石销售这种行业，别说低价了，就连性价比都不能提。一旦说到性价比，消费者都不会买。即使我们的性价比很高，也不能这么宣传"。因为低价带来的认知联想是负面的。但是，对于大多数普通日用消费品，即满足自然需要的商品，消费者多表现为偏低认定的负向主观偏误。

对不同类型产品的折扣形式，消费者的倾向也有所不同，当产品属性为享乐性时，消费者更倾向于比例折扣，当产品属性为实用性时，消费者更倾向于金额折扣（徐岚，2012）。但是，在网络时代，商品的特性与价值比较透明，消费者越来越趋向于理性判断商品的性价比。

2. 个体特征

消费者价格倾向性心理的形成，主要与消费者的收入水平、社会地位、文化水平、个性心理、购买动机、消费方式以及对价格的知觉理解有关。比如，如果消费者认为价格和商标是质量好坏的主要标志，高价意味着高质，在"要买就要买好的"这种求质、求名的心理支配下，对高价产品或名牌产品会有明显的倾向性；如果消费者认为不同价格档次的商品在质量和使用价值上相差不大，品牌的社会意义和实际意义也不大，就倾向于购买价格低廉、经济实惠的商品。在我国目前的经济条件下，工薪阶层的消费者比较倾向于选择那些价格适中、具有一定实用功能的比较实惠的商品。

同时，这种倾向性还要受消费者个人的价值观、需要程度、主观愿望以及价格的自我意识比拟功能的影响。比如，经济状况较好，有求名及炫耀动机的消费者倾向于选择高价商品；喜爱音乐的"发烧友"，不惜重金购买高档音响器材；有的妇女购买高级时装或化妆品时，追求高档，而购买蔬菜时却挑三拣四；有的人觉得花很多钱去饭店吃顿饭简直是傻瓜，而对具有社会价值或使用时间长的服装等商品却舍得花钱。

营销策略、广告宣传也可以影响消费者的价格倾向性心理。例如，台湾全联超市主打经济实惠，但是，对很多人来说，省点小钱会觉得没面子。全联超市的广告则说："长得漂亮是本钱，把钱花得漂亮是本事"，也就是说，来全联不是为了省钱而是证明你会花钱，这就把原本在人们心中对于省钱是斤斤计较的看法转变为一种非常酷的态度。

3. 心理账户

理查德·塞勒（Richard Thaler）提出的"心理账户"概念可解释消费者的一些非理性消费行为。由于心理账户的存在，人们在行为决策时常常偏离基本的"经济人"理性原则。与传统的金钱概念不同，心理账户最本质的特征是"非替代性"，也就是不同账户的金钱不能完全替代，由此使人们产生"此钱非彼钱"的认知错觉，导致一系列的非理性经济决策行为。也就是说，人们根据财富来源、支出及存储方式将账户划分成不同性质的多个分账

6-5 "心理账户"现象种种

户，每个分账户有单独的预算和支配规则，金钱并不能容易地从一个账户转移到另一个账户，不同的心理账户购买商品时会表现出不同的价格倾向性。例如，从财富来源上看，人们一般舍不得花辛苦挣来的钱，但如果是一笔意外之财，则可能很快就会花掉。

从不同消费项目上看，名烟名酒等奢侈品是"买的人不用，用的人不买"，说明作为日常生活开支，这些商品太贵了；而作为礼物送给朋友或师长，则属于情感开支，能满足社会性需要，就舍得花钱。因此，人们欣然接受昂贵的礼品却未必自己去买昂贵的物品。在营销中，可以引导消费者将某产品放入高预算、高价值的心理账户，从而刺激其消费水平。例如，哈根达斯将冰淇淋从"一份甜品"，转移到更愿意花钱"约会"的心理支出账户中；脑白金从普通的保健品变为人际送礼；"钻石恒久远，一颗永流传"的广告将钻石装饰品变成爱情信物。另一种方式是降低价格感知，将花费的钱从非必要账户里支取。例如，学习职场新技能属于个人发展的高价值账户，如果将培训的钱从非必要的休闲享乐（吃一顿火锅，看一部电影）中获取，消费者会觉得这笔钱很容易拿出，也值得更高的价值（个人发展）。

消费者有为不同的消费支出账户设置心理预算的倾向，并且严格控制该项目支出不超过合适的预算，但不愿意由于临时开支而挪用别的账户。例如，每个月的娱乐支出300元，每个月的日常餐饮消费1000元等。如果一段时间购买同一支出项目的总消费额超过了预算，人们会停止购买该类产品。即使在同一个消费项目中，不同的消费也会有不同的预算标准，同是娱乐消费，看电影的消费是200元人民币，买一本武侠小说的消费是50元人民币。一般来说，人们当前在某一类项目的消费支出会减少他们未来在同一类项目的支出，而对其他项目的支出几乎没有什么影响。

罗宾·L. 索斯特（Robin L. Soster）等人（2014）还发现了有趣的"最后一块钱效应"（bottom-dollar effect）。该效应认为，我们的支付痛苦是与预算的减少呈正相关。兜里的钱越少，花的时候越痛苦。这个效应会影响消费者的支付意愿和购买满意度。消费者往往在预算较多的时候更容易买东西，也更享受。因此，折扣（或者与价格相关的促销）可能在月底的时候收效最佳。因为此时消费者的预算紧张，急需省钱。而诸如免费试用这样的活动可以多在月初实行，原因在于这时候消费者的预算比较宽裕，如果试用时获得了良好的

体验，将有较大的可能性进行购买。

丹尼尔·卡尼曼（Daniel Kahneman，1979）根据前景理论（prospect theory）认为，对于同样的利益，得到的快乐远远小于失去的痛苦；同样差额在不同的原始价格下，影响作用是不同的；不同的参照点可以影响人们对于价格的认知。

【资料链接】

沉没成本效应——不愿放弃曾经的付出

沉没成本效应是心理账户衍生出来的心理现象，也就是说人们在做决策时，总是会习惯性的考虑过去已经付出的无法挽回的成本，即"沉没成本"。经济学上的意为"一旦为某项事情付出了金钱、时间和努力，人们就会倾向于继续做下去的心理现象（即使可能产生新的成本）"。付出的多少和事情过去时间的长短是影响沉没成本效应的重要因素。

1. 付出的多少对沉没成本效应的影响

如花200元获得的音乐会门票，和因为优惠花了20元获得的音乐会门票，如果在音乐会当天下大雨，花了20元获得门票的人更容易放弃音乐会。因为即使关闭了看音乐会的心理账户，感觉也只是损失了20元和音乐会可能带来的愉悦感，却能避免大雨可能带来的心情损失；而如果是花了200元，一旦关闭心理账户，就会感觉损失了200元以及音乐会可能带来的愉悦感，这时候还不如忍受大雨带来的心情损失，去挽回自己的付出。

2. 事情过去时间的长短对沉没成本效应的影响

1个月前花200元获得的音乐会门票和2天前花200元获得的音乐会门票相比，如果音乐会当天下大雨，1个月前买票的人更容易放弃音乐会。因为随着时间的推移，没有收益而关闭心理账户的痛苦会逐渐减弱，沉没成本的负面影响会随时间推移而减小。

资料来源：点融黑帮. 你有掉进过"心理账户"的坑吗？[EB/OL]. （2017-10-12）. http://www.woshipm.com/operate/812881.html.

6.2.4　价格感受性

理查德·塞勒提出的"交易效用"理论认为，消费者购买一件商品时，会同时获得两种效用：获得效用和交易效用。其中，获得效用取决于该商品对消费者的价值以及消费者购买它所付出的价格，类似于经济学理论中的消费者剩余。而交易效用则取决于消费者购买该商品所付出的价格与该商品的参考价格之间的差别，即与参考价格相比，该交易是否划算或获得了优惠。交易效用理论已涉及了消费者对价格高低的主观判断。

价格感受性是指消费者对价格高低的感觉和知觉程度，这种感受往往带有浓厚的主观色彩。消费者通常对价格相对差异较敏感，而对商品的绝对价值不敏感，或者说，消费者实际上看不清一件商品到底值多少钱。因此，商家就有了价格营销的机会。

一般而言，消费者对商品价格高低的认识或感受主要受以下因素的影响。

1. 性价比

性价比是收益与成本的比较，类似于"获得效用"的概念。唯品会的广告语"都是傲娇的品牌,只卖呆萌的价格",其实也就是物美价廉、性价比高的意思。小米集团副总裁曾经这样说:"性价比就是同等性能价格最低,同等价格性能最好。"当然,这只是性价比的一种极致状态。从消费者的决策逻辑上看,高性价比的决策可分为:在低价中选优质(低价-优质)、在优质中选低价(优质-低价)两种,它们也分别代表了两种不同的消费需求,拼多多和Costco分别是这两种决策逻辑的典型代表。

"收益"主要指商品的质量、功能以及带给消费者需要的满足。其中"收益"包括功能性价值、情感性价值等,它既与商品的功能、质量有关,更主要受消费者对商品使用价值、社会价值等方面价值的主观认识,以及对商品的色彩、造型、大小、包装、知名度等商品属性的主观评价及主观需要的影响。例如,商品外观是否新潮、品牌知名度如何、产自何地、商品包装是否精良、商品是否易于使用、各种附件说明是否完备,这些都会使消费者产生不同的价格判断。"成本"在这里主要是指商品的价格,但对汽车、家用电器等商品,它还应包括使用时的电费、燃料费、保养维修费、保险费、燃油税、停车费等其他有关费用。例如,出租车公司的广告可以提醒消费者,他们在开自己汽车时并不是免费的,因为汽车需要保险费、停车费、维修费等,如果乘坐出租车将更加省钱。

可见,消费者对于非常喜爱和需要的商品,即使价格较贵,也乐于接受;而对于不需要的商品,即使再便宜,买了也不觉得划算。同时价格高的商品,一般也容易被认为是质量、档次也相对较高的商品。例如,高端品牌戴森"曲高"却不"和寡",在天猫、京东常年盘踞同品类销量前列。因而,在商品介绍中,应当努力将消费者的注意力引向这种"相对价格",强调商品能带给消费者的好处。宝沃汽车"好·贵"的广告语:"贵才能好,好才能贵。"意思就是说:好产品就该贵。

当然,当商品的特性明确或相同时,消费者对价格就很重视了。例如,小米手机将竞争型号手机的配置拆解,以"几乎相同的配置,几乎一半的价格"突出小米手机的高性价比。小米还率先把 PC 时代的跑分测评机制引入手机行业,以简单直接、通俗易懂的性能分数,帮助消费者进行质量判断和比较。为了证明低价不等于低品质,小米绑定各个知名品牌的供应商,强调核心部件的供应商全部来自全球知名品牌。相似地,完美日记在小红书中对每款产品的介绍都不断强调该产品所用的生产材料与某知名大牌相同,这就打消了消费者对于低价产品带来的负面认知。名创优品有一个售价仅为 29.9 元的洁面仪,相比市面上动辄售价过千的洁面仪,这个价格让人"尖叫"。洁面仪的功能就是通过震动,把脸洗干净,名创优品保留产品核心功能,简化一切不必要的功能与包装,节约一切不必要的费用,结果做成了爆款。

相反,如果消费者觉得商品特性相同,而某品牌价格偏高,肯定就会觉得价格贵了。例如,恒大集团为迎合消费升级的趋势,推出了高级饮用水恒大冰泉,最初的价格比其他饮用水高很多,但恒大冰泉的包装看上去就是把农夫山泉的红色包装换成浅蓝色,其他的外观设计基本没什么区别。因此,消费者很难接受:换个马甲的东西卖贵几倍?而真正成功的世界高档水的包装设计都是超凡脱俗、与众不同的,从而使消费者意识到其价值非凡。

2. 价格比较

苹果公司的创始人乔布斯曾说:"消费者不是喜欢便宜货,而是喜欢占便宜。"而价格比较能给消费者"占便宜"的感觉，就可以刺激其购买意愿。价格比较类似于塞勒所说的"交易效用"。

参考价格是指消费者在比较价格时所使用的任何基础价格。参考价格可以帮助消费者估算商品标价是否合理。因为在购买行为中，消费者与商家之间始终存在一种信息不对称的状态：消费者往往很难知道在售的某件产品的实际成本。因此，消费者对于售价究竟是高还是低的感知，在很多情况下是非常模糊的，通常会依赖某个参照点（参考价格），即所谓的"锚"，来降低模糊性。

6-6 价格锚点

参考价格有外部的，也有内部的。一般来说，营销者会借用一个较高的外部价格（如原价为多少，或别的地方卖价为多少）作为参考价格来衬托商品的价廉，以说服消费者这是很合算的交易；而内部参考价格指的是消费者对价格的习惯性认识，它也会影响外在参考价格的可信度。

1）内部参考价格比较

内部参考价格和实际价格的差异是影响消费者交易效用感知的一个最主要因素，但不是唯一的因素。

消费者在评价某一商品的价格吸引力时，并不仅仅依据该商品的绝对价格，而是将商品的实际售价与内部参考价格（不一定是一个明确的价格点，往往只是一个可接受的价格范围）进行比较，如果售价高于这一参考价格标准，消费者会觉得这个价位太高，反之，则会觉得比较便宜，而感知价格的高低决定着商品在消费者心目中的价格吸引力，如图6-2所示。

图6-2　参考价格的作用过程

消费者的内部参考价格包括：对价格的习惯性认识、价格心理预期、心目中的公平价格等。另外，消费者对高档商品、时令商品、名牌商品的价格通常会有较高的价格心理定位。

许多电商在进入市场初期，常常会采用某种补贴或免单的"烧钱模式"获取用户或流量，培养消费习惯。例如，拼多多以远低于消费者心理预期的拼单价格，如"首单免费""1分钱两个石榴全国包邮""1分钱多芬男士护理套装全国包邮"等，使消费者丧失理性与冷静。帮助拼多多购物的链接在微信中被大肆免费传播，一方面不断使拼多多获取到新用户，另一方面也不断提高了拼多多的交易量。

6-7　电商价格大战无法比对的全网最低价知道

2）外部参考价格比较

与市场上同类商品的价格进行比较，是最简单明了且被普遍使用的一种判断商品价格高低的方法，可以立即决定购买或者放弃。在现实生活中，有很多与交易相关的价格都可以成为外部参考价格，比如，上次购买时产品的价格、商品的原价、类似商品的价格、同类产品的最高价、同类产品的最低价等。这种比较也可以来自不同场合，例如，在东京乘坐地铁通常要花费约30元人民币，而在北京坐地铁只需要3~7元，因此从东京回到北京坐地铁的人自然感觉非常便宜。

在价格放开的情况下，消费者购买价值较大的商品时，往往会"价比三家"，但商家有时会刻意减少消费者的比较机会。例如，一些电商平台在促销期间都宣称自己是"全网最低价"，但消费者却很难找到具体的产品来进行比对，如一些外观和性能都相似的空调、热水器，却显示为不同的产品型号，由于消费者不能明确它们是否为同一产品，因此其所谓的"全网最低价"也就只是个噱头而已。

6-8 拼多多能免单你还不知道？

不少研究发现以"外部参照价格+销售价格"形式表述的价格促销广告对消费者价格感知的影响最大，但价格促销主要是通过影响顾客的内部参考价格而起作用的，如图6-3所示。

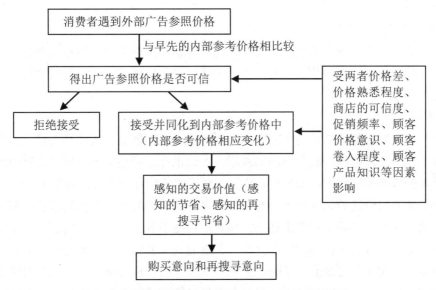

图 6-3　价格促销对顾客价格感知和行为意向的影响

另外，厂商制定的"建议零售价""原价""市场价"等外部参照价格（消费者基于购买现场所观察到的价格水平）也会对消费者的价格感受产生影响。但很多消费者也发现，实际零售价基本上都远比建议零售价小。这些外部参照价格都在一定程度上影响消费者的价格感知，进而影响其感知到的交易效用和最终的购买决定。例如，优衣库在打折或限时优惠的时候，打折价格旁边一定会清楚标注出初上市价格，而时装的初上市价格肯定是比较高的。又如，维密每年都会推出一款天价内衣，很多消费者都会怀疑到底谁会花那么多的钱去买一件镶满钻石的内衣。而维密的秘密就在于形成对比效应，当消费者看完价值340万元的内衣后，自然就会觉得500元的维密内衣没有那么贵了。

【案例链接】

苏宁"双线同价"的困局

苏宁的线上、线下同价活动最初也制造了话题，吸引了消费者的眼球。但是苏宁所忽略的是，消费者在实体店里比价的对象并非只有苏宁易购网上商城，他们更多的是在同天猫、京东这样的商城进行比较。线上与线下的销售模式不同，各项费用与成本也不同，如果线下店按照线上的价格销售产品必然面临巨额的亏损,而若线上店按照线下店的价格则会丧失竞争力。苏宁的同价策略是将商品的价格向中间的幅度进行调整(不排除有些产品按照更低的或是更高的价格),在这样的基础上当然可以实现两线同价。但是如此一来,两线同时失去竞争力,仅仅留下一个同价的噱头。当消费者们走进苏宁的卖场后发现里面的商品并不比其他的网上商城便宜,甚至更贵的时候,转身离开就是很正常的行为。如今,苏宁十分自豪的双线同价的宣传已经销声匿迹,可以说除了最开始让人眼前一亮之外并没有为苏宁留下更多的东西。

资料来源:卢彦. 互联网思维2.0[M]. 北京:机械工业出版社,2015.

3)不同类商品价格比较

与其他不同类商品或服务消费进行价格比较,也是消费者进行价格判断的一种方法。例如,罗永浩"一块钱能买什么"的广告,巧妙地将一块钱只能买不起眼的物品,与获得8次听课学习的机会相比。

4)不同时间价格比较

比如,去年猪肉每500克是15元,今年却是30元,就会让人感到很贵。但这种价格比较常限于在短期内进行,随着时间的流逝,人们也会逐渐适应和习惯。还有的商品在旺季和淡季时的价格差别较大,如机票、旅游、酒店的价格会随着时间而发生变化。

了解消费者对价格的认知程度,对企业制定营销策略具有多方面的启示。首先,如果消费者对某一领域的产品价格非常熟悉,那么,当竞争者采取降价策略时,企业应予以回应。相反,如果消费者价格知识比较欠缺,企业对竞争者的降价就不必过于敏感。其次,当消费者对产品实际价格缺乏了解时,企业可通过采用高价策略,从一部分消费者中获得较高的利润。国内的一些经销商将一些并非世界名牌的国际产品引进国内,但以世界名牌的高价出售,就是采用的这种策略。再次,当消费者由于缺乏了解而高估产品的价格时,其购买意愿会因此受到影响。此时,在广告中实事求是地传播价格信息就非常必要。像精工(SEIKO)手表、VOLVO汽车在广告中均以"不像你想象得那么昂贵"为主题,就体现了试图矫正消费者价格认知不全面的意图。

3. 价格策略

商家采用不同的价格呈现方式、比较方式或定价方法,也会影响消费者对价格高低的感知。从本质上看,商家试图通过参考价格影响消费者的价格感知。

1)价格背景

同一商品的价格,如果分别摆放在高价系列和低价系列的营业柜台里,由于周围陪衬的各类价格不同,消费者会产生不同的价格感受。如果某商品处于高价系列中,其价格会显得低而畅销;而在低价系列中,其价格会显得高而滞销。这种价格感受性,主要是由于系列刺激产生的价格对比和价格"心理锚定"所致。

研究表明,如果将产品按照价格降序排列展示,消费者可能会受其影响而选择一个相对较贵的产品。原因在于,当消费者需要对一系列商品进行估价的时候,他们会以见到的第一个价格作为参考价格。当按照价格降序排列或展示产品时,消费者首先感受到的是较贵的产品,他们对价格就会产生较高的认知。如果消费者以这个较高的价格作为参考价格,其他相对便宜的选择就会看起来更加划算。所以,服装店的营业员往往会先向女顾客推荐较高档的时装。

2)诱饵效应

诱饵效应是指人们对两个不相上下的选项进行选择时,因为第三个新选项(诱饵)的加入,会使某个旧选项显得更有吸引力。被"诱饵"帮助的选项通常被称为"目标",而另一个选项则被称为"竞争者"。

美国麻省理工学院的斯隆管理学院做过一个著名的"诱饵效应"实验,让一些大学生从两种征订套餐中选择订阅《经济学人》杂志,实验情况如图6-4所示。

征订套餐一:
- 电子版:59美元/年
- 印刷版:125美元/年
- 电子版+印刷版:125美元/年

订阅结果:
- 电子版:16%
- 印刷版:0%
- 电子版+印刷版:84%

征订套餐二:
- 电子版:59美元/年
- 电子版+印刷版:125美元/年

订阅结果:
- 电子版:68%
- 电子版+印刷版:32%

图6-4 诱饵效应实验

在这个案例中,只是增加了一个看上去毫无优势的选项(单订印刷版),结果却产生了巨大差别。单订"印刷版"这个选项其实只是个"诱饵",它会引导学生在价格比较中订阅"印刷版+电子版"。其实,学生们并不是真的偏爱"印刷版+电子版"的选项(理性思考一下,同时拥有电子版和纸质版其实是很浪费的),造成他们选择改变的关键因素就在于单订"印刷版"这一陷阱选项。

"诱饵效应"主要利用的是消费者乐于"对比"来找到更实惠商品的心理。在比原来选项稍差几分的诱饵选项出现之后,"明眼人"稍加辨别就会发现之前选项的绝对优势,在物美、价廉或者两者兼而有之的认知之下,能够快速选择出刚刚还在犹豫的目标选项。

在市场营销中,类似的诱饵效应也广泛存在。例如,有一个大型商场,货架上的商品品种齐全,每类都有一些价格相当昂贵的商品,摆放了很久,一件都没卖掉,却一直占据着一块销售区。有人可能会认为是售货员偷懒,没有及时撤掉呆销的商品。事实上,这些商品是有意保留的,目的是利用人们购买产品时的对比心理:当发现一种商品比另一种商品更贵时,通常会下意识地选择价格便宜的。这样上面提到的昂贵商品,无形中起到了促进商品销售的作用。不少奢侈品店都会配一两款超级贵的高价货作为陪衬价格,如同一个设计师出品,一款鳄鱼皮包就要几十万,但是鸵鸟皮包只要十几万,消费者通常会去买十几万的鸵鸟皮包。Prada经常在很贵的奢侈品旁摆上各种小物件,这些几百上千的小物件才是丰厚利润的来源。

【资料链接】

星巴克的中杯、大杯、超大杯，蕴含了哪些玄机

星巴克的杯型设置很有意思（见表 6-1），关于"Tall（中杯）、Grande（大杯）、Venti（超大杯）"还引发了罗永浩的一次"较真儿"。

表6-1 星巴克的杯型设置

杯 型	大 小	价 格	感 知	每百毫升价格
Tall（中杯）	12 盎司（354 毫升）	27 元	感觉有点贵	7.63 元
Grande（大杯）	16 盎司（437 毫升）	30 元	比中杯多83毫升，贵3元，83毫升是5.69元，划算	6.86 元
Venti（超大杯）	20 盎司（591 毫升）	33 元	量太大，喝不了，剩下了浪费	5.58 元

一个"隐藏的小杯"作为重要的"价格锚点"很容易把用户的决策目标锁定到中杯、大杯上。设计产品时通常会考虑参照物，在杯型比较与价格的差异出现时，用户自然就有所倾向。

在"参照物""价格锚点"的设定下，用户的感知会形成一定的"比例偏见"，我们会自然而然地进行比较，3元能多喝83毫升的感知（消费者几乎不会现场计算，大部分以视觉判断大小差异）可以促进快速决策。

当在消费者选择 Tall（中杯）时，星巴克服务员通常会说一句话："只要加3元就能升大杯，您需要吗？"一下就提醒了用户，"差价才3元，很划算"。此刻又有很多人改为购买大杯。

消费者"心甘情愿"地购买"大杯"星巴克，与星巴克品牌设计的消费者决策是否有关呢？为何引导消费者购买大杯后，消费者会感觉到"划算"？这正是"比例偏见"消费者心理的核心，"占便宜"的心理+产品自有"便宜"要素，就形成了消费者的感知，也因此购买了商家希望的那款产品。

那么，为何星巴克也希望消费者购买"大杯""超大杯"？是为了让消费者省钱吗？中杯与超大杯相比，直观感受只是增加了部分的水、咖啡、糖、奶，但事实上，这些成本几乎可以忽略。最大的成本是房租、水电、人员管理等费用，这些费用是固定的（不管你卖出多少杯咖啡）。所以，在有限的空间、时间、到店消费者等关键要素不变的情况下，客单价越高，消费频次越高，对星巴克越有利。

资料来源：MediaCa. 星巴克的中杯、大杯、超大杯，蕴含了哪些玄机？[EB/OL]．（2019-05-17）. https://www.sohu.com/a/314626894_99896501.

3）产品与价格的呈现顺序

Karmarkar 等人（2015）的实验研究表明，产品和价格出现的先后顺序影响消费者做出购买决策的标准。具体来说，如果产品先出现，消费者会把产品质量作为购买决定的标准。而当价格先出现时，消费者就会更加看重价格。这一发现具有实践意义。例如，如果销售奢侈品，商家希望消费者更多地看重产品质量而不是价格，就应当选择先展示产品再显示

价格的策略；而对于走实惠亲民路线的日常用品来说，则应该先显示价格。

进一步讲，当销售包含多件产品的组合时，应当怎么设计价格和数量的先后顺序呢？假设现在有个产品套装要出售，呈现方式分别是：① 29 元 70 个；② 70 个 29 元。研究发现，后者更加有效，即把价格放在较大数量的右边（Bagchi 和 Davis，2012）。不过需要注意，这一结论存在两个先决条件：第一，产品单价的计算必须是复杂的，这样消费者很难算出精确的单价；第二，数量数字必须大于价格数字。当数量数字更大时，锚定效应将发挥作用；当消费者被锚定在更多的数量时，他们会误认为价格较低。

4）商品归类

商品的归类也会影响消费者对价格的感受性，这涉及消费者对不同产品的价格倾向性。例如，一种十几元的化妆前后洗脸用的香皂，如将之归为只用于"清洁"的日用杂品，其价格就显得贵；但如果将它归为"美容"用的护肤品，我们就不觉得贵了，因为护肤品一般价格都较高，而且人们也存在"为了美，多花点钱也值"的心理，因而将这种香皂放在经营美容、化妆品的商店或柜台出售，价格就不显得贵。

5）销售氛围

对价格的判断也受到出售场地、现场气氛的影响。繁华地段、豪华商店、豪华娱乐场所的商品价格往往较高，但消费者的价格判断却不高。优衣库在各地的旗舰店都不惜重金，邀请著名设计师将其打造得如同奢侈品店一样，背后的技巧也是锚定效应。如果购物现场的气氛十分热烈、踊跃，消费者的价格判断也会趋低。例如，一瓶啤酒在小卖店卖 3 元，在大排档可以卖 5 元，在酒店可以卖 8 元，在酒吧可以卖到 20 元。有人曾经做过一个对比实验：把某大商场一件价值 1800 元的名牌西服和地摊上一件价值 300 元的西服去掉标签互换，结果被换到地摊上的名牌西服没有卖出去，而地摊上的西服在大商场却以 900 元卖掉了。

另一方面，将高档、贵重商品混放在一般商品中，或在日杂小店以及低价柜台中出售，不仅会使价格显得贵，还会降低商品的形象、地位及特殊性，使质量、品位等被"稀释"，也会使消费者缺乏信任心理，并由此影响销售。因为消费者往往还会通过销售环境来理解产品。当一个品牌出现在高级奢侈品商店时，它所传达的信息，就与摆在沃尔玛、家乐福这样的平价商店里所传达的信息有很大的不同。特别是那些代表身份地位的商品，如劳力士手表，如果摆在平价商店里的话，就会与它的品牌定位和价格信息发生矛盾。

6）定价方式

采用分部定价方式也容易使消费者产生比总体定价便宜的感觉。旅行社经常把出境游价格分为团费、杂费（或签证费、小费），广告图片突出的是团费价格，以显得团费很便宜。实际上，如果再加上自费旅游项目，总体旅游花费其实很高。零售商家也采用一种拆零定价的方法，以小分量包装的"低"价格吸引消费者，实际上并不便宜。例如，商家自产的凉拌小菜 7 元/袋，或者标注的单位价格是 4 元/200 克，消费者就觉得便宜，但如果换成 10 元/500 克，就会觉得它贵。类似地，某电信公司将 90 元的月套餐宣传为 3 元/天；健身房喜欢用"平均每天只要××元"来吸引顾客；蚂蚁花呗向用户展示日利率而不是年利率，都是这个道理。

给商品定一个带有零头数结尾的非整数价格，是一种被普遍运用的心理定价方法。非整数价格使人觉得这个价格是经过仔细核算成本和差率等费用而制定的，是比较精确合理的，从而产生一种信任感而乐于接受。相反，整数价格易让消费者认为是粗糙、概算的价格，从而产生疑虑或讨价还价的心理。而且，当一种商品价格靠近某一整数线以下，精准定价会以更小的量级作为消费者价格感知的引导，进而让消费者感觉价格更低。例如，97元的商品，给人的感觉是"100元以下的商品"，而101元的商品则给人的感觉是"100多元的东西"，感觉上的心理差距比实际差距更大。如果非整数价格的数字系列是趋小的，还可以使消费者无意识中产生价格下降的心理错觉。

但是，从感知角度而言，整数价格（例如100元）比看着不那么整齐的非整数价格（例如100.55元）认知起来更加流畅。Wadhwa和Zhang（2015）在研究中发现，因为认知过程更为流畅，所以整数价格在冲动消费中更有效。当消费者可以更顺畅地认知一个价格的时候，他也会认为这个价格更好。对于名牌品、稀罕品、时尚品、礼品等有感性消费需求的商品，整数价格较为适宜。相反，如果购买情境是理性的，加个零头得到非整数价格会更有效。

7）付款方式

损失厌恶是前景理论的一个重要发现，指人们在面对同样数量的收益和损失时，会认为损失更加难以忍受。在购买情境中，消费者需要付出金钱，尽管能够获得产品或者服务，但是损失带来的痛苦要比获得伴随的收益更为强烈。这种付钱时"肉疼"的感觉自然会降低消费者在交易中的愉悦感。因此，为了提高消费者的感知交易价值，商家应当尽量降低付款所带来的心理疼痛与纠结，一种简单的方式就是避免消费者意识到他们需要付钱或者即时付钱。电子支付、信用卡、花呗、借呗、储值卡、预付费、分期付款或利用销售方的欠款购物等付款方式，都有助于降低消费者的花钱意识，缓解消费者支付痛苦，也容易使消费者接受较高的商品价格。例如，电子游乐场或赌场通过代币使得玩家或赌徒在支付时感觉不到心疼，从而刺激其消费数量。

Shah等人（2015）的实验也表明，尽管消费者知道他们在消费，但如果没有直接目睹钱从手中流失的过程，其痛苦感会有所减轻。实验参与者被要求购买一个马克杯，原价为6.95美元，无论是现金或刷卡都可以优惠2美元。购买后2小时，参与者被要求将该马克杯重新出售，价格自定。结果发现，尽管参与者购入的价格相同、拥有马克杯的时间也相同。但用现金支付的参与者给出的价格比刷卡的人高出近3美元。用现金支付的参与者还表示，他们对马克杯有更深的感情。正是由于现金交易带来的支付痛苦是最高的，所以这组消费者需要更高的售价来弥补其支付时的痛苦。

4. 个体特征

1）经济收入

这是影响消费者判断价格的主要个体因素。比如，同样一双400元的皮鞋，月薪8000元的消费者和月薪2000元的消费者对价格的感受是不同的。

2）需求强度与紧迫程度

"获得效用"（类似于经济学家马歇尔所说的"消费者剩余"）的大小不仅与价格有关，更与消费者对商品的价值认知有关。消费者最终购物时乐于支付的价格，很大程度上受到对商品的需求强度或价值认知的影响。例如，当消费者处在外出旅行、重要庆典、与恋人约会等情境中时，不大在乎花费是否太高。对于具有节日意义的情感性、象征性商品，消费者即使要承受比平时高许多的价格也能够接受。情人节购买鲜花的年轻人，大多并不在乎红玫瑰的价格，售价 10 元/枝的红玫瑰有时比 5 元/枝的红玫瑰卖得还快。情人节当天，一些高档电影院的电影票价比平时高出两倍，但还是观者如潮，浪漫情怀中的消费者是不问价的。

消费者的需求紧迫程度也会影响其对商品价格高低的看法。例如，照片冲印店对要求快速得到照片的消费者收取加急费，即使比平常冲印贵出 20%以上，急等照片的消费者仍然可以接受。当消费者急需某种商品而又不易求购，或没有时间搜寻选择，或面临市场垄断时，往往容易接受较高的价格。旅游景区、机场的商品往往较贵，就有这方面的原因。

▶ 思考一下：你是否有过因商品价格较高而放弃购买的经历？你当时是怎样判断其商品价格高低的？

6.3 价格促销与消费行为

在相同的促销预算控制下，不同的促销活动能给消费者带来不同的感知利益，引起消费者不同的行为反应，从而达到不同的营销目的。要在促销预算约束下让促销活动达到最理想的效果，就要深入理解消费者将会对促销活动如何反应和消费者为什么会对促销活动产生如此反应。

6.3.1 价格促销工具对消费者行为的影响

尽管学术界关于价格促销对促销期后销售额以及长期销售额的影响作用存在不同的看法，但价格促销对提升短期销售额的积极作用却得到了普遍的认同。例如，一些调查发现，在价格刚刚降低时，销售量会有大幅上升，随着时间推移或者降价结束，销售又会回到正常水平。Gupta 研究发现，价格促销带来的销售增长大部分都来自于品牌转换，只有少部分来自于消费增加和储存备用。但也有学者认为造成促销时销售增长的主要原因是因商品而异的，比如人们通常不会因为促销而大幅增加大米的消费量，而零食的促销就可能会诱使顾客增加消费量。

1. 价格促销的目的

价格促销有的针对新顾客，有的针对老顾客。同时，不同的促销方式有着各自的优势和劣势，其具体目的和实际的促销效果也会不同。但促进销售增长是企业开展价格促销的首要目的，而其具体目的则包括以下方面。

（1）鼓励消费者大量购买、多样化购买和频繁重复购买。
（2）吸引潜在消费者试用，推广"新"产品。
（3）鼓励消费者提前购买或存储式购买。

(4) 吸引竞争品牌使用者改用本企业品牌，对抗竞争者的广告与促销活动。

2. 价格促销方式的不同作用

价格促销的方式很多，包括降价促销（如价格折扣、预付定金、优惠券、特惠包装等）、赠品促销（如买一送一、其他赠品等）、返还促销（如购物返券、现金返还、代金券返还）、抽奖以及各种形式的"消费积分"、惠顾奖励等，但每一种促销工具对消费者行为产生的影响作用并不一样（在下面"价格促销的心理策略应用"中还将论述）。在相同的促销力度下，采用不同的价格促销形式可能会对消费者价格感知和行为意向有不同的影响，进而会使企业长期的销售额、利润、品牌资产、顾客忠诚等出现不同的结果。这方面的研究成果很多，例如：

（1）打折促销是效果最好的一种促销工具，消费者对打折促销的价值感知与购买意向都很高。但打折促销对消费者内部参考价格的负面影响最大，可能会对以后的销售产生不利的滞后影响。另外，打折促销可使消费者更倾向于购买质量更好的商品，因为在同样折扣的情况下，价格高的商品消费者获利更大。

（2）买赠或买一送一的策略倾向于使消费者认为单个商品物超所值，产生好的购买体验。

（3）购物返券的方式让消费者为了使用购物券而再次投入现金，迫使消费者购买一些并不需要的商品，消费者对它的信任程度和价值感知较低。因此，在采用购物返券进行促销时，要尽量为顾客提供方便，比如简化返券的手续、更少的时间与地点限制等，以减少顾客为兑现优惠所需付出的成本，提高促销为顾客提供的经济效用。

（4）优惠券一般都有到期期限，能使消费者倾向于购买储存备用；但它只会提高消费者的初次购买率，而对重复购买却常常起着反作用，因为消费者会感觉自己是因为"优惠"的原因而购买，当缺少了优惠券时，其重复购买该商品的欲望就会降低。

（5）优惠券形式的价格减让并不传递一种质量下降的信号，也对消费者的内部参考价格影响不大，如麦当劳的优惠券、美团外卖的红包、滴滴打车现金抵扣券等。如果仅向部分顾客（如 VIP 客户）发送优惠券，还会使这些享受优惠的客户产生一种优越感，并能增进他们所感知的价格促销价值。

（6）采用"折上折"或"省上省"的捆绑销售策略，由于消费者往往乐于分开计算两笔节省额，因而能更有效地促进消费。

（7）现金返还对消费行为的影响较小，因为可把节省下来的钱用作别的用途。

（8）对于实用型商品来说，采用金钱性促销更有效；对享乐型商品来说，采用非金钱性促销比较有效。

（9）一般而言，非金钱性促销对商品品牌形象的影响更为正面，而金钱性促销容易使消费者对产品的品质或价格产生负面联想。

（10）商品的可存储程度不同，同一促销方式的效果也不同，例如，对于容易失去消费价值的低可存储性商品，直接打折的效果较好；相对来说，较容易存储的商品，赠送的效果会好一些。

（11）参考价格与限时特卖策略结合使用（例如，原价 599 元，现价 359 元，特卖仅限 3 天），比单独使用更能让消费者感到价格优惠。

（12）消费者感知产品折扣存在"右侧效应"。举例来说，如果一件商品的原价和优惠价拥有相同的左侧数字（例如23和22，左侧数字都是2），那么，当右侧数字都小于5的时候，消费者会认为此时的折扣比右侧数字都大于5时更大。也就是说，消费者会认为购买原价23现价22的商品，比购买原价19现价18的商品，能得到更多的利益。

Biswas等人（2013）研究认为，原价和促销价的摆放位置也有潜在的心理影响，当促销价格位于原定价格的右方时，消费者感受到的促销幅度最大。原因可能是，把较小的数字放在右边的时候能使消费者更轻松地算出差值。在垂直位置也有类似效应，因为空间概念中的"上"往往隐喻"好"或"大"，正如成语中的高高在上、青云直上等，所以，较低的价格可以放置在下方，较高的价格可以放置在上方。

【资料链接】

电商促销的类型与作用

1. 满减

表现形式：满 X 元减 Y 元。

带来的效果：用户从买一件商品到买多件商品，客单价从少到多（由买20元到买100元）。

2. 秒杀

表现形式：首先选品要好（有些平台，9.9元秒杀不知名拖鞋），商品价格超低，在一定的时间范围内有效。一般在开始后马上被抢空。

带来的效果：流量和知名度的提升，企业有秒杀活动时会提前预热，会有大量用户围观，形成口碑宣传。

3. 直降/特价/折扣

表现形式：在正常售价基础上降价销售。

带来的效果：销售额提升。

4. 满返

表现形式：当用户消费满足设定金额时，返给用户一定金额的代金券，代金券可能会有消费限制。

带来的效果：促进用户二次消费，提升流量与销售额。

5. 套装（$A+B$）

表现形式：两种或多种商品（一般两种），同时进行销售。

带来的效果：提升商品销量，去库存。

6. 买赠

表现形式：买 A 商品赠 B 商品，比如买电视送电视架，或者买一赠一。

带来的效果：用户从犹豫是否要买到马上买，提升 A 商品的销量。

7. 满赠

表现形式：满 X 元赠 Y 商品。

带来的效果：提升主商品销量，去 Y 商品库存。

8. 加价购

表现形式：购买某商品后，加 X 元可购买 Y 商品。

> 带来的效果：促进关联品的销量。
> 促销的类型和玩法还有很多种，比如定金、第二件半价、酒店旅馆的连住优惠等。
> 资料来源：关于电商促销系统的一系列思考[EB/OL]．（2019-05-10）．http://www.woshipm.com/marketing/2327881.html.

但是，关于价格促销工具对消费者行为的不同促销效果的比较研究，并没有形成一致性的研究结论。这可能是由于促销的最终效果与产品特征、消费者个性特征、消费者的认知、消费情境等多方面的复杂因素有关。比如，有些产品如洗发水、咖啡、电池、牙膏和其他个人用品，促销手段可以使消费者尝试另一品牌；但有些产品，如烈性酒、汽车、汽油、宠物食品等，消费者认为促销手段很难使他们转换品牌。

3. 非金钱促销和金钱促销

戴蒙德（Diamond）将价格促销方式分为非金钱促销（如抽奖、赠品、购物送礼）与金钱促销（如价格折扣、购物券返还）两种，发现非金钱促销会被消费者视为收益，也不会影响参考价格，而金钱促销会被消费者视为损失的减少，但从总体效果上看，金钱促销优于非金钱促销。不同类型的促销工具给消费者带来不同的感知利益，金钱促销主要给消费者带来较高的实用性促销利益，而非金钱促销主要给消费者带来较高的享乐性促销利益。

1) 实用性促销利益

主要分为节约成本（参与促销能够省钱）、品质体验（参与促销能用较少的钱去购买较高质量的产品）、方便性（参与促销能较快地搜索到需要的产品，并且能较快做出购买决策，节约时间成本）三种。

2) 享乐性促销利益

主要分为自我价值体现（参与促销购买到实惠产品会产生自我满足感，从而提高自我价值的评价）、娱乐（多样化的促销活动为消费者提供了娱乐、趣味的价值）、探索（促销活动多样化满足了消费者对未知信息的探索）三种。

6.3.2 价格促销的心理策略应用

营销者的促销方案通常包括是否开展促销、促销的商品、促销的目标市场、促销的类型与形式、促销的频率与幅度、与顾客交流促销信息的方式，等等。下面就从这些方面入手，分析营销者是如何提高价格促销效果的。

1. 促销必要性

因为降价促销有可能会让消费者感到这是在传递一种低质量的信号，特别是在该行业没有其他企业这样做时更是如此，所以在同行业竞争者并没有普遍运用价格促销时，通常不要考虑采用价格促销这一手段。对于品牌定位是高质高价的企业来说，一般也要尽量避免采用价格促销的手段，否则会对品牌形象与定位产生较严重的负面影响。如果所在的行业中其他企业普遍采用价格促销，而且你所在的企业又是以价格为主要竞争手段的，那么可以考虑开展促销。

从正面效应上看，降价促销不仅能促进销量增长，有时也是一种宣传策略，是非知名品牌进入市场和提高知名度的手段。例如，网红直播不仅是销售渠道，同时也是宣传渠道。

营销者在决定开展价格促销以前，还需要慎重考虑的一个问题就是要对可能产生的负面效应心中有数，并将负面效应与正面效应进行权衡，如决定促销，则要制定相应的对策来应对这些负面效应。

在网购时代，传统实体消费品商店"薄利多销"的法则已失灵，网商的低成本使得各类低价实体店的价格优势荡然无存。例如，"便宜"一直是沃尔玛在国人心目中的标签，但沃尔玛店面选址往往要求地段好、场地大，与电商相比，场地租金的成本劣势明显，导致沃尔玛的价格促销已不再有吸引力。

2. 促销商品

在网络时代，企业为了争取最大用户量，取得大数据，形成互联网平台模式，往往会采取优惠甚至免费拉新的措施，如360杀毒软件的免费策略、共享单车刚推出市场时的免费骑行活动等。这些促销主要针对的是消费者频繁购买或使用的产品，消费者一旦形成消费习惯，就能长期购买。同时，由于消费者对这类商品和服务有较多的消费经验与商品知识，无须根据价格来推断商品质量，所以价格—质量联系表现得不很强烈，因而这些商品比较适合开展促销活动。

价格弹性大的商品容易通过促销提高商品的销售额，比如零食、饮料类等商品可以通过促销增加试用率和消费量，人们会因为降价而增加消费，但大米之类的商品如果降价促销则很可能会造成销售收入的下降。还有些需求是消费者可有可无的伪需求如上门美甲、上门做饭，即使是以优惠或免费的策略把消费者吸引过来，也很难留存住用户。

尽量不要用价格促销的方式来促进"旗舰"产品或品牌的销售，这样由于参考价格效应的影响，会导致消费者对公司整条产品线价格下估，产生的负面影响很大。另外，固定成本的商品用的人越多，边际成本就越低，优惠促销可以扩大用户量，如软件、App等。但是一些其他商品模式，例如O2O领域，需要交通费用、上门费用、人员费用等，就一定要收费。还有智能硬件商品，研发成本、运营成本非常高，如果促销力度太大，企业会得不偿失。对于包机的旅行社而言，当游客数量达不到预期时，可以通过降价促销吸引更多游客，以拉低机票成本，但人工服务费、杂费不宜降低。

不同品牌之间的促销交叉影响是不对称的，高质量品牌在开展促销活动时，从低质量品牌那里吸引来的品牌转换者数量要远远大于低质量品牌开展促销时从高质量品牌那里吸引来的顾客数量；而在提价时，低价品牌的损失则要比高价品牌更大一些。可见，对于高品牌资产的商品来说，促销是更有力的竞争手段，但如果经常采用这种手段，其效果也会大打折扣。

3. 促销对象

有些消费者对价格比其他人更加敏感，比其他人更喜欢在促销时购买商品，这类消费者是所谓具有"促销倾向"的人。在选择促销的对象时，应注意把具有"促销倾向"的消费者作为目标对象。不过在针对这些消费者促销时，可以尝试运用一些非价格的具有娱乐性的促销方式（如幸运顾客、刮刮卡等），让他们更多地享受到促销的情感利益，以避免过度采用价格促销所带来的价格敏感度上升，以至于产生只能用更低的价格才能吸引他们的负面效果。

营销者还可以根据产品的生命周期来确定促销的目标消费者，在产品生命周期的引入期，促销的主要对象应当是非用户；而在成熟期，促销的主要对象应当是竞争者的客户，通过促销来引诱他们转换品牌。当然，在成熟期与衰退期，留住现有的客户防止他们流失也是非常重要的，客户忠诚计划类的促销活动（如发放积分卡、会员卡、VIP 卡等）对于留住老顾客的效果很好。

在针对不同的细分市场实施不同的促销方案时，一定要注意尽可能不要引起消费者的不公平感，这种不公平感可能会激怒消费者，导致他们采用抱怨、要求补偿、负面的口碑宣传、转向竞争者、与销售商发生冲突等行为来进行报复。由于忠诚客户对于这种不公平的感受更加强烈，所以一般不要对忠诚客户采用歧视性的价格政策。

4. 促销时机

如果价格促销时机选择得好，会大大刺激消费者的购买欲望，否则，可能会降低降价的吸引力。例如，流行商品在流行高峰期刚过，就要采取降价措施；季节性商品在季中时，就要考虑降价以减少库存；对于一般性商品，在成熟期阶段的后期就要开始降价，以免成为过时商品而无人问津。

在传统节日或传统习俗时期，由于消费者的消费活动较密集，价格促销容易取得更大的效果。但另一方面，这也是消费者对价格关心程度最低，对商品本身关心程度最高的时期，这时提高商品价格，并不会引起消费者的过多注意。

5. 促销幅度

价格促销主要是利用消费者的求廉心理，刺激和鼓励消费者购买。但必须要让消费者得到的实惠是明白和确实的，使消费者获得实实在在的利益，使之觉得确实"买了划算""占了便宜""这是购买的好机会"，这样的价格促销才会真正取得消费者的信任。

进行价格调整时，要考虑消费者的价格阈限，也就是消费者对价格变动的最高和最低心理接受界限。降价的目的在于促销，如果降幅太小，就引不起消费者的注意和兴趣，难以激起其购买行为。尤其对于过季或过时商品，如果降价幅度过小，消费者是不屑一顾的。有的商家就故意设置偏高的"原价"，变相"加大"优惠幅度，以增加人们在购买过程中评估得出的"交易效用"。但是，先暗中提价，再虚张声势地夸大降价幅度；或隐瞒商品实情，借机推销假冒伪劣商品，这种欺骗消费者的做法是违背商业道德的。另外，降价幅度也非越大越好。由于多数消费者缺少专门的商品知识，降幅太大，会增加消费者对商品质量和让利信息的疑虑，甚至怀疑商品的可使用性、安全卫生情况、是否为伪劣商品等。

6-9 高利润商品先涨后降,比价网站炮轰价格大战

因为消费者对一次性大幅度降价的感知反应远强于连续数次小幅度（降幅低于差异化阈值）降价，所以降价幅度一次性达到差异化阈值，才能使消费者的感知价值明显提高，从而刺激其购买。可见，采取降价策略应当事先掌握好降价幅度，最好能"一步到位"。如

果价格在短期内连续向下波动或变化不定，就可能加大消费者在商品质量和销售上业已存在的疑虑，使消费者感知价格的绝对阈值下限下降；或认为价格不稳定，期待价格继续下跌，从而持币观望，推迟购买时机。有的企业在商品开始降价时，往往降幅较小，如果仍不能销售出去，再加大降价幅度，这种做法是不可取的。

根据营销研究者的研究结果，一项促销通常来说至少应当提供10%的让利水平，否则没有什么吸引力；9折优惠往往不会带来太多的增量消费，而85折带来的新增销量一般来说足以覆盖折扣带来的收入减少；20%~40%的让利幅度是很有吸引力的；超过40%往往负面效应会大于其正面效应；如果促销幅度超过30%，商家应当清楚明确地解释降价的原因，回馈顾客、周年纪念、节日促销是比较好的促销理由，要尽可能地避免消费者把降价的原因归因到产品质量下降上。

消费者价格阈限的幅度对企业有正反两个方面的影响。一方面，价格阈限较宽，有利于企业的价格调整，也能稳定消费者价格心理，不会引起消费者对价格调整的过激反应。另一方面，价格阈限较宽，消费者对价格变动的反应程度降低，这时，企业利用价格促销则往往难以奏效。如果价格阈限较窄，则有利于价格促销。在实际生活中，一般来讲，用于满足消费者自然需要商品的价格阈限较窄，而满足心理需要商品的价格阈限一般较宽。所以，在企业定价中掌握消费者不同时期、不同商品价格阈限的变化，有利于企业选择合理有效的价格策略，以实现促销的目的。

【资料链接】

免费营销的心理效应

老人常说，天下没有免费的午餐，得到就伴随着失去。但在如今的市场营销氛围里，"免费赠送"的营销行为确实屡见不鲜，难道天下真的有免费的午餐吗？

同样是免费赠送，方便面销售中的买方便面送泡面碗与数码市场中的最新平板电脑免费送，超市免费试吃，三者之间利用消费者营销心理学的内容，却是存在差别的。买方便面送泡面碗，是将泡面碗当作诱饵，来吸引消费者进行购买；平板电脑的免费是利用消费者损失厌恶的心理，通过另外一种支付形式进行的营销活动；超市的免费试吃，是利用消费者的互惠心理以及道德自尊性来促使消费者，在免费试吃过后再来购买产品。可见，免费的背后能为企业创造巨大的收益，蕴藏着影响消费者的营销心理效应。

1. 损失厌恶：展现消费者最想看到的，隐藏消费者厌恶的

消费者对免费活动屡见不鲜，但免费活动的影响力对于他们而言，依旧有着无法抗拒的魔力。为什么呢？

无论消费者对某件产品多么喜爱，内心对支付金额都会产生损失心理，人们对损失心理，是抱有厌恶态度的。因此，很多买家就是通过免费赠送的方式来抵消掉消费者心中的损失厌恶心理，从而促进购买。免费活动能够成功吸引消费者的原理便基于此。

① 在超市的日常营销中，我们经常会看见，洗衣液或洗衣粉这类居家产品，经常会搞促销活动。如，消费满多少元，便赠送便携式购物车一辆，或送精美的儿童玩具一份，从而刺激消费者多量购买，额外支付更多的金额。当然，这类营销活动能够成功的原因，就

是因为这类产品都是日常需要的，属于消耗品，多与少并不会阻碍消费者的消费行为。

② 影响消费者的消费选择。很多时候当我们想要购买某件产品的时候，当同样的商品排列在一起的时候，带赠送品的商品更容易被人选择。很多商场会运用这种手法，让生产日期较久的商品更容易被消费者选择。

③ 在免费赠送的诱惑下，消费者有时候会忽略最开始的消费原则。人们对于食品质量一直都抱有较高的要求，但在免费赠送的情况下，人们常常会忽略这一层需求。

损失厌恶在营销中对消费者产生的影响是最为明显的，它在营销过程中能够起到的作用主要有以下几点：

① 可以诱导消费者的消费选择。让消费者按照商家设计的方案购买商品。

② 让消费者购买更多本来不需要购买的产品，使商家扩大销量。因为一般情况下，消费者本身并不会购买需求之外的东西。

③ 吸引消费者注意力，让商家在激烈的市场中，更容易被消费者发现，增加曝光量。

2. 诱饵效应：投之以诱饵，报之以大鱼

真正意义上说，诱饵效应所标榜的并非"免费"的概念，而是通过增加产品之外的价值，不耗费成本地在消费者心中注入新的价值理念。产品之外的价值，指的就是产品附加值，换句话说，人们会对产品产生感情，感情便会产生附加值，也就是商家抛给消费者的诱饵，这是一种诱饵的存在形式。当然，并非所有的产品都是通过感情来提升附加值的，其实用感觉来形容这个营销行为更为贴切一些。

同样的事物，人的感觉会因为参照物的不同，而产生强烈的反差。为何中间差值的产品更容易受到消费者的青睐？为何市场上2块钱的500mL装和2.9元的1L装怡宝，当消费者关注的时候，往往会选择后者？为什么很多店铺设置全场满199元减100的时候，消费者会纷纷将自己的订单凑成199元以上？这些都是诱饵效应在搞鬼。

诱饵效应就是折扣或满减，可以让消费者产生一种自己赚了的情绪，让他们觉得多出来的那些东西是免费得到的。正是消费者的这种心理，使得他们无意之中支付了更多的金额，来得到他们心中那份"免费"赢得的商品。

诱饵效应在消费者免费体验的过程中，能够起到的作用主要有以下几点：

① 让消费者在价格对比的过程中，产生"免费"获得的情绪，从而为更贵的产品买单。

② 通过与消费者在使用产品的过程中产生互动，使得消费者在使用过程中收获成就感，从而对产品产生更强烈的拥有感。

③ 让消费者在看到优惠活动的时候，尽可能地将注意力放在完成优惠任务上，使得消费者的产品购买观念，从"今天打算买什么"到"什么东西是能用的上的"方向转变，在不知不觉中，将消费者的消费预算拔高了一大截。

3. 互惠心理：投之以木瓜，报之以桃李

诗经有云："投之以瓜，报之以李"。企业利用这种互惠心理，给消费者留下付出的好印象，期望消费者也会相应地用自己的行动来回报企业。

当我们面对免费试吃的时候，首先，由于免费的缘故，我们对于食品的要求，在心里面已经下降了一个档次，很容易产生觉得食品好吃的念头；其次，当我们吃过导购员赠送的食品时，在心里面会产生"吃了，要买"的心理负担，另外一层便是感觉吃了不买，会觉得不好意思；最后，当吃过免费的食品后，也就意味着接受了导购员的一些"恩惠"，基于互惠心理，人们这时候会促使自己作出购买商品的选择。像彩妆以及街道上赠送礼品的，都是运用了这一类型的心理手法。

在市场竞争中，企业通过赠送一些"小恩惠"，还可以更好地拉近与消费者的距离，也能更好地帮助企业传播品牌。网易云音乐为推广自己"分享"的音乐理念，曾策划过 iPod touch 免费试听的活动。2017 年 7 月 2 日，网易云音乐策划了"音乐加油站"活动，网易云提供 100 台装有自己 APP 的 iPod touch 供来往行人免费"借用"，借用者并不需要做任何的信息登记，只要求下班时将设备放回原处即可。虽然部分设备没有成功回收，但活动向群众传达了两个信息。首先，通过免费借听的活动营销来吸引群众，从而打开自身的品牌知名度。其次，通过这种以"分享"和"音乐"为主题的活动，成功向群众传达了自身所要打造的"分享"的品牌理念。最后，就是通过无须任何凭证的"借听"活动，来验证市民诚信，通过检验诚信的这个过程，让自身主打的品牌理念得以传播，并在这种无偿的"借听"活动中，通过群众的不诚信，从而在群众心里传达自己"值得信任"的情感信息。同时，也让守信的试听者感受到了企业的大气。

互惠心理的作用主要可以归纳为以下几点：
① 让消费者在心理上降低对产品的要求，使得产品可以给消费者带来更高的满足体验。
② 通过赠送礼品，让消费者在心理上产生"不买就不好意思"的愧疚情绪，从而在道德上，强迫自己进行消费的行动。
③ 在品牌传播上，免费的礼品赠送或商品体验，可以快速地为品牌积累口碑，毕竟拿人的手短。
④ 在商品营销中，企业可以获得"低投入，高回报"的营销收益。

4. 从众效应：一方宾客齐聚，四方应者云集

免费活动，本就容易吸引顾客前来聚集，但聚集力本没有其表现得那么强大，只是当档口或舞台聚集了部分群众之后，后续的群众便会自发地往该团体靠拢，这便是从众效应。用免费的噱头来吸引第一批种子观众，然后让种子观众自发地聚集新观众，随后产生营销行为。

从众效应在营销中能起到的作用有以下几点：
① 拥有自传播能力，聚集人群，良性循环。
② 在从众的状态下，消费者的判断能力下降，很容易产生跟风行为。
③ 从众效应可以让消费者产生"别人都在买，肯定没问题"，容易产生产品信任感。

当然，从众效应的运用并非只有免费营销这一个场景。其实所有心理效应所引用的场景比文中所描述的场景，要丰富得多。

资料来源：https://www.zhihu.com/question/32222468/answer/758788648。

6. 促销频率

Jeddi 发现当商家大幅打折时，顾客常有超量购买或过量储存打折商品的现象；而频繁打折促销会增加消费者的价格敏感度，使品牌资产下降，给品牌的长期发展带来负面影响。而且，促销越频繁，促销所带来的销售增长就越低，因为频繁打折会降低消费者内心的参

考价格，使消费者产生"耐药性"，也会使消费者摸索出促销规律而养成只在促销时购买的习惯，形成在更少的购买场合（促销期间）购买更大数量商品的消费模式，这使得零售商的利润受到一定的影响。当然，这种促销所带来的长期效应可能从厂商或品牌经理的角度来看是比较有利的，因为消费者一次购买较大数量的产品会使他们在一段时间内保持较高的存货水平，无须多次重复购买，这就使得消费者在一定程度上远离了竞争者的产品。

不少专业市场的商家反映，在节日或周末进行促销活动时，会刺激销量上升，但"活动"期一过，便会门庭冷落，因为不少消费者已形成消费习惯，即只在优惠期间出手购买，诸如家具、洁具等非急需大件生活用品。这样，由于销量一升一降，商家似乎并没得到好处，但是由于别的竞争市场搞促销活动会吸走客源，所以还得通过这种形式来参与竞争。

但是，促销频率的确定应当根据品牌或商店的定位来确定。对于零售商而言，经常浅幅打折的 EDLP（everyday low price）模式与高低定价结合的 HILO（high-low price）模式相比，前者所塑造的商店价格形象更低，更能够吸引消费者。Albaetal 研究发现，在平均价格相同时，被调查者往往认为经常针对不同商品进行浅幅度打折（每日低价）的商店总体价位比偶尔深幅打折的 HILO 模式的商店更低。而且 EDLP 零售店的消费者的总体消费额度也要大于 HILO 零售店的消费者。这一研究结果为沃尔玛等零售商 EDLP 策略的成功提供了解释。

基于这一研究结果，如果一家商店试图通过在顾客心目中树立低价形象来赢得顾客光顾，那么应当经常地、大范围地小幅打折，而不是偶尔地、小范围地深幅打折。但如果某家商店的定位是高档百货店，由于竞争所迫而频繁大规模地针对多数商品促销，可能会使商店形象发生与期望相反的改变。如纽约的 Lord & Taylor's 商店，该店早先的定位是高级百货商店，由于它经常对商品进行降价促销，它的高级形象逐渐失去了光辉，光临的顾客类型也发生了改变，那些追求高档商品的顾客不再光顾该商店。所以，如果品牌的定位是高质高价，则应当避免经常开展促销活动。

另外，不同产品或营销场景的促销目的是不一样的，促销的次数、类型也不同，如图 6-5 所示。其中，对于高频购买产品，在需要进行价格锚定，给用户制造错觉的场景（如超市），适合连续促销方式，如招徕定价法就是将某些日常生活必需品的价格定得很低，以此带动其他产品的销量；但对于外卖、共享汽车、社区服务等高频产品，尤其是新商业模式，主要目的是吸引用户尝试并能形成消费习惯，因此则适合少次促销，来吸引新用户。而对于低频购买产品，在需要提升每次交易效能的场景（如购房），可采取连续促销的方式；但对于用户终生价值高的产品（如电话卡、证券账户开户），则适合少次促销，但可加大促销力度。

7. 促销规律性

消费者会根据某家商店或某品牌以往的促销历史推断出未来该商店或者该品牌的促销模式，促销越有规律，这种预期就越准。例如，"双 11"、"双 12"、"618"、新店开张、法定节假日及传统节日都是要促销的，这些日子打折幅度也较大；在一年的商业周期中，也有"淡季"的"季节性促销规律"。同时，消费者往往也会根据对促销模式的预期来调整自己的购买时机、购买量，甚至是消费节奏。比如在促销期间，消费者会提前购买或者大量购买以储存备用,错过了促销机会,他会推迟购买或者减少消费以等待下次促销。很显然,推迟或提前购买所带来的促销时的销售增量实际上是以牺牲平时的销售为代价的,如果让消费者准确地把握促销节拍,并据此来理性地安排自己的购买与消费的话,则不利于通过促销刺激消费和销售的增加,而且错过了促销机会的消费者有更大的可能在下次促销时购买,所以采用不规律的促销模式有利于刺激消费者的冲动性购买。另外,上面已经提到不规律的促销有利于减轻促销对参考价格的负面影响。所以营销者应当经常对促销的时机选择、形式、类型、幅度进行调整,以避免在消费者眼中形成定式,减弱促销的刺激作用。

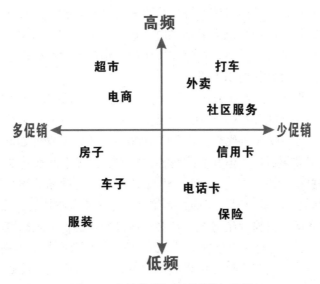

图 6-5　产品类型与促销次数矩阵图

8. 促销方式

前面已经讲到,即使在相同的促销让利水平下,不同的促销方式对于消费者购买行为的影响也是不一样的。因此,根据促销的主要目的,采用合适的价格促销方式,会在一定程度上提高价格促销的有效性。

郝辽钢研究了四类价格促销工具对消费者行为的影响,认为:如果促销的主要目的是让消费者产生品牌转换行为,将竞争对手的顾客吸引过来,那么就应该考虑主要使用价格折扣和样品赠送这两种促销工具;如果促销的主要目的是加快商品货物周转速度,让顾客比计划时间提前购买产品,就应该考虑主要使用价格折扣和购物赠礼这两种促销工具;如果促销的主要目的是增加短期销量,让顾客增加单次购买量,就应该主要考虑价格折扣这一促销工具;如果促销的主要目的是推销新产品、让消费者试用产品,则可以考虑选择价格折扣、样品赠送、购物赠礼这三种促销工具;如果是为了培育消费者品牌忠诚行为,可以考虑放弃价格折扣这一短期促销工具,而选择购物赠礼促销或样品赠送促销。此外,购物抽奖在所有促销工具中短期促销效果最差,原因很可能是抽奖设计不合理,包括奖品设置、中奖率设定、抽奖本身的可信度、兑奖程序的复杂性等。有研究认为,中奖率很低但奖品价值很高的抽奖促销比中奖率较大但奖品价值很低的抽奖促销的效果更好。

赠品促销是一种主要的非金钱促销方式。赠品通常以新颖性和纪念性等来吸引消费者,提供给消费者的利益是以体验性和情感性为特征的享乐性利益为主,而价格促销主要为消费者提供实用性利益。因此,在商家实际的赠品促销活动中,应当尽可能多用同等价值的享乐性赠品替代实用性赠品,当然,有时消费者对有互补性的功能性赠品也是乐意接受的。尤其是在为享乐性产品作赠品促销活动时,商家应尽可能选择用享乐性商品作为赠品。在为红酒这样的享乐性产品做赠品促销活动时,如果选用笔记本这样的实用性赠品,可能会因为笔记本的实用性与红酒的享乐属性不一致而降低消费者在赠品促销活动中能体验到的情感上的愉悦和乐趣,从而使促销效果不够理想。此时选择巧克力等享乐品将更能激发起消费者对促销产品和促销活动的情感喜好,从而大大提高促销活动的有效性。

但是,在为实用性商品做赠品促销活动时,选用实用品作为赠品可能并不会比选用享乐品作为赠品产生更好的营销效果,商家在实际的促销活动中可以通过丰富的赠品与实用性产品搭配,力求达到最好的促销效果。

采用预付(或充值)一定金额给予优惠的方式,能让人感觉占了便宜又不容易产生"该产品质量有问题""产品价格虚高"等认知问题。例如,某餐厅有两种优惠方式:在餐厅一次消费 200 元以上,可享受 8 折优惠;若充值 1000 元,本次消费的 200 元可免单。后者这种隐形打折方式促销效果更好,但其实这两种方式的折扣优惠度都是 8 折。还有,带有免费字样的广告效果总是不错,如"买一送一"就比"用一件商品的钱得到两件商品"的效果要好。"新人首单免费、邀一得一"的拉新策略,是瑞幸咖啡快速扩张的重要原因。

另外,由于经常运用价格促销方式往往会造成消费者的价格敏感度上升,他们在购买时会更加注重价格,这会使商品的售价难以提升,还可能招致同行的不满而引发"价格战"。所以如果有可能的话,应当多尝试使用诸如增加服务项目、提高产品质量等非价格竞争或促销方式来扩大市场占有率,实现价格促销向价值促销的转化。比如,美国的可口可乐与百事可乐公司,在多年的竞争中,主要采取的就是非价格竞争策略。

▶ **思考一下**:在你的购买经历中,你是否因价格促销而产生了购买行为?不同的价格促销方式对你的购买心理产生了什么不同的影响?

9. 促销沟通

根据消费者的心理,精心设计促销广告,能够起到有效提高促销效果的作用。营销者可以从提高消费者内部参考价格、降低所感知的购买价格、提供正面的促销理由等几个方面入手来增强消费者所感知的促销利益,提高购买欲望。

1)比较价格形式

广告宣传中最常用的促销价格信息表述形式是"较高的参考价格+较低的销售价格"的比较价格形式。这种形式又分为三类,第一类是与本店以前的销售价格进行比较,第二类是与厂商建议零售价进行比较,第三类是与其他商店或竞争品牌的价格进行比较。其中,第三类价格比较对消费者影响最大。

2)价格折扣方式

价格折扣的呈现方式通常有两种,一种是基于百分比的价格折扣(差率),如节省 30%;另一种是基于金额的价格折扣(差额),如节省 50 元。前者多用于大范围的降价及折扣,如主动型降价。后者的灵活性较大，可采用非整数定价法等多种心理定价方法，但有时使用整数价格，反而显得大方一些，能避免因数字烦琐而引起消费者的反感，因为降价差额本来就是粗略性的定价形式，同时，整数价格也便于记忆、宣传和购销。

一般来说，基于金额的价格折扣比基于百分比的价格折扣能够带来更高的购买意愿与感知价值，但这个关系受到价格折扣计算难度与被促销品价格水平的调节作用影响。通常，高价产品宜采用绝对金额形式（直降）、中低价产品宜采用百分比形式（折扣）。即所谓"小金额用比例，大金额用数字"。例如，一台1万元的液晶彩电，在广告中宣称降价1千元就比宣称降价10%让消费者感到降价力度更大，而一台100元的电磁炉在广告中声称降价20%就比声称降价20元更有吸引力。另外，还有一种低价值商品，其商品价值在市场中不统一，消费者是根据实际的商品认知确认商品价值的，如蔬菜水果等，采用特价（一物一价）的形式就比较好。

同时，在任何一种情况下，原价或日常价都应予以标明。日常价（节省金额计算的基础）应当是这样一种价格，即商店出售合理数量的该种商品时所制定的正常价格。

3）价格弹性范围

在陈述价格促销信息时有两种陈述形式：一种是弹性的价格陈述（如节省10%~40%、节省多达60%、节省20%以上），用于促销一整条产品线、整个商品部门或者有时是整个商店的商品；另一种是客观价格陈述，特点是提供一个单一的价格折扣水平，如全场五折。由于各商店的商品品类众多，采用上述两种形式可以覆盖整个商品范围，所以它们在增加商店客流量和销售额方面往往比个别商品价格广告（如鸡蛋惊爆价3.99元/斤）更加有效。

在采用弹性价格陈述时，如果折扣商品的品种与数量很多，陈述最大折扣水平（节省最高达40%）比陈述最低折扣水平（节省10%以上）广告以及陈述折扣范围（节省10%~40%）的广告更加有效，而在折扣范围窄的时候，三种陈述方式的效果没有明显差异。

4）促销原因

给促销优惠以特有的名号或理由，会让消费者觉得促销并不是每次都有，并可避免消费者产生产品质量下降的联想。对于那些难以从表面上判断质量情况的包装商品或食品、药品、烟、酒等，如果对促销原因避而不谈，消费者就会产生疑虑、警惕心理，从而抑制购买动机的形成。促销优惠"合理化"的做法包括以下方面。

（1）特定时间。如品牌周年庆、超级品牌日、传统节日、"双11"、世界杯期间等。

（2）特定产品。促销折扣只针对少部分特定的产品，如反季款、试用装、限码款等，这样也可以降低消费者对价格优惠的长期依赖。

（3）特定消费者。比如，Costco就是用"会员优惠"的做法来促进用户的购买。也可利用教师节、妇女节、消费者生日对特定人数进行优惠促销，并希望其能带动家人前来共同消费。

（4）特定行为。完成某个任务的消费者才可以优惠，如集够 N 个赞、发了朋友圈、蚂蚁森林种了几棵数等任务。又如，用户入会或关注店铺后才可以领取大额优惠券；购买达到一定数量或金额才可享受优惠；购买了某一商品的老客户，可享受直降优惠；参与人数达到1万时，品牌发放5千元红包，以促使大家邀请更多用户参与。

6-10 玩夺宝奇冰，赢清风跑鞋

实际上，像香烟这类商品的价格需求弹性很小，因为香烟的重度使用者通常具有相对较高的品牌忠诚度，消费者不容易理解和认同降价的营销措施。如果不做好解释工作，除非同时转移目标市场，而且新的目标市场是价格敏感型的顾客，否则，只会带来收入和利润的降低，而在销量和市场份额上不会有明显的效果。

【资料链接】

如何优雅地降价

降价应当给消费者提供一个原因，或者说特殊性。这样，消费者也能给自己一个理由（"不是我想'剁手'啊，而是现在刚好××，不买白不买。"）来购物。

1. 特殊消费者身份

这种降价方式用得最多的就是会员制。不论是山姆会员店、麦德龙这种大商超，还是餐厅 App、游戏，为会员给予降价优惠都是一个很好的归因。除了会员，还可以创造出其他身份的特殊性。比如，都是某个星座的，甚至是超过某个身高，或者像最近报道的美国有个漫威"死忠粉"看了 50 多遍《复仇者联盟 3》，都是制造消费者特殊身份的好契机。

2. 特殊时间

我们最熟悉的就有最近兴起的"618""双 11""双 12"等。除此之外，还有各种实体店的店庆、游戏的联动活动。

时间的特殊主要有两种：分别是传统和人造。传统的就是各种节日，如感恩节、母亲节等；人造的就是上述的电商平台的活动，或者自己的店庆、开张等。

对于小平台或者小商家来讲，特殊时间点最好是自然或者外部的，就是所谓的蹭热度。比如，某实体店也参加"双 12"活动，或者零售店庆祝感恩节。一般只有大平台创造的时间特殊性才更有说服力，也就是真正具有特殊性。

3. 特殊地点

地点类特殊性大家相对用得比较少。比如，某省连续几天强暴雨，某连锁超市决定该省境内的所有门店雨具 8 折；或者某个购物中心新开张，里面所有门店都有 8 折优惠。

4. 特殊商品

比如，大家都知道在 8 月份准备开学的时候，家长都会为小朋友准备书包、文具等。这个时候这些商品就可以降价；或者在消费者购买婴儿奶粉的时候，可以同时对奶嘴和奶瓶降价，因为这些都是婴儿需要的东西，而做新手妈妈可不容易。

5. 特殊商品库存

通常，衣服、鞋子等个性化的有型商品会发生这种情况。由于商品销售剩下的库存只适合部分人群，如太大的衣服或者很小的鞋子，此时商家就会降价把尾货清理掉。

6. 特殊销售渠道

奥特莱斯就是一个最典型的降价特殊销售渠道，因为消费者专门到工厂店这个渠道购买，所以降价优惠；或者对于服务性商品来讲，因为消费者从某个渠道下载 App 或者注册会员，所以给予降价优惠。

渠道特殊性通常需要和商业策略联系在一起，同时作为渠道推广的一种手段。例如，现在很多商家都会给用某种支付方式（如云闪付）的消费者降价。

7. 特殊随机性

随机性就是向运气归因。比如，弄一个幸运轮盘或者随机抽卡，本质上都是随机地抽取降价对象。这种方式基本不受时间、地点影响，而且被抽中的消费者基本也很愿意消费。但是有一点要注意，只有这个随机性的概率不等于百分之百的时候，才能体现特殊性。

8. 特殊努力付出

这种降价原因的本质是，如果我们为某个东西付出过（时间、精力），我们就会对这个东西产生控制感，而我们对自己有控制感的事物的评价通常都会主观升高。比如，卖家在卖一个房子的时候，自己的估值永远都比买家高，这里面很大一部分原因就是，对这个房子的控制感增加了感知价值。所以，如果想让一个商品很好地降价，最好就是让消费者为这个价格付出过。比如，消费者需要在整点抢购限量的降价商品，或者要通过长时间收集卡片、印花来获得降价，甚至是要玩一些小游戏通关才能获得降价。

资料来源：呵员外公众号．（2018-06-22）．ID：Yuanwai-HE．

在降价广告中出现正面的商品信息，如名牌产品的品牌、商品的特色与优势等有利于减轻价格下降所带来的负面质量感知，获得更加积极的评价。不过国外有些名牌商品为了避免打折给品牌资产带来损害，往往要求高档百货店在把卖剩的商品转售给折扣店时必须把商标从降价商品上去掉。

另外，在广告中添加一些限制，如时间限制（限时抢购）、数量限制（仅 100 件，售完为止）、购买前提条件（仅限 VIP 会员）等也可以起到提高销售量的作用。

根据商品的不同情况，结合消费者的心理反应，在营销活动中可以采取多种心理定价方法，包括撇脂定价法、渗透定价法、反向定价法、引导试用法、非整数定价法、习惯定价法、整数价格法、声望定价法、组合订价法、招徕定价法、拆零定价法、一揽子定价法、投标定价法、统一定价法等，可以自行查阅相关资料，了解其含义、特点、适用范围等。

本章思考题

1. 商品价格的心理功能有哪些？
2. 消费者为什么会出现"买涨不买跌"的消费心理？请举例说明。
3. 影响消费者价格感受的因素有哪些？
4. 在实际操作中，如何运用 PSM 模型来给新产品定价？
5. 影响消费者价格倾向性的因素有哪些？
6. 如果你开发出了一种新产品，你觉得应当如何进行定价？
7. 如果你是一家超市的经理，你将如何开展价格促销活动？
8. 谈谈价格促销形式对消费者的不同影响。
9. 营销者制订促销方案时，为提高价格促销效果，应当从哪些方面入手、采用哪些价格促销策略？

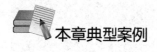本章典型案例

沃尔玛的价格促销

沃尔玛在顾客心目中牢固地树立了一种低价形象，除了与它基于低成本优势的低价格有关，还在于沃尔玛非常善于实施心理价格策略，影响消费者对价格的心理感受，使顾客感到它的价格之低非同一般，从而放大了它在价格上的优势。

1. 数十年如一日，坚持天天低价策略

沃尔玛数十年如一日地贯彻"天天低价"和"件件低价"策略，想尽一切办法节省资金，努力实现价格比其他商号更便宜的承诺，以低成本、低价格来营造自己的竞争优势。研究表明，在总的平均价格相同的情况下，经常浅幅打折的每日低价定价法与偶尔深幅打折的高低定价法相比，前者的消费者感知价格更低。

当然，在低价的同时，沃尔玛也没有放弃对服务质量的追求，齐全的一站式购物、满意的质量保证、方便及弹性的购物时间、舒适的消费环境和宽敞的停车空间，令顾客享受到更加超值的平价服务。

2. 巧妙营造强烈的低价氛围

沃尔玛利用各种手段想方设法地向顾客传递并加强自己的低价形象定位的统一信息，无论走进哪一家沃尔玛商店，"天天低价"都是最为醒目的标志，店堂内到处都是铺天盖地的POP特价广告宣传，广播里不断播放着特价商品信息，店内所有的价格牌都写有"天天平价、始终如一"，随处可见"我们所做的一切都是为您省钱""让利商品，竭尽所能为您省钱"的字样，就连沃尔玛开出的电脑收款小票背面也印有"天天平价"的字样，并说明"天天平价不是短期的降价行为，而是让您信赖的天天都能享受到的实惠"，还有定期印刷的特价商品目录，这一切都在大肆渲染沃尔玛的低价气氛，并不断地加强顾客心目中的沃尔玛低价形象。

3. 精心选择超低价商品

沃尔玛运用了一种被称为"损失领先者"的定价策略，做法是每天在店内挑选一些购买频率高、顾客对其价格很熟悉并且很敏感的商品做"诱饵"，制定不赚钱甚至是赔本的超低价格，对该商品实行集中陈列，摆放在店内最显眼处，如货架两端、收款台、通道旁，再配以大肆渲染其价格之低、机会之难得的报纸广告、广播广告、每期特价快报以及店内大幅的POP广告，让消费者广泛地对沃尔玛的价格之低产生深刻的印象，并蜂拥而至，进行抢购。当然，顾客在抢购这些特价商品之外，也会顺便采购其他正常价格的商品，这些捎带购买的正价商品的销售给沃尔玛带来了源源不断的利润。

这种策略成功的关键之处在于亏本销售的商品要精心挑选，应当选择那些购买频率高、顾客对其价格很熟悉并且很敏感的日用商品。在沃尔玛，最常用的超低价商品是人人都需要的、频繁购买的鸡蛋、大米和烤鸡。

4. 精心策划促销方案

沃尔玛最常用的促销类型是直接降价促销，与其他促销类型相比，这种方式需要顾客付出的货币成本与时间、精力成本最低，是消费者价值评价最高、购买意向最强、最受消费

者喜爱的促销类型，尽管它可能对商品品牌的形象有一定影响，但对于商店品牌的影响正好与沃尔玛的低价定位相一致，所以可以起到增强对顾客吸引力、加强低价定位的双重作用。

5. 巧用客户忠诚计划来吸引消费者

沃尔玛的促销策略不仅注重吸引新顾客，还注重保留老顾客，会员制这种客户忠诚计划是沃尔玛保留老顾客的一个重要手段。消费者也可以从会员制中获取许多利益，如享受超低价优惠或特殊服务等。

资料来源：本案例源于网络，并经作者加工整理。

案例讨论：

仔细阅读案例，就以下问题进行分析讨论。

（1）沃尔玛采用了哪些价格促销的心理策略？你能得到什么启示？

（2）沃尔玛价格促销可能会遇到哪些问题和挑战？

（3）你觉得沃尔玛还应当从哪些方面入手改进价格促销活动？

第6章-价格因素与消费行为-自测题-1

第6章-价格因素与消费行为-自测题-2

第6章-价格因素与消费行为-自测题-3

第 7 章　营销沟通与消费行为

 思维导图

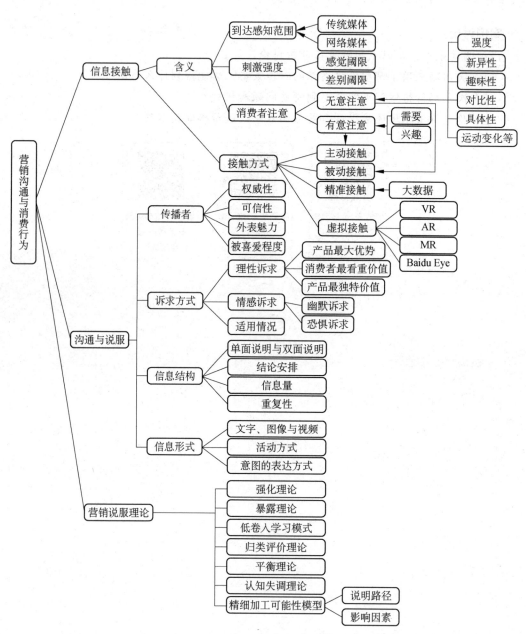

第7章 营销沟通与消费行为

本章学习目标

- 了解信息接触的条件。
- 理解营销信息展露的措施与方法。
- 了解消费者注意的影响因素。
- 了解网络时代精准接触的意义与方式。
- 理解各种低认知卷入说服模式的含义。
- 理解并掌握精细加工可能性模型。
- 熟悉并掌握影响说服效果的因素及说服方法。
- 掌握诉求方式的类型与适用条件。
- 理解不同信息结构与信息形式对受众的不同影响。

导引案例：上市之初的小米 SU7 为何引人瞩目？

小米汽车旗下首款车型 SU7 于 2024 年 3 月 28 日正式上市，在短短半小时内，该车型就实现了超过 50 000 辆的大定订单，为小米汽车的销售周期开了一个好头。这一成绩不禁让人回想起当年小米手机发布时的盛况，雷军再次证明了他在营销上的高明之处。那么，他到底是如何做到的呢？

雷军的厉害，不仅仅是在于他能制造出高性能的产品，更重要的是，他懂得如何通过这些产品拿捏消费者心理，懂得与消费者沟通的玄机，以及如何激发消费者的购买欲望。

1. 善因营销，实在人设的作用

多年来，雷军一直给了人们善良、真诚、实在的形象，有意无意的，他也一直在强化这种形象，大家不觉得他说话在吹牛。

他说生态大家觉得有价值，贾跃亭说生态，大家就觉得吹的太大。他说不赚钱，大家就觉得真不赚钱，别人说不赚钱，大家会觉得是忽悠。

从营销心理来讲，这属于善因营销。善因营销是一种将企业与公益事业结合起来的营销策略，通过为特定的社会问题提供解决方案的同时，达到提升产品销售、企业利润和改善社会形象的目的。比如，鸿星尔克在河南洪涝灾害中捐款 5000 万，因而网友愿意在它的直播间一天买 2000 多万的货，白象雇用了大量的残疾人，因而网友让它的直播间 7 天销售额破千万，哇哈哈做了很多公益行为，因而在宗庆后去世后，大家都涌入娃哈哈的直播间。

在这里，善因营销需要延伸。当雷军一直构建了善良、真诚、实在的形象时，大家就会信他的话，不觉得他在忽悠。这种策略不是传统的产品和价格竞争，触及了消费者的情感和价值观，成为了一种深层次的、情感化的连接。在这种连接下，消费者更愿意支持、购买并推荐雷军的产品。

2. 刺激泛化，高性价比

很多人认为小米造车应该重新打造一个汽车品牌，但是雷军没有这么做，他将手机品牌沿用到了汽车上。这一决策背后的原理是刺激泛化。

刺激泛化源自行为心理学，它指的是一种现象：当一个刺激（如品牌标志、产品设计、声音或任何特定的营销信息），与某个反应（如购买行为、品牌忠诚或正面情绪）建立了联系后，与原始刺激相似的其他刺激也能引发相同或类似的反应。

小米本身代表什么？代表了高配置、高性价比。当雷军将这个品牌延伸到汽车品类上，SU7注定已经与高端无缘，但他成功地在消费者心中建立了小米汽车同样拥有高性价比的印象。

3. 相似原则，真的像保时捷

小米在设计上像保时捷，为什么？因为保时捷好看是公认的。

人的大脑对美的设计有着天生的偏好，这一点通过功能性磁共振成像扫描（fMRI）的研究得到了证实。当消费者看到美观的设计时，他们的大脑活动会更加积极，反应时间也会缩短，说明美的设计直接影响到人们的情绪和决策过程。

重要的是，这里相似原则在发挥作用。相似原则是指消费者倾向于将外观相似或在某些特征上相似的物品归类在一起，并期望它们在其他属性上也是相似的。

保时捷作为一个品牌，代表了卓越的设计和性能，其每一款车型都是对美学和工程学的完美融合的展现。雷军通过将小米SU7的设计与保时捷相似化，实际上是在利用消费者对保时捷所持有的积极印象和情感联结，来提升小米汽车在潜在客户心中的形象和吸引力。

4. 稀缺性，想要但得不到

销售的最高境界是想要却得不到，让你永远心生向往。雷军是心理学大师，很大程度体现在其饥饿营销上。

饥饿营销的本质其实是稀缺性原理，稀缺性原理简而言之，是指人们对稀缺物品的需求和价值感知远超过那些容易获得的物品。

这一原理也被巧妙地应用到了小米SU7的销售之中。大家都知道小米SU7初期肯定产能不足，这就创造了产品的稀缺性，还在消费者之间创造了一种紧张感和急迫感，当产品放出时，消费者会竞相下订单，希望能成为最早的拥有者之一。那些下订单的人在社交媒体上晒的行为又引发了其他人抢购。

不仅如此，小米还推出了F码（优先购买权），不仅订单值得一晒，连F码都代表着一种特权，值得晒出来让别人嫉妒。

5. 先拉高预期，再给价格

自2021年小米宣布造车开始，消费者和行业观察家们就对这个即将出现新玩家的定价充满了好奇。然而，小米并不急于满足这种好奇心。

在上市前，小米通过长期的市场预热，为SU7营造了一种高端、高性能的印象。这种策略不仅让消费者对产品的性能和配置有了比较清晰的认识，也无形中提高了他们对产品价格的预期。

一直释放出SU7的信息，但就是不公布价格，这利用了蔡加尼克效应，蔡加尼克效应是心理学中的一个原理，指的是人们对未完成或被中断的任务记得比完成的任务更清楚。这种策略让消费者的心始终悬着，对价格充满好奇和期待，从而持续关注小米SU7，增加了产品的讨论度和关注度。

在最终公布价格之前，雷军精心设计的讲话进一步拉高了消费者对SU7成本和价值的预期。通过强调使用的高端技术，以及暗示与特斯拉 Model 3 等高端品牌相竞争的定位，雷军利用了锚定效应。锚定效应指的是人们在做决策时过于依赖第一次接收到的信息（锚点）。在这里，高端汽车品牌和技术成为了消费者心中的"锚点"。

当雷军最终揭晓了低于预期的价格 21.59 万时，现场一片惊呼，消费者由于已经被高端的"锚点"定位所影响，因此感到这个价格远比预期中要划算，即便这个价格对于一个新进入汽车市场的品牌来说已经很有吸引力了。

可见，从决定造车到新车发布，雷军在 su7 的整个上市周期中，展现了他在消费心理学方面的深厚功底和前瞻视角。他对消费者心理的细致理解，以及对人性的挖掘，设计出了能够触动消费者内心、引发共鸣的营销沟通策略。

资料来源：心理学大师雷军，是如何拿捏人性的？https://it.sohu.com/a/768638312_116132

案例思考：
（1）雷军为什么会得到消费者的信任？
（2）雷军在 SU7 上市的营销沟通中，用到了哪些心理效应？

营销信息沟通与说服是营销人员试图影响及改变消费者决策及行为的手段，也是营销策略与达成营销目标之间的必经过程。

从消费者对营销信息的处理过程来看，一般包括暴露、注意、理解、接受和保持五个阶段，如图 7-1 所示。外部的营销刺激经由感觉器官被感知，这是信息处理的第一阶段，即暴露阶段；但是由于知觉的选择性，消费者只对作用于感觉器官的部分刺激加以注意，并通过分析所选定的刺激，找出刺激的内容或含义进行理解；然后决定是否信任或接受信息，并把相关信息存入到记忆中。营销人员应当深刻理解消费者信息处理与态度转变过程的特点与规律，采用最有效的营销沟通方式与目标消费者进行沟通。在网络时代，消费者所处的信息环境发生了巨大的变化，各种新型传播方式也对传统的营销沟通理论与方法提出了挑战，营销人员应当以新的传播与沟通思路来适应这一变化。

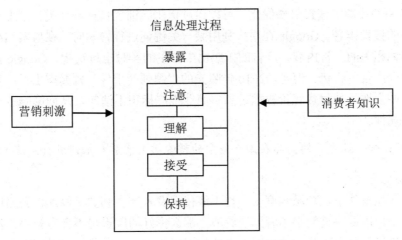

图 7-1 消费者的信息处理过程

在营销沟通策略中，必须明确以下四个传播要素。

（1）传播客体：对谁说？沟通的目标受众是谁？这需要了解目标消费者的基本情况。

（2）传播渠道：在哪说？选择什么传播渠道、媒介来沟通？这需要了解消费者的触媒习惯。

（3）传播信息：说什么？沟通活动中要传递什么内容？这需要洞察消费者的消费动机。

（4）传播方式：怎么说？用什么方式来沟通？这需要洞察受众情绪。

7.1 营销信息的接触

7.1.1 接触的含义

接触是指刺激物暴露（展露）在消费者感官的接收范围内，并达到能引起感知的刺激强度，使消费者在一定程度上对其有所注意。

7-1 老行当新营销，让客户自己找上门

1. 接触条件

1）信息要传达到消费者的感知范围

每一种感觉器官只对特定的适宜刺激产生反应，比如耳朵内的内耳柯蒂氏器上的毛细胞只对 16～20 000 赫兹的声波产生反应，从而引起听觉。消费者的眼、耳、鼻、舌、身等感官要能接触到相应的适宜刺激时，才能产生视、听、嗅、味以及触觉（温觉、痛觉等）。

只有设法使其产品和信息进入消费者的感觉范围，才能让消费者有机会注意到它们。比如，路牌广告画面要处于消费者可以看到的地方。一些促销员在超市散发广告传单，消费者购买广告传单中商品所花费的金额是没有列出商品的两倍。又如，某企业发现可以通过改变其在网络搜索引擎中的排名来提高接触水平，而更高的接触水平又能提高接受接触的潜在消费者的数量。在改变排名 4 个月以后，该企业的月销售额从 250 万元上升至 650 万元。淘宝 SEO（淘宝搜索引擎优化）可以通过优化店铺宝贝标题、类目、上下架时间等来获取较好的搜索排名。Google 在用户利用某一关键词进行检索时，在检索结果页面会出现与该关键词相关的广告内容，广告的排序由广告主的实时出价决定，Google 依据消费者的点击数量向广告主收费。但是，2016 年曝光的"魏则西事件"则暴露出百度竞价搜索排名机制的一些问题，如付费竞价权重过高、商业推广标识不清等，从而影响了搜索结果的公正性和客观性。

▶ **思考一下**：如何让自己的商品在淘宝网中的搜索排名靠前？如何进行网店 SEO？

2）刺激信号要达到一定的强度

在一定环境条件下，刺激强度太小也不能使消费者产生感觉。例如，公路广告牌上印刷的字体太小，以致路过的乘车者无法看清，那么再好的广告也不会有效果。消费者对商品、广告、价格等刺激的感知能力通常用感觉阈限的大小来衡量。感觉阈限是指刚刚能够引起感觉并持续一定时间的最小刺激量。感觉阈限可以分为绝对阈限和差别阈限。

（1）绝对阈限（absolute threshold），是指刚刚能够引起感觉的最小刺激量。感觉的绝对阈限不仅因感觉类型的不同而不同，也会因人而异。在进行营销刺激设计时，感觉的绝对阈限是一个重要的考虑因素。例如，消费者对药品、食品、酒水的生产日期、保质期、注意事项等十分关注，但小包装上的字体往往较小，尤其是上了年纪的消费者根本看不清。

（2）差别阈限（differential threshold），是指能够使个体感觉到的最小刺激变动量，又称为最小可觉察差别（just noticeable difference，JND）。同绝对阈限一样，消费者对两个刺激之间差别的感受能力是相对的，如在喧闹的大街上难以听清楚的低声谈话，若换到安静的图书馆，则会变成令人尴尬的高声谈话。

19世纪，德国生理学家韦伯（Weber）发现，个体可觉察到的刺激强度变化量 ΔI 与原始刺激强度 I 之比是一个常数（K），即 $\Delta I/I=K$。这就是著名的韦伯定律。韦伯定律中的 K 在每一种感觉状态下是一个常数，但它随不同感觉状态而变化。韦伯定律表明，人们感觉的差别阈限 ΔI 与原始刺激强度 I 成正向变化。

韦伯定律在市场营销中有多方面的运用，主要是两个方向：降低负面改变对消费者的心理影响；提高正面改变对消费者的心理影响。例如，在降价过程中，如果价格变动的绝对量相对于初始价格太小，消费者可能就没有觉察，从而对销售产生的影响就很小。例如，单价10万元的轿车，价格下调500元，往往不为消费者所注意，而一升汽油的价格上调0.50元，消费者就会感受到价格涨了很多。有些产品在原有价格不变的情况下，在消费者没有觉察的范围内，减少商品的容量、大小等，从而减轻提价的压力，实际上也是运用了韦伯定律。例如，某饼干包装加入小格子；某酱料瓶底的凹陷挖得更深；薯片提价时，常常不变包装，但减少内容物，增加空气等。所以，了解消费者对不同商品在质量、数量、价格、外观形式等方面的差别阈限，对合理调节消费刺激量、促进商品销售具有重要作用。

市场上的一些山寨包装也是利用了这个原理，例如，奥利奥与粤利粤、维达与维邦、洽洽与治治、娃哈哈与娃啥啥、脉动与脉劫或咏动、RIO 与 RIQ、剑南春与剑尚春、牛栏山与午栏山、六号核桃与大号核桃、Marlboro 与 Zalbollae，等等，日本国民级品牌 MUJI （無印良品）还遭到了中国仿冒者"无印良品"的起诉，现在"无印良品"的产品合法地充斥在各大电商平台。

【资料链接】

差别阈限的运用

- 品质上的改善要让消费者觉察，同时又不造成浪费。
- 原材料的替换、降低产品的重量或数量，为了不使消费者发现，变化最好保持在差别阈限内。例如一家食品公司，23年内牛奶巧克力条的价格只调整了3次，但重量变了14次，未引起消费者的觉察。
- 价格变动：至少削价15%才会引发消费者购买。
- 产品的包装：包装现代化的每一个进程不使消费者感到商标的变化，并与消费者对该商标产品的任何一点好印象结合起来。
- 商标策略：名牌商标厂家力求与对手的区别；而对手企图混淆视听、鱼目混珠。如

"口渴可乐"，其包装、色彩，甚至发音都与可口可乐相似，结果大大提高了试用率。
资料来源：本案例源于网络，并经作者加工整理。

3）受到消费者的注意

上面是从外在刺激因素上看，而消费者的内在因素也会影响到实际接触的发生。在一个商业环境里，消费者可能会接收到过多的刺激展露。例如，走进一家商店，消费者会同时接受各种商品广告、陈列、标志和价格的展露。由于消费者不可能同时考察所有的这些营销刺激，因此只有那些受到其注意或关注的刺激才能形成有效展露。也就是说，即使营销信息已经展露在消费者的感官接收范围内，消费者也不一定真正接收到该信息。市场调查表明，消费者对营销信息有意接触的水平并不高，还常常回避广告信息。同时，人们对外界信息的处理能力也是有限的，众多的信息渠道（尤其是网络口碑）使消费者很难被动地对某一广告产生特别的注意。在信息碎片化时代，消费者注意力已经成为十分稀缺的资源。

消费者之所以主动避开广告，有多方面原因。一是因为大众媒体上的广告实在太多；二是很多消费者并不使用广告中的产品，展露在这些消费者面前的广告与他们无关；三是消费者已经多次见过这些广告，知道其内容。另外，Initiative 公司的调查发现，广告躲避行为在生活繁忙、高社会阶层、男性和年轻的消费群体中较为显著。当然，消费者也可能较被动地接受一些商业信息。

消费者的注意可分为有意注意和无意注意，前者主要与消费者的需要与兴趣有关，后者主要由刺激物的特点所引起。为了吸引消费者的注意，营销信息应当在强度、新颖性、趣味性、位置、形式、运动变化等多方面符合注意发生的规律，并满足消费者的需要与兴趣。

为了吸引消费者看广告，广告商常把广告做成具有感人的内容或资讯的形式，消费者可能会对其内容留下深刻印象，但有时并不能让消费者记住产品本身的特点和广告诉求。例如，视频《世界再大，大不过一盘番茄炒蛋》曾经刷爆朋友圈，但没有多少人记得它是招商银行留学信用卡的广告，因为感人的剧情与信用卡的产品属性之间缺乏关联性。

【资料链接】

如何使营销刺激受到消费者的注意

（1）使刺激与个人相关。要使刺激被消费者认为与其个人相关，最有力的方式是迎合消费者的需要、价值观、情绪或目标。另一种方式是展示与目标受众的相似之处。第三种方式是采用剧情（广告）描述某个人的体验或将其体验编成叙事的微型故事。第四种方式是采用夸张的问题，这些问题通过使用"你"和请消费者考虑回答问题来吸引消费者。

（2）使刺激令人愉悦。由于人们往往愿意亲近令人愉悦的事物，因此营销人员可以利用迷人的模特、音乐、幽默等方式来增加消费者对营销刺激的注意。

（3）使刺激令人惊奇。消费者很可能会加工令人感到惊奇的刺激，这种惊奇来自于刺激的新奇性、意外性或迷惑性。

（4）使刺激易于加工。能令刺激易于加工的四个特征分别是：刺激的突出性、刺激的具体性、刺激与其周围事物形成的对比性、刺激与其他信息相互竞争的程度。

资料来源：D. 霍依尔. 消费者行为学[M]. 5版. 崔楠，译. 北京：北京大学出版社，2011.

▶ **思考一下**：超市中的商品琳琅满目，某种商品要获得注意并不容易，你觉得营销人员可以采取哪些方法来吸引消费者的注意？

2. 接触的渠道

通常电视、报纸、杂志、电话、户外媒体等传统的单向传递方式更适合营销者传播信息，但互联网现在已成为消费者的主要信息渠道，网站、搜索引擎、二维码、电子邮件、在线广告、网络直播、SNS、QQ 群、微信群和博客等渠道也开始成为企业展露信息的重要途径。例如，彩妆新秀"完美日记"通过微信私域流量运营和小红书 KOL 投放，制造出话题热度和爆款产品，取得了 2018 年天猫"双 11"彩妆销售总金额 No.2 和国货彩妆 No.1 的亮眼成绩；风靡于抖音的奶茶品牌"答案茶"在网红奶茶横行的红海市场中，创造出"16元一卦的占卜机会，一杯可以占卜的奶茶"这一差异化品牌，并通过在抖音上传大量短视频迅速蹿红；HFP 在微信公众号里投放大量种草软文，引发口碑裂变，从而成为网红品牌。2019 年，网红带货成了新的营销手段，网红通过社交平台宣传商品所产生的影响力甚至已经超过了传统电视广告。对粉丝而言，相较于当红明星，网红们更接地气，更容易接触并用上"偶像同款"。更多的品牌或服务利用微信、抖音、快手、百度、搜狗、微博、B 站、知乎、小红书、今日头条、360 等平台或自有平台进行引流。例如，不少消费者购买电影票都通过搜索微信的公众号、小程序来完成；拼多多通过红包引流，让人们认识了多多钱包；美团通过摩拜单车优惠骑行引流，让人们下载或使用美团 APP；滴滴打车在结账时，会自动跳到"滴滴支付"的界面，而如果换成微信支付或者支付宝支付，账单就会涨几块钱，以此来诱导消费者绑定银行卡并使用滴滴支付。

7-2 社交媒体：
线上线下共
同缔造品牌

营销者应当了解目标消费者的触媒习惯，选择最能精准触达目标受众的传播渠道或媒介，包括如下几个方面。

（1）喜欢接触什么媒介：例如，爱玩手游的人，可能会看 TapTap；爱美的女性，可能会看小红书。

（2）在不同媒介看什么内容：例如，微博上看八卦、看实事；小红书上看种草；B 站上看 ACG、科普知识。

（3）什么时间容易接触媒介：例如，睡前可能刷淘宝，周末可能用腾讯视频，午休时可能刷抖音、刷微博，等等。

【资料链接】

互联网的流量思维：传播以流量为王

在互联网时代，影响有效传播的最基本的因素就是流量，即"流量为王"。坚持流量为王的理念，可以广泛而有深度地影响用户需求心理与购买行为。

信息传播的影响力主要取决于两个因素。一是信息的质量与价值，二是传播的范围与强度。后者主要取决于流量的大小，而流量的大小既取决于信息本身的质量和传播平台的总体流量。流量大的平台将对用户心理产生更大的影响，如微信、QQ；而流量小的平台，就意味着参与者少，无论是推广产品还是推广品牌，都将造势乏力，难有作为。例如，微信的推出即面临众多同类即时通信软件的包围，因为微软的 MSN 和小米的米聊已捷足先登。但是，腾讯将流量巨大的 QQ 用户大批量地导入微信，从而使微信脱颖而出，一枝独秀，瞬间用户过亿，很快成为中国乃至世界第一大即时通信软件。

因此，一方面，营销者要提高信息的质量与价值，增强对网民的吸引力，具体包括：捕捉有价值信息，打造变异度大的爆点；选准角度，提高制作质量；抓住最佳时机，借势发布；强力造势，"火上浇油"。另一方面，营销者要选好平台，借船出海，具体包括：认真分析平台特点与口碑传播目标的吻合度；扬长避短，将平台优势发挥到极致；跟踪控制，因势利导。互联网营销绝大部分都依托于平台，有平台就需要有流量，流量决定着平台的价值与发展。流量本身就意味着参与群体的规模，自然也决定着消费者的规模。更重要的是基于这种流量规模，会形成一种网络群体效应，导致平台各方的大量参与者在交流过程中形成（包括对企业与品牌的）共同认知，融洽情感、一致态度，形成"群体裹挟"效应，使营销在不知不觉中大获成功，就像业界所描绘的那样，"猪在风口上也能飞"。

资料来源：单凤儒. 营销心理学[M]. 4 版. 北京：高等教育出版社，2018.

移动互联网可以进行活动化营销、病毒式推广，例如，"微信集赞送礼""朋友圈转发送礼"等活动。用户在朋友圈转发信息或获得点赞后，便能凭借截图获得商家的礼品一份；拼多多的拼团购买、助力砍价对其品牌的推广起到了十分重要的作用。可见，移动互联网的用户触达方式已经趋于多元化，移动互联时代已成为品牌"15 秒成名"的时代。

【案例链接】

"锦鲤"微博营销

2018 年国庆期间，支付宝联合 200 多家全球合作伙伴举办了一次抽奖活动。活动很简单，就是让大家转发微博，抽取一个人成为"中国锦鲤"，被抽中的人将获得一份全球免单大礼包。支付宝这次的营销活动可以说玩儿得很成功，据说这可能是微博有史以来势头最大、反响最热烈的营销活动之一。活动上线 6 小时，微博转发已经破百万，成为微博史上转发量最快破百万的企业微博。最终，本次活动换来了企业微博社会化营销历史新纪录——单条微博阅读量超过 2 亿，周转发量超过 310 万，互动总量超过 420 万。更可怕的是，在公布结果后，"锦鲤活动"的相关话题一直霸占着微博的热搜榜。中奖用户"信小呆"一夜之间变成新网红，微博粉丝从数百暴涨到 97 万……

这个国庆，支付宝或许重新定义了社会化营销，一条微博创下了四项纪录：① 企业营销史上最快达到百万转发量；② 企业传播案例中有史以来总转发量最高；③ 企业营销话题霸占微博热搜榜单最多；④ 企业营销 24 小时内给个人涨粉量最多。

自从支付宝"锦鲤"火了之后，全国掀起"锦鲤"热，无数山寨锦鲤霸屏，类似活动多到根本无法统计。但在中国锦鲤和信小呆之后，再也没有其他锦鲤上过热搜，绝大部分山寨锦鲤活动就是一个变相的加大版的抽奖和转发。

那么，在这些锦鲤营销的背后隐藏着什么样的秘密，以至于商家纷纷效仿呢？

第一点，营销成本低廉。就拿支付宝来说，此次营销的成本也就 50 万元左右，但起到的效果不亚于在年终时集福发出 4 个亿的效果。而在抽取出锦鲤之后，随着对其行程的深入报道，还能起到延续热点的作用，可谓是大丰收。

第二点，引流效果好。大家往往都需要转发、关注之后才能参与活动，而这样的方式相比于大街上的"扫码送礼物"来说，速度无疑更快，人群定位更加精确。

第三点，打击面广，对用户吸引力大。支付宝的锦鲤活动给出的并不是现金，而是各大品牌的产品，把我们日常需求的各个方面都涵盖了，其中总有一样会吸引到用户。

知道商家的这些套路后，你还会参与转发锦鲤吗？转转锦鲤"吸欧气"，达成小目标来还愿，这也许是互联网给我们提供的小希冀、小确幸，但转过锦鲤，吸完"欧气"，明早还是要记得按时上班，毕竟，下个月的花呗还没还。

资料来源：本案例源于网络，并经作者加工整理。

在移动互联网时代，让消费者扫二维码关注公众号或者下载 App，是提高消费者信息接触的重要方式。二维码可以通过转换产品信息载体，将信息的容量大大扩充，使消费者能够便捷地获取各种有用信息。对于较为复杂的产品，消费者不太容易通过说明书上的文字和图片理解其安装及使用方法，二维码还可以包含语音和视频讲解，能生动、直观地展现安装、使用的方法，不仅简单易学，而且再也不用担心产品说明书会被弄丢。例如，美国化妆品品牌 Urban Decay 在眼影盒里附上了说明卡，而且每种眼妆都附有不同的二维码，前来消费的女性只要拿出手机扫描喜欢的眼妆旁边的二维码，就可以看到完整的教学影音，从而学会画出各种不同的效果。

7-3 无处不在的二维码

消费者通常不太愿意安装过多的 App，还会卸载某些意义不大的 App。企业可以将 App 以小程序方式植入微信、支付宝等平台之中，也可以通过强化手段，鼓励消费者使用或安装其 App。例如，瑞幸咖啡要求通过 App 下单才能获取免费赠饮或购买，从而扩大了其 App 的留存率和使用率；有些"美团黄"摩拜单车已不支持摩拜小程序和 App 开锁，"美团黄"单车仅支持美团 App 扫码开锁，而扫码"摩拜橙"也可能会收到"使用美团 App 可优惠或免费"的信息，其目的就在于为美团输送流量，是美团的跨界拉新营销。

随着 4G、5G 等技术的应用以及小视频的兴起，微信公众号、微博、抖音等社交平台上的 KOL、KOC 对消费者产生了很大的影响，尤其是垂直领域的 KOL 影响力最强。但由于其覆盖面相对狭窄，难以触达平台之外的消费者，还不能完全代替户外、网站等广告渠道。例如，在直播带货平台上有着顶级流量的李佳琦，对一些年轻女性消费者影响很大，但依然无法触达很多人群。而大多数消费者熟悉的 BOSS 直聘、瓜子二手车、铂爵旅拍、猿辅导、妙可蓝多等品牌主要利用的是线下梯媒、门户网站等受众集中的传播媒体。

7-4 花露水的前世今生

当然，现在许多消费者喜欢通过手机获取信息，而观看电视的人群数量在逐年减少。由于手机屏幕较小，消费者也不习惯用手机看广告，广告的作用已大大减弱。要想吸引消费者主动观看，必须在广告设计上充分考虑消费者的情趣与喜好。例如，六神花露水没有花巨资上电视广告，但通过网络视频《花露水的前世今生》而走红，获得了极高的点击率。有的网友还上传自创的爆笑六神花露水广告，引起网友的兴趣和围观，进一步提高了其品牌知名度。

为了使接触更加有效，企业营销人员应当制定相应的营销策略，以增加消费者接触营销信息的可能。一般可以从三个方面入手。

（1）促进有目的的接触。
（2）增加偶然接触的机会。
（3）维持接触。

▶ 思考一下：如何利用各种网络媒体进行商业信息展露？

7-5 直播带货的价值绝不仅仅是赚钱

【案例链接】

欧莱雅、《ELLE》和小米直播

在2016年5月举办的第69届戛纳国际电影节上，国际知名品牌欧莱雅通过美拍推出名为"零时差追戛纳"的直播活动，以直播形式带观众走进戛纳电影节现场。此次直播的商业化价值体现在当天李宇春使用的欧莱雅旗下的701号CC轻唇膏，天猫的同款产品在直播开始4小时后销售一空。

除了产品营销之外，很多媒体还通过直播形式使明星的粉丝效应得到充分发挥。直播参与方中不乏以《ELLE》为代表的各大时尚媒体。其实，早在2016年8月，该杂志就联手美拍，对范冰冰的巴黎时装周之旅进行了长达60多分钟的直播，其美拍账号的粉丝数量迅速上涨了10万，而范冰冰此次的直播，也成为明星进驻直播领域的标志。

以此为开端，众多偶像明星纷纷参与直播活动，如周杰伦、李冰冰、井柏然、宋仲基等，还有以papi酱为代表的网红群体，在很多直播平台中露面。

从欧莱雅与《ELLE》的直播案例中不难发现，从品牌的角度来说，直播能够促使其进行商业转化，达到营销目的；对媒体而言，则可通过直播吸引用户关注；从明星与网红的角度来说，直播便于他们与粉丝进行即时交流，从而获取更多粉丝的支持。

品牌发布等营销活动都可以使用直播方式。前不久，小米举办了一场纯在线直播的新品发布会。在五彩城的某个小米办公室里，雷军通过十几家视频网站和手机直播App，发布了其传闻已久的无人机。当天19点32分，雷军正式上线，仅小米直播App中，同时在线人数就超过50万。新浪有一直播更是火爆，同时在线人数一度超过100万。雷军在两个多小时的直播中，还透露了小米手环2的上线时间，以及粉丝们的多个提问。直播过多次的雷军，显然熟门熟路，直播中不停地向观众"索要"鲜花、飞吻、游艇等虚拟礼物。

资料来源：深圳公关公司. 直播营销，公关人的新宠儿，然而我们只是猜中了开头[EB/OL].（2016-08-04）. https://www.douban.com/note/574197144/.

7.1.2 接触方式

尽管营销人员非常希望所发出的营销刺激能够成功地实现对消费者的接触，但接触的成功与否最终还是由消费者而非营销人员所控制。消费者往往会主动搜寻那些令人愉悦或是对他们有价值的信息，反之，他们会对那些令人痛苦或无价值的信息加以回避或排斥，这是一种选择性接触。

显然，能够呈现在消费者面前的广告信息非常多，但通常在一段时间内消费者只能观看某一个电视台的节目，阅读某一种杂志、某一份报纸、某一本书，或是上某一个网站，真正能够展露在消费者面前的刺激物大多数是消费者自主选择的结果。现在，越来越多的人热衷于手机、电脑，而不去观看电视，还会选择 TiVo/DVR 等技术来屏蔽电视广告。

从消费者接受展露信息的主观意愿和自主性来分，接触有两种方式：一是有意识、有目的的主动接触；二是随机的、偶然的被动接触。

1. 主动接触

虽然消费者经常避开商业广告和其他营销刺激，但当他们需要购物、服务时，也会主动寻找商业信息，并对产品和服务进行较全面的了解，当然并不局限于广告。早期采用者、意见领袖比一般消费者更多地观看信息广告。消费者也会通过访问企业主页或相关网站来主动寻找商品信息，尤其是耐用消费品。调查发现，新购买汽车的用户平均至少访问 7 个站点，花费大约 5 个小时。

1）主动接触的含义

主动接触是指消费者主动寻找、接触相关的营销信息，这主要取决于消费者的需要与兴趣。消费者在购买某些相对重要的商品时，往往会通过主动的、有意识的、有目的的搜索行为来接触和收集商品信息。在网络时代，由于信息的获取更为便捷，消费者用手机输入单词或说上几个字，就能进行信息搜索，因此主动接触的情况大大增加。与此同时，由于消费者能非常便捷地接触到更多的信息，拥有更多的选择机会，他们也不愿被动地接受他人的观点和信息，不再消极地购买和消费，而要求参与、掌握主动权。

在购买商品时，消费者往往会主动通过各种途径获取与商品有关的信息并进行分析比较，以增加对商品的信任，从而获得心理上的满足。只要消费者对某种商品或服务产生了需要或兴趣，他们就会及时了解相关的商品详情，主动查看社会中立媒体的介绍与其他消费者的评价，甚至可能通过网上

7-6 阳光二维码

注册、手机订阅等方式获得企业更多的产品或服务的优惠券和定期更新的信息。这种具有自愿和自我选择性质的信息，可以使消费者有选择性地通过微信公众号、手机短信等形式获得促销信息，也被称为许可营销。

虽然消费者对弹出式广告和横幅广告的展露大多是非自愿的，因为消费者只是在寻找其他信息或娱乐的时候碰到了它们，但是那些主动点击横幅广告和弹出式广告的消费者则属于主动接触，这些广告的点击率可以帮助广告商分析有多少消费者对此商品感兴趣。很多广告标识牌上都有二维码，但是停下来拿出手机扫描的人却寥寥无几。给消费者一点利益诱惑，让其有"利"可图是提升扫码积极性、吸引其点击的方法之一。比如，如果用爱奇艺网站观看影片，在点击暂停的时候，就会发现他们的广告页面上出现一个二维码，上面有三条吸引人的广告语：第一条是"会员身份优惠送"；第二条是"大片上线早知道"；第三条是"福利活动周周有"。对于喜欢看电影的人来说，自然愿意点击扫码。又如，扫描土豆网的二维码可以实现看视频没广告的愿望，相信许多人都会争先去扫。再如，拼多多的好友助力砍价或拼单链接，好友起初是被动接触，但优惠的价格又会促使其主动参与。

2）提高主动接触水平

提高主动接触水平首先应使产品的功能、包装、广告等满足消费者的兴趣或需要，例如，小罐茶、三顿半、元气森林、江小白等近几年爆火的品牌，在包装上都很吸引消费者，本身就具有传播性。明星的魅力，抖音的直观、有趣和有用的内容都能提高消费者的主动接触水平。例如，在抖音上火起来的小猪佩奇、在小红书出圈的完美日记、投放公众号的HFP等。

在媒体选择上，一定要注意与目标消费者的喜好相适应。例如，小红书的用户以年轻女性居多，元气森林的无糖概念容易受到有减肥需求的女孩子的关注；"好吃又塑身"的王饱饱是爱吃零食又爱美的女生们的最爱，是颜值控、精致女孩的必备；美妆品牌完美日记的目标消费者是年轻漂亮的女孩子，而这些品牌最早都是在小红书上爆红的。网络时代的新媒体很多，给消费者主动获取信息提供了方便，其中二维码、搜索引擎、视频直播以及印刷媒体是潜在消费者和准消费者详细了解商品信息、进行主动接触的主要途径。在移动互联网时代，消费者只需扫描产品包装或广告资料上的二维码，就可以通过视频、音频、文字、图片等多重手段查看产品信息，更加直观地了解产品信息。

7-7　日本二维码农田

在消费者有意识地接触营销信息的情况下，企业营销人员应当随时随地提供消费者所需的市场信息，方便和简化消费者的信息收集过程，为目标消费者提供接触广告信息的方便机会。例如，电话、电子邮件等DM广告（direct mail advertising，直邮广告）应当有针对性地向目标消费者寄发，而不是遍地撒网。选择传统广告媒体时要考虑目标受众的喜好，如专业杂志与专业人士。一些新产品推广企业还可以开展针对目标消费者的公关活动，如免费讲座、生活俱乐部、企业参观、赠送联谊等。美国特富龙公司就曾组织家庭主妇开展"不粘锅"的烹调交流活动，"特富龙"甚至一度成为不粘锅的代名词。另外，在相关的自媒体，如微信群、QQ群、微博、直播间、SNS社群或BBS论坛中投放广告，也能使广告主在最短的时间找到最精准的目标人群。例如，一家名为"绿蛙"的涂料商家，虽然在租金相对便宜的写字楼里进行产品展示，但广泛参与那些刚刚完成交房的小区业主QQ群或微信群，使之成为装修企业联系买主和展露商业信息的场所。

还有的企业针对目标客户采取"个性化广告定制"。例如，某4S商家将保时捷跑车停在一些独栋别墅前拍照，然后利用这些照片制作成个性化广告，并将它们分发到各别墅主人的信箱或车库。消费者看到保时捷跑车停在自家门口的情形，自然会乐于接受这样的广告。

7-8　保时捷个性广告

【案例链接】

Luminate与其他广告有什么不同

大部分的广告，包括网络广告，都是广告商强加给消费者的。而Luminate的广告，是读者自己要求看的。

例如，你看到一张王菲在台上唱歌的照片，照片上的王菲穿着粉色丝袜和色彩斑斓的丝质短裙。看到之后你也想买相同款的来穿，于是你点击那个丝袜或者短裙，就有销售这两款服装的网站链接弹出来，告诉你去哪里可以买到。

你看到一幅小 S 的照片，照片里的小 S 拿的那个包包，你觉得很好看，也想买一个。于是，你点击那个包包想知道哪里能买到，这时弹出一个广告窗，告诉你这是 LV 的夏季新款，并且提供给你多个链接让你去买。

你在照片上看到一处风景优美的地方，也想去玩，于是你点击照片，此时弹出一个广告窗，告诉你这是哪个风景区，并且附上几个链接，让你可以订机票和酒店。

所以，Luminate 不同于绝大部分强加于人的广告，它是消费者自己请求看的广告。对于那些网站上不请自来、自己跳出来的广告，顾客大部分是带着厌恶的心情，立刻把它关掉，所以是无效广告，甚至是给品牌造成负面影响的负面宣传，有效率可能不到 10%。但消费者自己请求的广告，有效性接近 100%。

另外，Luminate 是一切从图片开始的广告。消费者最初看到的不是文字，不是品牌名，而是图片上的实物。当你对图片上的东西发生兴趣时，主动去查询它，广告才开始。

资料来源：陈硕坚，范洁. 透明社会：大数据营销攻略[M]. 北京：机械工业出版社，2015.

2. 被动接触

在营销沟通活动中，由于广告信息繁多且缺乏精准导向，消费者对营销信息有意识接触的水平相当低，被动接触的情形更为常见。

1）被动接触的含义

被动接触是指消费者无意识地、偶然地甚至是不情愿地接触营销信息。例如，偶然看到户外广告、在商店随意浏览 POP 广告、观看电视和阅读杂志时看到商品广告、不得已观看热门视频前的广告等。虽然无意中接触到的营销信息可能并未引起或仅低水平地引起消费者的注意，但是仍然能够在一定程度上影响消费者的行为。事实表明，在人流量大的地方做广告、在收视率高的电视剧播放时做广告，都能在一定程度上增加商品的销售量。

如果消费者对自己现有的知识很自信或者认为较多的信息对购买决策没有什么意义，信息收集就会失去动力。大多数消费者是在日常生活和工作环境中无意识地、偶然地接触市场信息。

消费者在线观看视频时，开头总会有一些广告，有的网站广告时间超过 1 分钟，着实让人厌烦，但消费者又不得不被动接触这些广告。当然，也可以付费成为会员，从而规避广告。有的消费者批评道："企业花钱打广告，网站又让我们花钱去广告"。

2）提高被动接触水平

从营销策略上讲，企业应当努力扩大目标消费者偶然接触信息的机会，善于寻找和发现能够引起消费者无意接触的、最适于做广告的环境和媒体。

比如，在零售店、繁华闹市、人流量大的车站和码头、读者面广的报刊、收听收视率高的广播电视和电影中做广告，传播产品信息。在超市经营活动中，可以通过增加产品陈列空间、利用更好的陈列位置等方式来提高展露水平。一些即兴购买的产品，如口香糖、小包装休闲食品等常被放在零售点的收银口，也是为了提高产品接触水平，以诱发冲动性购买行为。通用汽车公司与西北航空公司和泛美航空公司合作，每年分发数以百万计的小袋饼干或小袋花生米，包装上印有别克二维码；而壳牌公司则在其加油泵旁边安装了播放其产品介绍的液晶电视。

对商店来说，由于消费者不愿意在走进商店之前主动了解商品信息，因此店内POP广告尤为重要，如店内布置、货架位置、电子显示屏、悬挂式促销信息等，都可以起到有效的提示作用，有助于引起消费者对产品和品牌信息的注意。

分众传媒、新潮传媒的电梯广告利用了人们等电梯和坐电梯的无聊时间，消费者虽然被动接触，但却能主动观看。因为与陌生人一起坐电梯不自在，很无聊，况且手机信号也不强，看电梯广告就成了消磨时间的好方式。在封闭式空间里，人群对电梯媒体的记忆程度要强于半封闭式的地铁广告。电梯媒体还有强制性的特点，因为电梯空间封闭使得受众的视觉选择单一，视线必然落在电梯广告上。凭借"强制性传播"的场景优势，使得梯媒在某一个特定时空，成为输入信息的窗口，具有较高的注意力集中度。所以，电梯媒体不用像网络媒体那样，花那么多心思研究点击率和到达率的问题。没有了纷繁的干扰，电梯媒体与消费者的接触更加简单粗暴，也更加直接有效。面对线上流量遭遇瓶颈的局面，每年的"618"流量战场也从线上打到了线下社区，京东、国美等电商平台纷纷首选高覆盖率、零距离接触用户、接触频率高、精准锁定传播对象的社区梯媒做"618"的营销推广。因为在所有线下媒介中，电梯这种封闭式媒体的传播效果最佳。

为了提高被动接触的可能性，一些营销人员在网络上设计了不能被删除的弹出式广告，如一些著名手机门户网站都有令人生厌的弹出广告，当消费者打开主页时就会弹出广告遮挡住页面几秒钟，强迫消费者观看。在电影（或网络视频）放映之前通常也会播放广告，观众等待电影（或网络视频）开始时只能被动地接受广告展露，这种强制性广告比有选择性的电视广告效果好。然而，观众却很可能对这种强制性的展露十分反感。有研究发现，20%～37%的网络用户烦透了那些侵犯性的弹出式广告，他们甚至专门从网站上下载"反弹出式广告"软件来杜绝其干扰，或者采用技术手段屏蔽视频前面的广告。富媒体广告是具备声音、图像、文字等多媒体组合形式的广告，www.lowermybill.coml 等网站还采用与用户进行互动的网络技术，即当消费者把光标移到一些广告上时，广告就会被突然激活。例如，通用汽车的横幅广告通过程序的控制，当消费者把鼠标置于其上时，整个浏览器会发生震动，画面也从车头变化成车厢内部，从而提供越野汽车的驾驶体验。当然，更多的富媒体广告需要消费者主动点击才会弹出。

较好的方式是把广告植入节目、游戏或影视作品中，消费者不能刻意回避这种植入式广告，并可能在潜移默化中受到广告商品的影响。比如《偷天换日》中的宝马Mini Cooper、《E.T外星人》中的Reese Pieces巧克力等。2012年，Prada在电影《碟中谍4》中植入了Saffiano系列手提包广告，在电影中，这个Prada手提包被金发女杀手莫娜随身携带，用它掩手枪、装钻石，让这款手提包瞬间多了传奇色彩，成为当年最火爆的奢侈包。Prada Saffiano系列也因此获得"女士杀手包"的美名，从此成为一个有故事的手提包，畅销至今。

爱奇艺的Video in视频动态广告植入技术，可以在剧情中随时植入或更换广告内容，大大拓展了广告植入的空间与时间。另外，还可以在社交游戏场景中融入广告。例如，在开心网的热门游戏"买房子、送花园"中，用户选择"打工挣钱"的时候就会出现多个"植入

7-9 植入式广告电影片段——我愿意 i do

7-10 蒙牛——电视剧《女王驾到》植入案例

7-11 Video In

式广告",比如选择为王老吉"打工",其工资远远高于其他项目,因此就容易引起用户注意并选择该工作。一般来说,植入式广告要产生好的效果,需要根据情节来选择最佳植入时机,将产品真实、巧妙而又不特别引人注意地展露给消费者。

【案例链接】

大逃杀火爆之后,广告商纷纷植入"吃鸡"游戏

吃鸡游戏火了,网易的《终结者 2:审判日》《荒野行动》,腾讯的《荒岛特训》等,都试图占领移动端"吃鸡"市场的生意,而无孔不入的广告主们自然也嗅到了商机。在"双11"时,京东就承包了游戏里开局必出现的运输机,甚至有了开屏广告的效果。而在《终结者2》更新里,也出现了玩家可以扫码骑行的摩拜单车,以及百度外卖的医疗包,只要捡起来就可以恢复生命值。

资料来源:顾天鹂.广告商纷纷植入"吃鸡"游戏,玩家接受度会有多大?[EB/OL].(2017-11-22). http://www.qdaily.com/articles/47506.html?source=zaker.

3. 网络时代的精准接触

移动互联网时代对营销信息接触带来了一定挑战:屏幕空间的缩小令消费者对营销信息更加反感;多屏幕的使用习惯分散了营销资源;多任务处理使消费者注意力更加涣散,对接触营销刺激越来越不耐烦。

但是,网络时代的消费者数据挖掘技术大大提高了广告接触的针对性、精准性。在传统广告中,传播方式是单向的,受众是被动的,广告主很难选择目标受众,也不知道究竟有多少目标消费者接收到了信息。"我知道我的广告费浪费了一半,但我却不知道浪费在哪里。"根本问题在于以前的绝大部分广告产品都是浏览者毫无兴趣的,而实施大数据营销之后,大部分广告都变成了浏览者有兴趣的东西。所以,这种量身定制的广告推送或 AdTech,减少了浏览者对无关广告的厌恶,用户体验反而会得到提升。例如,在 YouTube 上,美国消费者看广告甚至成了一种享受。原因就是 YouTube 能够根据兴趣、心理和行为因素进行用户画像和市场细分,碰触到用户真实的自我和需求,从而匹配广告,即所谓的"reach the undecided, not the uninterested"(到达未决定的人,而不是不感兴趣的人)。

在大数据背景下,广告主展露营销信息将更加精准化,同时点击率(与注意率、兴趣率有关)等指标也可以更精确地统计广告的接触效果。许多网络平台都建立了较完整的用户数据库,包括消费者的地域分布、年龄、性别、收入、职业、爱好等,这些资料可帮助广告主根据广告目标受众的特点进行有针对性的广告投放。同时,也可以根据消费者的网上行为判断消费者的特征。例如,如果某消费者几次点击或搜索了汽车广告,网站就会推测其对购买汽车有着强烈的愿望。有一项研究发现,最能预测消费者购买汽车行为的并不是其重复访问网站的次数,而是消费者在网站浏览的时间长度。

以新浪微博为例,通过新浪微博能知道每名博友的生日,可在博友生日前向其好友(好友关系的强度可通过微博互动的频率来衡量)推送合适的生日礼物广告。可以根据每名博友所关注的名人、公共账号,猜测他的兴趣爱好和需求。例如,如果关注了很多IT达人,可能意味着他是数码控,可推送数码产品广告;如果新近关注了育儿专家,可能意味着有

宝宝了，可推荐育儿类产品。也可以根据博友所发微博的内容（关键词），猜测他的兴趣爱好和需求。例如，如果他经常发各种游记、旅行动态，可以向他推送机票、酒店广告。还可以根据博友所发照片，猜测其兴趣爱好和需求。例如，如果经常发美食类照片，说明是个吃货，可以推送餐饮类广告；如果经常自拍，说明爱漂亮，可根据其自拍照中衣服的款式，推送类似风格或品牌的服装广告。

许多消费者发现，当自己在淘宝、拼多多等网上商场购买、收藏甚至浏览过某一商品后，就会在自己的网页上看到许多类似的商品推荐，如"猜你也喜欢"，这实际上是根据对用户浏览访问数据的挖掘产生的精准化、个性化定制广告。亚马逊最早根据消费者偏好记录设定独一无二的亚马逊首页，推送特定商品，为一场营销活动选择适合的消费者，定向发送促销邮件等。

【案例链接】

兰蔻——整合搜索精准锁定目标群体

作为全球知名的高端化妆品品牌，兰蔻涉足护肤、彩妆、香水等多个产品领域，主要针对受教育程度、收入水平较高，年龄为25～40岁的成熟女性。针对这一特征鲜明的目标人群，兰蔻为自己量身定制了适合的营销模式——以聚集中国95%以上网民的百度搜索营销平台为基础，将关键字投放、品牌专区、关联广告、精准广告等不同营销形式有机地整合在一起，精准锁定了兰蔻的目标受众。在提升品牌形象的同时，也提高了广告投放转化率，拉动了实质销售。配合新产品上市，兰蔻选择了与品牌产品相关的关键字进行投放，如青春优氧、感光滋润粉底液等，迎合受众搜索需求，确保目标受众第一时间触及兰蔻的新产品信息。当你在百度网页搜索"安妮海瑟薇"（兰蔻璀璨香水代言人）、寻找圣诞礼物，在百度知道询问化妆品信息时，兰蔻的广告就会相应呈现。这就是百度关联广告的魔力——全面"围捕"，覆盖更多的潜在受众。除网页搜索外，兰蔻还充分应用百度知道平台，当受众检索化妆品相关问题进入问答页面后，即可看到兰蔻的关联广告信息。

品牌专区为兰蔻打造了品牌体验官网，只要在百度网页中搜索"兰蔻"，即会出现一块占首屏多达1/2的兰蔻专属区域，通过"主标题及描述+品牌Logo+可编辑栏目+右侧擎天柱"的形式展现品牌迷你官网，以图文并茂的形式展现最新产品及品牌核心信息，提升兰蔻大品牌形象，同时向兰蔻网上商城导入流量，提高广告转化率，促进产品销售。借助搜索引擎和关键词技术，品牌专区打破传统的、单一的搜索结果展示形式，以兼具"大面积"和"图文并茂"的形式展现用户在百度中搜索的结果页面，为消费者展现更加详尽的产品信息，带给目标客户全方位的品牌体验。

凡走过必留下痕迹，凡寻找必有精准广告。百度精准广告最大的特点在于，能够精准锁定相关受众，按照广告主的需求，从上亿网民中挑选出广告主的目标人群，保障让广告只出现在广告主想要呈现的人面前，从而解决了媒体投放费用大部分被浪费的历史问题。如兰蔻"七夕情人节网上特别献礼活动"的精准广告，根据对网民搜索行为分析，将广告投放在那些曾经搜索过情人节、情人节礼品等相关内容的网民面前。根据统计，通过整合各种广告形式，兰蔻的广告投入产出比达到1∶1.2，点击率提高15%，每月贡献销售额超过 50 万元。

资料来源：兰蔻，整合搜索精准锁定[EB/OL]．（2009-12-07）. http://www.ceconline.com/sales_marketing/ma/8800054025/01/.

宝马公司曾运用大数据分析，根据网络数据库的信息进行筛选，将目标客户定位在苹果的使用者、居住于我国一二线城市、年龄集中在19～50岁之间的用户，因为这部分消费者具备较强的消费能力。只有当消费者在网络数据库里的信息符合这三个条件时，才会在微信里收到宝马的"悦"字新车广告。

当网上零售商可以事无巨细地收集顾客的所有消费信息的时候，传统的实体店零售商也可以通过线上、线下数据进行消费者偏好分析，开展个性化的广告信息展露。例如，消费者用会员卡在超市的智能型购物推车上面刷一下，原本打着"欢迎"的荧幕上会跳出一张购物清单，那是电脑根据其过去的采购形态而列出来的，如牛奶、鸡蛋、小黄瓜等。智能系统可能还会指点其走什么路线可以最快找到想买的每一样东西，它还容许顾客自行编辑购物清单，比如，你可以告诉电脑以后不要再向你推销卷心菜或花生米。在美国唐恩都乐（Dunkin' Donuts）快餐店内，一个点了早餐咖啡的人会在收款台看到土豆煎饼或早餐三明治的广告。在一家德国商店里，宝洁公司在产品上安置了射频识别（RFID）标签，当购物者从货架上拿起一个商品时，这个动作会改变此人前方电子屏幕上的广告。武汉光谷、杭州银泰百货通过免费Wi-Fi收集顾客资料。例如，该顾客每次光顾的日期、时间，该顾客在商场的行走路线，该顾客停留的柜台及停留时间长短等，进而对顾客的购物行为做出分析：该顾客光顾商场的频率与时间（假日或工作日、白天或晚上），该顾客喜欢的品类与品牌（高端、中端还是低端），如果该顾客是倾向于在搞大减价的日子来购物，说明这个顾客是价格敏感型的。然后根据以上信息，商场可以考虑采取相应措施来提升业绩。例如，可以往顾客的手机推送符合他品位的品牌信息；如果这是一个价格敏感型的顾客，可以及时推送优惠信息；通过分析成千上万的顾客的游览线路和停留时间，知道哪些品类、哪些品牌生意最好，或者最能吸引人气，可以让商场及时调整布局，淘汰一些不受欢迎的品牌，引进更多的符合消费者品位的品牌。

7-12 百度EYE

在法国SAP超市中，会员顾客进入超市并主动用读卡器（客户积分卡）识别后，系统会基于其购买历史、所属细分市场特性等信息来为其选择产品提出建议，或者将优惠券发到其手机上面。因此一位顾客可能会发现，在他进入护理产品的过道时，智能手机上出现了即刻可用的特定洗发水折扣券；当顾客扫描二维码并将一瓶葡萄酒放入手推车时，会被推荐一款味道强烈的奶酪。

同时，屏幕广告也可以个性化，从而减少一定的浪费，如把客户分为男性和女性、老年人和年轻人，并为他们匹配相应的广告信息。在一个大型连锁百货公司，屏幕被安装在每个收银台上顾客的视线处。当售货员把积分卡插入读卡器时，后台开始分析。例如，如果顾客在一楼购买三罐婴儿食品，他将立刻看到积分卡收到了四楼婴儿商品区的一张10%的折扣券。

当然，数据挖掘技术也会带来隐私权保护的问题，尤其是在消费者不知情或未经允许的情况下使用跟踪软件或公开、转让消费者信息。但相对而言，盲目的垃圾广告（如电话推销、电子垃圾邮件）对消费者的困扰更大。

随着 IPTV（即使用互联网协议传送的数字电视）的发展，电视和互联网正在融合，电视广告也会沿着根据收视习惯细分客户的路径走下去。通过机顶盒可以很清楚地了解谁在观看电视。比如，已经拥有房产的某个人不会再看到体育节目中间的 5 个按揭广告。

4. 虚拟接触

在网络购买中，消费者往往无法真实接触产品等相关信息，因而会对购买有所疑虑。4G 通信技术使直播购物成为时尚，在一定程度上改变了这一状况。例如，消费者可能通过淘宝直播现场选择水果，称量后直接装箱，从而避免了水果出现烂果或未熟的情况。而 5G 时代的到来，不仅会使直播画面更加高清、流畅，还可以在直播中应用多源信息融合、交互式、三维动态视景的 AR/VR（虚拟现实）技术，大大提升消费者的购物体验。

虚拟接触是利用高科技手段，使消费者体验到在现实生活中不能感知到的情景与事物。Burberry 声称瞄准年轻消费者打造"第一个数字化时尚奢侈品牌"，并利用数字化手段给消费者华丽、时尚、高端、极致、舒适的消费体验。例如，几百名模特绕场向观众致意，突然相对而行的模特在交汇的瞬间化成无数雪花洒落一地，"碎"了的模特引起全场惊呼，这实际上是 Burberry 打造的 3D 全息影像时尚秀。Burberry 还推出了一项温情服务——Burberry Kiss（以吻封缄）。用户用 Chrome 浏览器登录网址 kisses.burberry.com 后，对着内置摄像头在屏幕上印下唇印，这个唇印就会封上你写有悄悄话的信笺，并发送到爱人眼前。

7-13 Burberry Kiss 互动体验

虚拟接触可用于产品广告、产品展示或消费者互动，能够提高消费者的参与度和消费体验。虚拟接触在网购中也应用得较多，例如，爱沙尼亚某公司开发了一种试衣机器人模特，能根据购物者在网上输入的身材尺寸而变换体型，从而使他们可以看到"自己"的试衣效果，这就解决了人们网购衣服时无法试穿的苦恼，增加了网民在网上选购服装的信心。

1）VR 购物

VR 购物采用 VR（virtual reality）虚拟现实技术生成可交互的三维购物环境，使消费者"看到" 3D 虚拟场景中的商铺和商品，从而获得一种沉浸式的购物体验。例如，顾家家居的消费者用手机扫描 VR 产品手册里的二维码，再通过 VR 眼镜，消费者就能感受到产品在实体空间里的摆放效果。

7-14 VR：让网购"触手可及"

阿里巴巴开发的"BUY+"是基于 VR 技术建立起来的无边界、可交互、高精度视觉质量的虚拟购物场景，消费者通过"BUY+"可以获得视觉、听觉、触觉等感官的模拟，"BUY+"让消费者在一个更立体、更动态的虚拟现实环境中犹如身临其境般地浏览商品，更利于消费者认知商品，并对商品产生感情上的联系。比如在选择一款沙发时，消费者戴上 VR 眼镜，直接将这款沙发放在家里，尺寸颜色是否合适，一目了然。但 VR 购物需要戴上一副连接传感系统的"眼镜"，因此消费者很难接受。

7-15 淘宝发布 VR 购物产品 "BUY+"

贝壳找房通过"VR 看房""VR 讲房""VR 带看"，实现了"随时随地，说看就看；3D 再现，在线浏览"等功能。消费者通过一部手机就可以随时随地、直观地获取房屋的内部真实环境和深度信息，享受沉浸式的看房体验，

7-16 贝壳如视：VR 看房新体验

从而解决了消费者看房难的问题。

【案例链接】

阿里巴巴利用 VR 技术打造家居新零售业态

郑州首家智慧家居馆——有住郑州店于 2018 年 1 月 14 日盛大开业。区别于传统门店，有住郑州智慧家居馆运用阿里巴巴的大数据、虚拟现实技术和人工智能技术等，实现商品、服务、会员与交易的互通。不单线上线下全渠道融合，更是以用户家装家居需求为核心，打造了全新的购物体验。

有住郑州智慧家居馆通过一键购物、场景式体验等科技系统，为用户带来更直观有效的沉浸式体验，所见即所得。所有用户都可在店内云货架导购屏上，体验虚拟样板间，自由切换各类风格搭配并选择整屋软装配饰。在有住郑州智慧家居馆中，云货架无处不在。云货架不但能为用户呈现 3D 样板间，更可以挑选主材、软装、配饰，搭配满意风格，所有商品都能在云货架内一键购买。

在样板间内参观浏览时，看中了款式却觉得色彩和家里不搭怎么办？以往的处理是询问销售人员，由销售人员去库房里翻出落满灰尘的同类型商品，等待的烦躁感让用户身心疲惫，而在有住郑州智慧家居馆，想要查看同类型、不同色彩的商品，只需在云货架上左右滑动，就能看到不同配色在全屋整装内的效果。除了云货架，用户的手机淘宝也是有住的"随身商城"，只要身处有住智慧家居馆内，样板区域的每一件商品都可通过扫描二维码轻松加购，让家装选购也变得更有效率。

资料来源：少海江. 有住携手阿里布局家居新零售，首家落地郑州[EB/OL].（2018-01-15）. http://www.sohu.com/a/216836417_713429.

2）AR 购物

增强现实技术（augmented reality，AR）能在真实环境基础上添加虚拟场景或物品。AR 技术是目前最具落地性的可提升购物体验的技术手段，消费者能借助这项技术获得更好的购物体验和做出更符合真实需求的消费决策。

例如，AR 试妆可将女性最常购买的口红、美瞳、腮红等商品模拟出在消费者脸上实际使用的效果，颜色是否合适，色号是否匹配一目了然。欧莱雅就有一款千妆魔镜 App，利用用户的前置摄像头和增强现实技术，让消费者选择化妆品并实时查看上妆效果。在 IKEA Place App 中，消费者可以看到宜家新款家具实际摆放在家里的样子，以判断它们是不是有足够空间布局放置、颜色风格是否和周围环境协调，这可以提高客户满意度以及降低产品退回率。Facebook 为广告商提供了展示产品的新方式，让人们在新闻流中看到品牌广告时，能够通过前置摄像头对比自己戴上太阳镜等配饰，甚至穿各种衣服的样子。在 YouTube 上可以一边看美妆博主的化妆教程，一边在分屏之下跟着博主一起涂口红试色。优衣库的 AR 试衣镜能显示顾客虚拟试穿的画面，如图 7-2 所示。

7-17 虚拟试衣间

AR 将会成为一个新的广告形态。在 AR 广告中，消费者可以 360 度查看、旋转、放大、缩小和摆放商品，从而获得一种沉浸式体验。以前，人们往往是被动接受广告，但 AR 广告使消费者主动"侵入"广告，广告成了一种主动参与的过程。它不仅让消费者和品牌建立起更真实的关系，还能随时参与、持续互动，并响应内容。

图 7-2　AR 试衣镜

一些产品也可以使用虚拟感知技术。AR 地球仪外形与普通地球仪相似，但由于使用了 AR 技术，只要手机上安装了相关的 App，打开摄像头对准地球仪，地球仪就会"活"起来，使世界各国版图、建筑、动物、自然灾害等天文地理信息实现动态展示。

3）MR 购物

与纯沉浸式的虚拟数字画面的 VR 和虚拟数字画面加现实画面的 AR 不同，MR 是数字化现实加上虚拟数字画面。从效果上来说，MR 技术结合了 VR 与 AR 的优势，能够更好地将 AR 技术体现出来。

"淘宝买啊"能带给消费者一种 MR（混合现实）虚拟与现实结合的购物体验。消费者通过穿戴设备 HoloLens 智能眼镜，可以看到一个虚拟与真实无缝结合的未来购物街区，消费者可以获得一种沉浸式、互动、虚拟和现实结合的消费体验。"淘宝买啊"让每一件商品都能动、会说话，用户只要动动手指就能购物。除了能让普通的商品"活"起来以外，"淘宝买啊"还可以在眼镜里展现出这些商品的线上价格、销量和用户评论等各种信息，通过这些信息用户能与商品进行深层的交流，只要手指在空中轻轻一捏，商品就会自动落入到自己的淘宝购物车中。

4）Baidu Eye

Baidu Eye 可以"隔空辨物"，并对眼前物品的信息进行图像分析，结合百度大数据分析能力和自然人机交互技术，为用户提供该物品信息及相关服务，让人具有"看到即可知道"的能力。Baidu Eye 的功能可应用于购物、物品鉴别、路径导航等场景，实现人与服务的连接。

比如，在一家餐厅用餐，当你拿起一瓶红酒时，Baidu Eye 就会告诉你，这瓶酒是什么品牌、有多少年、出自哪个酒庄、目前市场参考价是多少，甚至还能告诉你许多关于红酒的历史、故事、人物、品牌，它还会提醒你许多喝红酒的礼仪和讲究，比如每次往杯里倒多少、用什么手势端杯子、一次喝多少、怎么碰杯，等等。

7-18　宜家 AR 产品手册

7-19　哈根达斯召唤小提琴乐手

7-20　购物 MR "淘宝买啊"

7-21　人眼的延伸：Baidu Eye

又如，很多女孩子在大街上看到别人穿了一身时装很漂亮，往往很想知道是什么牌子、什么款式、在哪里买的，但大多数时候又不好意思截住陌生人当面询问。但是，通过 Baidu Eye 就会立即搜索并提供诸如品牌、款式、价格以及附近的销售专卖店等信息，然后还可以直接通过手机在线购买。

再如，若消费者看到一个电影海报或者广告，只需要用手指一指，Baidu Eye 就会告知附近最近的影院在哪里，都有什么时间段的排期，如果消费者告诉 Baidu Eye 想看，它就会立即帮助下单支付并选好座位。

类似的图像识别技术还有不少。例如，亚马逊开发的 Firefly 应用程序，不仅能扫描条形码，还可以通过包装识别商品。消费者即使不知道产品的名称，也可以通过扫描获取产品的详细信息，并可下单购买。在甘肃省博物馆，只要用手机拍摄展柜中的"马踏飞燕"等文物，其出土经过、造型特征、铸造工艺等信息便会显示在手机屏幕上，甚至还能让马"飞起来"。

7.2 营销说服理论

7.2.1 低认知卷入说服模式

低认知卷入说服模式强调情感迁移以及其他非认知因素的作用，忽视消费者信息加工的主观能动作用。

1. 强化理论

强化理论是起源于行为主义心理学的理论。行为主义心理学认为人的大脑是一个黑箱，没有必要去推测人的内部心理过程和状态（如态度），重点是根据"刺激—反应"的关系去预测和控制人的行为。而人的行为是趋利避害的，当这种行为的后果对他有利时，这种行为就可能重复出现，行为的频率就会增加；不利时，这种行为就减弱或消失。因此可以利用这种"强化"作用来对人的行为施加影响，凡是能影响行为或反应频率发生变化的刺激物均可称为强化物。

强化理论认为，当一个人面对的说服性传播所持的态度与自己已有的态度不同时，是否接受新的态度，依赖于这一传播所提供的诱因。如果传播中所提供的诱因能使人们感到满意，那么人们就倾向于改变自己已有的态度，接受新的态度；反之，人们就可能拒绝态度改变。根据这一观点，营销活动的说服作用主要取决于营销活动是否提供奖酬或承诺，以及这些奖酬承诺的大小。

在营销活动中，赠送样品、免费品尝、产品试用、"30 天试用，无效退款！"等都是这种理论的应用。

2. 暴露理论

著名心理学家扎乔尼克（Zajonc）认为只要营销活动暴露让消费者接触到，就足以使消费者对新异物体产生积极的态度。Zajonc 用一系列的实验研究证实：简单地因为接触，就会导致偏好的产生，甚至在人们还没有对接触的信息进行认知加工时也是如此。在一项研究中，Zajonc 及其合作者让被试看一系列多边形图形，然后又成对地呈现给他们，问被试哪一个他们已看过、哪一个他们比较喜欢。结果发现，即使看过的与没看过的再认成绩没有差别，但被试还是比较喜欢他们看过的多边形。有趣的是，被试口头报告的关于他们选择的原因都与是否看过无关，而与诸如形状吸引人有关。

与暴露理论相似，广告心理效应中的"闪光灯"理论认为，有时仅仅一次接触，特色鲜明的营销刺激就能产生很强的作用。消费者对一些有创意的广告，往往只见到一次，就会有深刻的印象。图 7-3 是一组 NBA 球星的广告，用凶猛的动物很好地突出了人物的打球风格，画面非常具有冲击力，使人过目不忘。

图 7-3　NBA 球星的广告

按照 Zajonc 的观点，营销活动宣传只要让消费者"见到或听到产品"就行了，至于营销活动说什么、怎么说，消费者是否记住广告、是否记住广告产品，都是次要的。无论如何，这一理论观点是很难让人接受的，不过它也给我们这样的启示，营销活动一定要做，至少要让人"见到或听到"你的产品。

3. 熟悉性模式

熟悉性模式的基本假设是：广告或产品接触会产生熟悉感，熟悉则引起喜欢。人们在商标、食物以及诗歌、歌曲的研究中都发现这种现象，即较为熟悉的东西人们较为喜欢。例如，心理学家奥伯米勒（Obermiller）曾随机选用一些音乐旋律进行研究，发现被试认为以前听过的旋律比起没有听过的旋律，他们更喜欢前者。熟悉性模式的实践意义是，要让你的产品为消费者所喜欢，你就要想方设法让你的消费者熟悉你的产品。

快消品厂商倾向于采用密集型的广告投放，目的是让消费者可以通过各个媒介多次接触同一个广告信息，由于消费者对快消品的广告信息往往是浅加工，因此暴露次数的增加能够提升消费者印象、评价并激发其购买行为。例如，燕舞、脑白金、步步高等刷屏级广告，都曾很快提高知名度并打开市场。但重复的次数与个体态度之间并不永远是正相关的，有研究表明，它们之间呈现倒 U 形关系，也就是说，重复暴露次数过多有可能导致个体的厌烦。

在网络信息时代，这种理论观点也受到了质疑。只有曝光度而无体验感和良好口碑的产品，现在很难被消费者认可，其销售转化率将更多地受网络口碑的制约。例如，从铂爵旅拍的百度搜索指数上看，洗脑式广告确实在短期内大大提高了搜索热度，但广告一停即打回了原形。一定程度上讲，洗脑式广告是以牺牲品牌美誉度为代价来实现知名度提升的，其转化率不具有持续性。在信息与网购时代，即使不打广告且地处偏远地方的产品，也可能因"酒香不怕巷子深"而热销。例如，一个偏僻的山区小店在"好评网"上受到追捧，因为它有野味可餐。当然，在传统购买下，对于那些卷入程度低的产品，多次与广告接触，容易使人们对目标品牌名称增加熟悉感，甚至提高好感度。

4. 低卷入学习模式

低卷入学习模式最早是由赫伯特·克鲁门（Herbert E. Krugman）提出来的。Krugman在观察中发现，大多数电视广告所宣传的产品都是低卷入类型的，消费者对电视广告的认知反应比较少。在极端低卷入的情况下，人的知觉防御很低，甚至不存在，这时，广告对消费者态度的影响是"潜移默化"的。

在低卷入信息处理方式下，消费者很少对广告信息进行解释，或者从广告中推出结论，但会发生不易察觉的知觉结构变化和情感迁移，会记住广告中的显著或重复信息，作为品牌联想，而品牌联想会影响消费者直觉的品牌选择。

5. 归类评价理论

1）产品归类

归类评价理论认为，人们经常会把接触到的事物分门别类，并且在评价一种新的物体时，总是先把新物体归入某一类别，如高档、低档；名牌、非名牌；化妆品、日用清洁品；奢侈品、大众商品等。然后，从记忆提取出对该类别已有的态度，并把这种态度强加在这个新归类的物体上。

例如，把洁面用品归为化妆品还是日用品，会使消费者对其品质与价格产生不同的认知；Zippo打火机被归类为礼品（如"送给男朋友的礼物"），从而避开了与其他打火机的竞争对比，再加以礼品包装就可以卖出比一般打火机更高的价格；Hey Juice 蔬菜果汁一瓶售价高达 30 多元，但它把产品归类为减肥代餐的健康果汁，就不再是普通的蔬菜果汁了；在美国，褪黑素作为一种保健品卖，能够调节免疫、改善睡眠、延缓衰老，而中国一家企业把它命名为"脑白金"，包装成高大上的"孝心礼品"，价格则翻了 56 倍。又如，药店经销的商品，有的是药品（还可分为处方药和非处方药），有的是保健品（还可分为有蓝帽子的卫健字号和没有蓝帽子的国食健号），显然消费者对不同类型产品的功能会有不同的理解。有的旅游者由于不熟悉国外药品与保健品的标识，为了治疗顽症，结果买到的却是并没有实际治疗效果的保健食品。

根据这一理论，广告等营销活动的效果主要看消费者如何将产品归类。营销活动的作用则在于促使消费者恰当地将产品归类，归于有积极态度的类别之中。有些产品广告有意地运用成功人士当产品介绍人，试图让受众把产品归类为成功人士专用品，从而提高产品的品质形象。例如，某策划大师将"E人E本"定义为商界人士的标配，广告词是："E人E本，领导者"；后来又以"成功人士"定义 8848 手机，并以攀登过珠穆朗玛峰的企业家王石作为产品代言人，但这些所谓"土豪产品"的质量却差强人意。

另外，产品归类的范围大小也会对消费者心理与行为产生影响。海底捞很少宣传它是四川火锅，王老吉也并不强调它是来自广东的凉茶。因为它们本来就是品类中的领导者，如果再强调自己是"正宗"或"特产",那言外之意就是:除了我们,市场上还有很多其他品牌(如潮汕火锅、港式火锅等),相当于在消费者心智中,放弃了领先者的地位。对王老吉而言,"怕上火"是比"广东特产"联想频率更高的(功能性)诱因,而且"广东凉茶"本身也不是一个强有力的卖点。当然,对于非常强调特定文化属性的品牌、规模小的特色品牌、只能在某个地区生产的产品、景区售卖产品则可以用地区归类作为产品的诱因,强调其"正宗"和"特产"的概念,如茅台酒、龙井茶等。

2)品类划分

"定位之父"艾·里斯(AI.Ries,2010)在消费者分类思想的基础上提出品类的概念,指出消费者的行为特征是"以品类来思考,以品牌来表达"。例如,女孩子出门遇到烈日,产生了怕晒黑的焦虑,首先想到的是防晒霜(或遮阳伞)品类,然后才是选择防晒霜品牌。又如,消费者期望购买饮料的时候,首先是在茶、纯净水、可乐等不同品类中选择,在选定可乐之后所表达出的是代表该品类的品牌,如可口可乐。因此,营销的竞争与其说是品牌之争,不如说是品类之争。根据此观点,AI.Ries 重新定义品牌为"代表品类的名字',并指出品牌无法在品类消亡的情况下生存,品牌无法永生,当品类消亡了,品牌就无法存在了。

根据艾·里斯的定位理论,差异化竞争最好的体现方式是品类,而不是品牌。这一点对于那些初创品牌尤为关键。可口可乐是在啤酒、汽水、橙汁、柠檬汁等软饮料的市场下,开创了一个叫可乐的新品类,红牛则开创了一个叫能量饮料的新品类,这些品类的开创者都成为该品类最大的市场受益者。阿里巴巴的社交产品"来往"因无法与微信竞争而淘汰,后来阿里巴巴做了差异化,将微信定位为生活社交 App,将钉钉定位为工作 App,成功地从社交领域切入移动办公的细分领域。2020 年新冠病毒疫情发生后,钉钉 App 成为企业办公的首选。

在网络时代,许多走红的新品牌都从细分品类切入市场,并以足够的差异化来支持甚至独立形成新品类。例如:

"你是麦片,我是有冻干水果的麦片,这就是王饱饱麦片;

你是燕窝,是干燕窝,我是鲜炖燕窝,这就是小仙炖;

你是卤鸡爪、虎皮凤爪,我是先炸后卤更好吃的虎皮凤爪,这是王小卤;

你是冲调咖啡,我是三秒速溶的三顿半;

你是茅台、江小白,我想让葡萄酒的消费者消费白酒,这是净香型的开山白酒;

你是方便面、半干鲜面,我是有肉有料的拉面,我是拉面说……"

同时,品类还可以延伸,从而实现产品系列化。比如,鲍师傅核心拳头产品是肉松与芝士,以肉松小贝撬开市场,然后在小贝的纵向口味延伸,扩展横向品类,研发了蛋黄酥、凤梨酥、提子酥等一系列现制产品。

但是,如果品类的市场潜力不大或正在萎缩,企业就应当对品牌进行重新定位,归类到相近的有潜力的品类。比如,王老吉之前受限于中药品类,后来将其归类到有巨大市场潜力的饮料品类,成为凉茶饮料的品类王者。东阿阿胶之前只是"补血"类的产品,后来归类为和燕窝、人参一样的滋补品类后,市场潜力就大不一样了。

【案例链接】

元气森林、钟薛高的品类定位

网红品牌元气森林、钟薛高只用两三年时间就迅速使市场占有率高居相似产品前列，而传统品牌可能5~10年都做不到。元气森林与钟薛高都是快消品牌，属于冷饮品类，其成功具有一定相似性。从品类定位上看，它们都通过精准地切入细分市场，从而创造了蓝海市场。

在竞争日益激烈的今天，大品类市场的主要占有率被头部品牌牢牢占据，难以撼动。比如饮用水中的农夫山泉和怡宝，可乐中的可口可乐和百事可乐，牛奶中的蒙牛和伊利等。直接侵入这些大品类，往往费力不讨好。

而新的品牌往往从大的品类中找一个大品牌还没有涉足的细分市场，创造一个消费蓝海。比如，海之言定位于清淡型功能饮料，主打加入地中海海盐，味道清淡不过甜，又能补充盐分，因此在果味饮料中生造了一个细分市场，巅峰时的年销售额超过20亿。

元气森林和钟薛高同样在各自的品类中开辟了属于自己的蓝海市场。元气森林从大的品类来讲属于汽水，这个品类竞争非常激烈，基本没有品牌能跟可口可乐和百事可乐全家饮品抗衡。在汽水这个大品类中，元气森林同时切入了气泡水和无糖汽水两个相对细分的品类。气泡水市场上产品不少，无糖汽水产品同样不少，但兼具二者特性的无糖气泡水，市场上的竞品就不多了，因此元气森林切入了这个细分的蓝海市场。

钟薛高所在的雪糕品类中，高端市场被哈根达斯、和路雪等品牌把持，大众市场被蒙牛、伊利占据。直接进入这个市场难以占据优势。钟薛高的定位是健康雪糕，低糖、低脂是其特点，这与元气森林的无糖有异曲同工之妙。其次，与大部分即买即食的雪糕不同，钟薛高的切入点是家庭仓储式消费市场。以前大部分消费者消费雪糕的方式都是在线下即买即食。但电商和冷链物流的发展促进了在线消费、家庭食用的场景，同时随着雪糕工艺的改良和冬季室温的可控，雪糕的季节属性也慢慢被淡化。线上购买，在家吃雪糕成了一个新的雪糕消费趋势和场景，在这里钟薛高创造了家庭仓储式低糖雪糕的细分蓝海市场。

在消费人群定位上，钟薛高和元气森林都定位年轻人群。年轻群体喜欢尝试新事物，关注低糖、健康食品，这就与二者切入无糖/低糖、无添加、健康的理念非常相符。另外，元气森林采用日式风格设计，钟薛高采用纯中式风格设计，都自带年轻人喜欢的高颜值及文化属性。元气森林和钟薛高在进入一个大的品类市场中，都针对年轻人的需求，从中选择了一个细分市场，这使得它们避开激烈竞争，迅速占据一席之地。

资料来源：寻空. 解析网红品牌元气森林、钟薛高们的走红路径[EB/OL]. （2020-07-09）. http://www.woshipm.com/marketing/4076088.html.

3）品牌归类

归类评价理论也适用于品牌，而不仅仅是品类。知名品牌常用的品牌延伸策略就是希望消费者能将过去对原有品牌的良好印象延伸至具有类似属性的新产品上。这种策略尤其适用于驰名商标的相似品类的系列产品，而且，企业名称也常常与名牌商标名称相统一。例如，宝洁公司的产品广告以前只注重塑造单个品牌的形象，许多消费者不知道飘柔、潘婷、海飞丝、舒肤佳是姐妹关系，也不知它们都是宝洁公司的产品。后来在各种品牌的广告结尾都加上一句"宝洁公司,优质出品",将品牌与企业联系起来,以此促进人们对各品牌产品的认同。

另外,同一名牌以系列产品的方式出现,其中有高档、中档和低档,还可以满足经济能力有限的消费者追求名牌的愿望。广州油脂化工总厂原有 50 多个商标牌号的产品,但产品及企业的形象模糊,甚至出现"自相残杀"的现象,后来,企业对所有产品均以"浪奇"为商标名称,企业也改名为广州浪奇实业公司,使该名称叫得更响。但是,品牌在垂直延伸过程中(如由高端向低端市场延伸),会影响品牌高端形象,从而失去高端市场。例如,派克笔曾经向低端市场延伸,险些丧失其高端品牌形象。

另外,品牌延伸要注意保持与原有产品属性的相关性或一致性,避免消费者产生不良联想或排斥心理,如金嗓子喉宝把品牌延伸到带有明显休闲性质的草本植物饮料领域,就没有取得成功,因为它忽略了顾客心目中对金嗓子品牌是"药品品牌"的认知。999 胃泰延伸到冰啤酒、活力 28 洗衣粉延伸到纯净水等都是如此。"希望"火腿肠容易让人联想起猪饲料,后来改名"美好"火腿肠,就重新得到了消费者的认可。

品牌延伸还可能造成品牌淡化效应,使品牌价值受损,这就像已习惯于"金利来——男人的世界"的消费者,不是能接受金利来女装或女用皮包出现一样。皮尔·卡丹品牌曾是社会上层人物身份和体面的象征。为了吸引更多的消费者,皮尔·卡丹品牌延伸到日常生活用品上,从家具到灯具,从钢笔到拖鞋,甚至包括廉价的厨巾。其后果是"皮尔·卡丹"在大多数市场上丧失了高档名牌的形象,也丢掉了追求独特风格的品牌忠诚者。

更重要的是,品牌还应当确立自己在品类中的地位,使品牌成为品类的主导品牌、创新品牌。例如,"阿芙就是精油""瓜子二手车直卖网成交量遥遥领先""爱玛——中国电动车领导者"等广告就是企图主导品类,而格力空调、海天酱油、茅台酒、蓝月亮、哈弗 SUV、九阳豆浆机、公牛插座、南孚电池、史丹利复合肥、滴滴打车等都是最容易引起消费者品类联想的领导品牌。如果品类领导者已名花有主,其他品牌就应当对品类进行再细分。比如,海飞丝是去屑洗发水品类领导者,那么清扬就开创男士去屑品类;淘宝、京东是电商行业霸王,唯品会就做全球特卖细分领域的佼佼者,小红书就专注海外购物这一品类。又如,在豪华车品类中,奔驰代表豪华、奥迪代表科技、宝马代表驾趣、雷克萨斯代表匠心、沃尔沃代表安全、凯迪拉克代表美式风范。但是,如果某一品牌试图成为多品类的领导者往往不会成功。当然,最好的结果是品牌代表品类。例如,杜邦特氟龙本来是杜邦公司注册的一个品牌,但是现在消费者认为特氟龙是一种不粘材料。同样,莱卡本来也是杜邦公司注册的一个品牌名称,现在却被消费者认为是一种面料,即一个品类的名称。

【资料链接】

领导者定位实践的 5 大误区

误区 1:品牌试图成为多品类的领导者

一人不能同时坐两个凳子,一个品牌也不能同时拥有两个领导者定位。58 同城是国内分类信息网站的领导者,提供同城交易、招聘信息、家电维修、家政服务、房产交易、闲置物品交易等服务。58 同城曾试图利用广告和资源优势建立"同城货运领导者""招聘行业领导者"的定位，但在实践中并没有获得成功。

误区2：忽视心智中的领导者

2012年，广药收回王老吉品牌的使用权，加多宝公司推出自主品牌：加多宝。对于消费者而言，加多宝是一个全新品牌，推出市场仅一年；王老吉是拥有多年历史的凉茶代表品牌，是消费者心智中凉茶的开创者与领导者，虽然王老吉并未诉求过领导者定位。

"分手"之后，加多宝拥有终端和渠道优势，并投入大量费用进行广告宣传，试图建立"领导者"定位。所以，短时内加多宝凉茶销量遥遥领先。加多宝可以暂时成为市场上的销量领导者，但在消费者心智中领导者地位仍属于王老吉。消费者的心智难以改变，没有人会认为加多宝是凉茶的领导者，加多宝投入百亿的广告费被浪费。

误区3：缺少可信度

1963年，定位之父艾·里斯在纽约成立AI Ries广告公司，同年提出rock概念，意为如同岩石般坚硬有力的出击点，坚实可信，不可反驳。

品牌诉求"领导者"定位的前提是：在消费者的心智中，对该品牌有领先的认知基础，如果缺乏这一前提，定位就变得不可信。长期以来，地板市场被大自然和圣象等品牌主导。但实木地暖地板是为数不多的细分品类机会，这样的机会被浙江久盛发现，并凭借其资源上的优势，成为实木地暖地板的领导者。当浙江天格也定位为"实木地暖地板开创者与领导者"时，消费者第一反应是虚假宣传，他们会想：一个闻所未闻的品牌怎么突然间就成为领导品牌了？

"好想你"广告定位于"中国红枣领导品牌"，使更多的消费者知道了"好想你"这个品牌。但"中国红枣领导者"定位缺少可信度，不会改变消费者的购买决策。2015年至2017年是二手车销售平台竞争最激烈的时期，人人车、优信、瓜子网都巨资投入广告。相对而言，瓜子网的声量最大，且集中度高。瓜子网的广告投放策略给消费者带来的直觉感受是：瓜子网应该是领先品牌。事实上，瓜子网曾因为传播"二手车行业领导品牌"被人民法院裁定为虚假宣传。法院按照事实依据来裁定，但无法从认知的角度来衡量。瓜子网是消费者心智中的领导品牌，不是事实上的领导品牌。

误区4：品类过于宽泛

领导品牌最大的敌人不是跟随者的进攻，而是品类分化。跟随者进攻领导品牌的成功率很小，但品类分化是战胜领导者的最佳方式。

品类分化是必然，不要心存侥幸。一旦品类分化或已分化，原有品类的价值会被大大削弱，有些品类甚至直接消失。品类消失，品牌也随之消亡，其领导地位也没有价值。例如，食用油品类早已分化，分化出花生油、玉米油、大豆油、调和油、葵花子油、菜籽油、茶油等。这时候，品牌诉求"食用油领导品牌"的效果就会降低。"鲁花，中国高端食用油引领者"广告，虽然不会给鲁花品牌造成负面影响，但金钱肯定浪费不少。

误区5：品类定义不清晰

品类定义不清晰是实践"领导者"定位最大的、也是最容易出现的误区，这种错误的根源在于企业的内部想法。例如，明月镜片是国内领先的镜片企业，其传播的"非球面镜片领导品牌"过于专业化，消费者很难理解，消费者会问什么是非球面镜片。对于正在重塑消费者业务的明月镜片来讲，这样的定位没有作用。2016年，明月镜片重新定位成"镜片销量全国领先",这一定位相比之前优秀很多。"非球面镜片领导品牌"是专业式思考,"镜片销量全国领先"是顾客思维。

资料来源:朱小栓."领导者"定位实践的 5 大误区和 3 个原则[EB/OL].(2019-11-25). http://www.vipgs.net/news/show-2931.html.

6. 平衡理论

类似于人们通常所说的"敌人的敌人就是我的朋友""朋友的朋友也是我的朋友",心理学家弗里茨·海德(Fritz Heider)提出了改变态度的"平衡理论",又被称为"P-O-X 理论",P 代表认知主体,O 为与 P 发生联系的另一个人;X 则为 P 与 O 发生联系的一个任意对象。一旦人们在认识上有了不平衡和不和谐性(即 P-O-X 之间不平衡),就会在心理上产生紧张和焦虑,从而促使他们的认知结构向平衡和谐的方向发展。营销者可以利用这种三角关系来影响消费者对事物或对营销者的态度。例如,雷军在刚刚推出小米的时候,就披露了手机行业很多的信息不对称,价格不公平,把自己放在了这些负面内幕的对立面,从而获得了消费者的认同,赢得了好感,如图 7-4 所示(三角形三边符号相乘为正时,三角关系是平衡的)。

图 7-4 雷军构建的平衡理论三角关系

但 Heider 十分重视人际关系(即 P-O)对态度的影响力,当出现认知不协调时,人们通常不会改变 P、O 之间的情感关系,而是改变对认知对象 X 的评价或态度,从而使认知结构恢复平衡。可见,当消费者对营销方持肯定态度时,消费者对营销方持赞成态度的商品也会倾向于持肯定态度。如果消费者对产品持否定态度,而受他喜欢的营销方对产品的态度是肯定的,就会出现认知不平衡或不一致,消费者会产生认知紧张。在这种情况下,消费者消除认知紧张的方法有三种:第一,降低对营销方的积极评价;第二,假设自己并不是真正讨厌该产品;第三,改变自己对产品已有的消极评价。其中后两种方法对营销活动宣传是有利的。

从实践的角度来看,平衡理论的核心就是要利用信息源影响消费者。这一理论可以解释现代营销活动及其广告中存在大量明星代言人的现象,它同时说明,营销者在代言人的使用上一定要慎重,尽量选用有威望、受人们尊敬和喜爱的人物。

7. 认知失调理论

美国心理学家费斯汀格(Leon Festinger)提出了认知失调理论来解释态度与行为之间的联系。认知失调指个体感受到的两个或多个态度之间或行为与态度之间的不和谐,而任何形式的不一致都是令人不舒服的,个体会力图减少这种不协调和不舒服。这一理论侧重于态度结构中的认知成分,即由于认知上的不一致而导致态度的改变。解除不协调的方式有改变认知、增加新的认知、改变认知的相对重要性、改变行为等,以重新恢复平衡。

在营销沟通中,可以运用这一理论来进行消费者说服活动。

(1)减少或改变不协调的认知成分。

该策略是改变对于品牌或产品一个或多个属性的认知,进行"心理再定位",从而使认知成分间趋于协调。例如,宝洁公司使消费者深信蓝色清洁剂的洗涤效果比白色的更好;

小米智能家居是无线的，是免安装，即放即用的，而不是消费者所认为的拆墙布线、重新装修那么麻烦。

（2）增加协调的新认知成分。

在消费者的认知结构中添加新的认知成分，或者唤起消费者对被忽略属性的重视。例如，消费者觉得百威啤酒口感不够淳厚，百威啤酒在促销中则强调口感清新也是好啤酒的一个重要衡量指标。

（3）强调某一种认知成分的重要性。

消费者对某些产品的评价不会太高，或竞争不过对手。一般并不意味产品的各种特性都不行。在许多场合下，评价不高的产品在某方面却具有胜于对手的特性。问题是消费者认为此特性无关紧要。例如，选择空调的标准除了降温速度、降温程度及耗电量等指标以外，还有噪声情况，这个很少有人采用的指标经常成为许多人买了空调后不用的原因。因此，营销者常常说服消费者相信其产品中相对较强的属性是该类产品很重要的属性。例如，某家电厂商设计了一款圆形微波炉，它只能放在橱柜的桌面上而不是吊柜中，有的消费者觉得会使厨房更拥挤，该公司就在广告中大力强调其美观大方、使用安全方便的一面，从而使女性和身材矮小的消费者感到这些特性在生活中的重要性。

【资料链接】

给消费者一个理由，让他们花钱心安理得

节约惯了的老人，怎么让他们一改常态，舍得买一款更贵的电动车？

——接送孩子上学，不再怕迟到！

常常"996"的打工者，怎么说服他改坐专车？

——如果每天总拼命，至少车上静一静。

精打细算的主妇，如何让她认为购买几千元的净水器不是浪费？

——一家人吃得再好，喝得不好有什么用？

时尚"小姐姐"怎么能没有负罪感地"买买买"？

——去年的新衣服，配不上今年的你。

如何让忙碌的司机接受健康体检？

——每年花3000给车做保养，却不舍得给自己花300做保养？

资料来源：运营派精选. 如何凭借一篇文案或者一则广告，说服用户？[EB/OL].（2020-11-30）. https://www.sohu.com/a/435372909_803482.

国外有人做了个有趣的实验，研究者制作了几个马桶形状的容器，里面倒上可乐、橙汁等饮料。他们再三强调，这个马桶是定制的、是绝对干净的，但还是没有受试者愿意端起"马桶"，喝一口饮料。当然，也有一些营销者把认知失调作为一种可控的营销战略，从而使人们对产品产生一种新奇的感受。例如，"土到极致就是潮"，老乡鸡董事长束从轩的"老乡鸡战略小会"就在搞笑的氛围中，获得了网友的刷屏。尤其是跨界产品，如马应龙口红、老干妈卫衣、火锅味牙膏、泸州老窖酒心雪糕、白酒味香水、辣条香水、福临门卸妆油，还有"让你肚子里更有墨水"的鸡尾酒、六神和RIO"合体"出的花露水味鸡尾酒等，如图7-5所示。这些产品引起了广泛注意，受到了年轻人的喜爱，但更重要的是要做好产

品品质以及品牌内涵的升级。

图 7-5　跨界营销产品

7.2.2　综合说服模式——精细加工可能性模型

精细加工可能性模型（Elaboration Likelihood Model，ELM）是由心理学家理查德·E. 派蒂（Richard E. Petty）和约翰·T. 卡西奥普（John T. Cacioppo）在 1993 年提出的，被认为是多年来影响最大的说服理论。

ELM 认为，不同的说服路径效果依赖于对传播信息做精细加工可能性的高低。当精细加工的可能性高时，说服的中枢路径特别有效；而当这种可能性低时，则边缘的路径有效。借用广告界的名言"不要卖牛排，要卖滋滋声"来说明，高卷入的消费者会寻找"牛排"（有力、理性的观点），而低卷入的消费者更易受"滋滋声"（边缘路径）的影响。

1. 信息加工与说服路径

由于消费者对外界信息的精细加工可能性不同，相应地会选择中枢路径或边缘路径两种不同的信息处理方式，而营销沟通也要适应消费者的信息加工特点，采取相应的传播说服方式。

（1）中枢路径。当消费者选择中枢路径时，消费者会认真考虑和整合广告中商品信息的结果，即消费者进行精细的信息加工，综合多方面的信息与证据，分析、判断广告中的商品的质量与性能，然后形成一定的态度。其显著的特点是它需要高水平的动机和能力去加工信息的核心成分，即当人们试图形成一个有效态度时，用中枢路径加工的人将会投入较多的精力，更深入地考虑说服信息。因此，这一过程也需要有较多的认知资源。在这种高卷入情境下，广告传播应提供更具体、更具有逻辑性和事实性的信息。

（2）边缘路径。当消费者选择边缘路径时，消费者往往不会认真研究广告中所强调的商品本身的性能，无须进行逻辑推理，而是根据广告中的一些边缘线索得出结论来形成态度（低精细化）。所谓边缘线索是指广告情境以及一些次要的品牌特征。如信源的特点、背景音乐、图片吸引力、色彩、代言人、产品外观等。如果边缘线索存在，受众就会发生暂时的态度改变；如果边缘线索不存在，受众就保持或重新获得原来的态度。例如，Tom 和 Eves 研究发现，那些有背景颜色的广告比没有背景颜色的广告，在回忆和说服测量上，指标都要高一些。

中枢路径和边缘路径至少在三个方面是不同的：① 这两个路径加工信息类型不同；② 中枢路径信息加工的认知作用比在边缘路径中的高；③ 引发的态度变化的路径和稳定性不同。通过中枢路径的态度变化主要是通过认知和信念因素的改变，是基于详细而全面的考虑得到的，因而其形成的态度更强烈、更稳定持久，更不易被说服，在记忆中更容易被提取，能更好地预测行为。而边缘路径受情感因素的影响较多，缺乏对信息周密的考虑，态度变化是短暂的，行为因素的改变也并不完全来自于态度，如图 7-6 所示。

在中枢路径下，理性的认知要素传播容易使消费者态度发生改变，此时广告对消费者的说服能力主要取决于广告信息的质量，例如，是否提出了消费者关注的品牌特性，广告是否可信和有冲击力等。相反，在边缘路径下，消费者通常不对信息内容进行深入思考和评价，此时应将重点放在信息传播的形式而不是信息的内容上，如利用名人作为代言人，采用视觉化、符号化或情感要素的广告表现形式。通过有限的信息，使消费者迅速知悉该产品的关键属性。如果消费者对边缘线索的评价是肯定的，如广告代言人有吸引力，广告中的音乐动听，消费者就会接受广告信息。

通常来说，知名品牌利用的是边缘路径，通过品牌信用，帮助消费者节省决策成本。消费者只要基于品牌知名度，就可以快速做出大概率正确的选择。这意味消费者在购买大品牌时，卷入度非常低，无须过多地思考比较，仅凭需求和品牌记忆就可以促成消费。但是边缘路径并不一定总是能够反映产品真实的质量和效果。因此，小品牌如果可以引入更多的中枢路径，提高消费者卷入度，就更有可能在大品牌的围剿中突围。例如，小米手机较少做广告，但率先引入了跑分制，通过测试跑分直接量化比较，彰显了其高性价比的特点。

但是，两种路径也并非是截然对立的，可能会有同时并存的现象，但会以其中一种路径为主导。商家可能会以边缘线索来引起消费者的注意，然后消费者再通过信息搜索进行深入研究。这在移动互联网时代更为常见，因为消费者在碎片化时空中往往只能以边缘路径来接受外界刺激，但如果引起了他的购买兴趣，他就有可能通过手机获取进一步的信息。

2. 信息精细加工可能性的影响因素

根据这一模型，在制定营销传播策略时，需要预测特定情境下消费者加工信息的可能途径。一般认为，信息精细加工的可能性或劝导路径的选择主要由消费者分析信息的动机和分析信息的能力所决定。而 MacInni 和 Jaworski 认为消费者通过何种路径对广告信息进行加工取决于其 AMO（即能力、动机、机会）水平。

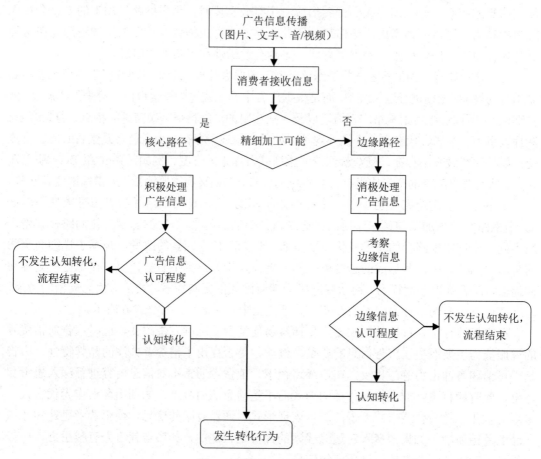

图 7-6　精细加工可能性模型

当信息加工的动机和能力都较高时，消费者更可能趋向于遵从中枢路径，倾向于接受理性诉求。中枢路径包括诉诸于理性认知的因素——消费者进行一系列严肃的尝试，以逻辑的方式来评价新的信息。消费者的知识水平较高时往往倾向于理性的选择。例如，摄影爱好者在接触相机广告时，会主动凭借自己的经验对广告信息进行接收、判断，有较强烈的认知动机；对于相机广告中出现的像 CMOS、CCD 之类的术语理解难度也不大。

当动机和能力之一较低时，消费者便趋向于遵从边缘路径，更愿意接受感性诉求。边缘路径通过把产品和消费者对另一个事物的态度联系起来，从而涵盖了感情因素。例如，促使年轻人购买其崇拜的青春偶像在广告上推荐的某种饮料的原因，实际上与该饮料的特性毫无关系，起作用的是对偶像的喜爱。这是因为人们在对该饮料本身的特性不太了解的情况下，只能通过该饮料的外围因素（如产品包装、广告形象吸引力或信息的表达方式）来决定该饮料的可信性。

在移动互联网时代，消费者行为呈现碎片化特征，而且新媒体和网络社群不断涌现，各种信息充斥着消费者的生活。人们越来越多地基于碎片化的信息来讨论、评价、围观事实，而从整个大环境的背景中断裂开来；人们越来越倾向于将碎片的时间消耗在搞笑的段子和立场鲜明的评论上，而较少进行深思熟虑的明辨。可见，其信息加工倾向于采用边缘路径，而企业及媒体应当思考如何才能让消费者在碎片化时间选择你的内容和服务，并且能让他们快速喜欢你的碎片化内容。例如，豆瓣电影和时光网在 PC 网页上是提供影讯和电影相关资料的两大媒体，核心功能和业务差别并不大，但在移动端它们却走了两条不同的路子。时光网直接将其网页中的各种影讯、影评、电影条目等组织成几个栏目，作为其移动产品；而豆瓣电影却重点突出近期以及即将上映的影片，甚至连电影条目的搜索框都"藏"了起来。豆瓣认为，用户在使用移动端时更多是处于"查影讯"的状态，所以围绕这一点出发，突出近期和即将上映的影片条目，用简单的短评和介绍帮助用户判断是否值得去看，并通过查询附近的影院和选座购票完成最后一步，因此那些非近期上映的电影、长篇的影评、各种榜单资料等就是可以忽视的。准确地判断了用户使用情况的豆瓣电影显然更胜一筹，而时光网后来也进行了改进，在新版本中学习了豆瓣电影的模式。

那么，影响消费者信息处理动机与能力的因素有哪些呢？

（1）媒体性质。消费者越能控制广告展示步骤，就越可能遵循中枢路径。例如，印刷广告比速度较快的电视广告和广播广告导致更高的认识详尽程度，而广播媒体则更可能形成边缘路径态度。

（2）卷入度。消费者对广告内容越有兴趣，广告信息与其相关度越高、对其越重要，消费者的卷入度就越高，就越能产生总体的更详尽的认识，从而以中枢路径形成态度。如果消费者不在意广告说了些什么，那么就可能从边缘路径形成态度。

（3）知识水平。知识丰富的人比缺乏知识的人可以产生更多的与信息相关的思想，将更倾向于从中枢路径形成态度。如果消费者不清楚广告说了些什么，那么就可能从边缘路径形成态度。

（4）理解。不管是受知识水平限制还是受时间限制，只要消费者无法理解广告的信息，他们就倾向于从广告来源或其他周边暗示的内容去理解广告，而不是通过广告去理解广告信息。

（5）注意力。如果观看广告的环境或广告本身使消费者注意力分散，他们将很少产生与信息相关的思想，这将减少中枢路径的可能性。

（6）情绪。如果广告引发消费者的积极情绪，使消费者心情舒畅，则他们一般不愿花精力去思考广告内容，态度形成更遵从边缘路径。但是，对于享乐性产品，情绪很可能代表中枢路径，从而在高卷入情境下影响态度。

（7）认知需要。一些人本身就愿意思考问题（即认知需求高），其态度形成更遵从中枢路径。

许多研究都验证了精细加工可能性模型的有效性。例如，Vidrine 等进行了一项基于事实的吸烟危害信息和基于情感的吸烟危害信息对不同认知需求水平者的健康危害感知的研究，结果表明，基于事实的危害信息对高认知需求者影响更大，基于感性的危害信息对低认知需求者的影响更大。

【案例链接】

从 ELM 模型看汽车广告劝服效果

汽车产品有两个主要特征：一是高卷入度产品；二是通常在公共场合使用。消费者对待卷入度高的商品比对待卷入度低的商品更谨慎小心；同时，汽车不仅是一种代步工具，在消费者心目中，这种公共场合使用的产品还是一种身份和地位的象征。所以广告中宜于制定感性诉求策略，因为使用者的自我形象心理在公共场合更为突出。

1. 影响汽车广告信息加工的劝服要素

根据精细加工可能性模型，在"动机—能力—机会"等心理综合指标较高的时候，经由中枢路径的信息处理过程居于主导地位，受众的心理机制是理性主导型。反之，就是感性主导型心理机制。

感性主导型心理机制下影响劝服的边缘要素主要通过汽车外观、广告模特、音响效果、附加价值等边缘线索来激发受众对广告产生情感共鸣。例如，以"尊贵"为诉求点的汽车广告喜欢选用成功男人为模特，引发受众的向往和共鸣；而以"安全"为诉求点的汽车广告则多选用婴儿为广告模特，以勾起消费者的喜爱。

理性主导型心理机制下影响汽车广告劝服的中枢要素主要是画面、声音、文字中涉及的实质性内容。消费通过理性思考对其进行分析、判断，在这一基础上形成一定的品牌态度。经由中枢路径进行信息加工主要是围绕"观点的质量"来进行，因此消费者对汽车广告进行信息加工时主要受到论证的强度、新度、精度的影响。

2. 汽车广告进行劝服时应注意的问题

（1）汽车广告在运用边缘线索时绝不能脱离产品谈感官享受。精细加工可能性模型将信息加工分为中枢路径和边缘路径两种，但实际上个体是感知的综合体，信息接收者在处理某类信息时会同时调动理性和感性的思维，所以不可能单纯地只采用某一路径进行信息加工。而汽车作为一种高卷入的产品，消费者在购买时绝对会认真反复地进行信息的筛选和对比。因此，广告完全追求一种虚化的概念是行不通的。

（2）汽车广告在进行边缘路径的信息传达时要统一和适当重复

由于经由信息处理的边缘路径集中于启发式的线索，所以产生态度改变的效果不及中枢路径产生的效果持久，适应这种态度的改变很可能在短时间内就淡化。增加信息的重现会使加工更加有利，因为它提供了更多编码的机会。统一的信息传达能够增强论点的强度，适当的重复能够弥补经由边缘路径的信息处理产生的态度容易淡化的缺陷。

（3）对说服对象进行细分，采取不同的诉求方式。对汽车广告信息有动机、有能力的，采取理性诉求；对没有动机和能力的采用感性诉求。对汽车的目标购买人群应该采取中枢路径，对潜在消费者应该采取边缘路径。对于不具备处理动机的受众则可以灌输新观念。因为根据条件反射原理，受众心目中没有明晰概念的产品，更能从广告信息引发的移情作用中受益。家喻户晓的汽车品牌利用条件反射原理的广告效果，远不如新品和未打开知名度的产品。

资料来源：李正良，黄波平. 从精细加工可能性理论看汽车广告的劝服效果[J]. 广告大观：理论版，2011（1）：39-43.

7.3 营销说服方式

营销人员所传递的信息能被消费者接受和认同，才可以起到影响和改变消费者态度和行为的作用。为此，营销人员应当借助有效的营销沟通方式与消费者进行沟通。在自媒体和网络社群时代，消费者的口碑信息起着更为主要的信息传播作用，营销人员还应更多地借助网络社群与消费者进行沟通，因为其成本低、收效高，甚至可能起到"病毒营销"的效果。

下面我们从几个方面来加以分析。

7.3.1 传播者特性

在网络时代，营销信息的来源与传播者已经多元化，而营销者的传播作用大大减弱。从淘宝到小红书的各种定性、定量的用户商品评价体系，以及豆瓣上的评分、微博上的吐槽段子，还有抖音短视频、Vlog（视频博客）等，都说明消费者的信息传播作用越来越强大。例如，占卜奶茶、CoCo青稞奶茶等都是通过抖音走红的。但不同的传递者或信息源，所产生的说服效果是不同的。从网红带货现象来看，粉丝对于微博、抖音、B站、快手上的KOL的喜欢，大多是从人设开始的，喜欢网红的性格、风度、言谈、外貌、内容等。所以，当这些网红转战电商的时候，流量的转化则是从"人设"到商品的转移，大家会因为喜欢网红，而选择购买他的商品，即所谓"流量变现"。

所谓"私域流量"是指具有强关系链的客户群。其主要特征有：为自己所有、反复触达、免费使用。私域流量是一个社交电商领域的概念。可直接触达用户的渠道包括自媒体、用户群、QQ群、微信朋友圈、直播平台等，也就是KOC可辐射到的圈层。小红书、云集等都被看作是运营"私域流量"的典范。很显然，私域流量的核心是用户关系，其留存和变现与传播者的影响力关系极大。

一般来说，影响说服效果的信息源特征主要有四个：传播者的权威性、可信性、外表魅力以及被喜爱程度。

1. 权威性

传播者的权威性（或专业性）指传递者在有关领域或问题上的学识、经验和资历。它往往决定宣传影响力的大小。内行、老专家、权威机构等都有较高的权威性，容易使人信服并转变态度，尤其是当消费者对某个产品还不是很了解或尚未对其形成看法时。定位之父艾·里斯曾举例说："在美国市场有个狗粮品牌，为了销售产品，对外宣称'最多狗粮专家推荐的狗粮品牌'。"在药品广告中，请一位医生介绍与请一位喜剧演员介绍相比，前者会有更大的说服力，但可能违反广告法规。美国佳洁士牙膏的成功很大程度上应归于牙科协会这一专业机构的认证，其实牙膏品牌之间可能没有太大的差异。同时，认证不一定总能增强消费者对营销信息的相信度。如同其他信息来源一样，这些认证信息只有在消费者对某产品的表现缺乏直接判断能力，并充分信赖这些机构时才有效。

群体或社交媒体中的意见领袖对消费者有较大的影响力。意见领袖的一个主要特征就是具备出众的产品知识和产品经验，相比非专业人士，KOL或专家可以提供更多、更广泛的产品知识。当然，意见领袖并非普遍适用于所有的领域。一个人可能在某个领域或相似的种类中扮演意见领袖的角色，但在另外一个领域则不然，普遍意见领袖是很少见的。例如，一位旅游达人并不会被消费者认为其也是服装方面的意见领袖。有些网红 KOL 试图利用自己的影响力代理更多的产品品类，实际上并不明智，"口红一哥"李佳琦就曾因为一场不粘锅直播而出现"翻车"，原因竟然是"没按照说明书的要求操作和使用"。李佳琦没有分清 KOL 与明星的区别，KOL 只是某个垂直领域的意见领袖，是专业性人设的网红。比如，王自如是数码电子产品领域的 KOL，李佳琦是美妆界 KOL，李子柒是美食达人等。KOL 最好是沿着品类上下游做延展而不应跨界带货，因为意见领导力往往受其产品类别的专业性影响。不过，有时这种专业性的影响力会扩散到其他的相关领域，这种现象被称为"意见领导力重叠"。例如，一位对于计算机产品具有高度意见领导力的人，有时也会被认为在电器、手机和数码相机等产品上具有影响力；服装的时尚意见领袖可能对化妆品购买也很了解，但对微波炉则不然。意见领导力重叠的现象有时也可能会被扩散得过分严重。例如，某位知名的小说作家，却经常就婚姻或政治议题上发表并非其专长领域的意见。这就是意见领导力过度重叠的例子。

还有一类为消费者提供决策建议的专业人士被称为"代理消费者"。与意见领袖不同的是，他们能够通过提供意见而获得报酬。例如，消费者委托室内装修公司装修住房，装修公司往往会成为家装材料、家具等物品的代理消费者；医生对病人的用药起着重要的指导和咨询作用，药厂很希望与医生保持良好的关系；许多网红 KOL 也与品牌签约，为品牌宣传和销售产品，但他们并不会被看作是专业人士，只是比普通消费者更了解产品而已。

2. 可信性

传播者的可信性（或可靠性）指传递者在信息传递过程中能否做到公正、客观和不存私心与偏见。它与传播者的地位、动机、态度、个性特征、仪表风度、穿着打扮甚至表情等都有关，也与传播者与受众之间在人口统计特征和生活方式等方面的相似程度有关。它往往决定宣传影响力的有无，例如中央级或其他主流官方媒体报道信息比较严谨，因此可信性就较高。

作为非营利性信息源的参照群体或意见领袖也会被消费者视为可靠的信息源，因为消费者认为，这些人不会从给出的建议中获利，是客观中立的。使用过该产品的消费者或中立的新闻媒体等第三方也能获得大众信任。但是，很多消费者对商业性（营利性）信息源缺乏信任，因为他们认为商业信息的传递者难以做到客观、公正。所以，公关宣传或公众媒体对品牌形象有着特别的意义，因为消费者认为：一篇褒奖某款产品的媒体社论要比商家付费策划的广告更可信。

同时，人们对宣传者能否通过宣传而获得某种个人利益的动机的判断，也是评价可信性的主要依据。比如，如果人们认为著名的影视明星只是为了获取巨额广告费用而向消费者推荐商品，这种宣传的可信性就会大打折扣。同样，尽管销售人员和广告主往往具有丰富的专业知识，但许多消费者仍然怀疑他们的可信度，因为他们可能会为了自身的利益而误导消费者。

在网络时代，自媒体或网络社群往往是普通大众分享消费经验、传递信息的重要途径，其对消费者的影响作用很大程度上取决于信任关系的强度。自媒体往往比主流媒体更具平民化与中立性，对消费者影响较大，企业应当注意利用微信、QQ、博客、微博、BBS论坛等网络社群进行产品与品牌宣传。尤其是社交电商性质的KOL和KOC能极大地影响消费者决策，名人或社群领袖的好评也能起到良好的销货效果。

无论KOC还是KOL，都属于在某一行业内有话语权的人，他们可以通过社交媒体等平台，帮助品牌进行口碑发酵。KOL或许具备快速且显著扩大品牌知名度的力量，但是他们与消费者的互动基本都是单向的。相比之下，KOC的粉丝数量或许与KOL相差甚远，但KOC与普通用户更接近，往往是营销者所不可控的，因而更具有亲近感、真实感和可信性。当然，有些KOC会逐步转化成专业KOL，成为某些品牌的代理商，背后甚至还有MCN机构的扶持，这时其权威性会提高而可靠性则会有所降低。从图7-7的影响力金字塔模型来看，KOL位于顶部，KOC位于腰部，而普通群众则位于底部。顶部KOL可以快速打造知名度，引爆产品；腰部的KOC因为和底部的普通消费者更紧密，虽然无法迅速引爆，但却更容易对用户进行渗透；而底部的普通消费者大都处于被动的信息接收状态。

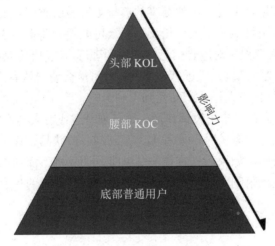

图7-7　影响力金字塔模型

一般来说，头部大KOL更适合做品牌形象，小KOL适合带货。KOL的流量变现，其实可以看作是一种信任变现：消费者正因为相信KOL的推荐，才会被种草或对某品牌有好感。通常来说，KOL日常内容输出是用于建立用户信任，接广告变现是用于消耗用户信任。但如果KOL广告接得太多，甚至推荐了假货，就会透支信任，并损害KOL自身的长期利益。

直播带货的品类偏向于体验型产品、非标性产品，比如美妆、服装、珠宝玉石等。直播带货与电视购物有类似之处，其中之一就是所售产品的去品牌化。但直播带货是建立在消费者对主播或KOL的个人信任和好感基础上的，主播是人格化的，是以自身信任资产作担保的，低价刺激也是重要的原因。为了让直播更真实、更场景化，提高可信度，"淘宝直播女王"薇娅曾来到韩国明洞进行实地直播，打消了粉丝对化妆品假货的担忧，并让粉丝直观感受价格上的优惠。结果，在5小时的直播中，观看量高达458万人次，总销售额高达1.1亿元。

从网络内容生产方式上看，一般来说，可信性高低的顺序依次为：UGC（用户生产内容）、PGC（专业生产内容）、PUGC（专业用户生产内容）、OGC（职业生产内容）。

另外，不同的零售商店也具有不同的可信性，也会影响消费者对于其所销售产品的品质或价值认知。例如，相较于地摊货，消费者往往会对大型超市的产品品质比较有信心；而某些专卖店的产品可能比超市给予消费者更高级的形象。

3. 外表魅力

传播者的外表魅力指传递者具有一些引人喜爱的外部特征。传递者外表的魅力能吸引人注意和引起别人的好感，也会增强其自身的影响力。正因如此，小视频或直播平台上的网红们大都喜欢使用化妆品、美颜和滤镜提升外观形象，以增强其吸引力与影响力，而"萝莉变大妈"的斗鱼主播"乔碧萝殿下"则成了大众笑柄。

很多商业广告都喜欢用俊男靓女作为打动顾客的手段，即使并非名人，如果具有外表或形体魅力，也能吸引人注意和引起好感，并增强说服的效果。这其中可能有"光环效应"（或"晕轮效应"）的作用。不过，虽然漂亮的模特更容易引起观众的注意，但在引导观众认真理解广告信息时作用可能并不大。相反，观众可能因为欣赏广告中漂亮或英俊的人物（并由此产生好心情）而忽视了对广告信息的关注和理解，也没有影响其对产品态度的转变或购买倾向。另外，若是用高度迷人的代言人，有时可能会使消费者产生某些负面情感（例如忌妒），因而导致贬抑代言人，使产品受到不利影响。

此外，要使形体魅力在广告中发挥作用，还必须考虑代言人与产品的匹配程度。例如，当产品与消费者的外表魅力有关时，如香水、洗发剂、护肤品、珠宝等，有魅力的代言人才会更有说服效果；否则，如果广告宣传的是咖啡、计算机、面巾纸等与性感或魅力无关的产品，其效果就会受到限制。这表明，使用外表漂亮、性感的代言人做广告，并非在任何情况下都是合适的。

4. 被喜爱程度

指受众因传递者的社会价值而产生的正面或负面情感。消费者对传递者的喜爱程度可能部分基于后者的外表魅力，但更多的可能是基于其他的因素，如举止、谈吐、幽默感、人格特质、明星、社会地位或与个体的相似程度等。在自媒体时代，传递者要善于利用幽默、卖萌、互动等方式，获取消费者的喜爱。例如，一封理由为"世界那么大，我想去看看"的辞职信在网络上爆红后，雷军在飞往印度视察市场前发表微博说"世界那么大，我想去看看……待会儿就飞印度"，末尾还放了一个十分呆萌的微博表情。这一微博短短几分钟之内便吸引了上百条粉丝回复，雷军不仅成功扩大了自己对小米品牌的影响力，更确立了一种十分亲善的公众形象。

喜爱之所以会引起态度改变，是因为人具有模仿自己喜爱的对象的倾向，较容易接受后者的观点，受他的情趣影响，学他的行为方式。

传播者与受众的相似度不仅影响可信性，也与被喜爱程度有着密切关系。人们一般更喜欢和自己相似的人接触和相处，从而也更容易受其影响。布罗克（T. Brock）在20世纪60年代的实验发现：没有专长但与顾客有相似性的劝说者比有专长而与顾客无相似性的劝说者对顾客的劝说更为有效。聚划算与平台化妆品商家登录 B 站，在 B 站直播"我就是爱妆"的网红 Coser（角色扮演）直播秀，选取了当红 Coser 主播装扮成动漫界人气角色，以"美妆直播"为切入点，交流 Coser 界的妆容经验，引发了数万二次元喜爱者的积极参与，粉丝弹幕几近霸屏。定位于平民化妆品的"大宝"采用"典型"消费者（就像邻家男孩、女孩或大婶）做广告代言人也起到了较好的效果。

请名人代言来宣传产品并不便宜，但通常这种投入还是值得的。一个印刷广告的分析报告指出："就有助于消费者阅读你的广告这一目标而言，数据表明，名人代言能增加读者数量"。名人的吸引力甚至是固有的：一项研究表明，相对于"普通"面孔，人们的大脑更加关注名人的脸，同时，处理和这些形象有关的信息过程会更加有效。名人提升了公司广告的知名度，同时也提升了公司形象和品牌态度。名人代言是在相似的产品中创造差异的一种有效的策略。在消费者无法区分竞争产品实际差异的情况下尤其重要，而这种情形经常发生在产品生命周期的成熟阶段。

网红、影星、歌星、体育明星等名人信息源有助于受众态度改变的原因有多种：可借助一般人对知名人士的熟悉度和爱屋及乌的心理，来提升对于产品的认同；能吸引人们的注意；消费者也许愿意将自己与名人相提并论或效法名人；消费者也许把名人的特征与产品的某些属性联系起来，而这些属性恰好是他们所需要或渴望的。所以，如果名人的形象与产品的个性或目标市场消费者实际的，或其所渴望的自我形象相一致，往往能提高使用名人信息源的效果。同样，在网络社会化平台上，名人（如网络大 V）的影响效果也比普通人要好得多，这不仅仅是指私域流量上的差异。

总之，企业应根据其产品的性质和定位以及目标消费者的特征选择适合自己的形象代言人。代言人的类型有名人、专家、典型消费者和动漫人物等几种。根据产品类型和消费者卷入度的差异，不同类型的代言人分别发挥不同的作用。例如，从产品特点来看，专家型代言人对影响消费者对实用产品（如吸尘器、治疗顽固性疾病的药品）的态度会非常有效；名人作为珠宝、家具之类社会风险较高产品的代言人，效果将会更好；在推荐食品、饮料、家用洗涤剂、普通化妆品时，"典型消费者"则是很能打动人心的一种形象代言人；卡通造型、动漫人物属于低可信度代言人，但对于小朋友、二次元消费者却有较大的影响力。例如，电影《哪吒之魔童降世》热映后，某医院以哪吒的动漫形象作为牙齿整形的广告代言人，也取得了较好的效果。

【资料链接】

代言人与广告效果关系的研究

很多研究调查了代言人与广告效果之间的关系。以下是此类调查研究的主要成果。

（1）代言人的宣传效果与广告本身有关系。举例来说，如果消费者对广告信息的理解程度比较低，他们对产品的态度就取决于代言人的可信度；如果消费者对广告信息的理解程度比较高，那么消费者对产品的态度几乎不受代言人的影响。

（2）代言人与其代言产品或服务的协同作用也非常重要。如果名人的形象与其代言的产品特点很契合，那么广告就有效果，有感染力。因此，如果是增加吸引力的产品（如化妆品），找长相标致的名人代言，就能提高广告的可信度。在很长一段时间内消费者都会对该品牌印象不错。如果是与吸引力无关的产品（如照相机），那么代言人长得漂不漂亮似乎对广告效果没什么影响。魅力四射的名人如果为享乐型产品（如名贵的手表）代言，可能会提高产品的可信度，提升品牌的正面形象，但是若为实用型产品代言（如廉价的手表），就不会收到同样的效果。

（3）如果代言人的人口学特征（如年龄、社会阶层、民族背景等）与广告的目标受众相似，那么与其他代言人相比，这类代言人就更可信，更有说服力。同样，民族认同感比较强烈的消费者与民族认同感较弱的消费者相比，更容易相信那些与他们民族背景相似的代言人。

（4）代言人的可信度不等同于企业的可信度。代言人的可信度会影响消费者对广告的态度，然而，消费者对宣传品牌的态度却深受企业可信度的影响。所以，营销商必须采用多种手段来评估广告的效果和说服力，如消费者对广告的态度、对宣传品牌的态度以及消费者的购买意向等。

（5）营销商如果请名人推荐产品或代言产品，一定要确保广告词要与代言人的专长相吻合。如果某网球运动员代言止痛剂，说该药品有缓解肌肉疼痛功效，该广告就很有可信度。但是，如果该网球运动员详述医学证据，证明该产品的止痛效果优于同类产品，那么这个广告词所涉及的内容就超出了该运动员的知识和专业范畴，很可能会降低（而非提高）该广告的可信度。

资料来源：本案例源于网络，并经作者加工整理。

但有研究表明，随着时间的延续，宣传者特点的作用逐渐减弱，受众的态度更多地受宣传材料的内容与观点的影响，以至于最后接受者的态度变化与宣传者有无声誉并无明显的关系。这种现象被称为"睡眠效应"，如图 7-8 所示。"睡眠效应"产生的原因在于，一段时间过后，信息与信息源分离，只在人的记忆中留下信息的内容。所以，为了取得一时的效果，聘用声誉高的信息传递者是一个决定性的措施，但要取得长期的效果还应充分重视信息的内容等其他因素。

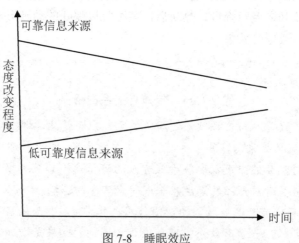

图 7-8 睡眠效应

【资料链接】

广告代言人的失误

利用名人作为广告代言人常发生的错误有以下几点。

（1）在名人代言中只强调名人的地位，而忽略了名人与产品的联系。例如，某著名影星代言了一种经济型轿车，显然，他是绝对不会买这种车的。

（2）内行人士代言一种他所专长的领域以外的产品。例如，一个汽车专家去代言建筑设备。

（3）用普通人做代言时，代言人的服装和饰品太过华丽。例如，一个穿着三件套西装的人去代言低档香烟。

（4）代言人很牵强地去强调产品看不见的特色。例如，有这样一则电视广告：丈夫骑摩托车带着妻子赶路，并对妻子说："……我们肯定会准时到达的，因为我们的摩托装配的是 RD 牌变速箱……"

总之，应该传达出"因为我们的产品好，所以他们用我们的产品"这样的信息，而不是"因为他们用了，所以我们的产品就是好产品"。

资料来源：娱乐爆点资讯. 建立在参照群体影响基础上的营销策略[EB/OL].（2018-01-24）. https://baijiahao.baidu.com/s?id=1590433120318304907&wfr=spider&for=pc.

7.3.2 诉求方式

广告诉求是指用什么样的广告内容和形式对消费者进行说服的广告策略。有两种基本的广告诉求形式：影响消费者认知为主的理性诉求形式；影响消费者情感为主的情感诉求形式。

1. 理性诉求

理性（智）诉求又被称为"硬销售"。其诉求策略是：通过提出事实或进行特性比较，展示商品所固有的特性、用途和使用方法等，提供关于商品的事实性信息，或给消费者带来的实际利益，强调商品所具有的特性及优越性，以使消费者形成积极的品牌态度。正如美国广告大师李奥·贝纳（Leo Burnett）所言："做广告最伟大的成就是让人信服，而没有任何东西比产品本身更能说服人"。例如，"晚上服黑片，睡得香"告知了产品的使用情境；"日丰管，管用五十年"强调了产品的可靠耐用性；而乐百氏的理性诉求——"二十七层净化"则突出了产品复杂、严谨的生产流程和洁净的水质。

广告传播活动中的理性诉求应当注意引导和加强消费者对产品核心价值的认识。产品核心价值的提炼可以从产品、消费者以及竞争对手三个层面来考虑。对应地，主要有三种广告理性价值诉求策略。

1）以产品拥有的最大优势价值为诉求

例如，某一品牌手机最大的优势价值是"高像素"（优势属性）带来的逼真效果（优势价值）。影星孙红雷为"瓜子二手车直卖网"说了句著名的广告词"没有中间商赚差价"，成为网络流行语，互联网时代更是宣称要消灭中间商，其实这些平台本身就是最大的中间商，广告所言并不是其真正的优势所在。

2）以消费者最看重的价值为诉求

例如，卫生巾生产商电通公司从"消费者最看重的卖点"出发，发现消费者比较关注的功能主要是吸收量大、有护翼、触感舒适、透气性强这四个卖点，对此，电通公司把它们概括为一个词——安全感。于是，安全感成为其卫生巾最应该诉求的核心价值。

3）以产品最独特的价值为诉求

"拥有程度"和"行业重要性"这两个指标只考虑了项目自身和消费者的情况，而"独特性"则考虑了竞争对手的情况。在市场竞争日趋同质化的今天，差异性、独特性是营销者和广告人无法绕开的话题。USP（即"独特的销售主张"）理论强调广告的诉求就是要诉求这一"独特的销售主张"，这基本上是很多营销和广告人员的共识。例如，某品牌洗发水的广告语是"洗了一辈子的头发，你洗过头皮吗？"一下子颠覆了人们过去数百年来洗头只洗头发的护理认识，提示消费者只有用某品牌洗发水清洗头皮才能解决根本问题。

除了直接的功能介绍，理性诉求还可以利用讨论网络热点事件、讲故事等更有吸引力的沟通方式。例如，Zippo 成为世界第一打火机品牌，故事沟通功不可没。在越南战场上 Zippo 打火机挡住子弹救了美国盟军军士安东尼奥的性命、荒岛逃生者靠 Zippo 的火焰发送求救信号、被鱼吞入肚子中的打火机完好无损，甚至用打火机可以煮熟一锅粥等一系列小故事都给消费者以极大的吸引力，增加了人们对 Zippo 品牌的好感度和美誉度。Airbnb 所塑造的品牌故事，则完全来自于用户——让用户而非你的品牌成为故事的主人公。在 Airbnb 网站上，每一个提供住宿的人都有机会展示自己的生活来吸引他人，这些故事正是最真诚的沟通语言；而客户则讲述着始终如一的故事——在当地人的家里，享受更"真实"的旅行体验。

对于趋于理性的消费者而言，即使其可能因情感化广告创意而备受感动，但那些更具说服力的理性资料，如产品参数的对比、用户使用前后的对比、评测跑分等，对其购买决策起着更重要的作用。

2. 情感诉求

情感诉求又称为"软销售"。其诉求策略是：不是传达产品给消费者带来的实际利益，而是设法激起消费者的某种情绪或情感反应，传达产品带给他们的心理附加值或情绪的满足，通过某一品牌与消费者的情绪体验在时间上的多次重合，使消费者产生积极的品牌态度。尤其是戳中人们内心深处泪点或笑点的情感表达，往往会引发巨大的共鸣。例如，电影《你好，李焕英》意外地反超《唐人街探案 3》，成为 2021 年春节黄金档的票房之冠，其重要原因就是贾玲以其真挚、平等的母女亲情得到了广大观众的共情。

情感诉求可以引发正向情绪或负向情绪。若一个广告中包含有亲情（包括爱情、友情等）、幽默、热情、怀旧、性、愤怒、恐惧、爱国之情等情感诉求手段中的一个或一个以上，该广告就是情感广告，不管广告中是否含有产品特性的信息。若没有这些情感诉求手段，就是理性诉求广告。

情感诉求有利于提高消费者对产品的关注程度，容易给人留下深刻的印象，但情感诉求存在不能传递足够信息的风险。情感诉求主要是为了建立积极的情感反应，应当注意避免消费者消极情感反应的发生。例如,"弹个车"是蚂蚁金服推出的弹性购车金融服务方案,其楼宇广告是一群大妈用橡皮筋与颠簸的汽车连在一起,画面略显媚俗,容易使目标消费者产生消极情感反应。大润发在女装尺码建议表上以"瘦、美、烂、稀烂、稀巴烂"来标明规格大小,"瘦"和"美"还令人称快,但"烂、稀烂、稀巴烂"却让人极其反感。京东美妆曾在快递箱上印广告语"不涂口红的你,和男人有什么区别?"这句带有性别歧视的广告语引发了网友的愤怒和讨论,京东美妆立即在其官方微博上道歉,并立刻召回相关快递,才避免了品牌形象的进一步损失。

情感诉求通常是以亲情、爱情、友情、爱国主义等社会性情感需要为中心,如"为爱温暖"的云耕物作、"爱要及时"的即食花胶等。此外,情感诉求的常用方法还包括以下几种。

1) 幽默诉求

好的幽默诉求不但能吸引受众的注意力,而且也有好的信息传递效果。在广告中使用幽默诉求,可以使受众在接收有关广告信息时产生一种愉快或积极的情绪,同时,幽默也可以使消费者对广告产生喜爱之情,经由对广告的喜爱进而增加对品牌的喜爱,比较适用于卷入程度比较低的产品或娱乐产品。饿了么的口号是"饿了,别叫妈,叫饿了么",幽默且深入人心。电影《流浪地球》热映后,许多网友和政务"蓝 V"以电影中的经典台词进行了"流浪地球造句大赛",连美国驻华大使馆也来蹭热点,"美国驻华大使馆提醒您:提示千万条,诚实第一条;材料不真实,拒签两行泪"。幽默之余给人留下了深刻印象。

但是,反对幽默的研究结果也发现,幽默有时会降低消费者对于信息的理解,而且幽默广告的寿命通常较短,淘汰率较高。另外,在现有产品、低卷入产品的广告中使用幽默诉求比新产品、高卷入产品更有效;在"快乐型"产品上使用较有效,但银行、殡仪等业务则不宜采用。

幽默效果会受到很多个人因素的影响,例如性别、种族、人格特征以及社会态度等。例如,在年轻、受过良好教育的男性人群和对品牌已经具有好感的消费者中,幽默广告效果更为显著;男生通常会比女生对幽默产生较正面的反应。此外,我们也必须注意到有些消费者并不一定能开得起玩笑或领略幽默,这时常会有意想不到的负面效果产生。例如,以性别嘲弄为主题的幽默广告,反而可能引发消费者的反感。又如,意大利奢侈品牌 D&G(杜嘉班纳)拍摄了一个把中国传统文化与意大利饮食相结合的名为"起筷吃饭"的广告,描述的是一个华裔美女用筷子吃意大利美食,但发现筷子和意大利美食并不怎么搭配的幽默过程。D&G 曾表示这组广告是一个名为"D&G 爱中国"的系列活动中的一部分,但许多中国人乃至亚洲人觉得这组广告有种族歧视的嫌疑。意大利有人认为,D&G 的广告开了一个西方国家几乎不会注意到的"玩笑",但在中国造成了完全不同的影响。

7-22 D&G 中国风宣传片 亲华还是辱华?

【案例链接】

"去啊"引发的公关营销

阿里巴巴的航旅品牌"去啊"最初取自一页宣传 PPT:"去哪里不重要,重要的是——去啊",结果,"去啊"这一富有情趣的表述引发了整个在线旅游圈的公关营销狂欢。"去哪儿"很快做出回击:"人生的行动不只是鲁莽的'去啊',沉着冷静地选择'去哪儿',才是一种成熟态度!"携程的段子也来了:"旅行的意义不在于'去哪儿',也不应该只是一句敷衍的'去啊',旅行就是要与对的人携手同行,共享一段精彩旅程。"驴妈妈则回归母爱:"从起步到成长,真正与你同行的只有妈妈,'去哪儿'听妈的。"途家的心态就放松多了,直接上图自己的即兴作品:"人生旅途,'去啊'和'去哪儿'都不重要,重要的是想走就走的生活态度,以及不一样的住宿体验。"爱旅行则回应说:"旅行不只是鲁莽的'去啊',也不是沉默的选择'去哪儿','爱旅行'才是一种生活态度。"随后,在路上也加入了狂欢队列:"不管你是随性地'去啊',还是冷静地选择'去哪儿',旅行终究是要'在路上'。"同程则表示:"无论是随性地'去啊',还是纠结地选择'去哪儿',我们始终与你同程。"这时,春秋旅游说了:"冬天太冷不知道'去哪儿',夏天太热也不想'去啊',携谁之手同谁之程,品质游,你还得找春秋!"看到这几家的公关营销,途牛淡定地说:"别闹了,什么去啊、去哪儿、这程、那程,只信一句话——要旅游,找途牛。"

可是,"去啊"狂欢还在继续升级,与旅游相关的网站都不甘寂寞了。游心:"人生的行动不是鲁莽地'去啊',也不是沉着冷静地选择'去哪儿',游刃于心才是一种成熟的态度。"我趣:"旅行的态度不是'去啊',旅行的意义不在乎'去哪儿',让爷玩嗨了,才叫我趣旅行。"欣欣:"也不单纯只是为了'去啊',更无谓'携'手同行的旅'程',最重要的是和对的人开开'欣欣旅游'。"遇见:"'去啊!''去哪儿?'这很重要吗?正好遇见的,正巧抵达的,就是你心里最美的风景。"一块去:"'去哪儿'和'去啊'都不重要,重要的是一块去!"走客:"在欧洲你不知道'去哪儿',在欧洲你不会说去就'去啊',在欧洲'穷游'那是玩笑,在欧洲'走客'才是王道。"会玩:"'去啊''去哪儿'都不重要,会玩才是王道。"易到用车:"'去啊'是新的冲动,'去哪儿'仍是个问题,终究得容'易到'才行。"租租车:"你得知道一站搞定全球租车,才能说'去啊'就去啊,想'去哪儿'就去哪儿。"最后,来来会说:"你们都'去'了,只有我们'来'了。"

甚至连周末去哪玩、百程等也加入了叫板队列。周末去哪玩:"一年中有52个周末,更好的放松才能最佳地工作,因此'周末去哪儿玩'才是你的日常所需。"觅优代表商旅前来参战:"不是你'想去哪儿'就能'去啊',你还想报销吗?"百程思路反转,显得清新有趣:"'去哪儿'和'去啊'都很重要,更重要的是我们的签证。"

终于,看准也放狠话了:"无论是'去哪儿',还是在路上,最好看准了再去吧。"京东旅行则不紧不慢地说:"他们说'去啊',就去吧。他们说'去哪儿',就去哪儿吧。他们要携家带口慢慢启程,那就这样吧。听从大家的安排,看着重复的风景,一辈子就这样活着,别上京东旅行。"

这场旅商们的狂欢终究是没了尽头,于是装修界打算来做一个终结:"不管你是'去哪儿'还是'去啊',家都在那里,不离不弃。"也是,再远的旅途终点也是家,没装修哪有家!于是惠装君做了狂欢终结者:"不管你去哪儿找装修,都得'惠'装才去啊。家,不止是一匹遮头瓦,更是用心经营的浪漫。"旅途结束就回家吧!

资料来源:1. 广告门的伙伴们. 阿里推旅游品牌"去啊",却惨遭同行玩坏[EB/OL].(2014-10-30). https://mobile.adquan.com/detail/4-28894.

2. 黄一枪. 阿里"去啊"所引发的品牌大狂欢爆点[EB/OL].(2015-02-10). http://www.seohyq.com/1101.html.

2) 恐惧诉求

为了影响消费者的态度，既可以告诉消费者使用这种商品的好处，即正面诉求；也可以告诉消费者不使用这种商品会导致的不良后果，即恐惧或反面诉求，也被称为"恐惧唤起"，它强调态度和行为如果不做改变将会面临一系列令人不快的后果。恐惧诉求也是广告宣传中常常运用的一种说服手段，如头皮屑带来的烦恼、蛀牙所带来的严重后果、脚气患者的不安表情。恐惧诉求常常会伴随比较式宣传。例如，立邦油漆为了向消费者传达健康家居生活的理念，曾经运用"拥有绿色，地球才有心跳"的口号设计了一款公益广告，其中有两幅对比意义非常鲜明的图片，左图是郁郁葱葱的地球村，一双手托起了小婴儿，旁边还有一个正在跳动的心；右边的图片上灰蒙蒙一片，可以看到球体上到处是枯死的树木和垃圾残渣，情况惨不忍睹。立邦漆通过这样的对比，让社会公众了解到保护环境的重要性，取得了很好的效果。

恐惧诉求并不适用于所有情况，奶制品标签上标明全脂、低脂和无脂就比警示标记更好。恐惧诉求较适合补救类、预防类的实用品（比如护肤品、保险），主要涉及身体方面的恐惧（如吸烟引起的身体损害、不安全的驾驶等）或社会恐惧（如他人对于不合适的穿着、口臭等的鄙视目光）。人寿保险公司、防盗器具生产商、汽车制造商更多地运用恐惧诉求唤起消费者对其产品的兴趣。

恐惧感的激活有两个诉求方向：诉诸当下状态的严重性、强调未来风险的可能性。前者适合于补救类产品，如护肤品、时间管理课程、减肥茶等。例如，理财产品的广告是"你不理财，财不理你"。后者适合于预防类产品，如保险、避孕品。例如，杜蕾斯在父亲节的借势广告是"致所有使用我们竞争对手产品的人，父亲节快乐"。

但是，恐惧诉求并不适用于纯享乐属性的产品。例如，某巧克力品牌的电视广告是"某一年的情人节，男孩为了给女孩一个惊喜，特地准备了礼物，有玫瑰花、甜点，还有项链等。但是，女孩收到礼物后却并没有感到开心。原因是男孩没有送她××牌巧克力"。对此，消费者并不觉得巧克力和恐惧营销有多大关系。如果把产品换成护肤品："男生送了女生一款护肤品，女生用了之后却发生脸部感染，最后发现原来男生买的是不知名劣质品。"消费者看到这个广告就可能会想"还是买大牌的吧，免得感染"。

一般而言，恐惧激活程度与购买欲望的关系符合倒U曲线，也就是说，中等程度的恐惧往往更有效。例如，台湾有则著名的钢琴广告语"学钢琴的孩子不会变坏"，效果很好，但如果将文案改成"不学钢琴，你的孩子会变坏"，就很容易激起逆反心理，家长会说："你家孩子才会变坏。"如果激活了较为强烈的恐惧感，但产品却并不能真正消除高水平恐惧，消费者可能会设法避开恐惧，或把那种恐惧说法当笑话。例如，否认其真实性（"没有确凿的证据证明吸烟引发癌症"）、对灾难免疫的信念（"不会发生在我身上"）、过于扩散以至于失去了真实性（"我只抽滤嘴香烟，我很安全"）。相反，如果恐惧激活程度太低，消费者会觉得为了这点小事就购买产品，完全没必要。例如，儿童安全座椅的广告是"如果身为父母的你，开车时加速或减速，车里的小孩就非常有可能发生磕碰，而××牌儿童安全座椅将有效避免磕碰的发生"，由于唤起的恐惧感太弱，消费者会觉得买一个几千块的儿童座椅不值，更简单的解决方式是改变开车习惯（比如急刹车、突然加速等）。但是，如果广告文案是"发生车祸时，汽车内未安装儿童安全座椅的婴童死亡率是安装了儿童安全座椅的 8 倍，受伤率是 3 倍。一旦发生汽车碰撞事故，使用了儿童安全座椅可将孩子的死亡率降低 71%"，就唤起了合适程度的恐惧感，而产品恰好能消除这种恐惧，从而激发起消费者的购买欲望。

【资料链接】

保护动机理论与恐惧诉求

根据罗杰斯（C. R. Rogers）提出的"保护动机理论"（protection motivation theory，PMT），一个科学的恐惧诉求设计，应该按照顺序设计四个方面。

威胁严重性——该威胁如果真的发生，会有多严重？

威胁易遭受性——该威胁发生的可能性高不高，是否容易发生？

反应效能——你推荐的规避威胁方案，是否可以有效降低威胁？

自我效能——这个方案是否容易被我实施？是不是很容易做到？

资料来源：如何科学有效地应用恐惧营销？[EB/OL]．（2016-06-02）．http://info.coatings.hc360.com/2016/06/020843673973.shtml.

在营销中，也经常利用消费者的恐惧心理，制造恐慌式营销。例如，小米公司的饥饿营销、"双十一"等全民狂欢类的限时促销活动等。完整的恐慌式营销要经历三个步骤：制造恐慌——恐慌场景关联——解决恐慌。

制造恐慌：主要从时间、资源、空间、人性四个方向出发，制作相应的营销内容，激发恐慌。比如限时抢购的时间恐慌，供不应求的资源恐慌，从小众投放到全面普及的空间恐慌，岁月不饶人的人性恐慌等。

恐慌场景关联：让恐慌正确地出现在消费者的生活里，最好能让内容与消费者产生共鸣。也就是说，将恐慌在生活中具象化，将恐慌的影响力蔓延到所有人身上。

解决恐慌：产品必须能够准确地消除消费者心中被激发的恐慌情绪。

3. 理性诉求与情感诉求的应用

从产品类别上看，实用型、功能型产品适合于理性诉求，享乐型、情感型、象征型、冲动型产品更适合于情感诉求。对于像香水、时装、烈酒等注重包装的产品，如果将广告与人的情绪、感觉联系起来，就要比只理性地介绍产品的特点更有宣传效果。

情感性广告比较适合那些追求享乐消费的目标群体或主要为消费者创造特殊体验的产品，但情感诉求不能传递全面的商品信息，对于那些消费者存在认知需要（消费者还未形成有效的认知）的功能性产品、高卷入产品，就应当采用理性诉求。例如，优乐美奶茶请周杰伦拍了一段唯美的爱情广告，广告语是"因为想要把你捧在手心"；香飘飘的广告语则是"一年卖出的奶茶可以绕地球两圈"，最后的结果是优乐美完败。原因是速溶奶茶的定位不应该是情感型、冲动型或象征型产品，购买速溶奶茶之后怎么也得回家烧开水再喝，所以，温馨的情感营销也就失效了。

对于低卷入度产品，情感诉求类广告更能引起受众的注意，并且有较积极的情感反应和态度变化。而对于高卷入度产品，理智诉求类广告更能引起受众的注意，并且获得更多的认知反应。如果产品同质化程度较高,不同品牌的实际性能差别不大,则适合采用情感诉求,使产品在品位、情调等方面与同类品牌区分开来,以符合潜在消费群体的自我形象。而同质化较低的产品,则首先要让受众明白这种产品的特点在哪里。

此外,产品的使用场合也是必须考虑的因素。一般来说,公共场合使用的产品,宜于制定情感诉求策略,因为使用者的自我形象心理在公共场合更为突出。例如,名表大多是成功人士使用的,所以更多地暗示佩戴人的高贵形象和品位;一些汽车广告借助靓丽的模特引起男士的注意。这些情感诉求方式都容易作用于受众信息处理的边缘路径。非公共场合使用的产品,如家电、卫生用品等,其广告策略则应该以理智诉求为主。例如,牙膏广告强调护牙洁齿的功效,众多的药品广告强调见效快。

从时效上看,"以情动人"的情感诉求往往对消费者有较强的影响力和感染力,但效果容易消失;而"以理服人"的理智诉求产生的效果保持时间较长。所以,如果要取得立竿见影或气氛热烈的效果,应运用情感性的诉求以及幽默、新奇、生动、有趣等富有情绪色彩的宣传手段,激发出消费者情感上的共鸣;但如果要使宣传收到长期的效果,就需要依据充分说理的理智手段。表 7-1 对两种诉求方式的适用特点进行了归纳。

表 7-1 理智诉求与情感诉求的比较

理 智 诉 求	情 感 诉 求
适合于实用产品	适合于感性产品
适合高卷入消费者	适合低卷入消费者
着眼于产品在功能、特性、价格或消费益处等方面的"硬信息"	着眼于目标受众的喜悦、恐惧、爱、悲哀等情绪或情感方面的"软信息"
注重广告信息的逻辑性、说服力	注重广告是否有感染力、诱惑力
针对的是消费者的物质需要或理性需要	针对的是消费者的情感性或社会性需要
追求长期效果	追求短期效果

从个体差异来看,内向的人偏向于理智诉求,外向的人偏向于情感诉求;男性更喜欢理性广告,而女性更喜欢情感广告;文化程度高的人偏向于理智诉求,而文化程度较低的人偏向于情感诉求;先前处于积极情绪状态下的被试对于两种诉求方式的喜爱没有差异,而处于自然状态下的被试更偏向于情感诉求。对于"00 后"消费者而言,他们有着独立思考、反权威、崇尚内容深度的倾向,一方面让广告创意变得失灵,另一方面更加注重品牌所传递的独特观点。未来,中庸的大众品牌或许会变得黯淡,而产品过硬、观点锋利的品牌会获得新一代的热爱。

在广告设计中最好能将情感和理智诉求有机结合,即用理智诉求传达信息,以情感诉求激发受众的情感,互相补充其不足,做到有理可依、有情可感、情理相融,既可以兼顾不同对象的特点,还能收到迅速、持久的效果,从而实现最佳的广告效果。例如,可先用富有情绪色彩的宣传介绍方式,引起消费者的注意和兴趣,继而通过理性论述,使其在思想上迅速接纳营销者的观点。

应当指出的是,在网络时代,消费者获取信息的主要渠道并不是营销者控制的广告,而点评网站的信息主要是理性而非感性的，人们根据评论做出的购买决策也大抵是理性的。以前，消费者购买相机时，看到的广告词可能是"留下你的美好人生""展现你最好的自我"。但现在的用户评论则更为直接、具体，更以事实说话，更关注相机的质量和使用价值。当消费者可以从专家和其他买家处获得大部分信息时，人们就不那么容易受广告的影响了，尤其是那些缺乏实际价值的"煽情"宣传。

▶ **思考一下：** 找到并描述从以下几方面促成态度形成或改变的广告。a. 可靠的信息源；b. 名人信息源；c. 幽默诉求；d. 恐惧诉求；e. 比较性诉求；f. 情感性诉求。

7.3.3 信息结构

信息结构涉及信息的安排方式。

1. 单面说明与双面说明

单面说明是指信息传递者只介绍商品好的一面，而不提及商品可能具有的任何消极特征或竞争商品可能具备的任何优越性；双面说明则介绍正反两方面的情况，将有利与不利的情况都加以介绍，只是强调优点强于缺点，给人们留下一种瑕不掩瑜的深刻印象和客观、公正的感觉，可以降低或减少受众对信息和信息源的抵触情绪。例如，男士生发水广告可能会宣称，经过临床试验，接近半数的男士使用过该产品后，发量由中度变为密集，1/3的使用者增发量较少，1/6的使用者没有增发。承认产品并不是总有效果或"包治百病"，会增加广告的可信度。

霍夫兰德（C. I. Hovland）的研究表明，如果消费者现有的态度与宣传者一致，或消费者对所接触的问题不太熟悉，即让消费者发生一致性的态度转变，采用单面说明能最有效地强化其现有的态度；而如果消费者还存在疑虑，或对有关问题还存在分歧与争论而受众对有关问题又比较熟悉，就宜采用双面说明的方式。

从消费者的特点上看，如果其知识水平较高、较具批判性思维、理解判断能力较强，卷入程度高，爱挑剔或不太友好（如使用竞争对手的产品），双面说明可以帮助其比较鉴别，效果较好。另外，当消费者很可能看到竞争者负面的反诉，或当消费者对该品牌的态度已经很消极时，双面说明也会很有效。

但对于判断力较差、知识狭窄、依赖性较强、卷入程度低的消费者，单刀直入的单面说明效果较好。另外，如果消费者是友好的（如使用广告产品），对广告及产品持积极态度，或者消费者听不进负面评论，那么仅强调有利信息的说明是最有效的。

从时效上看，单面说明产生的即时效果优于双面说明；在长期效果上，双面说明的效果有上升趋势，而单面说明的效果有下降趋势。

双面说明采取提出不利方面后予以解决的方式，容易提高信息源的可信性和"客观性立场"，使那些对产品持怀疑态度的人可能更易于接受一个平衡的论据，并有效地避免消费者产生逆反心理。艾维斯汽车出租公司打出广告词"在汽车出租业中，艾维斯只是第二，我们自当全力以赴"，有人还认为艾维斯在替排名第一的公司免费做广告，但结果是很多消费者喜欢上了艾维斯。

当然双面说明也可能降低信息的冲击力，从而影响传播效果。另外，消费者可能更关心负面论述，更倾向负面内容的传播。因此，负面说明最好不要涉及产品的核心功能和品质，以及消费者很难判断的产品特性。例如，可口可乐旗下的一款产品零度可乐，被爆出其成分阿斯巴甜可能致癌的负面消息，随后公司通过食品卫生部门证实阿斯巴甜成分是安全的。表面上看，证实了阿斯巴甜成分的安全可以使人们放心，但在消费者进行消费决策时，难免会心存怀疑。另外，双面说明的优点的论述强度及比例，应当覆盖并反驳产品所拥有的缺点。最后，企业在传播过程中是否运用双面说明，最好事先认清广告对象是哪一层次的消费群体并了解消费者的反应后，慎重决定。

Bazaarvoice 公司创始人布雷特·赫特甚至认为，在网络平台中，保留负面评论反而能促进销量。首先，负面评论告诉消费者他们的购物环境起码是真实的，这就表示他们可以信任有关产品的正面评论。其次，人们的偏好各异，可能某个人的负面感受对另一个人来说却是正面的。例如，一个摄影新手要买数码相机，发现有些资深玩家说某款相机手动操作的功能不佳，但这个摄影新手感兴趣的只是自动拍照功能。

2. 结论安排

在商业宣传中，可以明确地提出已有的结论，也可以只提供足以引出结论的支持性材料，由消费者自己来下结论。例如，一台主打音效功能的游戏耳机的广告词是"隔壁装修，也能听到敌人的脚步声"，这是结论明确的广告。而结论暗示广告，则希望消费者自己通过对广告中客观信息的理解、加工来判断产品好坏，形成自己的结论。例如，在一个胶带广告中，创意者将胶带变成汽车安全带，绑在一个熟睡女童的身上，不仅凸显了其卓越的黏合力，还暗喻其产品无毒无味的环保性能。

采取明确结论的形式，可以避免消费者的推断与信息发送者的期望发生偏离，能更有效地转变消费者的态度，特别是在短期内尤为明显。

沟通信息是应替消费者下结论，还是由消费者自己下结论？这主要视消费者的智商与卷入程度、广告信息复杂性以及传播者的可信性而定。一般而言，如果企业或商品在消费者心目中尚未建立起信誉，可以采用有一定重复的、非明确结论的宣传；问题太简单或消费者太聪明，或是太过于个人化的问题，不宜替消费者下结论。如果信息相当复杂或是消费者的卷入程度不高，则应替消费者下结论；反之，如果卷入程度很高或信息很单纯，则由消费者自己下结论。另外，消费者的个性特点也有影响，认知需要或文化水平较高的消费者喜欢结论寓于信息之中，喜欢自己得出最终结论，而经由消费者自己思考得出的结论，会使其态度更坚定、更有参考价值。

从广告决策上看，既要考虑消费者本身，还要考虑广告投放的环境。以数码产品推广为例，如果在专门销售数码产品的电子城针对特定目标人群投放广告，采取结论暗示广告会让消费者对产品产生更好的态度，因为这里的消费者对数码产品的卷入度较高。如果为了扩大曝光量而选择在人流量大、环境嘈杂的闹市区（如公交站广告牌、街头广告展板、商业区十字路口电视墙等）投放广告，采取结论明确的广告会让消费者对广告目标产品产生更好的态度，因为这个时候环境相对混乱，并且人群对广告的卷入度较低。

3. 信息量

信息量必须适度，做到言简意赅。比如，当年的 MP3 产品都宣扬自己的容量如何大，但苹果 MP3 的广告词"把 1000 首歌装进口袋里"，显得简单明了，直击内心。

如果信息量不足，则消费者可能理解困难；而信息量太大，又可能使消费者难以处理太多的信息，产生混乱现象，并降低对重要方面的理解。有意思的是，充分了解商品信息的消费者有时还不如只知道产品模糊信息的消费者快乐，因为前者更容易发现产品的缺点，这被称为"幸福无知效应"。哈根达斯（Häagen-Dazs）听上去好像是个斯堪的纳维亚的名字，容易给人留下新鲜、天然、健康及高品质的印象，让消费者觉得是一种奢侈的享受，但其实它是纯正的美国冰激凌品牌，并没有什么特别的益处。

消费者面临过多的信息时会出现信息超载现象。在信息超载状态下，消费者可能会滋生受挫感和沮丧感，从而降低信息处理水平。研究发现，随着收到的商品目录数的增加，消费者购买的商品数量会随之增加；但是当商品目录达到一定的数量时，商品目录数的进一步增加反而会导致顾客购买的商品数量减少。究其原因在于发生了信息超载现象，在此状态下消费者停止阅读任何商品目录。可见，太多的信息很容易使人们不知所措，营销者以减少比较品牌的时间和精力的方式提供信息，往往更有助于商家更好地吸引消费者。

4. 重复性

一般而言，反复多次的宣传有利于消费者对商品态度的转变。这是因为重复可以增加消费者对内容的注意、记忆和理解；也可以因重复产生一种暗示作用，使人们因熟悉而产生信任和好感；重复还可使信息扩散到较广的范围，当人们多次听到来自不同信息源的同样信息时，就容易相信了。所以，如果同一信息在不同的地点或通过不同的传播途径多次作用于消费者，就更容易使消费者相信。但是，单调乏味、缺乏吸引力和说服力的重复却可能产生相反的效果。因而，重复宣传应当新颖、变化并有适当的时间间隔，以避免重复可能引起的厌烦或疲倦心理。

7-23 铂爵旅拍广告为何觉得自己成功了？

▶ 思考一下：Boss 直聘与铂爵旅拍相比，谁更适合用洗脑广告？

7.3.4 信息形式

信息形式是指信息的各种表现方式，包括图像、文字、音乐、证言、证据、示范、暗示、生动、抽象、格式、活动方式等，下面重点介绍其中几种。

1. 文字、图像与视频

图像的刺激可以产生巨大的冲击力，尤其是当传播者希望引起受众感性的反应时，生动而富有创意的图像画面能发挥很好的效果。但是，在传递实质性的信息内容上，画面的效果却并不理想。从吸引注意上看，图片会比其他任何静态广告要素（品牌、文本信息等）吸引更多的注意力，这种图片优先效应说明了印刷广告中大量使用图片的重要性。例如，当竞争对手大都还通过文字传达信息的时候，三只松鼠首先采用视觉传达引起消费者注意。

文字形式有助于影响消费者对产品效用、功能方面的深入评价，而图像形式则在审美评价方面具有较大的影响力。

相对来说，感性产品的信息易于通过符号和形象来传递，而实用产品的信息则更易于通过文字来传递。例如，某牌号运动自行车为了重建它在自行车爱好者中的形象，其广告试图以公路上的自行车手挑战小汽车的形象来打动自行车爱好者的心弦。这个广告绝大部分是图像，只有很少的文字。与此相反的是，它的自行车头盔的广告几乎全是文字，用以宣传它的产品属性。自行车头盔可能很难引发愉悦和想象，它是为了实用的安全目的而设计的。

图 7-9 是一则整容广告，广告设置的场景是一群老人的同学会。老头老太中间一位红衣少妇无论面容和身材，都像是他们的孙女辈，她露出的自信和笑容与男同学的别样目光、女同学的尴尬表情形成对比，以格格不入的青春姿态宣告了美容手术的成功。

图 7-9 整容广告

当文字与图像表述结合在一起，特别是当图像与文字表述相吻合时（即画面中的广告语言与图像紧密联系），文字表述会更有效，而且文字表述也会点明画面的主旨含义，如图 7-10 所示。

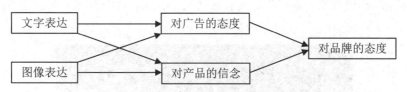

图 7-10 广告影响品牌态度的双因素模型

在 5G 时代，消费者用不到 1 秒的时间即可下载一部高清电影，而消费者接受信息也呈现碎片化趋势，视频形式将会更加符合消费者的阅读习惯。总体上看，视频的影响效果强于声音，声音的效果强于图片，图片的效果强于文字。从信息量角度而言，人更容易快速把握视频中的信息和内涵，或者能快速把握声音中的情绪，或者快速通过图片把握传递的核心信息，而文字则是一种高卷入的信息方式。从情感体验上看，对语音和视频的情感体验以及信任体验远远强于文字的体验，因为视频或者语音可以带来更多的感官体验，主要的原因是在生活中忙碌的消费者习惯于被动地接受信息，而不是简单地通过文字或图片去思考其内涵，消费者一般需要的是简洁放松的模式。因此，抖音等短视频的刺激比图片和文字更能激发消费者的购买欲，网红营销大都选择短视频网站作为内容输出平台。

在国外也有类似现象，在 YouTube 发布的内容，形式多为视频或直播，更容易吸引消费者的关注。相比视频及直播形式，上传到 Twitter 的图文信息就难以调动消费者参与的积极性，且包含的信息量十分有限，不容易获得消费者的集中关注，信息在消费者界面停留的时间也较短暂。由此可见，相较于 Twitter，经 YouTube 输出的内容价值含量更高，持续时间更长，更能保证早期信息推广的影响力。而 Twitter 更适合用于价值扩散。通常情况下，国外广告主对 Twitter 的关注度要远远低于 YouTube。

2. 格式

通常，简单、直接的信息呈现方式比复杂的信息展示方式更容易为消费者所接受。因此，信息展示要简单明了，展示的速度不宜过快，不要使用晦涩的语言，不要引入复杂的概念，不要选用难懂的口音或方言等。在网络时代，还可以想办法激发大众为品牌生成故事，例如 Airbnb 就是靠众创用户故事起家的，Airbnb 把一个个有趣的房客和沙发客的生活故事，在杂志、社交媒体，甚至信息流广告上进行扩散。每段故事都是当地的一种生活方式，满足游客"像当地人一样生活"的愿望。

从形式上讲，具体（特定）生动的信息比抽象（普遍）单调的信息、口头或有形的信息（如画面）比书面文字更易受人注意。另外，信息的接近性也会产生不同的形象生动性。接近性主要分为三种类型：感觉上、时间上和空间上的接近性。感觉接近性指的是信息是直接的（接近的）还是间接的（远离的）。用消费者自己的眼睛和耳朵直接得到的信息，比经由他人传递间接得到的信息更具形象生动性，"精明的商家卖的不是牛排，而是煎牛排的滋滋声"强调的就是将产品功能形象化。时间接近性是指事件发生的时间早晚。最近发生的事件比很久以前发生的事件更具吸引力。消费者更关心的是昨天下线的产品，而不是 10 年前的产品。空间接近性是指事件发生的位置远近。在消费者的居住地发生的事件，比在海外发生的事件更具形象生动性。

图 7-11 是联邦快递的一则广告，没有任何文字表述，以隐喻的方式表达联邦快递的快速、方便。

图 7-11　联邦快递广告

3. 活动方式

心理学家库尔特·勒温（kurt Lewin）曾进行过"不同的活动方式对美国主妇改变吃动物内脏的态度"的实验研究。结果证明：实验组的主妇主动、积极地参与群体的讨论、操作等有关活动，态度的转变比较显著；而控制组的主妇只单纯地接受讲解，被动地参与群体的活动，且很少把演讲的内容与自己相联系，因此态度也难以转变。所以，个体态度的转变依赖于其参加活动的方式。

在营销活动中，让消费者积极参与动手操作、试用、示范、质量恳谈会、参观产品的生产和加工过程，或让消费者直接参与产品的加工制作及检验过程，能提高消费者的兴趣和信任感，提高信息沟通的反馈水平，比那种单纯讲解、宣传的效果更好。在网络信息沟通活动中，也应加强消费者的参与和互动。

例如，小米发布新产品"米 Max"时，为了展示该产品的超长续航能力，小米联手 B 站（bilibili）开启发布会直播，在线观看人数超过 2000 万，粉丝也通过弹幕进行实时评述与沟通。此次直播活动全天候进行，并邀请了许多名人与观众进行互动。除此之外，用户还可参与抽奖，有大约 700 台小米"米 Max"新品作为奖品发放给了用户，每日访客数量超过 200 万，在顶峰时期，在线人数超过 10 万，就算是在晚上 12 点以后，仍有 1 万多人观看小米直播。可见，与以往的新品发布及展示方式相比，直播形式更能够吸引关注，覆盖范围更大。

【资料链接】

直播带货与电视购物有何不同

淘宝直播就是可以在淘宝上边看边买的电商直播购物形式，就是淘宝版的电视购物。薇娅和李佳琦就是淘宝直播里有名的两大主播。其实，淘宝直播本质上就是一个在 1.0 图文、2.0 短视频之外的一种新的 3.0 内容载体：升级版的电视购物。那么，淘宝直播为什么比电视购物变现更快呢？

（1）淘宝直播缩短了电视购物时消费的障碍（不需要打电话了）。
（2）消除了过去的价格信息差（多少钱网上搜一搜就知道）。
（3）增加了实时互动性（可以通过聊天和主播对话）。
（4）价格更低（直播成本低，大流量主播又能争取到爆款商品的最低价或更多赠品）。
（5）与消费者更亲近（主播个人形象有吸引力，表情、语言丰富，在互动中容易玩紧迫感促销、玩视觉刺激）。

但直播购物最大的一个弊端，就是它必须占用你很多的时间，你要去等待一个"种草的讲解"。可是就算再无聊，你也不用天天去守在那里听别人给你讲广告吧？

资料来源：刀姐 doris. 淘宝直播不是万能药[EB/OL].（2019-11-06）. http://www.woshipm.com/marketing/3056735.html.

如果在沟通中增加一些奖励活动，如小礼品或优惠参与等，可以增加消费者对广告及广告宣传的产品的好感。心理学研究中的可口可乐效应就证明了这一点。实验把被试者分成两组,让他们看某个广告传单,其中一组在发给广告传单时每人赠送一瓶可口可乐饮料,此组为实验组,而另一组则无任何奖励,称为控制组。之后让被试者说明自己对广告及广告宣传产品的评价。研究表明,实验组的评价普遍高于控制组。这说明可口可乐的实物奖励起了积极的作用,它帮助消费者接受了广告。这种奖励式呈递在应用时,应格外注意,所强调的奖励一定要能兑现,否则适得其反。例如,海尔公司经常以免费赠送产品及抽奖的方式吸引老客户参加其新品推介活动。

4. 意图的明显性

广告活动通常被认为是"王婆卖瓜,自卖自夸",容易使消费者产生抵触情绪。但采用意会、含蓄、暗示等形式,就可以减少直接宣传的强加性和营销意图的明显性,较有利于消费者态度转变。企业可以利用故事、电影、文学作品、新闻报道、社会荣誉或各种公关活动(如体育赞助、慈善捐助、活动冠名等)来宣传商品,类似所谓"植入式广告",往往可以取得"'无心'插柳柳成荫"之效。例如,春节晚会某小品中使用的蒙牛牛奶;电影《碟中谍4》中的宝马系列豪车;法国有个葡萄酒品牌从不做广告,但却经常出现在影视剧的富豪家宴中,在国宴中也能看到其身影,从而维持其高档品牌形象。这种将具有鲜明品牌标志的产品实物放到内容载体中的做法已甚为常见。采用这种方法植入品牌的优势主要有两点:第一,能尽量消除受众对品牌的排斥感,借助内容载体本身的故事向消费者传达品牌信息;第二,能将内容塑造的人物形象与品牌融合在一起,造成一种晕轮效应,吸引消费者的注意力,引导消费者购买。

7-24 唯品会这个植入广告令人佩服

最后,应当指出的是,在移动互联网和自媒体时代,信息的传递方式已经发生了深刻的变化,企业转变消费者态度的营销沟通方式也应当与时俱进。网络整合营销的4I理论(趣味、利益、互动、个性)就反映和适应了移动互联网时代的特点。唐兴通(2015)则提出了一个营销传播的4C法则,即在适合的场景(context)下,针对特定的社群(community),通过有传播力的内容(content)或话题,利用社群的网络结构进行人与人连接(connection),以快速实现信息的扩散与传播,最后获得有效的商业传播及价值。例如,2015年春晚,微信红包采用线上抢的方式开启与观众的实时互动,商业目的是推广微信支付,与支付宝争夺移动支付客户。在佳节派发红包象征吉祥、喜庆,但若是放在平常日子,红包则平添了几分敏感。微信红包选择新春佳节这样的特定场景,为节日增添了热闹的气氛,也促进了人与人之间的交流,其实质作用超过了红包本身的金钱意义。在这里,春节、返乡过节、发红包习俗是场景,微信群、朋友圈是社群,"抢"红包则是一个有趣且令人兴奋的话题,然后通过社群的人际网络带动了大批人开通和使用微信支付,取得了病毒式传播效果。

▶ **思考一下**:描述你印象中最成功的广告案例,并用营销沟通与说服理论来加以解释。

本章思考题

1. 在实际营销活动中,如何提高信息的接触水平?

2．影响消费者注意的因素主要有哪些？在广告活动中如何才能更好地吸引消费者的注意？

3．你认为还可以开发哪些广告媒体？如何利用各种网络媒体进行商业信息展露？

4．大数据时代的精准接触还有哪些更好的方式？

5．在广告活动中，可以采取哪些诉求方式？有何特点？各自的适用情形怎样？

6．简述 ELM 理论的基本思想。

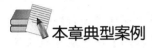
本章典型案例

绝味鸭脖为何能刷爆朋友圈

2014 年国庆节期间，绝味鸭脖的"啃在一起"微信活动推出后不到 1 天便迅速在朋友圈蔓延起来，更有不少网友"吐槽"：我的朋友圈已经被绝味鸭脖刷爆了！活动火爆程度可见一斑。

绝味的成功之处有以下几点。

1．把握时机，把握需求，开创网聚新概念

在节假日，尤其是长达 7 天的国庆假期，上网的网民数量和时间会大幅度减少。绝味为何会选择这个节点在官方微信重磅推出活动？原因之一是由于在智能手机普及的今天，节假日的网民并没有离开网络，而微信作为分享沟通的平台，使用频率和时长会大幅度增加，加之其他企业减少营销动作，也造就了"干净"的营销环境，让绝味的传播可以不受干扰。原因之二是绝味把握了网民的需求，在这个举国同庆的节日里，和亲朋好友相聚几乎是每个人必做的一件事，但大部分人会受限于场地、时间或是分隔两地无法相聚。于是绝味在微信上搭建了一个网上聚会的平台，让好友在轻松有趣的互动中，感受到相聚一起的欢乐。这种网络聚会的互动形式，在"一招鲜"的微信营销中并不多见，绝味开创了网聚的新概念。

2．创新微信营销，集互动性、趣味性和分享性于一体

在微信营销的实战中，许多企业掉入了营销怪圈，制作精良的内容被网民晾在一旁，没有人主动传播和扩散。主要原因就在于用传统媒体的思维同等对待微信营销，内容无趣，形式常规，根本无法撬动网民主动转发的欲望。

成功的微信营销，要有趣，更要与用户互动，才能获得他们的主动分享。绝味"啃在一起"国庆活动，巧妙地糅合了两者。活动中有一个略带"狗血"的机制，如果两个好友同时赞助一个产品，后来者赞助的则视为无效。于是，"闹剧"上演了，有网民哭诉自己人品不好，邀请了 30 多个好友也没集齐赞助，而有些网民则自诩人品爆棚，轻松领取到免费的绝味鸭脖。这种带有随机性的机制，增加了活动的趣味性，也让好友在这场打闹嬉戏的活动中，增加了感情。

3．低门槛、高中奖率，30 万份免费鸭脖刷爆朋友圈

绝味国庆活动的参与方法非常简单，只需要发起召集并分享到朋友圈，由数位好友一键赞助，即可轻松领取到一份免费的鸭脖。此次活动的奖品数量颇为惊人，高达 30 万份鸭

脖免费大派送，几乎保证了人人有奖拿。于是朋友圈遍地是各种被绝味鸭脖占领的"吐槽"，更有人和好友真实上演了绝味鸭脖的聚会盛宴。

4. 刷爆了朋友圈，门店也排起长龙

绝味的活动目的并不只是为了增加微信粉丝和曝光量，吸引到店购买，才是微信营销最大的价值。绝味最大的后招，就是将兑奖地点下放到全国的 5000 家门店，从而实现了 OTO 营销。将消费者从虚拟穿越到现实，由线上平台引导到线下门店，不但有效增加了消费者的到店频次，也为绝味的其他产品带来联动销售。

一个看似轻巧的微信活动，却蕴藏了众多营销哲学和法门。虽然绝味身处传统行业，但在移动互联网时代，其对新媒体营销的洞察力却走在了行业的前沿。不怪乎绝味能在短短几年的时间内门店遍布全国，创下年销售额 40 亿的销售奇迹！

资料来源：微微 Tommy. 绝味为何能刷爆朋友圈，微信营销洞察实录[EB/OL].（2014-10-23）. http://www.360doc.com/content/14/1023/15/19762698_419216539.shtml.

案例讨论：

（1）在移动互联网时代，营销活动应当考虑哪些方面才能引起消费者的注意？

（2）还有哪些网络社交营销方法可以用来提高品牌知名度？

第8章　问题认知与信息搜寻

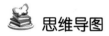思维导图

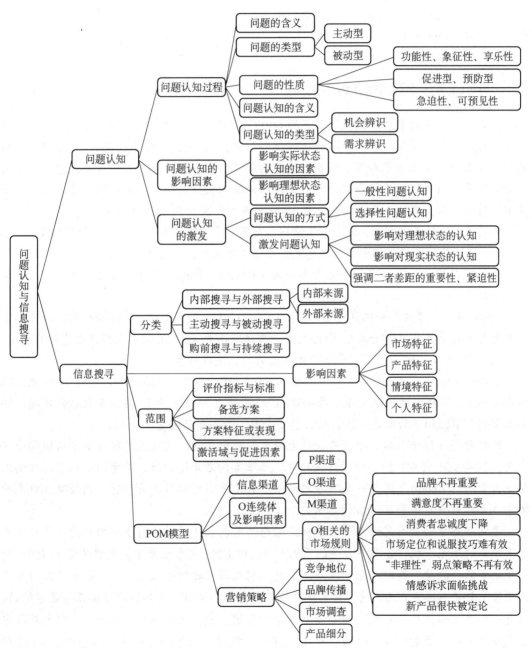

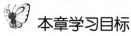 **本章学习目标**

- 理解问题认知的含义与类型。
- 了解问题认知产生的影响因素。
- 掌握激发消费者问题认知的方法。
- 了解信息搜寻的种类与特点。
- 了解消费者信息来源及特点。
- 理解影响消费者搜寻信息努力的因素。
- 理解 POM 理论。

 导引案例：给老爸选购手机

老爸正在使用的手机是五六年前买的 OPPO 手机，今年过年的时候，手机已经卡顿得不行，打开微信要等几十秒，我跟老爸说换个手机，他总说："没事，删一删还能用。"转眼到了 4 月份，先是有米粉节，还有什么"418""618"，感觉买手机会有些优惠，于是又给老爸发了条微信，问他换手机没有，没换的话给他买个新的。老爸这次居然同意了，但提出了两点要求：不能太贵了，预算在 1000 元左右；要全网通，屏别太大。

拿到了老爸的购机需求，我打开了京东、苏宁、淘宝、张大妈，到处搜罗手机信息，想要找到一款合适的手机。搜索了一阵感觉自己像是在选妃，后宫佳丽三千，有点无从下手。

既然现在是米粉节，当然要先看看小米（Redmi）手机有没有优惠，挑来挑去，挑出两款手机。

Redmi 7，运行内存和机身存储为 4+64 GB，CPU：骁龙 632，售价 999 元，整体感觉优点是电池容量大（4000 mA），价格便宜，质保时间为 18 个月（不觉得这个有什么用）。缺点是 CUP 略差，网上搜了下手机后盖是塑料的，质感略差。

Redmi Note 7，运行内存和机身存储为 4+64 GB，CPU：骁龙 660，售价 1199 元，比 Redmi 7CPU 好些，后摄像头像素为 4800 万+500 万（双摄像头），后盖是大猩猩玻璃，整体上弥补了 Redmi 7 的所有缺点，价格贵了 200，还算可以接受。

选好两个目标手机后，接下来就是坐等米粉节优惠券，前几天已经在小米商城蹲守了很久，但满 900 减 450 的券终究是没抢到。正准备向老爸请示时，无意间看到了张大妈上前些天竟然有 Redmi 7 返 300 元 E 卡的活动。真是没有对比就没有伤害，错过减 300 元的活动，更让我减弱了买 Redmi 的念头。

于是准备横向看看其他品牌的手机，老爸之前也表达过对华为手机的热情，于是我看了下华为的千元手机，差不多合适的是畅享 9，但 CPU 实在太差了，竟然是骁龙 450，所以我把华为排除掉。这时，老爸发来了圣旨，想在家附近的手机店买，以后出什么问题方便维修。老爸既然要自己去选，肯定要让他了解怎么挑手机，只知道内存和容量是不够的，还有一个重要的参数是 CPU。好在老爸对电脑了解一点，简单一说就明白，运行内存相当于电脑的内存，容量相当于电脑的硬盘，CPU 也就相当于电脑的 CPU。但手机的 CPU 种类太多，而且很多电商也不标注主频是多少，于是我给老爸发了个手机 CPU 天梯图，同品牌不同品牌之间的 CPU 质量一目了然。

第二天老爸就发来了他挑选的手机：vivo Z3，6+64 GB，CPU 是骁龙 710，活动价为 1450 元，只比 Redmi Note 7 贵了 251 元，价格还是很不错的。然后老爸又发来了新需求，想一步到位买个好点的，不想用几年就卡了再换新手机。

我果断进行了阻挠，一是手机发展太快，你现在买个高配，过几年也淘汰了；二是老爸用手机主要是上微信，刷抖音，用不了那么多空间，钱花在上面也浪费；三是用久了卡顿，是安卓手机的通病，买个好点的用几年可能一样卡顿；四是就算手机用久了不卡顿，说不定什么时候就坏了，到时候还得换。

在我的劝说之下，老爸决定买 vivo Z3，不过第二天老爸又有了新想法，因为有个亲戚的朋友是卖手机的，老爸觉得在熟人那买靠谱。我再次进行了阻挠，要是亲戚或者朋友都还可以，但是这亲戚的朋友就有些远了，再说卖东西的都喜欢杀熟，有时候还不如不认识的好。在我的劝说之下，老爸再次改变方针。

对比了一下 vivo Z3 和 Redmi Note 7，由于小米的后摄是 4800 万，再次果断选择小米。但是百度搜索了一下才发现，小米的 4800 万像素是合成出来的，而且小米的系统广告很多，一下对小米的评价跌入了谷底，连老爸都对此表示怀疑。小米，出局！

排除之后，剩下的基本只有 vivo 了，就在准备下单的时候，发现一款三星手机 A60 元气版，性价比很高。老爸甩下霸气的 7 个字；不要三星，要国产！三星出局！于是最后还是选了 vivo Z3，6+64 GB，售价 1450 元。

周六晚上下的单，周一就送到了，速度还挺快。正好当天是老爸的生日，老妈也发来贺电。

如果条件允许的话，买手机最好的方法是去实体店多看看，没有最好的手机，只有最合适的手机。

资料来源：狂魔测试 99 号. 给老爸选购手机的曲折经历分享[EB/OL]. （2019-05-01）. https://www.sohu.com/a/311254810_100298843.

案例思考：
（1）案例中消费者萌生购买手机的原因有哪些？
（2）他们通过哪些途径来了解手机的商品信息？

消费者购买行为过程主要包括问题认知、寻求商品信息、比较评价、做出购买决定和购后行为等几个阶段。但是，并不是说消费者的任何一次购买行为都会按次序经历这个过程的所有步骤。在有些情况下，消费者可能会跳过或颠倒某些阶段。对于卷入程度较低商品的购买，往往跳过信息搜寻和方案评价阶段，如购买特定品牌的牙膏就可能会从确定需要牙膏直接进入购买决定。

8.1 问题认知

消费者的决策过程始于认识到自己有某种需要。这种需要可能是自发的生理需求,也可能是受到外界的某种刺激而引起的生理或心理需求,还可能是因为消费者认知到某种"理想状态"与自己的实际状态之间存在差距而引起的认知需求。

8.1.1 问题认知过程

问题认知是消费者决策过程的第一步,这一过程实质上是对自身需要的认识过程。

1. 消费者的问题

1)"问题"的含义

在日常生活中,消费者经常会遇到各种消费问题。有些问题,如家里的大米没有了或食盐没有了,很容易认识到,也容易解决。另一些问题,如电视机或冰箱出了毛病容易认识到但不易解决。还有一些问题既不容易认识,解决也较为复杂,比如整容、到国外旅游等。有时,即使认识到了问题,消费者也不一定能找到合适的解决办法,比如一位心情不好的人可能会决定去餐馆大吃一顿,但这并不一定有助于情绪的改善。

在消费者行为学中,"问题"的含义是指消费者理想状态和实际状态之间的差距。其中,实际状态是消费者对其当前的感受及处境的认知;理想状态是消费者当前希望达到的状态。

每个人都有自己想要的生活和实际的生活状态,从而形成当下希望的境况和感受到的实际境况。当消费者的理想状态与实际状态相符时,消费者会满足现状,而不会产生需求问题和行动。相反,当消费者感受到期望的状态与所处的实际状态存在不一致时,"问题"就产生了,这会促使消费者发现自己的需求,进而产生寻求满足需求的方法、途径。

2)问题的类型

消费者的问题多种多样,但通常可以分为主动型和被动型两种。

(1)主动型问题:是消费者在正常情况下就会意识到的问题。

营销策略上只需要提供有效证据证明产品能解决问题,特别是提供一定的证据证明能比竞争者更好地解决这些问题。

(2)被动型问题:是指实际存在,但消费者尚未意识到或需要在别人提醒之后才可能意识到的问题。例如,乔布斯提出智能手机的概念时,多数消费者还满足和习惯于只有通信功能的按键式手机。

对于被动型问题,营销者不但要使消费者意识到问题的存在,而且要使其相信该产品和服务是解决问题的有效办法。而激发消费者意识到问题的存在,比告知问题的解决更重要。

被动型问题主要来自于消费者的潜在需要,消费者并不总是能够清晰地意识或准确地表达出自己的需要。汽车行业的先行者亨利·福特有句有争议的名言:"如果你问消费者他们需要什么，他们会告诉你需要一匹更快的马。"乔布斯也认为：只有当你把产品给消费者看了，他才知道这个产品是不是自己想要的，没有用户可以非常清楚地告诉你他们需要什么。因此，不应当一味地迎合消费者需求，而应当创造需求、引导需求。乔布斯并不依赖市场调查，而是采用一种设身处地的视角——一种直觉，来发现消费者尚未成形的需要，然后创造出产品来刺激消费者的潜在需要。

▶ **思考一下**：主动型问题和被动型问题有何差别？这种差别为什么很重要？

下面这个案例清楚地说明了主动型问题与被动型问题的区别。

美国某木材公司开发出一种新燃料——洪都拉斯脂松木。这种天然木材即使在潮湿的情况下也能用火柴一点即燃，且能持续燃烧15~20分钟。在燃烧过程中它不会爆出火花，因而安全性相对较高。这种木材可加工成15~18英寸（1英寸=2.54厘米）长、直径为1英寸的木棍用于壁炉点火，或压成碎片用于引燃烧烤用的木炭。

在将该产品推向市场之前，公司进行了一项市场调查以预测需求并以此指导其营销策略的制定。两组潜在消费者接受了调查。第一组被试者被询问如何点燃壁炉，以及在此过程中遇到了哪些问题。几乎所有的被试者都回答是用报纸，很少有人认为这有什么问题。接着公司向他们介绍了脂松木这种新产品，并询问他们购买该产品的可能性。结果只有很少一部分人表示有购买兴趣。然而，富有戏剧性的是，在这些人实际使用该产品几个星期后，竟纷纷感到它是对现有引火方法的极大改进，并表示了继续使用该产品的强烈愿望。这清楚地表明，问题是存在的（因为试用者均感到它大大优于旧产品），只是大多数消费者没有意识到这一点。这就是被动型问题。

与此形成对照，在关于点烧木炭的一组被试者中，相当多的人表达了他们对于液体点火器安全性的担忧，这些人对安全性能更高的点火产品（如脂松木）有着强烈的兴趣。这就是主动型问题。在此情况下，企业不用担心消费者对问题的认知，而应将营销重点放在向消费者描述该新产品是如何更好地解决消费者已认识到的问题，令人信服地向消费者说明其产品的优越性。

▶ **思考一下**：你认为目前消费者可能存在哪些被动型问题？是否值得进行商业开发？如何开发？

2. *问题认知的含义与类型*

1）问题认知的含义

问题认知是消费者的理想状态与实际状态之间的差距达到一定程度而激发消费者决策过程的结果。

消费者所追求的生活方式与当前所处的情境决定了他们对理想状态和现实状态的认知。生活方式是指在资源约束条件下消费者选择如何生活。而当前情境会对消费者如何认识其所处的实际状态产生重要影响。理想状态与现实状态是否存在差异、差异的性质及其大小决定了消费者对现实状态是否满意及满意的程度。在不满意的情况下，就可能引发问题认知，从而触发进一步的决策活动，如图8-1所示。

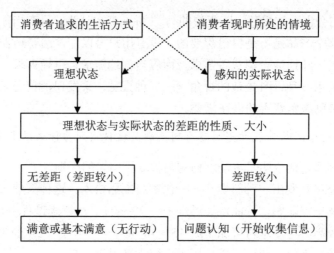

图 8-1　问题认知过程

资料来源：Hawkins D L, Best R J, Coney K A. Consumer Behavior: Building Marketing Strategy[M]. New York: Mc Graw-Hill, 1998.

具体来说，消费者的问题认知过程是这样的：在内部刺激与外部刺激的双重作用下，消费者所体验到的实际状态与其期望状态产生了不一致。当他们认为这种不一致程度不是很高的时候，就意识不到消费问题；反之，当消费者认为这种不一致程度很高的时候，就会产生购头需要，进而这些需要会形成购买动机，这也是问题认知的过程。对消费问题的认知，可能是瞬间形成的，也可能是长时间形成的。

2）问题认知的类型

问题认知是由消费者的理想状态与实际状态之间的差距引起的。由此，可以把问题认知主要分为机会辨识和需求辨识两种类型，如图 8-2 所示。

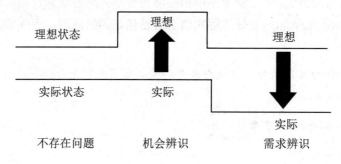

图 8-2　问题认知的类型

（1）机会辨识：消费者理想状态提升导致理想状态与实际状态产生差距时所产生的问题认知。在消费者生活水平不断提高，消费升级和产品更新换代加速的情况下，这种情况较为多见。例如，华为 P30 大大提高了手机的拍照性能，也提高了消费者对于手机的理想状态，尽管实际状态没有改变，但不少消费者还是产生了问题认知，考虑是否需要更换一部新手机。

有时，消费者没有消费动机或不愿意去改变习惯，是因为他们认为其实际状态和理想状态并不存在问题，营销者如果能通过广告宣传等手段，以投其所好的方式，提高其理想状态，就可以刺激其问题认知。比如，许多消费者不愿意购买家用摄像机的主要原因是他们习惯使用数码相机，而操作相对复杂的摄像机似乎没有多大的用处。因此，有些精明的制造商曾尝试用这样的方法来激发消费者的需要，即强调摄像机在记录孩子成长过程，尤其是毕业庆典这样一些重要时刻时所起的作用。

（2）需求辨识：消费者实际状态低于正常需求水平时所产生的问题认知。也就是说，需求辨识来自于现实状态的缺失。

从营销上看，当消费者缺乏问题认知，而营销者也没有找到提升理想状态的办法时，就可以利用做其所恶的方式，来降低其现实状态，从而引发其问题认知。恐惧诉求就是以厌恶、恐惧的情形来刺激消费者的需求。

另外，实际状态超越理想状态也会激发或导致问题认识。例如，参加一个KTV聚会，你的激奋状态超过原来的预期，可能会导致你经常去KTV。

▶ **思考一下**：你最近是否认知或意识到某个消费问题？请从以下方面对这一消费问题进行分析。a. 问题的相对重要性；b. 问题是怎样产生的；c. 引起这一消费问题的原因；d. 针对意识到的消费问题，采取了何种行动；e. 为了解决这一问题计划采取什么行动。

8.1.2 问题认知的影响因素

既然理想状态与实际状态的差距是产生消费者问题认知的根源，就需要找到这些影响因素。导致理想状态与实际状态之间差距的因素很多，这些因素有的与消费者的欲望有关，有的与消费者对现在状况的认识有关，而且远非营销人员所能直接控制。当然，营销者通过广告宣传等手段也能够激发消费者的问题认知，尤其是被动型问题。图8-3概括了影响问题认知且不能由营销者直接控制的主要因素。

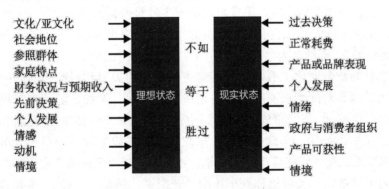

图8-3 影响问题认知的主要因素

资料来源：德尔·I. 霍金斯，戴维·L. 马瑟斯博. 消费者行为学[M]. 12版. 符国群，等译，北京：机械工业出版社，2014.

如上所述，消费者对购买问题的认知来源于其对实际状态与理想状态之间差距的感知。因此，影响消费者购买问题认知的因素可以分为影响实际状态的因素和影响理想状态的因素两大类。但这种影响作用的区分并非是绝对的，实际上不少因素同时影响着消费者的实际状态和理想状态。同时，需求问题的认知是因现实状态的变化引起还是因理想状态的变化引起，或因个体的差异引起，会直接影响消费者的最终决策。例如，某消费者可能因为牙齿敏感而放弃一直使用的佳洁士牙膏，而改用冷酸灵牙膏。

1. 影响实际状态认知的因素

实际上，有很多因素会导致消费者感受到自己的实际状态低于可接受的水平。

（1）消费物品缺乏。当消费者意识到产品已经或即将用完，或产品坏了而必须补充时，现实状态就会偏离理想状态。此时的购买行为通常是一种简单和惯例的行为，通常是去选择一个熟悉的品牌或该消费者信任的品牌来解决这个问题。如果消费者尚不拥有某物品，在一定情境下产生了缺失感；或原来想拥有某一物品，但并不急于获得，这种消费需要就处于潜在状态，而一旦条件具备，消费者就会从"不足之感"发展为"求足之愿"。另外，外部刺激可以突然改变消费者对实际状态的知觉。例如，如果有人告知下周日是母亲节，消费者会突然意识到还没有准备贺卡和礼物。

（2）对现有用品或服务不满意。例如，空调的制冷效果不好或衣服已经过时等；周围人觉得消费者使用的手机过时了；消费者无法接受其实际状态。

（3）相关产品的获得。某些商品之间存在互补性关系，因此问题认知也可能因为购买了某种产品而产生。装修业者喜欢提到狄德罗效应（the Diderot Effect）。狄德罗是18世纪法国著名哲学家，他曾买了一件新的家居服饰，之后觉得屋内的家具都显得很旧，于是为了能跟家居服饰相匹配他先后换了新的书桌、壁挂装饰品，最终换掉了所有家具。

有时，设计时尚、精巧实用的配套商品也可能形成新的消费热点。例如，一些厂家虽然不能与手机巨头们展开竞争，却能够在手机充电宝、手机自拍杆等配套品上分享手机市场的高速发展。手机自拍杆使游客在景点拍照时可以更方便，不用麻烦他人，也与近年来流行的"自拍文化"相适应，受到独自旅行者的喜爱，许多女孩子或情侣也将其视为"自拍神器"。在前往旅游目的地的班机、专列上推销此产品，常会受到热捧。还有一种具备蓝牙遥控功能的便携百变章鱼支架，不仅可以适应各种野外自拍环境，还可以作为直播神器使用。所以，主流市场的繁荣会也会给配套类的小商品带来很大的商业机会，形成经济学中所谓的"长尾市场"（也称之为"利基市场"）。

从消费需要的数量变化上看，消费者对主导商品的需要和对配套商品的需要呈正相关，尤其是主导商品对配套商品有较强的消费拉动作用。例如，随着汽车快速进入家庭以及自驾游的日渐流行，汽车的娱乐功能、生活功能也在不断拓宽，"后备箱经济"逐步升温，拉动了行车记录仪、车载导航仪、车载电视、车载电源逆变器、汽车护航表、车载氧吧、车载冰箱、充气床垫等产品的热销；还可以通过"云服务"实现手机端、PC端、车载终端间的无缝链接，实现远程汽车控制（开空调、解锁、上锁）、导航及定位（GPS定位、历史行车轨迹查询等）、整车体检（胎压、发动机、ESP等）、汽车上网、应用商店、电话通信（汽车间组队通信、呼叫客服）等功能；而且智能驾驶技术也在不断成熟并进入市场。

（4）营销因素。营销因素对消费者的实际状态认知和理想状态认知都会产生影响作用。例如，很多个人卫生用品的广告是通过创造一种不安全感，使消费者产生问题认知，而消除这种不安全感的最佳方式就是使用他们推荐的产品。又如，营销商通过改变服装的款式、质地和设计，在消费者中制造服装落伍的感觉，帮助消费者确认需要。

有时广告或其他环境信号会使消费者产生不平衡的心态。例如，一向对自家花园引以为自豪的某位男性，可能会看到广告中的新式割草机比自己使用的割草机更舒适、效率更高，这则广告使他产生了严重的心理不平衡，由此产生了对新式割草机的购买需要。

（5）个人情绪。各种情绪（如厌烦、抑郁或狂喜）可能被作为支配购买行为的问题而被认知（"我心情不好，所以我要去看场电影"）。有时这些情绪会导致未经认真思考的消费行为，如一个感到焦躁不安的人会下意识地决定去吃顿快餐。在这种情形下，"问题"并未真正被认知（在有意识的层次上），其尝试的解决方法通常也并不奏效（大吃一顿无助于焦躁情绪的缓解）。

2. 影响理想状态认知的因素

环境变化与自我意识等因素会对消费者的理想状态认知产生影响。主要情形如下。

（1）新期望的产生。随着消费者生活水平的提高，产品随科技的发展而不断升级换代，消费升级成为趋势，消费者对理想状态的认知也在不断上升。消费升级即从物质层面到精神层面的需求升级，从功能消费向精神消费的升级，从数量消费向品质、品味和品格消费的升级。可见，小米手机在华为等高端品牌对其用户的不断侵食下，应当调整其"价廉物美"的产品策略；拼多多抓住了"五环外"的下沉市场，却违背了消费升级的大趋势，未来发展并不乐观。

（2）新产品的上市。市场上出现了新产品并且这种新产品导致了消费者期望状态的提高，也能成为问题确认的诱因。营销商应当介绍新产品和服务，并且告诉消费者他们解决问题的类型。例如，消费者最初购买手机，仅仅考虑到无线通话这一功能，但随着产品的更新换代，消费者会不断追求手机的存储功能、上网功能、游戏功能、音像娱乐功能、摄像功能、购买功能、身份识别以及电子凭证等多种功能与性能要求。因而手机营销商为促使人们更换旧手机，应当强调智能手机强大的新功能，以及美观、时尚等特点。

（3）社会阶层或参照群体因素。许多消费者希望得到同阶层和参照群体的认可或提升他们的社会地位，参照群体的无形压力会促使他们产生更高的理想状态。例如，当刚毕业的大学生走上工作岗位之后，他们会立刻感觉到工作环境对着装的要求与学生时代的着装要求是存在很大差异的。

（4）情况或环境的变化。消费者生活中的变化（如收入、环境的变化等）不仅影响期望状态，也影响实际状态，从而导致新需要。例如，收入水平大幅度提高，不仅使消费者对现有居住条件不满意，而且还会引起其对更为舒适和高档住宅的需要；新婚夫妇由于孩子的出生，会产生奶粉、玩具等一系列新的问题认知；经济富裕起来后，不少人会对奢侈品牌产生浓厚的兴趣；搬家时，可能考虑重新购置一些新家具，等等。

（5）社会潮流的兴起、消费观念的变化。追求时髦能给人以心理上的满足，所以社会上的消费流行或消费时尚可以刺激消费者产生新的消费需要，并形成新的购买欲望。例如，随着可穿戴设备成为不少年轻人的时尚选择，一些年轻白领开始淘汰曾经引以为豪的劳力士手表，转而购买具有强烈信息时代特征的智能手表。苹果智能手表 Apple Watch 就代表着这一发展趋势。相信随着技术的发展，智能手表配置越来越多的功能，传统手表可能会逐步消失在历史的印记之中。

另外，新的消费观念也会使消费者对已有的状态产生不满足感，从而形成新的消费需要。例如，新奢侈主义消费观念使得一些消费者对 LV、GUCCI、Hermès 等国际名牌商品趋之若鹜。

（6）自我意识。理想状态可以发挥建立未来的目标和渴望的功能。消费者对未来生活和工作环境的憧憬，或是对未来财富的预测等，均会对其理想认知状态产生直接影响。这些期望和渴望通常是由消费者的理想自我或所处的文化所激发。

▶ 思考一下：在你最近的购买活动中，是什么因素促发了问题认知？它们是影响你的理想状态、现实状态还是同时影响这两个方面？

8.1.3 问题认知的激发

在大多数情况下，为了将产品更快地卖出去，企业或商品经营者不能只是被动地对消费者意识到的问题做出反应，更要在他们意识到问题之前去激发消费者的问题认知。

1. 问题认知的方式

问题认知方式包括一般性问题认知和选择性问题认知。一般性问题认知和选择性问题认知与经济学中一般性需求与选择性需求的概念十分相似。

1）一般性问题认知

一般性问题认知所涉及的理想状态与现实状态的差别可以通过同一类产品中的任意品牌来缩小，是同类别产品都能解决的问题。基本上，当企业集中影响消费者的一般性问题认知时，对消费者来说，这个问题往往是不重要的，或是潜在的。

激发消费者的一般性问题认知时，往往并不会特别强调某个特定品牌的特点，其影响的是整个品类的消费需求，有利于某类产品整体市场份额的扩大，但个别品牌的市场份额未必能得到同步的增长。例如，著名的广告语"钻石恒久远，一颗永流传"成功地塑造了钻石的特殊价值，但戴比尔斯这个品牌却鲜为人知；牛奶行业协会的宣传海报试图让人们认识到牛奶能满足人们对钙的需要，却没有提到任何品牌的牛奶；银杏产品既具有药用价值，又具有很强的保健作用，但一般消费者对这些产品了解很少，而且也缺乏主动了解这些产品的积极性。因此，经营这类产品的企业需要通过各种广告或促销活动，激发消费者对这类产品的一般性问题认知。显然，这一推广工作需要全行业的通力合作和努力，受益的是全行业，最大的受益者是行业的领导企业。

激发一般性问题认知有利于整个行业的市场扩大，甚至会帮助竞争对手扩大市场，其适用情形如下。

（1）问题比较隐含、目前不是很重要。

（2）产品处于生命周期的前期。

（3）企业品牌具有很高的市场占有率，属于强势品牌。

（4）问题认知之后的外部信息搜寻相对有限，可供消费者选择的品牌数量很少，且各品牌产品的差异度较小。

（5）需要全行业协作努力。

2）选择性问题认知

选择性问题认知所涉及的理想和现实状态的差别通常只有特定的品牌才能够解决。尽管一般性的问题认知经常引发整体市场的扩大，但是，更多企业还是通过激发消费者选择性问题认知的方式来增加或保持其市场份额。它们在促销与传播活动中，非常强调自己产品的产品特色或独到的功能，强调消费者的问题只有特定的品牌才能够予以解决，这实际上就是一种试图激发消费者选择性问题认知的行为。例如，某新型环保涂料宣称其产品不会造成任何空气污染，是"可以喝"的绝对环保的绿色产品。所以，企业刺激选择性问题认知要强调其产品或品牌的独特性、差异性，这有助于增加某一特定品牌或特定企业的产品销售量。当然，不少消费者对"绿色"消费品持怀疑态度，他们无法知道一个产品是否真如宣传的那么绿色，这时产品的独特性就会降低。

可见，营销人员可以通过一般性问题认知来刺激整个产品品类的需求，还可以通过选择性问题认知来刺激个别品牌或产品的需求。

2. 激发消费者的问题认知

从根本上讲，问题认知是指消费者意识到理想状态与实际状态存在差距，并且考虑是否有必要采取进一步行动。当消费者的理想状态与实际状态之间产生差距时，"问题"便产生了，消费者有可能会意识到没有满足的需要。需要如被满足了，问题也就解决了。但是，消费者意识到问题的存在却不一定导致消费行为的产生，消费者是否采取行动或采取何种行动取决于问题对于消费者的重要性、当时的情境、该问题引起的不满或不便的程度等多种因素。

消费者认为理想状态与现实状态的差距越大或者越重要，问题就越容易被其所认知，而且解决这一特定问题的购买意愿水平也就越高。例如，某个消费者觉得自己汽车的油耗水平与他的期望水平有差距，但这一差距并没有大到促使其产生购买新车的地步。另一方面，即使理想与现实之间差距很大，但如果由此引起的问题相对于其他消费问题处于较次要的位置，消费者也不一定着手收集信息。例如，某个消费者现在拥有一辆开了10年的吉利车，他希望能有一辆新款奥迪A6，应当说差距是相当大的。但是，与他面临的其他一些消费问题（如住房、子女教育）相比，这个差距的相对重要性可能很小。在经济能力有限的前提下，该消费者换车的计划可能要暂时搁置起来。相对重要性是一个很关键的概念，因为所有的消费者都要受到时间和金钱等资源的约束，只有相对更为重要的问题才会被重视和解决。总的来说，重要性取决于该问题对于保持消费者理想的生活方式是否关键，或者说与消费问题的优先解决顺序密切相关。

对于营销工作而言，可以从三个方面来激发消费者问题认知。

1）提高消费者对理想状态的认知

在广告宣传中给消费者描述理想的生活状态、工作状态，从而感受到生活或工作中的差距（即机会辨识）。可以通过广告宣传来说明其产品的优越之处，并希望这些优点成为消费者所追求内容的一部分。例如，率先为汽车配备安全气囊装置（SRS）的汽车制造公司曾一再强调这一装置的重要性，似乎安全气囊是"标准汽车"不可或缺的部分，其目的就是影响消费者关于"理想汽车"的观念。又如，"没想稻"的广告词"香得能让孩子多吃一碗饭"，吉列手动剃须刀的广告词"在女人眼中，手动剃须的男人更性感"，都旨在激发目标消费者的渴望、梦想或憧憬。

2）降低消费者对现实状态的认知

在广告宣传中用夸张的形式让消费者感受到生活中的不方便、不舒适、不健康等等。当消费者习惯性地重复购买某一品牌时，就不会考虑是否存在性能更好和品质更优的替代产品。这时，替代产品的生产企业就需要改变消费者习惯性的决策思维模式，使其意识到他们现在所购买的产品并不是最好的。同样，一些企业在推广新产品或新品牌时，运用比较广告突出新品的优点，同时影射市场上现有品牌的局限和不足。

3）强调二者差距的重要性

用情感特别是用恐惧诉求的方式让消费者意识到如果现实和理想的差距不解决，对生活、对工作甚至对人生都会产生重要的影响。

8-1 需求三角理论

【资料链接】

"升级效应"的产生原因

一些研究者们通过在官网上对丢失 iPhone 找回申请数量变化的观察发现，与市场上没有更新的 iPhone 版本的情况相比，当市场上马上要推出或者已经可以购买新版 iPhone 时，人们在官网上申请找回自己丢失 iPhone 的数量会显著减少。可见，面对升级的产品，人们更有可能对现有产品做出疏忽行为。这种现象也被称为"升级效应"。

"升级效应"就是指当人们面临一个具有吸引力的升级产品时，即使自己还没有得到，人们也会对自己现有的产品变得疏忽和粗心的现象。

这种"升级效应"为什么会产生呢？消费者通常不太愿意花更多的钱去替换目前仍能正常使用的产品，但会寻找理由来解释自己的决定。当人们做出类似替换性购买的决定时，通常是因为"被迫"和"自愿"两种情况。

被迫：因为产品本身出现使用问题而不得不更换。

实际状况下降，被迫进行产品购买来弥补差距。

自愿：因为产品款式或者个人偏好的变化而进行更换。

理想状态上升，主动购买替代能正常使用的产品。

与被迫更换的情况相比，自愿更换具有更高的选择自由性，也具有更低的正当性和个人一致性。消费者对自己现有的产品做出更多疏忽行为是为了将购买升级产品这一行为从自愿的替换情境（较低的正当性）转变为被迫的替换情境（较高的正当性）。这就是升级效应产生的原因。

可见，当现有的产品依然能够正常使用，放弃现有产品剩余价值所带来的痛苦一般会成为购买升级产品的阻碍，消费者对现有产品的疏忽行为实际上就是在为购买升级产品提供正当的借口。与此类似，如果营销方能够为消费者提供合理的外部借口，就能够减轻消费者购买升级产品的愧疚心理，促进消费者的购买。因此企业可以考虑以下方面。

（1）限定产品使用周期。例如，建议 3 个月更换一次牙刷，不然可能会降低清洁的效果，影响使用体验。

（2）提供旧产品回收和换购计划。通过回收消费者因为购买了升级产品而闲置的旧产品可以很大程度上减少消费者因为无法利用旧产品剩余价值而产生的愧疚感，也能够避免消费者对现有产品做出的疏忽行为而导致的社会资源的浪费。H&M 推出的 long live fashion 运动就鼓励消费者对自己不再需要的衣物进行捐赠；苹果也推出了 iPhone 年年换新计划，加入该项计划，购买新 iPhone 时就可以获得原设备零售价格 50%的折抵优惠。

资料来源：本案例源于网络，并经作者加工整理。

有时消费者是在发生困难或找不到解决方法时才产生问题认知。例如，当消费者被困在风雪中时才知道需要汽车防滑链；在事故发生之后才想到买保险等。营销者可以在问题发生之前就激发起消费者的问题认知。也就是说，如果消费者能够在潜在问题暴露之前就意识到并解决它们，那么对消费者自身和营销者来说都是有益的。例如，国外的趣味保险广告语：如果一辆车突然开门，在你受伤之前，还剩下 1.5 秒去购买意外保险，等你受伤就晚了（见图 8-4）。

营销者除了需要激发消费者的问题认知以外，还应当洞察消费者面临的问题是什么；要知道如何运用营销组合解决这些问题；在一些特殊情况下还应当压制消费者的问题认知。尤其是发现消费者的问题所在，对于市场营销有着至关重要的意义。

图 8-4　国外的保险广告

▶ 思考一下：如何激发消费者对下列产品或活动的问题认知？a. 女子健身俱乐部；b. 儿童补钙产品；c. 减肥茶；d. IPAD；e. 手持电视。

8.2　信息搜寻

一旦消费者意识到一个重要的问题或需求可以通过购买某种商品或服务得到解决，他们便开始寻找相关的商品信息。如果需要很强烈，对可满足需要的商品又很熟悉且易于得到的话，消费者就会马上采取购买行为，有时也会通过电视广告或经验来源进行消极的信息搜寻。但是，在多数情况下，消费者往往需要积极和广泛地寻找或收集相关信息，以便寻找能满足其消费需要的最佳目标对象。

8.2.1　信息搜寻的含义

信息搜寻是指消费者从内部记忆或外部环境中搜索与解决问题有关的信息的过程。

问题一旦被认知，信息搜寻便会开始，旨在寻求问题的解决方案。这些解决方案往往具有不确定性或者风险，而消费者尽量减少这些购买不确定性或风险的方案之一就是在购买产品之前搜寻相关信息。消费者搜寻信息的方法有翻阅报纸、杂志上的信息，收看电视、电台的广告，去商店观察实物，直接向厂家询问，向同事、朋友咨询，上网查找商品信息，利用个人记忆中的或经验中的信息，阅读包装、标签和产品说明书上的信息等。消费者在广泛搜寻的基础上对所获信息进行适当筛选、整理加工，即可建立解决问题的多种方案。

在此阶段，营销者面临的主要任务是吸引或增加消费者对信息的注意，由此提高其购买行为发生的可能性。同时，面对消费者既想搜寻足够多的信息，又缺乏处理超额信息能力的情况，营销者应该尽量提供特点鲜明、容易记忆的信息帮助消费者识别；要了解不同消费者以及同一消费者面对不同产品所获取信息的渠道、方式、类型等问题，对症下药，提高自己信息的被识别性和被记忆率。

8.2.2 信息搜寻的分类

1. 购前信息搜寻与持续性搜寻

根据搜寻的目的来分类，可将消费者信息搜寻行为分为购前信息搜寻和持续性搜寻。购前信息搜寻是指消费者以购买为目的所采取的信息搜寻活动；而持续性信息搜寻是指并非为了特定的目的而进行的信息搜寻活动，消费者的搜寻活动可能仅仅是因为消费者对某种商品感兴趣而与购买与否无关。但是在实际生活中，这两种搜寻是很难严格加以区分的。有时，消费者可能原先有购买的准备，但在经过一段时间的信息搜寻后，可能会因为某些原因没有进行购买活动。而有时，消费者原本没有购买的打算，只是出于兴趣进行信息搜寻，但是经过一番搜寻后，却产生了购买动机进而采取了购买行动。由于这两种搜寻活动非常相似，因此两者的行为差异无法通过观察消费者的实际搜寻行为来区分。两者的区别如表 8-1 所示。

表 8-1 消费者购前搜寻与持续搜寻

	购 前 搜 寻	持 续 搜 寻
决策因素	卷入购买 市场环境 情境因素	卷入产品 市场环境 情境因素
动机	制定更好的购买决策	建立信息库以备将来之用 体验乐趣与愉悦
结果	产品与市场知识增加 更优的购买决策 增加购买结果的满意度	产品与市场知识增加，提高未来购买效率 冲动购买增加 提升个人影响

在网络信息时代，由于信息获取更为便捷，持续性信息搜寻的意义已大为减弱，同时，两种搜寻还有融合的趋势。例如，消费者出于持续性信息搜寻的需要，通过扫描二维码而添加了微信公众号，以便在购买时查阅其中的商品信息。

【案例链接】

卡夫食品（Kraft Foods）公司的二维码烹饪教学

卡夫食品公司在超市的冰柜前做了一个地面广告，广告语是："今晚来点惊奇吧！"消费者只要扫描旁边的二维码，就会跳转到卡夫网站，这个网站上不仅有食谱，还有完整的烹饪教学视频。这样一来，用户不需要记忆食谱，只要带上自己的智能手机就行。回家后，用户可以把手机放在厨房里，跟着手机网页上的教学视频学做菜。

当然了，他们不会只提供菜谱而忘记了自己的营销任务。他们会告诉你做这道菜需要买哪些材料，其中最不能缺少的材料就是卡夫公司卖的芝士。你看，这是不是一个很贴心、很完整的移动营销活动呢？

如果大卖场再进一步配合营销，可以将二维码链接的教学片中提到的材料都放置到这个专区，然后通过导购告诉用户，只要购买了这些材料，回去再跟着视频学习烹饪，就可以做出烹饪大师示范的美味佳肴。

资料来源：沈超. 实战二维码营销[M]. 北京：人民邮电出版社，2015.

2. 内部搜寻与外部搜寻

信息搜寻可以从内部、外部或内外部同时产生。消费者的信息搜寻可以根据信息来源分为内部搜寻和外部搜寻。

1）内部搜寻

内部搜寻是指消费者试图从长期记忆中提取与问题解决相关的信息。

消费者认识了需要解决的问题以后，首先会在自己的记忆里搜索信息，内部搜寻建立在消费者的知晓品牌的基础上。对许多简单的、日常的、习惯性和重复性的购买行为来说，使用以前的消费经验就足够用了。如果消费者内部存储的信息量不够，不足以使其放心购买；或者消费者对以前购买结果的满意度不高，不想沿用原来的购买方案；或者由于购买间隔太长，产品会更新换代，以前的知识与经验已不能适应市场的快速变化，那么消费者便会通过外部搜寻来得到另外的信息。

内部搜寻的商品信息内容主要包括四种类型。

（1）品牌信息。在问题认识激发后消费者能从记忆中回忆起来的若干品牌。例如，购买瓶装水的人通常会想起娃哈哈、康师傅、农夫山泉、雀巢等几个品牌。领导品牌或创始品牌最容易被消费者所回忆。

（2）属性信息。如价格、性能、服务等。因为记忆的衰减，消费者经常不能记住有关产品或服务的具体细节，所以能够回忆起来的属性信息是概略式的或者简化的，而不是原始的细节。比如，我们能够回忆起来哪一款冰箱省电或者价格适中，但是不能记住实际的耗电数字或者价格。研究发现，属性信息的"诊断性"、显著性、生动性（如图片比文字更鲜活生动）、相关性等都会影响消费者的回忆。

显著的属性是消费者容易想起的重要属性，比如价格就是一个显著的属性。但高显著性的属性不一定具有诊断性。例如，你要买一块手表，"报时"功能就具有高显著性，但它不具有诊断性，因为手表都具有这一功能。而那些既显著又可用于诊断的属性才具有属性决定性。

另外，负面信息往往比正面或中性信息更具诊断性。由于大多数品牌都与正面属性相联系，因此负面信息能让消费者更容易地对它们进行区分。消费者往往也更看重负面信息，这意味着在消费者进行选择时，有负面信息的品牌更有可能被拒绝。

（3）评估信息。虽然对细节的信息容易遗忘，但是总体评估或态度（就是喜不喜欢）比具体的属性信息更容易记忆。比如快递服务质量如何、喜欢哪个家电品牌的售后服务等。另外，消费者的评估往往会形成品牌联想，因而鼓励消费者形成对其品牌的积极态度十分重要。

（4）体验信息。内部搜寻包含"自传体记忆"中经验的回忆，即回忆起具体的景象和效果。例如，如果消费者对某产品形成了特别正面或者特别负面的体验，就很容易在未来回忆起这些生动的体验。"黑芝麻糊"广告试图通过怀旧来勾起消费者对过去美好事物或经历的回忆，从而形成对产品的良好印象。

2）外部搜寻

外部搜寻是指消费者通过外部环境的各种不同来源获取与问题解决相关的信息。

如果内部记忆里的信息不充分，消费者就会从外界搜寻相关信息。外部搜寻的内容主要包括品牌名称与特性、价格、其他消费者的反映或口碑等。如果在搜寻过程中，消费者发现了以前不被重视或不了解的新的重要信息，就可能改变早先的关注度，而对新特性进行更深入的信息搜寻。

消费者外部搜寻的基本方式有三种。

（1）基于品牌（方案）的处理。收集多个品牌的属性信息，就每个品牌在关键属性上的实际绩效去做对比。这时，锚定的品牌决定了信息收集的方向。而某个品牌能不能事先被消费者锚定，取决于品牌在消费者的品牌意识域中的位置，其中激活域中的品牌才会被优先选择或评价。

（2）基于属性的处理。事先锚定所需要的产品属性标准，然后收集具有这些特点的产品品牌，就每个品牌在锚定属性上的实际绩效进行一一对比。这时，锚定的产品属性决定了信息收集的方向。例如，先以价格为标准来比较各汽车品牌，然后依次以安全性、舒适感等标准来比较品牌从而获得信息。有些产品差别不大，消费者往往可能先通过价格来进行选择、比较，如消费者在网上购买水果或坚果。

如果企业事先知道消费者的锚定属性，就应当在营销推广过程中加强对品牌产品此属性的宣传。在网络时代，消费者往往喜欢通过产品属性关键词来搜索信息，企业可以通过优化搜索引擎技术及相应网页的优化，使自己成为优先收集和评价的对象。

（3）阶段性处理。消费者也许维持基本的收集信息方式，也许在收集信息过程中根据不同情况改变信息收集的方式。例如，第一阶段按品牌收集信息，第二阶段按属性收集信息。

收集信息的方式与购买频率有密切的关系，即基于品牌的处理方式与高购买频率有关，基于属性的处理方式与低购买频率有关；并且掌握有关品牌（方案）方面的知识与经验越多越倾向于基于品牌的处理方式。另外，消费者在购买决策过程初期阶段倾向于依据属性收集信息，购买决策过程的后期阶段倾向于依据品牌收集信息。

3. 被动搜寻与主动搜寻

在卷入程度较高的情况下，消费者会积极、主动地搜寻有关品牌、价格等方面的信息。外部信息搜寻常常是消费者的主动信息搜寻，而被动搜寻类似于被动接收信息，如偶然看到高速公路外面的商品广告、被动接触电视广告等。在网络信息时代，消费者更重视对信息的主动获取，而不是迷信品牌或被动接受广告宣传。

表 8-2 显示了针对不同信息搜寻行为的营销策略。

表 8-2 针对不同信息搜寻行为的营销策略

被动地搜寻信息	积极地搜寻信息
使用重复的广告	经常改变信息内容
使用电视	使用二维码、使用印刷媒体
重点在于价格促销	重点在于广告
强调店内营销刺激	强调进入商店前的营销

在消费者被动接收信息的情况下，店内刺激也更为重要。消费者不愿意在走进商店之前就搜寻信息，这时，店内的布置、货架的位置、价格折扣、店内人员促销等，就可以起到有效的提示作用，有助于引起消费者对产品和品牌的注意。

8-2 BOTH OF US

如果消费者积极地搜寻信息，营销人员可能需要更频繁地改变信息内容以提供更充分的信息。因为在传播产品属性和特色的重要性方面，印刷广告比电视、楼宇广告可能更有效。而且，由于消费者可能在进入商店之前从事信息的搜寻活动，营销者更可能在大众媒体的广告上，而不是在店内的促销上花钱。消费者在网上有目的地搜索信息，也是一种主动的信息搜寻。主动搜寻所获得的信息通常具有较高的效能性，因为人们对积极主动搜寻的信息，往往更重视并觉得应当尽快应用。

8.2.3 信息来源

消费者的信息来源可分为内部信息和外部信息，并且根据信息的获取方式，将信息来源划分为主动取得和被动取得。

1. 内部信息来源

内部信息来源也可称为经验来源，即通过对记忆中原有的信息（知识、经验）进行回忆。例如，一个消费者通过回忆自己过去购买活动的情况或广告中的有关内容，来搜寻满足自己当前需要的信息。由于消费者处理信息的能力有限，加上记忆会随着时间衰减，因此消费者在进行内部收集时可能只能回忆起很少一部分信息。

2. 外部信息来源

对外部信息来源可进行不同的分类。例如，根据"营销人员可控制性"和"人际来源"两个维度可将外部信息来源分为四类：可为营销人员控制且属人际来源，如销售员；可为营销人员控制且非人际来源，如广告、二维码、销售点展示；不可为营销人员控制且属人际来源，如口碑和专家意见；不可为营销人员控制且非人际来源，如商业评论或新闻。根据信息来源与消费者关系的远近，可把消费者信息来源分为私人来源、专业来源和营销来源。不同的信息来源具有不同的专业性和客观公正性。通常，非营销来源往往更为可靠；大众媒体途径影响范围广，但双向交流有局限性，如图8-5所示。

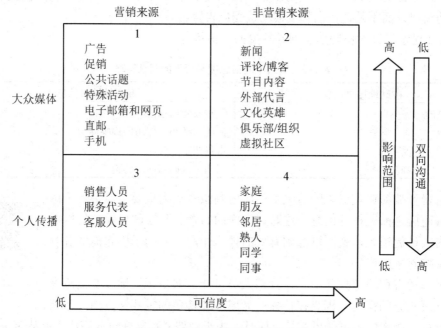

图 8-5　信息来源的不同影响

资料来源：韦恩·D. 霍依尔. 消费者行为学[M]. 5 版. 崔楠，译. 北京：北京大学出版社，2011.

1）商业来源

商业来源即消费者从广告、经销商、商店销售人员介绍的途径，以及商品展览或商店商品陈列、商品包装、商品说明书等途径得到信息。一般来说，消费者寻求的商品信息大多来自商业来源。

由于这类信息通常是企业和营销人员为推销产品而发出的，往往带有强烈的商业企图，所以消费者往往对其抱有怀疑态度。因而，营销信息对消费者决策的直接作用有限，但它对其他几种信息来源都有影响。有些厂商会试图将商业来源的信息同其他来源的信息以混合的形式呈现。例如，一些药品、保健品厂商将广告以新闻短片或者软文的形式发布，以减少消费者对商业来源信息的抵触心理；还有的企业主要通过赞助社会公益活动、慈善活动等方式来树立良好的企业形象，而不是赤裸裸地夸赞自己的产品。

2）公共来源

公共来源即信息由交易双方之外的第三者，如大众媒体、政府机构与其他非营利性组织等提供。例如，政府发布的商品质量标准、媒体对企业及产品质量的报道、消费者协会的评估、检验机构提供的检验报告等。公共来源的信息常被认为具有客观性和公正性，因此往往受到消费者的信赖。在网络时代，消费者获取公众来源的相关信息的难度已大大降低。

3）个人来源

个人来源即消费者从家庭、亲友、邻居、同事和其他熟人等社会关系处得到信息，也就是所谓的"口碑"。在一般情况下，口碑效果是在使用过产品的消费者向其他消费者传递有关其使用经验信息和建议时产生的。消费者通常认为，熟人的话比营销信息可信可靠，在社交压力和社会规范的影响下，消费者也更容易转变对产品和品牌的态度。很多研究都表明，人们通过日常的直接或间接的接触，在消费者面对面的传递中所交换的商品和服务的信息比正规的广播、电视等专门宣传的信息源有更重要的作用。

在个人来源中，意见领袖是那些对商品有经验的"内行"或知名人士，他们的观点对其他消费者有较大的影响力。假想你打算购买一种不太熟悉的产品，并且这种产品对你十分重要，如一套新的音响、一个雪橇。你是怎么做出购买什么类型、什么品牌的决定的呢？你很可能会找一个深谙这种产品的意见领袖去咨询。在网络 Web 2.0 技术下，第三方意见的传播变得非常容易，博客的出现，让消费者寻求意见领袖的成本大大降低，而博主的知名度、博主与粉丝的互动、博客的文章质量又会增加消费者的信任程度，降低其购买风险。

表 8-3 显示了消费者在不同情境下寻求意见领袖的可能性。如果购买者知识有限但购买卷入程度很高，就很可能向意见领袖进行咨询。在低卷入的购买中，人们则较少询问意见领袖（想象你找到一位朋友，然后问他哪种铅笔最好的情形），然而意见领袖同样会自动为那些低卷入的产品购买提供信息。当然，对于意见领袖，这些产品的购买也许并非是低卷入的。

表 8-3 寻求意见领袖的可能性

产品/购买卷入程度	产品知识	
	高	低
高	中	高
低	低	中

工商企业应当善于识别意见领袖，并赠送产品样品，提供产品资料、特殊服务或奖励等。例如，《健身世界》杂志的订阅者或健身教练可能是健身产品的意见领袖；由于意见领袖很合群，某些俱乐部和社团成员，特别是俱乐部的活跃分子会成为相关产品的意见领袖；某些产品领域也有职业性的意见领袖，如装修设计师与装修产品、药剂师与保健护理品、教师与教材、理发师和发型师与护发产品、计算机专业人士与 PC 及相关配件。了解意见领袖对产品的意见，并有重点地做好营销工作，对提高市场影响力有重要意义。

当然，传统口碑传播速度慢，容易断裂，具有时间与空间的局限性，因此也一直被视为非正式传播渠道。但在网络时代，网络口碑在传播方式、传播速度、影响范围与表现形式等方面都呈现出与传统口碑不同的特点，其影响作用急剧放大。网络口碑突破了时空限制，帮助消费者从大量素不相识的消费者那里获取他们的消费体验，在降低信息成本的同时，信息的丰富性和可信性也大大提高。在网络口碑影响力放大的同时，商家广告影响力则在下降。营销之父菲利普·科特勒 2019 年 10 月在北京发表演讲——《营销的未来》，他一开始就说："在未来，如果说不再需要销售人员，不再需要广告，会怎样呢？我猜想那时候的市场营销最需要做的就是管理好口碑，最有效的广告来自于消费者的朋友，还有体验过产品的这些人,消费者可以信任他们所说的经历和体验"。

一般而言,网络口碑对高卷入产品、大众化产品、性能变化快的产品(如电子产品)有更高的重要性,但对那些个性化产品,如服装、啤酒,他人观点的参考价值就会减小。

4)试验来源

试验来源即消费者通过个人亲身体验获取信息,如让消费者通过参观、操作、检查、试验、实际使用等方式来获取信息,或者通过购买并使用某种商品而获取信息。消费者往往相信他们自己主动寻求到的商品信息,而不大相信被动接收的信息。他们认为个人接触到的商品信息较可靠,而其他渠道获取的信息则不太可靠。一些微波炉厂商在大商场里提供面包坯,让消费者现场动手操作微波炉烘烤并品尝,就是为了让消费者通过亲身体验来获取信息。

▶ **思考一下**:网上商店与实体店所提供的商品信息有什么差异?

当从不同的渠道来源获取信息时,消费者所需付出的努力以及对所获得信息的信任程度是有差异的。表 8-4 就五种常见的信息来源在所需付出的努力和消费者的信任度方面做了比较。从表中可以看出,消费者从自己的经验来源和个人来源获取信息往往很方便,而且信任度高。因此,在现实生活中这两个来源都得到了广泛的使用。市场来源也经常被消费者使用,这是因为消费者很容易得到这些信息来源。但是,消费者对市场来源的信任度不高,因为在消费者看来做广告的人或者推销人员都会存有私心,他们会为了私利提供不真实、不客观的信息。公共来源和试验来源(消费者亲自检验和测试产品)不经常被使用,这是因为消费者从这两个来源获取信息时需要付出的努力较大。

表 8-4 五种信息来源比较

来 源	付出的努力	信 任 度
经验来源	低	高
个人来源	低	高
市场来源	低	低
公共来源	高	高
试验来源	高	高

对很多新产品而言,消费者最初的产品信息主要来自商业来源,即由企业控制的来源起着告知作用。而个人来源则起着认同或评价作用,也是最有效的外部信息来源。

在网络信息时代,消费者最主要的信息搜寻渠道还是互联网,其网上搜寻的主要工具是搜索引擎,手机也可以帮助消费者随时获得更加精准的商品信息。另一方面,丰富的网络信息也大大弱化了商业广告和营销人员的作用。

▶ **思考一下**:你在购买下列商品时使用了哪些信息源?a. 计算机;b. 手机;c. 皮衣;d. 洗衣粉。

8.2.4 信息类型与搜寻过程

消费者购买决策通常需要的信息有三种类型。

1. **解决认知问题的合适评价标准**

评价标准是指产品在相关属性（或指标）上应当达到的水平。这类信息包括：消费者内心希望拥有的能满足需要的产品特点；市场上好产品应该具备的特点。其中，消费者的内在标准由内部搜寻确定，市场上的外在标准由外部搜寻确定，其目的都是为了确定恰当的评价标准。因此，在信息搜寻中，消费者需要确定"合理而明智"的评价标准；营销应该提供能够引导消费者形成与其品牌优势相匹配的评价标准信息。

2. **各种备选方案或解决办法**

备选方案即比较方案或替选方案。消费者在心里经过内部搜寻所意识到的备选方案，称为意识域。意识域可以进一步分为三个次级域，即激活域、惰性域和排除域。其中，那些为解决认知问题可供考虑的备选方案，称为激活域或考虑域，激活域可由产品的不同品牌构成；惰性域是由那些消费者了解但不关心的品牌组成，是激活域的后备方案；排除域则是消费者认为完全不值得进一步考虑的品牌。

信息搜寻应当形成一个完整的激活域，以明确进行比较评价的备选方案范围。显然，品牌进入激活域特别重要，否则被选择的可能性很小。因此，营销战略仅仅以提高品牌知名度为目标是不够的，必须努力使自己的产品进入消费者选择的激活域，即能够被消费者很快联想并作为重点考虑对象。

品牌进入消费者激活域的促进因素有：① 品牌熟悉程度。知名度高或熟悉的品牌，自然更可能被激活。② 典型性。品牌如果能代表某一类产品，则在内部信息收集过程中容易被消费者想起，如提到高品质汽车，马上会想到奔驰、宝马，而不是捷达、伊兰特等，因前者比后者更能代表高品质汽车，更具有类别典型性。③ 目标与使用情境。消费者有时会按目标或使用情境对产品分类，如正式场合穿的鞋、运动时穿的鞋、散步时穿的鞋，等等，企业如果将自己的品牌定位于某个特定目标或使用情境，在这些购买目标和消费情境下，品牌更有可能被回忆起来。④ 品牌偏好。越是被消费者喜欢的品牌，或消费者态度越正面的品牌，越可能被纳入到激活域。⑤ 回忆线索。如麦当劳的金色拱门、孩子们喜爱的麦当劳大叔，都可以作为回忆线索，帮助品牌进入激活域。另外，相比之前考虑过但又被否决的已有品牌，新品牌更容易进入激活域。对营销者来说，消费者这种不愿给被否决品牌第二次机会的行为，正强调了产品从一开始推出就要保持良好表现的重要性。

意识域与激活域的规模随产品而异，而且对于所有的产品，激活域远远小于意识域。另外，激活域本身也是动态可变的。已有证据表明，随着消费者品牌忠诚度的增强，激活域的规模将变小。影响激活域规模的因素主要有消费者受教育程度、消费者家庭规模、意识域所含品牌数量、消费者对不同品牌适用于不同场合的认识水平。

▶ 思考一下：对于下列产品或场所，你的意识域、激活域、惰性域、排除域各包括哪些品牌？
　　　　　　a. 牙膏；b. 手机；c. 发廊；d. 餐馆；e. 洗发液。

3. **每个备选解决方案在各评价指标上的表现或特征**

特征信息是运用评价标准对激活域中的备选方案进行比较的依据。例如，购买手机的消费者可能会收集华为、苹果、三星、小米等品牌在摄像头、内存、处理器等方面的配置与特征情况。这些信息是消费者进行信息搜寻的最主要内容。

图 8-6 显示的是消费者购买决策的信息搜寻过程。

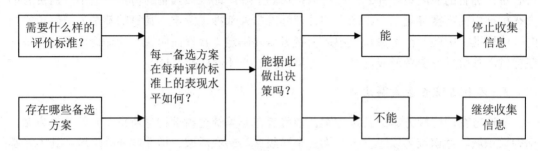

图 8-6　消费决策的信息搜寻过程

▶ 思考一下：请使用互联网为后面所列产品找到有关以下方面的信息：(ⅰ) 合适的评价标准；(ⅱ) 备选方案；(ⅲ) 表现特征。

　　a. SUV 汽车； b. 便携式电脑； c. 减肥食品； d. 旅游胜地。

由于信息搜寻的目的是降低不确定性，满足信息需求，所以一般情况下，信息需求量大，则信息搜寻量也大。但是如果信息需求量太大，超出了个体的认知处理能力或所能负担的成本（如时间、精力），则个体可能放弃（完全）满足信息需求，即便个体能够坚持下来，由于"认知过载"问题的存在，个体的信息搜寻处理能力也会大大下降，而信息搜寻处理能力与搜寻程度之间存在正相关关系，所以最终的结果是个体会放弃外部信息搜寻，或只进行少量的外部信息搜寻，因此信息需求量非常大时实际发生的外部信息搜寻量可能相对较小。可见，与消费者的购买经验与搜寻行为的对应关系相类似，信息需求量与信息搜寻量之间也存在倒 U 型的关系。

在实际的购买活动中，大量的信息从不同的角度影响着消费者，有正确的，也有错误的。而消费者的时间、精力以及识别和评估信息的能力有限，因此，消费者往往不想知道有关商品的所有信息，也越来越无暇顾及和比较产品的细小差别，而只是需要可信的、简明扼要的信息，并依靠这种信息决定自己将购买什么样的产品。这时，消费决策的对象就容易从产品变成品牌。

8-3　江南春：信息过载，导致遗忘

品牌的导入可使整个消费决策过程简化。在消费者心目中，品牌不仅代表着产品的品质，还可以是一种偶像、一种社会地位。品牌帮助消费者处理产品信息，降低购物风险，使消费决策更加容易，也更让人满意。

另外，当信息缺乏或无法提供时，也会出现缺失信息的现象。而消费者面临信息缺少时，会进行缺失信息推论，从商品或服务的已知属性来推论未知属性。例如，消费者在网上选购服装时，往往可以借由其配件（例如拉链和环扣）来判断所用材料的好坏，因为配件不错，通常所选用的材料也不会差到哪里去。

8.2.5　影响信息搜寻努力程度的因素

根据信息经济学学派的观点，对信息搜寻的收益与成本的估计决定着消费者搜寻信息的努力程度,消费者信息搜寻的量是由消费者搜寻的成本与搜寻所产生的利益之间的平衡点。外部信息搜索的利益与成本都包括有形与无形两种形式。网络信息时代极大降低了信息的搜寻成本,消费者搜寻信息也十分方便容易,这时其努力程度更多地受收益大小的影响,而且对不同商品信息搜寻努力程度的差距也大大缩小。

消费者有时会进行较多的外部信息搜寻,有时则只做有限的搜寻活动,甚至一些习惯性购买只通过内部搜寻回忆以前用过的品牌。影响消费者搜寻外部信息的努力程度的因素可以分为四种基本类型:市场特征、产品特征、消费者特征以及情境特征。这四类因素及其构成参见表8-5。

表8-5 消费者搜寻外部信息努力程度的影响因素

	影响因素	该因素增加引起搜寻活动的变化		影响因素	该因素增加引起搜寻活动的变化
市场特征	备选方案的数目	增加	消费者特征	学习与经验	下降
	价格幅度	增加		购买导向	兼有
	商店集中程度	增加		社会地位	增加
	信息可获得程度;广告、购买点、销售人员、包装、有经验的顾客、公众信息	增加		年龄与家庭生命周期	兼有
情境特征	时间可获得性	增加		卷入程度	兼有
	为自用而购买	下降		感知风险	增加
	令人愉悦的环境	增加	产品特征	价格	增加
	社会环境	兼有		差异程度	增加
	体能与脑力	增加		积极性产品	增加

具体来说,主要影响因素可归纳为以下几方面。

1. **市场特征**

市场特征因素包括方案的数量(如可选择的品牌数)、方案的复杂性、方案的市场营销组合、方案的完全性(如新替代品出现的可能性)、信息的可获得性与可用性、商店的地理分布。消费者能利用的备选方案(品牌、产品、商店等)数越多,越会加大购买风险,需要搜寻的信息也就越多。但如果需要加工的信息量超出了消费者所能承受的范围,那么他们就有可能放弃选择,或者在有限的几个品牌中进行选择,由于市场中有可能存在着比消费者的选择更优的产品,那么就意味着消费者增加了自己的机会成本,因为它没有选择更好的产品。另外,如果可供消费者选择的机会很少,如在完全垄断状态下,接受电力、自来水、天然气等公用事业服务,消费者就无须收集外部信息。

2. **产品特征**

产品特征因素包括产品价格、产品类型、产品差异以及重要属性的数量等。如果产品的价格较贵,或者产品之间存在显著差异,消费者就会搜寻更多的信息。一般情况下,消费者购买感知风险大的产品(例如价格昂贵、社会象征性高、技术复杂的产品)时,为减少或消除风险,就要搜寻更多的信息。例如,消费者要买一处商品房,由于价格高,对生活影响大,因此,这是一项风险较高的决策。为了降低风险,他开始广泛地收集有关商品房的信息,包括房子的质量、结构、位置、交通状况、周边环境、物业管理费用、开发商的信誉等方面的信息,可能会花费更多的时间查找资料。相反,购买商品的风险小,就不会花费这么大的精力。例如,消费者购买日常用品时并不会太在意价格,而十分注意"方便性"。消费者对日用品价格的敏感度较耐用品市场来得低,信息收集努力程度不高,主要原因在于日用品市场充斥着众多的品牌,竞争十分激烈,各品牌之间的价格差距很小,且功效大同小异。又如,消费者在购买服务类产品时,通常不像购买有形产品时那样当机立断,而且很多消费者倾向于更多地将别人的经验或口碑作为信息来源。之所以如此,原因在于服务产品是无形的,不似有形产品那样可以标准化,因而具有更大的购买风险。

Nelson 根据消费者对产品特性的了解程度及了解方式,将产品分为搜索产品、体验产品和信任产品三类。① 搜索产品:是消费者在购买前就能够对质量和适用性有所了解的产品,它往往是一些具有标准化特性的产品,如书籍、电器、电子产品、化妆品、日常生活必需品等。② 体验产品:是消费者在购买之前一般不可能准确获悉其质量特征的产品,只有在使用之后才能做出判断。因此,消费者需要花费一定的时间和精力搜寻这类产品的信息,这类产品有汽车、住房、服装和大宗家用电器等。③ 信任产品:是那些短期内难以体验和判断其质量好坏的产品,如保健食品等。显然,对信任产品,消费者需要进行长期的信息收集和整理,信息成本非常高。

Nelson 的分类方法在网络购物环境中应用最为广泛。消费者通过网络能很容易地了解到搜索产品的属性,而体验产品的属性很少能够通过网络获得。有些商品和许多服务具有相当高的"体验特征",消费者只有在购买或者消费之后才能够对产品属性有所认知,如食品、旅游;有些专业性服务还存在"信任特征",即使顾客在消费之后也难以评价产品的特征,外科手术就属于这种专业服务。

我们还可以把产品分为实用产品(达到某些功能或实用性利益的产品)和感性产品(为消费者创造愉快、想象、享受等体验的产品)两大类,也有人将之称为功利性产品和享乐性产品。当消费者把某个产品当作享乐性商品或功利性商品时,他们的信息搜寻模式是不一样的,如表 8-6 所示。

表 8-6 感性产品与实用产品的信息搜寻对比

感 性 产 品	实 用 产 品
感官刺激为主	产品属性信息为主
持续地搜寻信息	具体购买时的信息搜索
个人信息来源最重要	非个人信息来源最重要
符号与象征最有效	产品信息最有效

可见,当消费者评估享乐性产品时,其对信息的搜寻可能是持续的,而他们评估功利性产品时,搜寻信息可能是针对具体购买目的的。这是因为享乐性产品是某种持续体验的基础,而功利性产品的购买目的则可能与具体的购买和消费情境有关。此外,享乐性产品的购买者更可能向有经验的其他消费者征询意见和忠告,因此他们依赖于个人的非营销人员控制的信息来源,如亲戚、朋友和产品的拥有者。购买功利性产品的消费者通常更依赖

于非个人来源的信息来了解产品的属性和质量。

此外，消费者似乎更喜欢寻找那些积极或正面的产品，即那些能够带来正强化的产品。例如花草、服装、体育用品、照相机等。相反，购买负面或消极产品（其主要利益是负强化或消除某种外在不快）则并不令人愉快。例如，除虫服务、汽车修理对大多数人来说并不是件惬意的事。在其他条件相同的情况下，消费者更可能从事有关积极性产品的外部信息搜寻。

3. 情境特征

情境特征因素对搜寻行为具有影响作用。D. 霍伊尔把信息收集过程的情境特征因素分为四种，包括信息的数量、信息的形式、可用时间、待选择项目的数目，它们都会影响消费者信息收集的努力程度。

一般认为，情境特征因素包括时间压力、社会压力（来自家庭、同事、老板）、财务压力、购买任务、信息的呈现形式、生理与心理状况、信息来源的可接近性以及特殊的购买时机等。例如，如果要在较短的时间内解决消费问题，对所需商品的迫切程度高，消费者会因时间压力而来不及搜寻更多的信息；信息资料取得较困难，消费者可能会放弃搜寻努力；当为赠送礼品而购买商品的时候，消费者为减少感知风险就需要搜寻更多的信息；求大于供时的抢购情况下，人们对信息的搜索是有限的；消费者的疲惫、烦躁、身体不适等均会影响消费者搜寻外部信息的能力；如果出售同类物品的店铺较多，而且彼此靠近，消费者会更多地进行信息搜寻；面对拥挤的店堂和营销人员不耐烦的服务，消费者最基本的反应是尽量减少外部信息搜寻；从信息的呈现形式上看，搜寻努力与信息的数量、信息形式的易处理性成正比。

4. 个人特征

个人特征因素包括过去的经验与知识、兴趣、风险知觉、搜寻期望、购物导向、人格特性与生活形态、解决问题的方法、搜寻信息方法、品牌忠诚度或先前购物决策的满意度、卷入意愿（即搜寻态度或对购物活动的重视程度）以及人口统计特性（如收入水平、教育程度）等。

例如，消费者对产品或服务了解得越多，搜寻的范围越小，效率就越高，搜寻时间也就越少；自信心强的消费者，信息搜寻的范围小，时间短；搜寻能力与信息搜寻程度有正向关系；对于某种商品有过购买经验的消费者，与没有经验的消费者相比会减少信息搜寻的范围和时间，但对产品领域一无所知的消费者可能因为新信息太多而产生对外部信息搜寻的惧怕感，反而不愿意从事外部搜寻。一般来说，消费者对某一商品或服务越感兴趣，关注它的程度就越高，会花费更多的时间搜寻信息；消费者在购买低卷入商品时，品牌意识往往起着突出的作用；品牌忠诚度高的消费者信息搜寻努力较小。

但也有人发现，单就经验本身而言是不会减少信息搜寻的，只有当经验带来了满意并且产生了对相同品牌的重复购买时，信息搜寻才会减少。例如，打算换车的消费者，其信息搜寻努力程度并没有随过去购买汽车数量（即购买经验）的增加而减少，但是，如果消费者重复购买相同的品牌，其信息搜寻就会减少。消费者的知识与经验似乎应当与信息搜寻努力程度成反比关系，但人们也发现一些老年消费者对计算机、智能手机的了解很少，他们却并不热衷于收集相关信息，往往还将购买任务交给子女去完成。Bettman 和 Park 率先提出消费者的购买经验与搜寻行为呈倒 U 字形，即中度知识经验者花费最多的努力处理信息，这是因为低度知识经验者缺乏信息处理能力，高度知识经验者则缺乏处理信息的动机，中度知识经验者虽然已具有足够处理信息的能力，但已有知识量又不足以满足其需求，因而愿意花大量努力来处理信息。

从统计数据的相关性看，人口统计特性与信息搜寻努力程度也有一定关系。

（1）中等收入的消费者较更高或更低收入水平的消费者搜寻水平更高，但也有人认为平均每小时工资较低的消费者，将时间花在信息搜寻上的时间机会成本也较低，因而会从事更多的信息搜寻活动。

（2）外部信息搜寻程度似乎随社会地位的增加而增加。

（3）购买者的年龄与信息收集成反比。也就是说，随着年龄的增长，外部信息搜寻呈下降趋势。这是由于随着年龄的增长，消费者知识增加，对产品也更加熟悉。

（4）新组成的家庭以及步入家庭生命周期新阶段的家庭，与既有家庭相比，对外部信息有更大的需求。

（5）教育程度较高的消费者其信息边际成本较低，会进行较多的搜寻。

Beatty 和 Smith 调查发现：消费者拥有的某一产品领域的知识与搜寻活动呈反向变化；消费者可用的时间越多，搜寻活动将越多；消费者对购买的卷入程度越高，搜寻活动越多；搜寻活动随消费者购物态度的变化而改变，越是将购物作为一种享受，消费者越倾向于进行更多的搜寻。

另外，对某一产品领域卷入程度很高或"持久性卷入"的消费者一般会随时搜寻与该领域有关的信息。这种随时搜寻和由此形成的知识背景可能导致这些消费者在购买前无须进行外部信息搜寻。当然，这也可能随他们对该类产品的卷入程度的不同而变化。例如，追求多样性的葡萄酒嗜好者更多地从事外部信息搜寻活动。

▶ 思考一下：在购买下列商品时，哪些因素可能导致外部信息搜寻量的增加？哪些因素可能导致外部信息搜寻量的减少？
a. 洗衣粉；b. 月饼；c. 外出旅游；d. 手机；e. 运动鞋。

消费者搜索信息所投入的努力（时间和精力），会不会影响其继续购物决策过程的态度呢？研究表明，消费者总体搜索努力的增加，将会使其对继续购物决策过程持更加积极的态度，并且花更多的时间购物。这可以用"沉没成本"效应来解释。沉没成本包括金钱、时间和努力，为了便于与金钱成本区分，时间和努力成本又被统称为行为成本。为购买商品或体验服务而支付的金钱沉没成本，通常会增强消费者使用商品的频率；付出较多行为沉没成本的消费者通常比付出较少的消费者更倾向于做出满意的购后评价；与商品无关的行为沉没成本会使人们更愿意购买商品并支付更高的价格。

8.2.6 POM 理论

1. POM 信息渠道

美国斯坦福大学商学院营销学教授伊塔马尔·西蒙森（Itamar Simonson）和艾曼纽·罗

森（Emanuel Rosen）提出了 POM 理论，认为消费者的购买决策受到三个信息渠道的综合影响。

1）P（prior）

P 即个人原先的偏好、信念、知识和经验。消费者可能倾向于认为 P 是清晰而确定的，但实际上 P 往往是模糊而易变的（特别是对某些不常购买的产品），容易受到情境等外在因素的影响。当然，如果消费者对某款产品有着极强烈的个人偏好（或消极认知），那么 P 是清晰而明确的，P 会对决策起主导作用。许多出于个人嗜好、品牌忠诚或习惯性的购买行为就是如此。例如，消费者在超市里的日常或习惯性的购买行为多数是由 P 主导的，把牛奶、面包和鸡蛋放进购物车是一种习惯，主要受到之前偏好的影响，M 或 O 的外力作用不大（除非有新的促销因素）。当然，有时 P 也可能是在 M 和 O 的影响下形成的。

2）O（other）

O 指其他人的意见和公共信息服务，包括用户评论、亲友意见、传媒报道、专家观点、比价工具、名人看法、政府检测机构、第三方鉴定机构、相关的先进技术等。在购买决策过程中，消费者希望做出正确决策，并规避风险，而 O 往往被认为是最可信的渠道。O 还有个特点是信息丰富多样，能提供差异化信息。该信息来自许多不同背景消费者的消费体验，他们会根据自己的亲身经历，从不同角度对产品与服务进行评价。

在网络信息时代，消费者可以很方便地获取各方面（如网络社群）的信息，O 的作用越来越大，用户体验反馈、用户评价以及专家意见对消费者起着越来越大的影响作用。品牌营销、情感营销、情境营销、广告营销都将受到巨大挑战，依赖 O 的消费决策将成为主流。

3）M（marketers）

M 即营销者提供的信息，包括通过广告、推销员、经销商、包装、品牌、展览等方式获得的产品信息。以前消费者的信息来源主要是 M，但 M 并不十分可信。消费者会怀疑营销者为了提高销售业绩而不能客观、公正地提供信息。通常，M 来源起到通知的作用，而 O 来源起到对做出购买决定是否合理或评价的作用。例如，内科医生通常从 M 获知上市的新药，但究竟购买与否，则需借助于其他医生对该信息的评价。消费者也经常从广告或公司官网上获得基本信息，他们还是比较相信营销者提供的有关性能、颜色、实用性和特价优惠等信息。在一些品类中，品牌的影响力很大，比如代表身份的手表、名牌包等。一些电商网站的数据显示，类似一些高端化妆品、名牌包、时尚类的产品，尽管用户的差评有很多，依然难以撼动这些品牌的销售。但对于评价产品质量或可能存在的负面问题，营销者的客观度不如专家或其他消费者。

虽然三种渠道的影响力是互补的，共同主导着消费决策。但信息渠道影响力的组合是一种零和博弈，消费者对某一信息源的依赖度越高，对其他来源的需求就越低。因此，某一渠道的比重上升，必然导致另一渠道的重要性下降。当然，对信息渠道的依赖度也有成本和收益的权衡，过去 10 年里，O 的收益急剧上升，而信息成本却大幅下降，这极大提高了这一渠道的相对贡献值。另外，由于网络信息获取十分方便有效，市场变化也十分迅速，因此消费者更多地依赖于网络信息渠道，而 P 既模糊又片面，消费者对 P 并无信心。这时，其他渠道往往会夺取 P 在决策机制中的份额。

总之，因为 P 往往是模糊而易变的，因此，在消费者考虑是否要购买某件商品时，M

和 O 通常更能影响消费者。过去，M 很容易左右消费者的选择，但随着信息时代的到来，消费者如今越来越多地依赖 O，通过 O 去预判商品的绝对价值。

2. POM 影响力组合

在不同的消费情境下，POM 三种信息渠道对消费者的影响作用不一样，企业的营销策略也应当相应有所变化。营销者必须了解产品的影响力组合，即消费者购买决策中 P、O 和 M 三大因素的重要程度。了解影响力组合的前提是考虑产品所在类别、消费者特性（这当然是因市场细分而异的）以及品牌定位。例如，对于直观和个人经验难以判别的、迭代更新快的产品，消费者更多地依赖口碑、网络点评、专家意见和信息搜索工具等。

不同品类，他人意见对购买决策的影响不同。消费者对 O 因素的依赖程度可以用一个"O 非相关——O 相关"的连续体来表示，图 8-7 显示了几个品类在 O 连续上的位置。

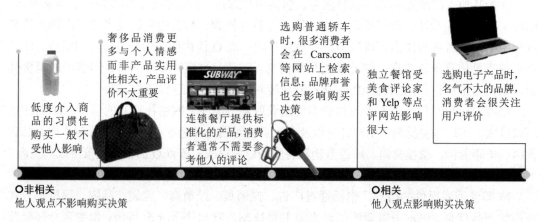

图 8-7　O 连续体

如果产品处于几乎与"O 非相关"的品类中（也就是接近图 8-7 左端），就表明其大部分消费者在购买过程中不考虑 O 的因素，或者即便有很多 O 的因素，这些 O 因素对他们的购买决定也几乎没有影响。比如回形针、衣架或者糖果，就可以被划分在图 8-7 O 非相关的一侧。相反，产品越靠近渐变轴上"O 相关"的一端，消费者卷入产品信息传播变革的程度就越深，其购买决定也越容易受 O 因素的影响。对于大多数产品来说，它们的实际情况应该介于两个端点之间。

产品在"O 非相关——O 相关"连续体的位置受以下因素的影响。

1）决策重要性

对于那些不太重要的商品，消费者不会依赖 O 因素。例如，买一包面巾纸，通常不需要去网站上查阅第三方的评价。对于这类产品，广告和卖场布置等传统营销方法比较有效。但如果某一消费决策对他们来说很重要，消费决策会向"O 相关"偏移。如果买一台计算机，消费者可能就会综合考虑第三方以及其他评测方的意见。

2）产品质量和多样性

产品质量的重要性和产品的多样性决定了消费者会花多少精力去搜索质量信息。比如，对于回形针这样不太重要的商品，质量信息就不那么重要，因为回形针对大多数消费者来说意义有限,而且质量差异也较小。相反,如果产品的同类品很多,而且消费者又十分关注商品的质量好坏,那么就会偏向"O 相关"。

3)风险和不确定性

风险、不确定性和复杂性会把消费者推向"O 相关"的一端。这就是为什么刚上市的新产品、技术含量高、复杂的产品,参考 O 因素的人更多。

4)产品所在品类的变化速率

变化会导致不确定性、风险和与时俱进的需求,所以,某些行业(如电子产品)中,经常会有新对手出现,市场份额经常变化,新的产品功能层出不穷,那么消费者很有可能会依赖 O 因素。

5)O 的有用性

在评估质量和合适度上,O 能起到的作用是因品类而异的。例如,类似服装这种个人喜好存在较大差异的体验性产品,O 的有用性就会打折扣,这与个人的品位和审美观有关。

6)消费大众化

在大众消费产品领域,O 的影响应该会大一些。如家用电器、手机、电影等。

7)消费情景

时间压力、急迫性、信息获取成本、购物环境等因素也会影响 O 的作用。例如,"双 11"购物节时,不少消费者急着抢购商品,减轻了 O 因素的影响,增强了 M 因素的作用。跟团去国外旅游的消费者,由于没有充足的时间和精力,加之语言障碍、环境生疏、纪律限制,旅游产品本身的可比性也较小,所以更容易受到 M 因素的影响(当然团友的影响也不可小视)。在移动互联网时代,许多消费者在碎片化时间里成为"低头一族",消费者不太可能盯着手机看广告,因此手机会减弱 M 的影响,而楼宇广告和电视则较适合 M 的传播。

8)分销渠道

有些渠道有利于 O 因素发挥作用,而其他渠道则不一定。如和电商相比,实体销售受 M 因素的影响更大,消费者在传统的实体店购物,容易受到品牌、包装、商品陈列或售货员的影响。又如汽车保险,此类服务经常采用一对一销售或电话销售,因此消费者难以获取他人的评论。但如果在淘宝平台上推出汽车保险服务,那么消费者肯定会看到更多评论,并给销售带来更大的影响。自营型 B2C 平台(如考拉海购)有时会限制负面评论的发布,导致消费者对 O 的信任度下降,而淘宝等第三方电商平台则有利于 O 因素发挥作用。对于知名度不高的行业新进入者,需要依靠质量和价值竞争,应当选择在那些利于比较的 O 因素渠道进行投资,从而抑制品牌资产和客户忠诚度发挥作用。当然,尽管大品牌具有品牌优势与广告优势,像苹果等少数大品牌可以在某种程度上免受 O 的干扰,但从长远看,最终还是无法抵御 O 的影响力(尤其是大品牌的新产品)。

▶ **思考一下**:在你熟悉的产品和服务中,哪些是属于"O 相关"的?

3. POM 理论的市场规则

以前打造品牌通常都是慢功夫,没几年时间不行。而在网络时代,一些新兴品牌(尤其是快消品)只花几个月,就能做到火遍全网,成为行业翘楚。比如瓶装饮料品牌元气森林和汉口二厂汽水、速溶咖啡品牌三顿半、雪糕品牌钟薛高、美妆品牌完美日记和花西子、奶茶品牌喜茶、麦片品牌王饱饱、酸奶品牌简爱等，它们都崛起于巨头林立、竞争激烈、过去被认为是毫无优势的赛道中。从信息沟通上看，消费者的口碑起了巨大的推动作用。

在网络信息时代，O 因素对消费者的影响越来越大，"O 相关"的市场规则已发生令营销者警醒的显著变化，这些变化包括以下几点。

（1）在越来越多的品类中，品牌正在丧失其作为质量标识的角色。
（2）在购买决策中，消费者过去的满意度已经不那么重要了。
（3）消费者忠诚度在下降，并且对未来购买行为的影响不大。
（4）市场定位和说服技巧已经不像过去那样有效了。
（5）那些利用消费者"非理性"和偏好不稳定性的销售策略已经不像过去那么有效。
（6）情感诉求面临大量"理性"信息的残酷挑战。
（7）新产品可以更快被下定论，传统的采用者类型已经不太重要了。

在新的市场规则下，营销者不能再把自己看作消费者购买决策的推动者，而是应该成为购买决策的追随者。换句话说，因为消费者已经把目光从 M 转向 O，所以营销者也必须关注 O，更要关注应当做些什么来增加 O 对消费者的影响力。

确实已经有营销者真正意识到这种转变，但是总体来说，多数营销者还是认为自己能大大影响消费者的感知、偏好和购买决策。他们仍然相信，如果营销者可以适当地划分市场、锁定客户、准确定位市场、选择合适的工具，消费者就很有可能购买其商品。当然，对于那些处于连续体上"O 不相关"这一侧的产品，这些做法依然适用。下面是"O 非相关"产品的传统市场规则，可以与"O 相关"进行对照。

（1）品牌依然是重要的质量标识。
（2）消费者仍然依赖过去的满意体验。
（3）消费者或许仍然保持品牌忠诚度。
（4）市场定位和说服技巧奏效。
（5）情感诉求仍和过去一样有效。
（6）消费者偏好容易受到非理性因素的影响和操控。

4. POM 理论与营销策略

在 POM 三个因素中，哪一个会在消费者的决策中占据主导地位，这通常取决于产品或者服务的属性以及消费者的人口统计学特征。营销者在做消费者调研时，需要找出这个决定性的因素以及三大渠道的比重组合，并根据这个影响力组合制定真正有效的营销策略。例如，如果消费者的购买决策更多地受专家和其他用户的评论影响，那么在广告上过多投入就会造成浪费。既然最主要的变化在于 O，营销者通常可以根据 O 对消费者影响力的大小来制定营销策略。如果 M 的信息依旧很有影响力，那么不必改变原有的营销策略。但如果企业的消费者在很大程度上依赖于其他用户的评论，那么通过 O 渠道去影响他们会更快、更有效。

伊塔马尔·西蒙森（Itamar Simonson，2014）认为，企业可以根据产品在 O 连续体上的位置，从下述四个角度重塑战略。

1)竞争地位

在消费者高度依赖 O 因素的领域,品牌效力不高,壁垒较低。餐饮业是一个典型例子。哈佛商学院迈克尔·卢卡(Michael Luca)的研究表明,在点评网站 Yelp 影响力大的城市,独立餐馆生意红火,连锁餐厅则营收不佳。在 O 因素影响力大的市场,全新对等的信息颠覆了传统固有的观念,新进入者的阻力不大。小米、三只松鼠等品牌都是通过打造 O 因素迅速占领市场的,成为新兴的重要品牌。

在消费者决策依赖 O 因素的领域,市场份额变动更快,如诺基亚手机的销量迅速下滑。反之,主要依赖 P 和 M 因素的品牌则相对稳定,比如宝洁的一系列品牌受 O 因素的影响较小。

2)品牌传播

在 O 相关的领域中,营销者很难直接影响消费者偏好的形成,触手可及的信息和不断变化的市场意味着消费者会主动寻找最新的信息和最好的选择,并据此做决定。换句话说,消费者所考虑的候选品是被主动创造出来的,他们不太可能仅在脑海中浮现的品牌中做选择。即使广告和知名度能起到提醒作用,但是真正到了购买的时候,消费者还是会更多地依赖更可信的 O 渠道信息进行购买决策,那么这种提高品牌知名度的方式也是缺乏效率的。因此,在"O 相关"的情境下,品牌传播应当做出改变。

(1)品牌传播应当专注于创造兴趣,而不是创造最高知名度或只关注说服技巧。

例如,吸引消费者兴趣的话题营销也是网络时代的广告策略之一。

【案例链接】

华为手机挡过的子弹

2016 年 8 月,一名外国人在其住宅外停车时,遭到两名持枪劫匪枪击,他应声倒地。其女儿回家后发现了躺在车外的父亲,将其送到医院急救,幸运的是,这个人没有受到严重伤害,劫匪射出的子弹没能穿透他夹克胸袋里的华为手机,被卡住了。华为手机能挡住子弹,这种功能不可谓不强大,华为手机官微以此为焦点,推出了一篇《华为手机挡过的那些子弹》的文章,详细地介绍了华为手机在世界各地所挡住的子弹。粉丝为华为手机"挡子弹"的这种"副业"所震撼,纷纷留言,表达了对华为手机的赞赏之情。如此一来,华为手机就为消费者营造了丰富的想象空间,在消费者心中留下了深刻的印象。

资料来源:本案例源于网络,并经作者加工整理。

(2)品牌传播应当从说服消费者转变为利用 O 信息来与消费者进行沟通。

社交媒体上消费者的评论(甚至某些负面评论)可以帮助企业更客观地展现产品,从而使消费者更好地了解产品的使用体验。时尚购物平台蘑菇街搭建了一个可以分享时尚、分享搭配的交流空间,让女孩们有一个修炼变美的购物分享社群。蘑菇街通过"达人"社群、"街拍达人"使女孩们聚集、分享自己的时尚心得、美肤美妆、购物经验、搭配秘籍等。女孩的这种分享需求,既丰富了网站的人气,又帮助商家进行了商品宣传。

在网络时代,口碑营销应当"让大家告诉大家",让消费者主动、自发地进行口碑宣传,最好能产生一种快速滚雪球式的病毒式传播效果。这里所说的"O 渠道沟通"并不只是利用消费者传播信息的社交媒体或方式来提高消费者的参与度。同一社交媒体既可以用来传输 O 信息，也可以用来传输 M 信息，关键是消费者是否主动地为营销方传播信息。例如，小米在公司成立日举办米粉节，引来"米粉"的狂欢；小米手机举办"吼一吼"有奖活动，只要用户向小米手机的微信公众号发送一句语音信息——"我爱小米手机"，小米后台系统对音量进行判断，分贝数高的用户就有机会赢得大奖，而且还有机会以优惠价格购买米兔玩偶。在这种活动中，尽管消费者参与度很高，但仍然是 M 渠道。而小米利用"米粉"在论坛上为其新品手机点赞、评好，才是真正的 O 渠道沟通。

【资料链接】

想要获得用户主动口碑推荐，除了质量，还要想想这六点

1. 借势

为了吸引用户的关注，可以借助一些热点事件，有时甚至是借助竞争对手的声势来为我所用。这一方法尤其适合初创品牌。

当年百事可乐刚刚创立时，面对老牌饮料可口可乐，他们打出的广告语是"新一代的可乐，新一代的选择"，借助可口可乐的"新老论"来树立百事可乐的品牌形象。而可口可乐铺天盖地的广告帮助自己树立了新一代可乐的品牌形象。

2. 利益

口碑营销的另一个方法，就是把产品和目标用户的利益挂钩。美国有一家饼干制造企业为了打垮竞争对手，开展饼干的大量免费派送活动，竞争对手则指控其不正当竞争，工商部门开始介入调查。因为赠送饼干与消费者的利益相关，所以，事件的发展引起了消费者广泛的关注，这家企业就发动消费者，博取同情与支持，民众也纷纷发表言论，支持该企业。虽然最终赠送活动被迫叫停，但是该企业的人设却立住了，产品销量也大幅提升。

3. 新奇

在今天这个信息爆炸、媒体泛滥的时代里，只有制造新颖、奇特的口碑传播内容才能吸引大众的关注与议论。

例如，海尔老板砸冰箱事件在当时是一个引起大众热议的话题，可之后又传出其他企业类似的行为，就几乎没有人再关注，因为大家只对新奇、偶发、第一次发生的事情感兴趣。

4. 适当利用争议

具有争议性的话题很容易引起广泛的传播，但争议往往又都带有一些负面的内容，企业在口碑传播时要把握好争议的尺度，最好使争议在两个正面的意见中发展。

5. 秘密

世界上很多传播最广泛的事件曾经都是秘密，这是因为我们每个人都有探听私密的兴趣，越是私密的事物，越是能激发我们探知与议论的兴趣。但是，制造私密性事件时切忌故弄玄虚或给受众一种受到愚弄的感觉，这样就得不偿失了。

6. 故事化

产品要让消费者喜欢，除了要将内容品质标准化，还要主动让消费者了解你的产品精

神，认同你产品背后所传达的故事。品牌文化故事化，将产品与一段新奇有趣的故事联系起来，更容易得到消费者的传播。

资料来源：http://www.qseeking.com/news/89.html。

3）市场调查

在人们对 O 因素不敏感的领域，企业可以继续使用传统市场调查方法；反之，营销者不能只盯着消费者的个体喜好、满意度和忠诚度，应对点评网站、用户论坛等社交媒体上的信息进行跟踪、归纳和量化。传统的市场调查通常主要研究 P 因素，通过了解消费者的喜好预测他们将会购买的产品，而购买决策权却越来越由 O 因素所掌控。P 可以反映消费者的偏好、预期，但这些往往是模糊和不稳定的。O 因素则是反映消费者预期和体验结果的最终因素，而且还具有即时性，能提供最新的消费者意见，而市场调研往往在时效性上比较落后，很容易过时。尤其在市场变化较快，竞争对手不断推出新产品的环境下。例如，iPhone 在 2007 年初上市前，一项市场调查表明美国、日本消费者对融合手机、MP3 播放器和相机功能的综合设备不感兴趣，但事实却恰恰相反。这项调查只考虑了 P 因素，随着 iPhone 的问世，早期用户的溢美之词极大地影响了后来的购买者，O 因素开始起作用。

针对网络时代的市场环境，Simonson 对市场调研的建议是：可以利用智能化的大数据技术对消费者的即时购买行为进行跟踪、分析和回应，而不是去预测消费者的长期偏好；不能总是研究个体消费者的偏好、预期、满意度和忠诚度，而应该更系统地跟踪评论网站、用户论坛和其他社交媒体上的消费者反应或共享信息。

4）产品细分

对同一种产品，不同消费群体的认知模式不尽相同：有的消费者可能更依赖 O 因素，有的则更看重 M 因素。例如，保健品的消费群体以老年人为主。我国老年消费者对网络不太熟悉，容易受 M 因素影响，而且保健品又属于信任产品，其效果很难在短时间显现。这时，保健品推销者的"亲情""免费"营销策略就容易奏效。所以，企业应针对不同消费群体制定不同的营销策略。对易受 M 因素影响的群体，可以加大广告投入，提高品牌知名度，宣传优惠活动等，但这些措施对看重 O 因素的消费者未必有效。营销者还应考虑临时性因素的作用，如全凭 O 因素网购电子产品的消费者也可能被购物季的特价所吸引，转向 M 因素。他们会受打折促销的气氛影响，等不及浏览评论就下订单。

本章思考题

1. 哪些情形会使消费者产生问题认知？
2. 如何激发消费者的问题认知？
3. 企业在什么条件下应当激发消费者的一般性问题认知？
4. 消费者的不同信息来源有何特点？
5. 影响消费者搜寻信息努力的因素有哪些？
6. POM 三个信息渠道对消费者决策的影响作用有什么不同？

7. POM 三个信息渠道的作用在哪些消费情境下会出现明显的差异？
8. 在网络信息时代，与"O相关"的市场规则有哪些重要变化？
9. 在网络信息时代，如何根据产品在 O 连续体上的位置来重塑营销战略？

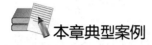

本章典型案例

世界上最大的营销骗局——钻石=爱情

钻石在被发现以后很长一段时间只是皇家和贵族炫耀财富的饰品，产地固定而且资源稀缺。后来，南非发现了一座大钻石矿，如果这些钻石进入市场，钻石的价值将大打折扣。于是，戴比尔斯公司一咬牙买下了整个钻石矿，之后小心翼翼地控制钻石产出量，垄断了整个钻石的供货市场。

要稳定钻石价格除了让别人买，还得不让他人卖。这怎么可能呢？戴比尔斯想了个主意，那就是把爱情同钻石紧紧结合在一起。

因为钻石=美好+永恒，而爱情=美好+永恒，所以，钻石=爱情。

之后，戴比尔斯花费了巨额的广告费用开始打造所谓的钻石文化。宣称坚硬的钻石象征的正是忠贞不渝的爱情，而只有钻石才是各地都接受的订婚礼物，同时通过各种手段和铺天盖地的广告，强化钻石和美好爱情的联系。婚纱照上新娘身着美丽的婚纱，一脸幸福的微笑，手上的钻戒在大家的眼前闪耀着。戴比尔斯更是提出了那句经典的广告语——A diamond is forever（钻石恒久远，一颗永流传）。通过这个营销，戴尔比斯一石三鸟。

（1）男人都认为只有更大更美的钻石才能表达更强烈的爱意，恋爱中的男人为了女人什么事都做得出来。

（2）女人都认为钻石是求爱所必需的："你连钻石都不舍得买，还好意思说你爱我？""什么？你以为我看中的是钻石，我看中的是你舍不舍得！"

（3）钻石都代表着永恒的爱情，拿来出售简直是对神圣爱情的最大亵渎。除非你跟前夫不共戴天，否则很少会卖掉他给你的钻戒，而且就算卖，也不会有人接手，因为"那是你的爱情，那不是我的"。

正因为如此，尽管钻石不断开采，至今已经有 5 亿克拉，但在整体上还是供不应求，价格扶摇直上，因为只有戴比尔斯才可以卖钻石。

后来，为了不让钻石掉身价，戴比尔斯又强调碎钻一样高贵，钻石的珍贵不是看大小，而是看做工和切面。结果，钻石也征服了底层阶级，大的好的卖给富人，碎的小的卖给穷人。

戴比尔斯把女人的心理研究到登峰造极的地步，比如他们研究显示，对于钻石这种奢侈的商品女人的心理是矛盾的。一方面，她们对首饰有着天然的占有欲，一方面又认为主动索取会带来良心的负罪感。所以戴比尔斯的广告强调钻戒应该跟惊喜结合。一个男人默默买了钻戒，在一个精心安排的场合突然送出，这才能在最大程度上化解女性的矛盾心理，一方面她们拥有钻戒带来的极度喜悦，一方面又保持了女人的纯真。

多少年来，钻石已经逐渐绑架了消费它的人们。你以为女人看重的仅仅是钻石本身吗？错了，她们更看重的是你宁愿花掉自己多年的血汗钱而为她换来的一个爱情的象征。如果你拿着本文去向你未婚的女友义正词严地指出，买钻戒是傻瓜干的事，你的女友只需要看着你的眼睛说一句话就能让你哑口无言："是的，这很傻，可是你就不能为我傻一次吗？"

当把一种商品提升到文化乃至习俗的高度，你拥有的就是宗教般狂热和虔诚的信徒。

资料来源：李东进. 消费者行为学[M]. 北京：机械工业出版社，2007.

案例讨论：

（1）钻石激发消费者的什么需要？产生了什么象征意义？

（2）钻石营销抓住了消费者的哪些心理？

（3）钻石为何能成为最成功的营销案例？

第8章-问题认知与信息搜寻-自测题-1

第8章-问题认知与信息搜寻-自测题-2

第 9 章　方案评价与选择

思维导图

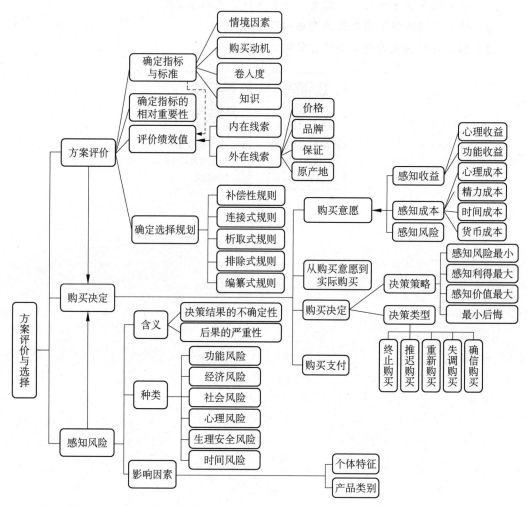

本章学习目标

- 熟悉并掌握消费者对商品购买方案的评价过程。
- 了解消费者对评价标准的选择。
- 理解消费者常用的评价线索。
- 理解消费者的品牌选择规则。

- 掌握购买意愿的形成模式。
- 理解顾客让渡价值及其构成要素。
- 掌握消费者感知风险的含义、分类与影响因素。
- 了解消费者购买选择的特点。
- 了解消费者购买决定的不同策略。

 导引案例：小王选房

在一个充满活力，充满快速发展机遇的城市里，攒钱的速度绝对赶不上房价上涨的速度。于是，小王决定必须在最短的时间内购买房子。

小王开始收集有关房地产的信息，经常翻阅报纸上刊登的各种房地产介绍，仔细阅读收到的各种楼盘的商函广告，并且留意电视和网络上宣传的各种房产信息，经过两个月的积累比较，小王决定购买一套居住环境好、交通便利、户型合理、价位合适的住宅。

有了明确的目标，小王开始拉着朋友到处看房、选房，将每一个开发小区的优点、缺点进行整体分析，然后进一步评估筛选。

最后，"绿荫苑"脱颖而出，该楼盘独辟蹊径，以"依绿而居"的营销理念热销楼市，"绿荫苑"摒弃了当时众多开发商追求的高容积率，在小区的规划设计中着力营造其"绿色营销"。尽管不少楼盘从提高居住小区的环境质量出发，在追求高绿化率的同时，有意无意地引入了绿色营销理念，但也只能称其为"绿化营销"，主要通过追求高绿化率来体现。但"绿荫苑"的区别在于其绿色营销的内涵很丰富，它不仅包括外部空间（绿地、广场、林荫、道路、建筑小品等）的营造，也包括住宅单元内部空间（朝向、层次、通风、采光、干湿等）的营造。

另外，该楼盘位于城郊接合部，空气清新、环境清静、地价实惠、交通便捷，形成具有相当规模的开发区；社区的规划设计以人的居住、休憩、娱乐为中心；开发商是大品牌商，有实力，更有保障。除此之外，此楼盘依园傍水，周边环境优雅清静，与绿化率高达40%的小区内景浑然融为一体，相得益彰，体现了人与自然、人与环境的和谐统一。

购房过程非常轻松、快捷，填合同、付首期、办理按揭手续，一切都很顺利。

资料来源：https://wenku.baidu.com/view/01f6cd66ddccda38376bafd9.html，有改动。

案例思考：
（1）小王的购买意愿是怎么形成的？
（2）小王为什么选择"绿荫苑"？

在收集信息阶段，消费者掌握了相关商品信息，并形成一个品牌考虑域或激活域。在方案评价与购买决定阶段，消费者将对激活域的备选品牌进行购前评价，确定评价标准及其相对重要性、确定备选品牌在每一标准下的绩效值，并运用一定决策规则从各备选品中做出选择。消费者将对感知利得、感知利失、感知风险进行衡量，最终做出购买决定。然而，也有一些因素可能致使消费者改变购买意向。另外，消费者的购买也并非全部是有计划的，无计划或冲动性购买占有相当大的比重。

9.1 购买方案的评价

消费者收集到有关商品信息后，还要对这些信息进行加工、整理、对比和评价，最后挑选一种商品作为购买目标。例如，某人要买电冰箱，收集有关资料后，就会比较各品牌特点：××牌价廉、耐用、省电、维修方便，但功能略少；××牌质优、美观，但价高、费电；××牌……这些品牌的商品各有利弊，消费者要权衡利弊后方能做出购买决定。购买方案的评价过程如图9-1所示。

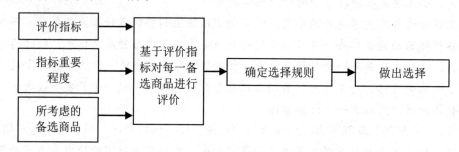

图9-1 购买评价与选择阶段

消费者通过收集到的信息对各种商品进行评价，主要从以下几个方面进行。

9.1.1 确定评价指标及其重要性

1. 评价指标的含义

在寻求商品信息阶段，消费者已经大体知道了应当从哪些属性来对商品进行评估。在本阶段，消费者还要根据本人的使用需要进一步明确评价指标。

1）定义

所谓评价指标是指消费者在选择备选品时所考虑的产品属性或特征。这些属性与消费者在购买中所追求的利益、所付出的代价直接相关。它们是消费者进行品牌评价的维度。典型的评价指标，常常是那些与消费者最期望获得的利益或必须付出的代价有关的产品特征或属性。

消费者感兴趣的属性因产品不同而不同。比如，对于单反数码相机，消费者感兴趣的属性主要包括像素、操作与携带方便、价格等；而对于旅馆来说，其重要的属性主要包括舒适、卫生、安全、便利、费用等。对于同一产品来说，不同消费者对其不同属性的关心程度也不同。同时，评价指标可能是主观的也可能是客观的。例如，在购买汽车时，消费者使用诸如价格及节约燃料等客观属性，也可以同时使用如形象、风格等主观属性作为标准。

2）性质

评价指标可能在类型、数量和重要性等方面存在差异。

(1) 评价指标在利益上有差异。有时评价指标与消费者获得的利益相同,比如价格因素;有时两者不甚一致,比如牙膏含氟与防治蛀牙。

(2) 评价指标在类型上有差异。消费者采用的评价指标包括:显性的成本、功能性和无形因素(如样式、味道、声望以及品牌形象)等。例如,消费者在购买家电的时候更多地考虑功能性因素,比如能耗、噪声等,而在购买服装的时候更多地会看中品牌、款式、颜色、布料等。

(3) 评价指标在形式上有差异。评价指标可能以极端(能耗越低越好)、限定(长度不能超过1米)或区间(住房面积在70~90平方米之间)等形式存在。

(4) 评价指标在数量上有差异。评价指标的数量因产品、个体和情境(如时间压力)而不同。对于相对简单的产品(如洗衣粉、铅笔),评价指标的数量会很少;而重要的商品购买则会涉及多种评价指标,如在为孩子挑选幼儿园的时候会考虑很多因素。消费者个体特征(如产品熟悉度、年龄)不同,评价指标的数量也不一样。购买情境因素也会影响到评价指标的数目,例如,有研究显示,时间压力会减少消费者在购买包装产品时对成分信息的检查。

(5) 评价指标在重要性上有差异。个体对评价指标重要性的判断不太一致,比如购买手机的时候有的人注重品牌形象,有的人注重价格,有的人注重时尚性。

对于新产品种类,消费者必须评估各种指标在什么水平上是自己所能接受的。等到购买并使用之后,这些偏好水平才可能建立并稳定下来。例如,第一次购买烤肉架时只有很少的产品经验,但必须决定买燃气型还是烧炭型,等等。只有购买和使用之后,这些偏好水平才能够建立并稳定下来。

2. 评价指标的相对重要性

消费者对激活域里同类产品的不同品牌进行评价时,首先要确立一定的评价指标,然后还要衡量这些指标的重要性,即赋予不同的重要性权数。不同消费者在对同类产品评价时使用的评价指标、标准和权重不尽相同。因为消费者购买不同的商品是为了满足不同的需要,寻求特定的利益。

消费者不一定将所有感兴趣的商品的属性都视为同等重要,而是有所侧重,并存在个体差异。例如,摄影爱好者对相机性能的要求更高,而旅游者则对便利程度看得更重。一般而言,商品的功能是影响消费者是否决定购买的最基本的因素。而对于功能相同的商品,消费者就会考虑质量、外观、包装、商标、价格、服务等方面的因素,并有所侧重。

▶ 思考一下:当你购买或选择下列商品或服务时,你可能会使用哪些评价标准?不同评价指标的相对重要性如何?
　　　　　　a. 手机;b. 理发;c. 朋友聚会的餐馆;d. 皮鞋;e. 空调。

3. 评价指标及权重的影响因素

消费者所利用的评价指标及其重要性程度还受以下因素的影响。

1) 产品因素

产品类型的不同会影响评价标准的确定。对于实用型产品,消费者在选择时的评价标准可以是颜色、材质、外观等非常具体和明确的客观标准,主要考察其实用功能与性能、耐用性或经济性等。对于享乐型产品,消费者的评价标准则更加主观,即产品是否可以给消费者带来良好的体验和感受,同时评判标准可能也更多、更复杂,所需的评价时间也更长。

2) 个体因素

评价标准会受到消费者个体差异的影响。性别、年龄、教育水平、收入水平以及购买动机、产品知识等都会影响评价标准。例如,同样购买笔记本电脑,教育水平和收入水平较高的人会更加在乎笔记本电脑的性能、配置和售后保障等,教育水平和收入水平较低的人则会更加在乎价格和外形。同时,在购买笔记本电脑时,男性可能更加在乎性能,女性则更加注重外形。

3) 情境因素

购买情境也会影响评价指标的数量和各项评价指标的相对重要性。例如,高卷入产品的评价指标较多,而像牙膏、肥皂、手纸等这类低卷入产品的评价指标数量则相对少一些;在时间紧迫的情境下,消费者会减少评价指标。又如,公司职员午餐选择餐馆,主要考虑的是位置的便利性、上餐的快捷性、价格以及卫生等,但是当有充分时间来接待客人时就要考虑餐馆的氛围、档次和客人的喜好与口味。

4) 竞争态势

一般来说,竞争品牌之间评价指标的差别越小,则指标在决策过程中可能的影响就越小。即使是商品的重要属性,如果备选品间缺乏差异,也不能成为消费者选择的依据。只有消费者认为重要且备选品存在显著差别的属性才能成为选择依据,这种差异性属性成为关键的决定性指标。例如,消费者在选择乘坐哪家航空公司的飞机时,安全无疑是最重要的考虑因素,但如果消费者认为各家航空公司在这一属性上并无实质差别,那么决定其选择行为的可能就不是安全属性而是其他因素,如服务水平的高低。对美国一个银行的新储户所做的调查表明,虽然某些属性如银行的营业时间非常重要,但消费者认为不同银行在这些方面差别很小。因此,这些因素并非是选择银行的最重要的决定因素。某些属性如支票账户的透支优待虽然各银行在规定上有很大不同,但它们对消费者选择在哪家银行开户影响也很小。只有那些被大多数消费者视为非常重要、同时各家银行又存在很大差别的属性,如员工的友好态度、信用的可获性等才是选择的决定性因素。

5) 广告因素

当一种评价指标变得不重要时,其他指标往往会变得更重要。在广告影响方面,广告可以提醒人们关注某些商品属性或强调某些评价指标的重要性,从而提升这些属性在消费者决策过程中的影响力。有时候,因为一些特殊事件,消费者也会新建或提高某种属性的重要性。例如,在"假明胶"事件后,消费者对明胶变得不信任,对食物中是否添加了明胶变得非常敏感,因而提升了食品的"无添加"这一属性的重要性。

4. 评价指标与营销策略

商品的这些属性或特征与消费者所追求的利益和付出的代价直接相关,是消费者决定购买的依据。评价指标及个体赋予它的重要性程度,不但影响品牌选择,还会影响到是否及何时认识到某问题以及是否和何时做出购买决定。例如,关注汽车样式、品牌形象甚于舒适度和价格的消费者，比那些具有相反重要性排序的消费者更频繁地购买新车。

主要的营销策略包括以下几点。

（1）确定在某一具体的产品购买上，消费者会采用哪些评价指标，尤其应更多地关心这些指标的相对重要性如何。

（2）了解消费者在每一评价指标上如何看待不同的备选品。

（3）采取营销宣传来影响消费者所采用的评价指标及其对重要性的认识。

（4）了解消费者在每一评价指标上的评价标准。所谓"评价标准"是指消费者要求商品在这些指标（属性）方面应达到的最低水平。评价标准因人而异，差别较大，有人要求很高，有人则大体满意即可，如有的老年人对手机的音量和字体大小有较高的要求。大多数消费者的评价标准是其心目中理想或合适产品的大致形象。也就是说，消费者会根据购买动机等设想出一种"理想产品"标准（各属性、指标应达到的水平），然后拿"实际产品"与这种"理想产品"相比较，而最接近"理想产品"的品牌最能实现消费者的期望满足程度。

（5）根据消费者对商品指标与标准的认知，找到产品差异化的关键，确定目标市场，进行产品定位，开发合适的产品特征并传播给目标市场。对不同需求的目标消费者提供具有不同属性的产品，这样既能满足顾客的需求，又能最大限度地减少因生产不必要的属性所造成的资金、劳动力和时间的耗费。

（6）企业应当根据消费者对评价指标重要性的看法，努力在目标消费者认为最为重要的方面超过竞争对手，并且向消费者传递自己的产品在这些属性方面拥有很强的优势，把消费者注意力吸引到公司品牌优势的属性上来，同时强调特别适合自己品牌的使用场合。但是，如果企图推广两个或两个以上消费者认为互斥的属性，除非传递出令人非常信服的理由，否则失败的概率会很大。

应当注意的是，消费者、经销商以及生产者的属性偏好会存在差异。例如，当被问及消费者如何评价与选择商品时，生产者列出了工艺、性能、外形作为关键评价指标，而消费者却列出了不同的指标：外观、可清洗性、耐用性。

9.1.2 评价商品的属性

消费者根据各评价指标及其相对重要程度，对各品牌商品的绩效表现进行主观评价，从而建立起对各个品牌的不同信念。例如，确认哪种品牌在哪一属性上占优势，在哪一属性上相对较差。

1. 评价线索

消费者必须具备一定的购买经验和了解具体商品的信息，才能有效地对商品进行评价。通常情况下，消费者难以拥有、理解并掌握商品的检验方法或全部信息，很难对商品的属性做出全面、准确的客观判断，如果还要在不同品牌之间进行比较，那就更加困难。另外，许多商品和服务十分复杂，消费者只有在大量使用后才能对商品一些方面做出判断。

如果消费者不能对商品某一评价指标的绩效水平做出直接判断，就会依赖一些相关线索来进行评价，即使用商品的可察觉属性来指示另一个不易观察的属性。这种可被消费者察觉且能指示或判断另一类不易观察属性的属性，称为替代指标。当消费者缺乏知识做出判断、对购买决策兴趣不大或者其他一些与质量有关的信息缺乏的时候，替代指标的作用会更强。

例如，对于汽车的质量、耐用性等难以直接观察的属性，普通消费者在进行比较、选择时，可能并不具备判断、评价的技能和知识。此时，消费者可能会借助制造商的声望、品牌、汽车坐垫的舒适程度甚至关车门的声音来进行推断。常用来判断产品质量的替代指标有价格、品牌、厂商声望、原产地、广告密集度、保证、包装、样式等。

替代指标之所以发挥作用，是基于消费者的信念，即两个属性（如价格和质量）通常是有关系的。而且，消费者也会形成另一类信念，认为轻巧和坚固、味道好和热量低、高纤维和高蛋白质是不会共存的。

消费者用来评价商品好坏的产品属性大致可区分为内在线索和外在线索两种。

1）内在线索

产品的内在线索是指与产品的使用价值相联系的内在属性。包括大小、色彩、香味、手感、所用材料等。具体来讲，耐用品的内部线索一般指质量、性能、可靠性等方面的指标；对食品则指口味、营养价值、新鲜程度等。

产品的内在质量对品牌的评价来说非常重要，消费者也更相信产品的内在线索，因为根据内在线索做出的购买决定更为合理、客观。对于先验产品，即购买前或购买时就能凭感官对产品品质做出大致判断的产品，产品本身的

9-1 购车者为何不看发动机，反而反复开关车门？

内在质量构成了评价和选择的基础。但是消费者对产品质量的辨识能力是有限的，例如，消费者选择咖啡时以味道作为评价指标，但是在对味道的盲测（blind test）中却常常识别不出品牌。为此，消费者有时就会以与物质特性相关的其他内在线索作为替代指标来利用。例如，根据面包的柔软程度来判断面包的新鲜度；根据香水瓶子的颜色、形状和材质来判断其质量档次。

2）外在线索

外在线索是与产品自身属性或物理属性无直接关系的外部因素，比如价格、品牌、保证、原产地、包装、消费者口碑、出售场所及零售商的声誉等。当产品信息不完全时，消费者通常会利用这些可能与产品质量有联系的外在线索作为产品质量的信号。例如，高价格、高保证和良好的品牌形象往往代表着高质量；葡萄酒产地是消费者感知葡萄酒质量时最重要的参考因素。

对于低区别性、低试用性的产品，消费者通常更多受外在线索的影响。例如，消费者在超市面对众多的护肤品，选择了欧莱雅这样的大品牌，其评价线索其实是基于间接证据，如行业排名、品牌知名度、广告投入、产地等，而不是基于原料、工艺或测试效果等内在线索。但在网络信息时代，消费者很容易获取来自其他消费者的产品质量信息，如消费体验、专家评介等，更注重从"绝对价值"角度评价产品质量，外部线索的作用正在减弱。

产品内在属性和外在属性都可能成为指示另一种属性的替代指标，但外在属性更为常见。

▶ 思考一下：消费者对其关心而凭感官又无法感知某些指标的绩效，是如何比较的？

2. 评价连续体

由上可知，消费者评价选择方案时要进行两种判断，即客体（品牌、产品及其属性特

征）出现可能性判断，以及客体重要程度的价值判断。这些判断处于一系列认知连续体上的某一点。图 9-2 是关于家电节能情况的可能性和价值判断。如果消费者很看重家电的耗电性能，而他判断某家电品牌又很省电的话，其选择此品牌的可能性就很大。

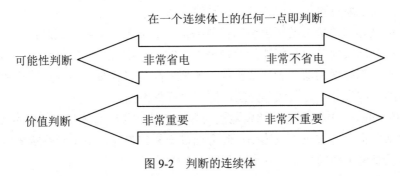

图 9-2　判断的连续体

消费者还会把各个属性的零散评价归类为某一范畴。例如，判断一个产品的时候，把这个产品归类为"价格贵"或"高档"等范畴之中。最后达成一个整体的认知。

9.2　购买意愿与选择

消费者在经过信息收集和评价选择阶段之后，在心目中形成购买目标，并产生购买意愿。但还需进一步解决购买时间、购买商店、购买方式、付款方式，以及资金的筹集、配套产品的选定等方面的问题，最后才做出购买决定并产生购买行为。

9.2.1　购买意愿

1. 购买意愿的内涵

意愿是个人从事某种特定行为的主观可能性。购买意愿是指消费者愿意做出某种购买行为的可能性或主观概率。因此，购买意愿可视为消费者选择特定产品的主观倾向，购买意愿与购买行为的关系也被多数学者所肯定，普遍认为购买意愿可作为预测购买行为的重要指标。

当然，购买意愿并非一定会导致购买行为。在传统购买或复杂决策活动中，从购买意愿到实际购买容易出现"时滞"现象。在这期间，他人的态度、价格预期的改变以及其他一些意外情况的出现，都可能导致延迟购买或终止购买。在市场营销中，常常以限时和限量的优惠方式促使消费者尽早完成购买，比如"截止日期""数量有限""仅限""前 500 名""秒杀"等等。直播带货除了主播的感召力外，所谓"全网最低价"以及火热、紧迫的抢购氛围，也是促成用户最终下单的重要因素。

2. 感知价值理论

泽瑟摩尔（Zeithaml）在 1988 年首先从顾客角度提出了顾客感知价值理论。她将顾客感知价值定义为：顾客所能感知到的利得与其在获取产品或服务中所付出的成本进行权衡后对产品或服务效用的整体评价。其中，感知利得主要由感知质量和感知服务两方面构成；而感知成本包括货币成本、时间成本、心理成本、精力成本。例如，一些商家要求购买者转发相关商业信息到自己的朋友圈，从而获得优惠利益，但不少人担心这会给好友们留下不良印象，因而不愿意参与，这就是有较高的心理成本。

感知价值是影响消费者购买意愿的首要因素。消费者之所以决定选择某种产品，是因为他相信该产品比其他竞争品牌能给他带来更大的感知价值。增加消费者感知利得与减少消费者感知利失都能增加消费者感知价值，从而提高购买意愿。但增加消费者感知利得与减少消费者感知利失并不是截然分开的，例如"好货不便宜"。

Wood 和 Scheer（1996）将感知风险视为为获得某产品所必须付出的成本（或利失）之一，认为感知利得、感知成本及感知风险会通过交易的整体评估来影响购买意愿，其中感知风险与购买意愿呈负向关系，其模式如图 9-3 所示。

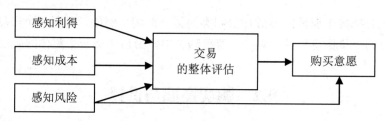

图 9-3　购买意愿的形成模式

在这一模式中，交易的整体评估是对所获得的利得和付出的成本加以权衡（类似于感知价值的概念）。货币成本是立即确定的支出，而风险则是代表一种未来且不确定的可能花费或遭遇，风险成本对购买行为的影响更显著。感知风险是购买产品时所必须承担的精神成本，除了直接影响购买意愿外，也透过感知价值间接影响购买意愿，而且消费者对某产品的感知风险越高，其对该产品的感知价值就越低。

显然，要使消费者产生购买意愿，必须使消费者的感知利得大于感知利失，而且感知风险必须降低到消费者可以接受的程度，消费者才会决定购买。如果产品在某个因素上对感知价值产生了阻碍，就会降低消费者的购买意愿。例如，以前修图软件主要是 Photoshop（PS），但 PS 学习成本太高，普通用户很难掌握。于是出现了各种美图 App，降低了学习使用的精力成本。

当然，消费者对感知利得、感知利失、感知风险的评估都是主观的，不同的消费者也会有不同的侧重。例如，小米手机定位于年轻粉丝群体，这个群体对金钱的感知较敏感，而时间和精力对他们来说并不太重要。对此，小米首先针对价格，做出了高性价比的承诺，然后通过饥饿营销带出来的稀缺感提升了自己的价值；最终买到小米手机的用户，往往不会意识到自己蹲在电脑前抢购耗费了大量的精力和时间，而只会感觉到用相对低的价格买到了好产品。这样，小米就用非敏感的感知成本扩大了消费者的感知价值。

与 Zeithaml 的感知价值理论相似，菲利普·科特勒（Philip Kotler）提出了"顾客让渡价值"的概念（见图 9-4）。顾客让渡价值是消费者获得的总价值（包括产品价值、服务价值、人员价值、形象价值等）与消费者在评估、获得、使用以及维修商品时所付出的总成本（包括货币成本、时间成本、精神成本、体力成本等）之间的差异。只有顾客总成本低于顾客总价值，消费者才会感到满意。例如，消费者打算去西餐厅就餐，虽然价格不到百元，但开车到店所花的时间、交通拥堵引发的烦躁情绪，可能还有因为没有做顿像样的饭菜给孩子吃而受到的良心谴责等，都可能打消消费者前往消费的念头。

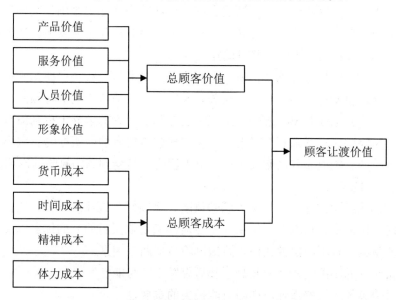

图9-4　顾客让渡价值及其构成要素

▶ **思考一下**：你在最近的一次消费活动中，获得了哪些价值？付出了哪些成本？

3. 感知利得

感知利得在消费者的购买行为中具有重要的影响力，因为在进行产品评价时，消费者最直接的考虑因素就是产品能带来的利益，消费者对产品利益的感知会影响到消费者对产品的感知价值。

产品属性与利得的含义不同。任何种类的产品都可以以一系列具体的属性为特征。一定的属性可以给消费者带来一定的利益，满足消费者特定的功能需求和心理需求（如积极情绪、彰显自我），使消费者获得价值实现的感觉。利得就是产品或服务的属性发挥功能和消费者使用产品或服务的结果，或者说是产品属性给消费者带来的利益，它很少或不能被直接观察到。利得可以由产品的单一属性提供，也可能由几个属性综合产生。

而感知利得就是消费者认为从某一特定的产品或服务中可以获得的所有利益（或价值）。一种产品在不同的消费者心目中可能会有不同的看法，因此，感知利得是一种产品与消费者两者之间互动的结果。同时，消费者对感知利得的认识具有强烈的个人主观色彩，如果消费者并不需要或看重某种产品属性，那么即使对此属性的感知质量很高，感知利得也未必很大。例如，日本产品向来以设计精良、功能先进称雄世界，但日系手机在中国市场上却全线消失。实际上，奉行"技术、功能至上"理念的日本手机企业拥有多项核心技术，如京瓷手机在CDMA功能上拿到过多个中国"第一"，但功能过剩，并不亲民。在中国，手机不仅仅是通信的工具，和衣服、汽车一样还是身份和地位的象征，手机不仅仅要具备先进、完善的功能，还要有华丽的外表，但这偏偏是日系手机厂商的致命缺陷。

4. 感知风险

消费行为本身含有冒险的成分，消费者在购买活动中往往很难确认其预期的结果，而某些结果可能令消费者不愉快。消费者在购买决策时会对这些可能发生的损失进行预期或评估，而这些预期或评估会影响消费者的购买意愿。

高海霞认为，感知风险对感知价值的影响显著，二者呈负相关；感知利得和感知风险呈正相关，但感知质量与感知风险呈负相关。研究显示，消费者购买时倾向于减少其感知风险而不是最大化其感知利得，感知风险在消费者购买行为的解释上更强而有力。也就是说，研究感知风险比研究感知利得对准确把握和理解消费者的购买行为更重要。Kotler 也指出，消费者改变、推迟或取消购买决策在很大程度上是受到感知风险的影响。

1）感知风险的含义

消费者对购买风险的评估，又称为感知风险、风险知觉或风险认知。它是消费者在进行购买决策时，因无法预料其购买结果（是否能够满足购买目的）的优劣以及由此导致的不利后果而产生的一种不确定性认识。感知风险包括两个因素。

（1）决策结果的不确定性（尤其是不利后果发生的可能性）。

（2）错误决策的后果严重性，亦即可能损失的重要性。

感知风险主要是对发生各种不良后果的可能性以及不良后果的重要性进行的主观估计，风险的大小来自于二者的乘积。消费者减少风险的主要途径是减少结果的不确定性（如购买名牌等）、降低损失的程度（如退款保证）。当风险知觉降低到消费者可以接受的程度或者完全消失，消费者才会决定购买；否则，消费者会因为风险太高而放弃购物。

例如，购买一条新的登山绳。普通消费者会意识到绳子断开的结果是死亡或严重受伤，就会产生较高的风险知觉，而有经验的登山人员知道买哪一种型号的绳子来降低其断开的风险。如果一个消费者考虑买一种新牌子的饼干，存在的不利因素只是金钱方面的，并且很可能不到 1 元钱，风险很小，因此尝试性的购买行为很有可能发生。

风险知觉是个体对损失的主观预期（或者说是一种心理利失），就预期本身而言，它并不能给消费者带来任何损失，同时它也并非是真实风险。因为个人在产品购买过程中，消费者可能会面临各种各样的实际风险，这些风险有的会被消费者感知到，有的则不一定被感知到；有的可能被消费者夸大，有的则可能被缩小，个人只能针对其主观感知到的风险加以反映和处理。因此，风险知觉与消费者在购买产品时遇到的客观风险是有区别的，无法感知的风险，不论其真实性或危险性多高，都不会影响消费者的购买决策。例如，人们对乘飞机的知觉风险一般要大于它的实际风险，事实上按千米计算的因空难而死亡的人数要远远低于因车祸而死亡的人数。

2）感知风险的种类

感知风险是从不同类型的潜在消极后果中产生的，在不同产品的购买决策中，各个风险维度的相对重要性会有明显不同。主要的风险种类或维度包括以下几种。

（1）功能风险：指产品没有所期望的功能的风险。例如，担心减肥商品没有效果。

（2）经济风险：指感知到购买、使用或处置某一提供物可能带来的财务危害。例如，买了 iPhone 11 Pro 手机，却担心是否物有所值、是否买贵了、是否还有更优惠的促销、是不是会很快降价等。

（3）社会风险：担心所购买的商品不被亲朋好友所认同、降低自身形象或社会地位、给社会关系带来损害、造成环境污染等问题。如担心买价格低档的商品是否被取笑，买高档商品是否会被人指责摆阔、逞能。又如，高保真音响设备可能会给周围的邻居带来噪声污染，从而影响与周围邻居的友好关系，造成邻里不和，带来社会关系的负面影响和损害。

（4）心理风险：产品可能无法与消费者自我形象配合或者因为所选购的商品不能达到预期的水准，造成对心理或自我感知产生伤害的风险，如对自尊心、责任心、自信心的打击。例如，很多女孩都喜欢吃甜食或巧克力，甜食总是让自己心情愉快，但女孩心中也可能会想，蛋糕、巧克力会让她变胖，如果这块蛋糕还不好吃就会让心情更差，这就是心理风险所在。

（5）生理安全风险：担心产品是否会对自己或他人的健康和安全造成伤害。比如，就餐的食品是否卫生、财物是否安全、人身安全能否得到保障、药品与电器是否会伤害身体等。电子烟企业常以"健康无害""年轻""时尚""潮流"的宣传来误导、诱导青少年，但当消费者意识到电子烟对人体健康和公共健康的危害后，还是会对其进行抵制。

（6）时间风险：是指对购买、使用或处置产品或服务所必须投入的时间长度，或者掌握难易程度的不确定性。例如，老年人对复杂的电子产品往往担心不会正确使用其功能，需要较长时间才能学会；加入某个健身俱乐部需要签订一年以上的合同，时间风险会比较高。

另外，消费者往往会对商家也抱有防备心理，"讲价文化"就是这一心理的体现。同时，也担心是否买到假冒伪劣商品。于丹等（2007）认为，消费者在进行网络消费时，还存在着传统感知风险之外的风险，分别为支付风险、服务风险、隐私风险和信息风险，如银行卡卡号和密码被盗、二维码病毒、付款后不送货、物流太慢、缺少产品质量保证和满意的服务、商品退换不便等新的风险。

9-2 三聚氰胺毒奶粉事件影响中国奶业发展

▶ 思考一下：这些是什么风险？

- 消费者在买电热水器时会担心与燃气热水器相比，在能源使用上的节省性和安全性问题。
- 买了电脑，担心功能会不稳定。
- 买了一款 5000 元的新手机，担心会很快降价。
- 购买了一款新的手表，担心不被同事或朋友认可，被同学或朋友们认为不符合年龄和社会角色的特点，是不时尚、落伍的。
- 买了一件奢侈品，可能会感到内疚，或觉得自己没有责任感。
- 购买了转基因食品，担心它会影响健康。

9-3 被网红带货"种草"要谨慎

Dowling 提出整体感知风险（OPR）可以分为两个要素：一是对某产品类别中的任意产品都感知到的风险，即产品类别风险（PCR）；二是针对具体产品风险的特定产品风

（SR）。其衡量风险的模式为：

$$OPR=PCR+SR$$

例如，如果一个消费者认为口红这种产品具有很大的潜在风险，同时她有一个自己喜欢的品牌，那么她也可以放心购买。在这种情况下，虽然产品类别风险大，但特定产品风险低。当特定产品风险大于消费者可接受的风险（AR）时，消费者将不会购买该产品。

▶ 思考一下：在你的购买活动中，曾经产生过哪些风险知觉？你是如何降低这些风险的？

9.2.2 购买选择

1. 购买选择的特点

营销者通常认为消费者选择的潜在过程遵循理性选择理论，理性选择理论依赖于以下几个假设。

（1）消费者是理性的，即能够完全客观地进行逻辑推理。
（2）消费者面临的问题清晰且明确。
（3）消费者能够获得所有的备选方案。
（4）没有时间和费用的限制。
（5）消费者的偏好明确，即决策标准和备选方案的权重可以量化。
（6）消费者的偏好稳定，即决策标准及其权重分配是稳定不变的。
（7）消费者寻找问题的最优解决方案，并据此做出选择，即选择评估分数最高的方案。

但实际上，这些假设往往并不正确。例如，消费者并不总是有最优品牌的目标，对于许多低卷入度购买，消费者倾向于最小化决策。同时，消费者通常也没有能力或动机去参与寻找最优解决方案的高要求任务。而且，消费者的偏好也可能会随着情境的不同而不同。

所以，虽然消费者具有理性和"经济人"的特征，但是由于其信息加工能力的有限性以及时间和资金等资源的有限性，在实际的决策活动中，消费者只能在有限理性的范围内活动。

消费者选择的特点如图9-5所示。

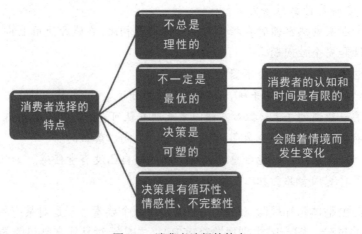

图9-5　消费者选择的特点

【资料链接】

理性而冲动的消费，电商直播背后的秘密

电商直播同秀场直播同样是引导理性而冲动的消费，冲动在于通过直播场景的引导让用户不假思索地消费，理性在于让消费者感到这一次交易是划算的。

1. 电商直播消费的心理动因

电商直播中用户能直接与主播互动，感受其他买家的踊跃参与，让原本一个人逛街变成一群人一起逛街，将个人消费行为变成社会化消费行为，而刺激消费者真正付钱的心理是"在利益驱使下有紧迫感的从众心理"。

1）从众心理

在用户对商品不熟悉的情况下会倾向于参考他人的评价，综合考虑专家的和普通用户的评价可以让消费决策更有把握。另外，人们希望他人接纳而非排斥自己，所以期待得到积极评价，即让自己显得更"合群"。所以有时候虽然自己认为某项商品体验不好，但是如果多数人都说它好，自己的内心也会动摇，怀疑自己是不是有问题，或者运气不好。

直播中更真实的商品展示和其他用户及时的评价能给予用户购买的信心；其他买家（主播的粉丝甚至可能是托）积极地响应甚至抢购能让观众"服从"，自动内化为群体成员，显著促进从众消费行为。

2）紧迫感和利益驱使

直播是实时的，转瞬即逝的，本身就带有很强的紧迫感。为了加剧用户的紧迫感，商家还会使用很多策略：如设置较小的库存限制，让消费者感到机不可失；及时播报销售进展，营造抢购的紧张气氛；设置倒计时，仿佛差一秒就买不到了；让用户购买记录滚动播放，仿佛用户正甩开膀子在抢购，等等。这种紧迫感进一步放大了用户的冲动和信心，再提供看似很有价值的赠品或优惠，形成利益驱使，促成消费也就显得不那么难了。

2. 有个性的主播

1）简单、专业、可依赖的人设

简单、专业、可依赖的人设可以拉近与消费者的距离，获取消费者的信任。像明星那样太过于高高在上的形象反而不容易做好导购的工作。淘宝直播女王薇娅的人设就是一个时尚宝妈，这样的设定会让用户觉得普通、真实，不容易产生反感。一个精打细算的时尚家庭主妇谁不爱？薇娅在直播中经常会提及产品都是"自己用的""我女儿也在用""我老公也在用"，自己和家人用的东西肯定是值得信赖的东西。

李佳琦则是"美妆达人"的人设，他的直播以在自己手上、嘴唇上试口红色闻名。据说曾经因为过量涂抹和擦拭嘴唇而导致唇部的皮肤出问题。他通过男性专业美妆师的视角客观地评价每款产品，即使是"金主爸爸"的也不放过，如"这只颜色一般，普通女生不一定适合""这只很常见，如果有类似的颜色可以不买它"，等等。推荐产品的时候他会根据试色结果优选少量款式，不但使自己显得更客观专业，也让消费者的选择更简单，往往推荐的产品都变成了爆款。经过他的苦心经营，成功变成广大女性眼中的"精致男闺蜜"。

2）以人为主的私域流量

头部主播积累了大量可变现的粉丝，形成了庞大的私域流量。所谓私域流量简单来说是指不用付费，可以在任意时间、任意频次，直接触达到用户的渠道，最直观的私域流量

就是粉丝。忠实的粉丝会跟着主播在不同平台上流动，这也是主播 IP 最大的价值之一。以李佳琦为例，他在抖音、淘宝和小红书上都开过直播，都有很高的观看量和订单量。很大一部分观众都跟着他在各个平台间游走。

3. 有激情的体验

所谓有激情的体验就是通过营造真实的购物体验让消费者持续处于冲动而亢奋的状态，为达成交易做好铺垫。

1）直播前的心理预期

在直播前给用户心理预期就能让对相关商品感兴趣的消费者做好准备，消费者可能会提前参考资料以便直播时更稳妥地决策，或者告知亲朋好友中有同样需求的用户。常见的通知消费者的方式是直播预告。

2）直播时的真实交互

正式直播的重点是打造"真实"的购物体验，其中最大的挑战就是充分利用好直播的实时交互性。连麦、主播 PK、抽奖都可以提高消费者的购物体验。平台还可以提供更多的交互方式和更直观的体验，如更有趣的评论互动方式、更显眼的商品展示形式、更多优惠方式，等等。

3）直播后的深度交流

电商直播的关键是营造主播和用户之间的信任关系，直播的时间有限，只有做好售后环节才能跟用户时刻在一起。用户对商品有什么疑问和意见，选品怎么选，对于直播的过程有什么意见和建议等都是很好的交互话题。出错了没问题，但是一定要主动去沟通，直播后的交流是"路转粉""黑转粉"的契机，但是做不好也有可能是"粉转黑"的深坑。

4. 真正实惠的体验

如果电商直播只是为了一时的收割而没有给消费者带来真正的价值，定然不会长远。让消费者感到实惠主要有三点：一是提供更实惠的价格，价格是销量的催化剂；二是出售独家垄断的商品，只要产品足够优秀，消费者就愿意买单；三是价格上虽然没优惠，但是这里有更多赠品、更好的服务或者升级的产品，同样能使消费者感到实惠。对品牌方而言，在直播间指定款式薄利多销，收入也非常可观。

资料来源：内容黑客. 理性而冲动的消费，电商直播背后的秘密[EB/OL]. (2020-05-25). https://www.sohu.com/a/397504212_114819.

传统观念认为备选商品越多将越有利于消费者做出购买决策，因为他们更容易找到称心如意的商品。但 J. Bergre 等人通过研究指出，随着备选规模不断增大，消费者可能会招架不住，甚至可能放弃选择，这一效应被称为"选择过载"。亚格尔（Sheena Lyengar）和马克·莱珀（Mark Lepper）在 2000 年设计了一个有趣的实地研究。两位实验人员打扮成促销人员去超市轮流促销 6 种果酱和 24 种果酱，每小时轮换一次。顾客可以任意尝试展示的果酱，如果想买果酱可以到货架上自取，之后到柜台结账。结果发现，尽管展示 24 种果酱比 6 种果酱更能吸引顾客在展台停留，但 6 种果酱的情况更能促使顾客购买。这说明选项太多带来了副作用。进一步的实验研究还发现，在传统的店铺购买活动中，可供选择的产品和服务数量的增加将促使消费者做出明智选择，因为消费者更容易区分出哪些是放纵欲望的选择。或者说"较大的商品备选规模可能会促使消费者挑选比较容易证明有意义的选项"。举例来说，当你在一家餐厅为到底点一份健康的沙拉还是点一份可能会堵塞动脉的香喷喷的汉堡包而举棋不定时，也许正是冗长的菜单促使你最后选择了沙拉。

2. 购买选择类型

消费者选择过程的类型主要有以下几种。

1）基于感性的选择

在本质上强调整体，品牌并没有被分解为明显不同的部分加以分别评价，一般集中在使用时所引起的消费感受上。评价本身很大程度上取决于评价者对产品或服务的即刻情感反应。消费者通常采用"我感觉他怎么样"的决策标准，想象使用产品或服务时的情景或画面，并对使用该产品或服务将产生的感觉进行评价。营销人员应该设计带来正面体验的产品和服务，帮助消费者想象在消费中的愉快感觉。

9-4 亚马逊的虚拟试衣镜

【资料链接】

"双11"缘何剁手

自 2009 年起，"双 11"已成为一个崭新的消费现象，每年的促销盛会都创造中国的消费奇迹，并且历年交易额呈现逐年大幅度递增的趋势。据统计，2019 年"双 11"淘宝天猫的销售总额高达 2684 亿元，而京东的成交金额为 2044 亿元，惊人的数字背后是在"双 11"期间"辛勤"贡献腰包的"剁手族"。"剁手族"是指那些在网上购物中花费大量金钱，回头一看账单懊恼不已，自嘲要剁手的消费者群体。

"双 11"为什么会让消费者"剁手"呢？

第一，从感官营销的视角看，红色的视觉设计会促进冲动消费。在"双 11"促销活动中，点开淘宝、京东、苏宁等电商网站，映入眼帘的都是一片鲜艳的红色。红色代表活力与紧张，能够让人心跳加速，在无形中制造出催促感，从而使人们产生冲动消费行为。

第二，"限时限量抢购"会让消费者产生一种紧迫感和稀缺感，使人更容易产生冲动消费。购买限制引发的稀缺感容易激发人们的危机意识和竞争意识，这是一种容易让人产生不安或焦虑的情绪体验。在这种情绪的影响下，消费者会更多地采取感性的决策模式，更容易产生冲动购买行为。电商采取限量限时抢购，似乎是善意地提醒消费者这是最后一天"占便宜"的时间，目的却是让消费者抛弃理性，做出更多的非计划购买和冲动购买。

第三，原价虽不可信，可它仍然成为暗示我们的"心理锚"。在"双 11"促销中，几乎每件商品都会标明高昂的原价以及便宜许多的现价。虽然很多消费者从理性的角度了解到所谓高昂的原价是商家可以随便标高的，但在鲜明的价格对比之下，这个"无用的原价"无形中也会成为人们购物决策中的一个"心理锚点"。当人们以促销价买进物品时，内心往往会产生"赚下了多少差价"或者"省了多少钱"的满足感，而非"又花了多少钱"。

第四，不理性的消费者陷入盲目的从众之中。从众行为是指个体在群体的压力下改变个体意见从而与多数人取得一致认识的行为倾向，是一种普遍存在的社会心理和消费行为现象。由于商家在广告中往往特意强调"全民购物狂欢"，经过几年的发展，"双 11"已经成为一个社会大众公认的集体性购物活动日。在"双11"这几天，朋友、同事之间见面第一句话不是问"你吃了吗"，而是"你今天抢到了啥好东西"。可见，"双11"网购已经成为一个热门的公共话题，这使得很多本没有购物需求的消费者也跟着大家一起凑热闹，就像商家的那句广告语："大家都买了，你还在等什么？"

最后，"剁手族"购买的不只是商品还有自己的存在感。"双11"是购物狂最喜欢的日子。对于很多购物狂而言，他们的大部分消费行为都是补偿性消费而不是功能性消费。理想的消费行为是量入为出，需要什么功能，就购买相应的产品来使用。然而，对于"剁手族"来说，他们情不自禁地疯狂购物并不只是为了购买商品本身，还为了购买获得商品时的那种内心的满足感和自我存在感。心理学调查研究表明，很多女性在压力大时都会将购物作为一种有效的减压手段。购物为何能够减压呢？主要原因在于购物补偿了女性消费者内心的缺失感，在拆开快递的瞬间，好像重新拥有了对生活的控制感，内心得到的满足会减轻生活中令人烦恼的事件带来的负面情绪。

资料来源：苏子悦. "双11"购物节，"剁手党"为何忍不住"买买买"？[J]. 科学大众（中学生），2016，(Z1): 82-83.

2）基于态度的选择

基于态度的选择包括运用一般态度、总体印象、直觉和启发线索等。消费者在选择时不用根据属性对不同品牌进行比较，如果对产品信息了解不多，往往会基于态度做出决策，尤其是对品牌的印象和态度。

3）基于属性的选择

基于属性的选择通常发生在高卷入的购买行为中，它要求消费者在选择时具备产品的特定属性的知识，并在不同品牌之间对其属性进行比较。对每个备选品牌的各种属性进行比较，比基于态度的选择更费时、费力，更接近优化决策。

动机、信息可获性和情境因素的交互作用，决定了做出基于属性选择的可能性。获得品牌属性的信息越容易，就越可能基于产品属性做出选择。比如，通过广告便可知道苹果手机拥有iOS系统，手机运行速度快且稳定，消费者基于这一特点选择了苹果智能手机。

基于属性的选择，如图9-1所示，消费者通常会在评价指标、指标重要程度和所考虑的备选产品三方面影响下，基于评价指标对每一备选产品进行评价和选择。

在实际选择过程中，也可能是基于属性和态度的综合运用。一种常见的结合方式是先基于态度形成激活域（即考虑域），然后对各品牌的属性进行比较，以得出最终选择。

3. 购买选择规则

消费者在确定了评价指标后，就需要考虑如何评价并从中选出哪种商品。需要注意的是，消费者进行评价时选择规则不一定是单一的，在大多数情况下，均是多规则的评价。实际上，消费者有很多比较选择策略。

应当说明的是，对于习惯型、情感型商品的购买，消费者往往并不需要这么理性的评价规则，例如，消费者购买流行时装时，其评价常常全部或主要基于对产品或服务的即时情感反应。

消费者会选择哪个品牌？这取决于其所采用的选择规则。消费者常常单独或同时应用五种选择规则或模式：连接式、析取式、排除式、编纂式和补偿式。连接式规则和析取式规则可能产生几个可接受的选项，而其他三种规则通常只产生一个"最佳"选项。

1）连接式规则

在连接式规则下，消费者对每一评价指标设置最低可接受的表现水平，然后选择所有超出了这些最低标准的品牌。或者说，只考虑所有符合其认为重要的属性标准的产品。

因为消费者处理信息的能力是有限的，所以连接式规则在将信息处理任务缩小到一个可操作的水平时是很有用的。它首先排除那些不符合最低标准的对象，这在购买如住房等商品或租赁公寓时常被采用。例如，在购买房屋或租房的交易中，消费者对所有不符合其所考虑的价格范围、所喜欢的地理位置或所希望具有的特征的房子，都排除在进一步信息调查的范围之外，而对符合这些最低标准的选项则采用其他规则来做出选择。

连接式规则也常用在低卷入度购买中。在这类购买中，消费者在一个品牌集合中每次评价一个品牌，然后选择第一个符合所有最低标准的品牌。如果把连接式决策规则运用于某个目标市场，对于企业来说，重要的是让产品在每个标准上都超出消费者的最低要求。由于消费者通常会购买经过他们的评价，符合其最低标准的品牌，因此，这种品牌的广泛分销和充裕的货源是非常重要的。另外，如果一项令人满意的产品没有被选择，那么了解消费者如何继续选择是非常必要的。

2）析取式规则

析取式规则对一些较重要的属性建立一个最低可接受的表现水平（它通常比较高），任一品牌只要有一个属性超出了最低标准都在可接受之列。可以用一句话来概括析取式规则，即"我将考虑所有（或首先购买）在任何一个我认为重要的属性上表现确实好的品牌"。在应用析取式选择规则时，消费者可能购买第一个他发现的可接受的品牌，并且不借助其他决策规则，或者加入附加标准。

当析取式决策规则被用在目标市场上时，重要的是企业生产的产品至少要有一项重要属性超过消费者要求的关键标准的最低要求（它通常比较高）。这点应在商品的广告信息宣传中和产品的包装上做出强调。由于消费者经常购买他们所遇到的第一种某项属性超过他们所要求标准的产品，因此，广泛的分销和充裕的货源是非常重要的。

3）排除式规则

排除式规则要求消费者对评价指标按重要程度排序，并对每一指标设立最低标准（切除点），然后从最重要的属性开始对所有品牌进行考察。那些没有超过最低限度的被选品被排除在外。如果不止一个品牌超出最低标准，考察过程将根据第二重要的指标重复进行，这将持续到仅剩一个品牌为止，即该消费者的逻辑是"我将购买那个具有其他品牌所不具有的最重要属性的品牌"。

将排除式决策规则用于目标市场时，企业重点应该考虑本企业的产品超出消费者要求的重要标准（按排序）能比竞争对手多出一项。这个与竞争对手相比的优势，应该在带有广告信息的产品包装上加以强调。另外，企业也不应试图改变消费者对评价标准所赋予的相对重要性。

4）编纂式规则

编纂式规则要求消费者将评价标准按重要程度排序，然后他将选择最重要属性中表现最好的品牌。如果有两个或两个以上的品牌等序，消费者将按次重要属性进行评价，直到只剩下一个品牌。消费者的思想可以这样表述："我将选择对我而言在最重要的属性上表现最好的品牌，如果有两个等序，我将根据次重要属性选择表现最好的一个。"

编纂式规则与析取式规则很相似，差别只是编纂式规则在每一步都寻求最佳表现的品牌，而析取式规则只是寻求表现满意的品牌。

将这一规则应用于目标市场中，你必须保证你的产品在最重要的属性上的表现等同于或超过其他任何竞争品牌，这是十分关键的。企业应该将这个优于竞争者的优势在广告宣传信息上做出强调。企业的产品在最重要的指标上至少要与其他竞争者相当（势均力敌），如果不能在最重要的属性上具有竞争力，那么在次重要属性上再好的表现也无关紧要。如果竞争者的优势不在最重要的特征上，那么企业就应该将注意力转移到第二重要的特征上（假设在最重要的特征上不分上下）。如果不能在关键的属性上赶上或者超过竞争对手，企业就应该试着把另外一个属性变得更重要。

以上四种决策规则都是非补偿策略，即消费者在选择、评价商品信息时，某一评价指标所具有的很好特征不能用来补偿另一评价指标所具有的很差的特征。但有时消费者在对某一产品的总体品牌产生偏好时，会希望能够在一些表现极好的属性与不吸引人的属性之间进行某种程度的平衡。

5）补偿式规则

所谓补偿式规则就是消费者在选择、评价商品信息时，把某商品所具有的非常好的与比较差的某些特征加以综合看待，以决定对该商品的偏爱程度。因此，补偿式选择规则也就是让各项评价指标同时起作用。这可以表示为

$$R_b = \sum_{i=1}^{n} W_i B_{ib}$$

式中：R_b——对方案 b 的总评价；

W_i——评价指标 i 的重要性或权数；

B_{ib}——以评价指标对方案 b 的评价；

n——评价指标的个数。

所以，补偿式规则也被称为最高分入选法，它在各种评价指标的运用过程中，选择总分最高者。

那些使用补偿性选择规则的消费者，对产品和服务可以用一些相对较高的属性值去弥补那些相对较低的属性值。但是，消费者要求品牌的更重要特征应该与竞争者的相等或者相接近，因为这些更重要特征在其决策中比其他的特征占据了更大的分量。

以上几种选择规则有各自的特点和适用范围，消费者运用不同的选择规则进行决策，会产生某种程度上的不同选择。

应当指出的是，消费者并不真的会对每个重要属性赋予详尽的数值型权重，他们也不会对不同品牌的表现水平打一个数值分数。这些选择规则仅仅是消费者在品牌选择过程中

常用到的模糊的决策规则。

消费者决定使用何种选择规则的因素主要有两个：需要性质和卷入程度。当消费者为功能性需要所驱动时，他们更可能使用补偿法。在评估汽车的经济性、可靠性或舒适性时，消费者可能会使用多重标准。在评估经济性时，合理的服务成本和较低的油耗可能会抵消较高的品牌价格。而当消费者为享乐性需要所驱动时，他们会更倾向于非补偿性的选择规则。如果某一品牌汽车不能给消费者带来舒服愉悦的驾驶享受，消费者就不会再考虑这一品牌。另外，对于卷入程度低的产品，如牙膏、洗衣粉，消费者往往觉得不值得花时间和精力用补偿性来选择品牌。而高卷入的决策和购买因为涉及相当高的知觉风险，人们会趋于更仔细的评价：不仅会应用更复杂的选择规则（补偿性规则），而且还有决策的阶段性，每一阶段中，应用不同选择规则评价不同属性。Vayne 等就认为，把补偿性选择规则和非补偿性选择规则混合使用，可以帮助消费者提高决策的效率和质量。首先，通过非补偿原则将被选方案减少到 3~4 个；然后，再用补偿性原则进行比较和选择。

上面我们主要探讨了消费者面对可比方案时，如何进行信息选择和方案比较，并最终做出购买决策。其实，在日常生活中消费者也经常面对不可比方案的选择问题。比如，消费者不仅仅考虑购买哪个品牌的相机，同样花 3000 元，消费者还会考虑是购买相机，还是立体声音响，或是一把吉他。这些物品之间除了价格几乎没有什么相同属性可以用上述规则来比较。此时，消费者会对它们的必需程度、时髦程序、创新性，以及价格进行比较；或者单独比较自己对这些商品的总体印象。这种选择与消费者的生活形态密切相关，在经济条件受限时，消费者经常会面对这些不可比方案的选择。

9.2.3 购买决定

1. 购买决定策略

一般而论，消费者在做出购买决定时可能采取以下四种策略。

1）感知风险最小策略

选择可使预期损失或风险最小的品牌。对于质量风险而言，消费者强调产品品质、性能的可靠、安全，确保购买的是风险最低的。例如，在众筹网站上买产品是没有安全感的。相反，知名品牌会给人安全感。又比如企业采购，往往不追求性能最好，但要求产品稳定可靠。对于社会风险而言，消费者的选择会趋于保守，例如购买服装时，可能不会选择太招风的款式，而选择相对低调但容易被人接受的时装。

2）感知利得最大策略

选择可使预期报酬最大的品牌，而不在意成本因素。在这种策略下，若各项性能都能满足需求，则产品最大优势决定产品的选择。例如，选择一个音质最好的智能音箱。

3）感知价值最大策略

选择可使净预期报酬最大的品牌。这是很多复杂决策中经常出现的策略，消费者会对产品的质量、成本等各项性能进行全面的权衡比较，其中，性价比是最重要的影响因素。

由于感知价值最大策略需要详尽全面地占有信息，对各种备选方案进行准确的评价比较，但受主客观因素限制，消费者往往很难实现感知价值最大化。

4）后悔最小策略

选择质量稳定、保值以及满足个人最主要需求的品牌。这时，消费者可能会放弃某个产品属性以获得另外一个重要的产品属性。例如，某消费者打算买一款手机，如果他最看重手机的待机时间，那么他只需从备选手机中选出待机时间最长的那款就能够做出购买决定；对于高档家电，消费者更强调核心产品属性，宁愿买贵，不愿买错；对于成熟期的耐用消费品，消费者往往更注重产品质量，而不是价格。

尤其对于更新换代较快或市场变化大的产品，消费者容易产生后悔情绪，因而消费者可能会选取一个最不容易导致后悔的方案。例如，苹果的产品一般是保值的，很多产品买了也不会后悔，但当手机功能变化太快时，消费者也许会等待最新一代产品出现时再购买；对于一年出游一两次的用户来说，航拍无人机的使用频率很低，产品经常跳价，消费者容易产生后悔情绪。

2. 购买决定类型

在购买决定阶段，消费者对交易的整体评估大体上有五种价值判断：不满意（准备放弃）、基本满意（继续观望）、比较满意（犹豫不决）、非常满意（准备购买）和惊喜感（迫不及待的拥有欲望）。绝大多数品牌的产品处于第二、第三阶段，消费者容易在同质化的竞争中感到不安和犹豫。第四个阶段则是主流大牌常见的状态，基本能保持一定规模的竞争力，而第五个阶段就是新品牌在初入市场时或老品牌进行品牌升级时（比如苹果的新品换代）必须达到的状态。

相对于消费者对商品的满意状态，购买决定可分为以下几种类型。

1）确信购买

消费者认为商品质量、款式、价格等符合自己的要求和标准，决定立即购买。除了处于以上第四、第五阶段的消费者，品牌忠诚型或习惯购买、重复购买的消费者都容易产生确信购买。

但是，对复杂决策而言，消费者在决定进行购买以后，还会在执行购买的问题上进行一些决策：到哪里去购买；购买多少；什么时候去购买；购买哪种款式、颜色和规格；选择何种支付方式等。例如，意欲购车的夫妇可能会继续考察一些市场，进行一些辅助性活动；选择经销商，确定购买时间，考虑支付方式，选择汽车内饰等。

2）失调购买

在多数情况下，消费者做出购买决定时处于认知失调状态，表现为对产品的质量、性能及使用等方面还存在不放心、不踏实的认知，尤其是对于高卷入产品。同时，由于选择某一产品是以放弃对另外产品的选择或放弃其他产品所具有的诱人特点为代价，消费者可能对购买决定是否是最佳选择还存在疑虑。

3）重新购买

消费者对商品是否能符合自己的需要还没有把握，这样就可能回到前几个阶段，重新认识需要、寻求商品信息、比较评价选择，以做出另外的决定。

4）推迟购买

消费者认为商品的某些方面还不能完全令人满意，因而延期购买，如期待产品进一步完善或降价。

5）终止购买

消费者认为商品功能等不能满足需要而决定不买。

▶ **思考一下**：想想你的一次已形成的购买意愿但最终未能购买的情形，分析其原因。

营销人员既要了解消费者购买商品的原因，也希望理解消费者不购买商品的原因，尤其是当消费者已经进行过相关信息搜寻和评价后。由于各种外部限制，决策过程在任何阶段都可能终止或推迟。终止或推迟的理由是多种多样的，例如，消费者可能怀疑他们能否有效应付或使用商品；技术的发展可能使这种商品很快过时；他们甚至可能认为一些企业将会破产，从而导致他们无法获得售后支持或服务；道德与伦理使一些消费者不想购买存在劳工问题或民族感情问题的企业所生产的产品，或不想看未经授权而下载、复制和分享的电影；营销或消费情境变化也会导致延迟或终止购买决策过程。例如，2019 年美国对华为公司进行封杀，国外消费者所习惯的谷歌 Android 应用服务可能终止，许多喜欢华为手机的海外消费者只好终止购买，华为手机的海外市场就受到了较大的冲击。

本章思考题

1．消费者常用的外在评价线索有哪些？
2．怎样理解消费者在选择、评价商品信息时的品牌选择规则？
3．消费者的购买意愿是怎么产生的？
4．如何理解感知价值（或让渡价值）的结构？请举例说明感知价值中的结构因素对消费者的影响。
5．如何在市场营销活动中减少消费者的风险知觉？

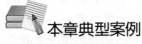

本章典型案例

一次购物的简单思考

星期天早上起床，我看到床头地上摆着的两双皮鞋，都无光泽。男人嘛，最讲究皮包、皮带、皮鞋三样，皮鞋尤其重要，一双有光泽、体面的皮鞋能让人自信心提高不少。但房子里好像没有鞋油了，于是打算去买一盒鞋油放在家里。

打定主意，吃过饭后，我就转到了小区旁边的超市，刚到超市，就看到了云南白药牙膏的一个店外售卖点有促销活动：买一盒 150 克牙膏送一盒牙膏，价格为 23.9 元。这一段时间我刷牙总是牙龈出血，一直想买云南白药牙膏，这次刚好遇到促销活动，于是我问促销员，我牙龈出血是什么原因呢？促销员竟然支支吾吾答不清楚，最后说可能是我牙刷太硬，我暗地里摇摇头，心想：好像和牙刷没啥关系！于是，我对促销员说，等我从超市出来再买，现在买了进超市不方便。促销员虽然有些失望，但感觉也无可奈何，于是我就进了超市。

超市一楼是日化区和百货区，我一进门就看到了纸巾的陈列区，这几天身边的纸巾用完了，正好买一些。心相印手帕纸的陈列面积很大，但是包装颜色和价格有很大区别，同样的10包纸，有的卖8元，最低的才卖4.5元。我虽然知道一分价钱一分货的道理，但这价格几乎相差一倍，我也实在搞不懂是什么原因，而且我也不想去耐心地看包装上的说明，对比有什么不同，于是我毫不犹豫地拿了4.5元一条的。

之后我继续走，一个挂架上的产品吸引了我，是佳洁士的一款牙刷，定位是软毛牙刷，而且中间的刷毛可以左右摆动，在包装盒上有非常清晰的产品定位说明：专为敏感牙齿！我很动心，价格是13元，我也能够接受，但我突然想到，我现在用的牙刷刚买一星期不到，买了这个，家里的那个无法处理，还是再等一段时间再换吧，而且，这个牙刷这么软，刷牙感觉会不会不好呢？于是，我就绕过了这个挂架。

前面是牙膏的陈列区，我下意识地寻找云南白药牙膏，想确定一下外面售点的价格是不是真的促销价。但在我还没有找到云南白药牙膏的时候，突然被另一款牙膏吸引了。因为别的牙膏都是横向陈列，而这个牙膏是竖向陈列的，非常醒目，于是我好奇地看了看，这是佳洁士的一款专门护理牙龈的牙膏，售价15元。我拿着这个牙膏，心想：这个也刚好对症我的牙龈出血，价格也低，也有保障，要不用这个试试？但转念又一想：还是算了，这种新品也不知道效果究竟如何，还是用云南白药比较靠谱吧。于是我又放下了牙膏。

旁边是肥皂陈列区，我昨天洗澡换下的内衣刚好要洗，得买一块肥皂。我先看到了汰渍，2.8元，100多克，伸手便拿了一块，但往前走了一步，又看到了雕牌，252克，3.6元。哪个便宜些？我一时也算不清楚，但我知道洗衣服的时候，肥皂大一些拿着舒服，小肥皂拿着很费劲，于是我放下汰渍，换了一块雕牌。

这时，我突然想到要买鞋油，于是我问旁边的促销员鞋油陈列区在哪里，她给我指了地方我就走了过去。鞋油品牌很多，但我有点印象的只有红鸟，便伸手拿了一盒红鸟，但另外一款鞋油吸引了我的目光，因为它的盒子上清晰地打着高亮、滋养字样，这正是我需要买的鞋油。我拿着红鸟的鞋油和这款比了比，红鸟的上面打着防水、光亮、持久，好像在对皮鞋的滋养上，另外一款要好一些？但我又一想，这可能都是厂家宣传的点吧，应该效果都差不多，这样，还是拿红鸟吧。然后又买了一个鞋刷，便结账出了超市。

出超市后，我又拐回到云南白药牙膏的售点，直接付钱买了一盒，还得到了一支护手霜赠品，此次购物结束。

以上纯粹是从一个普通消费者的角度来描述购物的心理过程，但工作多年，职业习惯促使自己又梳理了一遍购物的过程和几个品牌的表现，总结如下：

（1）每一个进店的顾客都会是一个巨大的利润来源，此次购物我本打算只买一盒鞋油和一支鞋刷，按价格算只有7.3元，但最后我实际花费了39.5元，超出了将近5倍。所以，作为超市来说，要在商品布局、品类、陈列、购物环境上多下功夫，客单价的提高是很多超市提高销量和利润的主要手段。

（2）店外促销活动，促销员至关重要。云南白药牙膏的促销员，明显是不合格的，当我询问我牙龈出血的原因时，其实我是要强化购买这个牙膏的欲望，毕竟我已经有了购买的意愿，但促销员却不知道围绕他的产品进行解释，明显缺乏专业培训，而且当我表示现在购买进店不方便的时候，促销员没有任何应对的措施，任由顾客擦身而过，这都是前期培训的巨大缺失，而事实也证明，当我没有立即购买的时候，竞品——佳洁士就有了推销其新品的机会。

（3）同一品牌的系列产品，要在包装上清晰地标识出差异点。恒安的心相印手帕纸，虽然对产品进行了细分，并对包装、价格进行了区分，但对于消费者来说，都是同一个品牌，价格的差异会让人觉得无所适从，既不知道贵一些的是贵在什么地方，也不知道便宜的为什么便宜，在这种情况下，消费者会有两种可能，第一会选择最便宜的，就如我今天选择的一样，第二会选择其他品牌。

（4）对于功能定位清晰，价格比较高的新品上市，促销员的作用很明显。如佳洁士的软毛牙刷，刚好满足我的需求，同时价格也是我能够承受的，仅仅因为家中还有牙刷我就放弃了。如果这时有促销员在旁边强化一下牙刷的好处，或者强化一下家里备两支牙刷也是健康的做法的话，我肯定会购买。同样，佳洁士的新品牙膏也是这个问题，产品的定位与我的需求刚好吻合，价格又低于竞品，而且我已经被产品吸引，如果这时候有促销员向我介绍这款牙膏的功效原理，我肯定也会购买。

（5）想吸引消费者的眼球，陈列位、差异化的包装形式、清晰的卖点提示都是很好的办法。在这次购物中我被三个产品吸引：一个是佳洁士的软毛牙刷，它的陈列位置好，刚好在主通道旁边的挂架上，同时它的卖点提示非常清晰——专为敏感牙齿；第二个是佳洁士的新品牙膏，我被它吸引是因为它的包装形式差异化明显，当所有牙膏都是"躺着"的时候，它的陈列却是"站着"的，这直接吸引了我的目光；第三个是另外一个没有记住品牌的鞋油，它吸引我是因为它的卖点提示非常清晰，高亮、滋养的诉求符合我的需求。

（6）产品规格的设计要从消费者的使用角度出发，我最后选择了雕牌肥皂而放弃了汰渍肥皂，是因为我觉得大一点的肥皂在洗衣服的时候拿着不费劲，仅此而已。

（7）品牌力对于消费者购买行为的影响很大，我购买云南白药牙膏和红鸟鞋油时，都受到了其他品牌的干扰，但最后促使我购买的原因就是因为品牌的力量，消费者在选择品牌产品的时候会更放心，品牌在这个时候更是一种承诺。

资料来源：蔡飘香. 一次购物的简单思考[EB/OL]. （2010-11-15）. http://blog.sina.com.cn/s/blog_56abe3510100nhq9.html.

案例讨论：

仔细阅读案例，就以下问题进行分析讨论。

（1）案例中，影响消费者商品选择的因素有哪些？
（2）这位消费者对不同商品的选择属于什么类型？
（3）什么因素会导致消费者出现非计划性购买？
（4）促销员可以从哪些方面去影响消费者对商品的评价与选择？

第10章 购后行为

思维导图

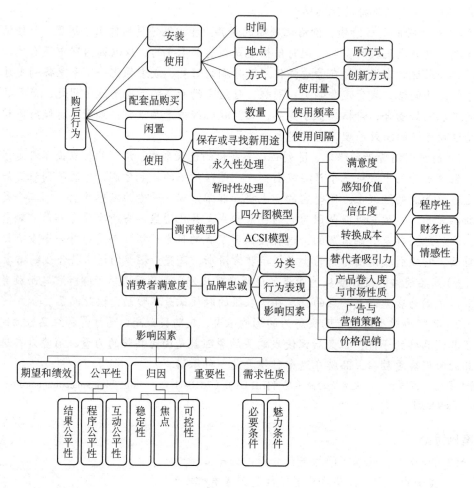

本章学习目标

- 了解消费者的商品使用特征。
- 理解并掌握消费者满意度的影响因素。
- 掌握并熟练运用消费者满意度分析的四分图模型。
- 了解品牌忠诚的含义与行为表现。
- 理解消费者重复购买与品牌忠诚的差别。
- 理解并掌握品牌忠诚度的影响因素。

导引案例：付款方式对消费和重复购买的影响

如果企业只关注消费者决策过程中的购买阶段而忽视消费阶段，可能就会导致自身销量的下降。现在我们以健身俱乐部为例来加以说明。健身俱乐部经常为一次性付清全年费用的会员打折，而对那些按月支付费用的人则没有什么优惠。这样做是为了吸引消费者全年参与健身运动，并且还可以收取预付款。但这是明智的商业行为吗？研究人员对某健身俱乐部200名会员的档案资料进行了调查。这个俱乐部让会员可选择按全年、半年、季度或月份4种方式中的一种付款。结果发现那些按年付款的会员在年初参加健身活动比较频繁，随后逐渐减少；按季度付款的会员每个季度的开始几周健身频繁，随后也逐渐稀落下去；而按月付款的会员全年参与健身活动最多。尤其重要的是，按月付款的会员比按年付款的会员续签的可能性高12.5%。

为什么付款方式会影响消费和重复购买的可能性？付款时间越短记忆越清晰，在这段时间内消费者记得去健身房，而付款的心痛感会随着时间的推移而逐渐下降。随着心痛感的逐渐减弱，消费者会觉得发挥健身费用的价值的需要也不是那么强烈了。而按月付款的消费者始终都会记得会员资格的代价，这样就能促使他们尽可能地参与健身锻炼，然后自然而然就会续签会员资格。这对企业的启示是要处理好吸引消费者初次购买和鼓励他们使用产品这两者之间的关系，促使他们重复购买。

资料来源：罗格·D.布莱克韦尔，保罗·W.米尼德，詹姆斯·F.恩格尔.消费者行为学[M].吴振阳，倪建明，彭红英，等译.北京：机械工业出版社，2009.

案例思考：

（1）你从上述案例中得到什么启示？
（2）还有哪些营销方式可能会影响消费者的购后心理感受或重复购买行为？

消费者行为学研究的消费行为过程是一个完整的过程，并不随着消费者购买过程的结束而结束。企业还应当了解：消费者购买商品后怎样使用它们；使用过程中感受如何，有何评价；消费者对商品的满意度会如何影响其以后的行为；商品在失去使用价值后，消费者会如何处理等。从而有针对性地改进企业的产品生产与营销活动，增进消费者的品牌忠诚和重复购买。消费者的购后行为如图10-1所示。

10.1 商品的使用与处置

10.1.1 商品的安装与调试

有些商品尤其是耐用消费品购买后必须经过安装、调试才能使用，比如空调、热水器等，而消费者往往缺乏相应的经验与技能，厂商应当提供必要的安装说明或安装服务。售后服务质量会像产品质量一样影响消费者的购后感受。宜家家居提倡消费者自己动手安装半成品家具，因此在产品设计时就很注意安装上的方便、易懂。

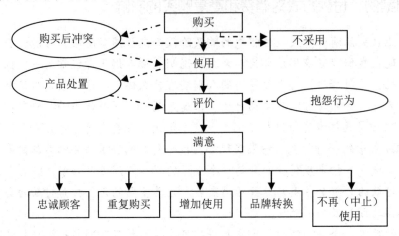

图 10-1 消费者购后行为

现在，许多消费者在网上购买集成灶、家具、净水器、大型电器等，往往都会遇到安装上的困难，厂商可以通过电话指导、让消费者观看安装视频或告知其下载教学录像的网址（如优酷、爱奇艺）等方式，帮助消费者正确安装；还可以与当地的安装维修人员结成战略联盟，为消费者提供上门安装服务。

10.1.2 商品的使用

消费也是指消费者对所购买商品的使用。企业应当通过使用说明书、视频、图像资料或网上论坛等帮助消费者正确使用商品。同时，深入跟踪、理解消费者在商品使用过程中的特点，可以发现现有产品的新用途、新的使用方法、产品在哪些方面需要改进，还可以为广告主题的确定和新产品开发提供帮助。例如，小米公司在坚持建设好论坛、微博、微信等粉丝互动平台的同时，还号召全体员工集体"泡吧"，每人每天都要抽出至少 15 分钟去逛逛小米论坛或者小米的百度贴吧等社交平台，一旦遇到能够解答的用户提问便要予以回应，而一旦发现有价值的用户建议便将之准确地收录在案，并且随时向上级汇报。这样一来，便大大缩短了发现问题到解决问题的时间。小米的广角镜头、红眼预测等技术，都是在与用户交流后进行的改进与创新。

企业可以从以下几个方面来了解商品的使用情形。

1. 使用时间

当我们在购买商品时，就已经决定了将在何时消费它。在餐馆吃饭，购买和消费是同步的，但大多数情况下二者是不同步的。例如，买了期刊、书籍，阅读是在购买之后完成的。对病人而言，何时使用药物对治疗效果和身体健康尤为重要。有的药物应当饭后服用，有的应当空腹服用。

对企业而言，有时鼓励及时消费要比鼓励购买更有价值。美国食品制造商发现，很多消费者在购买食品后很长时间才消费这些食品，这一发现使得公司发起一场广告运动：鼓励消费者在晚上将这些食品当夜宵消费掉。西方的消费者习惯于在早餐喝果汁，西方的橙汁制造商们就试图用其著名的运动口号"橙汁不仅仅是为早餐准备的"来扩大其橙汁的销量。

有时，根据消费何时发生来细分市场也是很有益的。以国内的旅游市场为例，学生、教师、机关团体往往会在暑期参加旅游；法定节假日的黄金周更是旅游的旺季。相对而言，每年春节后、高考前的这段时间，气候温和，游客较少，价格也便宜很多，对于时间充裕的消费者来说，这是他们的黄金旅游时间。同样，乘坐民航的"红眼"（夜间）航班要比白天的航班便宜很多，低收入的经济型消费者会对"红眼"航班更感兴趣。

2. 使用地点

消费者会根据使用目的、使用条件来选择使用地点。例如，由于隐私的需要，消费者会在家中使用测试她们是否排卵或怀孕的产品；Wi-Fi等无线连接方式使得消费者能在各种场所读头条新闻、看视频、玩电脑游戏以及下载音乐或资料。当然，更多的消费品只适合在消费者家里使用。

理解消费者在什么环境、什么地点使用商品也是很有用的。有研究发现，美国80%～90%的进口啤酒是在酒吧、饭店等公共场所消费，而70%的国产啤酒则是被人们带回家饮用，由此，经销商重新调整了进口啤酒的分销渠道与广告策略。又如，城市写字楼里的不少公司白领为了节省时间以及省却煮饭、洗餐具等工作，喜欢购买便当、外卖来解决午餐，有时也用微波炉来加热食品，但市场上大量使用的以聚苯乙烯为主要原料的一次性泡沫餐具，在微波炉里加热时会释放出有害物质，从而影响了消费者的使用信心。有厂家为此开发出了绿色生态的玉米淀粉一次性餐具，这是一种不会产生人体有害物质的环保产品，适合在办公室使用，结果一投放市场就赢得了欢迎。

3. 使用方式

企业在设计产品时不仅要确保产品在正常条件下的使用安全，还应预计消费者可能采用何种创新性方式使用产品，或在何种场合使用产品，并对有可能导致身体伤害的使用行为做出警告。如果企业发现消费者对正确使用其产品存在困惑，则应通过重新设计使产品更易使用，或通过详尽、易懂的使用说明书使其掌握正确的使用方法。消费者的使用创新有时也有积极作用，如发现产品的新用途，从而有利于产品的销售和改进。例如，洗涤灵在人们的日常生活中通常用来洗碗刷锅、清洁水池等。但事实上，有许多消费者用它们代替领洁净来洗衣服，甚至刷运动鞋，且洗涤效果强于洗衣粉和肥皂。这样，企业就不能用一般的预测数据来做生产计划的标准了，它必须考虑到消费者对洗涤灵的额外需求。

10-1 生活小妙招

消费者的商品使用方式多种多样，单从消费目的上看，可以分为功能性、象征性和享乐性等。弄清产品的使用方式，有助于企业改进产品设计（包括款式、包装）和广告策略。对于象征性产品，由于其具有重要的象征意义、纪念意义或品牌价值，即使它已不具有先进的功能或已过时，消费者也会无所谓。对于享乐性产品，消费者主要考虑它能否给自己带来快乐，强调包装、款式等情绪化的因素。但大部分商品的使用都是功能性使用，对于这类商品，消费者一般会在初始目的背景下使用商品；但也有可能在购买后发现商品无法完成其初始目的，却能完成其他目的。例如，购买了洗碗机的顾客发现用其洗碗很不方便，却可用来进行餐具消毒，这时消费者就可能采用创新性方式使用产品，即更换目的而继续使用。

所以，了解消费者如何使用商品（尤其是使用创新）有利于开发新的商业机会。以往，通过问卷或网络调查获取客户反馈，往往反应较为迟钝。在网络社群时代，品牌与消费者之间容易实现无缝、无隔阂的沟通。小米手机为什么每推出新款产品，即便市场有一定争论，但总会得到绝大多数客户的欢迎？因为小米通过微博、微信、百度贴吧、论坛等，建立了完善的社群体系，客户的建议、抱怨都会第一时间被捕捉，从而在产品开发时进行规避。

【案例链接】

"地瓜洗衣机"的开发

海尔集团总裁张瑞敏听到农民抱怨洗衣机不好用，因为不能洗地瓜。针对此事，张瑞敏认为，既然消费者用洗衣机来洗地瓜，说明这种需求存在，企业应该突破技术，研发一种既能洗衣服，又能满足洗地瓜要求的洗衣机。于是，海尔进行产品的部分改造，扩大水流输出部分，能够承载洗地瓜的要求。设计好后，就在当地推出了"地瓜洗衣机"。结果，产品一投放市场就大受当地农民的欢迎。随后，海尔还研发出了针对食堂使用的削土豆皮的洗衣机、针对青海和西藏地区人们使用的打酥油洗衣机、可以洗"荞麦皮枕头"的洗衣机以及洗龙虾的洗衣机等，在当地都传为了佳话。另外，在很多企业认为夏季是洗衣机淡季时，海尔提出"只有淡季的思想没有淡季的市场"的理念，设计出专为夏天使用的小容量洗衣机，从一双袜子到一件衬衣，都可以进行及时的清洗。这就是比普通容量的洗衣机省水节电的小小神童洗衣机，它有着极高的市场占有率。随着人们卫生、保健意识的逐渐增强，海尔又紧紧抓住消费者的心理，利用抗菌、消毒技术开发了"保健双动力"洗衣机，凭借其电脑全自动控制杀菌消毒功能，在市场上显示出强大的产品魅力和市场威力。正是由于对消费者进行深入研究，海尔把高高在上的科技概念转化成现实的市场需求，应用高科技大胆地创新，让海尔越走越远。

资料来源：本案例源于网络，并经作者加工整理。

4. 使用数量

西方国家的销售学信奉"8∶2法则"（帕累托法则），即企业80%的业务是由20%的顾客带来的。使用量也可作为衡量消费者价值，细分消费者市场的一个基础。所以，企业应了解消费者对产品的使用频率、每次使用量以及消费总量，以便采取相应的营销措施。例如，沃尔玛山姆会员店主要针对单次购买量大、购买频率低的用户，其商品包装尽可能使用桶装或箱装。因此，家里有车、冰箱和储物间的中产者，成为它的主要客户。但在网购时代，这种"大件采购"的会员制业态，也很难挽救大卖场的没落。

不同的消费者虽然使用同一种商品，但消费量却可能有很大的差别。消费者对商品使用的数量可以从以下三个方面来分析。

1）当前和未来的使用量

使用数量与相关工具有关。比如同样喝酒，用大杯比用小杯要喝得多些。使用数量与现有供应量也有关,清洁用品剩余量减少,消费者使用量也随之减少。消费者也要估计未来的使用量。比如对健身热情不高的消费者在加入健身俱乐部时,需要判断自己可能使用健身服务的次数,以及是否能够抵消所支付的成本。钟薛高通过小红书、抖音种草以及线下快闪店的单支尝试,最后引导消费者到线上进行优惠批量购买,让冰激凌像鸡蛋一样进入家庭冰箱,并最终把传统的随机单支购买行为转化为家庭式、仓储式购买行为,大大提高了冰激凌的销售量。

当消费者以固定费用获得商品或服务时,使用量通常会提高,如自助餐、电话包月服务等。但是,一些选择固定费用计划的消费者可能会高估他们的消费量,从而比按照每次使用定价的方式支付更多的费用。一些旅游者往往认为酒店提供的一次性用品"七小件"(一次性牙刷、牙膏、香皂、浴液、拖鞋、梳子、香皂)是酒店赠送给自己的,不要白不要,而不顾自己的实际需要,造成了不少浪费。所以不少酒店不再免费提供"七小件",旅游者也能理解和接受,但如果酒店能给消费者提供可循环使用的洗漱用品(如罐装形式的洗发水、沐浴露;消毒拖鞋等),就可以既满足消费者的需要,又能达到节约的目的。

2)使用频率

消费者在使用数量和频率上有较大差异。产品的使用数量一般指消费者每次所使用的产品数量多寡,比如有些人喝啤酒能喝十几瓶,有些人则连一瓶都不能喝。消费频次是指消费者多久使用产品一次或者使用的次数,比如有些消费者天天用洗发水洗头发,而有的则几天才洗一次头发。高频使用者虽然人数不多,却在产品使用总量上占非常大的一部分。比如经常喝啤酒的人占总人数的25%,对啤酒的使用量却占总量的75%。所以,大多数啤酒公司针对经常喝啤酒的人开展广告宣传,而不是花钱吸引中频和低频消费者。例如,淡味啤酒将经常喝啤酒的人锁定为目标消费者,从而获得了成功,因为淡味啤酒可以大量饮用。高频消费者也常被视为优质客户,通常能得到更优惠的待遇。例如,商务客人常年乘坐飞机航班,而有的乘客则是偶尔为之。对于前者,世界各大航空公司无一例外地提供里程奖励、票价折扣等优惠。

美国某公司开发出一次性餐碟,并花巨资进行营销推广,但最后却不得不退出市场。原因是此产品相对于竞争产品定价偏高,也比真正的一次性餐碟产品昂贵,消费者舍不得买,即使买回来也舍不得用完就扔,而是多次使用,结果公司所期望的消费者重复购买并没有出现。

3)使用间隔

使用间隔即两次使用之间的时间。一些食品具有保质期,它会促使消费者缩短使用间隔。企业在广告中宣称"冬天喝热露露",也是试图缩短使用的时间间隔。

企业可以通过促销来扩大现有消费者对现有产品的使用量,如累积性数量优惠。另外,也可以通过改进自身产品的方法来达到这一目标。例如,可乐、雪碧的瓶装容量从1.5升到2升的变化,巧手洗衣粉从1.5千克到1.7千克超值家庭装的变化,都会在相当程度上鼓励人们更多地消费企业的产品。同样,随着人们消费文化水平的提高,在日常生活中大家也会自觉减少对某些商品,特别是食品的消耗量,如含糖量高、缺少营养价值的烹炸食品以及垃圾食品的销售量,都呈下降趋势。

10.1.3 配套产品的购买与使用

某些商品之间存在相关或补足关系，一种产品的使用会带动另一种产品的购买。例如，买了手机后，消费者会购买充电宝、保护膜、耳机等配件；买了计算机后，会买计算机桌、软件等配套产品。赠送连带品是商品促销的有效手段。零售商也经常将有配套关系的商品就近陈列，使其销售互相促进。事实上，一些零售商试图主要从配套产品的销售中获利。例如，在西方国家，不少零售店以成本价出售照相机，目的是将顾客吸引到商店并向其推销利润丰厚的照相机配件。许多汽车厂家和4S店也会从汽车配件的销售中获得更高的利润率。

对于很多产品，只有同时伴有其他产品的使用才会更方便、更安全和更富有乐趣。而且，这些产品的购买一般遵循一定的规律和顺序。比如，野营爱好者起初可能只买野营帐篷，但他可能很快就发现还需要买与之相关的很多其他产品，如背包、睡袋、炉子、电筒或马灯，等等。为获得连带销售或联合促销的好处，一些企业已经使其业务日益多样化。如吉列公司，不仅销售剃须刀架和刀片，还销售剃须膏、除臭剂和护发剂等产品。购物网站可以根据消费者已经购买的商品情况，有针对性地向其发送广告，推荐相应的配套商品，从而提高销售量。

10.1.4 商品的闲置

商品的闲置或不使用是指消费者将商品搁置不用，或者相对于商品的潜在用途仅做非常有限的使用。例如，许多中国家庭购买了面包机和烤箱，却并不习惯自己做；银行发行的信用卡数量不小，但消费者使用率较低；家庭储存的名酒尤其是洋酒多为摆设；等等。商品闲置的原因主要有以下几点。

1）使用情境未出现

有时，消费者的购买决策与使用决策并不是同时做出的，而存在一个时间延滞，如果购买时所设想的某种使用情境未出现或发生了变化，消费者就可能推迟消费甚至决定将产品闲置不用。例如，有的消费者会在"双11"或有其他优惠的时候购买一些以后打算使用的商品，或并不需要的商品甚至是根本用不了的商品；再如，某女性在生小孩之前买了漂亮的裙子，但生完小孩后身材走样不能再穿。

2）缺少相应的使用条件与环境

例如，有的消费者买了电磁炉，却因为难以防护电磁辐射污染和电价上涨而闲置不用；有的消费者购买净水器时没有考虑后续保养成本，以后才发现更换滤芯不仅成本高昂而且不方便，如果滤芯失效，还会造成二次污染，净水器就变成了"污水器"，因此只好闲置不用。在某些情况下，企业也通过提醒或在合适的时机给予触动与启发，推动消费者使用所购的产品。比如，消费者有体育运动会所的会员资格，但由于消费者认为自己不在运动状态或其他原因而很少再去，营销者通过消费记录发现消费者很少使用会员卡，便电话询问并邀请这位消费者开始消费或参加某种培训活动，这时的促销任务不是鼓励购买，而是鼓励使用。

3）商品情况不如预期

在网络购买中，购买决策和消费决策会有明显"时滞"，消费者做出购买决策时，并没有真正接触到商品，收到商品后，消费者通过触摸、试用商品，会拥有比订购物品时更多的商品信息与使用体验。如果消费者觉得商品没有预期那么好，就可能会闲置商品。例如，拼多多上售卖的被子固定器，消费者在实际使用时发现并没有明显的作用；在网上购买的电子驱蚊器效果不明显，消费者只好弃之不用。当然，如果消费者对商品主要功效很不满意，也可能会做出退货的决定。例如，会计师网购的某型号打印机打印会计凭证时会出现严重的吃纸现象，他就会选择退货。很明显，经营网店的零售商希望客户保留而非退还产品。表面上看来，制定一个严格的退货政策似乎可以减少退货，但这样也会减少订货的数量。

另外，带有投资性质的商品也容易发生闲置情况。例如，商品房就具有投资性质，各国都存在商品房闲置的情况，空置率一般在 4%~10%。但我国城市的房地产空置率比较高，逼近房屋总量的四分之一，且三四线城市的房屋空置率明显高于一二线城市。我国拟开征的房产税可能会降低商品房闲置率。

▶ 思考一下：你在某产品的使用过程中是否存在创新性使用以及搁置不用的情况？

10.1.5　商品及包装物的处置

商品在使用前、使用过程中和使用后都可能发生商品或商品包装物的处置。只有完全消费掉的商品（如蛋卷、冰激凌）才不涉及商品处置问题，如快到使用年限的乘用车的处置问题。消费者处置商品及包装物的方式大体有保存、永久性处理、暂时性处理三种方案（见图 10-2）。

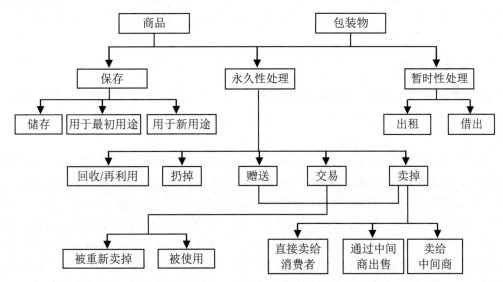

图 10-2　消费者对商品或包装物的处置方式

1. 保存

消费者购买商品以后，一般会用于最初用途，也可能用于新用途，如将旧衣物作为抹布使用。但有些商品并不会马上使用或消费，而是将之暂时储存。不仅是商品，有些商品的包装也成为消费者的收藏对象，例如，马爹利 XO 制作精美的瓶子是许多收藏爱好者的目标。

前面已经说过，如果消费者发现商品有新用途，就应引起营销人员的注意，因为企业可为这种新用途进行广告宣传；如果消费者将商品搁置不用，这表明该商品并不十分令人满意，应当了解商品闲置的原因，改进产品及售后服务工作。

2. 永久性处理

大部分商品或包装物在使用后会被扔掉，这是消费者处置商品的主要方式。但某些商品被闲置或淘汰后，其基本的使用功能并没有完全丧失，可以进行易物交换或赠送他人。尤其是一些更新换代较快的电子、电器产品，虽然过时但又舍不得扔掉，如一些城市家庭里往往有多余的手机，有的拿给小孩或老人使用，有的送给经济状况较差的亲友。

面对物价的上涨，网购市场上的换客族也变得越来越多，以物易物、各取所需逐渐变成一种时尚的生活方式。不少换客族拿自己用不着的东西交换目前需要的可用物品，既解决了旧物品占用空间的问题，又能够不花钱获得实用的东西，可谓一举两得。一些网站也提供了专门的服务，如淘有网、换客网、95time 交换网、以物易物在线等。换客族为避免上当受骗，应选择正规的换客网站，最好是同城交易，并在换物时仔细验货。

更多的不用物品会被卖到二手市场，除了传统的线下旧货市场，网络给二手商品的交易提供了更多方便。如闲鱼、转转、58 同城等都提供了闲置或二手商品的交易市场。

另外，一些商品使用后可以被回收或再利用，尤其是容易引起环境污染或部分材料有回收价值的商品，如对用过的电池、旧手机、旧电脑等电子垃圾的回收或循环使用，而且汽车、电器的旧零配件往往利润很高，是非特约修理服务商的主要配件来源，一些厂商也开始翻新旧构件以安装到新产品上。固体废弃物的处理已经成了一个日益受到社会各界重视的环境问题，企业应该把握消费者的环保意识，重视产品或包装物的回收或再利用，满足消费者对绿色产品的需求。

3. 暂时性处理

消费者暂时不用的商品可用于出租或借给第三者。这种情况主要适用于价格居高不下的住房（或挖掘机等大型生产资料），但房屋出租也会附带家具、家电等耐用消费品出租。

企业关注消费者的处置方式，主要是因为它不仅影响消费者自己的重复购买或产品的更新换代，还会影响其他消费者的购买决策。消费者卖出、交易或赠送二手产品的行为会形成二手货市场。二手市场的存在对新产品的需求往往有两方面的影响。一方面，消费者从二手市场购买产品，减少了对新产品的新需求；另一方面，二手市场方便了消费者卖掉手中的产品从而及时购买新产品。消费者在购买新替代品之前必须处理掉原有产品，但丢弃尚有剩余价值的物品是件浪费和痛心的事。例如，如果一个人确信旧吸尘器会被重新利用或转卖，他可能会乐意掏钱买一个新的。然而，他们却不愿意将旧吸尘器扔掉或自己设法将其折价卖出去。许多轿车车主喜欢时尚的 SUV，现在使用的轿车成了"食之无味，弃之可惜"的"鸡肋"。一方面旧车折旧率太高，另一方面买主也对旧车的质量心存疑虑，结果使得新车市场也受到影响。因此，制造商和零售商可以利用规范、活跃的二手市场，或采取措施以确保这些旧的或二手物品被重新利用，如以旧换新或回收产品的方式帮助消费者快速处置旧商品，同时促成新的购买。

10.2 消费者满意与品牌忠诚

10.2.1 消费者满意概述

如同消费者会基于思考或感受做出购买决策一样,他们同样会基于思考或感受做出满意/不满意的判断。

1. 消费者满意的含义

消费者在购买商品后,往往通过对商品的实际消费使用与体验,对自己的选择是否明智进行检验和反省,形成购买后的评价、感受及相应行为,包括购买后冲突、消费者的购后满意度、重购意向、抱怨行为、品牌忠诚、口传行为、与企业的关系行为等方面。其中,消费者满意度通常被认为是形成其他购后行为变量的中间变量。

消费者满意(customer satisfaction,CS)是消费者对某一事项已满足其需求和期望的程度的感受或态度。一般而言,消费者满意是其消费后的一种心理体验,也是其对企业提供的产品和服务的直接性综合评价。

消费者满意度指数(customer satisfaction index,CSI),最先由瑞典于1989年建立,是根据顾客对企业产品和服务质量的评价,通过建立模型计算而获得的一个指数,是一个测量顾客满意程度的经济指标,也被许多国家作为监测整个国家经济运行状况和未来经济发展前景的一项指标。

不同的购后满意度会大致形成以下几类消费者:极其满意的消费者会成为持续购买的忠诚型消费者,并成为正面信息的传播者;叛离型消费者是仅仅感到品牌表现尚可或中立的消费者,往往是出于习惯而重复购买,但很可能会停止与公司的交易;恐怖型消费者有着强烈的负面情绪与体验,会成为负面口碑的传播者;质押型消费者是仅因垄断环境而重复购买的消费者;唯利是图型消费者,是很好满足的消费者,但他们对各种品牌没有忠诚可言,更低的价格就足以诱其背离品牌,他们的行为并不服从于满意——忠诚的基本原理(反复被满意的消费者能够被转化为品牌的忠诚消费者)。

消费者满意源于消费与使用而非购买。如果消费者对企业的产品和服务感到满意,他们会将他们的消费感受通过口碑传播给其他的顾客,扩大产品的知名度,提高企业的形象。但顾客满意并不等于信任,更不等于"顾客忠诚"。美国贝恩公司的调查显示,声称对产品和企业满意甚至十分满意的顾客并不意味着"品牌忠诚",其中65%~85%的顾客会转向其他产品。

2. 满意度测评的四分图模型

四分图模型是一种对客户满意度进行分析的重要工具,又称重要因素推导模型。它通过调研和访谈列出影响消费者满意度的所有绩效指标,对每个绩效指标设重要度和满意度两个属性,由消费者对该绩效指标的重要程度及满意程度进行评判打分,最后将影响满意度的各因素归纳进四个象限,即 A 优势区(高重要性、高满意度)、B 改进区(高重要性、低满意度)、C 机会区(低重要性、低满意度)、D 维持区(低重要性、高满意度),从而确定消费者对不同因素的需求特点和企业改进的重点,提高企业营销服务的针对性,如图10-3所示。

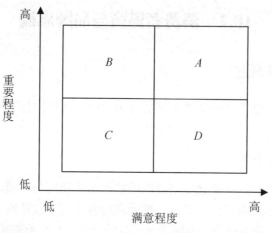

图 10-3 满意度四分图模型

▶ **思考一下**：在你的网购经历中，是否有过对快递服务特别满意或特别不满意的情况，原因何在？你觉得快递公司应当如何改进？

【案例链接】

基于四分图模型的南京地铁服务质量测评

南京财经大学钱煜昊等人对南京市地铁服务质量和乘客满意度进行了大范围问卷调查。通过信息汇总，得出乘客满意度及服务重要度数据（见表10-1）。

表10-1 由调查问卷得出的旅客满意度及服务重要度

服 务 内 容	满意度均值	服务重要度
① 对南京地铁部门的信任度	8.42	87
② 地铁的设备和设施如何	8.51	28
③ 乘车秩序和安全运行	8.25	66
④ 列车是否准时快捷	8.57	125
⑤ 南京地铁导向指引是否到位	8.32	99
⑥ 车站及列车环境如何	8.41	84
⑦ 相对当前服务票价是否合理	8.06	156
⑧ 地铁部门的社会责任感	8.38	78
⑨ 工作人员服务态度和水平	8.36	63
⑩ 购票是否方便快捷	8.18	102

将数据填入四分图模型中，得到如图10-4所示的四分图模型。

A 区，优势区：满意度和重要度均高的区域。1、4、5、6号指标在该区域内，说明乘客对南京地铁的信任度、列车的准时快捷、地铁导向指引、车站及列车环境等方面的服务不但很重视，而且还是满意和认可的。但是，5号指标（地铁导向指引）接近 A 区与 B 区的交界线，说明在这方面的服务不尽如人意。

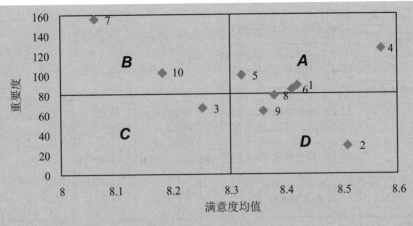

图 10-4 四分图模型

　　B 区，改进区：产品满意度低但重要度高的区域。处在该区域的指标是整个服务体系的软肋，必须密切注意并马上改进。模型中，7 号指标（车票票价）以最高重要度和最低满意度处在该区域内，说明旅客最重视也最不满意于票价服务；10 号指标（购票快捷程度）也在该区域，必须对购票的便捷性引起足够的重视，尽快改进。

　　C 区，机会区：满意度和重要度都低的区域。处于该区域的指标并不是目前急需解决的问题。3 号指标（乘车秩序和安全）处在这个区域，说明乘客对乘车秩序并不太在意，也并不满意。

　　D 区，维持区：满意度高但重要度低的区域。2、8、9 号指标位于该区域，说明乘客对地铁站的设备设施、地铁部门的社会责任感、工作人员的态度和水平虽然感到满意，但是认为并不重要。因此，在有限资源的限制下，应将此区域内的资源运用于更重要的 B 区域。

　　资料来源：钱煜昊，夏凡，朱天淳. 南京市地铁服务研究：基于四分图模型的服务质量测评[J]. 经济研究导刊，2014（26）：131-133.

10.2.2 消费者满意的影响因素

10-2　用户最关注的消费投诉大数据

　　王俊男提出了满意度影响因素模型（见图 10-5），包括个人因素（包括期望、感知价值、期望感知价值比、购买重要性）、产品因素（包括质量、价格、性价比、品牌形象）、环境因素（包括相关群体的评价、竞争产品性价比）三个方面。这些因素大都通过形成价值实现程度，进而影响消费者满意度并最终导致购后行为。另外，根据消费者购后行为的性质，可以将购后行为分为正向购后行为（包括重复购买、正向推荐、交叉购买）和负向购后行为（包括消费者退出、消费者抱怨、品牌转换）两类。

　　一般来说，影响消费者满意的因素主要有以下几方面。

1. 期望

　　期望是指消费者预期或理想中的产品/服务结果。例如，消费者可能会期望日本轿车质量好且省油。

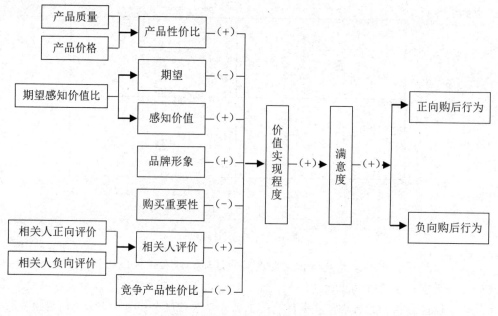

图 10-5 购后满意度影响因素模型

消费者选择某种商品、品牌或零售店是因为认为它在总体上比其他备选对象更好。无论基于何种原因选择某一商品或商店，消费者都会对其应当提供的表现或功效有一定的期望。没有这些可能被满足的期望和愿望，消费者可能就不会产生某项服务的购买行为。同时，期望也形成了一个可以对产品、服务进行比较、判断的参照点，期望的实现程度是消费者满意的关键因素。例如，消费者对装修高雅的酒店往往有较高的期待，很难容忍脏乱现象，而如果是在一家廉价宾馆，消费者可能对同一现象视而不见。

可见，消费者期望是一把"双刃剑"。一方面，它是吸引消费者的动力；另一方面，消费者期望的存在，也给产品绩效建立了一个最低标准。如果企业达不到这个标准，消费者就会表现出不满意。

那么，影响消费者商品期望水平的因素有哪些呢？

1）商品因素

商品的价格、品牌、品类、外部特征等都会影响消费者对商品的预期。例如，某名牌商品较竞争商品价格高，包装精美，消费者就可能期待该商品有较高的功效与品质标准。

潘拉索拉曼（A. Parasuranman）等人按消费者期望水平的高低分为理想区域、合格区域和宽容区域（容忍域）。一般而言，消费者对其所认为的最重要的产品属性会有较高期望，与不太重要的产品属性相比，消费者更有可能强化对重要属性的期望，使最重要属性的容忍域缩小，使理想区域和合格区域的水平相应提高。消费者对不同重要性的产品的期望也是如此。例如，某针对孩子学习的智能机器人产品，其广告定义为"孩子贴身全能老师"，显然会给家长很高的产品期望，但结果往往不尽如人意。扫地机器人也是如此。但索尼开发的机器狗宠物 AIBO，也会有不稳定，出现故障的情况。这时，消费者却觉得，AIBO 不开心了，发脾气了，觉得很好玩、很呆萌，有时候不听指挥才好玩嘛。可见，人们对智能机器人的性能、科技以及实用功能要求非常苛刻；而对自己的宠物却不再抱有那种高期望，不会要求小狗跟心目中的机器人一样精准，反而会非常有爱和包容。可见，索尼对 AIBO 的"宠物"定位策略降低了消费者对其性能的期望，因而取得了成功。

2）促销因素

企业如何宣传其产品，用什么样的方式与消费者沟通，也会影响消费者对产品的预期。比如，企业在广告宣传中对消费者做出夸张、诱人的承诺，试图树立产品的优质形象，此时，很可能使消费者对产品品质产生比较高的预期。如果消费者实际感受到的品质低于这一预期，就可能引起不满情绪。因此，对消费者的期望管理应当在两者之间寻求一个平衡：企业建立的消费者期望，既要对消费者有充分的吸引力，又要保证企业能够实现，不仅如此，还要努力去超越这些期望值，使消费者成为忠诚顾客，从而实现企业的长期利益。

3）消费者因素

一些消费者较另一些消费者对同一商品有更多的要求与更高的期望，这与消费者的价值观、社会阶层、对产品的研究、过去对类似产品的体验、其他消费者的体验或口碑等许多因素有关。比如，在吃的方面，我国南方人较北方人似乎有更高的期待；在穿的方面，上海女性较其他地方的女性更为讲究。

亚马逊首席执行官贝佐斯说："用户的需求总是不停地提高，如果你今天给了用户一个非常了不起的产品，用户觉得很满意，超出他的期望，可是明天他重新使用这个服务的时候，你今天的超标准也就是明天的最低标准。" 因此，消费者的需求不停地提升，在供给端也必须不断提高产品与服务水平，才能让消费者不断获得新的满意体验。

2. 绩效

绩效是消费者对于一项产品或服务是否满足了其消费需要的衡量。这种衡量或评价既可以是客观的（基于实际的绩效，这种情况下不同消费者的评价基本相同），也可以是主观的（基于个人的感觉，此时不同消费者的感觉可能不同）。例如，对于一辆车而言，客观的绩效评价是指车的运行状况以及车的油耗如何，而主观的绩效评价则表述的是这辆车有多么时髦或是这辆车给消费者的感觉如何。

产品属性为消费者带来的利益，即满足消费者需要的程度，直接影响消费者的满意水平。因此，产品绩效越高，消费者就越满意，反之消费者则越不满意。

但并不是每个人都有相同的需要或欲望，而且，不同的消费者对相同的需要也有不同的需求强度。所以，产品的不同属性（如价格、质量、使用成本、牌号、性能、式样等）对消费者满意度的影响作用大小是不一样的，因为各种产品属性在消费者心目中的价值或重视程度不一样，消费者认为较重要的属性对满意度影响大，而有些属性可能被消费者认为无关紧要，因此对满意度影响不大。例如，多数消费者购车时重视汽车的价格、品牌、款式、配置等，但会忽视对环境造成的污染，并不在意汽车尾气的排放情况，而在要求减少汽车使用时又可能会以减少空气污染作为理由之一。因此，如果企业不去考察所提供的产品和服务是否真正符合消费者期望、要求，就对自己的产品、服务质量、服务态度、价格等指标是否优化做主观上的判断，很难形成消费者满意。例如，由于人们收入水平和消费心理的不同，消费者对汽车的品牌、功能、款式、价格有不同的需求强度。收入丰厚的人们，喜欢高档名牌，因此对品质和功能需求的强度要求就高，而对价格需求不强烈。也就是说，当品质不满足他们的要求时，他们会产生不满或强烈不满。对低收入工薪族来说，其消费心理追求价廉物美，以实惠为原则，因此对价格和服务的需求强度要求高，而对功能需求强度则不强烈。

3. "期望—绩效"失验

理查德·L.奥利佛（Richard L. Oliver）认为，消费者购买商品后的满意程度是消费者对商品的期望功效 E 和商品使用中的实际功效 P 的函数，即 $S=f(E,P)$。这就是说，如果购后商品在实际消费中符合预期的效果，消费者就感到基本满意；如果购后商品实际使用的性能超过预期，消费者就感到很满意；如果购后商品实际使用的性能不如消费者预期的好，消费者就会感到不满意或很不满意。实际同期望的效果差距愈大，不满意的程度也就愈大。

如图10-6的"期望—绩效"失验模型所示，当我们对某一产品先前的期望与它的实际绩效产生差异（正向或负向）时，失验也就产生了。超出预期的绩效会带来正面的失验，进而使人满意。如果绩效与期望的表现相同，此时只会发生简单确认，同样会让消费者满意。相比之下，如果绩效比人们的期望要差，负面的失验将会发生，这将导致人们的不满。

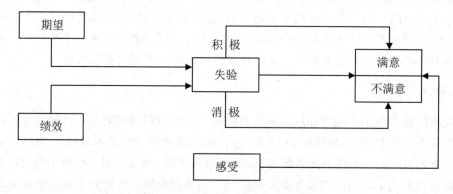

图10-6 "期望—绩效"失验模型

但是，Churchill 发现，不同类别的产品对失验模型有不同的符合程度。例如，非耐用品较符合失验模型，对耐用品来说，则存在两个显著的特点：期望的影响变小；绩效的影响显著增大。还有学者研究发现，绩效的信息相对于期望越强、越清晰，感知绩效对满意的正面影响就越大；相反，绩效的信息越弱、越含糊，则期望对满意的作用就会增大。例如，耐用品绩效的信息比其他产品更为强烈，因此绩效的作用也更强。一些研究还发现负面的绩效水平（如让客户等待）比积极的绩效水平更能影响消费者的满意度，这意味着产品和服务都必须在最大化某些方面的功效前使所有的功效先达到消费者的期望值。

绩效、期望和感受也可以不通过失验而影响满意。仅产品绩效好这一事实就可以不受期望影响而对满意产生正面的影响。同样，仅仅是产品或服务的不好绩效就足以导致不满意。汪纯本等人的研究表明，与绩效和期望之差相比较，消费者需要满足程度对其满意程度的影响更大。期望主要影响消费者在购买时对产品或品牌的选择，而绩效对购后满意度的影响更大一些。例如，不少消费者明明知道一些廉价集市上的产品质量不能保证，但一旦真正买到了质量较差的廉价品，仍会表达其抱怨和不满。

另外，这个模型只强调了认知因素（期望、实绩和两者之差）对消费者满意度的影响，忽略了情感等因素的作用。Oliver 后来也认为，消费者满意度是消费者对其消费经历的认知与情感反应的综合。

4. 认知公平性

消费者满意还取决于消费者对交易是否公平合理的认知。公平性可以包括三类：结果公平性、程序公平性与互动公平性。

1）结果（交换）公平性

这是指消费者对其在交易中的投入与所得是否相等的判断和感受。如果消费者用公平的价格买到了称心如意的商品，他们就会认为交换是公平的。如果消费者认为自己占到了便宜的话，他们的满意程度将会更高。很少有人会对 Costco 的商品价格感到不满意，只不过购买商品少的消费者可能会对会员费略有微词。因为 Costco 商业模式的本质是经营会员，而不是经营商品，其销售商品的纯利润几乎为 0，消费者购买商品越多，会员费带来的收益就越大。

【资料链接】

付费会员制的价值体验

如果做到了 10 倍于会员费的价值体验，消费者就会毫不迟疑地为会员资格买单。

对于 Costco 的顾客来说，花 60 美元办一张会员卡，带来的是如下收益。

超低价：任何商品的毛利润率最高不得超过 14%，超过 14% 的商品要报董事会批准，事实上 Costco 的实际毛利率只有 7%。

超省时：这个时代，时间成为了最宝贵的资产。Costco 的活跃 SKU 只有 4000 左右，只是沃尔玛的 1/10，这降低了顾客的选择成本，也降低了 Costco 的经营成本。

超省心：彪悍的售后服务，退货、退卡没有时间限制。例如，有人把用了 10 多年的 Sony 录音机拿回来退了！

我们做一个简化的公式，以顾客最为感知的价格作为主要参数，由于 Costco 全场低价，不存在限制，所以可以理解为无限次交易数。其用户价值公式为

$$用户价值=（无限次交易数 \times 交易价 \times 交易价差）-持卡成本$$

亚马逊推出的 Prime 会员，对于那些经常在亚马逊购物消费的人群来说，79 美元是一个不错的选择。没有人想要付运费，没有人愿意眼巴巴地等上一个礼拜才收到包裹，而亚马逊给出的是：无限次的两日内送达。

亚马逊 Prime 会员用户价值可以简化为

$$用户价值=（无限次交易数 \times 运费）-持卡成本$$

最重要的是，公式里面的无限次交易数，越趋向于无限次，价值就越大，持卡成本也就越趋向于零。所以从这里我们也可以解释，付费模式下用户为什么存在报复性购买行为。

资料来源：陈文中. 新零售之会员进化论[EB/OL].（2018-03-30）. http://www.woshipm.com/marketing/976938.html.

2）程序（过程）公平性

这是指交易过程与方法、规定的公平。例如，消费者受到了欺骗或服务项目没有明码标价就违反了程序公平性。企业也常常会以"不符合公司规定"来搪塞消费者的合理要求，而不合理的规定本身就违背了程序公平性。

3）互动（交互）公平性

这是指消费者如何被营销人员所对待或人际处理方式。例如，消费者认为花钱便应该享受店员的尊重、亲切服务，因此店员的冷淡态度代表了消费者受到不公平的待遇。当消费者遇到服务失误时，服务人员的态度对消费者的满意度会产生很大的影响，互动公平常常会占据主导地位，一定程度上支配着结果公平和程序公平。

当然，消费者对公平的感受是主观的，而且更倾向于以自我为中心，不会过多地考虑营销方的难处。例如，曾有一位上了年纪的女乘客在机场的安检处大发雷霆，理由是安检人员对其行李进行了翻包检查，而旁边的年轻人却没有得到此"待遇"，实际上安检人员只是正常抽查而已。

5. 归因

归因就是指人们对自己或他人行为原因的认识。具体地说，就是观察者对他人的行为过程或自己的行为过程所进行的因果解释和推理。根据事件的发生是源于外部刺激或内在自身因素，归因可分为外部归因与内部归因两种类型。

消费者在购买和使用产品过程中，会对企业的各种活动、其他消费者的行为以及产品品质的好坏做出归因。比如，当产品出现故障和问题时，消费者可能将其归因于生产或销售企业，也有可能将其归因于自己没有详读产品说明书而使用不当，运气不好，或气候、环境等外部因素。当消费者将产品问题归因于供给的企业时，消费者将对产品产生不满，而在另外的归因情况下，则可能采取较为宽容的态度。曾经有一个调查，询问乘客在航班误点时的反应，结果发现，消费者是否不满，很大程度上取决于归因类型。当将误点原因归咎于气候条件时，乘客反应比较和缓，对误点表示理解；如果将航班误点与航空公司可以控制的一些因素相联系，则乘客的愤怒和不满情绪就比较大。企业应当引导消费者做出正确的和有利于企业发展的归因。百事可乐公司在对可口可乐发起强劲攻击的过程中，曾邀请一些消费者"蒙眼"品尝两种可乐，结果大多数被试喜欢"百事可乐"的口味。百事可乐公司将此摄制成广告片，大肆宣传，由此使其市场份额急剧上升。面对咄咄逼人的攻势，可口可乐则在另一收视率极高的电视节目中，影射品尝活动的"被试"是为了获得上电视的机会和在电视上一显自己的风采，其目的就是给观众以新的理由，从而淡化百事可乐公司广告信息的影响。

在营销情景中，当产品或服务未能满足消费者的需求时，他们通常会从以下三个因素来寻求解释。

（1）稳定性：事件的原因是暂时的还是持久的。

（2）焦点：问题是消费者或其他客观因素造成的还是营销方造成的。

（3）可控性：事件是处于消费者还是营销人员的控制之下。

当问题的原因是持久的，是营销方造成的，且消费者无法控制或解决时，消费者更有可能会感到不满。例如，新车的挡风玻璃上出现了裂缝，如果消费者认为是由于在开车过程中被石头砸中所致,纯属意外或巧合,营销方没有过错,也不在营销方的控制范围之内,消费者也许不会对此感到不满。但是,如果很多消费者都遇到了同样的问题,也就是说问题是持久性的,是企业的产品质量出了问题,是企业应该解决的问题,那么消费者就很有可能会产生不满。

如果消费者自主选择了廉价品或处理品,当商品出现质量问题或售后服务得不到保障时,消费者至少会将部分负面结果归因于自己,而不会产生强烈的不满情绪。另外,企业的态度及处理方式也会在很大程度上影响消费者的满意度。当企业付出了额外的努力或真诚来为消费者服务时,哪怕是最终结果不尽如人意,消费者仍会感到满意。同时,如果营销人员以诚恳的态度积极解决出现的不良问题,也将容易得到消费者的谅解。

6. 购买的重要性

当产品失误对于消费者的重要性较高时,他的不满意或愤怒的情绪也会较高。例如,如果摄影师把消费者的婚纱照拍坏了,相较于家庭聚会的合照而言,消费者对摄影师的不满意或愤怒的情绪会较高。最后产品失误的稳定性也会影响消费者的不满意程度。当产品的失误是重复不断地出现,而非偶发状态时,消费者的不满意或愤怒情绪也会较高。

7. 需求性质

消费者对满意度的衡量是建立在与产品或服务相关的各个层面和因素上的。各种产品属性对消费者满意度的影响作用,不仅会有程度上的不同,同时也有性质上的差异。从功效上看,产品功效包括以下层面。

(1)功能(工具)性功效。功能性功效与产品的物理功能相关,通常其所产生的效益具有客观性。例如,洗碗机、计算机其他主要电器产品,正常运转和发挥作用是至关重要的。

(2)象征性功效。象征性功效与自我意识和社会认同有关,而有些商品具有表现自我、形象强化的作用。

(3)享乐性功效。享乐性功效偏向经验性,能给消费者带来兴奋、惊喜与想象。它可能缘于功能性功效、象征性功效或产品本身。

例如,运动衣的耐穿性是功能性功效,式样则是象征性功效,参加体育活动带来的欢乐是享乐性功效。

▶ **思考一下**:根据下列商品或服务的属性,按照功能性功效、象征性功效或享乐性功效进行归类。

　　a. 羽绒服;b. 火锅店就餐;c. 私家车;d. 电脑游戏;e. 酒店。

日本学者小岛外弘根据美国心理学家赫茨伯格(Frederick Herzberg)的双因素理论,在消费者行为学研究中提出了MH理论(类似于KANO模型)。其中,M是激励因素,是魅力条件;H是保健因素,是必要条件。MH理论认为,功能性功效的缺陷是导致消费者不满的主要原因;象征性(享乐性)功效的不足并不会使消费者感到强烈不满;而完全满意则需要象征性(享乐性)功效和功能性功效同时达到或高于期望水平。如果一件产品不具备某些基本的功能价值,就会导致消费者的不满。比如收音机杂音较大,电冰箱制冷效果差，洗衣粉去污力不行等，都会使消费者产生强烈的不满，并可能因此而采取不利于公司的行为（如把不满告诉其他消费者，转换品牌，向媒体或监管部门投诉等）。另一方面，产品具备了某些基本功能和价值，也不一定能保证消费者非常满意。要让消费者产生强烈好感，还需在基本功能或功能性价值之外，提供某些比竞争对手更优秀的东西，比如某种产品特色，更具个性化或者更有内涵和象征价值的品牌形象等。

Chang 等（2013）研究表明，高象征性（享乐性）的产品能够让消费者产生兴奋和欢乐，这种感受会随着时间不断增强并增加消费者忠诚。高功能性产品能够给消费者更多的安全感和自信，但是这种感受会随着时间的变化强度减弱并且会减小消费者忠诚。低象征性（享乐性）的产品导致消费者的不满，这种感受会随着时间的消逝而减弱，并且会导致低水平的消费者忠诚上升。低功能性的产品则让消费者愤怒，并且这种感受随着时间的增长而增长，且削弱消费者忠诚。这个结论在一定程度上也验证了 MH 理论的合理性。但是，这种影响作用也存在个体差异，激进型消费者往往更喜欢产品的象征性（享乐性）价值，保守型消费者则往往更看中产品的功能性价值。

总之，虽然象征性（享乐性）功效与功能性功效在消费者评价产品时的重要性可能随产品种类和消费者群体的不同而不同，但一定程度上说，功能性功效主要起着消除不满的作用，而象征性（享乐性）功效才可能产生高度满意的作用。这就提醒工商企业应致力于将导致不满意的属性功效保持在最低期望水平，同时要尽量将导致满意的属性功效保持在最高水平，而后者并不会花费太高的成本。

【案例链接】

麦当劳的儿童娱乐

麦当劳在全世界增长最快的消费群体是儿童。对儿童而言，吃什么样的汉堡其实并不重要，价格也不那么重要，关键是要"吃得开心、好玩"。

于是，麦当劳推陈出新速度最快的是不断变化的儿童套餐玩具。对于《爱宠大机密》电影中的 8 个卡通形象构成的成套玩具，有些儿童生怕凑不齐，这在无形中增加了消费频率。每到节假日，麦当劳还不忘推出能逗乐儿童的游戏。

在麦当劳看来，新的食品品种并不是它所在市场的关键要素，它所在市场的关键要素是给儿童快乐和新奇，它所在的空间坐标是儿童价值，所以它必须不断推出把孩子们逗乐的娱乐项目。

资料来源：陈春花公众号（春暖花开）. 营销中常见的误区.（2019-09-11）. ID: chunnuanhuakai-cch.

10.2.3 品牌忠诚概述

在满意和重复购买的消费者中，有一部分人会对品牌产生忠诚。

1. 品牌忠诚的含义

所谓品牌忠诚，是指消费者对某品牌感到十分满意而产生的情感上的强烈认同与偏好，并试图重复购买该品牌产品的倾向。

当然，品牌忠诚也具有时效性，即某个消费者在生活的某一阶段可能具有强烈的品牌忠诚，而在生活的另一阶段这种忠诚可以随着环境的改变、社会生活条件的变化而减弱甚至完全消失。例如，随着收入水平的提高和对生活品质的更高要求，人们可能对性价比不错而质量并非一流的小米手机不再持有品牌忠诚。

同时，品牌忠诚作用在新产品不断涌现、品牌众多且相似、商品信息铺天盖地的网络时代受到了冲击，许多消费者已很难对某一品牌形成忠诚，而且对特定品牌的"黏性"也大大降低。尼尔森的一项报告显示，全球仅有8%的消费者对日常使用的品牌保持忠诚，42%的消费者"很爱尝试新东西"，49%的消费者"时而尝试新东西"。在网络信息时代，品牌资产的影响力将随着人们日渐依赖更准确的质量信息而减弱，其中品牌认知度、品牌忠诚度受到的冲击最大。当消费者能更多地获取网络口碑及其他公共信息服务时，他们就不会因为品牌忠诚而固执己见。尤其是品牌转换成本很低的情况下，长期客户的建立越来越困难。消费者本来打算购买一款名牌商品，但他在网上浏览相关商品时，发现很多消费者对另一不知名的品牌评价很高，而且价格还很便宜。这时，消费者就可能不再根据其以前的消费经验和品牌认识去进行购买决策。某一品牌的产品过去质量很好，并不能成为评判该品牌的其他产品或与别的品牌进行比较的依据，专家和众多消费者的意见成为决策的主要依据。当然，如果消费者难以准确了解产品或服务的质量，过去的满意度和忠诚度还是会有重要意义的。比如，在卷入度低的浅涉购买中，消费者只想找捷径，并不愿意费力地收集信息或评价各个选项，这时，品牌忠诚度就能发挥较大作用，但是浅涉购买也容易导致多样化购买行为。

▶ **思考一下**：你喜欢下列商品中的哪些品牌？品牌忠诚度如何？

饮料、服装、小食品、手机、化妆品、洗发类产品、网站、计算机。

2. 品牌忠诚的行为表现

品牌忠诚是消费者的一种非随意性的购买行为反应，单纯口头上的偏好表示或偶然性地连续选择某一品牌并不能作为确定品牌忠诚的依据。消费者品牌忠诚所表现出的行为特征主要有以下几个方面。

1）重复购买

重复购买是指再次或大量、长期购买同一企业同一品牌的产品，乐于接受其新产品、产品延伸或品类延伸（跨界产品）的行为。例如，小米是以手机品牌出名的，但小米并不只是单纯打造手机，而是有着许多跨界产品，小米生态链的产品几乎已经覆盖了消费者生活的方方面面，"米粉"甚至声称"除了雷军什么都卖"。这些跨界产品能获得成功，很大程度上得益于"米粉"的认同与购买。

重复购买可以简单分为习惯型购买和忠诚型购买。前者是出于习惯，或者没有其他更好的备选品，或对该品牌较熟悉，他们对所购买品牌并无忠诚感，易受竞争者行为的影响。后者是消费者对某产品或品牌有情感偏爱时的购买行为。另外，不满意顾客如果无法期望从其他企业获得更好的服务或存在市场垄断，或者认为重新寻找的预期利益低于预期成本，他们也会被动地成为重复购买者。同时，满意的消费者可能会转换品牌，但其中一些人也会成为重复购买者。只有少部分消费者会对产品产生高度满意，不仅再次购买，还表现出忠诚行为。

重复购买对于企业而言可以创造更多的利润，主要原因是获取新顾客的成本往往远高于老顾客，而且随着时间的推移老顾客的获利性越来越高。例如，保健食品在开拓市场的初期往往需要较高的获客成本，而一旦消费者对保健品形成了消费习惯，其对保健品的消费需要会随年龄增长而呈现稳定提高趋势，极高的复购率就会给企业带来丰厚的利润。

2）评价与推荐

评价与推荐是指主动向亲朋好友和各种网络媒体推荐产品，给予产品或服务好评。在网络时代，"种子"消费者的正面口碑对企业是非常有价值的，它能在更大范围内提高产品的美誉度，增加其他受众成为客户的可能性。

3）参与企业活动

例如，积极回应企业的调查与回访，愿意参加企业所组织的某些营销活动等。

4）对竞争产品的态度

具有品牌忠诚的消费者几乎没有选择其他品牌产品或服务的念头，能漠视或抵制其他品牌的促销诱惑；即使因促销活动的吸引而购买了其他品牌，他们通常在下次购买时又会选择原来喜爱的品牌。

5）对产品质量问题的态度

具有品牌忠诚的消费者发现该品牌产品或服务存在某些缺陷时，能以宽容、谅解的态度主动向企业反馈信息，求得解决，而且这不会影响其再次购买。

6）挑选时间

具有品牌忠诚的消费者购买该品牌时挑选时间少，购买产品时不大可能考虑收集额外信息。

虽然在网络时代，消费者的忠诚度及其"黏性"作用已大大下降，培养和维护忠诚的客户并不容易。但一些研究表明，企业维系老客户比争取新客户更重要，这些研究结论包括：开发新客户的代价相对较高（如证券公司向新客户赠送苹果手机或平板电脑等）；挽留一个不满意的客户的成本是保持一个老客户的 10 倍；新客户的获利性低于长期客户；客户保持率提高 5%，利润将会提高 25%以上等。因此，企业在发展新客户的同时，不可忽略老客户的流失。同时，企业应当确定哪些是企业应该保持的客户，并把有限的资源投入到有利可图的客户身上，尤其是那些具有重复消费性质的服务性行业（如汽车修理、银行、证券、保险、餐饮等）。重点放在现有客户身上的营销通常被称为"粉丝营销""关系营销"或"客户关系管理"。

当然，对于一些低卷入度的产品，厂商不太可能真正突出产品的特别之处或是提供特别的服务。这时，厂商应该将重心放在创造满意的重复购买上，而非培养忠诚的客户。

10.2.4　品牌忠诚的影响因素

影响品牌忠诚度的因素很多，主要包括以下几个方面。

1. 消费者满意度

消费者满意和忠诚是正相关关系，彼此相互加强。消费者满意虽不是消费者忠诚的充分条件，却是必要条件，消费者满意一般被认为是消费者重复购买、口碑效应和品牌忠诚的先决因素。有时，消费者对产品的功能、特性、价格和服务等方面满意，但并不一定达到忠诚，只有消费者对品牌提供的产品或服务感到非常满意时，消费者才会有可能上升到对该品牌忠诚的层次。

众多学者对消费者满意和消费者忠诚二者的关系进行了大量的研究，一些研究发现，在多数情况下，消费者满意和消费者忠诚并不是线性关系。例如，根据 Coyne 的研究，消费者满意度与消费者忠诚度的关系变化存在两个关键的阈值：在高端，当消费者满意度到达一定水平后，消费者忠诚度将急剧增加；而在低端，当消费者满意度下降到某点后，消费者忠诚度同样猛烈地下降。同样，McKinsey 发现，如果把满意程度分为不满意、满意和很满意三个区域，消费者忠诚度在不满意和很满意区域会随着满意度的改善而有不同程度的攀升，但在满意区域，消费者忠诚度保持不变。McKinsey 把消费者忠诚度不变的满意区域称为"无关紧要区域"，意思是企业在这个区域为满意而投资没有多大实际效果。Jones 和 Sasser 则认为满意度和忠诚度关系在不同产业之间差异很大。他们认为在竞争激烈的行业，消费者只有在"高"满意区域才会产生较强的忠诚效应，而在"低"满意区域，满意度提高而忠诚度变化甚微。但在完全垄断的行业中，"低"满意区域甚至不满意的消费者都显得很"忠诚"，而一旦垄断被打破，这种关系将会发生剧烈的变化。Hartley 也认为，在垄断的行业里，满意度不起什么作用，顾客会保持很高的虚假忠诚度，除非满意度降到了令其无法容忍的地步。而在高度竞争领域，导致消费者忠诚的消费者满意的基点较高，满意和比较满意难以有效地令消费者产生再购买，只有最高等级的满意度才能加强忠诚度，而且如果顾客的满意度略有下降，就会引起消费者忠诚度的急剧下降。

2. 消费者感知价值

如前所述，消费者感知价值（或让渡价值）是消费者从产品或服务等感知到的收益与其为此所付出的成本相权衡后的总体评价。品牌只有在能为消费者提供比竞争品牌更多消费者感知价值的时候，才能使消费者成为品牌的忠诚消费者。

3. 消费者信任度

消费者会倾向于与所信任的品牌保持长期关系，消费者对品牌的信任感会影响其品牌忠诚度。良好的企业形象、品牌可预知性、消费者对品牌的喜爱、品牌竞争力、品牌声誉都可以增强消费者的信任感。但是，以财务回报或让利为内容的所谓"忠诚营销"活动（如消费积分、折扣、抽奖、赠送礼品等）可能增进双方的情感，却并不会赢得消费者的信任，很多消费者认为这些活动只不过是一种促使顾客购买更多商品的手段。

4. 转换成本

转换成本是消费者重新选择一家新的产品和服务时所付出的一次性代价。转换成本不仅包括货币成本，还包括面对一个新的产品或服务提供者所导致的不确定性而引起的时间、精力、风险、情感等成本。转换成本的加大有利于消费者忠诚的维系。虽然消费者发现了更适合自己的产品，由于诸如垄断、时间压力、地理位置等原因需要付出较高的转换成本，不足以弥补给消费者带来的新增价值，消费者就会放弃品牌转换。相反，当竞争强度大而转换成本低时，企业就要承担消费者即使满意也可能发生转换的风险。另外，特色产品和服务的不可替代性也能够大大地增强消费者的忠诚度。Andreasen 通过对医疗服务的实证研究发现，较高的感知转换成本造成了患者在心理上对私人医生的依恋和对更换医生的抵触，从而形成了医疗服务市场中的高顾客忠诚。一般情况下，服务的转换成本要高于产品的转换成本。

转换成本主要包括：程序成本、财务成本和情感成本。

1）程序性转换成本

程序性转换成本就是用户更换一个品牌或产品所需要的时间、精力或学习成本。比如，在 QWERT 排序的键盘普及之后，还发明了更好用的键盘，但依然取代不了 QWERT 排序的键盘。其中原因就是新的键盘学习成本过高，还有相关行业产品的更换，涉及的成本会更大。

消费者更换新的手机号码需要逐个通知好友，也提高了程序转换成本。而且手机号码往往"捆绑"着许多日常使用的 App，还绑定了银行卡、网盘以及支付宝、微信等账号，一旦换了别的运营商手机号，将无法收到短信验证码。即使消费者换了手机号并重新注册，还必须同时解除以前所有的绑定信息，否则会带来隐私被窥探、银行卡遭盗刷等多重危害。可见，更换手机营运商及号码的程序性转换成本很高，转换障碍太大。即使不满意的手机用户也会容忍当前签约供应商不完善的服务而不会转签别的电信供应商。但如果有一天，他们在转签的同时可以保留原来的号码，他们就可能会马上行动。

同样，如果你想让自己的产品快速获取新用户，就要降低产品的程序性转换成本。比如，很多 App 的界面设计和微信大同小异，就是为了降低人们的程序性转换成本，快速上手。

2）财务性转换成本

财务性转换成本就是继续使用原来产品或品牌的累积性利益、好处，转换品牌将放弃这些既得利益，如会员制、贵宾卡、积分、累积消费优惠等。

亚马逊网站、Costco 零售店等的会员，能比非会员享受到明显的优惠打折等好处。所以很多成了这些平台会员的用户不太会换其他品牌或平台，因为会员或积分制度对用户就是一种绑定作用，提高了财务性的转换成本。

例如，某航空公司设计的"常客计划"：乘客在一年内乘机飞行的距离越长，获得的"积分"就越多，积分足够大时甚至可以获得一次免费乘机的优惠。小米公司不定期地举行"米粉节"或"答谢老用户"的有奖活动，以邀请发帖、赠送礼物等方式吸引老用户常"回家"看看。在每次"回归计划"举行期间，"老用户"只要连续三天登录小米论坛，并进行发言或回帖活动，便会获得小米论坛系统奖励的 500 积分，以及米兔等精美的小礼物。小米甚至专门为老用户准备了新品优惠抢购专场，凭借小米的 VIP 账号登录，才能参与网上抢购。

当然，不少消费者申请成为会员并不仅仅是为了赢得消费积分、让利或免费物品，他们更多的是希望被"认可"并受到"特别对待"，尤其是对一些高档服务性企业来说，消费者最希望得到的是对其特殊身份的确认，并享受到特殊的待遇。例如，"黄金卡"用户可以不用排队等候，有专门的 VIP 休息室，能够由经理或优秀服务员来接待，等等。

3）情感性转换成本

情感因素也可以成为消费者转换其他产品的一个阻碍成本。对原有产品的拥有、熟悉与喜爱本身就会增进对产品的情感，但情感性转换成本更多地与社会情感有关。例如，很多品牌或企业经常邀请自己的用户参加各种线下的沙龙、交往或其他福利活动，除了可以更好地了解用户之外，还可以增进与用户的情感，让用户增加情感性的转换成本——"这个老板对我这么好，我下次还要支持他的东西"。一些线上品牌社区也有自己的交流圈，让用户之间建立关系，也提高了用户的情感性转换成本——"我在这个平台认识了很多志同道合的人，不舍得走"。

因此，企业应当注意利用感情投资，注重情感交流。利用贵宾卡可以根据消费者的不同需求为其提供针对性更强的定制产品和个性化服务，提高其对品牌的认同感和归属感。企业还可以通过品牌社区、电话回访、特殊关心、邮寄销售意见卡、赠送纪念品、客户见面会、联谊会等方式，表达对用户的关爱，加深双方联系，培养消费者对企业的特殊情感和忠诚度。目前许多大公司通过建立消费者数据库来识别忠诚的消费者，进而进行有的放矢的营销沟通。

5. 替代者吸引力

替代者吸引力在理论上是指消费者在消费市场中选择竞争者产品的可行性，缺乏有吸引力的竞争企业是保持消费者忠诚的一个有利条件。如果消费者感知现有企业的竞争者能够提供价廉、便利和齐全的服务项目或者较高的利润回报，他们就可能终止现有关系而接受竞争者的服务或者产品。因此，替代者吸引力越小，消费者忠诚度越高。

一般来说，大部分消费者的需求与"忠诚"并不是恒定的。因此，企业应当去"忠诚"于消费者——根据用户的需求变化和市场的消费趋势，不断地进行产品或营销上的迭代。提供能够满足消费者需求的产品，是保持消费者"忠诚"的前提条件。产品老化或老用户不再喜欢产品了，主要原因是产品没有持续迭代，这并不是通过降价能解决的。

6. 产品卷入度与市场性质

高卷入度会驱使消费者广泛收集信息，并且如果此次消费让其满意，就非常可能导致重复购买行为以及极高的品牌忠诚，而低卷入度则常常会形成品牌习惯。如果产品消费与某一社会群体或个性特征密切相关，或者品牌可以反映或强化消费者的自我概念的某些方面，那么忠诚度也会提高。另外，品牌转换可能导致风险，品牌忠诚消费者可以通过重复购买某一品牌来降低风险。当消费者个人与品牌产生联系并感知市场风险时，继续选择有满意经历的品牌，会使消费者面临的风险得以降低，使消费者预期的价值得到保障，因而满意的消费者会表现出较高的行为忠诚倾向。

由于市场性质不同，其产品的卷入度会有很大差异。快消品市场由于可感知风险小，卷入度较低，并且消费者每次的交易量不会很大，因而消费者常常会尝试其他品牌。而且快消品市场中，消费者的品牌忠诚很容易受到价格促销等因素的影响，从而使他们更容易投入到其他竞争企业的怀抱。在耐用消费品市场，消费者在购买一次产品后就会暂时退出该市场，因而在一定时间内，消费者往往表现出唯一忠诚或双品牌忠诚。而在服务市场，由于服务的不可见性和多样性，大部分消费者会感知到比有形产品更高的风险，随着风险性的提高，品牌忠诚度也会提高，因此消费者容易表现出唯一忠诚。

另外，在有些市场环境下不容易或不可能建立起消费者忠诚。比如，在旅游景区、机场、火车上的购物商店等顾客流动性非常大且竞争性较小的地方，消费者的重复购买率是非常低的，建立消费者忠诚也几乎是不可能的，商家可以选择能提高利润率的高价位出售。例如，不少旅游景区的饮食摊点质量差而且价位高，因为他们根本不注重有无"回头客"。但是，在过街地道里、小街道两边，应当以低价位刺激行人，激起他们的购买冲动，虽然顾客流动性大，但整体的销售量却不会很低，同时他们的顾客开发、维系成本也几乎为零，总算起来，利润额也很丰厚。

7. 广告与营销策略

高广告投入、高价格、良好的商店形象和高分销密度与高品牌资产相关，加强情感营销还可以提高消费者的情感性转换成本。广告通过加强与品牌相关的信念和态度，从而可以提高品牌忠诚。选择形象好的商店经销产品本身是对品牌的一种广告，有利于建立和提高品牌忠诚。高分销密度给消费者带来了便利、时间的节约、服务的便捷，从而提高了满意度，有利于建立品牌忠诚。

8. 价格促销

价格促销的主要目的是增加销售，但从长远来看会对品牌资产产生负面影响，是一种短期行为。尤其是对表现身份、地位和生活情趣的高档品牌更是如此。另外，降价其实相当于牺牲了老顾客的利益，他们并不能从已购买的产品中获得实惠；降价只是让那些从未给品牌带来利润的顾客得到了实惠。对于原本忠诚的消费者，价格促销会产生两种后果，一是部分消费者会产生对低价的期待，一旦期待落空便会产生不满；二是降低了消费者的知觉质量和品牌形象，对品牌忠诚不利。当然，专门针对忠诚顾客的非价格促销可能会提高品牌忠诚度，但要谨慎处理，以免得不偿失。

▶ 思考一下：网购消费者是否比传统消费者更容易形成品牌忠诚？为什么？

相比出售商品而言，服务营销中失去消费者的潜在可能性更大，因为大多数服务的"成果"比起生产物质产品更难以控制，也更容易产生失误。因此，理解如何留住顾客对于服务提供商而言至关重要。美国一项关于银行顾客的研究表明两组因素是维持顾客忠诚度的关键因素：转换障碍及确定顾客与服务提供商维持关系的原因。这些因素以及为测量它们所设计的调查项目在表 10-2 中有所体现。

表 10-2 顾客对服务提供商维持忠诚度的原因

分　　类	维持忠诚度原因
1. 转换障碍	
时间及精力	花费时间和精力寻找一个新的服务提供商 花费时间和精力做出转变 花费时间和精力了解新的服务提供商 建立新关系花费精力

续表

分　类	维持忠诚度原因
替代选择	我不了解任何可行的替代选择 我并不认为替代选择相比之下更好 我考虑到替代选择有可能更糟
情感纽带	对于告知现有的服务提供商我不再接受其服务，让我感到十分为难 我害怕会伤害我现有服务提供商的感情 我对现有服务提供商有一定忠诚度
转换成本	转换带来的经济成本 选择新服务提供商可能引起的新问题 现有的服务提供商提供便利 现有的服务提供商具备专业知识 朋友和家人也选择该服务提供商
2. 确定因素	
信心	并没有发生促使我想做出转变的严重事故 我对我当前的服务提供商十分熟悉 我长期以来一直选择这家服务提供商 我信任我现在的服务提供商 现在的服务提供商提供的服务让我感到舒心 我对现在的服务提供商的服务感到满意
社会联系	我与我现在的服务提供商工作人员关系良好 我被现在的服务提供商工作人员认可 我了解我现在的服务提供商工作人员 我现在的服务提供商工作人员十分友好
服务补救	服务投诉得到妥善解决 问题得到妥善解决

资料来源：利昂·G. 希夫曼，莱斯利·拉扎尔·卡纽克，约瑟夫·维森布利特. 消费者行为学[M]. 10 版. 张政，译. 北京：清华大学出版社，2017.

▶ 思考一下：如果你在校园里新开一家水果店，你将如何培养消费者忠诚？

本章思考题

1. 研究消费者的购后行为可能带来哪些商业机会？请举例说明。
2. 影响消费者满意与品牌忠诚的因素有哪些？厂商应当采取哪些措施来争取消费者满意与品牌忠诚？
3. 如何理解"期望—绩效"失验模型？
4. MH 理论对产品的营销活动有什么启发？

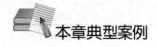 **本章典型案例**

10个小米粉丝玩法

玩法1 橙色星期五

橙色星期五其实是一种产品迭代的方式，用户一直参与其中，可谓是用户、小米产品经理、小米工程师的零距离接触。

小米会通过MIUI论坛收集用户针对MIUI开发版的需求和漏洞反馈，并于每周五发布一个开发版的更新，供用户升级。

玩法2 工程师泡论坛

用户通常只可以和客服或者销售接触。而小米工程师每天必须在MIUI论坛上浏览1个小时，用户可以和自己所用产品的研发工程师接触。他们可以向工程师直接提意见，反馈问题。

玩法3 产品定位：为"发烧"而生

"发烧"会产生玩的兴趣，玩的兴趣会产生社交，社交的过程会产生无数的参与感。

玩法4 产品的仪式感

小米有部微电影《100个梦想的赞助商》，电影讲的是一个追求梦想的赛车手立志赢得比赛的故事。而所谓的100个梦想赞助商，其实是小米MIUI第一个测试版本的100个用户。MIUI的第一个正式版的开机首页就是他们在MIUI论坛的昵称。所以，这个微电影活动给这100个用户带去了仪式感和参与感，同时也增加了核心种子用户的黏性和留存率。

玩法5 饥饿营销

小米的饥饿营销组合："F码+粉丝+饥饿营销"。其中F码全称是Friend码，也就是朋友码。用F码可以直接购买新品，但F码获取途径是：老用户可以获得小米赠送的F码，并且可以转赠；其他用户参与小米社交渠道的互动有机会获得。这样，用户为了尽快购得新产品，就必须去到处要F码，就会和老用户产生互动，而这个互动其实是一次口碑的传播。通俗地说，小米不花钱就可以让用户给用户打广告。

玩法6 老用户的聚会

小米在MIUI论坛上有一个"橙色跑"活动，它来源于小米的爆米花活动。爆米花活动其实就是用户的一个聚会，不推销产品，只是用户聚在一起玩。

"橙色跑"活动玩法："线上+线下"。线上：下载小米运动，累计跑步多少天，可以获得勋章以及奖励。线下：其实就是一个趣味跑步游戏，最终可以赢得一些小米生态链的奖品。

玩法7 制造话题引发互动

主要玩法是："蹭热点+抽奖"。通过热点话题，引发粉丝争论互动；通过抽奖激励用户转发微博。

玩法8 微信上的互动玩法

微博是一个网状结构，所以需要用热点来制造话题，但微信不是网状结构，并且微信是服务号，本身也向用户提供相关售后服务。微信的互动玩法是：基于产品的互动。例如，在小米公众号上，其让消费选择对小米Max3最期待的产品属性是什么。

玩法 9　电商的年度大促——米粉节

天猫有"双 11",京东有"618",小米自己的电商平台有"4.6 米粉节",因为 4.6 是小米公司成立的日期。米粉节的设计初衷是：回馈米粉。因而没有多少"双 11"的套路,就是真便宜。

玩法 10　MIUI 论坛是米粉的生命之源

小米的 MIUI 论坛,能够产出米粉圈子的 KOL,所以小米得以长久受大众喜爱。MIUI 论坛的 6 层网状用户结构,使 KOL 资深用户能向各自领域辐射,向外界传播口碑。

资料来源：祁杰. 1 个结构+1 个模型+10 个玩法,深度解析小米营销方法论[EB/OL].（2018-07-16）. https://www.niaogebiji.com/article-17865-1.html.

案例讨论：

仔细阅读案例,就以下问题进行分析讨论。

（1）本案例对你有何启发和借鉴？

（2）请对小米 10 个粉丝玩法的优点做一个总结。

（3）在网络新媒体时代,你觉得还可以开展哪些与粉丝互动的新玩法？

第 10 章-购后行为-自测题-1

第 10 章-购后行为-自测题-2

第11章 网购行为

思维导图

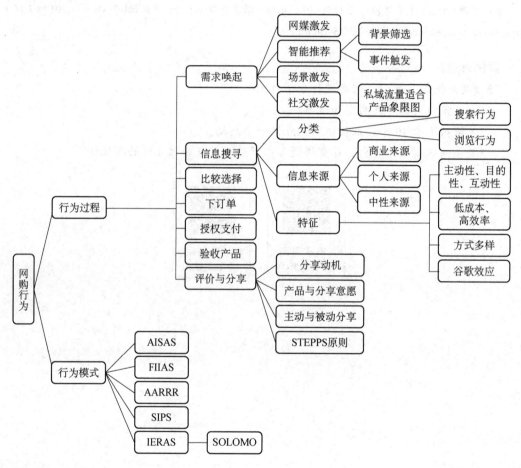

本章学习目标

- 掌握消费者网络购买的行为过程。
- 掌握网络营销影响消费者需求唤起的方式。
- 了解消费者网络信息搜寻行为的特点。
- 了解信息分享的 STEPPS 原则。
- 理解 AISAS 模型、AARRR 模型、IERAS 模型。
- 掌握并运用 AARRR 模型。
- 了解移动互联网及 SoLoMo 在消费活动中的应用。

导引案例：亚马逊败走中国的血泪与教训

对于中国电商市场而言，亚马逊是赶了个早集，但最后结束的时候却什么也没有带走。亚马逊败走中国是因为不够了解，不够了解中国电商市场的变化，不够了解中国消费者需求的变化，不够了解亚马逊在中国消费者心中的实际地位。

亚马逊对中国电商业务的管理，可以用时下还不算过时的词来形容——"佛系"。

然而亚马逊中国"佛系"的管理方式背离了中国电商竞争激烈的事实，"佛系"管理也表现得有些"不思进取"了。久而久之导致的结果是，亚马逊于2019年7月18日停止为其中国网站上的第三方卖家提供服务，即停止在中国的电商业务。这个在中国市场驻足了15个年头的国际电商巨鳄，以撤离画下句号。

追溯源头，亚马逊在中国的故事要从2004年说起，这一年，淘宝和京东还在探索电商市场的生存法则，彼时亚马逊已经顶着"全美最大的电子商务公司"的头衔打入中国，并收购了卓越网。就在不少人以为亚马逊将在中国电商市场掀起一场"腥风血雨"时，亚马逊回以市场的却是光有"雷声"而迟迟不见"雨"。

不在沉默中爆发，就在沉默中灭亡

2004年，亚马逊以7500万美元收购卓越网，此时阿里巴巴的淘宝网成立还不到两年，并且淘宝与eBay的战争还没有结束。当时的亚马逊有足够多的时间去占领市场，然而亚马逊一拖再拖，用了3年才完成对卓越网后台的整合。

在之后的15年里，中国电商市场发生了翻天覆地的变化，阿里巴巴、京东跻身电商第一阵营，唯品会、考拉海购等跨境电商也从兴起到稳定，值得一提的还有用时3年突围成功的黑马——拼多多。电商赛道挤满了选手，竞争一如既往地激烈。

然而亚马逊好似一位旁观者，在中国电商市场潜伏了15年也没有做出大动作，似乎它从未加入战争。"不在沉默中爆发，就在沉默中灭亡"，亚马逊最终走向了后者。有点惋惜，但更遗憾的是，亚马逊好像什么也没带走。

话说回来，于中国电商市场而言，唯一不变的是永远在变，亚马逊在中国市场的败走与它滞后的市场意识不无关系，实际上其对中国市场判断的迟钝早就有迹可循。

身份与激进的市场竞争格格不入

如果说亚马逊刚来中国时的市场还是一片蓝海，那么从市场蓝海一直等到红海，亚马逊在这个本该大展身手的中国市场"翻船"了。有意思的是，关于亚马逊的大撤离众说纷纭，甚至有网友调侃道："亚马逊在中国的经营不过是贝索斯在中国的试错成本，毕竟亚马逊总部有钱，剥夺了一个中国市场，丝毫不影响亚马逊在国际的排名。"

调侃归调侃，但也不无道理。电商服务的核心对象是用户，然而亚马逊对中国的消费者还是不够用心。15年可以让一个襁褓婴孩长成如树少年，亚马逊在华的15年同样有足够的时间了解中国的消费者，但亚马逊表现得更多的是不屑的态度。

都知道亚马逊是美国影响巨大的电商品牌，因此业务能力毋庸置疑。于是亚马逊将在美国的那套打法在中国直接进行复制粘贴，并以高姿态傲立市场。但水土不服导致其美式网站设计以及几乎不存在的营销节日让不少国内消费者失望。这映射出了亚马逊没有做好中国市场调研。

而彼时的阿里巴巴、京东们为了迎合消费者偏向惠利的需求造出了各类促销节,比如天猫"双11"、京东"618"等,这些建立在充分的市场调研之后的促销活动所产生的市场效应,进一步抬高了阿里巴巴、京东们的商业价值。

实话实说,以上的低价格促销打法的确野蛮且疯狂,但是这正符合中国消费者的需求。只不过,亚马逊高贵的身份似乎与激进的市场格格不入,接受不了"降级"竞争的亚马逊只好选择旁观。亚马逊就此错过了与中国本土电商们正面交锋的机会,避开竞争也意味着亚马逊失去了占领中国电商市场的机会。

另外,亚马逊照搬其在美国的策略使中国消费者感到"不适",也因此抓不住中国消费者的核心需求。

观念守旧,抓不住用户消费核心

再者,亚马逊对中国用户的消费理念存在误区。市场在变,用户也在变。过去,兴许消费者的消费理念是以主动搜寻商品去满足消费需求,但时过境迁,随着互联网推荐机制的不断完善以及用户消费观不断升级,如今的中国消费者更加青睐于商品推荐机制。

况且对于中国电商而言,目的从来都不限于只满足用户需求,他们真正的目的还包括创造需求,创造源源不断的需求。然而这些,在亚马逊身上看不到,在亚马逊在中国的几任CEO身上同样看不到。

界面新闻曾经报道,张军表示:"亚马逊最核心的理念是让消费者主动去搜寻东西满足他们的需求,这是一直以来不变的宗旨。"这也就直接表达了亚马逊将"满足需求"的策略贯彻到底,也意味着亚马逊不会突出商品品牌给予消费者引导。

一步错,步步错。亚马逊守旧的价值观与国内被淘宝、京东们充分教育的用户消费观背离,因为创造用户需求已经成了国内电商市场的主流。也因此,在电商直播、电商KOL们持续输出PUGC的时代,亚马逊已经与这个时代背离,亚马逊不做直播,甚至商品的信息介绍都是文字及图片的简单描述,吸引力度远远不如国内电商。

总的来说,亚马逊败走中国主要的原因还是因为不够了解中国消费者,以及不能把握中国电商市场的变化。所以,目前尚在中国的外资电商应该引起注意,巨头的退场并不是因为实力不够,而是因为迟迟放不下面子与对手交锋,才导致了仓皇退场。

资料来源:刘旷公众号.(2019-05-04).ID: liukuang110.

案例思考:

(1)你认为电商巨头亚马逊败走中国的原因有哪些?

(2)从"亚马逊败走中国"的案例中,你受到了哪些启发?你觉得应当吸取什么教训?

(3)根据你对淘宝、京东、拼多多、唯品会、亚马逊等电商平台的比较分析,你觉得电商平台还应当开展哪些网络营销策略与方法?

随着网络经济的快速发展,越来越多的消费者开始上网购买商品,网上购物已成为一种大众化的时尚的个人消费模式。网上购物是个人通过互联网购买商品或享受服务,主要包括 B2C 和 C2C 两种形式。购物者可以浏览网上商品目录,比较、选择满意的商品或服务，通过互联网下订单，网上付款或离线付款，卖方处理订单，快递送货，完成整个网上购物的过程。相对于传统的购物形式来说，网上购物有很多优势，如突破时空限制、商品选择空间很大、缺货情况很少出现、信息丰富且搜寻方便、价格较低、送货上门、个性化和定制化的商品等，因而获得了消费者的喜欢，也比传统购物方式更具发展前景。

在移动互联网环境下，消费者行为已基本互联网化，购买情景已经社交化、本地化、移动化，购买行为无线化、多样化、个性化、即时性。消费习惯呈现出时间碎片化、在线实时化、消费理性化、资讯获取社交化、传播去中心化、网络圈子化、图片分享化等特征。手机日益成为消费者日常购买的工具，消费者已习惯用手机扫描商品条形码或二维码，查看商品详情，兑换优惠券，并进行移动支付和购买等消费行为。查克·马丁在《决胜移动终端》（2013）中写道："有了移动终端，消费者不再需要'去购物'，他们随时随地都'在购物'。"

11.1 消费者网络购买的行为过程

在传统店铺购买中，消费者的消费行为和购买过程分为五个阶段：需要认知、信息搜寻、比较评估、决定购买、购后评价与购后行为。这个连续的完整的过程表明了消费者从产生需要到满足需要的整个过程。同样，在网上购物时，这些步骤基本没变，但其内涵却因购买模式的不同而有所不同。表 11-1 显示了传统购买和网络购买在购买行为过程中各环节的一些差异。

表 11-1 传统购买和网络购买的差异

	传 统 购 买	网 络 购 买
需求确认	一般卷入度更高，受到商家影响更多	更个性化，更理性
收集信息	信息收集范围较窄，有局限性和被动性	更有针对性、更主动
评估方案	可以更多地通过试用、体验来进行评估	更依赖于其他消费者的评价和与他人沟通,风险感知更高
做出决策	更多地受到商家影响	支付更快捷但与收货分离
购后行为	评价较少，更多的是投诉	更具及时性和分享性

资料来源：周欣悦. 消费者行为学[M]. 北京：机械工业出版社，2019：280.

▶ 思考一下：你觉得网络购物与线下购物相比具有哪些优势？

网络消费者的购买过程可以分为七个阶段，相互关系如图 11-1 所示。

下面介绍其中几个主要环节。

11.1.1 需求唤起

Scott Brinker 提出了 MarTech（marketing technology）概念，可以简单地将其理解为在数字时代围绕消费者需求的智慧营销概念，并体现在消费者需求唤起的以下几个方面。

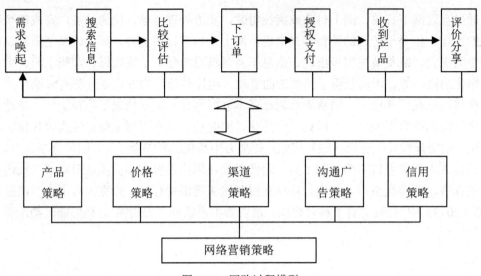

图 11-1 网购过程模型

1. 网媒激发

与传统购物模式相同，网上消费者购买过程的起点是需求的唤起或诱发。各种网络媒体与网络广告可以利用其对消费者感官、情感的强大吸引力、感染力，诱发消费者的需求。网络多媒体技术能产生强大的广告刺激效果，声画同步、图文结合、3D 动画、录像、声情并茂的广告，以及各种各样的关于产品的文字表述、图片说明、声音配置的导购信息都成为诱发消费者购买的动因。例如，在 Instagram 的图片中可以圈出网红身上的衣服或包等，消费者点击链接即可购买。

11-1 贵州茅台的 AR 广告

由于消费者行为具有可诱导性，因此，网上商店在站点设计、网页制作方面应注意突出自身站点的特色，主题鲜明，在结构和背景上体现出自己独特的一面。同时，注意信息的丰富、有趣和及时更新，以吸引顾客浏览、驻留，提高网上消费者的满意度；运用体验式营销将消费者的感觉和感受结合起来，在网页中将文字、图像、动画、音乐等多种元素融合，以增强对消费者的吸引力。

为了让用户更好地利用碎片时间，淘宝针对手机用户提出了"每日首发""天天特价 9.9 元"等活动。蘑菇街的首页始终是各种当下最流行的服饰，而且"每日精选"板块根据 24 小时内用户点击量，告诉用户现在最流行什么、怎么搭配这些流行元素最棒。这对爱美的时尚女孩有着较大的诱惑。拼多多有一种独有的"实时信息"模式，当消费者打开商品链接后，在页面左上方会显示"××在拼这个商品""××正在浏览这个商品""×××1 秒前开团了""还差 1 人拼成"之类的通知，一方面营造了团购气氛，另一方面也增加了买家购买的欲望。在拼多多，产品搜索被弱化，消费者从"我想要买××××，找一找哪家比较好"变成"我看到了×××挺不错，买一个吧"。消费者会看到的商品包括：平台火爆拼单的商品；用户浏览或买过的商品；所在类别下的火爆商品；用户浏览或买过的商品的相似款；相似款商品中价格更便宜的那个……

2. 智能激发

大数据的应用使消费者更加透明，广告推送将实现个性化、精准化、自动化，市场营销是"预测式"的。商家可以根据消费者此前的信息浏览、交易及爱好、所处地区等情况，基于大数据进行购物的智能推荐，实现千人千面的产品展示。也就是说，不同需求与不同画像的消费者，在网上看到的产品不一样。比如，针对高消费人群与低消费人群，推荐页面会有所不同，网站还可以根据当地气候与气温等向消费者推荐对应的页面与产品。

个性化需求唤起的常用方式有两种：背景筛选和事件触发。

1）背景筛选

借助大数据可以筛选、分析、找寻目标客户，实现精准销售，从而降低营销成本。所谓背景筛选营销，就是计算机根据营销策划人员给出的条件，对数据库中存储的客户进行背景筛选。筛选出来的客户，应该是在某一方面有消费潜力的，于是就可以向这些客户推荐为其量身定做的产品。例如，RTB广告依靠大数据做支撑，显示了良好的精准性；腾讯视频基于用户的观看行为，经过对用户大数据的追踪，打造DMP（data management platform）一系列标签化产品，对用户进行标签化筛选及过滤匹配，为广告定向投放提供底层的数据接口及应用匹配，实现了广告的精准投放。

早在1998年，亚马逊就设计了Item-based推荐系统，成为个性化推荐引擎的鼻祖。亚马逊现在已拥有收集消费者数据的多种渠道，包括用户注册时主动填写个人信息、浏览页面时浏览器cookies记录行为（如浏览、收藏、对比、购买行为）、与第三方共享信息等。当消费者登录亚马逊网站时，网站后台会迅速对用户信息进行检索分析，在网页中推荐产品，在极短的时间内迅速组织出适合该用户的独一无二的亚马逊首页，让购物更加智能便捷。主要的广告推荐形式包括今日推荐、新商品推荐、相关与互补品推荐、用户浏览商品推荐、可能感兴趣的其他商品推荐等，还以"人气组合""购买了此商品的用户还浏览了"等栏目吸引消费者发现自己的潜在需求。亚马逊基于消费者数据进行的精准推荐为其带来了良好的业绩。相对于书评或者编辑推荐模式，图书销售量在进行个性化推荐后增加了100倍，数据显示，亚马逊1/3的销量来自个性化推荐。

淘宝Tanx也根据消费者在淘宝网上的查询、浏览、购买、收藏等网上行为的cookie资料，判断消费者的消费需要与兴趣，从而有针对性地推出"一对一""多对一"的广告信息，避免了传统广告营销中"一对多"的盲目性。例如，如果供应商投放的广告是轮椅，那么经常浏览汽车用品的消费者是看不到此广告的，而对汽车感兴趣的消费者则有可能收到与汽车相关的配套产品的推荐。加拿大视频网站Pornhub通过分析用户实际观看的行为反应，包括用户点选了哪些内容、重复观看了哪些部分、在哪些时刻按了暂停键……深入挖掘这些数据背后的价值，为用户进行精准的推荐甚至量身定制内容，从而吸引更多的付费用户，实现了"用用户的数据，满足用户的欲望"。抖音也能根据消费者观看的内容判断其喜好，从而更加精准地向其推送相关的内容，使消费者不用再费心去"选择"或"搜索"内容。

在移动互联网环境下，商家还会根据用户签到的地理位置信息对经过或附近的消费者推送优惠信息或商品广告。Beacon技术可以识别线下手机用户，从而为有针对性的个性化互动提供了可能。

2）事件触发

当消费者的生活状况发生改变（如迁移），或者其消费行为发生改变时，计算机系统会立即以相对应的策略作为回应，或发掘新的商机，或挽救有可能失去的客户。

大数据营销的一个作用是，通过消费者今天的需求，预测他们未来的需求。这里的"未来"，可以是指几分钟之后，也可以指几年之后。预测消费者未来需求，也叫 Next-selling。需求预测可以是很简单的、常识性的，也可以是很隐蔽、不容易被发觉的。例如，如果消费者刚刚在你的网站上订了飞机票，而你的网页上也有广告位，此时你应该在广告位上向这位消费者推送酒店的广告，以及租车广告，然后应当知道这次旅行的性质，是旅游还是出差？如果是出差，可做的事情相对比较少，但也可以推荐一些当地特产、著名的餐厅。如果是旅游，可做的事情就很多了，可以推荐当地的各种餐饮团购券、各种旅游景点、从这座城市出发的短途旅行团等。美国某妇幼用品网购平台根据孕妇购买某些用品的情况，如在怀孕 4 个月左右会购买无香味乳液，富含锌、钾的食品等，推断其预产期等生理周期，并挖掘出 25 项与怀孕程度相关的商品，从而能适时向其投放相关妇幼用品的广告资料。推算出预产期后，可及时将孕妇装、婴儿床等相关商品的优惠券寄给客户。由于平台有客户的详尽信息，因而有把握给客户提供的商品一定是她们喜欢和需要的。

11-2 从叶酸片到婴儿车——预测顾客未来的需求

在 Web 3.0 平台，可以根据消费者的兴趣、爱好、需求、性格、知识、情景等组合单元，构建出一个更精准、更智能、更个性的信息平台，就像是一个随身"小秘书"，从而开创一个全新的个性化时代。例如，华为手机的情景智能模式可以通过出行、购物、喜好、关注等多方面的维度获取用户的动态，然后根据时间、地点、位置、环境等一系列维度构建智能显示提醒方式，从而为用户提供个性化的信息服务。可以预见，未来的商业信息也将以这种个性化、精准化的方式呈现。

3. **场景激发**

场景激发更多的是用在移动购物方面。人的某些需求要在特定的场景下才会被激发，找到这些场景就找到了机会，经营者可以进行"场景营销"。例如，使用 WPS Office 的用户一打开文档，就会看到稻壳商场的标签以及产品目录，开通稻壳会员就可获得许多办公资源、工具的免费下载。香港的季风气候导致少见晴天，多是阴雨，让人心情持续低落。菲律宾的宿务航空公司却抓住"下雨"这个场景，吸引大家到阳光明媚的地方旅游。雨代码，即利用防水喷漆在大街上喷二维码广告，平时隐形，一下雨就会出现——"下雨太烦人？快扫二维码，来菲律宾跟阳光玩游戏"。携程曾经与太平洋保险合作，试图在其 App 上销售航班意外险，但效果并不好。如果在某个航班机票销售的同时增加一条消息提醒，"该航班的晚点率为 80%"，那么就可能提高消费者购买航班意外险的概率。

在线上直播与视频播放中也可以通过场景激发，实现边看边买。比如看一部影片，感觉女主人公的衣服很好看，当时就想买，点击衣服就可以购买。优酷现在开通了"边看边买"频道，点击视频中浮起的商品，就可以一键加入购物车，而且不打断用户观看视频。腾讯视频自制节目《大牌驾到》将高圆圆的自创女鞋品牌"圆漾"植入"边看边买"模式，消费者在观看节目的同时，可以直接"下单"购买其介绍的同款美鞋。另外，爱奇艺具备

Video-in、Video-out 技术（Video-in 能在视频画面中动态植入个性化广告；Video-out 能对视频内物品快速精准识别，并导向购买），Google 也在 YouTube 中添加了电商功能，等等。但情景中的内容与人物必须有吸引力、感染力，而且要在合适的时间、合适的场景下激发消费者对产品的强烈需求。比如，在户外探险节目中，通过旅游达人激发消费者对其特殊户外装备的兴趣与购买。

11-3 爱奇艺 Video-in 技术广告片

11-4 爱奇艺 Video-out 技术广告片

▶ **思考一下**：在移动互联网时代，如何刺激和帮助消费者随时、随地、随性地进行购物？

4. 社交激发

消费者需求的产生也可能源于在线评论、社群成员的意见或朋友的即时推荐，它来自于网上社交因素的影响力。社交电商已成为一个重要的发展趋势，并衍生出多种形式，如以 Tiffany 等奢侈品为代表的微信朋友圈营销、以李佳琦为代表的快手直播带货营销、以小米为代表的社区营销、以小红书为代表的内容型社交带货、以拼多多为代表的"分享+拼单"的病毒式营销等。

11-5 京东有购物圈，阿里巴巴有淘小铺

社交激发使消费者的购买行为和决策路径发生了变化，如图 11-2 所示。

其中，社交电商拼多多是将社交化、移动化、参与性、游戏性相结合的一个商业模式典范。拼多多利用了微信这一超过 9 亿用户的社交平台，让用户而非商家发起拼单，在微信、QQ 等社交渠道呼朋唤友一起参与购物，并共同获得折扣，这种模式完整契合了腾讯社交电商的基因——社交关系链病毒式分享，通过拼团、砍价、助力免单、砍价免费拿、红包分享、人拉人模式等玩法，形成快速传播扩散，通过多次分享让平台的知名度打出去，实现用户量的快速裂变。同时，让原本单向、单调的"买买买"进化为朋友圈里有互动、有乐趣的"拼拼拼"，在拼团过程中获得分享与沟通的社交乐趣。

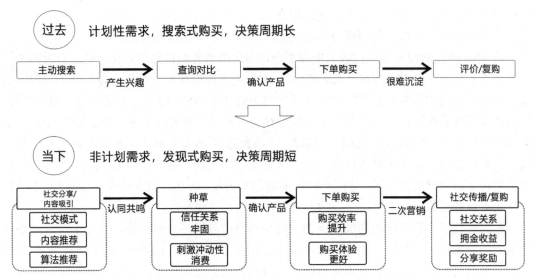

图 11-2 社交激发使消费者的购买行为和决策路径发生变化

【案例链接】

返利网：1元买充电宝

拼多多和返利网都属于分享型社交电商，但拼多多是在用户支付前利用的熟人关系进行裂变，返利网则是在用户购买完成后利用熟人关系进行裂变。我们以下面的案例来分析返利网这一玩法的特点。

一个充电宝原价29.9元，用户A支付29.9元购买，卖家正常发货，然后用户A将充电宝分享给自己的朋友B、C、D、E、F、G。每当有一个人通过用户A的链接下单购买，返利网就返给用户A x 元钱（不可提现）。只要6个人购买且过了无理由退货期，返利网就返给用户A共计28.9元（可提现），即用户A实现了1元买29.9元的充电宝。

可见，返利网将内容种草、熟人关系与返利模式结合起来。它的基本过程如下。

（1）用户A下单支付（正常价格）。
（2）用户A收货使用后形成体验感受。
（3）用户A按模板撰写简评。
（4）用户A在朋友圈中筛选出可能对该商品感兴趣的人。
（5）用户A将简评分享给朋友B、C、D、E、F、G。
（6）B、C、D、E、F、G通过用户A分享的二维码下单购买。
（7）用户A按购买人数，获得商品原价一定百分比的返利。

资料来源：昭远兄. 社交电商新玩法：构建商品信任力[EB/OL]. （2020-05-21）. http://www.woshipm.com/marketing/3893011.html.

社交网站设立的初衷之一就是让兴趣、爱好趋同的网友建立联系、共享信息。消费者在注册账号时就提供了大量的资料，包括喜欢的运动、书籍、电影以及人口统计特征等。可以利用网络社区积累的消费者偏好信息，充分挖掘社区成员的个性特征，及时投放满足其个性化需求的广告。当消费者进入个人SNS后，可以看到个性化的广告信息以及自己关注的店铺动态和好友动态，有的甚至采用有3D效果的品牌社区以刺激消费者的兴趣。另外，还可以通过社区成员发表或分享的内容，跟踪消费者偏好的变化。

将SNS的互动和分享功能融入电商平台，利用消费者的口碑与宣传，可以有效刺激其他消费者的需求。如人人网的"人人爱购"，尤其是蘑菇街在帮助女生抉择购物的同时，也强烈地刺激着她们的购物欲望。一些电商平台也强化了SNS功能，如淘宝的"淘小铺"、比价返现平台易购网的"晒单秀"等，通过社交关系将消费者的需求唤起。2019年，一款名为"移动电影院"的App利用"约亲友""约影迷""专场"和"首映礼"四大观影社交场景，为观影用户提供了熟人社交、陌生人社交的新玩法。其中，"约亲友""约影迷"有效地解决了时空限制的问题，让用户随时随地能与亲友、影迷完成在线电影的观看。在"场内"还可以通过即时语音和文字，边看边聊，增进亲情和友情。

在阿里巴巴、京东这类弱关系下的电商巨型平台攻城略地的时候，拼多多、云集等社交电商通过低价、分享、拼团等方式，以线上社交工具为纽带迅速开拓了市场。其中，拼多多是社交拼购电商的代表，云集微店是会员制社交电商的代表，而小红书、淘宝直播是内容类社交电商的典型代表。

> 【案例链接】
>
> **连咖啡将用户变"店主"**
>
> 连咖啡的口袋咖啡馆，巧妙地将用户的身份同时分为"卖家"和"买家"。用户被赋予"咖啡馆店主"的新身份后，便有了"主动经营权"，并能自主设计网上咖啡馆的装修风格。同时，流量入口将分散到用户手上，当店主有了新一层的身份识别后，再配上咖啡馆内独有的促销价，激发其主动售卖行为。
>
> 连咖啡通过"咖啡+开店场景+社交"的方式进行拉新与用户的留存，充分挖掘了人在整个链条里面的作用，体现了新零售中所谓"人货场"中对人这一元素的赋能，成功地为潜在用户和商品之间搭建了一个合适的桥梁。很多实际下单的人，并不是因为连咖啡，而是这个"店主和他的个性化的咖啡店"产生的熟人经济。
>
> 可见，口袋咖啡馆是典型的符合社交裂变特征的，其游戏化、个性化、社交化的设定，是用户愿意主动分享和持续传播的主要动力，而分销激励则同时激发了用户的邀请和销售欲望。
>
> 资料来源：1. 隔壁张叔叔. 连咖啡中不得不说的有趣玩法[EB/OL].（2019-01-14）. http://www.woshipm.com/operate/1842550.html.
>
> 2. 裂变增长官. 最火爆的10大裂变营销，你了解过没？[EB/OL].（2019-03-15）. http://www.woshipm.com/marketing/2072717.html.

在社交平台中，一些网红KOC成了"行走的广告"。KOC把自己心仪的商品或广告分享给私域流量，可以加快品牌和产品信息的传播，刺激消费需要。这些社交平台包括：QQ群、微博、微信朋友圈、微信群、公众号、抖音、快手等，KOC的优点是能免费触达私域流量里的目标人群，并反复利用，而且可信度高。KOC自身的特点是营销效果的主要影响因素，如李佳琦、papi酱、李子柒、薇娅等。但从产品的角度看，还应当选择那些高客单价、高复购性、有话题性的产品。如图11-3所示为一个定性的私域流量适合产品四象限矩阵。其中：横轴表示客单价的高低；纵轴表示话题性的高低；图例实心或空心表示是否有复购性。

另一种类似的思路则是让用户接收到朋友们最近购买和评价的信息。例如，拼多多的"拼小圈"是基于通讯录好友建立的熟人社交，能让好友共享购物信息；"趣享付"主要通过消费者社交圈分享传播信息，为了吸引人们加入并鼓励分享，如果通过趣享付进行分享，只要是自己社交网上的流量主点击了，就会有收益。而在以前，人们把好的信息、消费体验或文章分享到社交圈，除了点赞和评论，是没有任何收益的。全美第一大团购网站Groupon与Facebook进行关联，让其用户可以接收到朋友的状态更新信息，如朋友何时在Groupon上进行了交易，朋友关注了哪些商家以及发布了什么关于团购产品的评论。从事手机推荐引擎的Goodrec公司通过将社会化网络加入到个性化推荐系统中，让顾客的朋友和家人做"导购"，将朋友最近购买的或评价高的东西推荐给顾客。由于朋友和家人与用户的兴趣总有重合，此种推荐成功率较高。另外，Goodrec还可以将用户最近经常浏览的产品推荐给朋友购买。比如你最近经常看华为手机，你的朋友就会收到推荐："如果你想送个礼物给他，就送个华为吧。"

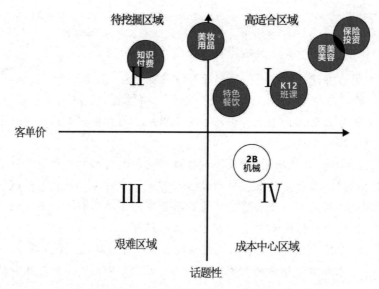

图 11-3　私域流量适合产品四象限矩阵

▶ 思考一下：根据消费者的社交心理与行为，你认为社交电商还可以有哪些营销思路与方法？

11.1.2　搜索信息

在传统市场上，消费者对所需的商品信息可以通过个人来源、商业来源、公众来源或经验来源获取。这些传统的信息获取模式，成本较高且所获信息量有限。而在电子商务环境里，消费者的信息收集效率大大提高，信息搜寻成本也大大降低，收集半径也扩大了。搜索引擎为消费者的信息搜寻提供了极大的便利，节省了搜寻时间和成本。网上不同类型的虚拟社区的存在，使消费者不仅从身边获取信息，还可以向素不相识的人了解信息。各种网站也提供了各种类型的商品信息，消费者可以很容易了解商品的市场行情以及其他消费者的网上评价。网络中各种信息应有尽有，信息的广泛性、可信度（当然也不免会有一些虚假信息）及获得信息的速度和效率大大提高，可以基本上解决传统交易过程中买卖双方间的信息非对称性问题，使消费者能在及时和充分获取商品信息的基础上做出正确购物的决定。网店的信用评级和消费者的网上评价也会促使商家建立良好的信用机制，从而形成有诚信的经营环境。

网络购物也使消费者的主动性得到最大限度的发挥。消费者一方面可以根据自己了解的信息通过互联网跟踪查询；另一方面，消费者还可以在网上发布自己对某类产品或信息的需求信息，得到其他上网者的帮助，如 Quora、知乎、百度新知等知识共享或问答网站。Briggs&Hollis 认为，消费者通过网络进行信息搜寻是出于个人需求而采取的主动行为，搜寻的信息会更加符合搜寻目的，对于接收到的信息会产生较低的排斥感，因而信息更容易影响消费决策。

1. 网络信息的搜寻方式

消费者网上收集信息主要有以下三种行为方式。

1）浏览

浏览一般没有特定的目的，不以任务的完成为导向，多为非正式的或偶然性的，对于外部的信息环境和信息的呈现方式有较大的依赖。浏览通常是在需求不明确或缺乏解决意愿的情况下被动发生的。此时，消费者在网络信息空间的活动就像随意翻阅一份报纸。他能大概了解报纸信息包括了哪些内容，能否详细地阅读某一消息就依赖于该信息的版面位置、标题设计等因素。"多数与广告相关的访问通常是浏览，而不是直接点击"（Double Click 公司）。

2）搜索

搜索是指在一定的领域内找到特定信息，搜索活动对路标和搜索引擎的依赖性较大。搜索行为通常是在需求明确且有强烈解决意愿的情况下发生的。中国互联网络信息中心（CNNIC）的统计显示，网络搜索已成为消费者获取商品信息的首选方式。在移动环境下，移动用户可以通过 LBS 功能来获取附近的服务信息，如商家服务、地图线路、远程打车、同城社交等，这种搜索的即时性、场景性、目的性和主动性都比 PC 端更强。PhoneTell 的联合创始人史蒂夫·拉森曾说："网络搜索是为了获取信息，移动搜索是为了马上行动。"

11-6 HOMEPLUS SUBWAY VIRTUAL STORE

搜索试图在既定的信息领域内寻找到符合消费者需要的信息，其中搜索引擎是最常用的工具。其特征包括：目的性较强，收集到的参考信息有助于增进消费者对购买目标的了解；活动效率高；搜索时，消费者需经常访问多个信息源；搜索活动对路径或路标的依赖性较高，如根据分类目录定位于某种信息。

网络广告商 Double Click 发现，人们很少直接使用品牌名称进行搜索，而是倾向于先进行一般术语（如产品的类别、形式）的搜索，然后才针对少量品牌名称进行进一步的搜索。例如，先搜索"硬盘"及相关信息，在购买前再进行少量的品牌名称搜寻。另外，由于行家能更好地判断哪些信息更有用，他们往往会进行更有重点的选择性搜索；而新手处理信息的方式是"自上而下"的，即很少关注细节，但更关注总体印象。例如，广告中技术信息的数量会比这些技术的实际重要性给新手留下的印象更深刻。

既然搜索结果是被排序的，而且通常消费者并不会注意超出列表两三页的内容，因此关键词的选择和其他一些涉及搜索引擎优化的技术，对于企业或品牌在被搜索时获得最靠前的位置就非常重要。搜索引擎优化（search engine optimization，SEO）技术，是为了公司的网页能够被搜索引擎搜索到，并帮助公司网页提高其被找到的概率。Double Click 公司的研究显示，消费者通常从一般的和产品有关的条目开始搜索。所以，找到最有可能被消费者使用的一般搜索条目，是在消费者购买决策过程中让企业的品牌出现在消费者面前的较好策略。目前，搜索引擎营销日益受到商家的高度重视。例如，莆田系医院利用百度搜索大大提高了其对病人的影响力，而莆田系又有"百度大金主"之称，这也是百度"竞价排名"机制受诟病的重要原因。

另外，零售商网站的用户界面和搜索性能对吸引消费者也有一定影响。例如，基于二维码的搜索入口，消费者可以随时随地对感兴趣的物品进行扫码搜索，实现了实物与信息的交互。同时，二维码还可以帮助消费者对信息内容进行深入或持续的关注。随着技术的进步，网上信息搜索还将变得越来越智能化。如拍照识物软件、拍照显示产品信息的"AR BUY+"等。消费者使用"AR BUY+"拍摄生活中看到的物体就会出现产品介绍和销售信息，而且产品还会"焕发生机"动起来，从而给消费者带来全新的消费体验，激发消费者的随性购买欲望。

11-7 LINE 拍照快速搜寻

由于网上搜索十分方便，而且几乎无所不包，人们逐渐产生对网上信息的依赖，并逐步改变记忆和保存信息的行为模式，即从人脑和手工记忆方式转向外脑（网络）记忆方式。这是人类信息处理中记忆行为的重大变化。谷歌效应指的就是这样一种现象：搜索引擎的普遍应用使得人们很容易获取相关信息，以致不知不觉地把网络当作了记忆的一部分（外部记忆）。

3）访问

对拟定购买的商品进行专门的信息收集，主要是访问该商品生产者或经销者的网站，以便对欲购商品进行详尽的资料收集并与其他商品进行比较，进而实现最优化购买。

值得注意的是，网络信息的搜寻方式是可以转化或交替进行的，而且，消费者的网上搜寻行为也并不仅仅发生在收集信息的阶段。例如，当消费者进行无目的地浏览时，可能会被引发对某种商品的需求；消费者对某些信息的浏览，可能激发其进一步了解的兴趣，从而进行网络搜索；在购后使用的过程中遇到问题时，消费者也会通过信息搜索来解决。

2. 网络信息来源

网络信息的来源十分广泛，尤其是消费者可以向许多不同地域的、素不相识的消费者了解商品信息，这是不同于传统渠道的显著之处。

网上的信息资源可分为三个大类。

1）商业来源

商业来源包括厂商的门户网站信息、网络商店信息、网络广告信息。

营销者还可以借助一些网络技术手段，增强消费者的信任感，提高消费者对产品各个方面的认知，如直播、VR、AR、操作视频、3D动画、即时通信（IM）等。

2）个人来源

网络上其他消费者对产品的描述或评价信息（如购物平台、论坛、个人博客等）；网络上其他消费者的评级信息；消费者通过虚拟社群及网络通信工具（如 E-mail、QQ、聊天室）与其他消费者交流而获取的信息。

3）中性来源

来自综合或专业网站上的相关产品新闻报道、行业调查报告信息等。还包括"什么值得买"、返利网、一淘、折 800、识货和淘粉吧等专业导购网站。

应当重视的是，网络口碑（个人来源）是影响消费者做出购买决策的最关键的因素，是目前网购消费者购物前最关注的外部信息。

营销之父菲利普·科特勒 2019 年 10 月在《营销的未来》演讲中说道："在未来，如果说不再需要销售人员，不再需要广告，会怎样呢？我猜想那时候的市场营销最需要做的就是管理好口碑，最有效的广告就是来自于消费者的朋友，还有体验过产品的这些人，消费者可以信任他们所说的经历和体验。"德勤公司（Deloitte &Touche）的调查显示，63%的用户更愿意在带有商品评论的购物网站上购买商品；而 Forrester 调研公司发现，在访问过带有用户评论的零售网站的消费者中，多数人表示用户评论对其购买决策非常重要。美国知名的电子商务网站亚马逊近年来削减了电视和印刷广告的预算，因为他们相信在线评论可以更好地起到宣传作用。可见，网络口碑对消费者有着巨大的影响力。

但网络口碑对消费者的影响作用还要受信息源特性、接收者特性和信息本身特性等因素的影响，如表 11-2 所示。一些卖家为了吸引新顾客还试图通过刷单、红包、优惠等方式来操纵用户在线评价，使得扭曲或虚假口碑增多，影响了电商平台声誉系统的信任构建。因此，有的平台也利用过滤机制或追加评价等方式来提高网络口碑的质量。例如，淘宝规定在交易成功的 15 天后、180 天内，可以进行追加评价，以更真实、准确、全面地反映消费者对商品的使用体验，尤其是商品的保质期、耐用性。当然，同一个人的前后评价也可能是矛盾的，这时追加评价起的作用会更大。

表 11-2 网络口碑传播的影响因素

信息源特性	信息特性	接收者特性	环境特性
传播者的专业性	口碑性质	先前知识	产品类型
传播者身份的公开性	口碑质量	风险感知	网站特征
与接收者的社会关系	口碑数量	卷入程度	
与接收者的同质性	口碑内容	口碑偏好或信任倾向	
可信赖程度	口碑强度	文化背景差异	
	时效性		
	信息类型或形式		

▶ 思考一下：根据以前的网购经历，想想你是如何获取网络信息并最后决定购买的？

11.1.3 评价与分享

评价与分享是消费者购后行为的一部分。相对于传统购物，消费者网购行为的一个重要特点是对购后评价与分享的热衷，同时这对其他消费者的影响也大大加强。因为消费者在网购时没有接触到实际商品，更缺乏使用体验，往往希望借助其他消费者的消费体验来做出决策。这时，在线评价就提供了一个很好的信息窗口。

1. 购后评价

购后评价是消费者购买商品后，通过使用，对自己的消费选择进行检讨，反思自己的购买是否正确，使用是否理想，以及服务是否周到等问题的过程。消费者的购后评价可能涉及信息可获性、价格、服务、产品性能等各个方面。

对于网上购买的商品，消费者试用和体验后，也会根据自己的感受进行评价。网站、服务（包括售中与售后）、物流和商品的体验都是影响消费者网络购物整体满意度的显著因素。在网购中，买家主要通过提供信息进行服务，消费者往往要求卖家及时而耐心地解答其提出的各种问题，消费者对网店服务的满意度主要也体现在这一方面。

在传统市场上，由于缺乏传播的媒体，消费者口碑宣传往往较被动，即在他人询问时才提供，传播范围也相当有限。但在网络时代，消费者会主动地通过购物网站（如在原购物网站商品下方）、网络论坛、虚拟社群、即时通信软件、个人博客等各种渠道发表购后评价，并对素不相识的人产生影响，从而对商家形成了强大的舆论监督，并成为消费者购买决策的主要参考依据。商家应当密切关注消费者在网上发布的购后评价与感受，及时采取有效的售后措施。例如，雕爷牛腩曾十分关注微博、微信上用户对菜品的意见，并快速改进产品。

如商品确有质量问题，消费者除了会在网上评价或发泄不满外，还会通过电商平台申请售后或投诉，要求退款或退货，有时还会在运费问题上发生争执。企业应充分利用各种即时交流（IM）工具，主动与消费者沟通、协商售后处理方案，或积极配合电商平台客服人员（如"淘宝小二"）妥善处理有关争执。商家还应当事先就售后保障范围、保障方式、保障期、相关费用做出清晰的说明。在承诺"7 天不满意退货"时，可明确"若非质量问题（如对货物主观不满意），应由买家承担来回邮费或运费"，以避免恶意退赔，但属质量问题的退换货，则应由卖家承担相关费用。一些商家在消费者收货后，还会及时与消费者联系，询问其意见，发红包或邀请其加入品牌社区，鼓励其给予好评。

2. 购后分享

消费者还可能主动把自己的购物体验与他人分享，消费信息分享是网络时代消费行为的重要特征。例如，小红书就是一个以 UGC 内容为主的生活方式分享平台，同时也成为著名的"种草平台"。随着微视、抖音、快手、火山、美拍、YOO 视频、爱奇艺等短视频 App 的异军突起，短视频以及 Vlog（视频博客）已成为重要的分享方式。

购后的网络分享行为，本质上是一种口碑，关于口碑的经典研究的结论也可以用在网络分享行为上。例如，负面口碑往往比正面口碑对消费者的影响更大。消费者基于自己对商品的消费经历对商品、服务做出的在线评论是网络口碑的主要形式，其可信度和影响力高于企业所发布的信息。例如，小红书与其他电商平台的不同之处就在于，它是一个以 UGC 为主的内容分享社区，拥有全球最大的消费类口碑库，里面有来自用户的数千万条真实消费体验，成为消费者海外购物的重要参考，同时也是平台和品牌方了解消费者的"智库"。欧莱雅首席用户官 Stephan Wilmet 说："在小红书，我们能够直接聆听消费者真实的声音。"真实的口碑，是连接品牌和消费者最坚实的纽带。国外一些著名品牌企业（可口可乐、微软、耐克、GE 等）还把用户在社会化媒体上所自主表达的信息，作为一个重要的市场信息反馈与收集渠道，因为这是纯天然的"调研问卷"。

"什么值得买"网站还把消费者分享的优惠信息、购物攻略及购物分享类原创文章（UGC）进行甄选、加工，将其中的优质内容推荐给更多的用户。如果"什么值得买"能够结合大数据分析，进一步实现商品与广告推荐的精准化，未来也是有较大发展空间的。

消费者对于高兴或满意的消费经历都喜欢与亲朋好友进行分享或推荐。严格地说，推荐与分享并不完全一样。微信的"看一看"功能以前用的是"好看"，其推荐的意味较重；

后来更新为"在看",突出的是分享个人的状态。而消费者对于推荐通常会更为慎重一些。

在移动互联网环境下,消费者评价与体验的分享可以在线下消费的同时实现,也可以在消费后的任何时间内实现,这取决于移动用户的使用习惯。但不少消费者都喜欢及时分享消费体验。例如,吃饭时用微博发张照片,旅途中用微信抒写感想,而且消息即时性强,往往不会花太多时间字斟句酌和对图片进行 PS 美化。由于移动智能终端的便携性及其拍照、摄像功能,以及社交媒体的兴起,极大丰富了消费者的展示场景,使得消费者乐于展示自己的体验,而不单单只是分享。与此同时,越来越便捷的编辑应用软件,也使消费者的创作更为容易。例如,美图相机、抖音、美拍、漫画生成器、变声趣味软件等 App,让富媒体创作不再被地域和时间限制,消费者随时都可以成为导演、摄影师、音乐家、漫画师等。据微博官方统计,有 67%的消费者在享受美食前会先拍照发微博分享。而消费者展示出的产品信息又会引起其他消费者的兴趣,成为新一轮消费的源头。

商家也可以通过二维码链接社交媒体来鼓励分享。例如,Diesel 在实体店通过引进二维码,将消费者的体验与个人 Facebook 页面做链接,每一款衣服都有一个独特的二维码,消费者喜欢哪件,可以用手机轻轻一扫,相应的 Like 信息便会出现在个人 Facebook 页面上。

11-8 I Like Diesel

1)主动分享与被动分享

主动分享,顾名思义就是分享者在没有受到外部环境任何威逼利诱的情况下自发性分发内容的过程。若要引导分享者主动分享,需要满足如下其中一项条件:被分享的内容与分享者三观或个人特质吻合;有利于塑造或突显分享者的形象;分享者对被分享的内容感同身受,有感而发;对被分享者有利;推进关系;有利可图。

被动分享则是受到外部环境任何威逼利诱的情况下分发内容的过程。如何在违背分享者主观意愿的前提下引导分享呢?目前互联网普遍的做法是:"甜头"诱导;强制分享,只有完成分享动作才能继续体验整个产品流程。当收获的价值>分享带来的消极影响,或者放弃分享的成本>分享带来的消极影响,消费者将愿意分享。

【资料链接】

如何让用户主动发朋友圈

如果用户拿到产品后,能主动发朋友圈,相当于企业省去了一大笔广告费,间接地降低了获客成本,在与同行的竞争中,增加了赢面。网红品牌的秘诀就是抓住免费的朋友圈资源。

如何让用户主动发朋友圈呢?常见的做法是利用免费、红包等利益因素诱导用户发朋友圈。但高阶运营则是把品牌做出逼格来,让用户买了产品后,为显示自己的格调,必须发朋友圈。更高级的是给产品打造出不一样的文化属性了,或代表着一种生活态度,如江小白;或代表着一种身份,如买了劳斯莱斯的用户,在朋友圈里用凡尔赛体说:原来劳斯莱斯的方向盘也是圆的;或代表着个人标签,如喜茶。

用户买了一瓶两块钱的纯净水,会发朋友圈吗?但一瓶 1899 元的皇家礼炮水,全球限量 1000 支,每支都编了号,喝一支少一支,用户喝之前大概率会发朋友圈的。这是产品的

> 稀缺性，不过不具有常规操作性。常规的让用户发圈操作是什么：产品高颜值呐！用户在朋友圈主动分享的一定是高颜值、高逼格、高价值的内容，俗称朋友圈三高。
>
> 其中，最简单方式就是高颜值，高颜值是做网红品牌的入场券。当然，短期网红品牌看颜值，长期网红品牌看文化。大家买了某网红拉面，煮之前可能会发朋友圈，但是煮之后几乎不会发圈了，为什么？因为成品颜值不高，那种煮熟后依然高颜值的面只存在于电视上的泡面广告里。比如水果麦片，碗里一倒，噼里啪啦跳动的五颜六色的水果干，看起来就美美哒，加个滤镜，拍个照片，发到朋友圈，我就是精致的猪猪女孩。最后还不忘秀一下这个麦片的牌子，加上文案：200 块一袋的麦片也不过如此嘛！妥妥的又一凡尔赛高手。
>
> 资料来源：CPA：喜茶们的秘密在朋友圈，https://new.qq.com/omn/20210321/20210321A01TWS00.html。

2）分享动机

埃森哲"中国消费者数字趋势研究"（2018）调查发现，87%的消费者愿意和别人分享购物体验或者发表评论，其中 55%的消费者会在社交应用中分享自己的购物感受。这部分消费者也更容易受到社交分享的影响和刺激，从而增加冲动购买，使消费呈现出"购买—分享—再购买"的循环式连锁反应。例如，许多消费者都喜欢将自己的旅游经历及时分享到微信朋友圈。

但是，消费者分享消费体验或信息时往往并没有经济报酬，为什么会有那么多人愿意花时间和精力去编辑和分享消费经历呢？研究者的共同结论是，消费者将经验分享给他人是出于利己的动机。人们在将口碑分享给朋友或陌生人时，都是受社会认可这个动机的驱使。例如，大多数消费者发朋友圈的主要动机是：炫耀、展示自己，让朋友更了解自己。

营销人员应当研究和满足消费者的分享动机，避免给信息收发双方造成心理压力，从而刺激消费者分享或转发相关商业信息。例如，拼多多单纯以物质诱惑鼓励分享，就容易引起信息接受者的反感。

Anderson 用一条不对称的 U 型曲线来说明消费者满意度与口碑传播者之间的关系，认为十分满意和十分不满意的消费者比那些中等满意水平的消费者更可能进行口碑传播，同时不满意的消费者又比满意的消费者更倾向于进行口碑传播。稍微不满意的消费者有时并不采取任何口碑行为，因为他们不愿意给别人留下一个抱怨者的形象。而 Sundaram 认为，消费者发布负面口碑主要出于四个动机：① 利他主义：为了使别人避免错误的选择而不计回报的行为；② 缓解焦虑：通过在别人面前抱怨差劲的产品和不愉快的消费经历来释放他们的愤怒、焦虑和紧张；③ 复仇心理：出于对那些使他们得到不满意的消费体验的企业的报复；④ 寻求建议：为了能够获得别人的指点、忠告和建议。在这四大类动机中除了第一种利他主义动机以外，其余三种动机都显示了散布负面口碑者的一种强烈的心理需要。如果企业能够提供潜在负面口碑传播者的这种心理需要，那么负面口碑就不会产生，或者不会向其他消费者扩散。

3）产品与分享意愿

从产品来看，可以根据使用频率、分享意愿两个维度，归纳出图 11-4 所示的四个象限。比如餐饮美食、美妆就具有使用高频、高分享意愿的特点，这就是朋友圈、抖音在崛起的过程中催生出了那么多网红餐厅、网红店。大量的普通日用品属于使用高频、低分享意愿，杜蕾斯是其中的突出代表,而旅游、酒店等属于使用低频、高分享意愿,房产中介、保险等属于使用低频、低分享意愿。

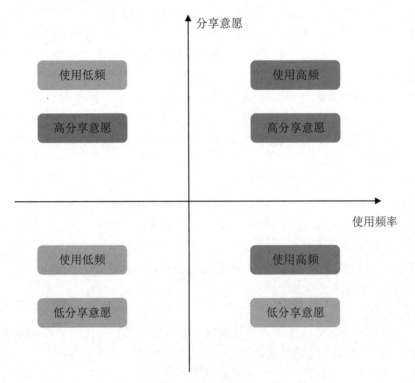

图11-4 产品能见度象限图

使用高频、高分享意愿的产品和品牌在社交媒体上(比如小红书)能见度显然很高,于是,如何通过创造好的体验来引导用户口碑就变得很关键。而低分享意愿的产品,比如杜蕾斯,则必须创造产品之外的话题,比如靠热点营销、靠内容在社交媒体上获得高关注度和高分享度,从而极大地提高品牌能见度。而使用低频、低分享意愿的产品、服务,如房产中介、保险等,都是广告投放大户。因为需要不断地通过媒体曝光增加能见度,增加客户,除此以外,广泛分布的线下门店,或者电销、经纪人都是提升用户沟通频次和触达的手段。

【资料链接】

不起眼的一个活动,却能实现用户病毒式增长

通过老用户获取新用户这一获客(获取客户)模式,源自于用户的分享行为。有一部分 App 会使用奖励机制,刺激用户完成分享行为,事实上,就算没有奖励机制的刺激,用户也会自发完成分享行为,这是因为,人类本身就乐于分享。

1. 有趣的 App 内容分享

用户在使用 App 过程中遇到有趣的东西,会分享出来。在摩拜单车刚投入市场使用时,大家纷纷尝鲜,一个人刷街抑或约上三两个好友。当时,人们在微信朋友圈看到朋友分享自己的行程，于是出于好奇而进行尝试，之后，也将自己的体验与行程分享了出去。

2. 直接分享 App

同一品类的 App 数量多到令人眼花缭乱，但每一款 App 都会有自己的忠诚用户，这些忠诚用户会向身边的好友分享自己喜爱的这一款 App，忠诚用户的朋友圈中也有 App 的目标用户存在，所以这些忠诚用户的分享，常常能够为 App 带来更多精准的新用户。

有一些 App 直接在自己的产品中加入分享功能，用户可以通过这个功能，将 App 分享出去，方便了用户的同时也为自己的 App 带来更多的用户。如知识付费产品"得到"，在"得到"App 内，用户可以点击"推荐[得到]给好友"，将 App 分享给别人。而且，"得到"App 还为分享功能精心设计了一张海报，用户可以选择生成海报并且分享给朋友，或者是直接一键分享给朋友。

3. 分享给朋友求助

看到有趣的东西，可以分享给朋友，在使用 App 的过程中遇到困难，也可以向朋友求助。向朋友求助这一功能常见于游戏中，用户在玩游戏的过程中，将生命值耗尽，可以向好友求助，以获得更多的生命值，但只有 App 的用户才能赠送生命值。好友注册成功，成为 App 的用户，然后赠送生命值，同时也完成了新用户的注册。

4. 有奖/好处驱使用户分享

1）社交电商拼团

社交电商顾名思义就是通过用户的社交链，完成商品的销售。用户在 App 内看到中意的商品，单个购买 50 元，邀请朋友拼团，仅需 25 元就可以买入，遂分享到微信群、朋友圈，邀请朋友与自己一起拼单。拼多多 App 就是一款社交电商产品，用户通过分享，邀请朋友一起拼团完成商品的购买，拼多多的社交分享属性，帮助拼多多 App 快速实现了用户增长。

2）派发打车红包券

用户使用滴滴出行 App 打车，结束行程之后，会获得打车红包，用户将打车红包分享到朋友圈、微信群、QQ 群等，其他人点击链接，输入手机号码，就可以获得数目不菲的打车券。共享单车也采用过分享赢取骑车优惠券的获客方式。

3）直接现金返现

现金/佣金这种奖励方式是最简单的，喜马拉雅 FM 就是采用佣金的奖励方式，鼓励用户分享。用户先选取任意一门课程，分享给朋友，朋友购买了该课程之后，便完成了这次分享流程，分享的用户可以获得佣金。

资料来源：活动盒子．不起眼的邀请有礼活动，为什么有这么多 App 使用[EB/OL]．(2018-12-04)．http://www.huodonghezi.com/news-1314.html．

3. STEPPS 原则

消费者分享的信息多种多样，那么，什么样的信息和内容更容易被广泛传播呢？沃顿商学院乔纳·伯杰（Jonah Berger）教授总结了能使传播内容具有感染力的 STEPPS 原则。

1）社交货币（social currency）

消费者分享某项内容后，能让别人觉得他优秀、与众不同，那么这项内容就像"货币"

一样，买回了别人对他的好感，这就是社交货币。产品、行为或者思想作为社交货币的价值越大（如优越感、荣誉感、归属感、存在感等），就越能够获得其他人的好评和积极印象，消费者也就越乐于分享和传播这样的信息。例如，微信朋友圈就具有社交货币的功能，因为在朋友圈里发布人生鸡汤或成功典范文章等，可以让朋友们觉得自己是成熟的、睿智的；买家秀美照、晒美食、晒萌娃都是在提供社交货币。猫爪杯火爆的原因之一是产品本身具有炫耀式消费的特征，而且也是小姑娘求关爱的一个物化的表现，因而愿意分享传播。三顿半很重视产品的包装设计，其目的是希望用户主动拍照分享，以使品牌获得更多免费的宣传；三顿半还用"成图率"（用户购物后拍照并上传图片的概率）来衡量用户分享的社交红利。

2）诱因（triggers）

所谓诱因，其实就是刺激消费者在某种场景下联想起产品、品牌的线索或者元素。如果传播的内容能和常见的事情关联起来，引起人们的联想，就会成为持续性分享的诱因。丽贝卡·布莱克（Rebecca Black）有一首十分幼稚、低俗的歌曲《星期五》，但因为在每周五时都会激起人们的共鸣与联想，结果促成了歌曲的走红。在特定的节庆事件中蹭热点的广告与文案，也是在利用频繁出现或容易被想到的东西去激发人们对产品的联想。

3）情绪（emotion）

能引起人们情感共鸣的内容，容易得到广泛的分享与传播。热点的传播，就是因为其能引发更多人的共鸣与感染。音乐家戴夫·卡罗尔（Dave Carroll）被美国联合航空（简称美联航）的工作人员摔坏了吉他，但得不到道歉，他就写了一首歌《美联航摔坏吉他》引起大量共鸣转发，结果美联航股价下跌了10%。

人们都愿意分享自己的情绪，让别人感受到自己幸福、快乐或者难过，所以在推广产品时一定要引起目标群体的情感共鸣，让他们自发地分享给身边的人。需要注意的是，并不是所有的负面情绪都不适于传播，比如生气、担忧这些负面情绪就有利于传播；也并不是所有的正面情绪都有利于传播，比如满足感就不利于传播。关键是要看情绪的唤醒性，敬畏、兴奋、幽默、愤怒、担忧都是高唤醒情绪，满足、悲伤则是低唤醒情绪，把某种有唤醒情绪的元素加入到故事或广告中，就能够激发人们的共享意愿。例如，凡客诚品的形象代言人韩寒、王珞丹用调侃、戏谑的广告词来彰显 VANCL 的个性品牌形象，由于广告词十分随性、有趣，引起了大批网友的围观、想象和加工，形成了"凡客体"的病毒式传播。

在移动互联网时代，引起广泛传播的内容往往都有较强的感染力，新鲜好玩、有亮点、有槽点，能触发人们的情绪 G 点，甚至短平快的戏谑、无厘头、反差萌都可能快速引燃消费者的情绪点。商家应当有效利用这种网络传播现象，让消费者自发参与到广告传播活动中来，让受众从旁观者变为参与者，从信息接收者变为信息传播者。例如，2016 年，一个网络新词"蓝瘦（难受）香菇（想哭）"开始在微信朋友圈流行，维达纸巾运营人员从"蓝瘦香菇"事件中发现了巨大的信息传播价值，第一时间在其微信公众平台发布了《蓝瘦、香菇？不怕，至少还有 TA，可以一直陪你到老》一文，仅仅看题目就令人忍俊不禁，而"一直陪你到老"的口号又让人感到很温馨。维达便借着"蓝瘦香菇"事件的裂变式传播而大大地风光了一把，在品牌知名度上有了很大的提升。

4）公开性（public）

通常，对于私密的内容或想法，人们都不太愿意共享。相反，公开可视性能驱动人们相互共享。如果想让更多人看到信息，就应当提高内容的可视化、可公开性，也容易引发人们的公开讨论、模仿或从众行为。例如，懂你英语、友邻优课、百词斩等英文学习App在朋友圈开展打卡赢学费的活动，把原来不可见的消费变得可见，从而引发大家的模仿行为。

耐克曾想做一个品牌公益活动。当时有两个选择：① 办场公益自行车赛，邀请家人为选手捐款；② 做个醒目的腕带，销售款捐给公益。耐克选择了第二个活动，大获成功，6个月卖出去500万个腕带。原因之一是，腕带戴在手上会被很多人看到，人们发现很有意思，就会纷纷模仿，购买腕带。

5）实用价值（practical value）

人们喜欢传递和接收有用的信息，利他的思想驱使人们分享实用的信息，人们相信那些带有实用价值的信息能够帮助他人，因此具有实用价值的信息往往传播得更快、更广。在互联网时代，经常被转发的信息大多具有实用、简明的特点。例如，教育类的文章比运动类的文章会受到更多的转载和关注；健康类文章也最常被转发。微信公众号"医学微视"将公众最关心的疾病问题，通过专家讲解的微视频形式，进行精准的医学知识传播。许多中老年朋友一旦知道这个公众号，立刻就会分享。

6）故事（stories）

故事能够有效承载和传播信息、教训和寓意。有话题感、情节性和独特性的产品也容易成为人们分享的网红产品。消费者可能会怀疑带有明显劝说性、推销性的广告，但不会拒绝一个关于产品或服务的好故事。人们有爱听故事的喜好，即使知道这是一种广告形式，也依然会充满兴趣。故事比数据更容易传播，故事引发的话题能让人们广泛地进行讨论，而品牌与故事的有效结合也让品牌信息悄然传开。比如，旺旺利用抖音与消费者互动，常常通过员工办公室日常来结合产品打造小剧场故事，生动有趣，体现了旺仔独有的"旺"风格。又如，有关海底捞服务好的故事，在消费者间广泛流传，为海底捞塑造了良好的口碑。

因此，一个好的故事可能成就一个好的产品。从营销者来说，应当从产品卖点出发，创造情景，收集素材，组织语言，形成与多数消费者有相似境遇的故事，并把产品和创意巧妙地嵌入消费者愿意讲述的故事当中。例如，美甲行业在美国本来并不流行，后来越南美甲师的励志故事传开后，美甲就流行了起来。

【案例链接】

苹果手机的"橘子哥"事件营销

一位外国友人在自己的苹果手机里看到了一名中国男人跟橘子树的大量合影。这个神奇事件的起因竟是这位美国友人丢失的手机被中国"橘子哥"买到了，最终在网友的帮助下，外国友人找到了住在广东梅州的"橘子哥"。更神奇的是外国友人应"橘子哥"之邀到梅州游玩，两个人上演了一场"有缘千里来相会"的画面。如今，这一故事还将拍成电影《橘子哥》（*Brother Orange*）。

这场跨国"良缘"除了带来苹果手机的高话题度外，对于苹果手机iTunes账号相片同步及保存的亮点也进行了宣传，可谓一箭双雕。苹果公司把品牌和产品植入事件中，神不知鬼不觉地引起了公众的广泛关注与传播。

资料来源：本案例源于网络，并经作者加工整理。

▶ 思考一下：想想最近上过热搜榜的商业信息，其特点是否符合 STEPPS 原则？

11.2 网购行为模型

11.2.1 AISAS 模型

在互联网 2.0 时代，消费者的主动性越来越强，他们从被动接受商品信息、营销宣传，逐步转变为主动获取信息和主动分享信息。针对这种变化，日本电通集团提出了 AISAS 模型。AISAS 是英文 Attention（注意）、Interest（兴趣）、Search（搜索）、Action（行动）、Share（分享）的缩写。该模型中的两个 S（搜索和分享）反映出消费者由于网络应用带来的消费行为新变化。尽管这两个 S 在传统购买行为中也存在，搜索存在于"收集信息"阶段，分享存在于"购后行为"中；但是，受到技术的限制，没有互联网帮助的消费者在这两个 S 上可以做的事在数量和即时性方面都极为有限。

AISAS 模型更适合一些高卷入产品，但对于低卷入产品（如日用品），AISAS 模型中的 Interest 和 Search 则没有太大必要，消费者可能从 Attention 直接进行到 Action。

如图 11-5 所示，在传统的 AIDMA 模型中，企业是营销信息的传播主体，而消费者是被动的接收客体，营销者将信息推送给消费者，营销信息的影响力随着消费者的行为推进逐步降低。在 AISAS 模型中，消费者是营销信息传播过程的积极参与者。在信息搜索环节消费者主动将信息拉向自己，在分享环节又主动传播口碑信息，影响其他消费者的决策。在这一过程中，信息搜寻、信息分享成为消费行为的重要节点，消费者既可以因为需要的产生而进行信息搜寻，也可能因为信息搜寻而产生消费需要。消费者通过信息分享向其他消费者传递消费体验，同时又从其他消费者的口碑信息中获得有益的参考信息。可见，在 AISAS 模型中，营销信息的传播已不再是由企业主导的模式。

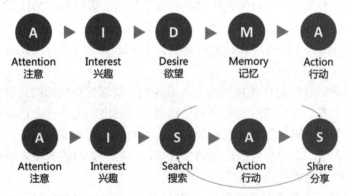

图 11-5 AIDMA 模型和 AISAS 模型比较示意图

爱奇艺还提出了 AACAR 营销模型，其中包含 Attention（引起注意）、Association（产生联想）、Consensus（共鸣共识）、Action（购买行为）、Reputation（口碑分享）等一整串营销链路，即一条从品牌曝光到品牌认知建立再到后链路转化、口碑分享的完整营销路径。

刘德寰认为，在移动互联网时代，消费者的注意力已经消散，主动性大大提升，营销方式正在从电通的 AISAS 法则向具有去媒体性质的 ISMAS（兴趣、搜索、口碑、行动、分享）转变。这一法则清晰地指出了网络营销两个非常重要的发展趋势：以媒体为中心的营销模式被转化成以消费者为中心；以吸引注意为首要任务变成以消费者兴趣为出发点。拼多多的社交式电商就较好地诠释了 ISMAS 模式。拼多多的用户大多是三线以下城市的中下阶层，有些人甚至没有用过计算机，但喜欢用手机和微信与亲友联系，拼多多利用兴趣、分享、口碑将他们很快发展为用户，使下沉用户养成了移动购物习惯。

11.2.2　FIIAS 模型

我国学者徐小龙研究发现，虚拟社群会对参与其中的消费者产生信息性影响和规范性影响，并据此提出了 FIIAS 模型。FIIAS 是英文 Focus（关注话题）、Interest（兴趣）、Interact（互动交流）、Action（购买行动）、Share（分享体验）的缩写。

在此模型中，消费者受到虚拟社群话题的吸引，并对某一产品产生了兴趣，开始与其他成员交流互动，最终产生了购买行为，购买后继续与社群成员分享使用体验。这种模式通常适用于卷入度较高的产品，如住房、汽车、高级数码产品等。

从传播上看，应当用新鲜好玩的"料"和"梗"抓住消费者的注意力，形成消费者感兴趣的话题，要么有亮点，要么有槽点。还要将产品与消费场景建立联系，如以故事的形式将产品的卖点融入需求场景之中。然后，通过品牌文化、品牌社群或 KOL 与消费者建立起沟通与互动。最后，促成消费者的购买行为，并激励其将消费体验分享给更多的好友。

从上述模型中可以看出，无论传统媒体时代，还是网络时代，"兴趣"始终是促使消费者采取购买行动的前提条件之一，而"分享"已经成为在线消费者行为的一个基本特征；同时，"搜索"和"互动"也是两种有别于传统的新消费者行为。

11.2.3　SIPS 模型

伴随着手机的普及，分享行为的影响正在逐步超越搜索行为。2011 年年初，日本电通公司再次推出了适应移动互联网和社会性媒体时代的消费者心理行为 SIPS 分析模型。SIPS 分别是英文 Sympathize（共鸣）、Identify（确认）、Participate（参与）、Share（分享）&Spread（扩散）的缩写。

SIPS 模型认为，在社会化传播网络上，那些能够引起受众共鸣的信息将获得更广泛的传播和更强的生命力，而无法引发共鸣的信息会很快退出宏大的社会信息传递进程。消费者还会利用各种手段"确认"引起共鸣的信息是否与自己的价值观相符。然后就会参与到信息的互动交流之中，成为粉丝或忠诚消费者等。同时，参与的消费者还会在网络中共享和扩散信息，由此引起更多的"共鸣"。

SIPS 模型表明，消费者对品牌信息的接收已从被动注意转向主动共鸣；消费者不只是接收信息，更会积极地通过社交媒体进行反馈，表达自己的声音。品牌信息打动消费者的关键不再是狂轰滥炸式的广而告之，而是要引起消费者的共鸣。例如，运动鞋品牌 New Balance 创立 110 周年的纪念广告中充斥着歌手李宗盛的个人独白，广告结尾时一句"人生没有白走的路，每一步都算数"赢得无数消费者的共鸣，他们开始参与到内容的分发与扩散中来,与品牌形成共振。可见,在移动互联网时代,品牌的本质是社交。广告内容应强调共鸣、互动,强调共振,品牌通过与用户建立关系,使用户对品牌产生认同与归属,最后让品牌成为消费者情感与精神表达的共同体。

SIPS 模型重视信息的社会性传播,而营销内容要能引发消费者自发传播和分享通常应当考虑以下几点。

（1）使消费者产生共鸣。
（2）满足消费者某种社交心理需求。
（3）个性化定制。
（4）让消费者有参与感。
（5）紧密结合社会热点。

【案例链接】

《啥是佩奇》为何能迅速形成病毒式传播

2019 年 1 月 18 日,一部《啥是佩奇》的电影宣传短片极短时间内红遍全网,朋友圈、各种社交媒体网站开始疯狂刷屏,一发不可收拾。除了各大小媒体、公众号蹭热点的文章,又多出了许多所谓的行业解析"啥是佩奇",各行各业都开始变着花样蹭佩奇的热点。一时间,小猪佩奇真可谓人见人爱。这部本应是佩奇大电影宣传片的小视频就这么火了,甚至比它的"主子"小猪佩奇大电影还火。

总结一下整个事件能够爆火的几个中心点。第一,抓住情感弱点:亲情,落叶归根。第二,找准目标群体:这个时代离家在外拼搏的年轻人太多太多,这个群体普遍心怀热血、文化素质相对较高、互联网社交使用频率极高,易于制造和传播热点。第三,引发群体共鸣:群体情感和思维共鸣之后,基于这个强大的群体载体,产生了病毒式的传播效果。

资料来源:Tony_Chu.《啥是佩奇》病毒传播全纪实[EB/OL].（2019-01-20）. https://www.jianshu.com/p/d2887157bbcb（有改编）.

11.2.4 AARRR 模型

"增长黑客之父"肖恩·埃利斯（Sean Ellis）在《增长黑客:如何低成本实现爆发式成长》一书中阐述了这一模型及其应用。AARRR 是 Acquisition（获取用户）、Activation（激发活跃）、Retention（提高留存）、Revenue（增加收入）和 Refer（传播推荐）,这五个单词的缩写,分别对应网络用户生命周期中的五个重要环节,如图 11-6 所示。AARRR 模型追求用技术手段影响消费者的行为链路,提倡去广告化、老用户带新用户,把投放广告的钱用于消费者补贴和技术搭建,Airbnb、LinkedIn、Facebook、Uber、拼多多等都是通过这种方式获得了裂变式的用户增长。

AARRR 模型是一种营销策略的漏斗模型,通俗的理解就是:怎么拉用户来、用户来了怎么活跃、用户活跃之后怎么留存、用户留存之后怎么为产品付费、用户付费之后怎么进行口碑传递。例如,某知识付费产品通过广告投放获取了 10 000 名新用户,有 5000 名用户完成激活注册,次日留存用户为 2500 人,其中 500 人有付费行为,200 人向朋友推荐过该产品。营销活动应当优化漏斗、降低流量流失,也就是要提高类似于 DNU(日新增用户量)、DAU(日活跃用户量)、7-Day Retention(首周留存率)、ARPU(平均每用户收入)、K 因子(推荐系数)等指标。

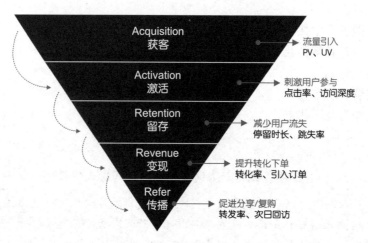

图 11-6　AARRR 模型

在 AARRR 模型中,推荐环节是用户裂变式增长的关键,其循环流程是用户使用产品→推荐给好友→好友使用产品→推荐给其他好友→循环往复,形成口碑传播、病毒式传播、爆发式传播等方式。推荐的钩子在于内容上的共鸣,利用情绪、创意、奖励、玩法等实现刷屏。

在 AARRR 模型中,用户获取和用户推荐(分享)分别在这个模型的两极,实际上用户推荐本身就是用户获取的手段,可以跳过中间环节,把用户推荐当作第一环"用户获取"的一部分来提升拉新效果。例如,拼多多、趣头条、瑞幸咖啡都没有受传统互联网企业获客方式上"路径依赖"的禁锢,每一位新客户都可以马上在其社交圈里"邀请好友""拉一赠一",从而通过这种社交裂变获得快速增长。

【案例链接】

拼多多的用户增长战略

AARRR 模型包括获取用户、提高活跃度、提高留存率、获取收入和传播推荐等五个环节。但拼多多社群电商的社群属性决定了其还会通过用户之间的分享、推荐实现互惠互利的关系,并以此拉动用户数量的增长。传统电商的倒漏斗模型是"拉新→激活→转化→留存",平台参与商城购物转化流程并参与每一级的运营。社群电商的倒漏斗模型则是"拉新→转化→留存→激活",社群电商关键词之一"我的团长我的团"凸显了团长的重要作用,平台赋能整个价值生态系统的运营,团长参与特定消费类型用户的拉新和转化,平台则只需参与客户留存和促活环节。

(一)拉新

拉新即获取新用户。拼多多获取用户的方式包括以下两个方面:第一,在外部流量获取方面，拼多多通过三条核心业务线（微信、QQ、微博）不断扩张自己的流量领域，其中主要是利用微信社交关系进行导流，这些免费流量使得拼多多以极低的成本获取大量客户。拼多多弱化了商品搜索功能，最大程度上利用了微信互联网的优势，采取拼团模式的用户自传播。其优势在于能够使用户具备主动推广信息的意愿，从而降低获客成本，实现用户裂变增长。第二，在内部流量获取方面，背靠腾讯10亿微信免费流量是拼多多迅速崛起的重要因素，但最终还是要"自己动手、丰衣足食"，现在拼多多通过多种途径将外部流量导入内部拼多多App中。例如，用户从微信小程序打开拼多多界面后看到"支付0.1元送10元话费"，等支付完毕后领取话费时系统会提示"即将离开微信，打开'拼多多'"，用户点击"允许"选项后即自动跳转到拼多多App，这就实现了把外部流量转化为自己的独立流量的目的。

（二）留存

由于拼多多通过微信社交关系获取的用户自身的黏性很高，拼多多在用户留存方面独具优势。此外，拼多多还通过服务号推送信息的方式、开屏礼包和优惠等方式提高其用户留存度。前者是指利用服务号推送信息时会引导用户使用拼多多App和拼多多小程序，通过"适用会员""免费领礼包"等诱惑性词汇激发用户的使用频率。后者则是通过开屏推送信息的方式为用户提供各类礼包和代金券等，以便让用户积极体验其产品/服务，延长其在线时间。

（三）激活

传统电商AARRR模型中的激活强调的是对下载并安装App的用户尽可能地引导其注册并登录，因为这样可以更加有利于平台搜索用户数据并延长用户在线时间。但拼多多匠心独具，其设计理念以人为中心，考虑到用户下载并安装拼多多App这一场景是用户首次体验拼多多的App，所以拼多多在此场景下是不会刻意引导用户注册、登录的。但是当用户处于购物场景时，拼多多会引导用户注册并登录。因为只有在购物场景中，用户对App已经有了一定程度的了解，而且为了购买自己喜欢的商品也愿意注册并登录。注册并登录会极大地促进用户生活和栖息在拼多多App上，提高平台的黏性。

（四）收入

收入即让用户付费。拼多多早期主要是通过拼团的方式刺激用户购买，而引导用户拼团则是要靠产品设计实现。拼多多的产品设计策略具体包括三个方面：一是短决策路径。拼多多取消购物车功能是为了让用户看到低价就买（所见即所得），尽可能压缩用户的决策时间（所想即所得），这样也形成了拼多多用户消费频次高、客单价低的购物习惯。二是APP内冲动消费。拼多多设计的首页轮播通知的形式吸引用户购买。三是微信内冲动消费。利用微信熟人社交关系刺激用户在微信群及朋友圈分享拼团链接，这种熟人关系的背书有效地提高了转化率。

（五）传播

拼多多具有强烈的传播属性，通过设计各类线上活动，如砍价、拼团和优惠券等方式刺激对价格敏感的用户进行传播。

总之，拼多多的整个用户增长模型包括：促进单个用户（新老用户）消费行为，并且在消费行为过程中可以设计免费、游戏等功能，通过优惠的诱因，把其他用户（新老用户）

拉进来，从而达到用户群体消费行为的裂变，而不仅仅是用户规模上的裂变。用户社交裂变的方式为拼多多带来了极低的获客成本和用户维护成本。

资料来源：王千. 社群电商如何创造价值——以拼多多为例[J]. 经济研究参考，2019（15）.

▶ **思考一下**：收集一个电商企业的成功案例，用 AARRR 模型分析其用户增长的原因。

11.2.5　IERAS 模型

2011 年北美创业投资教父约翰·杜尔（John Doerr）创造性地提出了 SoLoMo 的概念。其中，Social（社交）是以 Facebook、微信、QQ 群、人人网以及新浪微博等为代表的 SNS 网站；Local（本地化）是指智能手机中的 LBS（基于位置的服务）应用，如 Foursquare、街旁、人人报到、玩转四方等"切客"（check）服务；Mobile（移动）则涵盖了智能手机带来的各种 App 移动应用。国外的 Foursquare（简称 4sq）是很有名的 SoLoMo 应用，

11-9　SoLoMo 营销，康师傅每日 C 新鲜试饮

消费者打开手机的网络连线功能，就可以透过 GPS 侦测各自的地理位置，了解周围的商家信息，并通过 Twitter、Facebook 等流行的社交网络平台把自己的位置发布出去，以方便人们进行交友、传递资讯、吃喝玩乐等活动，同时 4sq 也是记录人们活动的工具。例如，某消费者在某一个地点（如百货公司、餐厅、咖啡厅）连上 4sq，就可以登入（check in）该地点一次。登入一个地点（也就是造访该地点）越多次，就越能在 4sq "升等"，获得一些地位、头衔。譬如，常常到处跑的消费者可能会获得一个 "冒险家" 的徽章；常常光顾某餐厅的消费者，可能发现自己变成该餐厅的 "市长"。消费者还可以把其在 Twitter、Facebook 上面的好友拉进来，看看他们现在当上了哪个店家的 "市长"。也可以看看自己最常去的地方，"市长" 是哪位，大家在该地点的留言是什么（譬如称赞某个餐厅的菜好吃，或是那家店员服务很差），从中多认识几位志同道合的朋友。拉斯维加斯的购物中心 Miracle Mile Shops 还将 Foursquare 中在这个地方签到最多的消费者以及消费者的点评定期投放在广场大屏幕上，从而推动了口碑的形成和聚合。

SoLoMo 不同于以前 PC 端的上网、交流与互动方式。在 SoLoMo 背景下，凭借社交网络、位置服务、移动互联，用户与好友、用户与商家品牌实现实时对话。消费者不仅可以通过社交关系网络主动获取商业信息，同时还

11-10　SoLoMo 应用

可以作为信息发布的主体，与更多好友一同体验、分享。企业借助技术手段在互联网范围内感知用户、交流互动、挖掘数据、响应需求。消费者获取消费信息甚至不再是主动搜索的过程，而是 "行为关系匹配—兴趣偏好契合—随需求而变化—智能接收" 的过程。因此，李鹏飞（2012）提出了移动互联网消费者的消费行为模式——IERAS 模型，如图 11-7 所示。

图 11-7　IERAS 模型

资料来源：李鹏飞. 从 "广告" 到 "呼应" ——SoLoMo 趋势下移动互联用户消费行为模式研究[D]. 济南：山东大学，2012.

这一模式包括的环节如下。

1. Interest&Interact（基于兴趣的广泛浏览，与品牌形成互动）

由于碎片化的媒介接触习惯和注意力，消费者基于兴趣在全网范围内浏览，并以"兴趣关系"为中心构建自己定制化、个性化的信息平台。在社交网站中与好友分享消费信息，关注自己感兴趣的品牌。

2. Express&Expose（表达/暴露消费需求）

消费者在移动互联网的使用过程中表现出的消费需求分为两种，Express 即主动表达的明确的消费意识，而 Expose 则是指消费者行为中被动暴露出的潜在被动消费需求，是未来消费行为产生的可能性。这些大数据信息存在于消费者的人口统计特征、社会学信息以及消费者在社交网络的信息交流、社交网络的好友构成、网购消费的记录、日常行动位置轨迹记录、垂直网站搜索记录中，总之，存在于一切能够反映消费者兴趣偏好、行为习惯、购买能力、消费需求的移动互联网行为记录中。

3. Receive Response（自动接收企业的个性化响应，做出购买决策）

对于移动网络用户表达暴露的消费需求，企业需要及时地感知与捕捉，并集合用户的行为数据和 SoLoMo 媒介本身的内容数据来做精准的分析，对用户的消费行为做出预判，并转换成与用户个体匹配的响应（Response）。也就是说，企业通过智能分析移动用户行为数据，智能推送个性化的产品服务信息，从而及时且精准地响应用户的显现或潜在需求。消费者接收（Receive）了企业推送的响应后，做出选择，形成购买决策。由于智能推送（Push）降低了消费者获取目标信息的障碍，提高了选择与决策的效率，消费者就从全网范围内"按需搜索"的盲目"自主"阶段，进化到"应需而来"的更高级的"自助"阶段。而 AISAS 模式中的搜索（Search）环节，被"行为匹配—兴趣契合"所代替。

4. Action（消费决策形成并付诸行动：购买、体验）

在 SoLoMo 环境下，移动互联用户的购买行为不再局限于电子商务网站内部，社交网络、App、O2O 等，都可能成为消费者购买的发起点。移动支付技术的应用与普及也使得交易行为多样化。

5. Share&Spread（分享消费体验，主动参与信息扩散）

相比于传统互联网时代，在 AISAS 模型中消费者只能在购买行为发生后才能坐在计算机前分享消费体验，而 SoLoMo 时代的消费者体验分享行为（Share）正在提前，在很多情形下，分享行为在购买产品（享用服务）的同时甚至之前就已经发生。例如，有统计显示，67%的微博用户曾在吃饭前对食物拍照、发微博或朋友圈。

从个体的单次消费行为来看，分享消费体验信息是消费过程的结束，但从移动互联用户的整体消费行为观察，分享消费体验信息在很大程度上成为消费的源头：个体 A 的分享信息引起了个体 B 的注意和兴趣。在 SoLoMo 趋势下，消费者的分享行为也显著地升级。信息传播方式从"裂变式"走向"聚变式",消费体验信息会在圈层和关系网络中激荡、聚合、循环叠加,效应放大,影响倍增。更何况,扩散(Spread)已不只是信息传播的结果,它更成为消费者主动发出、主动参与的行动。AISAS 模式中的 Share 是"我要告诉我的好友们",而 IERAS 模式中的 Spread 是"我要告诉所有人,我可以让所有人都知道"。

本章思考题

1. 根据你的网购体验,你认为商家、网购平台或物流服务还有哪些需要改进的地方?

2. 简述消费者网络购买的行为过程,并谈谈如何针对各个环节对网购消费者提供更好的营销服务。

3. 简述 AISAS 模型、SIPS 模型、FIIAS 模型、AARRR 模型、IERAS 模型,并谈谈如何根据这些模型更好地开展网络营销活动。

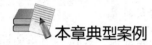本章典型案例

拼多多玩转关系链营销

人们对拼多多的基本印象是:

"3 亿人都在用的拼多多!拼多多的洗脑广告口号已经如雷贯耳。拼多多活跃用户 3.4 亿!拼多多三年上市!拼多多三年做到了刘强东 10 年做到的事情!拼多多庸俗!拼多多假货!"

我第一次知道拼多多是来源于同事之间的讨论,然而第一次使用拼多多却来自于我姑姑的微信分享(帮忙砍价)!点进去,最低能 1 元帮我姑姑拿到这个产品,我有什么理由不砍?我轻轻一点按钮,砍下属于我的一刀。

从以上自己的经历中我可以抽出几个很明朗的点:

我当时确实被拼多多的低价所吸引——低价策略。

我愿意帮姑姑去拿这个低价产品——社交货币。

我很容易就帮姑姑砍掉了一些产品价格(砍掉多少并不记得)——流程便利性。

相信姑姑肯定不止发给我一个人砍,她有老公和孩子,所以我很可能是她的第三位砍价人,在我之前已经有两个人成功帮她砍了价——圈子社交。

资料来源:从经典 4C 角度,看拼多多究竟是为何能赢取 3 亿用户的心。(2018-08-16)。http://www.100ec.cn/detail--6465749.html.

案例讨论:

仔细阅读案例,并讨论以下问题。

(1)结合相关资料,谈谈拼多多的营销策略和玩法,你从中得到了哪些启发?

(2)从营销理论出发,分析拼多多的成功之处。

（3）拼多多这种社交关系链营销，可能会遇到哪些障碍？如何才能更好地玩转关系链营销？

参 考 文 献

[1] 迈克尔·所罗门，卢泰宏，杨晓燕. 消费者行为学[M]. 10版. 杨晓燕，郝佳，胡晓红，等译. 北京：中国人民大学出版社，2014.

[2] 利昂·希夫曼，约瑟夫·维森布利特. 消费者行为学[M]. 11版. 江林，张恩忠，等译. 北京：中国人民大学出版社，2015.

[3] 德尔·I. 霍金斯，戴维·L. 马瑟斯博. 消费者行为学[M]. 12版. 符国群，等译. 北京：机械工业出版社，2014.

[4] 韦恩·D. 霍伊尔，黛博拉·J. 麦金尼斯. 消费者行为学[M]. 5版. 崔楠，徐岚，译. 北京：北京大学出版社，2011.

[5] 埃里克·阿诺德，琳达·普奈斯，乔治·津克汗，等. 消费者行为学[M]. 2版. 北京：电子工业出版社，2007.

[6] 伊塔马尔·西蒙森，艾曼纽·罗森. 绝对价值：信息时代影响消费者下单的关键因素[M]. 钱峰，译. 北京：中国友谊出版公司，2014.

[7] 罗格·D. 布莱克韦尔，保罗·W. 米尼德，詹姆斯·F. 恩格尔. 消费者行为学[M]. 吴振阳，倪建明，彭红英，等译. 北京：机械工业出版社，2009.

[8] 荣晓华. 消费者行为学[M]. 4版. 大连：东北财经大学出版社，2015.

[9] 王晓玉. 消费者行为学[M]. 上海：上海财经大学出版社，2014.

[10] 董昭江. 消费者行为学[M]. 北京：清华大学出版社，2012.

[11] 符国群. 消费者行为学[M]. 3版. 北京：高等教育出版社，2015.

[12] 李东进. 消费者行为学[M]. 北京：机械工业出版社，2007.

[13] 江林，丁瑛. 消费者心理与行为[M]. 6版. 北京：中国人民大学出版社，2018.

[14] 周高华. 情感营销[M]. 北京：电子工业出版社，2012.

[15] 周斌. 消费者行为学[M]. 北京：清华大学出版社，2013.

[16] 戚海峰. 消费者行为学[M]. 上海：上海财经大学出版社，2008.

[17] 林建煌. 消费者行为学[M]. 3版. 北京：北京大学出版社，2011.

[18] 安圣慧. 消费者行为学[M]. 北京：对外经济贸易大学出版社，2011.

[19] 郭兆平. 消费心理学[M]. 北京：电子工业出版社，2014.

[20] 李付庆. 消费者行为学[M]. 北京：清华大学出版社，2011.

[21] 周斌. 消费心理学[M]. 北京：清华大学出版社，2017.

[22] 张理. 消费者行为学[M]. 北京：清华大学出版社；北京交通大学出版社，2008.

[23] 陈硕坚，范洁. 透明社会：大数据营销攻略[M]. 北京：机械工业出版社，2015.

[24] 周斌. "粉"营销：移动互联时代下的粉丝经济[M]. 北京：中华工商联合出版社，2015.

[25] 沈蕾. 消费者行为学：理论与实务[M]. 北京：中国人民大学出版社，2013.

[26] 雷雳. 互联网心理学：新心理与行为研究的兴起[M]. 北京：北京师范大学出版社，2016.

[27] 余禾. 消费者行为学[M]. 2版. 成都：西南财经大学出版社，2016.

[28] 孔长春. 别卖产品卖需求[M]. 北京：中国财政经济出版社，2013.

[29] 郑清元，付峥嵘. 从1.0到3.0：移动社群如何重构社交关系与商业模式[M]. 北京：人民邮电出版社，2016.

[30] 叶开. 粉丝经济：传统企业转型互联网的突破口[M]. 北京：中国华侨出版社，2014.

[31] 蔡余杰，纪海. 场景营销：大连接时代的"营销颠覆者"[M]. 北京：当代世界出版社，2016.

[32] 朱建良，王鹏欣，傅智建. 场景革命：万物互联时代的商业新格局[M]. 北京：中国铁道出版社，2016.

[33] 梁宁. 成功营销要走心[M]. 北京：北京理工大学出版社，2016.

[34] 刘丽娴. 品牌的视觉语言：视觉营销与视觉元素[M]. 杭州：浙江大学出版社，2016.

[35] 舒立平. 打造爆品：互联网产品运营实战手册[M]. 北京：人民邮电出版社，2017.

[36] 唐兴通. 引爆社群：移动互联网时代的新4C法则[M]. 北京：机械工业出版社，2015.

[37] 周欣悦. 消费者行为学[M]. 北京：机械工业出版社，2019.

[38] 刘旷公众号. ID：liukuang110.

[39] 陈春花公众号（春暖花开）. ID：chunnuanhuakai-cch.